Mit diesem Buch wird ein erster Versuch unternommen, die literarische Produktion von Frauen in einem größeren Zusammenhang darzustellen. Es ist nicht das Ziel dieses Unternehmens, eine Galerie großer Dichterinnenportraits zu erstellen; es geht darum, eine Vielzahl von Autorinnen, die am literarischen Leben ihrer Zeit mitgewirkt haben, in ihren Unterschieden und Gemeinsamkeiten vorzustellen. Es ist faszinierend zu lesen, wie Frauen über die Jahrhunderte hin schreibend Forderungen aufgestellt haben und schreibend für persönliche Freiräume kämpften. Und es ist faszinierend zu lesen, wie es den Beiträgern/innen dieses Buches gelungen ist, diesen Prozeß durch die Jahrhunderte nachzuzeichnen. Der Band beginnt mit der Darstellung der Literatur des 12. Jahrhunderts, den Frauen, die ihren Schreibort in den Klöstern und in den Beginenhäusern fanden. Er führt weiter über die schreibenden Frauen des 17. Jahrhunderts in der französischen Salonkultur, über eine neue Form des Schreibens: den Brief im 17., 18. und 19. Jahrhundert bis hin zur Zeit des »Feministischen Aufbruchs« Ende der 60er Jahre.

Frauen Literatur Geschichte

Schreibende Frauen vom Mittelalter bis zur Gegenwart

Herausgegeben von
Hiltrud Gnüg
und Renate Möhrmann

Suhrkamp

Die Beiträge von Anne Hermann, Sara Lennox und Merryn Williams wurden von Irmela Arnsperg, Irene Neher und Karin Graf übersetzt.
Umschlag: Gisèle Freund.
Der Arbeitstisch von Virginia Woolf in Monk's House, Sussex.

suhrkamp taschenbuch 1603
Erste Auflage 1989

Druck: Nomos Verlagsgesellschaft, Baden-Baden
Printed in Germany
Umschlag nach Entwürfen von Willy Fleckhaus und Rolf Staudt

3 4 5 6 7 – 96 95

Inhalt

Vorwort

Mit diesem Buch wird ein erster Versuch unternommen, die literarische Produktion von Frauen in einem größeren Zusammenhang darzustellen und einer breiteren Öffentlichkeit bekanntzumachen. Dabei erwies sich das herkömmliche Verfahren, das Material entweder nach Epochen- oder nach Stilbegriffen zu gliedern und auf nationale Entwicklungsverläufe zu beschränken, nur bedingt als brauchbar. Kann man denn in Deutschland von einer romantischen Frauenkultur sprechen, so lassen sich die französischen und englischen Autorinnen des entsprechenden Zeitraums nicht unter diesem Begriff erfassen. Anne Radcliffe, Mary Shelley, Mme de Staël oder George Sand z.B. können kaum als Romantikerinnen charakterisiert werden. Als Gliederungsprinzip für dieses Buch war oftmals das Genre, das sich die Autorinnen für ihre literarische Produktion erschlossen hatten, sinnvoller als die üblichen Epochenzuordnungen. Auffallend ist gerade das große Interesse, das Autorinnen im 18. Jahrhundert an der Brief- und Memoirenliteratur hatten. Charakteristischer und verbindender als der Epochenbegriff »Aufklärung« ist hier die Wahl der Gattung. Das gilt auch für die weibliche Autobiographie, den weiblichen Erziehungs- und Bildungsroman, Genres im übrigen, die, wie das umfangreiche Briefwerk der Frauen auch, ihre Memoiren oder Reiseberichte, von der Forschung bisher kaum hinreichend zur Kenntnis genommen worden sind. Auch die Literaturgeschichten übergehen die Leistungen, welche die Autorinnen in dieser Hinsicht erbracht haben. So nennt die französische Literaturgeschichte der Pléiade nur die *Salons* der Brief- und Memoirenautorinnen wie der Marquise de Lambert, Mme Du Deffand, Mme Epinay, Julie de Lespinasse, der Marquise de Tencin, ohne auch nur mit einem Satz auf deren Werke einzugehen. In der dreibändigen französischen Literaturgeschichte bei Metzler tauchen diese Namen überhaupt nicht auf. – Die die einzelnen Nationalliteraturen übergreifende komparatistische Methode erwies sich immer dann als richtig, wenn ein thematischer oder poetologischer Aspekt Zusammenhänge zwischen der vielfältigen, aber zunächst aber disparat erscheinenden literarischen Produktion von Frauen verdeutlichen sollte. So deckt der vergleichende Blick auf die Lyrik des 19. Jahrhunderts, auf die Autobiographien, die Brief- und Memoirenliteratur, die Reiseliteratur, auf die erotisch-emanzipatorischen Entwürfe von Frauen Ähnlichkeiten und Unterschiede auf, die jenseits der nationalen Grenzen liegen. Dagegen zeigte sich die Beschränkung auf einen nationalen Raum immer dann angebracht, wenn die Nationalgeschichte – wie z.B. nach der russischen Oktoberrevolution – oder ein geschlossener, weitgehend homogener Kulturraum – wie die französische Salonkultur im 17. Jahrhundert – die literarische Produktion der Autorinnen wesentlich beeinflußte.

Die Entscheidung, die brüchige Geschichte der Frauenliteratur anhand von Essays zu analysieren, entsprach der Materiallage. Es kennzeichnet die Frauenliteratur, daß sie nicht in einer kontinuierlichen Abfolge von Schriftstellerinnengenerationen verlaufen ist, bei der die nachfolgende stets auf die vorangegangene reagiert hätte, wie das bei den männlichen Autoren oft der Fall war. Eine solche Kontinuität fehlt in der Frauenliteratur weitgehend. Sie ist viel stärker durch Brüche und Neuanfänge gekennzeichnet, auch durch die Tatsache, daß es literarische Gruppenbildungen unter den Frauen – bedingt durch den traditionellen Ausschluß der Frau aus der Öffentlichkeit – kaum gegeben hat. Es schien daher nur konsequent, solche zwangsläufig auftretenden Diskontinuitäten sichtbar zu machen und sie nicht durch eine aufgezwungene Chronologie nach Epochen und Zeitströmungen einzuebnen. Die vorliegende Frauenliteraturgeschichte orientiert sich zwar am Leitfaden chronologischer Abfolge, zeichnet jedoch in ihren nach thematischen und poetologischen Aspekten gegliederten Kapiteln Entwicklungslinien auf, welche die Epochengrenzen überschreiten.

Es ist nicht das Ziel dieses Unternehmens, eine Galerie großer Dichterinnenportraits zu erstellen und die Werke der hinreichend Bekannten noch einmal in Einzeldarstellungen zu präsentieren. Es geht darum, eine Vielzahl von Autorinnen, die am literarischen Leben ihrer Zeit mitgewirkt haben, in ihren Unterschieden und Gemeinsamkeiten vorzustellen und neue Akzentuierungen vorzunehmen. Wenn Mme de Sévigné z.B. weniger Aufmerksamkeit geschenkt wird als der Duchesse de Montpensier oder der Mlle de Scudéry, dann geschieht das nicht aus Geringschätzung für deren Werk, sondern in der Absicht, ein Interesse für die zu Unrecht spärlicher beachteten Autorinnen zu wecken. Die Literaturgeschichte der Pléiade, die Mme de Sévigné gebührend würdigt, erwähnt wiederum nur die Salons der beiden anderen Autorinnen und deren berühmte männliche Besucher. Das gleiche Schicksal widerfährt ihnen in den Literaturgeschichten von Lagarde-Michard und bei Metzler. Apodiktische Verdammungsurteile aus männlicher Feder – so z.B. das von Molière über die »lächerlichen Preziösen« – haben oft jahrhundertelang nachwirkende Fehleinschätzungen von Autorinnen – in diesem Fall der Mlle de Scudéry – zur Folge gehabt. Daß der preziöse Salon die eigentliche *Schule der Frauen* im 17. Jahrhundert war, daß er ihnen einen Artikulationsort verschaffte, wie ihn zuvor vor allem die Stifte und Klöster boten, das sind Zusammenhänge, die nur selten Berücksichtigung fanden. Die negative Beurteilung der Preziösen ist symptomatisch für eine ausgeprägte Tendenz in der Literaturgeschichtsschreibung, die Werke von Frauen nach recht dubiosen Weiblichkeitskriterien zu bewerten. So findet das reiche Oeuvre der Autorinnen der italienisch-französischen Renaissance in den entsprechenden Literaturgeschichten zwar Beachtung, doch als Wertungsmaßstab wird weniger die literarische Qualität zugrunde gelegt als ein außerliterarischer Aspekt, die Frage nämlich, ob ihre Werke dem Bild schöner Weiblichkeit entsprechen, d.h. ob sie von »echtem Gefühl« zeugen – Maßstäbe, die man wohl kaum bei den literarischen Produktionen schreibender Männer anwenden würde. Diese Tendenz schlägt sich auch in den sogenannten Frauenkapiteln vieler Literaturgeschichten nieder, in denen die Autorinnen letztlich in ein weibliches Ghetto verbannt werden, so z.B. in den italienischen Literaturgeschichten bei Vallardi und bei Garzanti. Diese frauenspezifische literarische Wertung, die ihren Ursprung vor allem im 19. Jahrhundert hat, findet sich z.B. auch im Urteil der Pléiade-Literaturgeschichte über Christine de Pisan, die ihr zwar ein eigenes Kapitel widmet, darin jedoch auch wieder das »aufrechte Pathos« ihrer Witwenklagen, den »zärtlichen Charme« ihrer Verse lobt, die kunstvolle ästhetische Komposition des Hauptwerks der selbstbewußten Feministin des Spätmittelalters – der noch immer nicht edierten *Cité des Dames* – aber einfach übergeht. In dem großen vielbändigen Handbuch der Europäischen Literatur bei Athenaion finden Christine de Pisan wie auch Marie de France, die sogar neue Genres schuf und spätere Autoren durch ihr Werk nachhaltig beeinflußte, nur am Rande Beachtung. Die Pléiade-Literaturgeschichte würdigt gönnerhaft die »natürlichen Gaben« der Marie de France, gesteht ihr eher »Grazie als Kraft« zu, stuft ihre »lais« als »genre mineur« ein und erwähnt ihre anderen Werke überhaupt nicht. Auch hier verhindert die Bezauberung der männlichen Wissenschaftler durch »weibliche« Grazie, die sich der Intuition und nicht bewußter Formarbeit zu verdanken scheint, eine angemessene Bewertung der literarischen Qualitäten ihres Œuvres.

Da das literarische Werk von Frauen in den herkömmlichen Literaturgeschichten allzu oft unterrepräsentiert ist bzw. unangebrachten Bewertungsmaßstäben unterliegt, ist eine spezielle Frauenliteraturgeschichte die notwendige Voraussetzung für eine angemessene Bewertung weiblichen Schreibens. Daß Marguerite de Navarre in der französischen Literaturgeschichte bei Metzler nur als Schwester von François I erscheint, ist eine Merkwürdigkeit, die keineswegs eine Ausnahme darstellt. So tauchen z.B. in der einbändigen Literaturgeschichte des Aufbau-Verlags nicht einmal die Namen der Günderode oder der Caroline Schlegel auf.

Die Frauenliteraturgeschichte setzt im Mittelalter ein, einer Blütezeit europäischer Kultur, die erstmals auch den Frauen gehobenen Standes in großem Maße Bildung und im Zusammenhang damit das Schreiben gestattete. Sowohl die Klöster als auch die Höfe boten den Frauen Stätten literarischer Selbstentfaltung. Daß es gerade Nonnen sind, die »Bräute Christi«, die eine neue literarische Ausdruckskultur schufen, läßt auch die Klöster als Enklaven für weibliche Muße und Gelehrsamkeit in anderem Licht erscheinen. In diesem Zusammenhang muß auch die Nonnenmystik neu bewertet werden. Gewiß sind der Mediävistik die Konfessionen der Nonnen nicht unbekannt geblieben. Nur ist sie vor einer intensiveren wissenschaftlichen Auseinandersetzung bisher weitgehend zurückgeschreckt. Die radikale Erotik und sexuelle Direktheit der Nonnen- und Beginenmystik ist offensichtlich an Peinlichkeitsbarrieren gestoßen, die bis heute von der traditionellen Mediävistik nicht völlig abgebaut werden konnten. So widmet z.B. der Band VIII »Europäisches Spätmittelalter« im Europäischen Handbuch bei Athenaion den deutschen Ritterorden ein umfangreiches Kapitel, der Frauenmystik jedoch nur knappe dreieinhalb Seiten, wobei Mechthild von Magdeburg auf einer halben Seite abgehandelt wird.

Sicherlich können in einer einbändigen Frauenliteraturgeschichte, die verschiedene Nationalliteraturen behandelt, nicht alle Autorinnen berücksichtigt werden, die Aufmerksamkeit verdienten; so mögen manche Leser eine ausführliche Würdigung von Autorinnen vermissen, über deren hohen schriftstellerischen Rang sich die Literaturwissenschaft einig ist. Doch hier verweist die *Weiterführende Literatur* im Anhang des Buchs auf die wichtigsten Untersuchungen. Über Doris Lessing, Colette, Nathalie Sarraute, Marguerite Duras, Simone de Beauvoir oder Selma Lagerlöf z.B. ist schon viel publiziert worden, aber die Vormärz-Autorinnen wie Fanny Lewald, Ida Hahn-Hahn, Luise Mühlbach etc. werden auch in jüngeren Literaturgeschichten, wie z.B. in denen bei Reclam und Athenäum, nicht einmal dem Namen nach erwähnt.

Ähnlich ergeht es den Autorinnen der Belle Epoque, Lucie Delarue-

Mardrus, Anna de Noailles, Elisabeth de Gramont, Natalie Barney, Renée Vivien, Liane de Pougy, die sich bei ihren zeitgenössischen Kollegen großer Wertschätzung erfreuten, aber in den schon genannten französischen Literaturgeschichten überhaupt nicht vorkommen. Hier Anregungen zu einer intensiveren Auseinandersetzung mit interessanten, aber von der Forschung weitgehend übergangenen Autorinnen zu geben, war ein Aspekt, der das Konzept des Bandes mitbestimmte.

Die thematischen und poetologischen Fragehinsichten, die sich am vorhandenen literarischen Material orientierten und wiederum bisher von der Forschung vernachlässigte Aspekte akzentuierten – etwa die Anklage von Sklaverei und Unterdrückung bei Schriftstellerinnen – erlaubten es, eine Reihe von Autorinnen ganz unterschiedlicher Herkunft in einer literarischen Zusammenschau vorzustellen. Daß eine Autorin in mehreren Kapiteln unter verschiedenen Gesichtspunkten behandelt wird, ist ein beabsichtigter Effekt dieser Gliederungsstruktur. Die Frauenliteraturgeschichte will auf eine kritische Wertung nicht verzichten. Selbstverständlich ist nicht alles, was aus weiblicher Feder stammt, ästhetisch geglückt. Manches literarische Werk entspricht in seinen Inhalten den Vorurteilen, welche die Zeitgenossen vom Wesen und der Bestimmung der Frau hegten. Doch insofern solche Werke in ihrer Zeit weite Verbreitung fanden und das kulturelle Leben mitbestimmten, kommt ihnen ein dokumentarischer Wert zu. Unumgänglich jedoch bei der kritischen Wertung ist die Berücksichtigung der weiblichen Sozialisation, die den Frauen jahrhundertelang den Zugang zu einer umfassenderen Bildung erschwerte, ein Gesichtspunkt, der in den herkömmlichen Literaturgeschichten kaum beachtet wird.

Wenn hier ganz bewußt an dem nicht unproblematischen Begriff der »Frauenliteratur« festgehalten wird, so hat das eher programmatische als poetologische Gründe. »Frauenliteratur« wird als Orientierungsvokabel für alle von Frauen geschriebenen Texte verwendet, nicht aber als Genrebegriff wie von den Literaturhistorikern des 19. Jahrhunderts, die ihren Literaturgeschichten – in Gönnerattitude – zumeist ein Sonderkapitel zu den »dichtenden Damen« anhängten.

Wer sich mit Frauenliteratur befassen will, sollte Virginia Woolfs Postulat nach dem eigenen Zimmer ernstnehmen und den weiblichen »Schreibort« in seine Überlegungen einbeziehen. »The creaking door«, die Quietschtür, von der Jane Austen in ihrer Autobiographie spricht, ist nicht bloß eine literarische Metapher. Sie kennzeichnet die Produktionssituation der meisten bürgerlichen Autorinnen bis weit in das 19. Jahrhundert hinein. Ohne eigenes Zimmer, oft auch ohne die elterliche Schreiberlaubnis, nutzten sie die wenigen »leeren Stunden« des gemeinsamen Wohnzimmers einer zumeist großen Familie, um ihre Werke zu schreiben. Die »Quietschtür« war das Warnsignal, bei dem das Manuskript unter der Tischdecke zu verschwinden hatte.

Die Literaturgeschichte auf solche Orte hin zu untersuchen, die für Frauen zu »Schreib-Räumen« werden konnten und weibliche Schreibversuche überhaupt erst ermöglicht haben, war ein Gesichtspunkt dieser Darstellung. Damit sind einmal ganz konkrete Orte gemeint wie etwa die Stifte, die Klöster, die Beginenhäuser oder auch die Höfe, die Salons und die Frauenzimmerbibliotheken, Stätten weiblicher Bildung und literarischer Entfaltung. Erinnert sei auch an die Londoner Grub Street als Treffpunkt für die erste englische Schriftstellerinnengeneration.

Doch ebenso gemeint sind die geistigen Orte, wo Frauen Ermunterung und Ermutigung erfuhren, sich selber auszudrücken – bzw. ihre Sicht auf soziale und politische Probleme zu artikulieren – wie etwa die pietistischen Brüdergemeinden, der St. Simonismus, das junge Deutschland, Bewegungen also, in denen ästhetische Grenzüberschreitungen möglich wurden, Hierarchien tradierter Gattungs-Poetiken außer Kraft traten und »Leerstellen«, ja ganz wörtlich »Leer-Räume« und »Aus-Wege« entstanden, in denen Frauen sich einrichten und behaupten konnten.

Aus diesem Grund erwies es sich als sinnvoll, über die »Gutenbergliteratur«, die gedruckte Literatur, hinauszugehen und ebenfalls die Filmemacherinnen zu berücksichtigen, weil sich hier deutlich nachweisen läßt, wie ganz bestimmte kulturpolitische Maßnahmen, nämlich die Neuorientierung der Subventionspolitik, erst konkrete Arbeitsräume für Frauen schufen und so die reiche qualitätvolle Produktion von »Frauenfilmen« ermöglichten.

Aber auch die den Frauen »verweigerten Räume«, das Theater zum Beispiel, sollte betrachtet und der Frage nachgegangen werden, warum Shakespeare kein weibliches Pendant fand. Hierbei geht es nicht bloß um »die Vergessenen«, die einem oft engen ästhetischen Wertekanon zum Opfer fielen. Komplizierte Wechselwirkungen von gattungsimmanenten Schwierigkeiten und Anpassungsstrategien der Autorinnen haben die weibliche Dramenproduktion erheblich belastet.

Ebenfalls sollten die Stimmen jener Autorinnen gehört werden, die im Begriff sind, sich innerhalb der westlichen Kulturen ihre eigenen Schreibräume zu erobern, wie die schwarzamerikanischen Schriftstellerinnen, die Lateinamerikanerinnen, die gegen Diktaturen anschreiben, oder Autorinnen aus Schwarzafrika, die erste Proteste gegen die alten Stammeskulturen richten. Daß die Autorinnen östlicher Kulturen unberücksichtigt bleiben müssen, ergibt sich einmal aus pragmatischen Gründen – schließlich sind ihre Werke, abgesehen von Einzelbeispielen, in Übersetzungen kaum zugänglich – und zum anderen an der gänzlich unterschiedlichen Tradition, die mit den skizzierten Gliederungsprinzipien nicht faßbar gewesen wäre. Verbindungslinien, wie sie sich bei aller Unterschiedlichkeit von den USA zu den afrikanischen und lateinamerikanischen Kulturen in der neuesten Frauenliteratur beobachten lassen, sind hier nicht nachweisbar. Denn daß sich in den siebziger Jahren erstmals vermehrt lateinamerikanische und schwarzafrikanische Autorinnen zu Wort melden und Beachtung finden, ist letztlich auch auf die euro-amerikanische Frauenbewegung zurückzuführen.

Einer einbändigen Frauenliteraturgeschichte sind notwendig Grenzen gesetzt. Will sie sich nicht nur in einer positivistischen Auflistung von Namen, Daten, Werken, Fakten erschöpfen, muß sie auswählen. Sie kann nur exemplarisch verfahren und vermag in keinem Fall das ganze Spektrum der von Frauen verfaßten Literatur angemessen vorzustellen. Insofern erhebt dieser Band keineswegs den Anspruch auf Vollständigkeit; er soll als Anregung verstanden werden, er soll bahnbrechend für weitere Studien zur Frauenliteratur wirken. Im übrigen wäre es wünschenswert, wenn eine zukünftige Literaturgeschichte, die den Autorinnen den ihnen gebührenden Rang zukommen läßt und sie adäquat ihrer ästhetischen Qualität beurteilt, eine gesonderte Frauenliteraturgeschichte überflüssig werden läßt.

Köln, im Juni 1985 Hiltrud Gnüg/Renate Möhrmann

Klöster und Höfe – Räume literarischer Selbstentfaltung

Margret Bäurle, Luzia Braun

»Ich bin heiser in der Kehle meiner Keuschheit« Über das Schreiben der Mystikerinnen

Die »Ärmsten im Geiste«, die »Einfältigen«, die »gebrechlichen Gefäße«, die »Törichten«, die Unwissenden und Niedrigen – kurzum: das »schwache Geschlecht« beginnt ab der Mitte des 12. Jahrhunderts, die Welt des hohen Geistes in Erstaunen zu versetzen: Frauen beginnen zu schreiben.

Der Zeit entsprechend schrieben die allerersten noch in Latein, dann – ab dem 13. Jahrhundert – zunehmend in der jeweiligen Landessprache, einige wenige allerdings sprachen das, was sie zu sagen hatten, als Diktat in die Feder anderer. Wie und in welcher Sprache auch immer sie ihre Texte verfaßten, so haben sie eines gemeinsam: sie schrieben an und für Gott, der sich ihnen in mystischen Erlebnissen unmittelbar und spürbar offenbart hatte.

Weil aber sowohl ihr Gott als auch ihr Schreiben historisch neu waren, schrieben sie nicht nur auf, was sie glaubten verkünden zu müssen, sondern sie machten den Bruch zwischen Schweigen und Schrift selbst zum Thema, sie be-schrieben das Szenarium, den Raum, in welchem sich Schrift für sie ereignen konnte. Auf diese Weise verfaßten sie – ganz ungewollt – eine Theorie des Schreibens.

Geographisch und zeitlich wanderte das mystisch-weibliche Schreiben. In Deutschland fand es einen Ausdruck schon im 12. Jahrhundert mit Hildegard von Bingen, die für ihr erstes Buch *Scivias* noch der Erlaubnis des Papstes und seines Segens bedurfte, da die göttliche Lehre aus weiblichem Mund neuartig und bezweifelnswert war, »denn viele irdisch gesinnte Kluge verwerfen sie, weil sie von einem armen Gebilde stammt, das aus der Rippe erbaut und nicht von Philosophen belehrt worden ist« (Hildegard von Bingen: *Briefwechsel*, S. 30).

Doch trotz dieses zaghaften Beginns hat Hildegard von Bingen schon zu ihren Lebzeiten als Äbtissin und Predigerin, als Heilkundlerin und Naturforscherin, als Dichterin und Komponistin und als Briefpartnerin der Großen ihrer Zeit Wirkung hinterlassen und Bewunderung erregt.

Weniger spektakulär und nicht annähernd so öffentlich lag dann in

Deutschland der Höhepunkt minnemystischer Literatur mit Mechthild von Magdeburg, Gertrud von Helfta, Gertrud von Hackeborn, Christine Ebner und Margarethe Ebner im 13. Jahrhundert und zu Beginn des 14. Jahrhunderts; in Italien spannte sich der zeitliche Bogen von der 2. Hälfte des 13. Jahrhunderts bis zum Anfang des 16. Jahrhunderts. In Spanien artikulierte sie sich mit Teresa von Avila im 16. Jahrhundert. Nur Frankreich ist in dieser Landkarte mystisch-weiblicher Literaturproduktion ausgenommen. Ein Grund dafür mag sein, daß sich dort im Umfeld höfischer Gesellschaft Frauen einen anderen Zugang zur Schrift erschlossen haben durch ihre Teilnahme an der minnelyrischen Tradition.

Die mystischen Schriftstellerinnen – obwohl ihre historischen Bedingungen sehr unterschiedlich waren – lebten in ähnlichen sozialen Verhältnissen. Verhältnisse, die einen gesellschaftlichen Umbruch voraussetzten, der den Ort schuf, an welchem Schreiben ermöglicht, begünstigt und gefördert wurde: das Frauenkloster und – allerdings in abgeschwächtem Maße – das Beginenhaus.

Religion war bis zum 12. Jahrhundert gleichbedeutend mit Mönchtum, Klosterleben und lateinischer Sprache. Dann aber entwickelten sich im Gefolge der sozialen Umwälzungen Frömmigkeitsformen und neue religiöse Lebensformen, die in die alte Ordnung der Kirche einbrachen. In gleichem Maße beanspruchten die neuen Orden und die häretischen Bewegungen das Evangelium und die Apostelschriften mit ihren Idealen Armut, Keuschheit und Gehorsam als den Inbegriff christlicher Botschaft. Doch da diese Bewegungen Neues zu verkünden hatten, waren sie bestrebt, es so zu künden, daß man sie verstand: sie predigten deshalb – und damit standen sie in krassem Widerspruch zur klassischen Klostertradition – in der jeweiligen Landessprache.

In ganz Europa begab sich das Wort Gottes auf die Wanderschaft. Vom Süden her kamen die Franziskaner, vom Westen über Frankreich die Dominikaner. Im Norden stießen sie dann auf eine verwandte Bewegung, die vor allem von Frauen getragen war. Von Frauen, die fast ausschließlich dem Adel oder dem damals sich konstituierenden städtischen Patriziat entstammten und deren Antrieb zum Ausbruch vor allem – das jedenfalls legen die Dokumente nahe – eine radikale Ehefeindschaft war. Keineswegs also war dies eine Bewegung der Bedürftigen und Besitzlosen, sondern weit eher ein eigensinniger und freiwilliger Aufbruch von Unzufriedenen, die bisher gut versorgt waren. Diese Frauen, sofern sie dem Adel angehörten, beherrschten aber – zu ihrem privaten Gebrauch – zumindest die landessprachliche Schrift. Und es war die Fusion aus lehrbegierigen Predigern und lernbegierigen Frauen, die das Umfeld zum weiblich-religiösen Schreiben schuf. Allerdings geschah dies auch außerhalb des Klosters, denn die neuen und alten Orden sahen sich außerstande, den Andrang von Frauen aufzufangen, die askesewillig waren. Deshalb haben sich viele von ihnen ohne klösterliche Regel und ohne Ordenszusammenhang – jedoch unter religiösem Beistand von Mönchen – auf eigene Faust Gott geweiht und sich einem ausschließlich geistlichen Leben in Armut und Keuschheit verpflichtet. Diese Frauen nannte man Beginen.

Aber mögen sie nun in Frauenklöstern oder in Beginenhäusern untergekommen sein, in beiden fanden sie den äußeren Rahmen, dessen das Schreiben bedarf. Beides waren Orte frei von familialen Verpflichtungen, und beide boten Augen und Ohren für das Geschriebene, zunächst Auge und Ohr des Mannes, der Beichtiger, Unterweiser, Ermunterer und bisweilen auch Zensor und Korrektor war, und dann die Augen und Ohren der Mitgeweihten, die in Andacht lasen und lauschten. Und schließlich gewährte zumindest das Kloster die Stille und das Ritual, welche das Mysterium verlangt. Dort konnten die Empfänglichen unter den Frauen sich ungestört und wohlvorbereitet den Offenbarungen Gottes hingeben. Offenbarungen, in denen ihnen so Unerhörtes widerfuhr, daß sie nicht ruhten, bis es beschrieben war. Es gibt verschiedene Lesarten ihrer Texte. Man kann sie in religionswissenschaftlicher, in philosophischer, geschichtlicher oder literaturwissenschaftlicher Absicht befragen. Unser Interesse gilt aber vor allem der Frage, wie der imaginäre Raum beschaffen ist, den sich die Mystikerin mittels ihres Schreibens erschließt; wo und wie plaziert sie sich und ihren Gott in ihrem Entwurf; und was macht das sprachlich Spezifische aus, um ihre Inszenierung zu erhalten.

Wenn wir im Folgenden besonders häufig Mechthild von Magdeburg zitieren, so deshalb, weil ihre Texte am genauesten diesen Raum beschreiben, und weil sie zudem die schönsten sind.

Gespielin und Bräutigam

Gott liebkost mit der Seele in sechs Dingen

Du bist mein Lagerkissen,
mein Minnebett,
meine heimlichste Ruhe,
meine tiefste Sehnsucht,
meine höchste Herrlichkeit.

Du bist eine Lust meiner Gottheit,
ein Trost meiner Menschheit,
ein Bach meiner Hitze. (*Das fließende Licht der Gottheit*, S. 64)

Ein Gott, der so spricht, ist ausgestattet mit Eigenschaften, die einen allmächtigen Gott schlecht kleiden. Er ist Dreiheit, aber keine Dreieinigkeit. Er ist Gott, Mensch und brennendes Verlangen – ohne Synthese, in der er sich an sich selbst sättigen könnte. Und so dreht es sich bei Mechthild von Magdeburgs Gottesvorstellung tatsächlich um die eines Geliebten und nicht um einen entfernten, vollkommenen und gesetzgebenden Gott-Vater. Mechthild von Magdeburgs Texte – fast ausschließlich als Dialog gehaltene Wechselgesänge zwischen der Seele und Gott – sind Liebeshymnen an einen abwesenden Liebhaber. Ihr Gott menschelt. Er ist keine abstrakte Definition, sondern eine Metapher. Er läßt sich nicht denken, aber spüren. Und so ist Gott ein *Ereignis*, das auf ihren Körper und ihre Seele wirkt; der mystische Gottesbeweis ist sinnlicher Natur.

In seiner Entäußerung menschelt dieser Gott auf zweierlei Weise: zum einen spricht er, läßt seine Worte Gestalt annehmen, Fleisch werden im weiblichen Geist. Zum zweiten ist er ein Gott, dem man begegnen kann in Liebe an einem Lust-Ort, einem Ort, der die Lust bereichert und dauern läßt, weil er die Grenzen des Verstandes nicht kennen und nicht anerkennen will. Der mystische Gott spricht und läßt mit sich sprechen, und er begehrt und muß sich notwendigerweise selbst begehren lassen. Verlangen und Mangel geben ihn frei als Getriebenen, menschlich Sehnenden. Wenn Mechthild die Minne protzen läßt: »Ich habe den allmächtigen Gott vom Himmel getrieben« (I,3), so schafft sie eine Instanz, die Liebe nämlich, die höher noch als Gott gesetzt wird, und der auch er unterworfen ist. Ihr Anliegen, Gott als Bräutigam, als Geliebten zu entwerfen, braucht aber diesen »gefallenen« Gott, nur so nämlich ist er geeignet für die Inszenierung eines lockenden und suchenden Austausches. Denn so steigt er (nicht nur) herab zu ihr, sondern auch sie hinauf zu ihm in die göttliche Sphäre. Für Mechthild ist die Liebe Spiel und Werbung. Die Seele bewegt und verführt den Geliebten zum Abstieg aus der göttlichen Unnahbarkeit zur menschlichen Annäherung. Und nicht, damit Gott sich offenbare in seiner Allgewalt als Schöpfer, sondern sich hinneige als Einzelner zu einer Einzelseele. Auf die göttliche Liebkosung der Seele antwortet sie:

Du bist mein Spiegelberg
Meine Augenweide,
Ein Verlust meiner Selbst,
Ein Sturm meines Herzens,

Ein Fall und Untergang meiner Kraft,
Meine höchste Sicherheit. (I,20)

Gott ist der Andere; er ist das Aufgeben der Selbstbegrenzung, deren Überwindung die Passion sichert; er ist das Nachlassen der Kraft und dennoch die Gewähr für ihre Erhaltung. Seele und Gott sind jedoch nicht zwei Varianten des Ich-Du-Dramas. Die ungewohnte Verwendung der Spiegelmetapher zeigt eine andere Weise auf, verdeutlicht das Spezifische an diesem Entwurf des imaginierten Geliebten, oder genauer gesagt, der imaginierten Liebe: Gott ist nicht die Antwort im Spiegelbild auf ein suchendes Ich. Ist weder ein »Das also bin ich« des Narziß, noch ein »Das also bist Du mir«, die ergänzende Hälfte des platonischen Liebesideals.

Mechthild von Magdeburg und jeder anderen Mystikerin geht es nicht um eine Ich- bzw. Wir-Findung durch den Anderen, sondern um einen Rausch-Zustand, der diese Unterscheidung nicht mehr kennt. Katharina von Genua (15. Jh.) bestätigt – zwei Jahrhunderte später – dies mystische Bestreben, wenn sie schreibt: »Ich weiß nicht, wo das Ich ist, noch such ich es, noch will ich davon wissen, noch Kunde haben« (*Ekstatische Konfessionen*, S. 141). Um Freiheit von jeglicher Begrenzung gewinnen zu können oder, wie es Mechthild beschreibt, um in der »wahren Wüste« wohnen zu können, empfiehlt sie: »Du sollst minnen das Nicht, Du sollst fliehen das Ich«.

In Mechthilds Liebesvorstellung gilt es, den Spiegel als Wechselspiegel zu begreifen, in den beide – Gott und Seele – schauen.

Herr, Du bist mein Geliebter,
Meine Sehnsucht,
Mein fließender Brunnen,
Meine Sonne,
Und ich bin Dein Spiegel. (I,4)

Und auch Gott preist die Seele als einen Spiegel, als Spiegel der »inneren Anschauung« (V,7). Dieser Spiegel ist aber weder eine Projektion der eigenen Gestalt noch eine Reflexion, Überprüfung des eigenen Bildes. Er ist der Blickfang des Begehrens, denn Seele und Gott erkennen nicht sich, sondern die Liebe.

Minne, deine große, edle Lauterkeit,
Die sich als schöner Spiegel zeigt,
In der keuschen Seele vor Gott,
Sie entfacht heiße Minnelust. (V,30)

Der Spiegel ist der Vollzug der Vergöttlichung des Menschlichen und umgekehrt, oder – mit Robert Musil gesprochen – »die schattenhafte Verdopplung seiner selbst in der entgegengesetzten Natur« (*Der Mann ohne*

Eigenschaften, S. 941f.). Das, was im Spiegel erkennbar wird, ist der begehrliche Blick. Er wird nicht zurückgeworfen auf den Schauenden, sondern abgefangen, verdoppelt, vervielfältigt im Begehren des Anderen. Jene ›unsagbare‹ Vereinigung, von der Mystikerin als ›unio mystica‹ gefeiert, ist das Schauen in den »ewigen Spiegel« (IV,18), der als Brennspiegel ihres Begehrens ihr die ›höchste Sicherheit‹ gibt: das Wissen um die Dauer des unendlichen »Minnebrennens« (III,1). Und kein Liebhaber erhält das Sehnen besser als der, der selbst das gestaltlos brennende Sehnen ist.

Die Seele öffnet und weitet sich, willens, den göttlichen Offenbarungen zu lauschen, die sie Ihn sagen läßt. Denn obwohl er spricht, ist sein Sprechen nur möglich, weil es eine Brechung erfährt im Medium der liebenden Seele. Und so ist Gottes Wort im Munde der Frauen immer doppelzüngig.

> Herr so harre ich denn mit Hunger und Durst,
> Mit Jagen und mit Lust,
> Bis an die spielende Stunde,
> Da aus Deinem göttlichen Munde
> Die erwählten Worte strömen hervor.
> Sie dringen in kein Ohr,
> Nur in die Seele allein,
> Die sich von der Erde entkleidet,
> Und ihr Ohr legt an Deinen Mund.
> Ja, die begreift der Minne Fund. (II,6)

Was immer Gott auch sagen mag, er hat kein Privileg auf seine Worte, er beherrscht sie nicht. Weil er spricht, gehört sein Sprechen nicht mehr ihm, sondern ermöglicht dort, wo es vernommen wird, ein Echo. Der göttlichen Entschiedenheit: »Ich komme zu dir, nach meiner Lust« (II,25) setzt die Seele keine geringere Entschlossenheit entgegen: »Ich lebe nach meinem eigenen Willen« (II,23), »Und tue mit ihm, was ich will« (II,21). Beinahe lapidar und in ganz irdischen Bildern verrät Mechthild die Funktionsweise ihres Verfahrens:

> Aber die Sonne scheint nach dem Wetter. Verschiedenes Wetter ist hier auf Erden unter der Sonne, ebenso sind verschiedene Wohnungen im Himmel; [...] folglich: Wie ich ihn erleiden und sehen kann, so ist er mir. (IV,12)

Unerschöpflich sind Mechthilds Versuche, die Inszenierung der Liebe auf der Bühne ihres Seelentheaters auszutragen. In einem Tanzlied werden die Sinne von der Seele der Ignoranz angeklagt: »Schweigt ihr Herren, ihr wißt alle nicht, was ich meine« (I,44). Die züchtigen Angebote der Jungfrau-, Engel- oder Märtyrerliebe weist die Seele entrüstet zurück und spottet in bräutlichem Stolz:

Das ist Kindesliebe.
Daß man Kinder stille und wiege.
Ich bin eine vollerwachsene Braut.
Ich will gehn zu meinem Traut. (I,44)

Nach dem Verstummen der Sinne tritt sie als »nackte Seele« vor Gott, frei von allem und frei für ihr ureigenstes Genießen:

Er gibt sich ihr, und sie gibt sich ihm.
Was ihr nun geschieht, das weiß sie,
Und damit tröste ich mich. (I,44)

Mechthild weiß, was der Seele geschieht, bleibt aber selbst dann Hüterin des Geheimnisses, als sie von der Erkenntnis gebeten wird, ihre Frage nach dem »unaussprechlichen Geheimnis, das zwischen Gott und Euch ist« (II,19) zu beantworten. »Frau Erkenntnis« kontert sie kokett, »das tu ich nicht. Die Bräute dürfen alle nicht sagen, was ihnen widerfährt.« (II,19) Angela von Foligno (13. Jh.) verrät ein wenig mehr. Körperliches Gelöstsein und seelisches Brennen ereignen sich ihr bei jenem Drängen nach Vereinigung.

Und alsbald wurde ich mit Liebe erfüllt und mit einer unschätzbaren Sättigung, die, wenn sie mich auch sättigte, dennoch einen so mächtigen, unstillbaren Hunger in mir weckte, daß alle meine Glieder auf der Stelle kraftlos wurden und meine Seele sehnsuchtsvoll zu dem Übrigen hinüber zu gelangen begehrte.
(*Geschichte und Tröstungen der seligen Angela von Foligno*, S. 7)

Und Katharina von Genuas Verlangen ist es, keine Differenz mehr zuzulassen:

Ich will keine Liebe, die für Gott oder in Gott wäre. Ich kann dieses Wort *für*, dieses Wort *in* nicht sehen, denn sie deuten mir auf ein Ding hin, das zwischen mir und Gott sein könnte. Dieses aber kann die reine und klare Liebe nicht ertragen, und diese Reinheit und Klarheit ist so groß, wie Gott selber ist, um sein eigen sein zu können.
(*Ekstatische Konfession*, S. 141)

Die Unio Mystica

Was für eine Gottesauffassung bedarf ein derartiges Brautverhältnis zwischen Nonne und Gott? Ein Gottesleben, das diese »unio mystica« überhaupt ermöglicht, kann keines sein, dem es um das Begreifen oder – wie bei den Scholastikern – um einen diskursiven Gott geht. Der mit Hilfe der Vernunft ermittelte Gott findet schließlich an der Sinnlichkeit seine Schranke. Den Mystikern ist jedoch an der Abschaffung jenes scholastischen »rationellen« Gottes gelegen. Dem unmittelbaren Fühlen Gottes gilt all ihr Bestreben. Das mystische Gotterlebnis zelebriert die Erhebung über das profane Dasein des gewöhnlichen Gläubigen. Das kirchlich-institutionelle Verhältnis zu Gott wird verweigert, hingegen eine Gottesbegegnung in Szene gesetzt, die als persönliche, privat-intime, einmalige und besondere durchlebt wird. Davon erzählt bereits das Wort selbst: Mystik kommt vom griechischen »myein« und bedeutet Augen und Lippen verschließen, meint ein Ausgeschlossensein von der Vermittlung durch die menschlichen Sinne und vom Erkenntnisvermögen dieser Sinne. Die Ekstase, das »Aus-sich-Herausgetreten-sein«, eine Folge dieses Verfahrens, verweist jedoch auch auf eine andere Wortverwandtschaft von Mystik: auf das Mysterium.

Ein Geheimnis nämlich ist dieses »Einssein« nicht nur dem heutigen forschenden Blick, sondern Geheimnis bleibt es auch denen, die diesen »anderen Zustand« produzieren.

Das Dilemma dieses Zustandes, dem die Mystikerin nie entkommt, liegt in seiner Endlichkeit; seine Aussichtslosigkeit liegt jedoch bereits in der Absicht vor ihm. Eine Absicht, die das Unmögliche will, einen Willen kundtut, der sich auf ein Grundparadoxon verläßt: das menschliche Dasein in seiner Begrenztheit ignorieren zu wollen, um so zur Partizipation am göttlichen Sein gelangen zu können. Die »unio mystica« macht für Momente des empfundenen Einsseins mit Gott ein Gelingen glauben: Die »Entwerdung« wird gefeiert.

Ihr Ende jedoch führt zum Wissen darüber, in der Überwindung der Grenzen immer wieder an diese zu stoßen; im Gelingen das Scheitern ahnen zu müssen, die Grenzen zu überwinden, sie aber letztlich nie aufheben zu können. Und dennoch ist es gerade die Endlichkeit des Zustandes, die den Grund dafür sichert, unentwegt gegen sie zu rebellieren. Im Ringen um dieses grenzenlose Sein, Einssein, tritt das Wissen um seine Voraussetzungen wie ein treuer Verbündeter mit auf das Spielfeld. Und so fürchtet und genießt, erkämpft und verdammt die Mystikerin jenen unvermeidbaren Wechsel von Rausch und Ernüchterung, von Lust und Pein, Erfüllung und Versagung.

Jener Strudel aber wird bewegt von der Sprache. Sie ist es, von der Mystikerin gleichzeitig bemüht und verachtet, die jenen Spiel-Raum erhält, ein Seil spannt zwischen Annäherung und Ferne, Anwesenheit und Abwesenheit, Mensch und Gottsein. Das Schreiben und Versprachlichen des Unsagbaren bietet der Mystikerin den Ort, an dem ein Aufenthalt zwischen dem Genuß, der war und dem, der sein wird, gewährt bleibt, und das Schreiben selbst zur Wollust gerät.

Aus Liebe widmet sie ihr Schreiben der Liebe. Mechthild von Magdeburgs großes Thema kreist also nicht um die Frage, wer bin ich, und wer ist dieser mein Geliebter, sondern um das Spiel zwischen ihr und ihm. Für sie ist die Liebe ein erkennendes Streben und deshalb Erkenntnisdrang und Erkenntnisgegenstand in einem. Weil Mechthild liebt, will sie erkennen. Denn ihr Begehren ist ein Begehren aus Nicht-Wissen, und geboren aus diesem wächst es zu einem Drang nach Erkenntnis:

Minne ohne Erkenntnis,
Dünkt die weise Seele Finsternis.
Erkenntnis ohne Genuß,
dünkt sie eine Höllenpein.
Genuß ohne Tod
Kann sie nie genug beklagen. (I,21)

Die Frage aller mystischen Fragen stellte als eine der ersten die flämische Mystikerin Hadwijch bereits zu Beginn des 13. Jahrhunderts: »Was ist minne und wer ist minne. Danach hatte ich zwei Jahre lang geforscht« (*Briefe*, S. 79f.). Eine Forscherin also ist die Mystikerin auch, eine Forscherin allerdings, die häufig – wie Katharina von Genua – nur die Frage stellt, ohne die Antwort zu erhalten:

O göttliche Liebe, werde ich je mehr über dich sagen können? Ich bin überwunden und von dir besiegt. Ich bin untergegangen in Liebe und kenne doch die Liebe nicht. Ich fühle, wie diese Liebe in mir wirksam ist, doch ich verstehe ihr Wirken nicht. Ich fühle mein Herz in Liebe entbrannt, das Feuer der Liebe aber sehe ich nicht.
(*Geistliche Zwiegespräche über die göttliche Liebe*, S. 16)

Die Verworfenheit

Die Mystikerin schafft sich ihren Gott, der nichts anderes als ein gigantischer Liebesentwurf ist. Ihre Erfindung will es aber, daß auch sie von ihr geschaffen wird, durchaus im vulgären und doppelten Sinn des Wortes. Ihre Schöpfung führt zur Er-Schöpfung und läßt so die Begierde unendlich zirkulieren, entzündet am gebrochenen Blick-Duell mit ihrem göttlichen Gegenüber. Denn die Liebe erhält sich als Dauer nur, wenn sie sich stets unterbricht; so kann die Vereinigung

nie lange sein.
Denn wo zwei Geliebte verborgen sich sehen,
Müssen sie oft abschiedslos voneinander
gehen. (I,44)

Das Scheiden ist Teil der Liebe, es gehört zu ihr. Es ist zwar schmerzlicher Abbruch, aber auch Verpflichtung auf ein erneutes Begehren. Oder mit Mechthilds Worten: Dann läßt er (Gott) »sie ein wenig, daß sie begehren könne« (I,5). Die Distanz zum Geliebten ist die Voraussetzung für die Erhaltung des Verlangens. So erfleht die Seele zwar seine Nähe, sie erfleht aber auch immer wieder das Verworfenwerden, das Verlassensein. Sie bittet nicht um seine unmittelbare Präsenz, sondern sie wünscht die Sehnsucht des Geliebten, sie wünscht die Spanne der Annäherung zwischen ihm und ihr. Die Seele giert nicht nach Gott, sondern sie giert nach seinem Begehren. So spricht sie dann zu ihm: »Und bedeck mich mit dem langen Mantel deines großen Verlangens!« (VII,35).

Das Verlangen braucht jedoch die Ent-Fernung, und deshalb bejaht Mechthild von Magdeburg auch ihre Voraussetzung und unterstellt den Liebenden den Willen zum Abschied:

> Hiernach kam die stete Fremde Gottes und hüllte die Seele so ringsum ein, daß die Seele sprach: »Sei mir willkommen, gar selige Fremde! Wohl mir, daß ich geboren ward, weil du, Herrin, nun meine Kämmerin sein wirst! Denn Du bringst mir ungewohnte Freude und unbegreifliche Wunder und dazu unerträgliche Süßigkeit. Aber Herr, die Süße sollst Du von mir nehmen und laß mich (nur) Deine Fremde behalten. Eia, wohl mir, trauter Gott, daß ich sie gemäß der Wandelbarkeit der Minne empfangen darf [...] denn jetzt verfährt Gott wunderbar mit mir, da mir seine Entfremdung lieber ist als er selbst«. (IV,12)

Immer wieder kreisten ihre Texte um die Trennung vom Geliebten: »Je schmerzlicher sie scheiden, um so reichlicher gewährt er ihr / Je mehr sie verzehrt, um so mehr hat sie« (I,22). Das Nebeneinander von Liebe und Leid, das sehnsüchtige Werben der Liebenden und die Trennung sind Motive, die auch der Minnesang kennt. Und zweifellos war Mechthild von der Minnesangliteratur beeinflußt. Dennoch liegt der Unterschied zum Abschiedsmotiv höfischer Dichtung darin, daß das Scheiden nicht eine Folge von Verzicht und Entsagung oder einem moralischen Gebot geschuldet, sondern Bedingung für eine Wiederannäherung ist. Mechthilds Texte sind keine Klagelieder, sondern Verse, die sich der Erinnerung an den Genuß verdanken. Sie entwirft (sich) mit ihrer Minnevorstellung einen Frei-Raum für ihre Lust: »Je größere Freiheit Du mir gibst, um so länger kann ich in Dir verweilen«(II,18). Und so faßt sie dann die Liebe zusammen:

> Es ist die Natur der Minne, daß sie zuallererst in Süße fließt, dann wird sie reich in der Erkenntnis, und zum dritten verlangend und gierig nach der Verworfenheit. (VI,20)

Der Genuß

Das mystische Genießen könnte man darin »göttlich« nennen, daß es sich genau von den Privilegien nährt, die dem mystischen Gottesentwurf zueigen sind: Mangel und Erfüllung, Begehren und Befriedigung in einem zu sein. Was auf der sprachlichen Ebene die Paradoxie aussagt, korrespondiert im Genießen mit dem Zugleich von Verlangen und Gesättigtsein. Und dieses Genießen braucht deshalb auch Geist und Sinne nicht zu trennen: »Die Minne durchwandelt die Sinne und stürmt mit allen Kräften auf die Seele ein [...] Die Minne schmilzt durch die Seele in die Sinne. Daher gewinnt auch der Leib seinen Teil« (V,4).

Wie lächerlich klänge es zu behaupten, die Mystikerinnen haben mit ihrem Gott geschlafen. Wie passend hingegen erscheint die Formulierung der romanischen Sprachen: »fare l'amore«. Mechthild von Magdeburgs Texte zeugen bei all ihren Fragen: was ist die Minne?, vom Wissen um die Antwort: Liebe ist, sie zu machen, sie zu inszenieren, sie zu gestalten, sie zu spielen, auf daß das Begehren sich verewige und nie erlösche. Die Mystikerin ist die wahre Künstlerin eines Begehrens, in der das Imaginieren selbst Genießen ist.

Und mögen manche ihre Texte für obszön halten, so sind sie dies in des Wortes ursprünglicher Bedeutung. Sie spielen außerhalb der gängigen Szene, sie sind *out of scene*, sie sind ob – szön.

Das getriebene Reden

> Oh Liebe, ich kann nicht mehr schweigen, noch kann ich, wie ich es gerne wollte, von den lieblichen und süßen Wirkungen reden. Denn ich bin allüberall erfüllt von deiner Liebe, die mich gewissermaßen antreibt zu reden, und dann kann ich es doch nicht. Zu mir selbst rede ich mit dem Herzen und mit meiner Einsicht, doch wenn ich ein Wort aussprechen und das sagen will, was ich fühle, dann muß ich einhalten. Deshalb würde ich gerne schweigen, doch auch das kann ich nicht, denn der Trieb zu reden treibt mich an. (Katharina von Genua: *Ekstatische Konfession*, S. 24)

Sie schwiege gerne, weil das, was sie sagt, nicht das benennt, was die Liebe an ihr wirkt. Aber es gibt – beinahe imperativisch – den Trieb, der sie drängt, ihren Mund zu öffnen. Will sie zu jemandem reden, will sie mitteilen? Sicher nicht im Sinne eines Austausches gewährleisteter Zeichen. Denn das, was sie sagt, ist nicht auf Verständnis aus. Für sie ist die Sprache zunächst nicht Gespräch, sondern getriebener Ausdruck. Ausdruck dessen, was sie – unter anderem – an ihrem Körper ereignen läßt, der ein Szenarium ihres Genusses ist. Und wenn sie doch *zu* jemandem spricht, dann zu dem, worüber sie spricht: zur Liebe. Wenn sie schon nicht sagen kann, wie ihr Genuß ist, so schafft sie sich in der Sprache zumindest die Instanz, die ihn gewährt. Ein Schöpfungsakt, der gleichzeitig eine delirante Übertragung dessen ist, was ohne Worte geschieht. Und so ist für sie Sprechen auch keine Ent-Sprechung von Gegenstand und Erkenntnis. Sie treibt keine Exegese, weil es weder einen Maßstab noch eine Deckungsgleichheit gibt.

Ich wollte keine Kreatur sehen oder hören, nicht einmal jemanden ahnen. Auch sprach ich nicht. Aber innerlich redete meine Seele und schrie, die Liebe solle sie nicht dermaßen nach Liebe schmachten lassen, daß ich das Leben gestorben wähnte.
(*Geschichte und Tröstungen der seligen Angela von Foligno*, S. 70f.)

Übrig bleibt nur der Schrei und eine Rede über die Liebe, die immer schon Blasphemie ist. Eine Blasphemie allerdings, die sie nicht verletzt, sondern rettet.

Was ich auch darüber sage, es kommt mir vor, als hätte ich nichts gesagt; sogar das wenigste darüber scheint mir schon eine Schmähung und eine Gotteslästerung: so hoch erhebt sich jenes Gut über meine Worte.
(*Angela von Foligno*, S. 76f.)

Dieses lästerliche Daneben-Sprechen aber macht es möglich, Sprache neu zu begreifen. Für die Mystikerin ist Sprache Annäherung und begleitender Gesang, Präludium und Nachspiel für etwas, was sie nie wird treffen können: die »unio mystica«. Sämtliche Mystikerinnen finden viele Worte für ihr Nicht-Sprechen; sie schweigen in der Sprache und schwelgen in den Bildern ihrer Sprachlosigkeit.

Wenn ich seiner gedenke, kann ich nicht reden; meine Zunge ist wie abgeschnitten. (Angela von Foligno, *Geschichte und Tröstungen*, S. 78)

Herr, die Stärke des Verlangens hat mir die Stimme zum Sprechen genommen (Mechthild von Magdeburg, III,23)

Ich weiß nicht, wie ich es anders sagen oder ausdrücken soll, denn auch die Seele weiß nicht, was sie tun soll, ob sie sprechen oder schweigen, lachen oder weinen soll; es ist ein erhabenes Delirium, ein himmlisches Außersichsein, in dem man die wahre Weisheit vernimmt, es ist eine ganz wonnigliche Art, wie die Seele da genießt. (Teresa von Avila, S 67/68)

Gerade aber weil das mystische Sprechen das Verfehlen der Sprache eingestehen kann, entledigt es sich der Fesseln, die herkömmlicherweise dem sprachlichen Ausdruck auferlegt sind. Wenn die Mystikerin nicht sagen kann, was sie sagen will, kann sie viel mehr: sie kann singen, anrufen, stammeln, stottern, jubeln und loben. Kühn und erfinderisch wird sie, sie probt und bastelt mit Sprache. Man kennt ihre Stilmittel: es sind Gleichnisse, Metaphern und vor allem Paradoxa und Oxymora: Kühlung und Brand, Hunger und Sättigung, Mangel und Erfüllung, gebunden und frei, heiß und kalt, offenbar und verborgen, Liebe und Kummer, Leben und Tod, Lust und Pein, süß und bitter, nah und fern.

Unsere Frage war nicht, welche der Sprachgesten tradiert und welche originell sind. Wir fragten vielmehr, weshalb die Mystikerin mit solcher Begeisterung und Insistenz gerade diese Stilfiguren benutzt, mögen sie nun überkommen, gefunden oder erfunden sein, und wie es ihr gelingt, ihre Begierde in den Text einzuweben.

Sie ist die Meisterin des verbindenden Gegensatzes. Eines Gegensatzes aber, der keine Relation des Ausschlusses ist, doch ebensowenig in höherer Einheit aufgehoben wird. Kein Gegenteil und keine Ergänzung, weder dualistisch noch dialektisch, sondern die Bewahrung des Ungleichen in der Berührung des Differenten. Denn sie weiß, daß das Wunder verwundet, und die Wunde Wunder wirkt.

O Liebe, du durchdringst und durchbohrst, du zerreißest und bindest, du regierst alle Dinge, du bist Himmel und Erde, Feuer und Luft, Blut und Wasser: du bist Gott und Mensch.
(Maria Maddalena De'Pazzi: *Ekstatische Konfessionen*, S. 143)

Und die Mystikerin mißt ihr Ich nicht an einem Nicht-Ich, was doch nur ein anderes Ich wäre, sondern sie will Ich und Gott sein als ihr radikales Anderssein. Denn »Gott ist Mensch geworden, um mich zu Gott zu machen«. (Katharina von Genua: *Ekstatische Konfessionen*, S. 142).

Weil sie begehrt, kann sie dort sein, wo sie sich nicht mehr gleicht. Und selbst wenn ein Mann – angeblich Tauler – das Folgende geschrieben haben soll, ist es dennoch ihr Satz: »Mich irret nimmermehr mein Ungleich« (*Ekstatische Konfessionen*, S. 102). Denn wo es ums Begehren geht, ist die Gleichheit der größte Irrtum. Oder anders: Ihr Satz der Gewißheit lautet: ich begehre, also bin ich dort, wo Ich nicht ist.

Und deshalb wird ihre Sprache auch nie eine Gleichung sein. *Wie* aber spricht sie? »Ich bin heiser in der Kehle meiner Keuschheit« (II, 25). Heiser ist sie, sie spricht leise und gebrochen. Aber was als Hemmung des Sprechens erscheinen will, ist Folge ihres Schreiens. Denn heiser wird man vom Gebrauch der Stimme. Sie hat ein Bild gefunden, eine Metapher, für ihr schlechtes Reden.

Aber das wahrhaft Irrwitzige dieses Satzes ist nicht die Metaphorik, sondern das ganz Ungehörige ist die Kombination Kehle-Keuschheit, das

Wandern eines Organs, der Stimmbänder, an den Ort eines anderen Organs, des Geschlechts. Die Beziehung von Unvergleichlichem. Eine metonymische Berührung, eine unanständige Koppelung, eine Kopulation, in der die Stimme geschlechtlich wird und das Geschlecht redend. Denn sie achtet die Grenze nicht als Trennung, sondern nur als Konnexion.

Und so, wie sie Gott entwirft als den Un-Gleichen, um in der Berührung mit ihm ihr Begehren zu erkennen, so entwirft sie eine Sprache der logischen und semantischen Unvereinbarkeiten – das Sprechen über das Unsprechbare, das Oxymoron und das Paradoxon –, wo gerade die Verbindung des Unvergleichlichen das Begehren rettet. Insofern schreibt sie eine Sprache der Lust.

Ein kurzer Schluß: der Kurzschluß

Wir haben Texte vorgestellt, verfaßt von Frauen zwischen dem 13. und 16. Jahrhundert. Allesamt sind es Huldigungen. Die Mystikerin schreibt aus Liebe. Der Andere ist für ihr Schreiben konstitutiv: sie schreibt durch, an, für und über ihn im selben Schriftzug. In einem zirkulären Kurzschluß wird Gott zum Absender, zum Adressaten und zum Inhalt ihres Briefes. Aber dieser Gott, der so eng an die Schrift gekoppelt ist, der sie bewirkt und durch sie bewirkt wird, macht einen historischen Wandel durch.

Hildegard von Bingen, im 12. Jahrhundert, begreift ihr Schreiben noch eindeutig als Auftragsarbeit, ja weniger noch, sie selbst ist nichts anderes als die Feder Gottes und seine Einschreibefläche, die Matrix für seine Offenbarung. Sie ist pures Material und Produktionsmittel, ohne ihr Dazwischentreten. Es gibt keinen Unterschied zwischen dem Wort Gottes und ihrem Wort. Im Vorspann ihres ersten Buches *Scivias (Wisse die Wege)* ertönt die Donnerstimme Gottes:

> Gebrechlicher Mensch, Asche von Asche, Moder von Moder, sage und schreibe, was du siehst und hörst! Doch weil du schüchtern bist zum Reden, einfältig zur Auslegung und ungelehrt, das Geschaute zu beschreiben, sage und beschreibe es nicht nach der Erkenntnis menschlicher Klügelei noch nach dem Willen menschlicher Abfassung, sondern aus der Gabe heraus, die dir in himmlischen Gesichten zuteil wird [...] Tu kund die Wunder, die du erfährst, schreibe auf und sprich! (*Wisse die Wege*, S. 89)

Doch ein Jahrhundert später ist das Verhältnis zwischen Gott und seinem Wort schon ein anderes. Gertrud von Helfta, eine Nonne des berühmten Frauenklosters Helfta, sieht sich nicht mehr nur als Instrument, sondern als

Bewahrerin der göttlichen Worte. Sie kündet nicht mehr nur, sondern sie weiß, wem sie verkündet: ihre Schrift gilt den Abwesenden.

Und als ich in der Seele bewegte, daß ich alle Zutaten Gottes, wenn auch nicht durch die Schrift, so doch durch die Rede zum Heil der Nächsten bewahrt hatte, warf mir der Herr das Wort entgegen, das ich in der gleichen Nacht bei der Mette hatte vorlesen können: »Hätte der Herr seine Lehre nur den Anwesenden gekündet, wäre nur Rede, nicht Schrift. Nun ist aber auch Schrift zum Heile der vielen.« (*Ekstatische Konfessionen*, S. 87)

Sie ist nicht mehr Gottes Wort, sie bezeugt es. Ist bei Hildegard Gott noch der Prägestempel, der seine Worte in sie eindrückt, Spuren hinterläßt, so weiß Gertrud von Helfta darum, daß diese Spuren etwas ablösbar Drittes sind, nämlich Schrift, Urkunde.

Und der Herr gab hinzu: »Ohne Widerspruch will ich ein gewisses Zeugnis meiner göttlichen Liebe haben in deiner Schrift für diese letzten Zeiten, in denen ich vielen wohlzutun bestimme.« (S. 87)

Bei Mechthild von Magdeburg schließlich spricht Gott nur noch, weil sie spricht: »Ich muß mich selber künden, soll ich Gottes Wort wahrhaft vollenden« (III,15). Sie ist es, die ihren Gott be-schreibt, indem sie die Liebe als Erkenntnismedium zwischen ihr und ihm reflektiert. »Dies Buch ist in der Minne begonnen und soll auch in der Minne enden, denn es ist nichts so weise und so heilig und so schön und so stark und so vollkommen wie die Minne« (IV, 28). So will Mechthild von Magdeburg also nicht das Wort Gottes retten, sondern ihren Genuß. Und der ist göttlich.

Ursula Liebertz-Grün

Autorinnen im Umkreis der Höfe

»Wem Gott Wissen und Beredsamkeit gegeben hat, darf das nicht verschweigen und verheimlichen, sondern muß sich bereitwillig hervortun« (*Die Lais*, *Prologue*, 1–4). Diese von vielen mittelalterlichen Autoren angeführte Begründung für das Verfassen eines Werkes ist in dem zitierten altfranzösischen Prolog nicht ohne Brisanz und dient vielleicht sogar der Rechtfertigung, denn die Verse stammen aus der Feder einer Frau, die selbstbewußt und mit einem unverkennbar eigenen Stil die französische Erzählliteratur des 12. und 13. Jahrhunderts mitgestaltet hat.

Me numerai pur remembrance:/ MARIE ai num, si sui de FRANCE ...« – »Ich werde meinen Namen nennen, damit man sich an mich erinnert: Maria heiße ich, ich stamme aus Frankreich. Mag sein, daß viele Schriftsteller behaupten werden, mein Werk sei das ihre. Aber ich will nicht, daß irgendeiner es ihnen zuschreibt. Der handelt nämlich falsch, der nicht an sich selbst denkt. (*Äsop, Epilogus*, 3–8)

Marie de France spricht es unmißverständlich aus: Sie insistiert auf ihrer Autorinnenschaft und sie legt Wert auf ihren Nachruhm. Für einen Autor des Hochmittelalters ist das ungewöhnlich: Das Selbstbewußtsein, mit dem sie sich als Schöpferin des Werkes in den Vordergrund stellt. Ebenso ungewöhnlich ist die Nennung der individualpsychologischen Motive, die sie als Beweggründe für ihr Dichten anführt. Schreiben ist für sie ein Teil ihrer Lebensstrategie:

Wer dem Laster Widerstand leisten will, muß studieren und danach streben, ein schwieriges Werk zu beginnen, denn dadurch kann man sich eher davon fernhalten und sich von einem großen Schmerz befreien. (*Die Lais*, *Prologue*, 23–27)

Das alte Sprichwort »Müßiggang ist aller Laster Anfang« erhält hier einen neuen Klang: Schreiben als Selbsttherapie. Diese Worte lassen aufhorchen, machen neugierig auf das Individuum, das hier spricht. Aber über Marie de France, ihre Persönlichkeit, ihren Lebensweg wissen wir – ähnlich wie über die meisten anderen mittelalterlichen Autoren – nahezu nichts. Sie lebte – so viel ist sicher – zur Zeit Heinrichs II., des wichtigsten Mäzens der französischen und lateinischen höfischen Literatur, in England und hat in französischer Sprache drei Werke veröffentlicht: Sie hat eine Sammlung äsopischer Fabeln verfaßt und so die volkssprachige Äsop-Tradition eingeleitet, die in der mittelalterlichen Literatur eine wichtige Rolle gespielt hat. Sie hat, gestützt auf einen – nach Ansicht der Zeitgenossen – dokumentarischen lateinischen Bericht, eine Erzählung über die Fegefeuer-Expedition des irischen Ritters Owein geschrieben. Und sie hat einen Zyklus von zwölf Verserzählungen gedichtet, den sie einem edlen König, höchstwahrscheinlich Heinrich II., gewidmet hat. Einige Indizien deuten darauf hin, daß Marie de France mit der Äbtissin Mary von Shaftesbury, einer Halbschwester Heinrichs II. und illegitimen Tochter Graf Gottfrieds IV. von Anjou, identisch sein könnte. Die Herkunft aus dem Hause Anjou, die Verwandtschaft mit dem englischen König, die Stellung als Äbtissin könnten – wenn sich die Indizien zu einer Indizienkette zusammenschließen ließen – dazu beitragen, die ungewöhnliche Erscheinung der Marie de France zu erklären: ihre umfassende Bildung, ihre Kenntnis antiker und zeitgenössischer Autoren, ihre Vertrautheit mit dem Kirchenrecht und dem zeitgenössischen Gerichtswesen und ihre auffällige Gelassenheit, mit der sie gegen die herrschenden Konventionen verstieß, indem sie als Frau Liebesdichtungen verfaßte und mit ihren Verserzählungen, den sogenannten *Lais*, eine neue literarische Form, ein neues Thema und eine neue Sehweise in die französische Literatur einführte.

Im Prolog zu den *Lais* gibt Marie über ihr schriftstellerisches Programm präzise Auskunft:

> Deshalb dachte ich zuerst daran, irgendeine gute Geschichte zu verfassen und sie vom Lateinischen ins Französische zu übertragen; aber das würde mir kaum Anerkennung einbringen: So viele andere haben sich schon das zur Aufgabe gemacht! Ich dachte an die Lais, die ich gehört hatte. Ich hegte keinen Zweifel daran, ja ich wußte es wohl, daß diejenigen, die sie zuerst begannen und die sie weiterverbreiteten, sie zur Erinnerung an die abenteuerlichen Geschehnisse verfertigten, die sie vernommen hatten. Mehrere davon habe ich erzählen hören und ich will sie nicht auf sich beruhen lassen und vergessen. Ich habe einige davon in Reime gefaßt und eine Dichtung daraus gemacht, oftmals bin ich deshalb wach geblieben.
>
> (*Die Lais, Prologue*, 28–42)

Das sind erstaunliche Sätze. Im Widerspruch zu den mittelalterlichen Poetiken und zu den meisten ihrer Schriftstellerkollegen betont Marie, daß nur derjenige Dichter großen Ruhm verdiene, der neue Wege beschreite.

Auch dürfte es schwerfallen, einen Autor des 12. oder 13. Jahrhunderts ausfindig zu machen, der mit derselben Weitsicht wie Marie die schließliche Dominanz der Schriftlichkeit über die Mündlichkeit und den damit verbundenen Verlust der mündlichen Poesie vorausgesehen hätte. Bereits Geoffrey von Monmouth und Wace hatten die in der mündlichen Dichtung tradierten Sagenstoffe, auf die Marie sich hier und in den meisten ihrer *Lais* beruft, in die Literatur eingeführt. Aber sie hatten der *matière de Bretagne* nur jene Motive entnommen, die in ihre schwerterrasselnde Mord- und Intrigantengeschichte paßten. Marie dagegen hat aus diesen Stoffen und Motiven in der von ihr erfundenen Gattung der höfischen Verserzählung ein poetisches Minne-Land errichtet, dem spätere Autoren wesentliche Inspirationen verdanken.

Die französische Adelsgesellschaft hat die Liebe nicht erfunden (auch das hat man gelegentlich behauptet), aber sie hat Ende des 11., Anfang des 12. Jahrhunderts eine eigentümliche Minnekultur entwickelt, in der Dichtung und Gesellschaftsspiel eng miteinander verknüpft waren. Sie hat jahrzehntelang über Wesen und Wirkung der Liebe nachgedacht, die psychische Befindlichkeit der Liebenden analysiert, die Idee der Liebe in das Zentrum der höfischen Wertordnung gerückt und über das rechte Verhalten in der Liebe räsonniert. Sie hat das Spiel mit der »höfischen Liebe« offensichtlich ernst genommen. Aus der Perspektive der Herren wird die Beliebtheit der höfischen Minnelieder und Minneromane nicht verständlich. Vor- und außereheliche Sexualbeziehungen adeliger Männer zu sozial niedriger stehenden Frauen galten als selbstverständlich. Es will folglich nicht recht einleuchten, daß die Herren der dichterischen Darstellung häufig unerfüllter Liebe ein vitales Interesse entgegengebracht hätten. Bleibt die Sicht der Damen. Adelige Frauen, die häufig gebildeter waren als ihre männlichen Standesgenossen, hatten eine wichtige Funktion im mittelalterlichen Literaturbetrieb. Politisch, rechtlich und ökonomisch waren sie in einer inferioren Position, durch frauenfeindliche Äußerungen wurden sie diskriminiert, aber als Gattinnen, Mütter und Schwestern haben sie nicht selten einen beträchtlichen Einfluß ausgeübt. Einige haben darüber hinaus bedeutende politische Rollen gespielt, so z.B. Ermengarde von Narbonne, Eleonore von Poitou, die in zweiter Ehe mit Heinrich II. von England verheiratet war, und ihre Tochter Marie de Champagne, die auch die höfische Minnekultur nachhaltig gefördert haben. Ermengarde hat ihre Erbländer ein halbes Jahrhundert lang selbständig regiert und Eleonore von Poitou hat ihre Erbländer im Einvernehmen mit ihrem zweiten Mann jahrzehntelang selbständig verwaltet. In ihrer sexuellen Freiheit wurden die Frauen empfindlich behindert. Die konventionelle Geschlechtsmoral beschränkte die erotischen Aktivitäten der Frau auf die Ehe. Nach Auskunft der mittelalterlichen Theologen war freilich auch der eheliche Sexualverkehr schwerlich ohne läßliche Sünde. Und der leidenschaftliche Ehegatte galt als Ehebrecher an seiner eigenen Frau. Aber die feudale Ehe war ohnehin meist eine lustlose Angelegenheit. Sie diente der Politik und bestenfalls der Fortpflanzung. Für das Vergnügen des Mannes waren Konkubinen zuständig. Das war der Normalfall, denn nur die außerehelichen Beziehungen der Frau, nicht dagegen die außerehelichen Amouren des Mannes wurden als Ehebruch gewertet. Inwieweit die Frauen sich durch die Zumutungen ihrer Umwelt einschüchtern ließen, wissen wir nicht. Einige Todesurteile wegen Ehebruch, der von den Chronisten überlieferte Hofklatsch und die höfische Dichtung liefern uns hier nur ein diffuses Bild. Vielleicht haben nicht wenige Frauen mit List und Tücke gelegentlich ein persönliches Glück gegen die gesellschaftlichen Widerstände realisiert. Aber selbst solche Glücklichen hatten einigen Grund, ihren von der miserablen Realität gestreßten Geist ab und zu durch utopische Träumereien, z.B. durch das Spiel mit der »höfischen Liebe«, zu erfrischen.

Die französischen adeligen Damen haben nicht im stillen Kämmerlein vor sich hin phantasiert, sie haben vielmehr versucht, den Männern ihre Träumereien schmackhaft zu machen, indem sie die höfische Minnegeselligkeit inszenierten. In diesem Spiel wurde die Grenze zwischen Fiktion und Realität kunstvoll verschleiert. Beim Vortrag der Minnekanzone wurde die Hofgesellschaft durch Anspielungen, Anreden, Geleitstrophen und Versecknamen in den Liedvorgang miteinbezogen. Der Troubadour trat in der Rolle des Liebenden auf und gab vor, nur von seinen eigenen Erlebnissen zu sprechen und seiner Dame durch seinen Gesang zu dienen. Durch diese Selbststilisierung gewann auch die Minnedame einen Schein von Existenz. Außerdem haben die Troubadoure ihre Minnekanzonen gelegentlich öffentlich als Huldigungs- und Preislied an einzelne Damen der höfischen Gesellschaft gerichtet und so eine Art »Frauendienst« geleistet. Und in minnekasuistischen Fragespielen und Streitgedichten, die leicht in eine Publikumsdiskussion übergehen konnten, wurden Probleme der »höfischen Liebe« mit freimütiger Gelassenheit erörtert. Diskutiert wurden Fragen wie die folgenden:

Soll ein Verehrer, dem seine Dame günstig gesinnt ist, oder ein Verehrer, dessen Dame ungnädig ist, mehr in seinem Minnedienst aufgehen? Welcher von zwei Liebhabern liebt mehr: der, welcher nach der Abweisung durch seine Dame ganz an höfischem Wert verliert, wie er ihn zuvor besaß, oder der, welcher ebensosehr an Wert gewinnt, obwohl er zuvor keinen aufwies?

Ohne das sachliche Engagement der Damen hätte sich die französische Minnekultur kaum entfaltet. Aber die höfische Liebesdichtung war keine Tendenzpoesie. Liebestheoretische Gespräche gaben Gelegenheit, Esprit, Schlagfertigkeit, Redekunst, Witz und Ironie unter Beweis zu stellen. Im Mittelpunkt des Interesses stand nicht das Sachproblem, sondern die Kunstfertigkeit in der Argumentation. Deshalb wurde das dilemmatische Streitgedicht bevorzugt, dessen formale Struktur eine sachbezogene Diskussion unmöglich macht. Der Fragende stellt hier ein Problem in Form eines Dilemmas mit zwei Lösungen zur Debatte. Der Partner wählt eine davon, der Fragesteller muß die übriggebliebene verteidigen. Er ist folglich daran interessiert, sein Dilemma künstlich so zu konstruieren, daß beide Lösungen gleich gut vertretbar, die Streitfrage also unlösbar ist. Die überwiegend distanziert-spielerische Einstellung erklärt auch das Vergnügen an reinen Nonsensproblemen, wie z.B.:

Zieht Ihr warme Kleidung im Winter oder eine höfische Geliebte im Sommer vor? Was haltet Ihr für vorteilhafter: Drei Glas eines Aphrodisiakum oder drei Damen alle Tage? Wenn Eure Dame ihre Hingabe von einer Liebesnacht mit einer zahnlosen Alten abhängig macht, wollt Ihr diese Bedingung lieber vorher oder nachher erfüllen?

Die Stimme der Marie de France hat in dem Stimmengewirr der Minnesänger, Minnedichter und Minnetheoretiker einen ganz eigenen, individuellen Klang. Marie stellt Liebe dar aus der Sicht einer Frau, die sich über die feudale Heiratspolitik und über die frauenfeindliche Doppelmoral empört, die die Sexualität der adeligen Frau darauf beschränkt, einem Ehegatten, den sie sich nicht selbst ausgewählt hat, legitime Erben zu gebären, während andererseits »jene rüpelhaften Höflinge [...] sich leichtfertig durch die ganze Welt hindurch vergnügen und dann damit prahlen, was sie tun« (*Guigemar*, 488–490). Marie spricht die sexuelle Unterdrückung der adeligen Frau mit ungewöhnlicher Offenheit aus. Eine ihrer Heldinnen zum Beispiel ist eine schöne, junge Frau, die von ihren Eltern an einen sehr alten Mann verheiratet wurde, der seinen Reichtum zu vererben und legitime Erben zu zeugen wünscht. Von dem eifersüchtigen Alten in einen Turm gesperrt, von seiner alten Schwester bewacht, von allen Menschen isoliert, vor Kummer krank und entstellt, bejammert die junge Schöne ihr Unglück und verflucht ihre Eltern:

Mein Schicksal ist sehr hart! In diesem Turm bin ich gefangen, nie werde ich da herauskommen, es sei denn durch den Tod. Dieser eifersüchtige Alte, wovor fürchtet er sich, daß er mich in so strenger Haft hält? Er ist so überaus töricht und dumm! [...] Verflucht seien meine Eltern und all die anderen, die mich diesem Eifersüchtigen zur Frau gaben und mich mit ihm verheirateten! An einem festen Stricke reiße ich und ziehe ich, [doch] niemals wird er sterben können! Als er getauft werden sollte, wurde er [sicher] in den Höllenfluß getaucht. (*Yonec*, 68–88).

Die Eingekerkerte wird erst wieder gesund und lebensfroh, als ihr sehnsüchtiges Verlangen auf märchenhafte Weise einen Geliebten herbeizaubert, der von nun an immer zur Stelle ist, wann immer sie ihn herbeisehnt. Diese Darstellung einer vorbildlichen Frau, die vor Liebesverlangen, das sich zunächst keineswegs auf einen bestimmten Mann richtet, krank wird, verletzte ein Tabu. Denn in der Erzählliteratur des Hochmittelalters gibt es nur zwei Typen liebesbereiter Frauen: den Typus der edlen Frau, die niemals an Liebe gedacht hatte, sich aber dann vor Liebe verzehrt, wenn sie erst einmal den einzigartigen, strahlenden Helden erblickt hat, auf den sie von nun an lebenslänglich, zwanghaft und häufig leidvoll fixiert ist, und den Typus der geilen, lüsternen Frau als Schreckgespenst.

Maries Gegenentwurf zur Wirklichkeit zeichnet sich vor anderen, vergleichbaren Liebesdarstellungen des 12. und 13. Jahrhunderts dadurch aus, daß er die Ideologien, gegen die er sich richtet, nicht nur teilweise, sondern ganz überwunden hat. In Maries Liebesparadies ist die Liebe gegenseitig, sinnenfroh und herrschaftsfrei. Minnesang und höfischer Roman dagegen spiegeln die Tyrannei des Mannes in der gesellschaftlichen Realität auch im fiktiven Gegenentwurf, wenn auch mit vertauschten Rollen, indem nun die Minneherrin mehr oder minder despotisch über den Mann herrscht. Nach mittelalterlich-christlicher Auffassung galt erotische Liebe als Quell alles Bösen und als ein Tor zur Hölle. In der höfischen Literatur wird dieser Gedanke in sein Gegenteil verkehrt, indem Liebe nun als Quell aller individuellen und gesellschaftlichen Vollkommenheiten dargestellt wird. Marie dagegen stellt Erotik ganz realistisch als eine mögliche Quelle individueller Freude dar, nicht als mehr, nicht als weniger. Das christliche Ideal der begierdelosen Frau ist in der Minnedame aufbewahrt, die unerreichbar oder doch nur sehr schwer zugänglich ist. Marie dagegen betont, daß eine edle Frau nicht lange zögern solle, denn nur eine Hure habe es nötig, den Mann lange warten zu lassen, um den Preis hoch zu treiben. Das christliche Ideal des asketischen Mannes ist der höfischen Dichtung ebenfalls nicht fremd. Der Minnesänger muß sich als erotischer Hungerkünstler bewähren und die Aventiure-Ritter müssen ihre Damen durch hervorragende Leistungen, und zwar fatalerweise durch kriegerische Heldentaten, erst mühsam verdienen. Marie dagegen hat darauf verzichtet, Erotik mit einer wie auch immer gearteten Erwerbs- und Leistungsethik zu verknüpfen.

Auch die mittelalterlich-christliche Ehemoral, die Verpönung leidenschaftlicher Liebe selbst in der Ehe, ist im höfischen Roman nicht durchgängig außer Kraft gesetzt. Das Paradebeispiel dafür ist Chrétiens bzw. Hartmanns *Erec*-Roman. Erecs Leidenschaft für seine frisch getraute Frau, so werden die Leser belehrt, absorbiert alle seine Energien, läßt ihn in Liebesgenuß versinken und macht ihn für sein Herrscheramt untauglich. Der Gedanke, Erotik mache asozial, wird am Ende des Romans in einer warnenden Utopie verdeutlicht. Das Liebesparadies, in dem Mabonagrin isoliert von der Gesellschaft zusammen mit seiner Freundin lebt, gibt sich von außen als schrecklicher Zaubergarten zu erkennen. Achtzig Ritter, die in den Lustgarten eindringen wollten, hat Mabonagrin getötet und ihre Köpfe auf Spießen aufgesteckt. In dieser Schreckensvision spiegelt sich die Angst des mittelalterlichen Mannes vor seiner eigenen Emotionalität, die Furcht einer Kriegergesellschaft, die Erotik, die damals in der Volkssprache an Stelle der schieren Sexualität besungen wurde, könnte den Mann weicher und versöhnlicher machen, seine Mordlust dämpfen, sein Aggressionspotential herabsetzen und die Männerkultur der Gewaltbereitschaft und Gewaltanwendung zerstören. Im 12. Jahrhundert, nachdem die europäischen Christen seit Jahrzehnten durch eine von der Kirche angeregte, von ihr freilich auch kanalisierte Friedensbewegung sensibilisiert worden waren, konnte die Furcht vor der friedenstiftenden Macht der Erotik nicht mehr unverhüllt, sondern nur noch verschleiert, als ihr Gegenteil, als Angst vor der angeblich gesellschaftsfeindlichen, da aggressiver und mordgieriger machenden Kraft der Erotik ausgesprochen werden.

Marie stellte ihre Utopie – auch darin unterscheidet sie sich von den meisten ihrer männlichen Dichterkollegen – nicht in den Dienst der landesfürstlichen Herrschaftsideologie. Minnesang und höfischer Roman bestätigten den Mitgliedern der höfischen Gesellschaft durch ihren elitären, sozial exklusiven Liebesbegriff (Bauern können nicht lieben, heißt es bei Andreas Capellanus), daß sie sich auch in einem so elementaren Bereich wie dem der Sexualität fundamental von den verachteten *vilains* unterschieden. Als *vilains*, »Bauerntölpel« wurden in der höfischen Dichtung alle diejenigen diskriminiert, die keinen Zugang zum Hof hatten oder die die Anpassung an die höfischen Gesellschaftsideale, Sitten und Umgangsformen verweigerten. Das attraktive Identifikationsangebot der höfischen Dichtung war also untrennbar mit der Forderung verbunden, den landesfürstlichen Hof als normensetzende und adelig-ritterliche Vorbildlichkeit erst ermöglichende Instanz zu akzeptieren. Diese Glorifizierung des Hofes war Marie de France ebenso fremd wie der Hochmut gegenüber den Bauern. Kein Dünkel hinderte sie daran, sich auf eine von ihr ausdrücklich als solche bezeichnete Bauernweisheit (»Herrengunst ist unbeständig«) zu berufen. Der Artushof ist bei ihr kein Ort der Vollkommenheit, ganz im Gegenteil: König Artus verstößt in einem ihrer *Lais* gegen seine Herrenpflicht, Lanval, einen vorbildlichen Ritter der Tafelrunde, zu belohnen; die übrigen Artusritter freuen sich über Lanvals Benachteiligung; Königin Ginover versucht, Lanval zu verführen und beschuldigt ihn, als er sich nicht als willfährig erweist, der Anstiftung zum Ehebruch und der Verbalinjurie; kurzum, am Artushof kann Lanval sein Glück nicht machen, er entflieht ins Feenreich Avalon.

Marie de France hat ihre Hofkritik und ihre Adelskritik, die sie hier in ein märchenhaftes Gewand eingekleidet hat, in ihrem *Äsop* ganz unverhohlen artikuliert: Als adelige Frau war Marie zugleich privilegiert und unterdrückt. Diese eigentümliche Zwischenstellung hat ihren Blick für soziale Ungerechtigkeiten ganz offensichtlich geschärft. Aus einer der Fabeln leitet sie die Sentenz ab:

> Vernehmt die Lehre dieser Geschichte: Am Hof, wo man Betrug und lügnerische falsche Urteile wünscht, kann der redliche Mensch neben dem Betrüger keine Ehre gewinnen. (*Äsop,* XXXIV, 58–62)

Die Erzählung vom Wolf und dem Lamm interpretiert sie als Aussage über die Gerichtsbarkeit der Herrschenden:

> So nahm der Wolf das kleine Lamm, erwürgte es zwischen seinen Zähnen und brachte es um. Das tun auch die hochgestellten Räuber, die Vizegrafen und Richter mit denen, die sie unter ihrer Gerichtsbarkeit haben. Aus Habgier finden sie eine falsche Anklage, die ausreicht, um sie zu Grunde zu richten; oft lassen sie sie zu Gericht zusammenrufen: sie nehmen ihnen ihr Fleisch und ihre Haut, so wie es der Wolf dem Lamm tat. (*Äsop,* II, 29–38)

Eine weitere Fabel belehrt gemäß der Auslegung der Marie de France die Armen über ihr Widerstandsrecht und ihre Widerstandspflicht:

> Hier belehrt das Exempel viele Menschen, diejenigen, welche schlechte Herren über sich haben, sie sollen sie nicht unterstützen, sie sollen ihnen weder durch ihren Geist noch durch ihr Gut Beihilfe leisten, auf daß sie nicht noch stärker werden, vielmehr sollen sie sie nach Kräften schwächen. (*Äsop,* VI, 25–32)

Der Einfluß der Marie de France auf die europäische Erzählliteratur ist nicht gering einzuschätzen. Ihre Verserzählungen wurden nachgeahmt. Ihre Minne-Utopie hat Thomas von Britanje und durch seine Vermittlung Gottfried von Straßburg inspiriert. Auch in Gottfrieds *Tristan* wird der Hof kritisiert, ist die ideale Liebe gegenseitig, erfüllt und herrschaftsfrei. Maries Vorbild ist erkennbar, aber Gottfried hat Maries Anregungen auf seine Weise verarbeitet. Der Vergleich zwischen Gottfrieds *Tristan* und Maries Minnedichtung kann deshalb dazu beitragen, die spezifische Eigenart von Maries Liebesdarstellung noch genauer zu erfassen. Gottfried hat den Versuch unternommen, eine schlechthin nicht mehr überbietbare, grenzüberschreitende Liebe zu konstruieren, die Liebe eines Künstlerpaares, das über alle menschlichen Vollkommenheiten, alle damals nur erdenkbaren intellektuellen, künstlerischen und emotionalen Fähigkeiten verfügt, dessen Leidenschaft durch den Zaubertrank lebenslänglich aufs höchste gesteigert und durch die Ehebruchsituation in ständiger Spannung gehalten wird. Die Bedrohtheit durch die Umwelt ist hier kein Anlaß zur Empörung, sondern eine poetische Notwendigkeit. Dem Publikum wird bedeutet, sich nicht etwa mit dem Liebespaar zu identifizieren. Gottfrieds Stil ist esoterisch; das Verständnis seiner Dichtung ist nach seiner Auskunft einer ethisch-ästhetischen Elite edler Herzen vorbehalten. Maries Dichtung entspricht diesen Kriterien nicht. In einigen ihrer *Lais* stellt sie ein alltägliches Lebensproblem der zeitgenössischen adeligen Frau dar, das Dilemma, entweder die eigene Sexualität zu unterdrücken oder unter Lebensgefahr, Verlust der Würde, der gesellschaftlichen Anerkennung und der damit verbundenen Selbstachtung sich für das elementare Menschenrecht auf erotische Erfüllung zu entscheiden. Maries Stil ist leicht zugänglich. Ihre Heldinnen und Helden sind, selbst wenn sie Tristan und Isolde heißen, keine Verkörperungen eines Bildes vom Menschen in seiner Idealität, sie sind vielmehr – um es einmal im landläufigen Sprachgebrauch von heute auszudrücken – wie die meisten Figuren des höfischen Romans idealisierte Durchschnittsmenschen, sie laden die mittelalterlichen Hörerinnen zur Identifikation ein.

Marie de France hat ihren Zorn und ihre Hoffnungen in poetisch schöne Bilder eingekleidet, die wie Traumbilder wirken, geheimnisvoll bleiben und zugleich unmittelbar verständlich sind. Die Märcheninnenwelten der Marie de France sind Entwürfe zu einer Welt, die es noch nicht gibt, sie sind auch aus einem Harmoniebedürfnis entstanden, dessen Intensität die Schmerzhaftigkeit der psychischen Verletzungen ahnen läßt, die sie durch eine Art multiple Schönheit – die des literarischen Ausdrucks, der Erzählung, der

Topoi und Metaphorik – zu kompensieren, vielleicht sogar zu heilen trachtet. In Maries Psychomärchen werden die gesellschaftlichen Unterdrükkungsmechanismen durch hilfreiche Mächte außer Kraft gesetzt: Selbstfahrende Schiffe zum Beispiel bringen die Dame übers Meer zu ihrem Geliebten. Hindernisse werden hier aufgetürmt, um ihre Überwindung darzustellen. Die wenigen grellen Effekte geben Gelegenheit, die Hörerinnen nach dem Schockerlebnis wieder zu trösten: Die Nachtigall etwa, der der Ehemann brutal den Kopf abreißt, liegt später wie eine Reliquie in einem edelsteingeschmückten, goldenen Kästchen.

Das spielerisch Leichte in der Kunst ist bekanntlich das, was schwer zu machen ist. Metapherngenauigkeit ergibt sich nicht von selbst. Bilder, die unmittelbar zugänglich sind und zugleich dunkel und vieldeutig, sind das Ergebnis künstlerischer Präzisionsarbeit und einer Literaturauffassung, die die spätere Arbeit der Kommentatoren und Interpreten als zum Werk gehörig betrachtet. Marie de France hat sich denn auch mit dem ihr eigenen Selbstbewußtsein in die Reihe der antiken Dichter gestellt, die

> sich in den Büchern, die sie einst verfaßten, recht dunkel ausdrückten, damit diejenigen, die nach ihnen kommen und die Bücher studieren sollten, deren Text auszudeuten und vermöge ihres eigenen Verstandes das über den Text Hinausgehende hinzuzufügen vermöchten. Die Philosophen wußten und verstanden es aus sich selbst heraus, daß die Menschen, je weiter die Zeit fortschreiten würde, einen umso feinsinnigeren Verstand bekämen und sie sich desto mehr davor zu hüten vermöchten, das zu übergehen, was in den Büchern stand. (*Lais, Prologue*, 11–22)

Menschenkenntnis und Geschichtskenntnis haben Marie de France zu der von Hoffnung geprägten Einsicht geführt, daß spätere Generationen zu einem Mehr an Wissen und zu tieferen Einsichten gelangen würden und daß dieser Zuwachs an Erkenntnis auch dem Verständnis ihres Werkes und ihrer Bildersprache zugute kommen würde. Heute können wir feststellen, sie hat sich in ihrem Urteil nicht getäuscht. Eines der Bilder, deren von der Autorin intendierte tiefere Bedeutung erst in unserem Jahrhundert unmißverständlich geworden ist, ist das Zentralmotiv in zwei ihrer Erzählungen und der Schlüssel zu ihrem gesamten Werk: Es ist das Bild der in einem Turm eingekerkerten Frau, die nach jahrelanger Gefangenschaft die Erfahrung macht, daß sie frei ist, daß sie den Turm auf wunderbare Weise verlassen kann, in dem Augenblick, in dem sie ihre eigene Freiheit vorbehaltlos will: Plötzlich eröffnet ein winziges, hochgelegenes Fenster den Weg ins Freie, oder die Tür steht plötzlich offen, und der Bewacher ist verschwunden.

Zu ihrer Zeit mußte Marie gegen sie gerichtete sarkastische und verleumderische Äußerungen einstecken, von denen sie sich allerdings nicht beirren ließ:

> [...] wenn es in einem Land einen Mann oder eine Frau von hohem Ansehen gibt, dann sagen ihnen diejenigen, die auf ihre Vorzüge neidisch sind, oft Gemeinheiten nach: Sie wollen ihr Ansehen herabsetzen; deshalb beginnen sie das Geschäft des bösartigen, feigen, arglistigen Hundes, der die Leute hinterlistig beißt. Keinesfalls will ich deshalb aufgeben, auch wenn Spötter und Verleumder es mir als Fehler auslegen wollen: Das ist ihr Recht, üble Nachrede zu führen. (*Guigemar*, 7–18)

Ob der eine oder andere Zeitgenosse Marie de France wegen ihrer Minnedichtung als närrisch oder lasterhaft verschrieen hat, wir wissen es nicht. Die uns überlieferten, zeitgenössischen Kritiken gehen in eine andere Richtung: Der Romanautor Gautier d'Arras mißbilligte die Märchenhaftigkeit ihrer Erzählungen. Der Benediktinermönch und Hagiograph Denis Piramus kritisierte am Beispiel ihrer Erzählungen die weltliche Dichtung generell. Im übrigen liest sich sein Tadel eher wie ein Lob. Er hebt Maries meisterhafte Beherrschung der Dichtkunst hervor und betont, daß ihre Erzählungen, weil sie Mühsal und Schmerz des Lebens aus dem Bewußtsein verdrängten, beim höfischen Publikum, bei Grafen, Baronen, Rittern und vor allem bei den adeligen Damen, ganz außerordentlich beliebt seien.

Der Beitrag der Marie de France zum literarischen Diskurs ist lange Zeit unterschätzt oder auch gar nicht gesehen worden. Dann begannen die Spezialisten untereinander zu flüstern. Heute nennen sie Marie de France in einem Atemzug mit Chrétien de Troyes, Wolfram von Eschenbach, Gottfried von Straßburg, Walther von der Vogelweide. Kein Zweifel, Marie de France ist eine Autorin von hohem literarischem Rang, eine – ich gebrauche das Wort als maßstäblichen Wertbegriff – Klassikerin der europäischen Literatur des Mittelalters.

Während Marie de France als Epikerin im 12. und 13. Jahrhundert eine einzigartige Erscheinung war, traten damals in Frankreich eine Reihe von Frauen als Troubadourinnen hervor. Gormonda von Montpellier hat in einem politischen Lied die albigensischen Ketzer angegriffen. Maria de Ventadorn, Guillelma de Rozers, Domna H., Isabella, Lombarda, die Gräfin der Provence, Iseut de Chapieu, Almois de Castelnou, Alaisina Yselda, Carensa haben Dialoglieder und Streitgedichte verfaßt. Azalais de Porcairagues, Castelloza, Clara d'Anduze haben Minnekanzonen gedichtet, in denen sie die traditionelle Rollenverteilung »liebeskranker Sänger liebt unerreichbar über ihm stehende Dame« umkehrten. Die berühmteste Troubadourin ist – nicht erst seitdem Irmtraud Morgner sie zur Titelheldin eines Romans gemacht hat – die Comtesse de Die, die einige der schönsten Gedichte der altprovenzalischen Lyrik verfaßt hat. Sie hat in ihren Texten eine Art Gleichrangigkeit der Liebenden hergestellt, indem sie nicht nur den Geliebten, sondern auch ihre eigenen herausragenden Qualitäten preist. Ihre Texte zeichnen sich aus durch das unverhüllte Aussprechen erotischer Wünsche und durch Klarheit und kunstvolle Leichtigkeit des Stils. Insgesamt sind rund zwanzig Gedichte von 17 namentlich bekannten altprovenzalischen Dichterinnen überliefert. Wie viele Texte verloren sind, läßt sich kaum abschätzen. Nicht erhalten sind zum Beispiel die Tanzlieder der Gaudairenca, der Ehefrau des Troubadours Raimon de Miraval, der, gemäß einer in zwei seiner Liedkommentaren überlieferten Anekdote, die Autorinnenschaft seiner Frau als Scheidungsgrund anführte:

> Miraval [...] sagte zu seiner Gattin, er wollte keine Frau haben, die dichten könne; ein Troubadour im Haus sei genug; sie sollte sich darauf vorbereiten, zum Haus ihres Vaters zurückzukehren, denn er betrachte sie nicht länger als seine Ehefrau.

Die deutschsprachige höfische Dichtung ist in Anlehnung und in Auseinandersetzung mit der französischen Literatur und Adelskultur entstanden. Im französischen Literaturbetrieb haben adelige Frauen als Gönnerinnen und als versierte Literaturkennerinnen eine hervorragende Rolle gespielt. Im Vergleich dazu war der literarische Einfluß der adeligen Frauen an den deutschen Fürstenhöfen gering. Aus diesem Grund wurden diejenigen Merkmale der französischen Minnekultur, die als ein verhüllter Protest gegen die sexuelle Unterdrückung der adeligen Frau hätten interpretiert werden können, in Deutschland nicht rezipiert. Deutschsprachige Tagelieder sind eine Rarität. In den deutschen Minnekanzonen ist noch seltener als in den romanischen von erfüllter Liebe die Rede. *Tornaden* (»Geleitstrophen«) und *senhals* (»Versteсknamen«), die den Eindruck hätten verstärken können, der Sänger werbe um eine reale Dame, wurden nicht nachgeahmt. Minnekasuistische Publikumsdiskussionen, Streitgedichte und die Praxis des Frauendienstes lassen sich in Deutschland nicht nachweisen. In diesem ganz anders gearteten geistigen Klima hätte sich die poetische Imagination einer Marie de France schwerlich frei entfalten können. Eine verheiratete Frau, die wie die Comtesse de Die ihre leidenschaftliche Liebe zu einem anderen Mann besungen hätte, wäre kaum mit Applaus bedacht, sondern wohl eher des Hofes verwiesen worden.

Nicht am Hof, sondern in alternativ zu Kloster und Familie lebenden

Beginengemeinschaften haben Hadewijch und Mechthild von Magdeburg im 13. Jahrhundert ihre Liebesdichtungen verfaßt, in denen sie mit Leidenschaftlichkeit und erotischer Kühnheit von der wollüstigen Sehnsucht der liebeskranken Seele nach der Vereinigung mit Gott sprechen. Beide haben ihre wildwuchernden erotisch-religiösen Tagträume einer strengen Formung unterworfen. Hadewijch hat ihre Phantasie durch die tradierte Kanzonenstrophe gebändigt. Mechthild hat ihre emotionalen Erfahrungen durch eine eigens von ihr geschaffene, Poesie und Prosa verbindende Mischform strukturiert. Diese formale Selbstdisziplin unterscheidet die beiden Dichterinnen von der Masse der Mystikerinnen, die seit dem 13. Jahrhundert formlose Erlebnisprotokolle aufzeichneten oder diktierten, die sich nicht immer von Krankheitsberichten unterscheiden lassen, wenn etwa die wahnhafte Identifikation mit der Jungfrau Maria zu eingebildeten Schwangerschaften mit sich körperlich manifestierenden Schwangerschaftssymptomen führte.

Ein Zimmer für sich allein, Schreibmaterialien, Bücher: Das alles stand in den etablierten Nonnenklöstern zur Verfügung. Aber seit dem 13. Jahrhundert sind hier keine Autorinnen hervorgetreten, die sich vergleichen ließen mit: einer Hrotsvit von Gandersheim, die im 10. Jahrhundert lateinische Geschichtsdichtungen, Legenden und – ganz ungewöhnlich in der damaligen Literaturszene – lateinische Lesedramen verfaßt hat; einer Herrad von Landsberg, die im 12. Jahrhundert eine reich bebilderte Enzyklopädie für ihre Nonnen zusammenstellte; mit einer Hildegard von Bingen, die ebenfalls im 12. Jahrhundert ihre politisch einflußreichen Sendschreiben an Papst und König richtete und visionäre naturwissenschaftliche, medizinische, kosmologische und ethische Traktate verfaßte. Seit dem 13. Jahrhundert waren die deutschen Nonnenklöster offensichtlich nicht mehr der Ort, an dem eine neue Literatur konzipiert werden konnte.

Nicht im Kloster, sondern in der Stadt Paris und im Umkreis französischer Fürstenhöfe hat Ende des 14. Jahrhunderts Christine de Pisan gewirkt. Sie hatte sich als Autorin von Liebesgedichten bereits einen Namen gemacht, als sie 1399 durch ihre *Epistre au dieu d'amours (Epistel an den Gott der Liebe)* Aufsehen erregte und die erste öffentlich geführte Literaturdebatte in der französischen Geschichte entfachte, den Streit um den *Rosenroman*, der die französischen Intellektuellen einige Jahre lang beschäftigte. Pisan hat den *Rosenroman* als Spitze eines Eisbergs einer jahrtausendealten Tradition frauenfeindlicher Argumente attackiert und die Lehre von der geistigen und moralischen Minderwertigkeit der Frau ideologiekritisch zerpflückt. Die Männer, so führte sie aus, hätten die Frauen nur deshalb unwidersprochen diffamieren können, weil sie die Stärkeren gewesen seien und die Frauen zum Schweigen gezwungen hätten:

Ich antworte ihnen [denjenigen, die auf die literarischen Beispiele für die Schlechtigkeit der Frau seit der Antike verweisen], daß nicht Frauen die Bücher verfaßten und die Dinge in ihnen vorbrachten, die man darin gegen sie und ihre Sitten liest. [...] Aber wenn Frauen die Bücher verfaßt hätten, weiß ich wahrlich, daß es anders aussehen würde, denn sie wissen wohl, daß sie zu Unrecht angeklagt werden, und die Teile sind nicht gerecht abgeschnitten, denn die Stärkeren nehmen den größten Teil und das Bessere für sich [...]. (*Oeuvres*, II, S. 14)

Der Gedanke, daß die von Männern verfaßte Literatur nur ein Zerrbild der realen Frau vermittle und daß es die Aufgabe der Frauen selbst sei, diese Verfälschung zu korrigieren, hat Pisan nicht wieder losgelassen. In ihrem *Livre de la Cité des Dames (Buch über die Stadt der Frauen)* hat sie einen allegorischen Zufluchtsort für alle diejenigen Frauen errichtet, die sich durch frauenfeindliche Äußerungen sonst vielleicht deprimieren oder entmutigen ließen. In der »Stadt der Damen« herrscht die personifizierte »Justice« (»Gerechtigkeit«); »Raison« (»Vernunft«) hat die Fundamente gelegt; »Droiture« (»Rechtschaffenheit«) die Mauern erbaut; das Baumaterial sind die im Buch geschilderten rühmenswerten Taten und Werke kluger und gelehrter Frauen früherer Zeiten. Pisans allegorische Frauenstadt enthält ein Arsenal theologisch, rechtlich, ethisch und historisch fundierter Argumente für die Menschenrechte der Frau. Gott habe die Frau mit einer unsterblichen Seele begabt, nach seinem Bild wie den Mann als vollkommenes Wesen geschaffen, sie aus der Seite des Mannes als seine Gefährtin, nicht aus seinen Füßen als seine Sklavin gebildet. Was die angebliche ethische Minderwertigkeit der Frau angehe, so sei es unzulässig, den Frauen als schweres Verbrechen anzulasten, was den Männern als geringfügiges Vergehen nachgesehen werde. Zahlreiche historische Frauengestalten, die Pisan namentlich nennt und kurz porträtiert, seien der Beweis dafür, daß die Frauen nicht, wie die misogynen Schriftsteller immer wieder behauptet hätten, von Natur aus schlecht seien, weder die Eltern, noch den Ehemann, noch auch einen Geliebten aufrichtig lieben könnten, nur schädliche Ratschläge gäben, kein Geheimnis bewahrten, geizig, haltlos, schwach, unkeusch und über Vergewaltigungen nur erfreut seien. Die Frauen seien zwar körperlich schwächer als die Männer, aber sie verfügten über dieselben intellektuellen und kreativen Fähigkeiten, wie zahlreiche Herrscherinnen, Philosophinnen, Dichterinnen, Wissenschaftlerinnen, Erfinderinnen und Prophetinnen, so z.B. Nichole, Fredegonde, Semiramis, Thamaris, Penthesilea, Cenobie, Camille, Veronice de Capadoce, Cornificie, Probe, Sappho, Nicostrate, Ceres, Isis, Cassandra etc., erkennen ließen. Wenn die Frauen erst einmal dieselbe Ausbildung erhielten wie die Männer, dann würden auch sie wie die Männer in allen Bereichen der Kunst, Wissenschaft, Philosophie und Politik eine Fülle herausragender Taten vollbringen. Pisan hat ihre Kenntnis historischer Frauen der *Bibel*, Heiligenlegenden, Geschichtsdichtungen und Boccaccios *De claris mulieribus (Darstellung berühmter Frauen)* entnommen. Wenn man berücksichtigt, daß sich die mittelalterlichen Historiographen auf dergleichen Quellen zu stützen pflegten und daß sie ebensowenig wie Pisan über das methodische Rüstzeug verfügten, meist auch gar nicht den Willen hatten, Fiktionen und Fakten säuberlich zu trennen, dann kann man Pisans allegorisch-historische Darstellung mit Fug und Recht als historisches Nachschlagewerk bezeichnen. In ihrem Frauenhandbuch hat Pisan die ihrer Ansicht nach frauenfeindlichen Geschichtsverfälschungen ihrer Gewährsmänner auch im Detail zurechtgerückt: Xanthippe etwa, die seit Jahrtausenden als Ehedrachen des Sokrates durch die Geschichtsbücher geisterte, wird bei ihr zur vorbildlichen Ehefrau; und die als blutschänderisches Monster, als Gattin des eigenen Sohnes verschrieene Semiramis wird von Pisan – einige Jahrhunderte vor der Entstehung des Historismus – mit dem Hinweis auf die Zeitgebundenheit sittlicher Wertvorstellungen rehabilitiert.

Kurz vor ihrem Tod, im Jahre 1429, hat Pisan noch einmal zur Feder gegriffen, um eine zeitgenössische Heroin emphatisch zu feiern, Jeanne d'Arc, deren Hinrichtung sie wohl nicht mehr miterlebte:

> He! welche Ehre für das weibliche Geschlecht! Daß Gott es liebt, ist offenbar, da doch dieses große, hündische Volk, durch welches das ganze [französische] Volk verwüstet ist, durch eine Frau aufgescheucht und überwältigt wird, was den Männern nicht gelungen ist. (Pinet, S. 196)

Pisan hat sich öffentlich als Vorkämpferin für die Menschenrechte der Frau zu Wort gemeldet und sie hat ihre wagemutigen Publikationen nicht nur überlebt, sondern sie hat als bewunderte und gefeierte Autorin vom Erlös ihrer Schriften sogar leben können. Der erstaunliche Erfolg Pisans hängt wohl auch damit zusammen, daß ihre unzeitgemäßen theoretischen Einsichten ihren realistischen Sinn für das praktisch Mögliche nicht getrübt haben. In ihrem Buch *Le Trésor de la Cité des Dames (Schatz der Damenstadt*, auch unter dem Titel *Le Livre des Trois Vertus)*, einer Tugendlehre insbesondere für die Dame am Hof, ermutigt sie die Hofherrin zwar, ihre Machtchancen in den erlaubten Grenzen so weit wie möglich zu nutzen, sich z.B. mit den Ratgebern des Fürsten, mit der hohen Geistlichkeit, reichen Kaufleuten und Vertretern des Volkes zu verbünden, sie ermahnt die Hofherrin aber andererseits, die Herrschaftsgewalt des Eheherrn bedingungslos zu akzeptieren, auch einem despotischen Ehegatten die Loyalität nicht zu versagen und seine Eskapaden keineswegs mit gleicher Münze heimzuzahlen. Wie geschickt Pisan sich darauf verstand, mögliche Einwände gegen ihre Person und ihr Werk zu parieren, zeigt sich besonders deutlich im ersten Kapitel ihres *Livre de la Mutacion de Fortune (Buch von der Wechselhaftigkeit des Schicksals)*. Hier nimmt sie der naheliegenden Diffamierung, als Autorin, als selbständig denkendes und handelndes Wesen sei sie eigentlich in Wahrheit keine Frau mehr, von vornherein den Wind aus den Segeln, indem sie von ihrer geheimnisvollen Geschlechtsumwandlung erzählt: Als sie nämlich nach dem Tod ihres Vaters und ihres Ehemannes alleine vor der Aufgabe gestanden habe, ihr Lebensschiff selbst zu lenken, drei kleine Kinder, zwei unmündige Brüder und eine Mutter zu versorgen, habe das Schicksal sich ihrer erbarmt und sie kurzerhand zu einem Mann gemacht.

Christine de Pisans Einsatz für die Menschenrechte der Frau, wir würden heute sagen, ihr Feminismus, ist nicht ihr einziger Beitrag zum literarischen Diskurs. Pisan hat in verschiedener Hinsicht neue Wege eröffnet. Hartnäkkiger als ihre Schriftstellerkollegen stellte sie sich in ihrem Werk als individuelle Persönlichkeit mit dar, weil sie in der Auseinandersetzung mit der misogynen Literatur und im Streit um den *Rosenroman* die Einsicht gewonnen hatte, daß Urteile relativ und standortgebunden seien. Sodann beginnt mit ihr in Frankreich die Geschichte einer engagierten, zeitkritischen Publizistik von hohem literarischen Rang. Pisan hat im Unterschied zu ihren Schriftstellerkollegen versucht, ihre Manuskripte handschriftlich vervielfältigen zu lassen, um als Verlegerin ihrer eigenen Werke eine größere Unabhängigkeit von der Gunst ihrer adeligen Gönner und Auftraggeber zu gewinnen. Sie hat sich mit ihren Schriften engagiert und kritisch in öffentliche Belange eingemischt und sie hat alles Wissenswerte, das sie sich autodidaktisch durch Lektüre oder Erfahrung angeeignet hat, an die literarisch interessierte Öffentlichkeit vermittelt. Beginnt nicht auch mit ihr die Geschichte des Humanismus in Frankreich? Sie zeichnet sich vor ihren französischen Zeitgenossen durch jene Intensität des Interesses für die Literatur und für die Wissenschaften aus, die für die italienischen Humanisten charakteristisch ist. Als Humanistin ist sie zugleich Feministin, sie wehrt sich empört gegen die Unterstellung, als Frau sei sie vom Reich der Erkenntnis ausgeschlossen. Schon eineinhalb Jahrhunderte vor Jean Bodin hat sie die tradierte mittelalterlich-christliche Interpretation der Universalgeschichte als Heilsgeschehen durch ein von ihr geschaffenes, humanistisches Denkmodell ersetzt: In ihrem allegorisch-historischen Versuch einer Universalgeschichte, ihrem *Buch von der Wechselhaftigkeit des Schicksals*, ist die alles bewegende Macht in der Geschichte die Schicksalsgöttin Fortuna.

Das umfangreiche Gesamtwerk Pisans ist leider zum größten Teil weder gesichtet noch ediert, aber bereits das Wenige, was zugänglich ist, läßt den Verdacht aufkommen, daß es sich bei Christine de Pisan um eine Vordenkerin der europäischen Geistesgeschichte handelt.

Christine de Pisan war eine unzeitgemäße Zeitgenossin. In der Folgezeit haben sich nicht wenige Epikerinnen, Lyrikerinnen und Verfasserinnen wissenschaftlicher Prosa in Italien und Frankreich einen Namen gemacht, während die Frauen in Deutschland noch den Mund hielten. Das hing offensichtlich mit der andersartigen kulturellen Entwicklung und den unterschiedlichen Bildungschancen von Frauen in Deutschland einerseits, in Frankreich und Italien andererseits zusammen. Die beiden Romanautorinnen Elisabeth von Nassau-Saarbrücken und Eleonore von Österreich, die der Gattung des Prosaromans im 15. Jahrhundert in der deutschsprachigen Literatur zum Durchbruch verholfen haben, waren bezeichnenderweise Ausländerinnen. Elisabeth, seit ihrer Heirat (1412) Gräfin von Nassau-Saarbrücken, war die Tochter Herzog Friedrichs V. von Lothringen, ihr Bruder Anton gehörte zum Dichterkreis um Karl von Orléans; Eleonore, seit ihrer Heirat (1448) Herzogin von Tirol, Tochter Jakobs I. von Schottland, erhielt die wichtigsten literarischen Anregungen während ihres Aufenthalts (1445–1448) am Hof Karls VII. von Frankreich. Ähnlich wie Hartmann von Aue, Wolfram von Eschenbach, Gottfried von Straßburg haben Elisabeth und Eleonore ihre Romane nach französischen Vorlagen gearbeitet. Von Elisabeths vier Romanen war der *Huge Scheppel* der unkonventionellste und erfolgreichste. Huge Scheppel, Sohn einer Metzgerstochter und eines Edelmanns, ein vergnügungssüchtiger und berechnend ehrgeiziger Don Juan, wird zum König und Erlöser Frankreichs, weil er im richtigen Moment mit seiner Streitaxt kräftig dreinschlägt. Er tötet den üblen Usurpator, der den König vergiftet hat, die Thronerbin zur Ehe zwingen und sich selbst als König etablieren will, gewinnt seinerseits Frau und Herrschaft und bringt die Machenschaften der Bösewichte, die allesamt zum französischen Hochadel gehören, mit Hilfe der Pariser Bürger endgültig zum Scheitern. Während der *Huge Scheppel* einen Sinn für makabren Humor und Freude an komischen und gruselig-schaurigen Effekten verrät, demonstriert Eleonores *Pontus und Sidonia* einmal mehr, wie sich ein tugendhafter Fürst und eine tugendhafte Fürstin gemäß der höfischen Ideologie zu verhalten hätten. Bei allen Unterschieden ist den beiden Autorinnen eines gemeinsam: In Abwesenheit bzw. nach dem Tod ihrer Ehegatten haben sie zwar ihre Territorien jahrelang selbständig regiert, aber ihre Frauengestalten sind männerfixiert, unselbständig und etwas dümmlich. Man tut beiden Autorinnen gewiß kein Unrecht, wenn man ihr Frauenbild als wenig aufgeklärt – oder im heutigen Sprachgebrauch schlichtweg als repressiv bezeichnet.

Wie eine wagemutige und tatkräftige Königin mit Hilfe ihrer Kammerfrau die Anschläge und Machenschaften ihrer Landesherren durchkreuzen und ihren Willen durchsetzen konnte, hat Helene Kottanner in ihren Memoiren erzählt. Nach dem Tod des römisch-deutschen Königs Albrecht II., Herzogs von Österreich, Königs von Ungarn und Böhmen, im Jahr 1439 wollten die ungarischen Großen die schwangere, 31jährige Königin mit dem 16jährigen König von Polen verheiraten. Um diesen Plan zu vereiteln, gab Königin Elisabeth ihrer Kammerfrau, der Kottannerin, den Auftrag, die schwerbewachte ungarische Königskrone aus der Plintenburg zu rauben und nach Komorn zu bringen, wo die Königin eine Stunde nach dem Eintreffen der Krone einen Sohn, Ladislaus Postumus, gebar (21. 2. 1440), der bereits im Alter von zwölf Wochen zum König von Ungarn gekrönt wurde.

Mehr als hundert Jahre, nachdem Pisan in Frankreich den Streit um den *Rosenroman* auslöste, haben sich auch in Deutschland Frauen, wie Katharina Zell, Ursula Weyden, Argula von Grumbach, mit kämpferischem Elan in Belange von öffentlichem Interesse eingemischt. Argula von Grumbach, geborene von Stauff, wurde zur Publizistin, als der von Luther und Melanchthon beeinflußte 18jährige Theologe Arsacius Seehofer unter Androhung des Scheiterhaufens von der Universität Ingolstadt gezwungen wurde, einige mit der offiziellen Kirchenlehre nicht übereinstimmende Lehrsätze zu widerrufen. Argula reagierte mit Flugschriften, die z. T. mehrfach nachgedruckt wurden. Sie richtete einen Protestbrief an Rektor und Senat der Universität Ingolstadt, informierte und ermahnte Herzog Wilhelm IV. von Bayern, dessen Gemahlin sie früher als Hoffräulein gedient hatte, appellierte an Bürgermeister und Rat von Ingolstadt und unterrichtete einen einflußreichen Verwandten. In zwei weiteren Sendschreiben ermunterte sie Kurfürst Friedrich den Weisen und Pfalzgraf Johann von Pfalz-Simmern, die Sache der Evangelischen zu vertreten. In einem Brief an Bürgermeister und Rat der Stadt Regensburg tadelte sie die Unterdrückung der evangelischen Predigt in der Stadt. Der bayerische Herzog und die Universität Ingolstadt haben Argulas Pamphlete keiner Antwort gewürdigt, aber die Reaktion ließ nicht lange auf sich warten. Argulas Mann wurde aus dem Dienst des bayerischen Herzog entlassen, die sechsköpfige Familie geriet in Not, der Ehemann ließ seine Wut an seiner Frau aus und trennte sich schließlich von ihr. Argula, die auch mit Luther und Spalatin korrespondierte, hatte unliebsames Aufsehen erregt. In einem Schmähgedicht warf ihr ein Ingolstädter Student vor, sie sei schamlos und verrucht, weil sie es gewagt habe, die Männer belehren zu wollen, statt, wie Paulus es geboten habe, zu schweigen. In ihrer Replik führte Argula zu ihrer Verteidigung die Heldinnen des Alten Testaments an, aber sie rechtfertigte sich auch mit dem Hinweis auf Bileams Eselin, durch die Gott bekanntlich den Propheten belehrt habe. Das war ein zweischneidiges Argument, mit dem eine Christine de Pisan ihr Menschenrecht auf Mündigkeit sicher nicht verteidigt hätte. Kein Zweifel: In der Ausbildung eines spezifisch weiblichen Bewußtseins und Selbstbewußtseins, das sich als Korrektur, ja als emanzipatorisch im Hinblick auf die Dominanz oder das Monopol des Männlichen versteht, und in der Handhabung, Fortentwicklung und der individuellen Ausprägung der ästhetischen Mittel der Literatur waren die in Frankreich und Italien schreibenden Autorinnen ihren in Deutschland schreibenden Kolleginnen unverkennbar und nachweislich in vielem voraus.

Barbara Marx

Zwischen Frauenideal und Autorenstatus

Zur Präsentation der Frauenliteratur in der Renaissance

Frauenideal und ideale Frauen

Solange sich die Renaissance, vor allem in Italien, von antiken Typologien leiten läßt, kann es für ein weibliches Subjekt keinen Platz in der Literatur geben: die antiken Dichterinnen, Sappho, die Lesbierin, die jungfräuliche Corinna, die Hetäre Aspasia erscheinen als monströse Ausnahmen. Wo immer die Frau als Objekt der humanistischen Pädagogik oder auch, in der lateinischen Elegiendichtung des 15. Jahrhunderts, als Objekt der Liebe posiert, bleibt sie von der Sprache ausgeschlossen. Sie vermag allein mit ihrem Körper zu »antworten«, dessen Zeichen der Literat wie der Wissenschaftler in sein gelehrtes Medium übersetzt: dieses Gefälle von Sagenkönnen und Sprachlosigkeit macht zugleich ein wesentliches Element des literarischen Eros aus.

Die Aneignung klassischer Sprachen und privilegierter Sprechweisen wird nur dort zugestanden, wo sich das Weibliche noch nicht als »Sprachlosigkeit« artikuliert: in einer kurzen vorpubertären, in jedem Fall vorehelichen Phase dürfen Mädchen der höheren Stände bevorzugt vor ihren Brüdern den Eliteanspruch ihrer Familie als Bildungszeremoniell vorführen. Die Aufmerksamkeit, die den weiblichen Frühbegabungen und ihren spektakulären Auftritten, der Fähigkeit zur Improvisation lateinischer Reden bei hohen Anlässen zuteil wird, gilt in erster Linie der dynastischen Repräsentation. Nicht umsonst stammen Cecilia Gonzaga, Costanza Varano, Ippolita Sforza, Battista Sforza aus Fürstenhäusern, die ihre erst kürzlich erworbene Macht stabilisieren müssen und deren weibliche Mitglieder sich einer vorbildlichen Rollenerwartung fügen. Die Abhängigkeit dieser Rolle von der weiblichen Biologie und die strenge Festschreibung einer Dreiteilung von Aufgabenfeldern für Jungfrau, Ehefrau und Witwe grenzen die Bildung als voreheliche Propädeutik aus. Mädchen, die ihre Studien über die Pubertät hinaus betrieben, möglicherweise deshalb den Eintritt in das Eheleben hinauszögerten, verleugneten, im Jargon der Zeit, »ihr Geschlecht«: die männliche »virago« entpuppt sich als Perversion der von den Humanisten gefeierten »virgo«. Ein solches Urteil trifft die wenigen Autorinnen, die aus der humanistischen Bildung eine persönliche Vokation ableiten: Isotta Nogarola, aus einem Veroneser Patriziergeschlecht, das noch bis ins 16. Jahrhundert eine Tradition kultivierter »Jungfrauen« vorzuweisen hatte, Verfasserin gesuchter lateinischer Briefe und eines polemischen Traktats *De pari aut impari Evae atque Adame peccato* (1451), als Wunderkind umschwärmt, als Intellektuelle isoliert; Laura Cereta, die nach einer nur 18 Monate währenden, kinderlosen Ehe als Witwe ihren naturphilosophischen und astrologischen Interessen nachgehen konnte und 1488 eine Sammlung ihrer *Epistolae* dem Kardinal Ascanio Sforza widmete; Cassandra Fedele, die mit einer 1488 gedruckten Doktoratsrede und mit lateinischen Briefen an die Öffentlichkeit trat, und deren späte Heirat, mit 33 Jahren, ihre Ambitionen endgültig überholte.

Der Status des Literaten, besonders des an antiken Mustern geschulten Humanisten, galt im Hinblick auf Frauen als »widernatürlich« und entsprechend breit ist die misogyne Einstellung der humanistischen Autoren dokumentiert. Nur die Kompetenz des Dilettanten, die Haltung des Connaisseurs wird für Frauen in dem Maße wünschenswert, wie sich die Höfe, gegen Ende des 15. Jahrhunderts, zu einer konkurrierenden Instanz der Kultur entwickeln. Da nunmehr die Fürstin mit ihren Hofdamen als Adressatin und als potentielle Mäzenin in das Blickfeld des Autors tritt, kann der eklektische Gelehrtencharakter der »bonae litterae« nicht mehr bestehen; ein veränderter Kulturbegriff muß die Präsenz des Weiblichen schon in sich tragen. Dieser Perspektive tragen die im höfischen Milieu von Ferrara und Mantua entstandenen »feministischen« Traktate von Bartolomeo Goggio, *De laudibus mulierum* (1487), Mario Equicola, *De mulieribus* (1501c.), Agostino Strozzi, *Defensione delle donne*, Rechnung. Je mehr sich die Höfe als Epizentren einer idealen Machtentfaltung begreifen, desto mehr wird das Weibliche zur Figur ihrer kulturellen Repräsentation stilisiert. Ein solch idealisiertes und zugleich normatives Frauenbild stellt Baldassare Castigliones Entwurf der Hofdame, »donna di palazzo«, im 3. Buch seines *Libro del Cortegiano* (ed. 1528) dar, der zugleich eine nostalgische Reverenz gegenüber dem Hof von Urbino und seiner Fürstin Elisabetta Gonzaga in den Jahren 1504 bis 1508 beinhaltet. Sämtliche Qualifikationen der Hofdame, auch ihre »Literarizität«, stellt Castiglione unter den Imperativ der Weiblichkeit (»sempre parer donna«, III,4). In der höfischen Geselligkeit bedeuten die Frauen die immerwährende Präsenz des erotischen Moments, der im kulturellen Diskurs der »ragionamenti« eingefangen wird: als Anreiz zum »Sprechen, um zu gefallen«, als Kanalisierung und Kontrolle über das Nichtgesagte. Die spezifisch literarische Bildung muß die »donna di palazzo« instandsetzen, die Techniken insbesondere der »ragionamenti d'amore«, des Sprechens über Liebe, zu beherrschen, ohne dabei ihre »weibliche« Sprachlosigkeit aufzugeben, die den »cortegiano« erst zum Reden bringt.

Da das Sprechen über Liebe als wichtigstes Element der höfischen Unterhaltung, der »intertenimento«, ausgewiesen ist, besitzen die Konventionen, deren Regeln Castiglione im *Cortegiano* III, 53 und 55 erläutert, sicher auch für das Schreiben im geselligen Austausch Gültigkeit. In den wenigsten Fällen will die Sprache der Liebe auch Gefühle ausdrücken, eher stellt sie sich als Geste der Wertschätzung, der Ehrerbietung dar und erfüllt damit vor allem ein gesellschaftliches Erfordernis. Die Liebeserklärung an eine Dame soll ihr und ihrer Umwelt beweisen, daß man sie ihrer Person, ihrer Schönheit, ihres Rangs wegen einer solchen Liebe für würdig hält, nicht aber die Tatsache des Gefühls selbst: wer von echter Liebe überwältigt wird, dem versagt die Sprache. Die kategoriale Trennung der beiden Bereiche, des Sprechens über Liebe und der Liebe selbst, muß als entscheidende Voraussetzung für die Ausweitung des amourösen Diskurses in der Renaissance angesehen werden, und nicht zuletzt für die Tatsache, daß den adligen Frauen gerade die Aneignung der Liebeslyrik und ihrer gesellschaftlichen Regeln angetragen wird. Das scheinbar Intime der sprachlichen Annäherung steht im Signum der Unverbindlichkeit. Das petrarkistische Grundmuster, das die reale oder imaginäre Distanz des Schreibenden zum Objekt seiner Verehrung als Motiv des Schreibens selbst behandelt, entspricht hier zugleich den Forderungen des höfischen Rituals. Von daher versteht es sich, daß gerade die Sprache der Liebe, die aus einem begrenzten Fundus literarischer Formeln schöpft, mithin besonders leicht erlernt werden kann, zugleich am wenigsten kompromittiert, vielmehr als Ausweis sozialer Fertigkeiten gilt.

Literarischer Dilettantismus wird so zum Kennzeichen des »weiblichen Adels«, in dem höfische Bildung, ständisches Prestige und ein detailliert vorgestelltes Schönheitsideal nicht mehr voneinander zu trennen sind. »Fare rime thoscane« ist Attribut und Ausdruck einer frauenspezifischen Grazie, in der sich die Kunst des Sprechens über Liebe als scheinbare Natur des Weiblichen behauptet. Ludovico Domenichi, einer der engagierten Herausgeber weiblicher Lyrik in den Jahrzehnten 1540 bis 1560, möchte die Kunst der »ragionamenti d'amore«, wie er in *La nobiltà delle donne* (ed. 1549) ausführt, nur auf die Fürstenhöfe, allenfalls auf das Stadtpatriziat beschränkt wissen: die Unverbindlichkeit der erotischen Offerte, die zum literarischen Arrangement gehörte, erschien ihm bei Frauen aus niederem Stand, womöglich alleinstehend oder mit Kindern, die zu versorgen waren, höchst mißverständlich, wenn nicht unglaubwürdig.

Bei der Übertragung der im *Cortegiano* entwickelten Richtlinien hatte Domenichi vor allem Siena vor Augen, wo sich das Stadtpatriziat in der 1525 gegründeten »Accademia degli Intronati« ein Instrument des gelehrten Austausches geschaffen hatte, das zugleich als Vehikel des pseudohöfischen »intertenimento« diente. Die gebildeten Patrizierfrauen, sämtlich verheiratet oder verwitwet, waren zwar nicht als reguläre Mitglieder zugelassen, doch für deren Aktivitäten unentbehrlich: als Musen poetischer Huldigung, als Adressatinnen gelehrter Traktate, als Gastgeberinnen literarischer Zusammenkünfte, als Partnerinnen der »ragionamenti«. Ob der Austausch von Gedichten mit den »Akademikern« bei einzelnen Damen zu einer dauerhaften Praxis führte, läßt sich an den von Domenichi veröffentlichten Proben einer Aurelia Petrucci, Ermellina Arringhieri, Honorata Pecci, Laudomia Forteguerri, Silvia Piccolomini kaum ablesen, am ehesten noch bei Virginia Martini de' Salvi, deren Verse der ebenfalls als »Frauenfreund« agierende Akademiker Alessandro Piccolomini zusammen mit Übungsgedichten von Frasia Marzi, Girolama Carli Piccolomini, Camilla Petroni, Virginia Venturi de' Salvi 1541 nach Venedig sandte: sein eigenes Sonett über einen Besuch an Petrarcas Grab hatte hier den Anstoß zum Schreiben gegeben. In Lyon bildete die »Académie de Fourvière« seit dem Beginn des 16. Jahrhunderts ein ähnliches gesellschaftliches Zentrum, wo sich im Umkreis von Maurice Scève dessen Schwester Jeanne, Claude Peronne, die nur durch Marot namentlich bekannte Jeanne Gaillarde und vor allem Scèves literarisches »Gegenüber« Pernette du Guillet in der poetischen Konversation übten.

Der Zwang zur kalkulierten Gelegenheitspoesie kam um so stärker zum Tragen, je mehr sich das Standesbewußtsein als Selbstzensur auswirkte. Nur Domenichis publizistischer Kampagne für eine adlige Frauenkultur ist es zu verdanken, daß einzelne Stücke einer Silvia di Somma Gräfin von Bagno, Leonora Ravira Falletti Fürstin von Melazzo, Costanza d'Avalos Herzogin von Amalfi, Maddalena Pallavicina Markgräfin von Ceva, Dianora Sanseverina, Tochter des Fürsten von Bisignano, und was der edlen Namen mehr sind, veröffentlicht wurden. Marguerite de Bourg, dame de Gage, aus dem Lyoneser Kaufmannsmilieu zur Frau eines königlichen Intendanten aufgestiegen, vermochte sowohl in Italienisch wie in Französisch zu schreiben, doch von ihrer angeblich umfangreichen poetischen Hinterlassenschaft ist nichts erhalten: sie hatte ein strenges Publikationsverbot verhängt. Der

Schritt in die Öffentlichkeit erschien nur dort gerechtfertigt, wo Schreiben sich als Geste narzistischer Huldigung an den »weiblichen Adel« darstellte. Entsprechend beteiligen sich die Frauen zahlreich an den Bänden, die in Form des »Musentempels« Gedichte zu Ehren einer hohen Dame vereinigen: *Rime in morte della Signora Irene di Spilimbergo* (1561), *Il Tempio della divina Signora Giovanna d'Aragona* (1565), *Il Tempio della divina Signora D. Geronima Colonna d'Aragona* (1568). Die Einladung zur dynastischen Enkomiastik sicherte einen gefahrlosen Eintritt in die Literatur, wie die in allen drei Bänden vertretene Venezianerin Olimpia Malipiero beweist. Offenbar von Domenichi ermutigt, suchte sie sich im Literatenmilieu von Florenz durch Lobpreisung des Herzogs Cosimo I. und seiner Familie abzusichern. Noch in der zweiten Hälfte des 16. Jahrhunderts stellen auch die Autorinnen, die die Standesgrenzen hinter sich lassen, ihre Publikationen ostentativ unter den Leitstern einer hohen Adligen.

Eine ideale Autorin: die Aristokratin

Es ist kein Paradox, daß die Literaten der Zeit übereinstimmend einer Frau den Autorenstatus zuerkennen, die als geradezu phänotypisch für die oben beschriebenen Konventionen anzusehen ist, auch darin, daß sie selbst keinen Anspruch auf diesen Status erhob. Vittoria Colonna hat keine der immerhin dreizehn zu ihren Lebzeiten erschienenen Werksausgaben autorisiert oder gar selbst befördert. Schon der Editor der *Rime* von 1539 mußte bekennen, daß die Veröffentlichung vielmehr gegen den ausdrücklichen Willen der Verfasserin erfolgt war, daß dem allgemeinen Interesse und Nutzen jedoch Vorrang vor dem Mißvergnügen einer edlen Dame einzuräumen sei.

Vittoria Colonna entstammte einem der militantesten römischen Fürstengeschlechter; ihr Verlöbnis im Alter von fünfzehn Jahren mit dem in Toledo aufgewachsenen Ferrante Francesco d'Avalos Markgraf von Pescara war als Garantie einer politischen Einbindung ihrer Familie in den spanisch-habsburgischen Machtbereich geplant. Sie wuchs in der streng ritualisierten Standeswelt des *Cortegiano* auf, und nicht umsonst hatte Castiglione ihr, einer Nichte Elisabetta Gonzagas, die letzte noch unpublizierte Fassung des Buchs zur Durchsicht überlassen. Die Frauenthemen des 3. Buchs hatten ihr am besten gefallen, doch mochte sie sich in eigener Sache nicht äußern, »determino tacere« (Brief vom 20. Sept. 1524), noch in der Wahl dieses beredten Schweigens eine gelehrige Schülerin des Autors. Daß die panegyrische Funktion ihre petrarkistische Liebesdichtung bestimmt, ist schon in diesem aristokratischen Rahmen vorgezeichnet: in einer unter der dynastischen Verpflichtung des Familiennamens geschlossene Ehe (alle ihre Briefe unterzeichnete sie mit dem durch Heirat erworbenen Titel »la Marchesa di Pescara«), einer fatalen Kinderlosigkeit des Paares in einer Zeit, in der Kinderreichtum als Adelsprivileg galt, langen Abwesenheiten des zu einer ehrgeizigen Militärlaufbahn unter Karl V. ausersehenen D'Avalos, dessen glänzender Aufstieg zu einem der kaiserlichen Oberbefehlshaber bei der Schlacht von Pavia gegen Franz I. 1525, sein Tod im gleichen Jahr als Folge der dort erlittenen Verwundungen, ohne daß sich die Ehegatten nach 26 Monaten der Trennung noch einmal gesehen hätten.

Ihre Verse bestimmte Vittoria Colonna von vornherein als heroisches Monument. Anders als die ihr folgenden Autorinnen, die teils ernsthaft, teils ironisch den Bescheidenheitstopos der »unwissenden Frau« abwandeln,kennt die Aristokratin kein Zugeständnis an ein Publikum: der einzige, dem sie sich verpflichtet fühlt, ist der Verstorbene, dessen Namen sie weiterträgt *(Rime amorose,* Nr. 35), dessen unbesiegter hoher Geist, »invitto animo altero«, das Double ihres eigenen Emblems Vittoria ist (Nr. 62), dessen Heldentaten das poetische Vermächtnis fordern. Das ständische Ritual geht dem dichterischen Gestus voraus, so daß signifikante Abweichungen vom Modell Petrarcas notwendig werden, die ihrerseits auf einen neuen Kanon der weiblichen Lyrik verweisen. Die eheliche Bindung impliziert hier die soziale Symmetrie der Liebenden und damit ihre sentimentale Übereinkunft, die das traditionelle Gefälle zwischen dem werbenden Dichter und dem unerreichbaren Objekt seines Begehrens aufhebt: das Wort »equale« (*Rime amorose*, Nr. 69, Nr. 71; *Rime amorose disperse*, Nr. 16) findet sich in Petrarcas *Canzoniere* an keiner Stelle. Gleiche Pflicht, »gleiche Treue« stehen für neue Motive des Schreibens: in der Lyrik der Aristokratinnen, der Colonna und der ihr kongenial nachdichtenden Veronica Gambara ist das Sentimentale in die Ehe eingebunden und bedingt so von vornherein eine Verdrängung sexueller Anziehung und des im petrarkistischen Modell immer angelegten Verdachts außerehelicher Verführung. Die »innere Glut« der Frau (*Rime amorose*, Nr. 7, Nr. 23, Nr. 27) ist denn auch bei der Colonna nur spiegelbildlich zum »glühenden Mut« der hehren Lichtgestalt des D'Avalos konzipiert. Erst eine spätere Autorin, die in Lucca beheimatete Chiara Matraini, die sich die Lektion der *Rime amorose* zu eigen gemacht hatte, wagt es schließlich, auch von »gleicher Liebe«, »uguale amore ... tra noi« zu schreiben; der bei der Vorgängerin entlehnten Sonnenmetapher für den Mann, des »bel Sole«, der die Dunkelheit des Weiblichen erleuchtet, stellt sie überdies eine symmetrische Figur im Bild des Mondes gegenüber (*Lettere*, c.1r).

Die erotische Disziplinierung, die den Editoren als eine unabdingbare Voraussetzung der Frauenliteratur erschien, besteht in einer weitgehenden Reduktion der *repraesentatio personae* und der damit einhergehenden Ambivalenz der Gefühle, die in Petrarcas *Canzoniere* durch eine obsessive Vorstellung des weiblichen Körpers genährt wird. Der Mann als Imago der weiblichen Erinnerung ist »wahrer« als die fremde, unausgesprochene Realität seiner Körperlichkeit, die sich für die Colonna allenfalls in den eindrucksvollen Narben und dem vom Kampf glühenden Gesicht kondensiert (*Rime amorose*, Nr. 61). Der Blick der Frau erfaßt das männliche Gegenüber nur scheinhaft, zunächst als Licht-Schein, zuletzt nur noch als Medium. Nur einmal, im *Pianto sopra la passione di Christo* (ed. 1556), evoziert die Autorin einen realen Körper: den stigmatisierten Leichnam des toten Christus, den die Mutter Maria liebend berührt.

Jenseits der Ebenbürtigkeit, die das illustre Paar auszeichnet, vermittelt die Colonna geschlechtsspezifische »Sehweisen«, die verständlich machen, warum ihre Lyrik als exemplarisch »weiblich« ausgegeben wurde. Dem Mann sind die »ruhmreichen Taten« einer »Vita activa« (*Rime amorose*, Nr. 4) vorgegeben, die Frau vermag das Heroische nur in der Introspektion zu vollziehen (Nr. 2). Nicht das Schreiben selbst, auch wenn es sich an den höchsten Vorbildern ausrichtet, verleihen der Autorin »gleichen Rang«, sondern allein die heldische Größe ihres Schmerzes (Nr. 67, Nr. 69, Nr. 82). Schon einer der ersten Exegeten der *Rime amorose*, Rinaldo Corso hatte im Eingangssonett den sentimentalen Anspruch als »weibliches« Merkmal ausgemacht: da Frauen allgemein empfindsamer sind als Männer, hinterläßt die Liebe ebenso wie der Schmerz einen größeren Eindruck in ihrer Vorstellungskraft. Der Vorrang des Affektiven gehört mithin bereits zum Erwartungshorizont der Frauenliteratur, dem sich die Petrarkistinnen konfrontieren müssen. Aus der Plastizität des Weiblichen, dem der Mann sein Bild »einprägt«, resultiert überdies eine Beglaubigung der männlichen Führungsrolle, die, gemessen an der biographischen Wirklichkeit der beiden Autorinnen, reine Fiktion ist. Nach dem Tod ihres Mannes 1518 leitete Veronica Gambara ihr kleines Fürstentum Correggio allein und mit sicherer Hand durch diplomatische und militärische Konflikte. Vittoria Colonna war durch ihren eigenen Mann zum Gouverneur der Stadt Benevent bestellt worden; für diesen Schritt wurde sogar ein päpstliches Breve notwendig. Auch noch als Witwe nahm sie diplomatische Aufträge im Namen ihrer Familie wahr, führte aber im übrigen ein selbstbestimmtes Leben, in dem der Rückzug aus dem Mondänen erst den Freiraum für religiöse und literarische Kontakte eröffnete.

Das Weiblichkeitsideal, wie es sich in der Lyrik der beiden Italienerinnen formiert, verweist jenseits des Autobiographischen auf das gesellschaftliche Imaginäre und seine Kodifizierung. Anders wäre kaum verständlich, in welcher Weise vor allem das Beispiel der Markgräfin befreiend auf andere literarisch ambitionierte Frauen gewirkt hat: Befreiung vom Schweigen zum Reden über Liebe, ohne den gesellschaftlichen Rahmen des Weiblichen zu verlassen, ohne die Hypothek des Skandalösen einzugehen. Die größte mimetische Anverwandlung dieses Vorbilds leistete sicher Veronica Gambara, auch in ihrem aristokratischen Verzicht auf den Status der Autorin (Brief vom 20. Aug. 1536 an Pietro Aretino), in ihrem Beharren auf dem Dilettantismus der großen Dame gegenüber einem ausgewählten Publikum, das sich aus der literarischen Prominenz Venedigs rekrutierte. In den Gedichten der Colonna sah sie vornehmlich ein feministisches Verdienst (Sonett Nr. 1), in deren »weiblicher Tugend« nur ein zusätzliches Element der Verehrung (Sonett Nr. 2). Ihre Gedichte wurden 1554 von Ruscelli in der Anthologie *Rime di diversi eccellenti autori bresciani nuovamente raccolte* veröffentlicht, der auch für die Tradition der Verwechslung zwischen Sonetten der Colonna und der Gambara verantwortlich zeichnete. Auf beide Autorinnen berief sich die Bologneserin Lucia Bertana, um ihre eigenen lyrischen Versuche zu rechtfertigen. Eine ähnliche Verbeugung vor dem weiblichen Adel, in die er das Lob der Dichterin Maria Spinola einbrachte, vollzog auch der skandalfreudige Pietro Aretino (Brief vom 18. Febr. 1540). Dieser hatte schon vor der Publikation des ersten Gedichtbandes der Colonna im literarischen Typus der »divina Pescara« und der »dotta Gambara« einen wesentlichen Stimulus für das Selbstverständnis der schreibenden Frauen ausgemacht (Brief vom 6. Dez. 1537).

Die Autorin, die sich nochmals perfekt den hohen Sprachgestus der Colonna aneignete, Chiara Matraini, in ihren 1555 publizierten *Rime e prose*, verkörperte allerdings bereits die Krise eines Ideals, das sich innerhalb von ständischen Kriterien definierte. Witwe wie ihre Vorgängerinnen, richtete die Matraini ihre Verse dennoch nicht an den verstorbenen Ehepartner, sondern an einen anderen, seinerseits verheirateten Mann, der unter ungeklärten Umständen ermordet wurde und dessen Tod jeder heroischen Aura entbehrte. Die Autorin entstammte einer bürgerlichen Familie; sie figuriert daher, trotz persönlicher Bekanntschaft mit Domenichi, nicht im Katalog der *Nobiltà delle donne*, während die *chronique scandaleuse* einer Isabella di Morra ihrer in Versen dokumentierten Passion für den ebenfalls schon verheirateten Don Diego Sandoval, die mit der Ermordung der beiden Liebenden endete, zur gleichen Zeit bereits »literaturfähig« war. Die soziale Diskriminierung, die von der Abwertung des Weiblichen zusätzlich überlagert wird, provoziert die Matraini zu immer lauteren Klagen über die Einschränkungen und die »Ketten«, die auf ihrem Schreiben lasten.

Von sich sprechen: Identität und Religion

Daß die Frauenlyrik bis in die vierziger Jahre des 16. Jahrhunderts unter einem moralischen Imperativ steht, findet seine Entsprechung in den Ansätzen religiöser Erneuerung, die für den italienischen Bereich im Begriff des »Evangelismus« zusammengefaßt werden. Die Öffnung der reformistischen Zirkel gegenüber den bis dahin zur »Sprachlosigkeit« verurteilten Gruppen, die neue Praxis einer sentimentalen Authentizität des Sprechens zu Gott, die Ablehnung der kirchlichen, ausschließlich Männern vorbehaltenen Mittlerfunktion im Religiösen, zogen zahlreiche hohe Aristokratinnen an, Frauen, auf denen Rollendruck und Sprachnormierung, auch die oben beschriebene, in besonderer Weise lasteten. Angesichts der in die *Rime amorose* projizierten Rollenverteilung ist es nicht verwunderlich, daß etwa Vittoria Colonna einer Doktrin zuneigte, die nicht mehr den »Werken«, diesem männlichen Zugriff auf die Welt, sondern einer »weiblichen« Emotionalität im Glauben vertraute. Nur bei den Frauen sei noch das wahre Christentum zu finden, äußerte denn auch, mit Berufung auf seine Kronzeuginnen Vittoria Colonna und Marguerite de Navarre, Ludovico Domenichi, den die »christianissima« Renée de France 1522 durch ihre Intervention bei Cosimo I. vor einer lebenslangen Gefängnisstrafe wegen Verbreitung der Häresie gerettet hatte, jene am Hof von Ferrara wie in einer spirituellen Enklave lebende französische Frau des Herzogs, die ihrerseits weibliche Autorinnen, wie die Nonne Girolama Castellana, inspirierte. Postel in *Les très merveilleuses victoires des Femmes du Nouveau Monde* (ed. 1553) stand gewiß nicht allein mit seiner Behauptung, daß Frauen wegen ihrer größeren sentimentalen Eindrucksfähigkeit empfänglicher für den »Geist« der Religion seien: die Postulate der »weiblichen Natur« begründen sogar die in der Renaissance so häufige Verschränkung von Liebeslyrik und religiöser Dichtung.

Die »Reform« zielt allerdings nicht nur auf die spirituelle Aufwertung des weiblichen Sprechens über Liebe. Diese gerade erst erreichte Anerkennung gibt die Colonna schon zum Erscheinungszeitpunkt ihres ersten Gedichtbands mit einer ausschließlichen Hinwendung zu den *Rime spirituali* um 1538 auf. Im Eingangssonett der erstmals 1546 vollständig publizierten Sammlung sprach sie sich entschieden gegen das Fernziel literarischen Ruhms und ihre eigene Einreihung in den Parnaß der Dichter aus: Rinaldo Corsos Interpretation von 1543 ist sicher darin zutreffend, daß die Autorin damit nicht die Kunstfertigkeit des Schreibens selbst in Frage stellen wollte, sondern vor allem die Selbstdarstellung in der Rolle der immer und noch über den Tod hinaus auf den Mann und sein Bild fixierten Liebenden: nunmehr schreibt die Markgräfin nur noch für sich *(Rime spirituali*, Nr. 1).

Sich selbst im Schreiben benennen: die Suche, »quête de soy«, führt im Werk der Marguerite d'Angoulême, bekannt als Königin von Navarra durch ihre zweite 1527 geschlossene Ehe, zu irritierenden Lösungen. Ihre Erstveröffentlichung, der *Miroir de l'âme pécheresse* (ed. 1531), wurde 1534 von der theologischen Fakultät der Sorbonne auf den Index gesetzt. Daß sich erst im »Spiegel« von Gottes Blick die eigene Person jenseits ihrer sozialen Existenz enthüllt, ist noch ein immanentes Thema »evangelischer« Thematik, die der Königin durch ihre engen Kontakte mit dem Bischof Guillaume Briçonnet und seinem Reformzirkel in Meaux aus den Jahren 1521–24 vertraut war. Wie jedoch die neue Identität, der »neue Adam«, ausschließlich in weiblichen Rollen gefunden wird, wie sich die Seele in diesem Monolog als Gottes Schwester, Mutter, Braut und Tochter »erkennt«, kann nicht nur als Spiegelung der realen Zwänge gesehen werden, denen Marguerite, die Schwester des Königs Franz I., zweite Dame des Hofs von Fontainebleau nach ihrer Mutter Louise von Savoyen, Objekt zahlreicher Heiratspläne vor und nach ihrer mit siebzehn Jahren eingegangenen Ehe mit dem älteren Herzog von Alençon, in der zweiten Ehe schließlich Mutter einer einzigen, später gegen ihren ausdrücklichen Wunsch verheirateten Tochter Jeanne, unterworfen war. Nur die Wahl eines weiblichen Mediums erlaubt den unzensierten Ausdruck des Herzens in »amour« und »charité«: das Gebet ist die einzige Form der liebenden Hingabe, die sich der sozialen Zensur entzieht, und zugleich der einzige »freie Raum«, in dem sich das Ich in einer totalen Geste der Liebe vor Gott von den gesellschaftlichen Beschädigungen rekonstituiert und befreit. Für diese im *Dialogue en forme de vision nocturne* (ed. 1533) entworfene Perspektive wählte die Autorin mit Vorsatz eine weibliche Gesprächspartnerin, ihre 1524 verstorbene Nichte Charlotte. Das »Salve, Regina, mater misericordiae« dichtete die Königin, in Adaptation einer luthernahen Vorlage, in »Je te salue, Jésus-Christ, roi de miséricorde« um; doch bezeichnet hier die weibliche Rolle allein die Qualität der unmittelbaren Nähe zu Gott.

Die Identität erfüllt sich letztlich außerhalb der Geschlechtsnorm, ihre Voraussetzung heißt nicht Befriedigung, sondern Befriedung. Was am Ende des *Miroir* in der Vorstellung vom Ruhen der Seele im göttlichen Gemahl evoziert wird, ist gleichzeitig auch im »ehelichen Diktus« der weiblichen Liebeslyrik als Wunsch verankert nach »amor ... stabile e beato« (Colonna, *Rime amorose*, Nr. 31), »contentement durable« (Pernette du Guillet, *Rymes*, Nr. 13), »scambievole e durabile amore, giocondità senza fine« (Matraini, *Lettere*, c.31r an L.Domenichi). Der verklärte Zustand »ei lieto di me ed io beata in lui« (Colonna), die Stasis des Affektiven im »sommeil d'amour« (M. de Navarre, *Chansons spirituelles*, Nr. 12), steht im Gegensatz zur destruktiven Dynamik der Liebe, die sich zwischen den Geschlechtern im sozialen Raum entfaltet. Entsprechend ist es in der späten allegorischen Dichtung *Les Prisons* (1548–49) ein männlicher Protagonist, der im 1. Buch von seiner Gefangenschaft im Turm der Liebe als Krankheit der Seele, »sens aliéné« (I,98), »fole folie« (I,221), »santé tournée en maladie« (I,270), »labirinthe étrange« (I,605) spricht, die seine Identität zunichte machte.

Die Rückgewinnung der eigenen Persönlichkeit in den religiösen Monologen erscheint so direkt komplementär zur skeptischen Analyse männlicher und weiblicher Liebesstrategien in der zeitgenössischen Gesellschaft, wie sie Marguerite de Navarre in verschiedenen Gattungen vorführt: in den »heroischen Briefen« von *Les Quatre Dames et les Quatre Gentilzhommes*, in den Komödien *Deux filles, deux mariées, la vieille, le viellard, et les quatre hommes* und *La femme, quatre filles, l'homme*, schließlich in den Rahmendiskussionen des *Heptaméron des Nouvelles* (ed. 1559). Der Wahrheitsanspruch der Erzählungen, durch den sich die Autorin von ihrem Vorgänger Boccaccio absetzt, macht erst die Verdoppelung von männlichem und weiblichem Rollenverständnis und ihren unüberbrückbaren Gegensatz im Bemühen um eine verbindliche »Form« der Liebe in den anschließenden Unterhaltungen notwendig. Auch die religiöse Autorin Marguerite »doppelt« sich in der von einer Sprecherin, Parlamente, vorgetragenen Forderung, einer »feministischen« Umkehrung der paulinischen Vorschriften in *Eph* 5, 22–23, daß die Männer sich gegenüber ihren Frauen verhalten sollen wie Christus gegenüber seiner Kirche. Doch die Novellen selbst wie auch deren Kommentierung vermitteln vor allem die Erkenntnis, daß die Liebe »qui n'est jamais réciproque« sich nur im gesellschaftlichen Feld von Kalkül und Gewalt, List und gestohlener Lust realisiert und deshalb eine permanente Bedrohung vor allem für die weibliche Identität darstellt.

Die Befragung sozialer Rollen macht vor den kulturellen Barrieren nicht halt. Marguerite, die sich im Prolog des *Miroir* als unwissende Frau »qui n'ha en soy science ne sçavoir« vorgestellt hatte, bezog gerade hieraus die wahre Qualifikation zum Schreiben: Kunstfertigkeit und Bücherwissen galten ihr als Vorwände literarischer Eitelkeit, die den Blick in den Spiegel, auf »mon vray Estre« trüben könnten (*Chansons spirituelles*, Nr. 11). Das Mißtrauen gegenüber den etablierten Diskursen und ihren Rollenfixierungen legten so den Zugriff auf eine »offene« und »evangelische« Sprache nahe: in der Komödie *L'Inquisiteur* (ed. 1536) behauptet sich die rudimentäre Kindersprache des Petit-Enfant gegenüber der theologisch geschulten Sophistik des Inquisitors. Vor allem aber bedeutet die von den Reformern betriebene Aneignung des Bibelevangeliums in der eigenen Sprache nicht nur die Abwehr gegen das fremde Idiom Latein als Instrument der Entfremdung von Gott; vielmehr erhebt sich dahinter die Utopie eines »eigenen«, nicht mehr vermittelten Sprechens zu sich selbst. Die *Rime spirituali* der Colonna sind dem Bibeltext ebenso verpflichtet wie der *Miroir* der Königin von Navarra, die aus dem Hohelied Salomos schöpfte. Die Markgräfin von Pescara beanspruchte, die Passion Christi für sich neu zu schreiben; ihr in Terzinen verfaßter *Triompho della Croce* (ed. 1542) beschwört eine Vision mystischer Selbsterleuchtung (»Dhe, fa, Signor, co un miracol che io/Mi vegga tutta lucida in un punto/E tutta dentro in ogni parte accesa«, c.5v). Marguerite de Navarre, die 1540 eine Handschrift der schon als suspekt geltenden *Rime spirituali* der Italienerin erhielt, ein Geschenk, das sie nicht wenig kompromittierte, war überzeugt, daß deren Verfasserin diese neue Sprache, »il parlare che si usa in quella gran corte celeste« bereits beherrsche (Brief vom 20./25. Jan. 1545); diese »Sprache des Himmels« vernahmen auch Bembo und Michelangelo.

Im Klima der doktrinären Verfestigung nach 1540 wurde der religiöse Impetus der Frauen erneut unter die männliche Autorität der geistlichen Obrigkeit gestellt. Umsonst schloß die zum Calvinismus übergetretene Marie Dentière, zuvor Äbtissin eines Klosters in Tournai, in ihre der Königin von Navarra gewidmete *Epistre très utile* (ed. 1539) ein Kapitel zur Verteidigung der Frauen mit ein: in Genf wurde sie mit Redeverbot belegt. Zu den wenigen Werken protestantischer Aristokratinnen in Frankreich zählen die 1571 in Lyon gedruckten *Emblemes ou Devises Chrestiennes* von Georgette de Montaney. Die am Hof von Renée de France erst als Wunderkind geförderte, dann relegierte Olimpia Fulvia Morata führte mit ihrem Mann, dem deutschen Arzt Andreas Grunthler, ein zu bewegtes Leben zwischen den Fronten der Reformation, um noch ihren humanistischen Studien nachgehen zu können. Die erste Ausgabe ihrer griechischen und lateinischen Werke 1558 in Zürich wurde einer weiteren italienischen Protestantin gewidmet, Isabella Bresegna, die sich 1553 bei der Herzogin Renée in Ferrara aufgehalten hatte und ihrerseits das Exil im reformierten Deutschland, in Zürich, schließlich in der Enklave der italienischen Protestanten in Chiavenna wählte.

Die italienischen Autorinnen, die sich in der ursprünglich vom »Evangelismus« inspirierten Psalmennachdichtung etablierten, gehorchen in der zweiten Hälfte des 16. Jahrhunderts bereits dem Bildungsdiktat der Gegenreformation. Laura Battiferri Ammanati, Übersetzerin der *Salmi penitenziali* (ed. 1564) in klassische Metren, war Förderin des in Florenz neu angesiedelten Jesuitenordens. Chiara Matraini rechtfertigte ihre Psalmenexegese *Considerationi sopra i sette Salmi penitenziali* (ed. 1586) ostentativ mit ihrem Studium antiker Autoren, Kirchenväter und Theologen. Spätestens zu diesem Zeitpunkt wurde das traditionelle Bildungsprivileg in die Typologie des Weiblichen eingebracht: nur Wissen und Wissenschaft können als Ausweis für den Autorenstatus auch der Frauen gelten. Die »feministischen« Traktate reagieren auf die neue Segregation des Weiblichen, indem sie unbeschränkten Zugang der Frauen zu einer Kultur fordern, für deren Orthodoxie sie, in der Verbindung von »bei studi« mit »miglior opre«, selbst als Exempel werben: die Aneignung der kulturellen Diskurse steht im Dienst der eigenen Perfektionierung. Dies bedeutet eine im Dialog *Il Merito delle Donne* (ed. 1600) von Moderata Fonte schon ausgesprochene Denunzierung der Ideologie des akademischen »intertenimento« und seinem Appell an die erotische Funktion des Weiblichen: die gelehrte Konversation vollzieht sich hier im Kreis einer »Akademie« von Frauen, ihr »Sprechen« wird nur unter Ausschluß der Männer erst möglich, »senza haver rispetto di huomini che le notassero o l'impedissero«. Die weiblichen Statuen mit ihren Symbolen des Dichterruhms und der Gelehrsamkeit, die den ikonologischen Rahmen für das in einem Garten stattfindende Gespräch abgeben, stehen zugleich emblematisch für die tiefgreifende Reduktion der literarischen Frauenrollen. Die Freiheit zur Perfektion realisiert sich im negativen Zeichen des Verzichts auf die von Männern bestimmten Formen des kulturellen wie des erotischen Austausches: Keuschheit und Abstinenz sind der Preis für eine geistige Unabhängigkeit, die sich erst »zur Sprache« bringen muß.

Von daher erscheint es plausibel, daß die »feministisch« argumentierenden Autorinnen gleichzeitig mit religiösen und hagiographischen Werken hervortreten: Moderata Fonte mit *La Resurrettione di Giesu Christo* (ed. 1592), Maddalena Campiglia, die sich ihrer Verheiratung widersetzte, indem sie als Laienschwester in den Dominikanerorden eintrat, mit einem *Discorso sopra l'annonciatione della B.Vergine e la Incarnazione del S.N. Giesu Christo* (ed. 1585), Lucrezia Marinella, Verfasserin des Traktats *La nobiltà e l'eccellenza delle donne* (ed. 1600), mit ihren vom heroischen Gestus der Gegenreformation getragenen Heiligen-Leben *Vita di Maria Vergine Imperatrice dell'Universo* (ed. 1602) und *Vita del serafico et glorioso S. Francesco* (ed. 1605).

Verführung durch die Schrift: die Kurtisanen

Der Versuch eines Ausbruchs aus vorgefertigten Rollen betraf nur eine kleine aristokratische Gruppe von Autorinnen, später eine ebenso kleine Bildungselite. Sein Scheitern schon in der ersten Phase bestätigt die gleichzeitige Verfestigung des im doppeldeutigen petrarkistischen Code immer mitenthaltenen Frauenbilds, das sich nun zum alleinigen Subjekt des Sprechens über Liebe erklärt. Die Aussonderung des Weiblichen aus dem höfischen und ständischen Kontext bekräftigt seine erotische Verfügbarkeit, die Domenichis 1549 schon aus der Defensive heraus verhängte Tabuisierung in eben der Doppeldeutigkeit belassen wollte. Insofern ist die Kurtisane »cortegiana onesta«, die vollendete Mimesis der »donna di palazzo«, denn sie beherrscht die Kunst der Unterhaltung, des »intertenimento«, ohne die subtilen Einschränkungen und Manöver der Schicklichkeit, die Castiglione vorschrieb. Die Notwendigkeit von professionellen Künstlerinnen für die Kultur des »intertenimento« wurde überall dort offenkundig, wo in Städten wie Venedig die Patrizierfrauen nach der Heirat streng an das Haus gefesselt waren, nur zu größeren familiären Anlässen wie Taufe und Hochzeit in der Öffentlichkeit erschienen und durch eine rigide Kleiderordnung, die für verheiratete Frauen den langen dunklen Mantel und den dunklen Schleier vorschrieb, schon im Äußeren ihre gesellschaftliche Absonderung bekannten. Die Sphäre der Geselligkeit verlagert sich aus der Familie in die Halböffentlichkeit der Patriziersalons oder in ein »offenes Haus«, in dem die Kurtisane das Weibliche ritualisiert: im Sprechen über Liebe und in der Liebe selbst, als Gegensatz zum Schweigen der Ehefrauen.

Der Bereich des »intertenimento« bildete einen vielseitigen Markt weiblicher Professionalität, und es wäre mit Sicherheit verfehlt, diesen auf die Prostitution allein festzulegen: noch ist die Sexualität nicht als Bezirk des Intimen ausgeklammert, noch wirkt sie als Ingredienz in den verschiedensten Formen von »Öffentlichkeit« mit. In dieser Grauzone bewegte sich die aus einer Paduaner Goldschmiedsfamilie stammende Gaspara Stampa, deren Familie nach dem Tod des Ernährers in das prosperierende Venedig übersiedelte. Wie die meisten Frauen, die sich in der Unterhaltungskultur behaupteten, hatte sie eine sorgfältige musikalische Ausbildung erhalten: Tanz, Gesang, das Spielen von Instrumenten wie Laute und Flöte galten als spezifisch »weibliche« Kunstfertigkeiten; der Erfolg der ausschließlich weiblichen Kammerorchester sagt noch etwas über die in der Renaissance so geläufige erotische Präsentation von Musik aus. Gesangvortrag von vertonten Madrigalen und Sonetten und eigenes Improvisieren von Gedichten lagen vermutlich nah beieinander. 1553 wurden drei Gedichte von Gaspara Stampa in einer von Ruscelli edierten Anthologie gedruckt. Der Mann, dem sie ihren Canzoniere schließlich zueignete, Collaltino di Collalto, dürfte ihr auch den Weg zum Schreiben eröffnet haben. 1544 hatte Domenichi dem aus der Marca Trevigiana stammenden Grafen seine *Rime* gewidmet und ihn in *La nobiltà delle donne* als Freund des »valore donnesco«, vielleicht auf Grund einschlägigen Mäzenatentums, bezeichnet. Das von Collalto unterbreitete Angebot, petrarkistische Lyrik im Auftrag zu verfassen, lehnte die Stampa ab (*Rime*, Nr. 39): offenbar zog sie hier, im Schreiben, die Grenzen ihrer Verfügbarkeit. Ihre *Rime*, von denen 245 Sonette an den Grafen von Collalto gerichtet waren, wurden noch im gleichen Jahr ihres Todes 1554 von ihrer Schwester Cassandra herausgegeben.

Der Unterschied der Lyrik von Gaspara Stampa zu den poetischen Emanationen des »weiblichen Adels« liegt nicht allein in einer bewußt vorgetragenen sozialen Deklassierung. Vielmehr inszeniert die Autorin darüber hinaus einen bedeutsamen Rollenwechsel: es ist nicht mehr die Witwe, die ihrem Schmerz Ausdruck verleiht (»sfogar l'interna doglia«, Colonna, *Rime amorose*, Nr. 1), sondern ein unvorsichtiges junges Mädchen, »incauta giovane«, das seine Liebesglut in Verse setzt (»sfogare la fiamma«, *Rime*, Nr. 44). Begründung des Schreibens ist nicht mehr die Unendlichkeit der Trauer, sondern die Unendlichkeit des Begehrens (*Rime*, Nr. 53): sentimentale Erwartung und sinnliche Erfüllung geben die neuen Horizonte des Sprechens über Liebe vor (Nr. 16, Nr. 17). Im Monument der Dichtung feiert sich die Frau in ihrer uneingeschränkten Hingabe an die Liebe, die sich als »weibliche« Überlegenheit gegenüber der Unbeständigkeit und den Vorbehalten männlicher Wünsche zu verstehen gibt. Daß die Autorin die Weiblichkeit als erotische Offerte einbringen kann, ohne literarische Konventionen zu verletzen, wird von Anfang an in der sozialen Hierarchie deutlich gemacht, die die nichtadlige Frau »donna bassa e vile« (*Rime*, Nr. 3, Nr. 8) von dem

Aristokraten trennt. Der Mann, immer als »conte«, Graf, angesprochen, steht hier so hoch, daß nicht nur die Liebe zu ihm, sondern auch die Geste der Verfügbarkeit geadelt wird und so als »natürlich« erscheint.

Die Selbstdarstellung der Stampa trifft damit in zweifacher Weise auf männliche Wunschbilder: die Demutsgeste der abhängigen Künstlerin verdoppelt sich in der weiblichen Unterwerfung unter den Primat des Erotischen, sie ist deren imaginäre Umsetzung. Denn der petrarkistische Code bringt eben diesen real und sozial wirksamen Abstand im Liebesritual zum Ausdruck: der Mann ist jetzt das schöne Objekt der Phantasien, seine dem Frauenbild entlehnten Züge weiblicher Schönheit, weiblicher Sanftmut, »dolcezza«, spiegeln sich narzistisch in der *memoria* der Schreibenden. Anders als im Modell Petrarcas kann das männliche Gegenüber den sexuellen Vorstellungen Raum konzedieren, nicht aber dem sentimentalen »weiblichen« Anspruch, der damit einhergeht; seine »Kälte« ist Synonym für eine Unerreichbarkeit des Liebesobjekts, die in der gesellschaftlichen Realität ihre Bestätigung erfährt. Die Passionalität der Hingabe und ihre lyrischen Modalitäten müssen so als eine in der Kunst des »intertenimento« selbst schon verankerte Rolle angesehen werden, jedoch keineswegs als die bevorzugte: die *Rime* der Stampa, die Petrarcas Verfahren der Selbstentblößung auf die Bereiche des weiblichen Schweigens anwandte, waren in ihrer Zeit kein Publikumserfolg. Daß dieses Verfahren vor allem einem männlichen Diktat gehorcht, macht die Autorin, im Rahmen der petrarkistischen Formeln, selbst deutlich: nicht sie ist es, die schreibt, da sie eher zum Schweigen neigt, sondern der Mann: seine schönen Augen, sein Blick setzen erst die Verführung durch die Schrift in Gang (*Rime*, Nr. 74).

Daß der männliche Blick nicht nur das Bild der Kurtisane, sondern noch ihre Sprache formt, ist immer wieder mit Genugtuung am Beispiel von Tullia d'Aragona demonstriert worden. Sie pflegte ihre Verse zur stilistischen Kontrolle an einen ausgewiesenen Literaten, den Florentiner »Akademiker« Benedetto Varchi zu schicken, doch entsprach dies einer nicht nur für Frauen üblichen Praxis. Auch Veronica Gambara ließ ihre Sonette erst einmal vom puristischen Bembo prüfen, bevor sie deren Weitergabe im Freundeskreis zustimmte. Dieser männliche Blick der Verfügung über die »cortegiana« bestimmt noch in grotesker Weise die deformierende Optik der Literaturgeschichte. Der D'Aragona wurde nicht nur zeitweise ihr Name (tatsächlich hieß ihr Vater Palmieri d'Aragona, ohne adlige Prätentionen), sondern schließlich die Autorschaft aller Widmungsschreiben der zu Lebzeiten erschienenen Werke und der offiziellen Bittbriefe abgesprochen. Als echt gilt hingegen das Vorwort zu dem posthum veröffentlichten Epos

Il Meschino (ed. 1560), da hier die Autorin aufrichtige Reue über ihr vergangenes Leben zeigt und vor dem schädlichen Einfluß unmoralischer Literatur warnt, wie Boccaccios *Decamerone* und Aretinos *Ragionamenti*, denen sie eine moralische Liebesgeschichte »tutto castissimo, tutto puro, tutto christiano« (c. 4r), aus dem spanischen Amadis-Roman in *ottava rima* übertragen, entgegenzusetzen wünschte. Die Bezeichnung von Boccaccio als einem Autor, bei dessen Erwähnung man sich nur bekreuzigen könne (»per certo è cosa da stupire, come non solamente i principi e superiori, ma né anco i ladri e i traditori, che si facciano pur chiamar Christiani, habbiano mai comportato d'udir quel nome senza segnarsi della Santa Croce« c. 3v), erscheint unerklärlich, auch wenn der Vorwurf der Unmoral gegen die Novellen schon in Dolces Bearbeitung der Schrift über Frauenerziehung des Reformers Vives, *Della institutione delle donne* (ed. 1545) auftaucht; doch die D'Aragona hatte nachweislich keine Sympathien für die Reformprediger. Erst im Index der verbotenen Bücher von 1559, den Papst Paul IV. erstellen ließ, ist Boccaccio mit dem *Decamerone*, Aretino gar mit den »opera omnia« unter das Anathema der Gegenreformation gestellt, doch zu diesem Zeitpunkt war Tullia schon drei Jahre tot. Das Vorwort zum *Meschino* muß deshalb als eine zumindest teilweise angelegte Fälschung beurteilt werden, sicher eine Vorsichtsmaßnahme des Verlegers, mit Blick auf den erst im Jahr zuvor publizierten Index, für ein Werk, dessen Verfasserin einen gefährlich eindeutigen Ruf genoß.

Denn anders als Gaspara Stampa, die in ihrem fiktiven Horizont der »incauta giovane« zugleich auf jegliche literarische Qualifikation verzichtet hatte, konnte Tullia, die sich auf ihren Lebensstationen Florenz, Siena, Rom, Ferrara, Venedig, und wiederum Siena, Florenz, Rom als »cortegiana onesta« oder als »cortegiana« tout court eingeführt hatte, keine Fiktion der Ehrbarkeit aufrechterhalten. Aus diesem Grund erwog sie wohl den Schritt in die Professionalität der Literatur, die ihr als konsequente Erweiterung des »intertenimento« erscheinen mußte. Die Rehabilitation leitete sie 1543 mit einer in Siena geschlossenen Scheinehe und dem Versuch ein, 1545–46 in Florenz in ihrem Haus eine Form »akademischer« Geselligkeit unter weiblichem Vorsitz zu verwirklichen. Diesen Ambitionen verleiht der Dialog *Della infinità dell'amore* Ausdruck, im gleichen Jahr 1547 erschienen wie die der Herzogin von Florenz dedizierten *Rime*. Tullia präsentierte das Werk als Ergebnis der bei ihr stattfindenden gelehrten Diskussionen; das Thema nähert sich in der Tat den von Varchi in der Akademie gehaltenen Vorträgen an, und möglicherweise haben auch Varchis Petrarca-Auslegungen das ideologische Fundament für die *Rime* gelegt. Die Autorin, die selbst zugleich Gesprächspartnerin des Dialogs mit Varchi ist, vermag jedenfalls die sexuelle Unbeständigkeit als eine von der Dynamik der Liebe, der Unendlichkeit, »infinità« ihrer Richtung und Ziele vorgegebene »ideale« Haltung zu rechtfertigen.

Der akademische Anspruch trug insofern Früchte, als die *Rime*, die etwa zur Hälfte Verse von Literaten und »Akademikern« zum Lob der Autorin enthielten, sich mit drei Auflagen bis zum Ende des Jahrhunderts erfolgreich behaupteten, doch war daran die Reputation der ihrerseits erfolgreichen Kurtisane sicher nicht unbeteiligt. Das weibliche Sprechen über die Liebe, ob es sich am Petrarkismus oder an anderen zeitgenössischen Modellen der Lyrik orientiert, bezeichnet jetzt unwiderruflich die Sprache der cortigianìa, der Prostitution. Die Autorin Ersilia Cortese, die nach einer kinderlos gebliebenen Ehe ab 1552 als Witwe eine Wiederheirat ablehnte, galt als hochmütig wie eine Kurtisane, »presuntuosa come una cortexana«; wenig änderte daran die pietätvolle Herausgebertätigkeit für die lateinischen Werke ihres Schwiegeronkels, des Kardinals Gregorio Cortese. Louise Labé, die ebenfalls erst als Witwe an die publizistische Öffentlichkeit trat, mußte sich ihrerseits, diesmal von calvinistischer Seite, den Vorwurf einer »plebeia meretrix« gefallen lassen. Auch für Tullia d'Aragona, die als Prostituierte in Rom in bescheidenen Verhältnissen starb, war ein Wechsel innerhalb der Kategorien des Weiblichen, vom Status der Kurtisane zum Status der Autorin, nicht zu verwirklichen gewesen. Der aristotelische Ordnungsgedanke der Renaissance, seine manischen Klassifizierungen und Abgrenzungen der »Gattungen«, die Furcht vor der Unordnung in der Vermischung, der Transgression, trifft hier auf die Wirklichkeit der sozialen Barrieren. So blieb nur die Möglichkeit, den Status der Kurtisane selbst zum Sprechen zu bringen.

Die aggressive Selbstbehauptung diktiert den Tonfall der in Venedig beheimateten Veronica Franco. Das Sprechen über Liebe resümiert sich in der Geste der geistreichen, aber niemals verhüllten sexuellen Provokation. Dieser neue Sprachgestus bestimmt die formale Wahl des literarischen Streitgesprächs (tenzone) und populärer Terzinenformen des capitolo. Auch Veronica Franco war zunächst mit einem Arzt verheiratet gewesen, trennte sich aber in der Folgezeit von ihm; sie hatte sechs außereheliche Kinder, die von ihren jeweiligen Vätern unterhalten wurden, mit der vagen, aber durchaus üblichen Möglichkeit einer offiziellen Anerkennung in der Pubertät; Tabus kannte sie nicht. Ihre *Terze Rime* (ed. 1575), die 25 capitoli enthielten, widmete sie Guglielmo Gonzaga, dem Herzog von Mantua, ihre *Lettere famigliari a' diversi* 1580 gar dem Kardinal Luigi d'Este. Doch die

Offenheit des sexuellen Angebots steht in direktem Einklang mit ihrem Status, aus dem es kein Ausweichen gibt, nur die Bestätigung notorischer Berühmtheit. Nicht die längst enttarnte Kunst des erotischen »intertenimento« erzeugt Beunruhigung, sondern die geheimen »weiblichen« Praktiken, deren auch die Kurtisane verdächtig ist: 1580 wurde gegen Veronica Franco eine bald abgewiesene Klage wegen Hexerei angestrengt; möglicherweise ist auch die Widmung an den Prälaten aus dem Haus der Este im Zusammenhang mit der gleichzeitig notwendig werdenden geistlichen Protektion zu sehen. Die Kurtisane Tullia d'Aragona wurde ihrerseits von dem boshaften Pietro Aretino, aber auch von dem Mönch Agnolo Firenzuola, der sich mit einer Schrift über *Le bellezze delle donne* als »Frauenfreund« des Adels ausgewiesen hatte, als Hexe tituliert. Der Vorwurf der »cortigianìa«, zusammen mit dem Verdacht magischer Praktiken, hing ebenfalls der Petrarkistin Chiara Matraini an. Die Verführung in der Schrift hatte sich als magische Beschwörung entlarvt.

Die Versuchung des Androgynen: Schreiben wie ein Mann

Bereits Gaspara Stampa hatte einige Sonette als Appell an das weibliche Publikum gestaltet: die Frauen wurden als Zeugen ihres Liebesleids zur emotionalen Solidarität und auch zur vorsichtigen Nachahmung in der Wahl eines »amante nobile« aufgerufen. In ganz anderer Weise versteht die Französin Louise Labé ihre Ansprache an die »Dames lionnoises« als Aufforderung zur Nachahmung. Im *Débat de Folie et d'amour*, der das theoretische Fundament für die nachstehenden Elegien und Sonette in Form einer mythologischen Fabel darbietet, finden sich wohl ironische Spitzen gegen die Damen, die ihre Liebesgefühle immer gleich in Versen verewigen (*Débat*, 1194 ff.), oder diejenigen, die nur um ihren Dichterfreunden zu gefallen, Flechtwerk und Nähzeug gegen Schreibfedern und Bücher eintauschen (*Débat*, 1312–1314). Doch gerade durch das Voransetzen der gelehrten Präambel behauptet die Autorin einen über diese »akademischen« Rollen hinausgehenden Anspruch. Weil im *Débat* der Liebeswahn, in der unauflöslichen Verbindung von Folie und Amour, selbst schon als literarischer Mythos erscheint, geben sich die Gedichte, die erst die Dialektik des erotischen Furors demonstrieren sollen, von vornherein nicht als Produkt einer als wahr dargestellten Erfahrung, sondern als Artefakt zu erkennen. In der Offenlegung der ihnen zugrundeliegenden Ideologie des Weiblichen entziehen sich die Sonette der traditionellen Pseudographie der Frauenlyrik, sie lassen sich nur noch in ihrer medialen Funktion als »signe d'amante« (Sonett Nr. 14), Zeichensprache der weiblichen Liebe begreifen. Als Ergebnis einer literarischen »science«, die sich in der durchsichtigen Bearbeitung klassischer und zeitgenössischer höfischer Modelle bis hin zu den »Repliken« auf die *Soupirs* von Olivier de Magny erhärtet, ist die Reflexion über das Schreiben bereits eingeschlossen. Die »gelehrte« Verwendung der literarischen Diskurse zielt schon auf eine Enttarnung der weiblichen Sprechhaltung im petrarkistischen Code im Sinne einer doppeldeutigen männlich-weiblichen Perspektive (Sonett Nr. 2), die zu einer Aufhebung der Rollen führt. Entsprechend thematisieren einige Sonette (Sonette Nr. 12, Nr. 14, Nr. 23; Elegie Nr. 1) in erster Linie die Auseinandersetzung der Liebenden mit ihrem männlich-weiblichen »alter ego«: der Autorin.

Louise Labé dürfte ihren Appell an das weibliche Publikum als emanzipatorischen Zugriff auf das männliche Bildungsarsenal konzipiert haben, um die erotische Verfügbarkeit über das eigene Bild in die weibliche Verantwortung zurückzuholen. Sie selbst, Tochter, Ehefrau und Witwe wohlhabender Kordelmacher, hatte für ihre erstmals 1555 in Lyon erscheinenden *Oeuvres* das königliche Autorenprivileg beantragt, auch die zweite Auflage des folgenden Jahrs selbst durchgesehen und korrigiert. Diese publizistische Initiative trennt sie von der Generation einer Pernette du Guillet, deren *Rymes* erst nach ihrem Tod von ihrem Mann 1545 zum Druck gegeben wurden, wohl auf der Welle des Markterfolgs der italienischen Frauenlyrik, auf den sich der Herausgeber Antoine du Moulin ausdrücklich beruft.

In Italien jedoch legte männliche Regie die Präsentation des Weiblichen fest: Domenichi dankte seinen Literatenfreunden, die ihm die Texte für seine ausschließlich weibliche Anthologie von 1559 besorgt hatten; ebenso fühlte sich Ruscelli einem Signor Giulio della Valle für die Überlassung eines Manuskripts mit zahlreichen Sonetten von Frauen für die *Fiori delle Rime de' poeti illustri* von 1558 verpflichtet. Auch die wohl erfolgreichste Lyrikerin des 16. Jahrhunderts, Laura Terracina, hatte sich zunächst der Bevormundung durch die Editoren von »Frauenliteratur« zu unterwerfen; Domenichi bemerkt im Zusammenhang mit der von ihm beförderten Erstausgabe ihrer *Rime* 1548, daß die Verfasserin ihm das Manuskript zur bedenkenlosen Verfügung überlassen hatte, ohne ihn (wie aus ihrem eigenen Dankesgedicht resultiert) vorher zu kennen: wohl aber kannte sie das »feministische« Monopol Domenichis.

Laura Terracina entstammte einem kleinen Adelsgeschlecht in der Provinz Lecce, hatte aber wohl in Neapel ihre Ausbildung erhalten. Ihre ersten Schritte in die Literatur wurden von Marcantonio Passero, einem Buchhändler, unterstützt, der auch andere Autorinnen, wie Laura Navarra, protegierte. Die Terracina dürfte als eine der ersten Frauen Aufnahme als reguläres Mitglied in eine Akademie, die »Accademia degli Incogniti« von Neapel gefunden haben, und obwohl diese Institution nach nur zweijährigem Bestehen 1547 vom spanischen Vizekönig wegen suspekter Aktivitäten aufgelöst wurde, vergißt die Dichterin nie, ihre Mitgliedschaft auf den Titelblättern zu vermerken. Ihre Familie stand traditionell auf der Seite der Spanier, so daß ihr daraus keine Nachteile erwachsen sein dürften. Die Teilhabe am akademischen Privileg gibt sich noch in den ersten *Rime* mit der nötigen Deferenz gegenüber den Akademikern zu erkennen, die ihre literarische Feile an die Verse des neuen Mitglieds anlegten; die *Rime seconde*, 1549 in Florenz erschienen, war als Auftragsarbeit für einen deutschen Diplomaten gedacht, der in die hohe Neapolitaner Gesellschaft »standesgemäß« eingeführt werden wollte, und wurden ebenfalls den »Incogniti« zur Begutachtung vorgelegt. So elegant die Terracina mit dem Bescheidenheitstopoi der weiblichen Unwissenheit jongliert, so eindeutig ist doch zugleich ihre Absage an die männliche Norm. Thema der *Rime* ist hier bereits die polemisch verteidigte Eigenständigkeit des »dir donnesco« und seine Qualitäten.

Die mimetische Begabung der Terracina kommt bereits in dem ersten Band der *Rime*, die bis zum Ende des Jahrhunderts sieben Neuauflagen erlebten, virtuos zum Ausdruck: sie beherrscht beliebige Formen (die petrarkistische Sestina, Sonett, Madrigal, terza rima, Stanzen) und Tonlagen, die zerebrale Diktion der Colonna und die »Lamenti« des Ritterepos, unterschiedlos die männliche und die weibliche »Sehweise«, den frauenfeindlichen wie den feministischen Kanon. Erst die Professionalität, die sich im Rollenwechsel der Auftragsarbeiten niederschlägt, bringt die Autorin in ein Konkurrenzverhältnis zu ihren männlichen Kollegen. Die *Quinte Rime* (ed. 1552) enthalten einige überaus polemische Ausfälle gegen die »Incogniti«, die vom gewachsenen Selbstbewußtsein der Terracina und ihrer Emanzipation als Autorin zeugen, zumal sie zu diesem Zeitpunkt schon von den Verlegern selbst um ihre Gedichte gebeten wurde. Auf die akademische Kritik antwortet sie: »Die Kunst gehöre euch, und mir bleibe der Stil/Und meinetwegen sei auch der Stil eurer und die Kunst dazu./Ich weiß, daß der weibliche Vers genauso gefällt wie der eure/[...] bis heute zählt mein Name mehr als eurer« (c.33v–34r). Die Konversationsthemen des »intertenimento« und ihre Kasuistik wechseln in den Stanzen der *Discorso sopra tutti li primi canti d' Orlando Furioso* (ed. 1549) mit feministischen Forderungen nach intellektueller Gleichberechtigung der Frauen und ihres Anspruchs auf einen Autorenstatus, der ihnen von den Männern geneidet und bestritten wird (Canto V, XX, XXVII, besonders Canto XXXVII an Veronica Gambara). Der große Erfolg dieses Bandes, in dem die Terracina die ottava rima in den ständischen Gestus des weiblichen Adels einbindet, beruht auf eben diesem Transfer der Gattungen. Schon Tullia d'Aragona hatte ihre Vorbehalte gegen den Petrarkismus im Spott gegen den »poeta« als Statist der »cortigianìa« artikuliert; sie selbst wich im *Meschino* auf epische Formen aus. Der epische Entwurf war die Sache der Terracina nicht. Doch hatte Moderata Fonte, die 1581 die *Tredici canti del Floridoro* vorlegte, sicher die virtuose Spielerei der Neapolitanerin mit dem Text Ariosts präsent, denn auch sie fügte im Canto IV eine gezielte Verteidigung der Frauen ein.

Die Unterhaltungskünstlerinnen hatten sich ihrerseits aus der Realität des »intertenimento« heraus auf eine Bühne begeben, wo sie die Figuren der Verführung nur noch spielten. Eine solche, noch in ihrer Vielseitigkeit an das Frauenideal des beginnenden Jahrhunderts erinnernde Künstlerin war die 1568 an Gift verstorbene Vincenza Armani, die selbst bereits Schäferspiele für ihre Schauspieltruppe verfaßte, die musikalische Begleitung in Szene setzte und komponierte. Als erste »prima donna« trat jedoch Isabella Canal Andreini in Erscheinung, auch weil sie innerhalb ihrer Truppe der »Gelosi«, deren Direktor Francesco Andreini sie 1578 geheiratet hatte, in der Figur der »Isabella« einen eigenen Typus der Weiblichkeit kreierte. Doch die Selbstdarstellung auf der Bühne erschien der Andreini nicht ausreichend: die an die Herzogin Lavinia della Rovere adressierte Widmung für ihre 1588 gedruckte Pastorale *Mirtilla* benennt das Schreiben als den Ausweg aus dem Schweigen, das nur den Tieren angemessen sei. Der rote Faden einer Selbstverwirklichung, die sich im und durch den Primat des Wissens vollzieht, bestimmt auch ihren Brief an Carlo Emmanuele von Savoyen, 1620 in den *Lettere* veröffentlicht, der noch einmal den Weg der Autorin evoziert. Ihr Wissensdurst, erinnert sich die Andreini, habe sie zum Studium geführt, obwohl ihre Herkunft eine Barriere darstellte; kritisch äußert sie sich daher über die »von Haus aus« in ihrer Ausbildung bevorzugten Frauen, die dennoch nur häuslichen Aufgaben nachgehen. Während die Terracina noch gegen ein Kulturprivileg polemisiert, das die Frauen in ihrer Unwissenheit beläßt, rät die Schauspielerin zur Emanzipation aus eigener Kraft: die Fragestellung ist ebenfalls im Brief über *Del nascimento della donna* behandelt.

1601 wurde Isabella Andreini in die Paveser Akademie der »Intenti« aufgenommen; die 1593 von den Barnabiten begründete Institution versammelte Patrizier, Professoren der Universität Pavia und hohe Geistliche wie die lombardischen Kardinäle Federico Borromeo und Cinzio Aldobrandini. Im gleichen Jahr veröffentlichte die Schauspielerin ihre *Rime*. Bereits im ersten Sonett werden die Leser gebeten, die petrarkistische Fiktion der »finti ardori« als Rollenspiel abzutun: so wie sie auf der Bühne männliche und weibliche Rollen verkörpere, so schlüpfe sie unterschiedslos in männliche und weibliche Sprecher. Das Androgyne erweist sich als einziger Freiheitsspielraum des Weiblichen, ohne die Irritation, die den realen Rollentausch mit der Strafe des Kriminellen ahndet. Der Auftritt der Frauen, die alle Rollen, ihre eigene eingeschlossen, nur spielen, vollzieht sich im literarischen Gewand der Wohlanständigkeit. Schon Laura Terracina verweist die Liebe in die Grenzen der Konversation: sie erklärt sich nur noch im Mund Dritter, in den Rollenfiktionen der Ritterepen, nicht mehr in eigener Sache.

Isabella Andreini hatte ihrerseits den gegenreformatorischen Zugriff auf die Ideologie des »fol amour« zu ihrem Anliegen erklärt: sie bekennt sich zu einer Liebe, »nobile fiamma«, die sanft brennt, aber nicht verzehrt (Sonett Nr. 29). In ihrer Pastorale kündigt sich das Leitbild an, das die von Louise Labé geknüpften Verbindungen zwischen »Amour« et »Folie«, »Amore« e »Furore« neu formuliert. Die Liebe und der Wahn sind nicht mehr unauflöslich aneinander gekettet, sondern vielmehr endgültig getrennt: Furore ist nur der Schein der Liebe, blind wie die Sinne; Amore ist »sehend« im Erkennen der ehrbaren Zuneigung, die schließlich von der Fackel des Hochzeitsgottes geleitet wird. Der 1. Akt der *Mirtilla* stellt sich als Plädoyer gegen den Liebeswahn dar, die Krankheit der Liebe, »fol amour« in den Formen der weiblichen Hysterie, von denen Hélisenne de Crennes Konfession *Les angoysses douloureuses qui procèdent d'amours* (1538) sprach, die gar zum Verlust der sozialen Identität führen (die edle Dame wird »basse et infime«, der junge Mann ohne Rang »sublime«, S. 81), die »amoureuse rage« in den mörderischen Beispielen des *Heptaméron*. Die Verteidigung der Frauen im 4. Akt der Pastorale sieht ihre Rettung in der Domestizierung durch die Ehe als »dolce e cara compagna«; sanft ist das ehelich Joch (»soave è 'l maritale ardore«). Die utopischen Elemente der Pastorale kristallisieren sich, unter dem Diktum der Gegenreformation, in einer perfekten Spekularität der im Sakrament der Ehe in Gleichheit verbundenen Partner.

Renate Baader

Die verlorene weibliche Aufklärung – Die französische Salonkultur des 17. Jahrhunderts und ihre Autorinnen

Die Salongeselligkeit in Frankreich ist vielfach beschrieben worden. Untersuchungen galten der Zusammensetzung der einzelnen Zirkel, den Gründen ihres Entstehens oder Verfalls und dem Geist der Gäste, die, geschart um eine Frau, die Gesamtheit ihrer Lebensformen zu kultivieren und zu kodifizieren sich bemühten. Dieses Geselligkeitsideal, das die Beteiligung und Berücksichtigung der Frauen zur Voraussetzung hatte, wurde schon im 17. Jahrhundert, etwa von de Pure oder Huet, mit Stolz als eines der Argumente angeführt, mit denen die Überlegenheit des neuzeitlichen Frankreich über die Antike und sogar über Italien begründet werden sollte. Doch ist die Frage bislang nicht gestellt worden, wie innerhalb dieses Rahmens die Frauen den Part einer allein schmückenden Anwesenheit verweigerten und die Prüfung der über ihr Geschlecht verfügten Normen, Ordnungen und Leitbilder in Angriff nahmen.

Über Gesprächsspiele und Konversation eroberten sie die ihnen verschlossenen Bildungsreservate und schließlich auch die Literatur. Diese gedieh im Schutz einer ständischen Elite, die auf die politische Bedrängung nicht zuletzt dadurch offensiv zu antworten suchte, daß sie den Frauendienst auf ihre Fahnen schrieb. Gemeint ist der Schwertadel, dessen Entmündigung mit dem Ende der Fronde besiegelt war. Bedroht von den zentralistischen Bestrebungen der Krone und von einem Bürgertum, dessen humanistisches Bildungsgut und materielles Vermögen im Sinne eben dieses vorabsolutistischen Antifeudalismus aufgewertet wurden, besann sich die alte Aristokratie auf den Geist des mittelalterlichen Rittertums, um neuerlich den einstigen Führungsanspruch zu rechtfertigen. Die Frauen, die innerhalb der aristokratischen Salonkultur zu Schriftstellerinnen wurden, hatten, sofern nicht geburtsmäßig zum Adel gehörend, sich dessen Weltsicht weitgehend zu eigen gemacht. Mlle de Scudéry etwa verurteilte zwar die Fronde, doch entschiedener noch empfahl sie in ihren Novellen aus der Zeit des triumphierenden Absolutismus dem herrschenden Monarchen den Fürstendienst des Schwertadels, und schon im *Grand Cyrus* hatte sie die politischen Entscheidungen des legendären Königs der keltischen Segorigiens an den Spruch eines Kronrats gebunden, der von den weisen Sarroniden oder Druiden gebildet wurde. Wer indes hier den restaurativen Verrat am bürgerlichen Fortschritt argwöhnte, ginge in die Irre. Die Druiden nämlich sind Vorboten der Aufklärung. In einer Zeit zunehmenden Drucks der französischen Krone auf die Hugenotten legte die Autorin, gut ein halbes Jahrhundert vor Voltaire, diesen »Philosophen« das Bekenntnis zu einer deistischen Toleranz in den Mund. Sie zwingen ihren König zur Integration der andersgläubigen griechischen Minderheit mit der Berufung auf das Volk der Untertanen, dem die Obrigkeit die Mehrung von Frieden, Wohlstand und Wissenschaften schulde. Dieselbe Bürgerin kündigte allerdings für ihr Geschlecht dem paternalistischen römischen Recht, das in Frankreich, beginnend mit dem Mittelalter und weiter bis zu ihrem Jahrhundert, fortschreitend die Macht des Mannes gestärkt hatte, symbolisch die Gefolgschaft auf. Ebenso widersetzte sie sich der latenten oder offenen Misogynie jener standesgleichen männlichen Autoren, die auf der Seite der Antikeanhänger (»Anciens«) mit dem ungeprüften Katalog weiblicher Untugenden jedem Aufbegehren gegen die verordnete und fungible Rolle der dem Hauswesen bestimmten Ehefrau und Mutter (»mulier domestica«) den Boden zu entziehen suchten.

In der Salonkultur fanden und nutzten die Frauen einen gesellschaftlichen Fluchtraum, der, ohne um ihretwillen gesucht und besetzt worden zu sein, ihnen ein unvordenkliches Ausmaß der Freiheiten gewährte. Die im gemeinschaftlichen Gespräch gewonnenen Einsichten einer Elite beider Geschlechter, für die das reduktive bürgerliche Ideal der »mulier domestica« außer Kraft gesetzt war, haben für die Geschichte weiblicher literarischer Selbstfindung eine die Zeiten überdauernde Gültigkeit. Daß sie in einer bürgerlichen Welt und Wissenschaft unrezipiert blieben, sollte nachdenklich stimmen. Wäre es denn möglich, daß die Sache der Aufklärung da, wo sie eine weibliche ist, von den männlichen Erben der Revolution anhaltend als unbequem empfunden würde und daß das Selbstbewußtsein des siegreichen Standes nicht ausreichte, auf die Herausforderung des bezwungenen Feudalismus hinsichtlich des den Frauen gewährten Schutzes und geistigen Freiraums überlegen zu antworten?

In einer Zeit, da der Begriff der Eliten mehr denn je sich der Anfechtungen zu erwehren hat, erinnert diese Darstellung an jenen verschwiegenen Fortschritt, den, wie es scheint, nur eine Elite – theoretisch – hat erstreiten können. Die Legitimation wird zunächst bereits dadurch geliefert, daß die kaum bekannten femininen Texte den Wissensstand über eine kulturgeschichtlich bedeutsame Epoche, die man jahrhundertelang unter dem mythischen Begriff der Klassik betrachtet hat, notwendig vervollständigen. Die Autorinnen, die durch ihre Standeszugehörigkeit über materielle Bedrängnis hinausgehoben sind, entwerfen die Utopie einer von fremder Verfügung erlösten Gesellschaft. Ebenbürtig in Bildung, Würde und Selbstwertgefühl wählt in ihr die Frau den Mann zum Freunde, nachdem die eine ihre eigentliche Identität zu finden, der andere diese zu respektieren lernte. Daß das Ideal eines gleichberechtigten Friedens zwischen den Geschlechtern mit solchem Scharfsinn und Mut entwickelt wurde, hat nicht zuletzt Hochmut, in jedem Fall aber Selbstbewußtsein zur Voraussetzung. Dieses konnten nur die Frauen besitzen, die durch ihren Stand gegen die jahrhundertelange vielfältige Dämonisierung ihres Geschlechts gefeit waren. Sie – wie einst in ihren Zirkeln – zum Sprechen zu bringen, bedeutet, daß jene wirkungsgeschichtlich verdrängten Anliegen einer weiblichen Aufklärung vor der Erfahrung der Gegenwart sich prüfen lassen können.

Die selbstverständliche und gleichwertige Mitwirkung beider Geschlechter erscheint, angesichts der Unversöhnlichkeiten und des Sektierertums späterer Jahrhunderte, ein bedenkenswerter kulturgeschichtlicher Schatz. Diesen Schatz zu heben oder wenigstens zu bestaunen, sollte heute um so leichter sein, als, alles in allem genommen, die Lebenswirklichkeit einem ebenbürtigen Umgang zwischen den Geschlechtern günstiger ist denn je zuvor. Insoweit ist die Relevanz der Salonkultur und der aus ihr hervorgehenden femininen Schriften mit dem Hinweis auf den Unterschied der gesellschaftlichen Rahmenbedingungen schwerlich zu bestreiten. Deren jeweilige Rekonstruktion ist allerdings zum Verständnis der Texte, ihrer Fragestellungen und Antworten unverzichtbar. Die Untersuchung stützt sich auf das Werk von Schriftstellerinnen, die verschiedenen Ständen und unterschiedlichen Zirkeln angehörten. Mlle de Scudéry besuchte das Hôtel de Rambouillet, wo sich etwa zwischen 1624 und 1648 der oppositionelle Hochadel versammelte, bis sie im nächsten Jahrzehnt einige seiner Gäste und neue bürgerliche Freunde bei ihren »Samstagen« im Marais empfing. Der gesellige Umgang war in beiden Salons durch anspruchsvolle Unterhaltungen und Gesprächsspiele gelenkt, die am Muster literarischer Werke (u.a. *Astrée, Amadis*) das Improvisieren von Geschichten, Portraits, liebeskasuistischen Debatten, Sprichwortspielen, Maximen, Rätseln, Lotterien, Devisen oder allegorischen Karten lehrten. Die Mündlichkeit der »Jeux d'esprit« bedeutete für einige der an ihnen beteiligten Frauen den Weg in die Mündigkeit. Mit ihren Werken führten sie die Gesprächs- und Spielkultur der Salons in die literarische Reihe zurück, aus der diese ihren Anfang genommen hatte. Mlle de Scudéry verewigte beide Zirkel in einer Chronik. Mlle de Montpensier, die Cousine Ludwigs XIV., war umgeben von Freunden des hohen Adels, die sie mit verschiedenen Formen des Portraitierens unterhielt. Gegen Jahrhundertende blühte in einigen Salons der »Modernen« die von der Comtesse d'Aulnoy beherrschte Mode des improvisierten Feenmärchens.

Die Revision der weiblichen Leitwerte und das neue Ideal der Bildung

Ein zentrales Thema der Frauenliteratur des 17. Jahrhunderts ist die Verbesserung der weiblichen Erziehung und Bildung. Voraussetzung dafür war die Wirksamkeit des gegenreformatorischen Bildungsimpulses, die es darum vorab darzustellen gilt. Im späten 16. und frühen 17. Jahrhundert verschärfte sich in Frankreich die Spannung zwischen der Kirche in Rom und der weltlichen Macht um Begriff und Form der Ehe und, in der Folge, um die Stellung und Bestimmung der Frauen und die Erziehung der Töchter. Das Konzil von Trient hatte sich dem Drängen der französischen Krone auf Annullierung heimlich, d.h. ohne elterlichen Konsens geschlossener Ehen mit dem Dekret Tametsi (»prohibuit tametsi non annullavit«) widersetzt und sich auf das Verbot beschränkt. Dies bedeutete für den Ständestaat und die ihn gewährleistende Reinheit der Familien keine hinreichende Sicherung. Um den Vertragscharakter der Ehe zu festigen, verfügte darum die Krone eine Reihe von straf- und zivilrechtlichen Verordnungen, die die Liebesheirat da, wo sie eine Mesalliance war, der Entführung gleichstellte und entsprechend ahndete. Die gallikanischen Parlamentsjuristen verkehrten damit, im Sinne einer Stärkung von Familie und Staat, von väterlicher und königlicher Autorität, die moraltheologischen Grundsätze des Tridentinum in ihr Gegenteil und setzten eine säkulare Ehekontrolle in Gang, die anverwandelt in den *Code Civil* übernommen wurde. Auch die Verbreitung derjenigen Dekrete, mit denen das Konzil die Ehefrau vor physischer Gewaltanwendung zu schützen und einem von ihr vorgebrachten Trennungsbegehren kirchengerichtlich stattzugeben erlaubte, wurde durch dieselben Juristen erheblich erschwert. Unangefochten blieb die Praxis väterlicher Heiratsverfügungen und Klostereinweisungen gegenüber den Töchtern, obwohl Rom mit dem Sakramentscharakter der Ehe auch die Freiheit der religiösen Berufungen bestätigt und im Zusammenhang damit das gültige

Ältestenrecht, das im Adel die Töchter und jüngeren Söhne auf geringfügige Entschädigungen beschränkte, abgelehnt hatte.

Als die wirkungsvollste aufklärerische Leistung des Tridentinum ist indes der von diesem ausgehende Bildungsimpuls anzusehen. Hier deckten sich die Interessen von Klerus und Monarchie, insoweit es beiden um die Rückeroberung reformierten Territoriums ging. Nachdem im Dekalog nur die Gehorsamspflicht der Kinder betont worden war, übertrug die kirchliche Ethik im frühen 17. Jahrhundert den Eltern deren moralische, religiöse und schließlich auch weltliche Erziehung. Den Pfarrgemeinden wurde die Gründung von Primarschulen (»petites écoles«) aufgegeben, die den Evangelisierungsauftrag des Konzils für breite Bevölkerungsschichten einlösen sollten. Eine Gnadenlehre, die auf dem freien Willen gründete, setzte zwangsläufig voraus, daß die Menschen über die Schulung ihres Verstandes allererst in die Entscheidungsfähigkeit versetzt wurden. Neugründungen und Reformen von Orden und Klöstern, die in fortschreitendem Maße ihre Lehrprogramme auch für die weltliche Unterweisung öffneten, bildeten den institutionellen Rahmen für den gegenreformatorischen Erziehungsauftrag. In der kirchlichen Dogmatik allerdings wurde anhaltend die Überzeugung von der gottgewollten Inferiorität der Frau verfochten und damit ihr Ausschluß von Bildung und Wissen in traditioneller Weise begründet und legitimiert.

Die Mädchenerziehung blieb im Vergleich zu der der Knaben um etwa ein Jahrhundert zurück, da in Frankreich die ursprüngliche Absicht, mit den Ursulinen einen den Jesuiten entsprechenden weiblichen Lehrorden zu gründen, an dem erst gegen Jahrhundertende aufgehobenen Ausgehverbot für die Nonnen scheiterte. Auch das öffentliche Unterrichtswesen verfestigte das allgemeine Bildungsgefälle der Geschlechter. Da die Lehrtätigkeit der Frauen an den Primarschulen schlechter dotiert wurde als die der Männer, war die Zahl der Schulen für Mädchen und damit der Prozentsatz ihrer Alphabetisierung erheblich geringer. Keines der für die interne Klostererziehung entwickelten Lehrprogramme hält dem Vergleich mit dem externen Sekundarunterricht der Knabenkollegien, auf den dann noch die Universitäten folgten, stand. In der Elite jedoch hatte sich Entscheidendes verändert. Die Töchter und Frauen höherer Stände begegneten auf weltlicher Seite neuen pädagogischen Instanzen: Mme de Sévigné war ihrer Tochter, Mme de Grignan, eine verantwortungsbewußte und vorbildliche Mutter, und sie bestimmte noch im hohen Alter der Enkelin Pauline die Lektüren. Sie selbst fand in Corbinelli, wie andere im Chevalier de Méré, den anspruchsvollen Privatlehrer. Als stilistischer Berater begleitete Ménage die ersten literarischen Versuche von Mme de Lafayette. Dem Sekretär Segrais, der als Spielemacher, Vorleser und Autor sie selbst und ihre Gesellschaft unterhielt, verdankte Mlle de Montpensier manche Anregung und Korrektur. Während kirchlicherseits die Orden mit Armenpflege, Mission und Unterricht den Frauen eine bemerkenswerte Freiheit der Betätigungen eröffneten, wurde doch die eigentliche Stätte ihrer weltlichen Bildung der Salon.

Dort war die Erziehung der Frauen ein stets neu erörtertes Thema, zusammen mit dem Begriff der »bienséance«, an der sie sich zu messen hatte. Die aristokratiche Norm des Schicklichen hatten die Frauen als die ihnen gemäße Form des »honnêteté«-Ideals zu verinnerlichen gelernt, und sie behielt für sie Gültigkeit, wo sie ihnen gebot, das erworbene Wissen oder die im Schreiben durchschimmernde handwerkliche Anstrengung zu verbergen. Die hochgebildeten oder gar gelehrten Frauen – Mme de La Sablière, Christine von Schweden, Anna Maria v. Schurman – blieben legendäre Ausnahmegestalten oder wurden Opfer satirischen Spotts. Daß die »femme savante« wie der Pedant ein Sozialtypus war, den die Lachgemeinschaft der Komödie ausgrenzen durfte, war eine von beiden Geschlechtern geteilte Überzeugung. Mme de Lambert jedoch, die in den Gesprächen ihres Salons und in Schriften an Sohn und Tochter die Erziehungsfrage behandelte, erkannte die gefährliche Wirkung des gleichnamigen Stücks. Sie machte Molière zum Vorwurf, daß er auch die »unschuldigen Freuden« weiblichen Bildungsbemühens der Lächerlichkeit ausgeliefert und insoweit ein gängiges Vorurteil verfestigt habe. Da sie eine Veröffentlichung ausschloß, klagte sie die Männer unumwunden an, die Frauen auf sich selbst zu verweisen, seit Jahrhunderten ihre Erziehung zu vernachlässigen – als seien sie, die Hälfte der Menschheit, eine Gruppe für sich – und ihnen Wissenschaften und Künste vorzuenthalten. Der Tochter empfahl sie, nach dem Beispiel von Mme de La Sablière, die Boileau in der Frauensatire (X) als Gelehrte verhöhnt hatte, Latein zu lernen und sich die Wissenschaften zu erschließen. Für sie hatte sich »das, was man ›bienséance‹ nennt«, zu einem Instrument *gegen* die Frauen verkehrt, gefügig, wo es darum ging, ihrem Geist die Flügel zu stutzen und seine produktive Betätigung zu verhindern (*Réflexions* (um 1700), 160–165, 172; *Avis* (um 1698), 15). Eitelkeit, Koketterie, Verführbarkeit und andere Schwächen, die nach La Bruyère den Frauen angeboren sind und sie zu gelehrter Bildung unfähig machen (*Des femmes* (1688), 126), sind für Mme de Lambert erst die Folge einer männlichen Bildungsbehinderung, wie sie derselbe Autor ausdrücklich bestritten hatte.

Die Schicklichkeit als Mittel weiblicher Unterdrückung zu deuten, wagte auch Mme de Maintenon: Frei seien allein die Männer, schrieb sie an eine ihrer Klassen, und diese Freiheit mache ihnen niemand streitig, da sie sich über die »bienséance« hinweggesetzt hätten, während ihr Geschlecht dem lebenslangen Gehorsam bestimmt sei (1700, 160–161). Auf männlicher Seite hat allein Poullain de La Barre, der die cartesianische Kritik des Vorurteils auf die Frauenfrage anwandte und die Vertreibung der Frauen aus der natürlichen Gleichheit unter den Menschen anprangerte, ihren fortwährenden Ausschluß aus Würden und Wissenschaften damit begründet, daß ihnen, mit dem Recht des Stärkeren und im Namen der »bienséance«, die intellektuelle Erziehung versagt worden sei (1673, 208–235).

Es war vor allen anderen Mlle de Scudéry, die in der Gestalt der Sappho ihrem Geschlecht das geraubte Terrain zurückeroberte (»Histoire de Sapho«, *Cyrus* X, bes. 331–406). Hand in Hand damit ging die Aufklärung über die falschen und richtigen femininen Leitwerte und der Appell zu allseitiger Selbstkorrektur. Wo der Mann auf die Teilung des Bildungsbesitzes und auf die Rolle des plaudernden Lehrers sich zu verpflichten hatte, mußte die Frau die bequeme Untätigkeit und die törichten Geschäfte gegen die ungewohnte geistige Anstrengung eintauschen. Dieser selbst setzte die hochgebildete Autorin keine Grenzen, wohl aber den Formen, in denen sie in Erscheinung trat. Im Unterschied zu der Epigonin Damophila, die von spezialisierten Hauslehrern ihren grenzenlosen Wissensdurst stillen und sich Verse schreiben läßt, um ihre Gelehrsamkeit dann in Zitat und Disput zu demonstrieren, verbirgt Sappho die heimlich gelesenen Bücher und ihr aus ihnen erworbenes profundes Wissen. Ihr Gespräch ist ein angenehmes Plaudern, das ihr die Frage, nicht aber die kenntnisreiche Antwort erlaubt. Dem Ruf der Gelehrten oder des Schöngeistes zöge sie den der Analphabetin vor. Wenn Sainte-Beuve die Autorin die beste Kritikerin ihres Geschlechts und ihr Bildungsideal für die Frauen erfreulich bescheiden nannte (*Galerie*, 77–95), wenn jüngst P. Hoffmann die von ihr entworfene vollkommene Weiblichkeit im Einklang sah mit dem Urteil aller männlichen Moralisten (57), wurde ein offenbar anhaltend unbequemer Argumentationszusammenhang entstellt oder verkürzt. Die intellektuelle Bescheidenheit der Sappho/Scudéry nämlich ist ihr Schutz vor der »öffentlichen Dummheit und Verfolgung, der all die Frauen ausgesetzt sind, die, wie sie, unglücklicherweise den Ruf haben, sich auf mehr zu verstehen als auf Locken und Bänder« (X, 363).

Mit der Karikatur der Damophile zeichnete bereits Mlle de Scudéry ein satirisches Zerrbild der Preziösen, das in der zeitgenössischen Kritik, die in dieser Weise das Preziösentum selbst darstellte, beharrlich verschwiegen wurde. Indem sie Sappho sich ausdrücklich zu dem Leitwert der »bienséance« bekennen ließ, den die Epigonin so offensichtlich verletzte, suchte die Autorin denen zuvorzukommen, die jegliches weibliche Kultivierungsbemühen der Lächerlichkeit zu überantworten trachteten. In der Gestalt der Tullie ihrer *Clelie* machte sie der Schicklichkeit jedoch den Prozeß (II, 862–882). Diese stolze Amazone wäre, könnte sie wählen, »lieber Soldat als Prinzessin« (II, 874–875), und Tarquin gibt ihr recht: Aus dem Soldaten könne ein König, als Frau hingegen könne man niemals frei werden. Allein die Vestalinnen (d.h. die Ordensfrauen) erlangen nach Tullie eine gewisse Stellung und Anerkennung. Auf weltlicher Seite beanspruche diese der Mann. Als Vater verweise er die unverheiratete Tochter in den erbärmlichen Stand einer Sklavin, der nicht einmal die Wahl ihres Herren gestattet sei. Den gängigen Ehemann portraitiert sie wie später Molière den lächerlichen Arnolphe seiner *Ecole des femmes*: Von den Frauen schätze er diejenige am meisten, die den geringsten Gebrauch mache von ihrem Geist. Gewaltsam eingebunden in ein Netz der Vorkehrungen und Zwänge, in der Weltabgeschiedenheit zurückgehalten und bei jedem Schritt bewacht, habe sie zu lernen, ihre Blicke zu kontrollieren, das angenehme Gespräch zu meiden und ihre Leidenschaften zu bezwingen, da ihr weder Liebe noch Haß oder gar Ehrgeiz zu fühlen erlaubt, allein der Gehorsam geboten sei. Wie später Amilcar (III, 107–108) stellt Tullie die patriarchalische Bevormundung der Frauen und die damit einhergehende weibliche Ignoranz als eine Besonderheit des römischen Rechts dar. Die beschämende Unterwerfung habe sich durch die Tyrannei der Gewohnheit und »bienséance« verfestigt, und letztere hole die Frauen um so unerbittlicher ein, je mehr sie durch Verstand und Erkenntnis ihres Status bewußt würden.

Der unstreitig negative Part dieser Heldin im Gesamtgeschehen der Handlung darf von dem Gewicht, das Mlle de Scudéry ihrem flammenden Plädoyer beimaß, nicht ablenken. Fadenscheinig sind die Einwände, die Tullie entgegengehalten werden, und sie stützen sich auf eben jene weiblichen Scheinwerte, deren Widerlegung das ganze literarische Werk der Autorin wie ein roter Faden durchzieht. Der Prince d'Ameriole sucht, wie später der Fürst von Karthago (X, 796), Tullie mit dem Topos der Schönheit und der in ihr gründenden Macht der Frau über den Mann zu beschwichtigen. Auch ihre Schwester sieht darin einen der Vorzüge ihres Geschlechts, der um den zu vermehren sei, daß diesem die Bemühung um Bildung und Mut erlassen werde, bedürfe es doch lediglich einer gewissen Anmut, mittelmäßigen Geistes und großer Bescheidenheit, um eine »honneste femme« zu sein.

Den Antagonismus von Schönheit und Bildung hat Mlle de Scudéry schon in der ersten ihrer Schriften entwickelt. Die Zenobia der *Femmes illustres* (1642–1644) klagt in ihrer Rede an die Töchter über die »höfischen Schmeichler«, die sie in Versen besungen und dabei ihren Teint mit »Lilien und Rosen«, die Zähne mit orientalischen Perlen, die Augen mit der Sonne und sie selbst mit Venus verglichen hätten (1644, I, 118). Die Kritik gilt der unverbindlichen Rhetorik und Metaphorik des männlichen galanten Portraits. Allein das moralische Portrait, das ihre Tugenden würdigt, sei die der Frau als beschriebenem Objekt angemessene Form. Der Preis ihrer Schönheit, so erklärt wenig später Sappho (*Sapho à Erinne* (1644) I, 421–442), werde nicht dieser, sondern den sie besingenden Dichtern zum Nachleben verhelfen. Die von ihr angesprochene Erinna soll sich aus der »falschen Scham« (423) ihres Geschlechts befreien und selbst schreiben. In der Schönheit den Vorzug der Frauen zu sehen, scheint der griechischen Dichterin die Voraussetzung dafür, daß Künste, Literatur und Wissenschaften männliche Reservate bleiben. Nur wenige Jahre seien dieser beschieden, während diejenigen Dinge der Schöpfung, die allein um des Schmückens willen geschaffen seien – Gold, Perlen, Diamanten und der stets sich verjüngende Phoenix – ewig währten. Die über beide Geschlechter gleichmäßig verteilten Gaben – Phantasie, Scharfsinn, Gedächtnis, Urteilskraft – müßten bei den Frauen um so mehr den schönen Künsten zugute kommen, als die Kraft der Männer sich in Amt und Herrschaft verzehre. Sie verkümmern zu lassen, wäre ein Undank an die Schöpfung. Minerva und die Musen sollten ihnen beistehen, wenn es gelte, den männlichen Widerstand gegen ihre literarische Tätigkeit zu überwinden, die ihre Grenzen erst bei »den schwierigen Pfaden der dornigen Wissenschaften« (434–435), besonders der Philosophie, zu finden brauchte. An die Ufer des Permessos soll Erinna der Lehrerin folgen, um den Hain und die Quellen, die Liebesklagen oder die Tugend zu besingen und sich als Subjekt der Dichtung und nicht als Objekt eines fremden Blicks zu verewigen.

Im *Grand Cyrus* wird die Schönheitsthematik vertieft. Die schöne und geistvolle Parthenie (*Grand Cyrus* VI, 69–285) wählt aus der großen Schar ihrer Anbeter den Prince de Salamis zum Mann. Eheliche Gewöhnung und Besitz lassen ihn ihrer überdrüssig werden und nach anderen Schönen Ausschau halten. Mit seiner Liebe verliert sie die Schönheit, ein Grund mehr für ihn, sie zu quälen. Der Fürst rechtfertigt seinen Verrat, indem er die Schönheit mit einem Parfum vergleicht, das man bald nicht mehr wahrnehme. Die Verehrer, darunter der galante Callicrate (der Name bedeutet »Schönheit/Herrschaft«), den man als Voiture hat entschlüsseln wollen, wenden sich von Parthenie ab, als ihr gesellschaftlicher Glanz und all das, »was die Schönheit ihr erworben hatte« (106), verflogen sind. Nach dem Tod ihres Mannes und einer Einkehr der Besinnung und Reflexion kehrt die Vollkommenheit ihres Äußeren wieder – und mit ihr Callicrate, der Amor ohne diese entwaffnet sähe. Parthenie hat nunmehr die Hinfälligkeit dieses Wertes erkannt, vor allem aber seine Uneigentlichkeit. Nicht ihre Schönheit will sie geliebt sehen, sondern »sich selbst, als ganze Person« (110), und sie weiß, daß sie zuvor lernen muß, ihr eigenes Ich zu finden und »sich selbst zu lieben« (121). Erst die Selbstbesinnung ließ die Frau zum Subjekt werden, ebenso wie Bildung und geistige Tätigkeit, während die Schönheit sie zum Akzidens des Mannes gemacht hatte, der die substantielle Identität damit allein für sich beanspruchen konnte.

Dieselbe Erfahrung macht Amathilde (*Grand Cyrus* VII, 132–351), deren Geschichte die Notwendigkeit, den falschen Wert zu revidieren, in anderem Zusammenhang neu begründet. Nichts bewegt die Sechzehnjährige mehr als die Furcht vor möglicher Entstellung oder dem mit fünfundzwanzig Jahren beginnenden Alter. Wenn ihr schon jetzt der Blick auf Mutter und Tanten unerträglich sei, wie wenig werde sie dann erst sich selbst ertragen können? Ein Freitod mit zwanzig Jahren scheint ihr der alleinige Ausweg, und tatsächlich sucht sie sich zu vergiften, als sie, in der Folge einer Krankheit, die Schönheit verliert. Erst als Glacidie ihr diese und die Chimäre der Jugend als uneigentliche Prädikate femininer Existenz enthüllt, die den durch den Tod symbolisierten Selbstverlust zur Folge haben, lernt sie, überleben und damit leben zu wollen. Kaum mehr als ein Jahr währe ein Leben, das im Genuß der ängstlich gepflegten äußeren Makellosigkeit sich vollenden solle, hatte ihr die Freundin entgegengehalten. Vor allem aber lehrte sie das Altern und wie es sich füllen und erfüllen könne: mit dem kleinen Kreis erwählter Freunde, mit dem kultivierten Gespräch und der besinnlichen Stille der Lektüre.

Wie bedeutsam für eine Geschichte weiblicher Selbstfindung die Revision des falschen Werts der jugendlichen Schönheit im Werk der Scudéry ist, blieb in dessen literaturwissenschaftlicher Rezeption unbemerkt. Unfreiwillig hat diese die Autorin bestätigt. Der maliziöse Chronist des 17. Jahrhunderts, Tallemant des Réaux, ist einer der vielen Zeitgenossen, die ihr die eigene Häßlichkeit zum Vorwurf machten (1659, II, 685). Boileau suchte in den *Héros de romans* mit ihren Werken auch die Person in dieser Weise zu erledigen, und der monierte Makel trat bis in die jüngste Forschung seine Geschichte an (Aragonnès, 169; Mongrédien, 21; Niderst, 128). Die Erfahrung eines so offenbaren Ungenügens mag die Autorin sensibilisiert und dazu bewogen haben, es sich zum Thema zu machen. Ermutigt sah sie sich durch ein bedeutsames Bekenntnis, das Ovid jener Sappho in den Mund gelegt hatte, in deren Nachfolge sie sich stellte und als deren überlegene Nachfolgerin (»Sapho nouvelle«) sie von den Schriftstellerinnen aus dem Kreis der »Modernen« gegen Ende des Jahrhunderts gefeiert wurde (Mlle Lhéritier, Mlle de La Vigne u.a.). Für ihre *Histoire de Sapho*, die in H. Rüdigers Darstellung der Sapphorezeption unberücksichtigt blieb, hatte sie aus der 15. Heroide eine Reihe von Namen und Motiven übernommen: Cydro und Atthis, die Freundinnen, den über seine Verhältnisse lebenden Bruder Charaxis, der die mahnende Schwester ablehnt, die frühe Verwaistheit und die Liebe zu dem jüngeren Phaon. Die Übereinstimmungen in der Biographie beider Schriftstellerinnen sind ebenso offensichtlich wie die Vergleichbarkeit ihres erzieherischen Wirkens und ihres Vorbildcharakters für die Frauen, die sie zu literarischer Tätigkeit bewegten. Diese Parallelität der Erfahrung ist ein Schlüssel für Mlle de Scudérys wiederholte Berufung auf die Griechin. Sainte-Beuve aber, der, wie die neuere Forschung, den Hinweis auf die literarische Quelle und die unmißdeutbaren Korrespondenzen schuldig blieb, bespöttelte ihre *Histoire de Sapho* als den Versuch, sich im Lichte einer mythischen Aufwertung der älteren Dichterin selbst zu glorifizieren. Mutig habe sie dabei an das Thema der Schönheit zu rühren gewagt, im Bewußtsein der eigenen Häßlichkeit und diese fadenscheinig mildernd (80–81). Doch schon Ovid – und dies mag der eigentliche Grund für die Anamorphose Sappho/Scudéry sein – hatte seine Sappho an Phaon schreiben lassen:

> Si mihi difficilis formam natura negavit,
> Ingenio formae damna rependo meae. (31–32)

> Wenn mir spröde Natur Schönheit versagte,
> Mit Geist gleiche ich, was mir an Schönheit mangelt, aus.

Das männliche Frauenbild und das Selbstportrait des weiblichen Hochadels

Schon die bürgerliche Scudéry hatte, wie gesagt, das literarische Abbilden als eine den Frauen gemäße Weise des Schreibens empfohlen und beispielhaft betrieben. Als Gast des Hôtel de Rambouillet wurde sie dessen Chronistin, die die hochadlige Gesellschaft der Fronde ebenso wie die Freunde bescheideneren Standes in einzelnen Portraits oder in einer Galerie verewigte. Die aufklärerisch-moralische Grundüberzeugung und die gesellschaftlich gebotene Selbstbescheidung bestimmten ihr die Grenzen. Aus

Gründen der »bienséance« mied sie, im Unterschied zu ihrem Widersacher Boileau, die im Salon als unfein geächtete persönliche Satire. Wo es ein Laster anzuprangern galt, wich sie in die typologische Verallgemeinerung aus (»caractère«, »portrait général«), eine Vorform des Verfahrens, als dessen klassischer Meister, nicht aber Erfinder, La Bruyère anzusehen ist. Wenn die Modelle jedoch zu entschlüsseln waren, hatte die Federführung behutsam zu sein (»vn leger Crayon«; *Grand Cyrus* VII, 305). Die Zuneigung zu den Freunden und der Dank an die Höhergestellten bargen die Gefahr der panegyrischen Schmeichelei und Anbiederung in sich, gründete doch das geringe Ansehen des Portraits in Malerei und Literatur nicht zuletzt in der Käuflichkeit ständisch inferiorer Portraitisten, die den schönen Schein hervorzuzaubern, die Unzulänglichkeiten zu verschleiern hatten. Mlle de Scudéry begegnete dieser Gefahr mit bemerkenswertem Geschick. Auch ohne die boshafte Schärfe Tallemants verlieh sie ihren Gestalten Kontur, indem sie bedeutsamere Eigenschaften betonte oder verschwieg, den vertrauten Freund mit liebevollem Spott, den Gegner mit entschiedenem Einspruch korrigierte. Von den Hochgeborenen entwarf sie ein Bild moralischer Vollkommenheit, das die Gemeinten auf die Einlösung der an ihnen gepriesenen Tugenden allererst verpflichtete.

Das Selbstportrait lehnte sie grundsätzlich ab: »Wenn man sich lobt, wird man unerträglich, wenn man sich zu Recht tadelt, täte man besser daran, gegen die Fehler anzugehen als sie zu veröffentlichen, und wenn man weder Gutes noch Böses über sich sagt, ist man einigermaßen langweilig« (*Clelie* IX, 284–285). Mit diesen Sätzen reagierte sie auf zwei unmittelbar zuvor erschienene Sammelbände (1659), mit denen die von ihr beherrschte Mode des geselligen Portraitierens von einer Rivalin usurpiert zu werden drohte: die *Divers portraits* der Nichte Ludwigs XIII., Mlle de Montpensier, und den ihr gewidmeten *Recueil des portraits et éloges*. Die hochmütige Bourbonin hatte sich etwa zur selben Zeit auch dazu herausfordern lassen, dem erprobten Scudéryschen Verfahren fiktionaler Verschlüsselung neue Gestalt zu geben (*Relation de l'Isle imaginaire*, 1658 und *Histoire de la Princesse de Paphlagonie*, 1659). In den chiffrierten Portraits und Erzählungen hatte, trotz der erwähnten Nuancen und Schattierungen, die bürgerliche Autorin jene letzte Aufrichtigkeit (»sincérité«) schuldig bleiben müssen, die in der ritualisierten Geselligkeit der Preis für die vollkommene »honnêteté« schien. Molières Misanthrop (1666), der sich dagegen aufbäumte, war der verlachte komische Held, doch nicht erst Rousseau oder die Romantiker, die sich seiner Lächerlichkeit verweigerten, enthüllten das Gewicht des geopferten Werts. Schon das berühmte Geständnis von Mme de Lafayettes

Princesse de Clèves warf ein Licht darauf, daß die Aufrichtigkeit als die der höfischen Verstellung überlegene neue Norm sich behaupten sollte.

Mlle de Scudéry hatte 1667 in ihrer Novelle *Mathilde* die »sincérité« zu dem einzigen Gesprächsthema der kleinen Gesellschaft gemacht, die in dem fremden höfischen Rahmen Spaniens der absolutistischen Willkür ausgesetzt ist (153–157; nachgedruckt in *Conversations*, 1680, 359–384). Daß sie in der fiktionalen Verfremdung den Monarchen selbst als Dramaturgen der Intrigen offenbarte, die der Moralist La Bruyère den Höflingen zur Last legte (»De la cour«, 221–253), hatte die konkrete Begegnung mit der königlichen Ungnade, der der Gönner Foucquet und der Freund Pellisson anheimgefallen waren, zur Voraussetzung und die langjährige Unterdrückung der Erzählung zur Folge.

Die biographische Erfahrung ist in gewisser Weise vergleichbar mit der jener »Grande Mademoiselle«, Mlle de Montpensier, die (1652–1657) auf ihr Schloß Saint-Fargeau verbannt worden war, weil sie den antiabsolutistischen Kampf des Frondeadels unterstützt, ihr Erbgut Orléans amazonenhaft gestürmt und auf der Bastille die Kanone auf die königlichen Truppen gerichtet hatte. Da sie die Skepsis und Verachtung des Schwertadels gegenüber einer vom Hof bestellten, an der Antike orientierten dokumentarischen Historiographie teilte, wählte sie die aristokratische Gattung der Memoiren für die rechtfertigende Selbstdarstellung vor der nachfolgenden Geschlechterreihe. Wie sie in diese Chronik ihrer Erlebnisse gleichsam beiläufig die Skizzen der ihr nahen Personen eingehen ließ, umgab sie sich auch mit einer Gemäldegalerie. Die in Wort und Bild dargestellten Personen sind dieselben, die von ihr und ihren Freunden literarisch portraitiert wurden, als die Mode des »portrait mondain« um 1657 auch ihren Zirkel erreichte. Segrais fing in seinen *Nouvelles françoises* (1656) den geselligen Zauber ein, den die »Princesse Aurélie«-Montpensier ins Exil zu retten verstand und den sie ebenso wie ihre baugeschichtlich wirkungsvolle Tätigkeit und ihr Schreiben selbst als »divertissement« (vergnügliche Zerstreuung) beschrieb. Der Begriff war gezielt im Sinne ständischer Selbstdarstellung und Abgrenzung gewählt, denn um diese ging es ihr allenthalben. Vorbeugend bestritt sie in ihren Memoiren jeden unstandesgemäßen Autorenernst (IV, 549) oder jenen dem berufsmäßigen (bürgerlichen) Schreiber gebotenen Willen, den chronologischen Irrtum zu meiden, feilend zu überarbeiten, richtig anzuordnen, zu verifizieren oder zu korrigieren (III, 83; IV, 549). Die Orthographie blieb eine für sie unverbindliche Norm (»Jay utor« statt »j'ai eu tort«). Sie wußte sich die reichste Erbin Frankreichs, vor allem aber begriff sie sich durch ihre königliche Geburt als Symbol einer gottgewollten, sie verpflichtenden Ordnung, die ihr in jeder Hinsicht den höchsten Rang bestimmte. Die Wahl der in ihrem Sammelband und in der Gemäldegalerie portraitierten Personen war alles andere als zufällig. Vertraut mit Wappenkunde und Genealogie, ließ Mlle de Montpensier in Saint-Fargeau ein Zimmer mit der Geschlechterfolge ihrer Vorfahren ausmalen. Indem sie Verwandte und Freunde aus den europäischen Königshäusern und dem französischen Hochadel in der Abbildung um sich versammelte, behauptete und erhöhte sie sich selbst. Im Kreise derer, die, mit ausdrücklicher Berufung auf ihren Befehl, sich und andere portraitierten, herrschte sie wie eine Königin. Wie das Bauen war auch das literarische »divertissement« die Kompensation für das Scheitern ihrer politischen Träume und der ehrgeizigen Heiratsprojekte. Jussac, Mme de La Suze und vor allem Segrais beschworen Minerva und Diana, um die Gebieterin in den allein der Königin gebührenden mythologischen Konfigurationen zu verewigen. Wie der Sammelband nach innen Mademoiselles Herrschaftsanspruch zu versinnbildlichen hatte, betonte er nach außen, als Gestus der Versöhnung, den Friedenswillen der streitbaren Kriegerin, deren ruhende Waffen über den Künsten wachten und die den geburtsmäßig bestimmten Platz in der monarchischen Galerie zu besetzen begehrte.

In jeglicher Hinsicht beherrschte sie ihr literarisches Reich. Zumindest 16 der 59 Portraits hat sie verfaßt und dabei die Manier, nach Art der Maler, vielfach verändert. Das jeweils neue Verfahren wurde zum Formimpuls für ihre Umgebung. Wie der König – nach N. Elias – Etikette und Zeremoniell als distanzschaffende Herrschaftsinstrumente nutzte, bestimmte die Grande Mademoiselle ihrer kleinen Hofgesellschaft die abgestuften Ränge und Rechte. Mit dem Wissen, daß das »Recht auf Bilder« (*Plantié*, 27, 155) nur ihrem Stande zukam, und mit der Kenntnis der bildnerischen Portraittechniken erweiterte sie die poetologischen Möglichkeiten der geselligen Gattung entscheidend. Wenn sie Ludwig in der monarchischen Apotheose als Herrn über Antike und Neuzeit und umrahmt von den Vorfahren, die auch die ihren waren, darstellte, wenn sie gleichzeitig den geächteten Waffengefährten Condé nach den Gestaltungsprinzipien des historischen Portraits feierte, bekundete sie ihren Willen, der politischen Zentralmacht Respekt für das einstige Aufbegehren abzutrotzen. Im Inneren des Kreises, der durch das Spiel des wechselseitigen Portraitierens in eine gleichsam tänzerisch ritualisierte Bewegung geriet, lenkte sie die Schritte. Mit dem sicheren Sachverstand hinsichtlich der Bildkunstwerke und ihrer bedeutungssteigernden Symbolik paßte sie die Wahl des Genre ihrem Modell an, verwarf hier das »natürliche«, historische oder mythologische Bild zugunsten eines Devotionsgemäldes, entschied sich dort für das Prunkportrait, das Schlachtenbild oder für das flandrische Verfahren variabler Talkapplikationen für dasselbe Gesicht. Wo die Satire das Objekt zu desavouieren drohte, verbarg sie dieses oder sich selbst in der Anonymität. Die Preziösen stellte sie in einem karikaturhaften Gruppenbild dar.

Die Gestalten ohne verhüllende Schleier (»draperies«) in ihrem »Familienalbum« (*Plantié*, 571) zu verewigen, dessen Verbreitung, über den Kreis der Portraitisten hinaus, durch Zerbrechen der Druckplatten verhindert wurde, war Mademoiselles ausdrückliche Absicht. Dieser »Kühnheit«, die die Aufdeckung von Schwächen (»des perspectives et des lointains«, M/B, 238) nicht scheute, unterwarf sie die vertrauten Freunde, wo der geburtsmäßige Rang die Korrektur hinzunehmen zugleich befähigte und nötigte. Umgekehrt erhöhte sie die Niedrigen mit der Anerkennung ihrer Dienste. Den schüchternen Sekretär Guilloire stellte sie in einem ihrer fünf fiktiven Selbstportraits vor (437–438), mit denen sie die Gattung in der originellsten Weise variierte. Ebenso wie ihrem des Lesens und Schreibens unkundigen Stallmeister lieh sie ihm ihre Stimme und pries seine Selbstlosigkeit und pflichtbewußte Treue. In eins damit aber lenkte sie beiläufig durch Guilloire den Blick auf ihre eigene – bemerkenswerte – Wohltätigkeit in Stiftungen und Hospitälern. Was sie dazu bewog, war weniger ein selbstgefälliges und unstandesgemäßes Pharisäertum als das entschiedene Bekenntnis zur Werkfrömmigkeit von Saint François de Sales oder Saint Vincent de Paul, wie sie sie an der Comtesse de Brienne rühmte (98–100). Das veräußerlichte Gebaren der Schein-Heiligkeit enthüllte ihre »Selbst«-Darstellung der engen Vertrauten Mme de Thianges, die sich der Glaubenspraxis wie einer kleidsamen Mode zuzuwenden beschlossen hatte (501–503). In einer rechtfertigenden Pseudoautobiographie wiederum entlastete sie die bedrängte Freundin Mme d'Epernon (429–432).

Mit dem verläßlichen Schutz der Untergebenen, der Parteinahme für die geschwächten Freunde und dem nach der Zumutbarkeit gestuften Spott erfüllte und legitimierte Mademoiselle die Pflichten ihres Standes. Wenn sie ihre Gesellschaft portraitierend zurechtwies und die unschmeichelhaften Wahrheiten in den »kräftigen Farben« der anonymen Abbildung mitteilte (*Amarante*, 433), ruhte auf ihr ein königlich-selbstgewisser Blick. Was er an den Tag bringen sollte, war jedwede Form von Verstellung, Selbstverblendung und Scheinhaftigkeit, alles dessen also, was der »sincérité« entgegengesetzt war. Während für König und Hof sich die prestigesichernden »Fremdzwänge in Selbstzwänge« verwandelten, die »höfische Rationalität« der berechneten Gebärden und Worte (Elias, 140) zu einer überindividuellen zweiten Natur wurde, nahm die hochgemute Frondeuse den verbannten und außer Kraft gesetzten Wert der Aufrichtigkeit in Besitz. Sie hielt ihn als Spiegel all denen vor Augen, die im falschen Schmuck der Bigotterie, der Zitate (Mme de Thianges), der Adelstitel (Mme de Montglat, Mlle de Vandy) oder der affektierten Künstlichkeit (die Preziösen) einhergingen. In ihrer Selbstdarstellung erklärte sie die Wahrhaftigkeit und Aufrichtigkeit zu der auch für sie verbindlichen Norm (410). Die Eigenschaften, zu denen sie sich bekannte, gewinnen Bedeutung und Gewicht erst vor dem Horizont ihres Selbstverständnisses, das mehr von ihrer Geburt als von der biographischen Erfahrung geprägt ist. Als Frau und als Mitglied des Königshauses war sie eingebunden in zwei Ordnungssysteme, deren Leitwerte und deren Beschränkungen nahezu gegenläufig waren. Im Spannungsfeld dieses Rahmens entwickelt das literarische Selbstportrait, das nach dem Vorbild der Mademoiselle zu einer Gattung des weiblichen Hochadels wurde, eine unvermittelte, kühne und aufrichtig formulierte feminine Weltsicht, die über die Zeiten hinweg bedenkenswert sein dürfte.

Das Selbstportrait gab den Frauen Gelegenheit, gegen die alten Verfügungsmuster der vielfältigen männlichen Traktatliteratur anzugehen. Zu dieser gehörten die Abhandlungen zur idealtypischen weiblichen Schönheit, die seit der Renaissance als Summe von dreißig Schönheitsmerkmalen beschrieben wurde. Zur gleichen Zeit vertrat die Physiognomik die Korrespondenz von Körper und Charakter, äußerem Zeichen und moralisch-seelischer Beschaffenheit. 1659 prüfte, mit der Berufung auf Aristoteles, Cureau de La Chambre die Attribute idealer Frauenschönheit innerhalb des physiognomischen Systems, wo jedes von ihnen einem charakterlichen Mangel entsprach. So seien die an den Frauen bewunderten schwarzen und großen Augen Zeichen von Schüchternheit und Unbeständigkeit, und der idealtypische kleine Mund verweise auf Verlogenheit und Schwäche, während von der weniger schönen eckigen Kopfform oder der Adlernase des Mannes auf Heldenmut und Hochherzigkeit zu schließen sei. Die Humoralpathologie hatte seit Galen und J. Huarte (1575) auch in Frankreich die Überzeugung verbreitet, daß die Frau, zusammen mit den Kindern und Verbrechern, ein phlegmatisches oder feuchtes und kaltes Temperament habe, das den Katalog ihrer moralischen und psychischen Unvollkommenheiten begründe und in dem das Feuer des Ingeniums notwendig verlösche. In der Moralphilosophie des 16. und frühen 17. Jahrhunderts galt die Norm der allein dem Hauswesen bestimmten Gattin, deren Tugend sich in Gehorsam und Keuschheit, im Verzicht auf öffentliches Wirken, Schmuck und Kultur zu erfüllen habe und deren geschlechtsbedingte Gefährdung durch

Ehrgeiz, Sinnlichkeit und Habgier allein die Bescheidenheit zu überwinden vermöchte.

Zwischen 1630 und 1650 setzte ein allgemeines Umdenken ein. Weibliche Regentschaften und der nachtridentinische Marianismus bereiteten dem neuen Ideal der christlichen oder nationalen Heroine (»femme forte«) den Weg. Die Theologen bestritten nicht länger die Gottebenbildlichkeit der Frau und suchten mit der Gottesmutter die Eva des Sündenfalls vergessen zu machen und die gebärende Gattin im Lichte des von ihr wiederholten göttlichen Schöpfungsaktes zu erhöhen. Die Medizin stellte den Einfluß der Körpertemperatur auf den Charakter in Frage oder deutete ihn positiv um: Das kalte und feuchte Temperament, einst Grund der weiblichen Schwäche, Unbeständigkeit und Furcht, der Beherrschung durch die Leidenschaften und der Unfähigkeit zu hochherzigem Handeln, barg nun den Schatz der Empfindungsfähigkeit, Phantasie und Intuition, die dem als männlich geltenden Prinzip der Vernunft überlegen schienen. Zugleich gründeten in ihm Gedächtnis und Geduld.

Gestützt auf neuplatonisches Gedankengut konnten die Apologeten die weibliche Schönheit, die einmal Sinnbild teuflischer Versuchung war, zum Widerschein eines als göttlich und kosmologisch verstandenen Prinzips des absoluten Schönen umdeuten. Mit dem Ende klösterlicher Askese erhielt die weltliche Geselligkeit einen neuen geistigen und ethischen Wert. Allein die kultische Verehrung der Frau als der gestaltgewordenen Schönheit wies den erlösenden Weg zu einer das Diesseits transzendierenden Vollendung. Da die Liebenden in der Reinheit dem Göttlichen am nächsten schienen, war das Ideal mit einer ehelichen Ordnung unvereinbar. Insoweit wurzeln in ihm sowohl der preziöse (weibliche) Code der »Tendresse« wie die ihm entgegengesetzte (männliche) Galanterie.

Der Neuplatonismus wirkte insofern säkularisierend, als er die Verfeinerung von Geschmack, Höflichkeit und Soziabilität zu weltlichen, in der Gesellschaft der Frauen zu suchenden Zielen erklärte. Schmuck und Putz galten nunmehr als legitime Attribute und im Bedarfsfall auch als der Ersatz der weiblichen Schönheit, die galante Huldigung, die, den geltenden Normen zuwider, den sinnlichen Genuß begehrte, als die geschuldete Geste. Die offene Apologie von Reichtum und prunkvollem Aufwand bei André du Chesne (1605) deutet vor auf Voltaires Parteinahme für den Luxus und läßt die implizit aufklärerischen Tendenzen dieser Liebesmetaphysik erkennen. Im Glanz des erworbenen Besitzes konnte die Frau zur Mittlerin einer Heilserwartung werden, die das soziale Gefüge zu verändern versprach. Die von ihr erhoffte Veredelung setzte letztlich den Erbadel außer Kraft. Auf diesen wiederum – und damit vor allem auf dessen Frauen – mußte die Inthronisierung des Weiblichen als des Gestaltungsprinzips einer befriedeten und nobilitierenden Geselligkeit und damit der ständischen Mobilität wie eine Herausforderung wirken.

Eine vergleichbare Art der Betroffenheit löste unter den Aristokratinnen offensichtlich das uneindeutige Bild der »femme forte« aus. Mit dem Beispiel der jüdischen, christlichen oder antiken Heroine suchten der Franziskaner P. Du Bosc und der Jesuit P. Le Moyne zu beweisen, daß die weibliche Ausnahmegestalt immer schon zu hohen Tugenden befähigt war. Zugleich aber erklärte Le Moyne die Keuschheit zum unabdingbaren Bestandteil des neuen Leitbildes. Damit widersprach er Tassos 1632 ins Französische übersetztem *Discorso della virtù femminile e donnesca* (1582), der eine für den weiblichen Hochadel bedeutsame Geschlechts- und Standesethik skizzierte. Nach Tasso gelten für Männer und Frauen verschiedene Tugenden, von denen jeweils eine die herrschende ist. Ihr Fehlen ist demnach der schwerwiegendste Mangel, und die entschuldbarste Schwäche liegt im Gegensatz zu der ersten Tugend des anderen Geschlechts. Die Keuschheit führt den Katalog der weiblichen Tugenden (Schweigen, Sparsamkeit, Bescheidenheit), der Mut den der männlichen an (Beredsamkeit, Großzügigkeit, Prachtentfaltung), Unkeuschheit/Feigheit sind die höchsten Untugenden. Die geschlechtsspezifische Differenzierung der Werte hat die der Betätigungsräume (Haus/Öffentlichkeit) und der dort herrschenden Bedürfnisse zur Voraussetzung. Das weibliche Tugendmodell gilt jedoch nach Tasso nur für die Frauen des Bürgertums und niederen Adels. Auf die Hochgeborene, die im öffentlichen Wirken ihre geburtsmäßig bestimmten Pflichten zu erfüllen hat, ist demnach der männliche Wertekanon anzuwenden. Damit verliert die Schamhaftigkeit, wie bei Kleopatra und Semiramis, für sie an Bedeutung. Dieser standesabhängigen Differenzierung weiblicher Leitbilder (femmina/donna – Frau/Herrin) mußten die genannten französischen Frauenapologeten entgegentreten, da sie am Vorbildcharakter der christlichen Gattin und Mutter grundsätzlich festhalten wollten. Die von ihnen imaginierte »amazone chrestienne« ist zwar unverheiratet, ihr Heroismus indes, weit entfernt von Mannesmut und Tatkraft, erfüllt sich, wie zuvor der von Boccaccios »illustren Frauen«, in heiliger Standhaftigkeit, Langmut und Selbstverleugnung. Le Moynes »femme forte« krönt mithin das Ideal des Weiblichen, ohne aus diesem selbst herauszutreten.

Vielfältig waren also die männlichen Entwürfe des Frauenbilds, auf die das weibliche Selbstportrait, das im Unterschied zum »portrait galant« die Aussagen zu Charakter und Moral in den Mittelpunkt rückte, antwortete.

Ob in den misogynen Systemen der Humoralpathologie und der Physiognomik, in der traditionellen Moralphilosophie und theologischen Dogmatik oder in den frauenapologetischen Schriften des Neuplatonismus und der Gegenreformation – überall wußten sich die Frauen als Objekt fremder Verfügung. Da die theoretische Frauendebatte gegen Jahrhundertmitte zu ihren Gunsten entschieden war, standen, mehr als die unverhüllte Misogynie, die neue Verteidigung ihres Geschlechts und die veränderten Leitwerte und lebensweltlichen Bestimmungen am Horizont ihres Bewußtseins: hier die positive Umdeutung ihrer geburtsmäßigen Anlagen und die weibliche Mittlerrolle für die gesellige Nobilitierung des Mannes, die die Privilegien von Herkommen und Rang zu ersetzen hätte; dort ein heroisches Ideal, das entweder die passiven Tugenden der »mulier domestica« in der Vollkommenheit krönt (Le Moyne) oder aber, bei Wahrung der ständischen Privilegien, die größere psychomoralische Freiheit mit dem Preis der gegengeschlechtlichen Identität zu erkaufen zwingt (Tasso).

Das literarische Selbstportrait wurde und blieb eine weibliche Gattung, seit in Holland (1656) die Princesse de Tarente und Mlle de La Trémouille, vielleicht unter dem Einfluß der Malerei und des Calvinismus, die ersten Texte verfaßten. Mlle de Montpensier, der sie sie zeigten, vermittelte mit ihrem Werk den Formimpuls an eine Reihe weiterer Frauen überwiegend des hohen Adels (u.a. Marie de la Tour de Bouillon, Duchesse de la Trémouille, die Duchesse de Vitry und de Châtillon, die Comtesse de Brienne und Marie-Eléonore de Rohan-Montbazon, die spätere Äbtissin von Caen). In den *Divers Portraits* erschienen elf weibliche und zwei männliche Selbstportraits gegenüber acht/drei im *Recueil.* Beide Geschlechter verpflichten sich auf einen gemeinsamen Katalog aristokratischer Grundwerte. Um so aufschlußreicher sind darum die Abweichungen. Undank, Verrat, Neid, Verstellung und Vortäuschung scheinen dem Mann offenbar weniger bedrohlich als der Frau; die Aufrichtigkeit, zu der sich sieben Damen bekennen, ihm kaum einer Erwähnung wert. Deutlicher grenzen sich beide voneinander ab, wo es um das Selbstwertgefühl geht. Während männlicherseits die Versuchung durch Ehrgeiz und Ruhmsucht geleugnet wird, nennen die Frauen Stolz und Eigenliebe, Ehrgeiz und Willensstärke ihre hervorstechenden Eigenschaften. Dieses neu beanspruchte, autonome Ich schirmt sich, im Unterschied zu dem des Mannes, vor der Welt ab. Eine bis zur Menschenverachtung reichende Gleichgültigkeit und Unzugänglichkeit, das Mißtrauen der Welt und sich selbst gegenüber, das Beharren auf der eigenen Meinung oder der ursprünglichen und gewachsenen Abneigung, die Intoleranz gegenüber Widerspruch oder Kränkung schützen das weibliche Selbst ebenso wie brüske, aufbrausende Ungeduld, spöttische Skepsis und Menschenkenntnis vor jeder Indienstnahme. Deutlicher als mit dieser einmütigen, an Schroffheit grenzenden Geste der Verweigerung konnte seitens der Frauen die Erwartung einer weiblich vermittelten männlichen Selbsterhöhung nicht bestritten werden. Die Sanftmut (»douceur«) und liebenswerte Höflichkeit (»civilité«) im geselligen Umgang sind selten genannte Eigenschaften, die Schönheit wird von ihnen allenfalls beiläufig erwähnt oder gehört in längst vergangene Jahre. Mit Genugtuung heben die Frauen vielmehr die Mängel ihres äußeren Erscheinungsbildes und Auftretens hervor: die blatternarbige, schlecht geformte oder zu große Nase, die dunkel gewordenen und unschön angeordneten Zähne, der schwammige, grobporige oder von Krankheiten welke Teint, der stumpfe, niedergeschlagene Blick, der flache Busen, das zu lange Gesicht, die mageren Arme, das Ungeschick bei Bewegung und Tanz. Mit dieser kollektiven Häßlichkeit wird einmal die unverbindliche Metaphorik des galanten Portraits, zum anderen die Wunschprojektion der anmutigen, mit Blick und Gebärde verzaubernden geselligen Dame grimmig beantwortet. Auch der physiognomische und humoralmedizinische Verweisungszusammenhang ist den Portraitistinnen offenbar gegenwärtig. Den ästhetischen Mangel des zu großen Kopfes und der Adlernase bei der Princesse de Tarente (M/B 46) wiegt der Gewinn auf, damit unausgesprochen aber unmißdeutbar die heroischen Tugenden, auf die beides verweist, für sich beanspruchen zu können. Melancholisch oder »empfindsamer zu sein für den Schmerz als für die Freude« ist ein weiterer ironischer Konsens der Frauen. Mit dem Bekenntnis zur Melancholie legitimieren sie nicht allein Unbehagen, Indifferenz oder Verachtung gegenüber Menschenwelt und Gesellschaft schlechthin, sondern vor allem den neuen Anspruch auf geistige Befähigung und Betätigung, wie er nur diesem vornehmsten, bislang dem Mann vorbehaltenen Temperament zugestanden wurde. Wo sie einerseits die fremde Verfügung verweigern, beteuern sie andererseits die auszeichnende Wahl. Einem Freiheitsbedürfnis, das sich gegen Führung, Zwang und Unterdrückung behauptet und damit jeder Bindung und Selbstaufgabe in Liebe, Galanterie oder Ehe zu mißtrauen lehrt, werden allein der ruhevolle Rückzug von der Welt (»repos«) und ein träumerisches Bei-sich-Sein (»rêverie«) gerecht. Seine Erfüllung findet es in der Wahl der Freunde und Freundinnen, die die »un-bedingte« Zuneigung allererst ermöglicht.

Die Reihe der übrigen weiblichen Selbstaussagen steht ebenfalls in unmittelbarem Bezug zu dem Frauenbild der misogynen oder apologetischen Traktatliteratur. Die Damen bestreiten ausdrücklich jede Neigung zu Eifersucht, Neugier, Geschwätzigkeit, Eitelkeit, Leichtgläubigkeit oder Verführbarkeit durch Geld oder Leidenschaften. Das Gedächtnis scheint ihnen ein weit geringerer Wert als Scharfsinn, schnelle Auffassungsgabe und kompetentes Urteil. Die Bescheidenheit lassen sie nur im Rahmen des in jeder Hinsicht fragwürdigen Aufwands an Kleidung und Schmuck gelten. Die unangestrengte Nachlässigkeit (»négligence«, »paresse«) zieht die Standesgrenzen zur bürgerlichen Nobilitierung durch Besitz und Bildung. Unerschrockenheit, Festigkeit, Großmut, Hochherzigkeit oder Freude am kämpferischen Heroismus sind als aristokratische Grundwerte mit dem restriktiven Tugendkanon der »mulier domestica« ebenso unvereinbar wie mit dem heiligen Langmut der christlichen Amazone.

Mit ihren Selbstportraits haben die Frauen das Vorrecht ihres Standes dazu genutzt, in einzigartiger Entschiedenheit den Beschränkungen, Abwertungen und Verfügungen gemeinschaftlich entgegenzutreten, denen ihr Geschlecht jahrhundertelang ausgesetzt war. Allein Tassos Modell eines an der männlichen Norm ausgerichteten herrenhaften weiblichen Tugendkanons (»virtù donnesca«) barg diesen elitären Freiraum, den der weibliche Hochadel, allen voran die bourbonische Amazone Mlle de Montpensier, zu besetzen verstand. Ohne den heiklen Wert der Keuschheit zu berühren, wandten sich die Frauen gegen die Galanterie. Gegen die »bienséance« verstießen sie selbstredend. Ihre Selbstdarstellung ist gebieterische Antwort, die unwürdiger Einlassungen sich überhoben hat. Ironie und Ingrimm verraten den Argwohn des freigesetzten Bewußtseins, das sich in der Verweigerung behauptet und in der Wahl festigt und neu der Welt öffnet.

Die preziöse Versöhnung der Geschlechter

Einer Veränderung der Lebenswelt zu mißtrauen, hatten die Aristokratinnen mehr Anlaß als die bürgerlichen Frauen. Den Sozialtypus der Preziösen traf ebenso wie Mlle de Scudéry, die zeit ihres langen Lebens mit Persönlichkeit und Werk die preziöse Bewegung verkörperte, Mlle de Montpensiers spöttische Ablehnung. Das von ihr gezeichnete satirische Gruppenbild ist jedoch mitnichten der männlichen Preziösenkarikatur vergleichbar, die über Molières Komödie die unbequeme weibliche Weltsicht wirkungsgeschichtlich zu neutralisieren vermochte. Die Grande Mademoiselle hielt den Preziösen entgegen, daß sie in dem monarchischen Staat eine Art Republik (!) bildeten, den geburtsmäßigen Rang mit affektierter Künstlichkeit, das Vermögen mit Geistreichelei zu kompensieren trachteten und ein

Recht auf verhöhnende Mißbilligung für sich beanspruchten, das allein dem hohen Stand gebühren dürfte.

Der Bürger und Mann suchte sich der Forderung *standesgleicher* Frauen zu erwehren, die ihre Beteiligung am geschichtlichen Fortschritt anmahnten. Mit dem oben beschriebenen Anspruch auf eine verbesserte Erziehung und Bildung, dem einen der preziösen Postulate, berührten diese Frauen das männliche Reservat der Literatur und der Gelehrtenrepublik. Ehekritik, Misogamie und das Ideal einer zweckfreien, vergeistigten Freundschaft unter den Geschlechtern (»amitié tendre«), jener andere Teil preziöser Programmatik, stellten Funktion und Leitbild der »mulier domestica« in Frage und damit nicht zuletzt die allein die Frauen belastende Sicherung der patrilinearen Erbordnung. Die männliche Satire beschrieb darum den vermeintlichen Geschlechtsekel der heiratsfeindlichen Preziösen als krankhafte Deformierung natürlicher Sinnenfreude und sie selbst als die von Häßlichkeit, Armut und Alter Gezeichnete, die dem ausbleibenden Ehebegehren mit einer antizipierten Weigerung kompensatorisch zu begegnen suche.

Adlige und bürgerliche Frauen betrachteten übereinstimmend die Ehe als über sie verfügte und verfügende Institution, die, ob als Sakrament oder Vertrag, ihre gottgewollte und juristische Inferiorität gegenüber dem Mann gefestigt habe. Mme de Motteville nannte die Ehe einen allein durch die Gewohnheit legitimierten Irrtum und genoß die Freiheit früher Witwenschaft, die allererst weibliche Selbstentfaltung oder heroische Tugenden ermögliche. Für die Adressatin ihrer Briefe, Mlle de Montpensier, ist der Verzicht auf Heirat und Wiederverheiratung Voraussetzung für die Aufnahme in das von ihr imaginierte neue Arkadien, da nur über die von Familieninteressen diktierte Ehe der Mann die Frau zur Schwächeren habe erklären und als Sklavin sich habe unterwerfen können. Was die Preziösen in dem ihnen gewidmeten Roman des Abbé de Pure (1656) und die Wortführerinnen bei Mlle de Scudéry in die Negativformel der »lästigen Folgen der Verheiratung« faßten, empfand auch die adlige Frau, wie die besorgten Briefe von Mme de Sévigné an ihre Tochter zeigen, nicht als beglückende Auszeichnung ihres Geschlechts. Gerade die ureigene Erfahrung von Schwangerschaft und Geburt unterlag fremder Bestimmung, so daß sich die Mutterschaft zur unfreiwilligen Pflichterfüllung verkehren konnte.

Verantwortliche Entscheidungen bei der Erziehung der Kinder waren der Frau im Ernstfall verboten. Die Säuglingssterblichkeit lag um 1670 bei annähernd 30 v.H., und nur 50–60 v.H. der Kinder erreichten das 20. Lebensjahr. Ein Edikt von 1692, das den Hebammen eine bessere Ausbildung vorschrieb, blieb so gut wie folgenlos. Während der König den Chirurgen J. Clément, den Geburtshelfer seiner Mätressen, in den Adelsstand erhob, erschien von ärztlicher Seite (1708) eine Abhandlung *Über die Unziemlichkeit männlichen Beistands bei der Entbindung*. Die allgemeine Müttersterblichkeit lag bei mindestens 10 v.H. Nachdem in der Masse der Bevölkerung die Geburtenraten durch Erhöhung des Heiratsalters (bis 27/29) langsam auf fünf bis vier Kinder pro Familie gesenkt worden waren, galt für die Eliten, bei einem Heiratsalter von 18/21 und der Kinderbetreuung durch Ammen, ein Durchschnitt von acht Geburten. Im Bewußtsein nicht zuletzt, daß eine Geburtenbeschränkung ihnen die Ignoranz rückständiger Medizin und die Gefahr frühen Sterbens ersparte, scheinen die Frauen des Adels und Großbürgertums, wie die Sozialhistoriker vermuten, entgegen dem katholischen Ehekatechismus auf kontrazeptiven Maßnahmen bestanden zu haben. Die einmütige Abneigung gegen Ehe und Mutterschaft, die sie in ihren Schriften bekunden, ist also durchaus begründet.

Jenseits der Verweigerung der ihnen diktierten Rollen und Funktionen öffnete sich jedoch ihr Blick für ein unvordenkliches Reich der Glückserfüllung. Hierbei nun schieden sich die Geister. Die Autorinnen der Selbstportraits argwöhnten, wie erwähnt, in jeder Art von Bindung den Verlust der so energisch behaupteten Autonomie. Der Liebe und den Leidenschaften, die Mme de Lafayette oder Catherine Bernard als Verwirrung (»désordre«, »dérèglement«) und Unglück beschrieben, zogen sie, wie die Prinzessin von Kleve, die Selbstbesinnung und Einkehr vor. Das erwähnte Arkadien des weiblichen Hochadels ist ein geselliges Paradies der Freiheit und Kultur, in dem die Geschlechter sich als Freunde begegnen.

Um Freundschaft ging es auch Mlle de Scudéry. In der berühmten »Carte de Tendre«, einer erotischen allegorischen Topographie (*Clelie* I, 205–221, 400–404), kodifizierte sie die Wege zu einem vollkommenen Umgang zwischen den Geschlechtern, dessen Regeln der Mann sich anzueignen habe. »Wertschätzung« (»Estime«) und »Dank« (»Reconnaissance«) heißen die Städte vor dem »gefährlichen Meer«, jenseits dessen das den Frauen verbotene »unbekannte Land« der Leidenschaften liegt. Im unbeirrbaren Aufstieg über die vorgeschriebenen Stufen der Bewährung – hier die heroischen Tugenden, dort die dienende Aufmerksamkeit – kann der Freund jene »Zartheit« (»Tendresse«) erwerben, die als Göttergeschenk nur wenigen mitgegeben ist. Diese kostbarste natürliche »Tendresse« allerdings bedarf keiner topographischen Haltepunkte: Im breiten Strom fließt das wechselseitige Wohlwollen von der »neuen Freundschaft« zur »Zuneigung«. Die drei Wege zu den Städten »Tendre sur Estime«, »Tendre sur Reconnaissance« und »Tendre sur Inclination« bestimmen das preziöse Reich (»Royaume de Tendre«), als dessen Königin Mlle de Scudéry gefeiert wird, und schirmen es vor den Irrwegen zum »See der Gleichgültigkeit« oder »Meer der Feindschaft« ab.

Die »amitié tendre« schließt alle Momente einer heroischen und rationalistischen Ethik ein. Sie wird synonym mit dem Begriff des »reinen« oder »vollkommenen Liebens«, da auch diesem eine im freien und moralischen Urteil gründende Wertschätzung voranzugehen habe. Der preziöse Code verlangt seitens des Mannes eine verzichtreiche Selbstbindung, die die Frau im Reiche des Scheins für die Willkür seiner tatsächlichen Verfügungsbefugnisse entschädigen und ihn selbst die Utopie einer von Rollenzwängen befreiten Freundschaft unter den Geschlechtern als ureigene Wunschwirklichkeit begreifen lassen soll. In den kasuistischen Binnenerzählungen ihrer beiden großen Romane entfaltete die Autorin den »code tendre« im Reichtum seiner Bezüge und Möglichkeiten. Obwohl sie selbst zu wiederholten Malen der ehelosen Autonomie der Frau das Wort redete, versöhnte sie die preziöse Liebeskonzeption auch mit der Ehe. Märchenhaft nehmen sich die auf der Venusinsel angesiedelten Binnennovellen aus, in denen die Liebenden lernen, die Tempel der libertinistischen Galanterie abzutragen und ihrer Ehe dauerhaftes Glück zu sichern.

Auch ihre »moderne« Nachfahrin, Mme d'Aulnoy, die etwa ein halbes Jahrhundert später an dem *Blauen Vogel* oder dem *Prinzen Frischling* die wundervollen Metamorphosen des Tierbräutigams beschrieb, überantwortete die Erlösung der ver-gewaltigten Frau und in eins damit auch die des Mannes dem Märchen. Die traditionellen Motive der Dämonenverschreibung und Opferung an die Ungeheuer vermischen sich mit der Erfahrung der von Genealogie und Vermögensinteressen bestimmten Zwangsverheiratung des Ancien Régime, für die der böse König/Vater verantwortlich gemacht wird. Wie dieser bedarf vor allem der verliebte Prinz der preziösen Erziehung. Der Frischling legt beispielhaft die Drohgebärden des mächtigen Tiermannes ab und ent-wandelt sich zum behutsam werbenden Liebhaber. In der Tierverwandlung durchmißt »Charmant« die Landschaft des Tendre: Als blauer Vogel büßt er für den Ungehorsam gegenüber dem Bündnis von Macht, Geld und Intrige und nimmt einen siebenjährigen Liebesdienst auf sich, in dem zärtliches Plaudern die animalische Begegnung retardiert. In nahezu allen Märchen lernte der Brautwerber, sich in die junge Frau einzufühlen und über die »unlösbaren Aufgaben« und mit den Zauberdingen der Schutzfeen ihre anfängliche Sprödigkeit, Scheu oder Liebesfeindlichkeit zu überwinden. Mme d'Aulnoy kannte, nicht zuletzt aus eigener Erfahrung, das Befremden, welches die üblicherweise willkürlich verfügte und frühe Sexualerfahrung bei dem jungen Mädchen auslösen mußte, und sie, die den Stoff von Amor und Psyche so oft variiert hat, illustrierte in ihren Märchen die verborgene weibliche Wahrheit des Mythos, der dem ratlosen Zeitgenossen Charles Perrault unergründlich geblieben war. Sie wußte wie dieser, daß Psyche Seele bedeutet, doch sie verstand, im Unterschied zu ihm, »was damit gemeint ist, daß Amor in Psyche, also in die Seele verliebt ist« (Perrault, 5). In demselben Vorwort zu seinen *Contes en vers* (1695) aber hatte jener Widersacher des misogynen Boileau die Moral der Griseldisgeschichte gepriesen, »die die Frauen dazu geneigt machen kann, an ihren Gatten zu leiden und die zeigt, daß es keinen noch so grobschlächtigen oder willkürlichen gibt, mit dem die Geduld einer guten Frau nicht fertigzuwerden vermöchte« (5). Jenseits dessen, was den neuzeitlichen Autor von dem Antikeanhänger trennt, verbindet augenzwinkerndes Einverständnis den einen Bürger und Mann mit dem anderen, wo es darum geht, den Frauen die alte Norm der »mulier domestica« neu zu verordnen. Im »modernen« Salon also endet die Geschichte der weiblichen Aufklärung, und damit harrte die preziöse oder aristokratische Utopie einer Erlösung beider Geschlechter ihrer Einlösung.

Barbara Becker-Cantarino

Leben als Text

Briefe als Ausdrucks- und Verständigungsmittel in der Briefkultur und Literatur des 18. Jahrhunderts

Briefe sind die Schule der schreibenden Frauen gewesen; mit diesen Texten machten Frauen seit spätestens dem 17. Jahrhundert überall in Europa ihre ersten selbständigen Schreibversuche, ehe sie dann im 18. und 19. Jahrhundert in den von den männlichen Literaten etablierten und respektierten literarischen Gattungen als Autorinnen von Romanen, Lyrik und zuletzt auch von Dramen hervortreten können. So hat Virginia Woolf in ihrem Essay *Dorothy Osborne's ›Letters‹* bemerkt: »Wäre Dorothy Osborne 1827 geboren, dann hätte sie Romane geschrieben; wäre sie 1527 geboren, hätte sie überhaupt nichts geschrieben. Aber sie wurde 1627 geboren, und obwohl es zu der Zeit lächerlich für eine Frau war, ein Buch zu schreiben, so war es dennoch nicht unziemlich, Briefe zu schreiben. Und so wird das Schweigen nach und nach gebrochen, wir beginnen das Rascheln im Buschwerk zu hören ...«(*The Second Common Reader*, Bd. 2, S. 52).

Das Buschwerk, von dem Virginia Woolf hier spricht, wird sich dann zu hohen Bäumen auswachsen, angefangen mit den Romanen der Madame de Scudéry (die den Beginn des französischen Romans bedeuten), mit Sophie La Roches *Geschichte des Fräuleins von Sternheim*, Fanny Burneys *Evelina*, Germaine de Staëls *Delphine*, Jane Austens *Pride and Prejudice* oder den Briefbüchern der Bettina von Arnim, auch wenn die Literaturgeschichte darin nur »literarisches Küchenkraut am Fuße des Parnaß« hat sehen wollen, auf dessen Gipfel nichts mehr gedeihe, da die Petersilie den Berg so entsetzlich ausmergele!(Karl Immermann: *Werke*, Bd. 9, S. 105) Daran ist sicher richtig, daß die schreibenden Frauen die literarische Landschaft grundlegend verändert haben. Aber wucherte da nur Küchenkraut und Petersilie, wie das auf die Hausfrau und ihren Ort, die Küche, fixierte 19. Jahrhundert hat sehen wollen?

Lassen wir erst einmal die literarische Wertung beiseite, die ja immer eine Festlegung auf Normen (wessen Normen?) und eine Abgrenzung (und Ausgrenzung alles »anderen«) bedeutet, aus dem Spiel und konzentrieren wir uns auf die Briefkultur als neues Medium der Kommunikation und des

Selbstausdrucks und auf dessen Bedeutung für seine Trägerinnen, die Frauen selbst. Wer waren diese Frauen? Wo und wie lebten sie? Warum und wie begannen sie zu schreiben? Was für Briefe haben sie geschrieben, und an wen? Welche Inhalte, Ausdrucksformen und Mitteilungsfunktionen hatten diese Briefe? Wie kamen diese Briefe an die Öffentlichkeit und an welche Öffentlichkeit? Und schließlich: wie führten die Briefe weiter zur Literatur, zum Briefroman, zur fiktionalen Literatur? An ausgewählten, charakteristischen Beispielen aus England, Frankreich und Deutschland wollen wir zeigen, wie die von Frauen getragene Briefkultur und Memoirenliteratur ein wichtiger Schreibort für die Frauen vom 17., besonders des 18. und bis hinein in das 19. Jahrhundert waren.

Frauenbriefe und Leben

Unsere modernen Vorstellungen vom Privat-, Geschäfts- oder literarischen Brief müssen wir zurückstellen, wenn wir das 18. Jahrhundert, das klassische Jahrhundert des Briefes, betrachten. Räumliche Trennung und fehlende Geselligkeit einerseits und ein wachsendes Mitteilungsbedürfnis andererseits ließen eine wahre Briefleidenschaft entstehen. Bekanntschaften wurden durch Briefe angeknüpft, Freundschaften entwickelten sich auch zwischen Personen, die sich nicht persönlich kannten. So korrespondierte Sophie La Roche (nach ihrer Entlobung von Wieland und Heirat des kurtrierischen Kanzlers Frank La Roche) mit der zweiten Verlobten Wielands, Julie Bondeli in Zürich, ohne daß sich die Frauen je haben kennenlernen können.

Briefe, so scheint es, ersetzten die vielfach fehlenden Reise- und persönlichen Kontaktmöglichkeiten für die Menschen, besonders für die Frauen. Diese konnten ihr Stadthaus oder Landgut nur in Begleitung und mit einem Anlaß verlassen – noch die La Roche erhielt erst nach Monaten von ihrem Mann die Erlaubnis, 1772 ihr Honorar für ihren ersten Roman zu einer Reise (als Begleiterin ihrer Tochter) an den Hof in Darmstadt zu benutzen. In dieser vielfach isolierten und unbeweglichen Lage konnten Frauen den Brief benutzen, um sich dem abwesenden Briefpartner und seiner Welt mitzuteilen und um Freundschaften über die Entfernung hin zu pflegen.

Doch nur die vergleichsweise gebildeten, wohlhabenden Frauen mit einiger Muße zum Schreiben partizipierten an dieser Briefkultur; Frauen des Kleinbürgertums und der Unterschicht (Handwerkersfrauen, Mägde, Kammerzofen, Marktweiber, Bäuerinnen oder Tagelöhnerinnen) konnten nur schlecht oder gar nicht schreiben. Kaum hätten sie die Zeit oder die Mittel gehabt, schöne Briefe zu schreiben; sie übermittelten höchstens ein paar ungelenke Mitteilungen auf einem Zettel, die jedoch selten erhalten geblieben sind, mit einem Fuhrknecht oder Marktweib an ferne Angehörige. Auch war die Post teuer. Noch im späten 18. Jahrhundert kostete die Briefbeförderung von Magdeburg nach Berlin 2½ Groschen (soviel wie etwa 3 kg Brot oder 1 Pfund Fleisch) und dauerte zwei Tage (ein Brief von Rom nach Königsberg dauerte 2½ Monate!).

Da waren die Briefe (und Dichtungen) der Pächterstocher und Schneidersfrau Anna Louisa Karsch schon eine Ausnahme. Mit ihrem literarischen Mentor, dem von ihr hochverehrten Anakreontiker und Dichter patriotischer Lieder Ludwig Gleim, führte die Autodidaktin, die als »Volksdichterin« in der Berliner Gesellschaft herumgereicht wurde, über mehrere Jahre hin einen höchst lebendigen, anschaulichen (und oft komisch-ungebildeten) Briefwechsel. In einem Brief berichtet sie von ihrer Audienz bei Friedrich II. in Sanssouci im August 1763, indem sie das Gespräch als Dialog wiedergibt:

> Wie denn kommt sie mit der Sprache zurecht? wenn sie sie nicht lernte?
> Meine Muttersprache hab' ich so ziemlich in meiner Gewalt!
> Das glaub ich was die Feinheit betrift, wie aber stehts mit der Gramatik?
> Von der hab ich die Gnade Ew. Majestät zu versichern, daß ich nur kleine Fehler mache!
> Man muß aber gar keine machen! [. . .] Hat sie auch einen Mann?
> Ja! Ihro Majestät! aber er ist von Ihren Fahnen entlaufen, irrt in Polen umher, will wieder heyrathen, und bittet mich um die Scheidung, die ich ihm verwillige, denn er versorgt mich nicht! (*Frauen der Goethezeit*, S. 70f)

Wie authentisch der Bericht der Karschin von dieser Audienz ist, mag dahingestellt bleiben. Die mitgeteilte Szene beleuchtet jedoch die Lage der schreibenden Frauen, die wohl ihre »Muttersprache so ziemlich in ihrer Gewalt hatten«, aber bei der Grammatik (und der gelehrten Bildung) »kleine Fehler« machten, es sei denn sie lebten in einem gelehrten Haus (wie die Gottschedin oder die La Roche) oder hatten eine *private* Erziehung genossen (wie Eva König oder Meta Klopstock).

Das lesende und Briefe schreibende Frauenzimmer war eine Erscheinung des wohlhabenden Bürgertums und Adels. Ihre Briefe waren, abgesehen von geheimen Liebesbriefen, selten *nur* für die Augen des Empfängers bestimmt; besonders die Freundschaftsbriefe im »empfindsamen« 18. Jahrhundert wurden weitergereicht, Partien daraus abgeschrieben oder »schöne« Stellen ausgewählt und der Familie und den Besuchern vorgelesen. Das geschah etwa mit den Briefen von Frauen, die Wieland oder Klopstock im Züricher Kreis erhielten, mit Stellen aus den Briefwechseln der Verlobten Caroline Flachsland-Herder oder mit den Briefen im Kreise der Sophie La Roche, wie denn das Vorlesen im Familien- oder geselligen Kreis eine wichtige Form der Unterhaltung war. So schreibt Meta Klopstock 1755 an ihre in Hamburg verheiratete Schwester:

> Ich freue mich sehr daß du dich auf den Fuß gesetzt niemand meine Briefe zu zeigen. *Fahre da fort*, so bist du sicher, daß [ich] *allzeyt ganz* frey schreibe. Stellen kannst du allenfalls vorlesen.
>
> (*Frauen der Goethezeit*, S. 100)

Mit der zunehmenden Privatisierung persönlicher Beziehungen und Individuation der Frauen werden auch ihre Briefe reine Privatbriefe, die – bei den Romantikerbriefen wird das dann ganz deutlich – nur für eine Person bestimmt sind; auch führt seit der Französischen Revolution, in der Napoleonischen Zeit und besonders während der Restauration, die Überwachung der Post (Briefe werden von der jeweilig interessierten Geheimpolizei abgeschrieben) teilweise zur Verschlüsselung von Namen und Ereignissen und zur Selbstzensur, etwa in den Briefen, die Dorothea Schlegel 1803 bis 1809 aus Paris und Köln schrieb, oder in Rahel Varnhagens Korrespondenz.

Im 18. Jahrhundert waren Frauenbriefe jedoch zumeist unpolitisch und persönlich, Briefe, in denen der familiäre Bereich und Lebenskreis der Frauen sich gespiegelt hat und zur Sprache gekommen ist. Gelehrsamkeit, Geschäft oder Politik spielten nur ausnahmsweise eine Rolle, denn die Frauen waren davon grundsätzlich ausgeschlossen (oder nur in Ausnahmefällen dazu befugt, etwa die ganz wenigen regierenden Fürstinnen wie Maria Theresia, hochstehende Adelige wie Wilhelmine von Bayreuth, die Schwester Friedrichs II., oder die Musterexemplare der »gelehrten Frau« im 17. Jahrhundert, wie die in Utrecht lebende Anna Maria van Schurman, die sogar auf Latein schrieb). Das »Geschäft« der Frauen, die aus ihren Lebensumständen heraus schreiben und diese in ihre Briefe einbringen, ist ihr begrenzter häuslicher und familiärer Kreis, ihre Familie und die Gesellschaft, in der sie leben und etwas erleben. Hier liegt der eigentliche Ort für die Briefliteratur, eben nicht in politischen, gelehrten, religiösen, wissenschaftlichen oder ästhetischen Fragen. Damit haben wir einen ersten, ganz wichtigen Unterschied zu den Briefwechseln großer berühmter Männer, die bis heute unsere Vorstellungen vom guten Brief, vom wichtigen Briefwechsel bestimmen und deren gedruckte Briefbände unsere Bibliotheken füllen.

Schon das erste große Briefwerk einer Frau, das der Madame de Sévigné, zeigt bei aller Eleganz und Ekzentrik der hochadeligen Gesellschaftsschicht, der sie angehörte, private, familiäre Züge, eben den Lebensraum, in dem sie sich als Frau der privilegierten Klasse bewegte. Als sie fünfundzwanzig Jahre alt war, starb ihr Mann im Duell (um eine andere Geliebte), ihr blieb als Witwe mit zerrüttetem Vermögen die Fürsorge für die damals sechsjährige Tochter und den vierjährigen Sohn. Statt einen ihrer vielen Verehrer zu heiraten, widmete sie sich ihren heranwachsenden Kindern, der Verwaltung ihrer Güter in Burgund und dem gesellschaftlichen Leben, ohne selbst politische Ambitionen zu haben, aber indem sie dieses Leben und ihre Freundschaften in Briefen festhielt. Sie »packt aus, was sie an Neuigkeiten besitzt«(*Briefe*, S. 133), wenn sie ihrer – in der Provence lebenden – Tochter Bericht erstattet. Das Briefeschreiben wird ihr zum Lebensinhalt. In ihren Briefen berichtet sie über die Pariser Gesellschaft, ihre Freunde und die alltäglichen Vorfälle und Neuigkeiten ihres Kreises. Anders als ihre männlichen Zeitgenossen empfindet sie das Schreiben nicht als berufliche Pflicht und die ausgedehnten Korrespondenzen nicht als eine Bürde, wenn sie 1675 an die nunmehr erwachsene, verheiratete Tochter schreibt:

> Ich hingegen bringe mich nicht mit Schreiben um. Ich lese, sticke, gehe spazieren und tue nichts [...] Eins ist sicher, daß ich mich nicht am Schreiben berausche. Ihnen schreibe ich mit Freuden, mit Ihnen rede ich, plaudere ich. Darauf zu verzichten wäre mir unmöglich, jedoch vervielfältige ich diese Liebhaberei nicht. Für die anderen Menschen erledige ich es, weil ich muß. (*Briefe*, S. 139)

Die Briefe an die Tochter und das schriftliche Plaudern über ihre Welt werden zum Lebensinhalt der alternden Madame de Sévigné wie auch vieler anderer Frauen des französischen Adels im 17. Jahrhundert. Ihr Leben wird zu Brief- und Romantexten verarbeitet, darin gestaltet.

Mehr noch als bei den adeligen Frauen des 17. und 18. Jahrhunderts, die den Familienerben zu produzieren, den politischen Zielen zu dienen und der Repräsentation des Hauses (besonders wenn es sich um eine regierende Familie handelte) zu genügen hatten, wurde das Privatleben der gutsituierten bürgerlichen Frauen, die vielfach den Lebensstil des Adels nach Möglichkeit nachahmten, zum Inhalt ihrer Briefe. Und im Zentrum ihres privaten Lebens stand der Ehemann, um den ihr Leben kreiste. So schrieb Luise Adelgunde Gottsched zwei Jahre nach ihrer Verheiratung mit dem Leipziger Professor, mit dem sie schon zehn Jahre lang bekannt gewesen war, 1737 an ihren Mann:

Die Glocke schlägt eben fünfe, und das Verlangen nach einem Brief von Ihnen weckt mich schon früh aus dem Schlafe [...] Ich kann mir diese Schlaflosigkeit nicht besser zu Nutze zumachen, als mich mit der einzig werthen, und einzig geliebten Person auf der Welt, zu unterhalten.

(*Frauen der Goethezeit*, S. 54)

Zum Zwiegespräch, zur Unterhaltung mit dem abwesenden Ehemann dient der Brief der Luise Adelgunde; besorgt fragt sie:

Was ist Ihnen alles auf dieser Reise begegnet? Was haben Sie für Wetter, was für Weg gehabt? [...] Kaum spreche ich mit Ihnen, mein Bester, so wird mein ganzes Gemüth heiter, und kaum lege ich die Feder nieder, so versinkt es in seine vorige Traurigkeit [... Ich will] Ihnen alle Empfindungen meiner Seele ... schreiben. Dieses ist doch das einzige Mittel, mir Ihre Abwesenheit einigermaßen erträglich zu machen. (ebd.)

Bei aller Formelhaftigkeit und Höflichkeit (Eheleute redeten sich bis Ende des 18. Jahrhunderts mit »Sie« an – noch Christiane Vulpius redete Goethe so an, er das Mädchen aus dem einfachen Volk allerdings mit »du«) klingt das Anliegen der Luise Adelgunde durch, mit dem Schreiben des Briefes sich die Gegenwart des Mannes zu ersetzen und dabei auch sich bei ihm in Erinnerung zu rufen; »denken Sie auch abwesend an Ihre zärtliche und treu ergebene Louise«, lautet die Abschiedsformel. Die persönliche Beziehung wird Anlaß des Briefes der Frau, sich mit dem abwesenden Familienmitglied, mit dem Freund oder der Freundin zu unterhalten, sie zu informieren und von dem anderen Information und Bestätigung der Beziehung zu erhalten.

Weitaus interessanter als die sich den Vorstellungen ihres Mannes anpassenden Briefe sind die späteren der Gottschedin an ihre Freundin Henriette von Runckel. Hier kommt ihre menschliche Seite, kommen ihre Gefühle und Enttäuschungen zum Ausdruck; im Mittelpunkt steht nicht mehr der (immer anspruchsvolle) Ehemann und seine gelehrte Welt, sondern die Vereinsamung und Skepsis dieser Musterfrau. Im Siebenjährigen Krieg schreibt sie 1758 an ihre Freundin:

Allein die Erwartung der Zukunft, einer vielleicht noch schrecklichern Zukunft, welche vielleicht das wahr machen könnte, was wir jetzt nur vermuthet und gefürchtet haben, diese foltert mich und raubt mir die wenigen Augenblicke der Ruhe, die mir überhäufte Geschäfte und häusliche Sorgen und eine zerrüttete Gesundheit übrig lassen.

O dächten doch die Großen dieser Erde das mannigfaltige Elend, welches den Krieg begleitet, das Elend, welches sich bis auf die Nachkommen erstrecket, und oft für Jahrhunderte eine Quelle des Jammers ist [...] Sie, liebste Freundin beweinen mit mir das allgemeine Unglück, welches wir der Ehrbegierde einiger Sterblicher zu danken haben. (*Briefe*, 3. Teil, S. 121)

Erst 1776 wurden die Briefe der Gottschedin von ihrer Freundin herausgegeben; sie sind seither nicht wieder gedruckt, obwohl die Gottschedin als eine hervorragende Briefstellerin ihres Jahrhunderts gilt. Anders steht es dagegen mit den Frauenbriefen im Umkreis der bekannten Dichter der Klassik und Romantik. Schon weil ihre Briefe uns Informationen über diese Männer vermitteln, sind die Briefe von Frau Rath Goethe, der Frau von Stein, Lili Schönemann, der Marianne von Willemer, Charlotte von Schiller, der Caroline von Wolzogen, der Caroline von Humboldt, Susette Gontard, der Sophie Mereau, der Caroline Böhmer-Schlegel-Schelling oder der Bettina von Arnim, um die bekanntesten zu nennen, veröffentlicht worden. Das Leben dieser Frauen, wie es sich in den Briefen spiegelt, war insofern von Interesse, als es den Lebenskreis und die Welt der großen (und nicht so großen) Dichter erhellt, ergänzt und (v)erklärt.

Nur bei Rahel Varnhagen hatte schon der fürsorgliche Ehemann eine erste Auswahl zusammengestellt und nach seinen Vorstellungen leicht überarbeitet als *Rahel. Ein Buch des Andenkens für ihre Freunde* (1834). Karl August Varnhagen setzte sich mit diesem Buch auch zugleich selbst und einer untergehenden Epoche, die der liberalen Berliner Gesellschaft der Freiheitskriege und der Romantik, ein Denkmal. Die 1830er Jahre waren das Jahrzehnt des großen literarischen Briefes, nachdem der Goethe-Schiller-Briefwechsel veröffentlicht worden war und die Briefbücher der Bettina, angefangen mit *Goethes Briefwechsel mit einem Kinde* (1835), zu erscheinen begannen. Die Literarisierung des Briefes schien mit den Briefwechseln eine eigene Gattung hervorgebracht zu haben; doch blieben diese zumeist von personal- und kulturgeschichtlichem Interesse.

In der Literarisierung des Briefes spiegelte sich die sich entwickelnde sprachliche Ausdrucksfähigkeit der Frauen aus dem Bürgertum. So läßt sich an den deutschen Frauenbriefen des 18. Jahrhunderts (die Frauen des Hochadels, wie die Schwester Friedrichs II., Wilhelmine von Bayreuth, schreiben französische Briefe) eine langsam fortschreitende sprachliche Gewandtheit und geistige Regsamkeit beobachten. Zwar hatten sich schon die galanten Brieflehrer im 17. Jahrhundert wie August Bohse oder Benjamin Neukirch um die »Frauenzimmer-Briefe« bemüht und das *junge* Frauenzimmer ermuntert, sich im Briefverkehr mit ihren Verehrern zierlichgewandt und geistreich zu geben. Doch abgesehen von den inhaltslosen Tändeleien nach männlichen Vorstellungen vom schönen Geschlecht, schreiben im frühen 18. Jahrhundert die meisten Frauen (die gelehrte

Gottschedin ist da eine Ausnahme) ohne Punkt und Komma, eben wie ihnen der Schnabel gewachsen ist. So berichtet 1731 Anna Maria von Hagedorn, die Mutter des Anakreontikers und Fabeldichters, aus Hamburg:

> Dein Schreiben von 6 dieses habe richtig erhalten, alle einschlüse bestellen laßen, ausgenommen M.Schmid welcher verreißet. [...] Die conduite bey anfangs des universitetenlebens abprobire, halte dich soviel du kanst alleine; [...] Vieler umbgang distrhirt das Gemüthe, machet unfähig auf eine sache mit lust und nutzen so lange zu dencken, als selbige zu erlernen Zeit erfordert.
> (Reinhard Nikisch: *Die Frau als Briefschreiberin im Zeitalter der deutschen Aufklärung*, S. 32)

Die besorgte Mutter gibt ihrem auswärts (in Jena) studierenden Sohn gute Ratschläge, ein oft wiederkehrendes Thema von Müttern an ihre Söhne; da Anna Maria nicht sehr gebildet ist, ist sie auch im Sprachlichen behindert, schreibt schwer und ungelenk, durchsetzt ihr Deutsch mit unbeholfenen Einsprengseln und Fremdwörtern, die ihre persönliche Sorge verdecken und für Mitteilungen über sich selbst keinen Raum lassen.

Den beschränkten Horizont und die Ausdruckslosigkeit so vieler Frauen noch im 18. Jahrhundert dokumentieren wohl am besten die (wenigen erhaltenen) Briefe von der Mutter und Schwester des besten deutschen Stilisten unter den Aufklärern, die Briefe von Dorothea und Salome Lessing. Nur weil die Herausgeber der Lessingschen Korrespondenz auch alle an Lessing gerichteten Briefe mit aufgenommen haben, liegen diese Briefe überhaupt gedruckt vor. In einem ungrammatischen und von »Fehlern« strotzenden Brief bettelt die (unversorgte und unverheiratete) Lessing-Schwester den berühmten Aufklärer um Geld für die verwitwete Mutter und sich an:

> Ich schreibe Dir dießes mit vielen Thrähnen wie ich überhaupt bin dran gegangen Dir zu schreiben ich habe mir vest vorgenomen Dich mit keinen Briefe von mir mehr zu inkomediren.
> (Gotthold Ephraim Lessing: *Sämtliche Schriften*, Bd. 17, S. 142)

Sicher waren Mutter und Schwester Lessings keine sprachlichen oder literarischen Begabungen. Doch ist die Sprachlosigkeit dieser beiden Frauen um so eklatanter, wenn wir bedenken, daß die Familie Lessing sich einschränkte, der Vater Schulden machte, um allen seinen vier Söhnen ein Universitätsstudium – und damit den Eintritt in einen bürgerlichen Beruf – zu ermöglichen. An die Versorgung der unverheirateten Schwester und Pastorenwitwe (die minimale Pension wurde durch die rapide Teuerung der 1770er Jahre noch weiter geschmälert) hatte der Vater nicht gedacht, noch fühlten die Söhne sich für die praktisch mittellosen Frauen verantwortlich. Aus dem evangelischen Pfarrhaus, wie dem Lessingschen, stammten die meisten Autoren der aufblühenden schönen Literatur im Deutschland des 18. Jahrhunderts. Daß die Frauen dieser Familien jedoch noch weitgehend aus dem geistigen Leben und Bildungsprozeß ausgeschlossen waren, können wir an ihren Briefen ablesen, auch noch an dem Briefstil einer Sophie La Roche.

Die berühmte Autorin des *Fräuleins von Sternheim* schrieb ihre vielen Privatbriefe schnell, leicht, wie sie sprach und dachte, mal auf französisch, mal auf deutsch. Und sie dachte nicht in den engen Grenzen der (vom Lateinischen beeinflußten) deutschen Grammatik und Satzstruktur, ebensowenig wollte und konnte sie ihre schwäbische Mundart ganz verleugnen oder ausschließen. Noch Rahel Varnhagen klagte über ihre fehlende Schulbildung und ihren systematischen Unterricht. Ihr oft aphoristischer Stil, ihre Gedankenassoziationen und -sprünge, die Vielfalt der Themen, die sie anschlägt und die perspektivische Beleuchtung der Dinge, die sie berührt, mögen wohl daher stammen, daß sie aus dem männlichen Bildungssystem ausgeschlossen war. Aber war das wirklich nur ein Nachteil? Haben dieser Ausschluß und diese Traditionslosigkeit die schreibenden Frauen nicht auch neue Möglichkeiten und Formen finden lassen?

Schon Gellert hatte in seinem Musterbuch *Briefe, nebst einer Praktischen Abhandlung von dem guten Geschmacke in Briefen* (1751), in dem er einen persönlich gefärbten Briefstil mit Gesprächscharakter vorstellt, auf die Frauen hingewiesen. Er hatte ganz richtig beobachtet, daß die Frauen natürlichere Briefe schrieben, als die Männer. Sein Briefwechsel mit einem Fräulein von Schönfeld und mit der durch Gellert berühmt gewordenen Demoiselle Lucius – sie schrieb später auch erfolgreiche Dramen, die aber von der Literaturgeschichte nicht weiter beachtet wurden – unterstreichen die Richtigkeit seines Urteils. Leicht, natürlich, einfach, ohne gekünstelte Formeln und geschraubte Sätze schrieben diese Frauen, als ob sie mit ihrem Gegenüber plauderten oder sogar Gespräche schilderten und über ihre eigenen Gefühle, Gedanken und Erlebnisse berichteten. Das war der neue Ton in den deutschen Briefen um 1750 – schon die Gottschedin hatte zwei Jahrzehnte früher solche Briefe geschrieben –, und dieser neue Ton wurde auch durch französische und englische Vorbilder mit beeinflußt, da nunmehr Romane, schöne Literatur und Briefsammlungen aus diesen Sprachen in Deutschland zu erscheinen begannen.

Schloß, Salon und Bürgerhaus: Briefe und Memoiren berühmter Frauen

Hat die Briefkultur zunächst adelige, dann auch bürgerliche Frauen auf breiter Ebene zum Schreiben von Privatbriefen geführt, so wurden interessante Korrespondenzen schon im 17. und besonders im 18. Jahrhundert berühmt und gelangten – oft auf Umwegen – an die Öffentlichkeit. So wurden die Briefe der Madame de Sévigné schon zu ihren Lebzeiten weitergereicht, doch erst nach ihrem Tode gedruckt. Die erste Gesamtausgabe erschien erst 1754, bald danach auch in Deutschland, wo sie ebenfalls neben dem rein kulturgeschichtlichen Interesse als formale und stilistische Vorbilder für natürliche, ungekünstelte Briefe galten und die scharfe Beobachtungsgabe der Autorin bewundert wurde. Ob sie allerdings nie daran gedacht hat, daß ihre Briefe auch gedruckt werden würden oder sollten, mag dahingestellt bleiben. Vorgelesen und herumgereicht wurden sie, und ihre Briefe an ihre Vettern Bussy-Rabutin und Philippe von Coulanges sind deutlich mit Sorgfalt geformt und als kleine Kunstwerke gestaltet; die Briefe an ihre Tochter dagegen mehr aus spontanem Ausdrucks- und Mitteilungsbedürfnis geschrieben (oder sollte das nur die größere Nähe zur Tochter einerseits und Anpassung an den kultivierteren männlichen Erwartungshorizont andererseits bezeugen?).

Nicht nur bewunderte Stilvorbilder lieferten die Briefe französischer Frauen, ihre reichen Informationen über das Leben des Adels und der feinen Gesellschaft hatten auch historisch-kulturgeschichtlichen Wert. Das galt besonders für große oder ungewöhnliche Persönlichkeiten, wie es die Frauen der französischen Salongesellschaft des 17. und 18. Jahrhunderts waren, deren Briefe und Memoiren zunächst in – oft gar nicht autorisierten – Auszügen kursierten, dann später in Einzelsammlungen zum Druck gelangten. Besonders das historisch-kulturgeschichtlich interessierte 19. Jahrhundert fand hier unerschöpflichen Stoff und entdeckte diese Welt. Be diesen Entdeckungen und Veröffentlichungen waren eigentlich weniger die Briefe schreibender Frauen selbst von Interesse, als vielmehr ihre Enthüllungen über ihre Umwelt und – ihre pikanten Liebesgeschichten. Von de Madame de Scudéry bis zur Madame de Staël sind diese Frauen hauptsächlich als großartige Lebedamen der feudalen französischen Gesellschaft beachtet worden, während ihre Briefe und Memoiren immer noch als reizvolle Quellen einer ausschweifenden, liebeslustigen Welt gelesen werden.

So korrespondierte Madame du Deffand, die 1753 ihren berühmten Salon in ihrer Zimmerflucht im St. Josephskloster (die standesgemäße Ver sorgung für die unverheiratete Aristokratin bis zu ihrem Tode 27 Jahre später) etabliert hatte, u.a. mit Voltaire und Horace Walpole. Über diese berühmten Männer haben ihre Briefe, die von Geist sprühen und auch viel zeitgenössischen Klatsch enthalten, einen Platz in der Memoirenliteratur erhalten. Sie sind aber auch ein hervorragender Spiegel einer resignierenden, alternden Frau, wenn sie einmal schreibt: »Ich sehe nur Dummköpfe und Schwindler um mich, aber ich kann nichts anderes tun, als mit ihnen zu leben« (*Letters of Horace Walpole*, Bd. 7, S. 207). Hier gibt es noch eine Frau und eine großartige Briefautorin zu entdecken, wie auch ihre Nichte Julie.

Als siebzehnjährige war Julie de Lespinasse als Gesellschafterin von ihrer Tante in deren Salon geholt worden, wo sie sich Bildung, Geist und literarische Kenntnisse aneignen konnte. Zehn Jahre später erfolgte der bittere, unversöhnliche Bruch der beiden Frauen, Julie begann einen eigenen Salon zu führen, in den die meisten berühmten Gäste ihrer Tante, darunter auch deren bisheriger Vertrauter d'Alembert, abwanderten. Anders als ihre kritisch-spöttische, hochintelligente Tante, war Julie eine gute, passive, einfühlsame (und jüngere) Zuhörerin der geistvollen Männer – und sie verbarg ihre persönlichen Leiden hinter der Maske der immer liebenswürdigen Salondame: sie wurde glühend von dem väterlichen d'Alembert verehrt, während sie selbst ein unglückliches Verhältnis mit dem Spanier Marquis de Mora, dann mit dem jungen Literaten Comte de Guibert hatte und an Schwindsucht langsam dahinsiechte. Leidenschaftlich und enttäuscht schrieb sie verzweifelte Briefe an Guibert, als dieser sich 1775 (ein Jahr, bevor Julie, erst 44jährig, an Schwindsucht starb) verheiratet hatte: »Ich liebe sie übermäßig, wahnsinnig, hingerissen und verzweifelt. [...] Ich hasse Sie, weil Sie mich Hoffnung, Angst, Schmerz und Freude gelehrt haben; ich bedurfte dieser Gemütserregungen nicht, warum haben Sie mich nicht in Ruhe gelassen?«(*Correspondance entre Mademoiselle de Lespinasse et le Comte de Guibert*, Bd. 2, S. 57) Diese leidenschaftlichen Briefe waren natürlich nicht für die Öffentlichkeit bestimmt, sondern private Mitteilungen an ihren Geliebten, in denen sie ganz ihren Gefühlen und Leidenschaften Ausdruck gab. Erst als das *ancien régime* längst versunken war, konnten die Briefe veröffentlicht werden.

Ebenso verhielt es sich mit den Briefen der Madame d'Epinay, die von 1749 an bis zu ihrem Tode einen wichtigen literarischen Salon in Paris unterhielt und selbst als Autorin hervortrat. Schon als langjährige Mitarbeiterin an Melchior Grimms *Correspondance littéraire* (der Sammlung privater und persönlicher Berichte, die der aus Leipzig nach Paris übergesiedelte

Literat alle zwei Wochen an die wichtigsten Höfe Europas verschickte) hatte sie bei der Auswahl und Bearbeitung des Materials geholfen. Ihre eigenen Briefe an ihren Sohn ließ sie in überarbeiteter Form als *Lettres à mon fils* zusammen mit der pädagogischen Schrift *Les Conversations d'Emilie* (1775) erscheinen, in der eine Mutter der Tochter menschliche und praktische Ratschläge gibt, zugleich die Adelserziehung kritisiert (sie erhielt dafür sogar den erstmals von der Französischen Akademie vergebenen Preis – für Nützlichkeit). Erst 1818 konnten ihre *Mémoires* erscheinen, die sie seit ihrem vierzigsten Lebensjahr aufgezeichnet hatte und die nur leicht verhüllt die Gesellschaft des vorrevolutionären Frankreich kritisch darstellen.

»Nützlich« machte sich auch Madame de Genlis auf dem Gebiet, das den Frauen im 19. Jahrhundert die erste professionelle Tätigkeit (Hand-, Haus- und Dienstleistungsarbeit haben Frauen ja immer geleistet) ermöglichen sollte: der Erziehung. Von der Ehrendame der Herzogin von Chartre stieg sie auf zur Erzieherin der Kinder des späteren Bourbonenkönigs Louis-Philippe und entwickelte originale Erziehungsmethoden, die sie in mehreren Schriften festhielt. Seit der Revolution lebte sie in der Emigration, widmete sich ihrem ausgedehnten Briefwechsel mit Korrespondenten in ganz Westeuropa (Napoleon rief sie 1802 zurück, gab ihr eine Pension und machte sie zur Inspekteurin der Schulen) und ihren zahlreichen Romanen und historischen Werken. Ihre *Mémoires* (1825) in acht Bänden sind eine lebendige, anschauliche und kenntnisreiche Zeitgeschichte der zweiten Hälfte des 18. Jahrhunderts aus der Perspektive einer Frau (der Aristokratie), die die Öffentlichkeit (etablierte Herrschaftsstrukturen und Politik) mit familiärer, weiblicher (nicht aber feministischer) Anschauung musterte. Auch die Werke und die Person der Madame de Genlis gilt es noch zu entdecken.

Die französische Salongesellschaft hat auch die originellste Autorin des 18. Jahrhunderts hervorgebracht: Madame de Staël. Germaine Necker-de Staël nahm schon als Kind an den Gesprächen und Festlichkeiten im Salon ihrer Mutter teil, wo das begabte und frühreife Mädchen sich schon mit den berühmten französischen Intellektuellen und Literaten unterhielt. Ihr Vater, der aus Genf zugewanderte reiche Finanzier, verwöhnte seine einzige Tochter, die ihn abgöttisch verehrte, und arrangierte eine Konvenienzehe, die Germaine die Freiheit gab, ihren eigenen Neigungen, Liebschaften, literarischen und politischen Ambitionen nachzugehen (erst 1799 trennte sie sich endgültig von dem unbedeutenden, rettungslos verschuldeten Staël-Holstein).

Madame de Staël, von der Schiller nach ihrem Besuch in Weimar 1803 gemeint hat, man müsse sich ganz in ein Gehörorgan verwandeln, um ihr folgen zu können (sie hatte ihn zunächst für einen General gehalten, weil er in Gala-Uniform mit Orden zur Audienz gekommen war), war in der Konversation ebenso gewandt, unermüdlich fruchtbar und originell wie im Schreiben. Unter den zahlreichen, zu ihren Lebzeiten nicht veröffentlichten Schriften sind auch die vielen Briefe, die die Familienarchive erst im 20. Jahrhundert allmählich freigegeben haben (u. a. Briefe an ihren Vater, an Benjamin Constant, an ihre Freundin Madame Récamier, an Wellington, an die Großherzogin Luise von Weimar, an A. W. und Fr. Schlegel). Berühmt und gefürchtet (Napoleon verbannte sie 1803 aus Paris) war sie wegen ihrer politischen und literarischen Schriften (über Rousseau, über die Leidenschaften, über die Literatur im Verhältnis zu den gesellschaftlichen Institutionen, über den Frieden) schon bevor ihre zwei großen, in vielen Zügen autobiographischen Romane erschienen.

Die Heldinnen im Briefroman *Delphine* (1802) und *Corinne ou l'Italie* (1807) – schon während des Erscheinens der französischen Ausgabe von Dorothea Schlegel ins Deutsche übersetzt – verkörpern wichtige Aspekte der Lebenserfahrung der Madame de Staël; beide Frauen zeigen starke künstlerische Neigungen und Talente, setzen sich über die engen gesellschaftlichen Normen für Frauen hinweg, opfern sich einer idealen Liebe und zeigen eine reiche, psychologisch sehr differenziert gesehene Gefühlswelt. Besonders die Gestalt der Corinne übte eine magische Anziehungskraft auf schreibende Frauen aus, wie denn Madame de Staël selbst dank ihrer hervorragenden gesellschaftlichen Stellung, Begabung, Bildung und Förderung durch ihren Vater ein literarisches und emotionelles Leben gestalten konnte, wie es die meisten bürgerlichen Frauen ihrer Zeit nicht einmal für sich zu erträumen wagten. Sie lebte als romantische Muse der Literatur und Kunst, nachdem sie aus der Politik durch Verbannung effektiv ausgeschlossen wurde. Leben und Romane der de Staël zeigen die Möglichkeiten der außergewöhnlichen Frauen in Literatur und Kunst, die sie verkörpern und auf die sie zugleich festgelegt werden.

Auch in England läßt sich der Einstieg der Frauen in die Literatur über Briefe und autobiographische Texte beobachten, die allerdings dem Ruf einer tugendhaften Frau nicht schaden durften; auch sah die gute Gesellschaft auf die Frauen herab, die mit der Feder Geld verdienten und darin den Männern Konkurrenz machten. Zwar konnten sich schon Aphra Behn und Susannah Centlivre mit erfolgreichen Theaterstücken einen (bescheidenen) Lebensunterhalt verdienen, dann auch Mary de la Riviére Manley und Eliza Haywood mit skandalumwitterten Romanen. 1711 hatte Swift die Manley sogar zu seiner Nachfolgerin als Herausgeberin der Tory-Zeitung *The Examiner* gemacht (die Manley hatte mit ihren Romanen die Whigs angegriffen und deren Skandale bloßgestellt), doch die Zeitgenossen nahmen Anstoß an der Offenherzigkeit der Romane und an dem Lebenswandel ihrer Autorinnen. So wurde Eliza Haywood von Pope in der *Dunciad* (1728) so angegriffen, daß sie erst zwei Jahrzehnte später wieder veröffentlichte (und dann zumeist anonym). Ihre späten Romane und die moralische Wochenschrift *The Female Spectator* (1744–46) gehören zu ihren besten Werken. Diese Autorinnen, die allerdings ein vergleichsweise unkonventionelles Leben führten – z.B. lebte die Manley mit einem anderen Mann zusammen, nachdem sie von der Bigamie ihres Mannes und damit der Ungültigkeit ihrer ehelichen Verbindung erfahren hatte –, wurden so angegriffen, als ob sie sich mit Prostitution ihren Lebensunterhalt verdienen würden.

Frauen aus der guten Gesellschaft und solche, die Wert auf guten Ruf legten, mußten ihr Schreiben unter einem Vorwand verschleiern. So ließ Mary Wortley Montagu ihre Essays und Gedichte nur handschriftlich zirkulieren oder anonym drucken. Das Manuskript ihrer *Turkish Letters* überließ sie einem Manne, von dem sie erwarten konnte, daß er es nach ihrem Tode veröffentlichen würde. Das geschah dann schon 1763. Ihre Privatbriefe (fast neunhundert Briefe umfaßt die moderne Ausgabe) wurden erst Jahrzehnte später, zunächst gekürzt und überarbeitet, veröffentlicht.

Montagus *Turkish Letters* stammen aus den Jahren, als Lady Mary ihren Mann bei seiner Gesandtschaft nach Konstantinopel begleitet hat und in scharf beobachteten, glänzend formulierten Briefen ihre Erlebnisse und Eindrücke niedergeschrieben hat. Sie selbst hat sie in einem Album zusammengestellt und dabei auf ihre Tagebücher (die nicht anderweitig erhalten sind) und echte Briefe aus der Zeit zurückgegriffen; während die einzelnen Briefe im Ton dem Adressaten angepaßt sind (an Pope sendet sie z.B. einen geistreichen Diskurs über türkische Dichtung, an den Abbé Conti einen über religiöse Sekten des Islam, an eine Freundin aus ihrer Jugendzeit die Beschreibung einer holländischen Stadt, die Nottingham gleicht), ist die ganze Sammlung zu einem anschaulichen, nuancierten Reise- und Kulturerlebnis verschmolzen.

Von ihren privaten Briefwechseln ist der mit ihrer Tochter besonders aufschlußreich. Die Montagu lebte zu der Zeit schon von ihrem Mann getrennt in Norditalien; ähnlich wie bei Madame de Sévigné wird die Tochter als Empfängerin der Briefe zur Vertrauten, zur Gesprächspartnerin für die alternde Frau. Sie schreibt ihre Briefe in allen Stilarten der Literatur über persönliche und kulturelle Dinge und setzt ihre Erfahrung in Brieftexte um, die zugleich eine enge menschliche Beziehung, eine Mutter-Tochter-Bindung (selten, aber keineswegs unmöglich im Zeitalter der übermächtigen Vaterfiguren) mit einschließen.

Gaben aristokratische Lebensweise und verfügbare Geldmittel der Lady Montagu die Möglichkeit zum eigenen Leben und Schreiben, so waren die Frauen der (gebildeten) Mittelklasse weitaus abhängiger von den Weiblichkeitsvorstellungen der Gesellschaft und von den alles bestimmenden und hoch verehrten Vaterfiguren. Sie schrieben unter Bedingungen, die für männliche Autoren einfach undenkbar gewesen wären. Fanny Burney schrieb *Evelina* (1778) in Nachtstunden, denn tagsüber mußte sie (mit ihren Schwestern) das Manuskript der jetzt gänzlich in Vergessenheit geratenen *General History of Music* ihres Vaters mehrmals abschreiben, da er immer wieder kleine Verbesserungen vornehmen ließ. Ihren eigenen Roman schrieb sie mit verstellter Hand, damit der Drucker ihn nicht etwa mit den Burneys in Verbindung bringen und dabei dem Ruf des Vaters schaden konnte.

Im eigenen Schreiben hatte Fanny Burney sich in ihren umfangreichen und originellen Brieftagebüchern (*Journals*) geübt; tagebuchartige Briefe schrieb sie zunächst als ganz junges Mädchen an »Mr. Nobody«, an ein namenloses Gegenüber oder Ich, natürlich ein männliches (»Mr.«). Während ihrer Tätigkeit am Hof (sie war von 1786 bis 1791 mit der Garderobewartung für Königin Charlotte beauftragt) wurde ihre Schwester und intime Jugendfreundin, Susanna Elizabeth, ihre Adressatin. Jeden Monat schickte sie ihr ein Päckchen mit briefartigen Berichten, die sie jedoch schon von früheren Notizen zu einem zusammenhängenden Tagebuchtext geformt hatte (nach dem unerwarteten Tod der geliebten Schwester im Januar 1800 schrieb die Burney keine intimen Brieftagebücher mehr). Spätere *Journal-Letters* sind halböffentliche, literarisierte Texte, die frühere Briefe, Notizen und Erinnerungen verarbeiten, durchkomponieren und sie mit oft humorvollem Abstand (und immer mit Anstand) das Leben betrachten läßt.

Ihre zwei höchst erfolgreichen Romane, *Evelina* und *Cecilia* (1782), machten sie berühmt (brachten jedoch keine finanzielle Unabhängigkeit); wie auch die späteren Romane *Camilla* (1796) und *The Wanderer* (1814) (der Erlös von diesem Roman und den späten *Journals* sollte ihrem Sohn das Studium in Cambridge bezahlen) filtern sie Burneys Lebenserfahrung nicht in großen Entwürfen leidenschaftlich liebender kunstbegeisterter

Frauen (wie bei Madame de Staël), sondern in gesellschaftlich akzeptablen, betont weiblichen Romanfiguren. Kleine Erfahrungen, zwischenmenschliche Beziehungen, psychologisches Einfühlungsvermögen füllen die fiktionale Welt, in der die Heldin sich – wie etwa Evelina – als edel und von adeliger Abstammung erweist. Eine ideale Heirat beschließt ihre Geschichte. Solche Anstrengung, zu gefallen und sich anzupassen, entspringt tiefer Furcht und Unsicherheit, als Frau in einer von Männern beherrschten und nach männlichen Wertmaßstäben ausgerichteten Gesellschaft zu leben; Burney fürchtet ihre verwundbare Stellung als Frau in dieser Gesellschaft, in der ihr nur die Verkörperung der Tugend eine gewisse aktive Manipulation ihrer eigenen Situation erlaubt. Damit ist sie an die von der patriarchalischen Gesellschaft gesetzte Grenze gestoßen, die ihre Romane aus eben den gleichen Gründen als zweitklassig, fast trivial aus dem Literaturkanon heraus auf ein Seitengleis – Frauenroman – schieben kann. Bei Jane Austen – ihre großen Romane erschienen erst ab 1811 – ist diese Deklassierung schon nicht mehr im gleichen Maße möglich: zum einen förderten ihr Vater und alle Familienmitglieder ihr Schreiben, zum anderen gab ihr die anonyme Veröffentlichung (sie weigerte sich, außerhalb ihrer Familie als Autorin bekannt zu werden) Schutz für ihre Person als Frau und damit Freiraum für ihre Phantasie. Mit Jane Austen beginnt das große Zeitalter der schreibenden Frauen in der englischen Literatur.

Briefe als Literatur

Längst hatte der Brief die Literatur des 18. Jahrhunderts unterwandert. Er war nicht als eigenständige Gattung anerkannt, sondern als konstitutives Element in neu sich entwickelnden Prosaformen wirksam geworden: in den Moralischen Wochenschriften, im Reisebericht und im Roman. Diese Unterwanderung der Prosa durch den Brief und die dadurch hervorgerufene Entwicklung neuer Prosaformen, die eine wahre Lesewut im 18. Jahrhundert entfachen, tragen zur Feminisierung der Literatur bei, die etwa um die Mitte des Jahrhunderts einsetzt. Mit anderen Worten: das »schöne Geschlecht« hatte bedeutenden Anteil am Entstehen der »schönen Literatur«, auch wenn deren große, erfolgreiche Autoren – etwa Richardson, Rousseau oder Goethe – vorwiegend Männer waren. Der weibliche Anteil, der die Feminisierung der Literatur bewirkt hat, erscheint zumeist indirekt, eben in dem, was durch die Frauen als Leserinnen und selbst Schreibende eindringen konnte. Wie sie lebten, dachten, schrieben, unterwanderte nun die herrschenden literarischen Formen vom Drama bis zur Lyrik, besonders aber die Prosaformen und wandelte die gelehrte und belehrende Literatur zur »schönen Literatur«. Dabei war der Brief wegen seines Inhalts und seiner Form wichtig. Seine offene, »natürliche«, gesprächsnahe Form (Studium der klassischen Sprachen war nicht dazu erforderlich, wohl aber galten französische Briefe – und das »gebildete Frauenzimmer« las und sprach französisch – lange als Muster) und sein lebensnaher, oft privater, zeitgenössischer Inhalt hatte gerade dieses Ausdrucksmittel den Frauen zugänglich gemacht.

Schon die Moralischen Wochenschriften benutzten gern die Briefform, um gefällig und lebensnah zu beraten und zu belehren und um in ein Gespräch mit den Lesern zu kommen. Ob diese Briefe echte Leserbriefe sind oder fingierte, spielt dabei keine Rolle. Sie gehören meistens zu den lebendigen, aufschlußreichen Partien dieser Zeitschriften, den Vorläufern der journalistischen Flut im 19. Jahrhundert.

So brachte Sophie La Roche in ihrer *Pomona für Teutschlands Töchter* (1783–84), der ersten von einer Frau herausgegebenen Zeitschrift in Deutschland, die wirklich erfolgreich war, eine Korrespondenz der Herausgeberin mit ihren Leserinnen, die den Widerhall einer solchen Zeitschrift spiegelt, wenn eine Leserin berichtet, wie die *Pomona* »von Lesern und Leserinnen mancherley Art, Alt und Jung, am Toilette und am Spinnrocken, beym Caffe und beym Filet, in Nachmittags- und Abendvisiten aufgenommen wird« (1783, S. 302). Nach ihrem Zimmer gefragt, berichtet die La Roche von ihren Büchern, die sie gerade liest und auch davon, wie sie »als Tochter eines Gelehrten [...] von Jugend auf von dem Wert der Wissenschaften« gehört und eine natürliche Begierde danach gehabt habe. »Aber Umstände verhinderten die Erfüllung meines Wunsches«, fährt sie fort, »daß ich als Knabe möchte erzogen werden, um ordentlich gelehrt zu werden [...], aber die Wißbegierde und der Geschmack an Kenntnissen blieben in meinem Herzen« (1783, S. 420). Selbstausdruck der Herausgeberin, die von ihren eigenen Erfahrungen ausgeht, und Kommunikation mit der Leserin sind die neuen Töne, die eine Zeitschrift wie die *Pomona* anschlägt.

Die Briefform ermöglichte eine direkte Anrede und damit Beteiligung der Leserin an den jeweiligen Lebensfragen, ein wichtiger Aspekt der Briefliteratur als Kommunikation. Die Briefform in den Moralischen Wochenschriften stand auch oft einem Essay nahe, indem der Brief zur unmittelbaren Information der Leserin beitrug. Schriften dieser Art, die nicht als gelehrte Traktate mit Fußnoten, wohl aber in aufgelockerter, lebendiger, ansprechender Form eines Essays belehrend-informative Inhalte und Meinungen brachten, hießen im 18. Jahrhundert vielfach »Briefe«. Hatten besonders die Aufklärer sich seiner Form bedient, so begannen Frauen mit dieser Form gegen Ende des 18. Jahrhunderts, ihre Meinungen zu wichtigen Fragen einzukleiden. Sie vermeiden damit den Anschein jeder professionellen Gelehrsamkeit, die ihnen nicht zugebilligt wurde, und einer politischen Meinung, die sie noch weniger hätten äußern dürfen (selbst einer Olympe de Gouge oder Madame de Staël war im Lande der *Brüder*lichkeit eine politische Meinung schlecht bekommen).

Mary Wollstonecraft, die mit *A Vindication of the Rights of Woman* (1792) bekannt geworden war, benutzte die Form der Reisebriefe, um eigener Anschauung und Meinung Ausdruck zu verleihen. Ihre *Letters Written During a Short Residence in Sweden, Norway, and Denmark* (1796) gehen auf authentische Briefe zurück, die Mary von ihrer Reise an ihren Geliebten (und Vater ihrer Tochter Mary Shelley) Gilbert Imlay geschrieben hatte. Es war eine Geschäftsreise in ein wenig besuchtes Gebiet im Auftrag Imlays, und Mary reiste mit ihrer einjährigen Tochter und einer Amme, eine ungewöhnliche Reise und Begleitung für eine Frau. Der tagebuchartige Reisebericht – die Briefe an Imlay scheinen zumeist nur ganz wenig für die Veröffentlichung überarbeitet zu sein – enthält neben der Beschreibung sozialkritische Beobachtungen; immer versucht sie, ihr »Lieblingsthema der Betrachtung, die zukünftige Verbesserung der Welt« berühren zu können. So bemerkt sie über Schleswig, wo sie auf der Rückreise eine Nacht Station macht:

> Der Anblick der Soldaten erinnerte mich an all die unangenehmen Gedanken über den deutschen Despotismus, die jedoch unmerklich verschwanden, als ich weiter durch das Land fuhr. Mit einer Mischung aus Mitleid und Schrecken betrachtete ich diese Wesen, die ausgebildet wurden, um zum Töten verkauft zu werden oder um selbst zu töten, und begann nachzudenken. [...] Kinder werden geboren, leiden und sterben; Menschen spielen wie Falter um eine Kerze und versinken in ihrer Flamme: der Krieg und ›die tausend Übel, die unser Fleisch ererbt‹, mähen sie scharenweise nieder, während die grausamen Vorurteile unserer Gesellschaft unsere Existenz lähmen und lediglich den Verfall hinauszögern.
>
> (Letter XXII, S. 180)

Der oft lyrische Ton der »Briefe« sollte nicht darüber hinwegtäuschen, daß Mary Wollstonecraft hier wie auch in ihren anderen Werken politische Gleichstellung und Bildungsreform fordert, um sozialen Wandel hervorzubringen, und von einer grundsätzlichen Anerkennung aller Menschen als rationale Wesen ausgeht, wenn sie z.B. gegen die Todesstrafe (Letter XV) argumentiert. Schon 1797 starb Mary kurz nach der Geburt eines Kindes (wie auch Meta Klopstock, Eva König und Sophie Mereau).

Die Briefform wurde auch für die Entwicklung des Romans im 18. Jahrhundert höchst wichtig. Die Briefromane Richardsons, *Pamela* (1740) und *Clarissa* (1747), popularisierten diese Form des Romans; Richardsons Romane wurden vielfach übersetzt, aber auch zunehmend in der Originalsprache gelesen, da um die Jahrhundertmitte die Begeisterung für England als Land der sittlichen Natürlichkeit und Freiheit in Westeuropa langsam begann und das höfisch-unmoralische Frankreich als Vorbild verdrängte. So wirksam und beliebt waren Richardsons Romane bei den Lesern und besonders den Leserinnen deshalb, weil er mit Verständnis, psychologischer Einfühlung, großer Menschenkenntnis und Toleranz (und nicht mit beißendem Zynismus oder Menschenverachtung) zeitgenössische Frauen des Landadels (auch die Häuslertochter Pamela lebt und wächst in diesen Kreis hinein) darstellt und vornehmlich aus ihrer Perspektive schreibt. Das sind andere, neue Töne gegenüber der erotischen Thematik im galanten Roman der Franzosen (erotische Briefe als fiktionale Form gab es schon in der Antike als Hetärenbriefe oder »heroische Briefe« seit Ovid, die jedoch eine rein männliche Perspektive am Liebesgenuß und -verdruß haben).

Eine ausgesprochen weibliche Perspektive bringt der Briefroman der Sophie La Roche, *Die Geschichte des Fräuleins von Sternheim* (1771), so weiblich, daß der Herausgeber (und Mentor) des Romans, Wieland, sich behutsam in der Vorrede (und in einigen Fußnoten) von dem Werk distanziert, sollte es ungünstig bei der Kritik aufgenommen werden. Der Erfolg des Werkes ließ aber die Autorin bald selbst zur »Sternheim« werden, sie wurde mit ihrer eigenen Romanfigur identifiziert – und daran gemessen. Denn der Roman spiegelte das zeitgenössische Frauenleben in einer idealisierten Form und kam den Vorstellungen über das »schöne Geschlecht« in der tugendhaften Sternheim entgegen, die den Liebesintrigen am Hofe durch eine selbst gewählte Ehe – die sich als Scheinehe erweist – zu entkommen sucht. Sie lebt als Wohltäterin, Erzieherin und Begleiterin anderer Frauen, bis sie nach einer durch ihren ehemaligen Mann veranlaßten Entführung und Verbannung in das schottische Bergland einen englischen Landedelmann heiratet, der sie schon lange geliebt und umworben hatte. Diese Geschichte ist keine Liebesgeschichte nach lediglich herkömmlichem Muster – viele Elemente gehören natürlich der Romantradition an –, denn die Heldin lebt und denkt als vaterlose Waise und betrogene Frau eine Zeitlang selbständig und versucht, ihr eigenes Leben zu gestalten, indem sie sich der Fürsorge anderer Frauen widmet.

Die Perspektive der Frau wird weiterhin dadurch gefördert, daß es in der *Sternheim* ein Bezugsfeld von Frauen um die Heldin neben den üblichen Vater- und Liebhaberfiguren gibt; in diesem Bezugsfeld (die Tante, die Freundin Emilia und deren Schwester Rosina, Madam Hills, Lady Summers) spielen Briefe eine besondere Rolle. Freundin Emilia fungiert als Herausgeberin der Sternheimschen Familienpapiere; darunter ist ihr Briefwechsel mit Sophie und deren tagebuchartige Berichte (aus Schottland). Die polyperspektivische Anlage dieses Briefromans gibt gerade den Formen und Stimmen der Frauen eine direkte, authentische Möglichkeit zur Selbstaussage und Kommuniktion miteinander, zu der die Briefe der beteiligten Männer das Bild der Sternheim und ihres Kreises abrunden, vervollkommnen. Bei aller Konventionalität der Tugenddarstellung hat Sophie La Roche in ihrer *Sternheim*, anders als Richardson in seinen Briefromanen, die schreibende Frau des 18. Jahrhunderts in einer fiktionalen Form sich wiederfinden lassen. Frauenleben ist in Text umgesetzt worden.

Die »Erlebnisdichtung« hat begonnen. Goethe bekannte, daß er von der *Sternheim* und dem Frankfurter Kreis um die La Roche Tochter Maximiliane Brentano beim Schreiben seines *Werther* beeinflußt worden sei. Werthers Leiden (alle Briefe stammen von ihm) sind monologisch um die Person des männlichen Helden zentriert; seine Welt, sein Leiden wird zum Inhalt des Romans, zur ästhetischen Norm, während schon die späteren Werke der La Roche, etwa *Rosaliens Briefe an ihre Freundin Marinae von St.** (1779–81), und die Romane einer Friederike Unger, Therese Huber oder Sophie Mereau zur »Frauenliteratur« deklariert werden (ist ein *Wilhelm Meister* Männerliteratur?). Die Frauen der Romantik ziehen sich zumeist wieder auf (Privat-)Briefe zurück.

Nur Bettina von Arnim schafft den großen Durchbruch mit ihren Briefbüchern, besonders aber mit *Goethes Briefwechsel mit einem Kinde* (1835), das sich allerdings ganz an die männliche Tradition eines großen Vaters, eines berühmten literarischen Mentors, anschließt. Indem Bettina jedoch die (von der männlichen Ästhetik nicht beherrschte) offene Form des Briefes wählt, schreibt sie diese Tradition um, schreibt sich selbst in die Briefe hinein, zunächst als Kind, dann als liebende, sich entwickelnde Frau. Ähnlich verfährt sie mit ihrem »großen« und geliebten Bruder (beide verbrachten als Kinder eine längere Zeit bei der Großmutter La Roche, nachdem Mutter Maximiliane – nach der Geburt des 12. Kindes – gestorben war) in *Clemens Brentanos Frühlingskranz in Briefen* (1845); in der Mischung authentischer und fiktionaler Briefe und deren Umstrukturierung ist die Welt des Bruders ganz die ihre geworden, indem sie sie für die Nachwelt gestaltet hat, ähnlich wie Varnhagen es für Rahel tat. In dem Briefbuch *Die Günderode* (1840) hat sie die Freundin (die, längst vergessen und totgeschwiegen, schon 1806 Selbstmord begangen hatte) wieder zum Leben erweckt in ihrem Briefwechsel, der ebenfalls authentische Briefe, tagebuchartige Aufzeichnungen, Erinnerungen und fiktionale Umgestaltungen und Texte mit einschließt. Hier sind Briefe als Ausdrucks- und Verständigungsmittel zu Literatur geworden – außerhalb der *herr*schenden ästhetischen Normen für die Prosa ihrer Zeit.

Elke Frederiksen
unter Mitarbeit von Tamara Archibald

Der Blick in die Ferne

Zur Reiseliteratur von Frauen

> Geh an Orte, wo neue Gegenstände, Worte und Menschen Dich berühren, Dir Blut, Leben, Nerven und Gedanken auffrischen. Wir Frauen haben *dies* doppelt nötig. (*Rahel Varnhagen und ihre Zeit*, S. 188)

Diesen Rat gibt Rahel Varnhagen ihrer Schwester Rose in einem 1819 verfaßten Brief. Rahel beschreibt die Sehnsucht des Menschen in die Ferne, die Abwechslung, Veränderung und Erneuerung durch Kennenlernen alternativer Lebensweisen verspricht. Sie betont gleichzeitig, daß diese Veränderung besonders für Frauen notwendig sei. Rahel kritisiert in der Fortsetzung des Briefes die soziale Stellung der bürgerlichen Frau ihrer Zeit, deren Aufgabenbereich sich auf Haus und Familie beschränkte:

> Aber erfüllen, erholen, uns ausruhen, zu fernerer Tätigkeit, und Tragen, können *die* [Mann und Kinder] uns nicht; oder auf unser ganzes Leben hinaus stärken und kräftigen. (*Rahel Varnhagen und ihre Zeit*, S. 188)

Für den größten Teil der weiblichen Bevölkerung dieser Zeit blieb der Blick in die Ferne unerfüllbare Wunschprojektion; denen, die lesen konnten, war wenigstens imaginäres Reisen möglich, das durch eine Fülle von Reiseliteratur angeregt wurde. Reisebücher erfreuten sich schon gegen Ende des 18. Jahrhunderts großer Beliebtheit: Die Zahl solcher Veröffentlichungen hatte sich zwischen 1770–1800 verfünffacht, während die allgemeine Buchproduktion sich etwas mehr als verdoppelte. Tatsächlich reisende Frauen und deren auf eigenen Erfahrungen beruhende Reiseberichte blieben bis ins späte 18. Jahrhundert eine Seltenheit.

Das Thema der Reise, eines der ältesten Motive in der Weltliteratur, findet sich hingegen häufig in der Literatur weiblicher Autoren. Neuere feministische Bearbeitungen haben etwa auf die Eigenart weiblicher Robinsonaden im 18. Jahrhundert hingewiesen oder die literarische Verarbeitung des Reisemotivs in Romanen von Frauen untersucht. Als Beispiel läßt sich in der deutschen Literatur im späten 18. Jahrhundert Sophie von La Roche anführen, in der englischen Literatur Anne Radcliffe und in der französischen Mme de Staël.

Die Darstellung imaginärer Reisen wurde durch Gemälde, Theateraufführungen oder Reiseberichte vorwiegend männlicher Autoren angeregt. Männer waren seit Jahrhunderten gereist. Schon im 16. Jahrhundert war es für junge Adlige üblich, zukünftige Berufserfahrung auf einer Kavaliersreise zu sammeln. Daneben entstand im 17. Jahrhundert die Erwerbsreise des Bürgers. Im 18. Jahrhundert kam es zu vermehrter Reisetätigkeit auch *der* Bürger, denen es nicht unbedingt um Erwerb ging, und sehr bald gehörte die Bildungsreise zum guten Ton für die Söhne des gehobenen Bürgertums.

Frauen hatten an diesen Erfahrungen zunächst kaum Anteil; doch gegen Ende des 18. und zu Beginn des 19. Jahrhunderts begannen auch sie zu reisen und ihre Erlebnisse aufzuzeichnen. Als Vorbild dienten sicherlich die bekannten Reisebriefe der Lady Mary Wortley Montagu (*Letters from the East*, 1763), die als Reiseliteratur einer Frau besondere Beachtung verdienen. Darauf wird zurückzukommen sein.

Die bekannte englische Frauenrechtlerin Mary Wollstonecraft reiste durch Europa und veröffentlichte 1796 durch ihre *Letters Written During a Short Residence in Sweden, Norway, and Denmark (Briefe eines kurzen Aufenthaltes in Schweden, Norwegen und Dänemark)*; Sophie von La Roche verfaßte mehrere Reiseberichte: *Tagebuch einer Reise durch die Schweiz* (1787), *Journal einer Reise durch Frankreich* (1787) und *Tagebuch einer Reise durch Holland und England* (1788). Johanna Schopenhauer schrieb das Buch *Reise durch England und Schottland* (1800, gedruckt 1818).

Diese reisenden, schreibenden Frauen gehörten fast ausschließlich gehobenen gesellschaftlichen Kreisen an, denn Reisen war zu jener Zeit mit großen Schwierigkeiten verbunden, die sich nicht nur auf das Finanzielle beschränkten, sondern für Frauen besonders mit Transport- und Unterkunftsschwierigkeiten zusammenhingen. Außerdem verstieß die reisende Frau gegen die weiblichen Rollenvorstellungen jener Zeit. Noch 1822 steht im *Brockhaus*:

> Im Allgemeinen unternehme nur der reifere, mit dem Geiste der alten und neuen Classiker vertraute, in der Mathematik und Gewerbskunde, in der Staatswissenschaft, in Geschichte, Statistik und Geographie wohl unterrichtete und einer oder mehrerer Sprachen ganz kundige Jüngling eine Reise; sie sei ihm der Übergang aus der Studierstube zum praktischen Leben, der ihn zu einer freiern, lebendigern Ansicht der Welt führt. Übrigens muß der Zweck der Reise vorher fest bestimmt, und dem *Hauptzwecke* müssen alle übrige untergeordnet werden.

Der ausschließliche Bezug auf den jungen gebildeten Mann schließt also die Frau aus, die zu höherer Schulbildung bis in späte 19. Jahrhundert in Deutschland kaum Zugang hatte.

Um so beachtlicher sind deshalb die weiblichen Reiseberichte, die auf tatsächlichen Reisen beruhen. Trotz gesellschaftlicher Vorurteile, trotz großer physischer Anstrengungen und Gefahren reisten Frauen durch Europa, in den Orient, nach China und Indien, nach Afrika und Amerika. Für deutsche und englische Frauen war Italien ein beliebtes Reiseziel, doch Margaret Fuller und Harriet Beecher Stowe reisten sogar von Amerika nach Rom. In die Türkei war nicht nur Lady Mary Montagu im frühen 18. Jahrhundert gereist; ihr folgten im 19. Jahrhundert u. a. die deutsche Schriftstellerin Ida Hahn-Hahn (*Orientalische Briefe*, 1844), die Österreicherin Ida Pfeiffer (*Reise einer Wienerin in das Heilige Land*, 1843), die englische Schriftstellerin Harriet Martineau (*Eastern Life: Present and Past*, 1848) und die schwedische Autorin Frederika Bremer (*Reisen in das Heilige Land*, 1862). Ida Pfeiffer lernte auf ihrer Reise um die Welt Südamerika, China und Indien kennen (*Eine Frauenfahrt um die Welt*, 1850); die Engländerin Mary Kingsley erforschte Westafrika (*Travels in West Africa*, 1897), und noch im 20. Jahrhundert erregten die Afrikabriefe der bekannten dänischen Autorin Isak Dinesen Aufsehen (*Letters from Africa 1914–1931*, 1978). Nach Amerika reisten u. a. Harriet Martineau (*Retrospect of Western Travel*, 1838) und Frederika Bremer (*The Homes of the New World*, 1853).

Diese Reiseschilderungen von Frauen sind von der literaturwissenschaftlichen und literaturhistorischen Forschung gänzlich übersehen worden. Obwohl auch die Reiseliteratur männlicher Autoren lange Zeit Stiefkind literaturhistorischer Untersuchungen war, so läßt sich seit dem Ende der 1970er Jahre doch ein erneutes wissenschaftliches Interesse an diesem Genre feststellen. Der Reiseliteratur von Frauen wird auch in den neuesten Untersuchungen kaum Beachtung geschenkt, oder sie wird mit Kriterien beurteilt, die heute – nach den Forschungsergebnissen einer seit fünfzehn Jahren bestehenden feministischen Literaturwissenschaft – abgelehnt werden müssen. In dem umfangreichen Band *Reise und soziale Realität am Ende des 18. Jahrhunderts* z. B. erwähnt nur Alfred Opitz die Reisebriefe Esther Bernards in seinem Aufsatz *Durch die Wüste, Lichter tragend* ... Abwertend weist er dann allerdings auf die sehr subjektive Erzählweise der Autorin hin, die »bisweilen auch eine totale Beschränktheit des Herzens und des Urteilsvermögens« spiegele und die Verfasserin durch die Begegnung mit der fremden Wirklichkeit »hilf- und sprachlos« werden lasse. Diese durch »weibliche Augen« geprägte Erzählweise – so Opitz – sei dann noch im 19. Jahrhundert in den Reiseberichten der Gräfin Hahn-Hahn zu erkennen.

Aufgabe ist deshalb, zunächst einmal auf das umfangreiche Material der Reiseliteratur von Frauen aufmerksam zu machen. Mit »Reiseliteratur« sind hier Reiseberichte, Reisebriefe, Reisetagebücher gemeint, denen tatsächliche Reisen zugrunde liegen. Es sind Texte, die meistens Anspruch auf Glaubwürdigkeit erheben, obwohl die subjektive Gestaltungsweise häufig zu einer Vermischung von Faktischem mit Fiktivem neigt. Ihren besonderen Reiz erhält ja die Reisebeschreibung gerade durch die Intention der Autorin/des Autors, sowohl persönliche Erfahrungen und Eindrücke als auch Fakten topographischer, ethnographischer, (kunst-)historischer, ökonomischer oder gesellschaftspolitischer Art zu vermitteln.

Wegen der Fülle des Materials sollen im Rahmen dieser Arbeit einige charakteristische Beispiele herausgegriffen werden, die richtungsweisend für eine zukünftige Bearbeitung dieses Themas sein könnten. Für die Diskussion der Anfänge einer weiblichen Reiseliteratur sind die schon erwähnten Reisebriefe der Lady Mary Wortley Montagu unerläßlich. Sie gehören zu den frühesten, uns überlieferten Aufzeichnungen von Frauen, die noch im 19. Jahrhundert als Vorbild dienten. Ida Hahn-Hahn bezieht sich in ihren *Orientalischen Briefen* ausdrücklich auf Lady Montagu (S. 284).

Unsere weiteren Ausführungen konzentrieren sich auf die erste Hälfte des 19. Jahrhunderts, weil sich das Genre der Reiseliteratur vor allem in den 1830er Jahren zu einer der populärsten Literaturgattungen entwickelte, u.a. angeregt durch Heinrich Heines *Reisebilder* (1826–1829), Ludwig Börnes *Briefe aus Paris* (1831–1834) und Fürst Pückler-Muskaus *Briefe eines Verstorbenen. Ein fragmentarisches Tagebuch aus Deutschland, Holland und England, geschrieben in den Jahren 1826, 1827, 1828* (anonym 1831). Genauso bedeutend als Kulturdokumente ihrer Zeit sind die kaum bekannten Reiseschilderungen Ida Hahn-Hahns und Fanny Lewalds, die im folgenden genauer untersucht werden sollen. Auf die Reiseberichte anderer Frauen jener Zeit (z.B. Ida Pfeiffer und Harriet Martineau wird wiederholt Bezug genommen.

Die genaue Betrachtung dieser weiblichen Reiseliteratur erfordert andere Fragestellungen als die Beschreibungen männlicher Autoren. Frauen und Männer lebten und schrieben – damals wie heute noch – unter verschiedenen Voraussetzungen; Frauen machten andere Erfahrungen, die in dieser Art von Texten vielleicht besonders deutliche Spuren hinterlassen haben. Wenn Wulf Wülfing 1980 für eine intensivere Rezeption der Reiseliteratur des Vormärz plädiert, weil gerade sie eines der sichersten Medien sei, vergangene Wirklichkeit zu erkennen, so gilt das für Frauen in besonderem Maße.

Für die Frau bedeutet die Reise an sich schon einen Aufbruch, Ausbruch aus dem »normalen« Frauenleben jener Zeit. Ida Pfeiffer beschreibt, wie Verwandte und Freunde sie von ihrem Vorsatz abzubringen versuchten, von Wien nach Konstantinopel zu reisen:

> Höchst lebhaft stellte man mir all die Gefahren und Beschwerden vor, die den Reisenden dort erwarten. Männer hätten Ursache zu bedenken, ob ihr Körper die Mühen aushalten könne und ob ihr Geist den Mut habe, dem Klima, der Pest, den Plagen der Insekten, der schlechten Nahrung usw. kühn die Stirn zu bieten. Und dann erst eine Frau! So ganz allein, ohne alle Stütze hinauszuwandern in die weite Welt, über Berg und Tal und Meer, ach das wäre unmöglich. (*Reise einer Wienerin in das Heilige Land*, S. 9)

Die reisende Frau setzte sich Beschwerden und Gefahren aus; aber sie beging eine noch größere Sünde: sie verließ den Alltag, der »normalerweise« ein Leben im Hause mit Mann und Kindern bedeutete.

Wenn Frauen ihre Erlebnisse und Eindrücke dann auch noch aufschrieben und veröffentlichten, so wurde dieser Aufbruch zum doppelten Ausbruch. Die Reise wird zum Schreib-Ort, welcher der Reisenden neue Möglichkeiten bietet: sie hat Zeit, nachzudenken, sich über wünschenswerte Veränderungen zu äußern, zu einem besseren Selbstverständnis zu gelangen und vielleicht sogar sich selbst zu befreien. So sind dann viele dieser Reisetexte als Zeugnisse von Versuchen zu verstehen, sich bessere Überlebensbedingungen zu schaffen.

Diese Reiseunternehmungen waren im 19. Jahrhundert – wie schon vorher angedeutet – durchaus nicht an der Tagesordnung. Zu fragen wäre deshalb kurz nach der Vorgeschichte dieser Frauen, die auf so ungewöhnliche Art und Weise die Anpassung an patriarchalische Normen verweigerten. Wichtige Einsichten bringt in diesem Zusammenhang Annegret Pelz in ihrem Aufsatz *Außenseiterinnen und Weltreisende*. Ihr geht es nicht um Inhalt oder Form der Reiseberichte, sondern ausschließlich um die Vorgeschichte, um den Weg, den die Frauen gehen, bis sie die Entscheidung zur Reise treffen. An den Beispielen Ida Pfeiffer, Alma M. Karlin und Franziska Gräfin zu Reventlow erarbeitet Pelz, was diese drei Frauen im 19. und frühen 20. Jahrhundert dazu brachte, ein Reiseleben als mögliche Befreiung zu wählen. Auch Ida Hahn-Hahn betont am Anfang der *Orientalischen Briefe* die schwierige Entscheidung zur Reise:

Furcht habe ich nicht einen Augenblick empfunden, und ebensowenig die momentane Desperation gekannt, die uns ausrufen läßt: »Hätte ich das doch nie unternommen!« Bei der ganzen Sache ist nur Eines mir schwer geworden: zum Entschluß zur Reise zu kommen. (Bd. I, S. 3)

Zu fragen wäre außerdem nach dem Anlaß der Reise, nach Erwartungen und Zielvorstellungen, und inwieweit sie erfüllt oder enttäuscht werden. Eine Bearbeitung des Problemkreises Reiseliteratur muß jedoch darüber hinausgehen und die Texte selbst auf thematische und formale Eigenheiten untersuchen. Eine wichtige Rolle spielt dabei die Frage nach der Wechselbeziehung zwischen Subjekt und Objekt, zwischen dem Ich der Autorin und dem Land und seinen Menschen. Geht es der Autorin primär um die eigene Veränderung, um die verändernde Wirkung der fremden Welt auf das eigene Ich, um Selbstsuche und Befreiung, oder richtet sie ihre Beobachtungen hauptsächlich auf Land und Leute? Übt sie Kritik an der fremden Wirklichkeit und meint damit indirekt die eigene, zurückgelassene? Zu überlegen wäre außerdem, warum so viele Autorinnen den Brief oder das Tagebuch als Ausdrucksform wählen. Inwieweit lassen sich schließlich – trotz einschränkender patriarchalischer Normen – Ansätze eines frau-bewußten Schreibens erkennen, das sich thematisch und vielleicht auch formal abzeichnet?

Wer sich über Reiseliteratur informieren will, stößt in Nachschlagewerken hier und da auf Lady Mary Wortley Montagu und ihre *Letters from the East (Briefe aus dem Orient*, 1763). Sie wird meistens als einzige Frau genannt. Veröffentlicht wurden diese Reisebriefe aus mehreren Gründen: die Verfasserin gehört der oberen Gesellschaftsschicht an; sie richtet die Briefe an bekannte Persönlichkeiten wie Alexander Pope, und sie legt ein kulturgeschichtlich interessantes und bedeutsames Dokument vor. Außerdem war die Reise einer Frau in den Orient im frühen 18. Jahrhundert etwas ganz Ungewöhnliches. Montagu ist sich dessen durchaus bewußt, wenn sie an Pope schreibt, daß sie »eine Reise getan, die seit Jahrhunderten keine Christin unternommen hat«, (*Briefe aus dem Orient*, S. 117). Zum Erfolg dieser Reisebriefe hat sicher auch beigetragen, daß die Reisebeschreibung sich in England schon um 1700 großer Beliebtheit erfreute.

Lady Montagu hatte ihre Briefe in den Jahren 1716–1718 verfaßt; sie wurden aber erst 1763 nach ihrem Tode veröffentlicht. Eine Abschrift der Briefe war allerdings schon bald nach ihrer Rückkehr aus der Türkei im Freundeskreis bekannt geworden, denn Lady Mary Astell schrieb 1724 ein Vorwort mit dem Wunsch auf spätere Veröffentlichung. Von Interesse ist vor allem Astells Hinweis auf die Frauenperspektive in den noch unveröffentlichten Briefen Montagus:

> Ich [Lady Astell] bin, ich bekenne es, boshaft genug, zu wünschen, daß die Welt sehen möge, wie die Damen weit besseren Nutzen aus ihren Reisen zu ziehen wissen als die Herren, daß, da die Welt mit Männerreisen bis zum Ekel überladen worden ist, die alle in dem nämlichen Ton geschrieben und mit denselben Kleinigkeiten angefüllt sind, eine Dame die Fähigkeit hat, *sich eine neue Bahn zu eröffnen* und einen abgenutzten Stoff mit einer Mannigfaltigkeit von neuen und zierlichen Bemerkungen zu verschönern. (*Briefe*, S. 14)

Lady Astell glaubt, eine »getreuere und genauere« Darstellung »von Sitten und Gebräuchen der verschiedenen Völker« zu erkennen, die »mit einem mehr mitleidigen als züchtigenden Blick« beschrieben werden (*Briefe*, S. 14).

Zur Vorgeschichte Lady Montagus muß erwähnt werden, daß sie durch ihre Herkunft eine privilegierte Stellung einnahm. Sie war die Tochter des Herzogs von Kingston, der sich nach dem frühen Tode seiner Frau jedoch wenig um die Erziehung seiner Kinder kümmerte und sie einer alten Gouvernante und Hauslehrern überließ. Mary Pierrepont (-Montagu) eignete sich dennoch beachtliche Kenntnisse in der umfangreichen Bibliothek des Vaters an; sie interessierte sich für Literatur, Geschichte und Sprachen (Französisch, Latein). Ihre unerschöpfliche Neugierde und das Bedürfnis, die Sprache des bereisten Landes zu erlernen, zeigte sich später in Konstantinopel, als sie innerhalb weniger Monate die türkische Sprache erlernte. In einem an Alexander Pope gerichteten Brief übersetzte sie sogar mit Hilfe eines Dolmetschers ein Gedicht Ibrahim Paschas an seine spätere Gattin, die Tochter des Sultans (*Briefe*, S. 123–124).

Ihre Unabhängigkeit bewies sie zum ersten Mal, als sie die vom Vater arrangierte Heirat verweigerte und sich stattdessen 1712 heimlich mit Edward Wortley Montagu trauen ließ. Die gesellschaftliche Stellung ihres Mannes als Mitglied des Unterhauses und ihre lebhafte, geistreiche, witzige Persönlichkeit trugen dazu bei, daß Lady Montagu sehr bald am Hofe Georgs I. eine Rolle spielte und auch in Literatenkreisen gern gesehen wurde. So lernte sie Alexander Pope kennen, der sie eine Zeitlang sehr achtete, sich aber später von ihr abwandte.

Im Gegensatz zu Ida Hahn-Hahn, Fanny Lewald oder Ida Pfeiffer unternahm Lady Montagu die Reise in die Türkei nicht aus eigener Initiative. Sie begleitete Edward Montagu, der 1716 zum Gesandten in Konstantinopel ernannt worden war. Der schwere Entschluß zur Reise, von dem Ida Hahn-Hahn sprach, wurde ihr abgenommen. Die Reise führte sie zunächst nach Wien, durch Ungarn, den Balkan, über den Bosporus nach Konstantinopel, wo sie zwei Jahre verbrachte. Für die Rückreise wählten die Montagus den

Wasserweg durch die Dardanellen und das Mittelmeer. Von Genua aus überquerten sie die Alpen und reisten über Frankreich nach Italien zurück. Trotz der Strapazen dieser Reise darf nicht vergessen werden, daß die Montagu als Frau des englischen Gesandten in privilegierter Stellung reiste, was sie voll ausnutzte. Diese Reise bedeutet keinen bewußten Ausbruch aus der gewohnten Gesellschaft wie bei Lewald, Hahn-Hahn und Pfeiffer, obwohl das neue Leben in der Fremde auch für sie zum besonderen Schreib-Ort wird. Sie betätigt sich mit dem Erlernen der türkischen Sprache, mit der Lektüre klassischer Autoren und schreibt Briefe, während sie in London den größten Teil ihrer Zeit mit gesellschaftlichen Verpflichtungen ausfüllte (*Briefe*, S. 159). Der unbekannte Ort, die fremdartige Atmosphäre, die neuen Menschen und ihr ganz anderer Lebensstil schaffen ihr einen geistigen Freiraum, der immer wieder erneut zum Schreiben anregt.

Ihre besondere Wirkung erzielen diese Schilderungen durch die geschickte Verflechtung von Form und Thematik. Wenn Lady Astell von »einer neuen Bahn« spricht, die hier eröffnet wird, dann meint sie damit die Erzählweise ebenso wie inhaltliche Neuigkeiten. Mit der Form des Briefes wählt die Montagu eine halb private, halb literarische Form des Ausdrucks, die sich – ähnlich wie das Tagebuch – durch »publikumsbezogene Subjektivität« auszeichnet. Mary Montagu hat damit teil an einer Tradition der westeuropäischen Briefkultur, die gerade durch den Frauenbrief im 18. Jahrhundert einen Höhepunkt erreichte.

Durch seinen scheinbar intimen Charakter weckt der Reisebrief die Neugierde des Lesepublikums und verleiht ihren Berichten ein größeres Maß an Authentizität. Auf Authentizität legt Montagu besonderen Wert. Sie betont wiederholt den Wahrheitsanspruch ihrer Schilderungen, der sie von anderen abhebt:

> Auf mein Wort, Madame, meiner Achtung für die Wahrheit und nicht meiner Faulheit ist es beizumessen, daß ich Sie nicht mit ebensoviel Wundern unterhalte, wie sie andere Reisebeschreiber erfinden, ihre Leser damit zu belustigen. (*Briefe*, S. 70)

Eine lebendige Schreibweise charakterisiert diese Briefe, die sich nur hier und da an höfische Konventionen hält. Im Sinne Gellerts, der sich vor allem über den deutschen Frauenbrief der Aufklärung äußerte, ließen sich diese Reisebriefe als »freye Nachahmung eines guten Gesprächs« (*Briefe nebst einer praktischen Abhandlung von dem guten Geschmacke in Briefen*, S. 8f) bezeichnen, das die Distanz zwischen der Reisenden und den zurückgebliebenen Freunden verringert. Die Briefform eignet sich gut für den hier praktizierten Perspektivenwechsel, der besonders deutlich wird, wenn es sich um weibliche oder männliche Adressaten handelt. Sowohl Schreibweise als auch Thematik ändern sich. Der weitaus größere Anteil der Briefe ist an Frauen aus adligen oder gehobenen bürgerlichen Kreisen gerichtet, vor allem an Gräfin Mar, die jüngere Schwester. Als männliche Briefempfänger fallen der bekannte englische Dichter Alexander Pope und der italienische Abbé Conti auf.

Die meisten Briefe konzentrieren sich auf die Darstellung des neuen Landes und seiner Bewohner, ihrer Sitten und Lebensgewohnheiten. Die Autorin entpuppt sich dabei als aufmerksame, verständnisvolle Beobachterin, die sich sogar selbst als verschleierte Frau durch die Straßen Konstantinopels tragen läßt, um einen besseren Einblick in das Leben der Frauen zu gewinnen. Wichtig ist, daß sie sich ausschließlich in den oberen Kreisen der Gesellschaft bewegt und deshalb von der Armut nur sehr wenig sieht und beschreibt, ganz im Gegensatz zu Ida Hahn-Hahn und Harriet Martineau, die etwa einhundert Jahre später in den Orient reisten.

Vergleicht man etwa die Briefe an die Gräfin Mar und an Alexander Pope, so fällt zunächst der viel lebhaftere, anschaulichere Stil in den Briefen an die Schwester auf, während die an Pope gerichteten distanzierter, kühler anmuten. Das mag zum Teil an der unterschiedlichen persönlichen Beziehung Montagus zu beiden liegen. Ein ebenso wichtiger Grund ist aber auch das besprochene Thema des jeweiligen Briefes, das die Autorin auf die Empfänger abstimmt. An Pope berichtet sie über politische Probleme; sie weist auf die destruktive Kraft des Krieges hin, der ein deutlicher Beweis »für die Unvernunft der Menschen« sei (*Briefe*, S. 87). An anderer Stelle will sie den Dichter mit ihrer eigenen Belesenheit und »morgenländischen Gelehrsamkeit« beeindrucken, indem sie ihm die orientalische Poesie zu erklären versucht.

In den Briefen an die Schwester und die anderen Freundinnen geht es meistens um die Situation und die Lebensgewohnheiten der Frauen, um Themen also, die in ihrer Problematik gewisse Identifikationsmöglichkeiten bieten. Die Frauenmode wird bis ins kleinste Detail geschildert; die Institution der arrangierten Ehe kommt zur Sprache, ebenso der übertriebene Fruchtbarkeitskult, der den Wert der Frau nach der Kinderzahl bestimmt. Ernsthaft setzt sie sich mit dem Freiheitsbegriff im Hinblick auf türkische Frauen auseinander und scheint hier eine ambivalente Position einzunehmen: Sie gesteht ihnen durch Mittel der Verkleidung und Schliche »einen hohen Grad der Freiheit selbst im Schoße der Knechtschaft« zu und erkennt andererseits die Lebensgefahr, die eine Entdeckung mit sich bringt (*Briefe*, S. 166, 198). Aufschlußreich ist der indirekt kritische Blick auf die

Situation der englischen Frau: »Sie können mir glauben, daß die türkischen Frauen ebensoviel Geist und Artigkeit, ja selbst Freiheit haben wie die unseren« (*Briefe*, S. 198).

Diesen Eindruck bestätigt sie in einer der faszinierendsten Stellen im Text: In Sophia besucht sie ein türkisches Frauenbad. Sie hat damit Zugang zu einer Welt, die Männern verschlossen ist ebenso wie der Harem. Etwa zweihundert Frauen treffen sich hier einmal wöchentlich vier bis fünf Stunden lang. Hier scheinen sich diese Frauen – abseits von patriarchaler Unterdrückung – einen Freiraum geschaffen zu haben, in dem auch die fremde Engländerin ohne Vorurteile Aufnahme findet (*Briefe*, S. 96–99).

Zusammenfassend läßt sich sagen, daß diese Reisebriefe alle gängigen Aspekte der Reiseliteratur aufweisen: Sie erfüllen sowohl Unterhaltungs- als auch Informations- und Bildungsfunktion. Lady Montagu versuchte ihre Landsleute sogar davon zu überzeugen, die Pockenimpfung nach dem Beispiel der Türken in England einzuführen – allerdings vergeblich. Diese Reisebriefe unterscheiden sich jedoch von den zeitgenössischen Reiseschilderungen männlicher Autoren: Sie wenden sich auch an Frauen, indem sie Probleme und Lebensbedingungen von Frauen in einem fremden Land nicht nur beschreiben, sondern sie erfahren und verständlich machen. Als Reisende wird Lady Montagu zur Identifikationsfigur. Daß sie sich dabei an eine kleine Anzahl von Leserinnen/Lesern aus gehobenen Kreisen wendet und auch nur über die gehobene Schicht in der Türkei berichtet, darf nicht vergessen werden.

Die Reisebriefe der Lady Montagu boten sich wegen ihrer Außergewöhnlichkeit zur Untersuchung an, als Texte einer Frau, die gewissen Signalwert besitzen, indem sie im frühen 18. Jahrhundert Situation und Probleme von Frauen in einem noch unzugänglichen Land wie dem damaligen türkischen Reich beschreiben und reflektieren. Spätere Beispiele aus der steigenden Quantität weiblicher Reiseschilderungen herauszugreifen, bereitet einige Schwierigkeiten. In der ersten Hälfte des 19. Jahrhunderts hatten sich mit der fortschreitenden Industrialisierung und dem Bau von Eisenbahnen auch die Reisemöglichkeiten für Frauen verbessert. Einhergehend mit beginnenden Emanzipationsforderungen der Frau auf verschiedensten Gebieten (z.B. Bildung, Arbeit) galt es um 1850 nicht mehr als Unmöglichkeit, wenn eine Frau – allerdings in männlicher Begleitung – reiste. *Allein* zu reisen war weiterhin eine Sensation. Ida Pfeiffer schreibt dazu noch 1844:

Bald hörte man vom Schiffskapitän, daß eine Frau auf dem Schiff sei, die bis Konstantinopel zu reisen gedenke, und nun betrachtete man mich von allen Seiten. Einer der Herren, der dieselbe Reise machte, sprach mich an und bot mir seine Dienste an, wenn ich deren benötigen sollte, und wirklich stand er mir überall schützend zur Seite. (*Reise einer Wienerin*, S. 10–11)

Ida Hahn-Hahn, Ida Pfeiffer oder auch Harriet Martineau bieten sich als interessanter Vergleich zur Montagu an, weil auch sie den Orient bereisten, wenn auch mehr als hundert Jahre später. Trotz unterschiedlicher soziohistorischer Bedingungen dieser Frauen wäre sowohl nach Gemeinsamkeiten als auch Unterschieden in der Verarbeitung ihrer Orienterfahrung zu fragen, besonders im Hinblick auf die Probleme der Frau. Wenn vorher die Frage nach einem fraubewußten Schreiben gestellt wurde, das gerade in einem stark autobiographischen Genre wie der Reisebeschreibung deutlich werden könnte, scheint Ida Hahn-Hahn darin am weitesten zu gehen: Sie spürt in ihren *Orientalischen Briefen* der Geschichte der »verborgenen Frau« nach; ihr Werk soll deshalb eingehend behandelt werden.

Ida Hahn-Hahn reiste aber nicht nur in den Orient; sie bereiste fast alle Länder Europas und schrieb sieben Reisebücher über diese Erfahrungen. Die zwei Bände *Jenseits der Berge* (1840), die ihre Italienreise schildern, sind im Rahmen der Fragestellung dieses Beitrags von besonderem Interesse. Als Vergleich zu Ida Hahn-Hahn bietet sich Fanny Lewald, ihre Zeitgenossin und Antipodin an, die auch fünf Reiseschilderungen veröffentlichte, darunter *Römisches Tagebuch* (1845/46; veröffentlicht 1927) und *Reisebriefe aus Deutschland, Italien und Frankreich* (1880), die ihre Italienerlebnisse darstellen.

Die reiche Produktion von deutschen Reisetexten in dieser Zeit (1830–1850) muß im Kontext der literarischen Entwicklung des deutschen Vormärz verstanden werden, denn das Genre der Reiseliteratur wurde zur beliebtesten Literaturgattung. Dieser Einfluß ermutigte sicherlich beide Schriftstellerinnen, obwohl Fanny Lewald eher vom Einkommen ihrer Veröffentlichungen abhängig war als Ida Gräfin Hahn-Hahn, der als Aristokratin nach der Scheidung ihrer Ehe eine Rente zustand. Dennoch müssen diese Reisebücher beider Autorinnen ebensosehr als persönliche Befreiungsversuche gelesen werden. Trotz andersartiger Vorgeschichte bedeutet die Reise für beide Frauen Ausbruch aus vorgeschriebenen Normen, Bestätigung der eigenen Unabhängigkeit, Suche nach alternativen Überlebensmöglichkeiten.

Während Ida Gräfin Hahn aus einer äußerst reaktionären mecklenburgischen Adelsfamilie stammte, wuchs Fanny Lewald in einer bürgerlichen jüdischen Kaufmannsfamilie auf. Der Vater, der die Ausbildung seiner Töchter – in den Grenzen des frühen 19. Jahrhunderts – streng überwachte, beeinflußte ihr Leben entscheidend, so daß sie sich später noch an männlichen Vorbildern orientierte. Ihre Ausbildung war gründlicher als die Ida Hahn-Hahns, die von den Eltern keinerlei Unterstützung bekam und Autodidaktin war. Von ungeheurem Wissensdurst und großer Neugierde getrieben, eignete sich Hahn-Hahn ein erstaunliches Wissen an, das in ihren Reisebüchern deutlich wird. Entscheidend für ihr Emanzipationsbewußtsein wurde die Ehe mit ihrem Vetter, die nach drei qualvollen Jahren seelischer und körperlicher Mißhandlung 1829 geschieden wurde. In ihren Reiseschilderungen setzt sie sich häufig mit dieser traumatischen Erfahrung auseinander, die sie als Leiderfahrung vieler Zeitgenossinnen erkennt. In ihrem ersten Reisebuch *Jenseits der Berge* (1840) fragt sie:

> Geschehen nicht ganz unerhörte Dinge, um das Leben zu fristen? Deshalb sitzen Menschen tagelang am Schreibtisch oder in dumpfen Werkstätten; deshalb stehlen, morden, betrügen sie [...]; deshalb setzen sie sich der Möglichkeit aus, am Galgen oder im Kriege zu sterben; ja, was noch viel grausiger ist, deshalb heirathen Frauen unerträgliche Männer. *Ich reise um zu leben.* (*Jenseits der Berge* I, S. 16)

Reisen bedeutet also Flucht und Befreiung für Ida Hahn-Hahn; sie sieht im Reisen eine alternative Lebensform, die ihr erlaubt, sie selbst zu sein und frei von den Zwängen der Frauenrolle ein erfülltes Leben zu führen. Leitmotivisch durchzieht der Satz: »Ich reise, um zu leben«, ihr erstes Reisebuch. Es geht ihr nicht in erster Linie darum, »Kenntnisse und Wissenschaft zu erwerben« (I, S. 16) oder der Mode des Tages zu folgen und auf »Jagd nach Novellen- und Reiseskizzen – oder Reisebilderstoff« zu gehen (I, S. 44). Sie lebt das Leben »in der Reisefreiheit, wo die Menschen freundlich mit [ihr] sind wie mit einem Zugvogel, und wo [sie], gleich einem solchen, rasch und leicht an ihnen vorüberstreife« (I, S. 18). Mit diesem Freiheitsgefühl ist das Schreiben aus Ausdruck ihres Selbst eng verbunden. Der Prozeß des Schreibens ist dabei entscheidend und nicht der fertige Text:

> Wenn die Gedanken ungeregelt in meinem Kopfe umherschweifen, so kommen sie mir vor wie leuchtende Kometen, welche aber auf dem Wege durch die Feder auf das Papier immer blässer und blässer, und zuletzt, als gedruckte Blätter, zu stillen, kalten, graugrünen Erden werden. (I, S. 4)

So erhofft sie sich die Italienreise als geistigen Schreib-Ort, der einen Kreativitätszustand schafft, durch den sie leben kann, indem sie schreibt.

Der Prozeß des persönlichen Freiwerdens spiegelt sich in der Form des Textes. Es ist dies kein geschlossener Reisebericht, sondern eine Mischung von Beschreibungen, Reflexionen, Erzählungen und Gedichten. Der Text weist Brüche, Sprünge und Längen auf; Übergänge zwischen einzelnen Abschnitten fehlen häufig. Hahn-Hahn wählt diese Form bewußt: »Es wäre wol ordentlicher, wenn ich in einem Athem schriebe und immer hübsch glatte Übergänge machte. *Aber ich kann nur nach meiner Natur schreiben, die hat keine Übergänge«* (II, S. 232). Die Autorin schreibt sich selbst in den Text ein, um mit der französischen Feministin Hélène Cixous zu sprechen. Zu beachten ist dabei, daß Reiseliteratur die offene Form bevorzugt und sich dahingehend in den 1830er Jahren entwickelt hatte, vor allem durch den Einfluß Heinrich Heines.

Ida Hahn-Hahn beabsichtigte mit der Italienreise sicherlich auch eine intensive Auseinandersetzung mit der Kulturgeschichte dieses Landes. Sie ist gut informiert und zeigt große Neugierde und unstillbaren Wissensdurst. In Bologna besucht sie zwölf Kunstmuseen in fünf Tagen. Als Beurteilungskriterium gilt dabei immer ihr eigenes, subjektives Interesse: »Ich spreche nur von den Dingen, die mich frappiert haben« (I, S. 61). Die Autorin läßt sich, über die Konventionen hinweg, hier – wie später im Orient – ganz auf das besuchte Land ein. Sowohl vom Thema als auch von der Perspektive her äußert sich Hahn-Hahn explizit und bewußt als Frau. Ihr Interesse gilt den gegenwärtigen gesellschaftlichen Problemen der italienischen Frau ebenso wie ihrer historischen Vergangenheit. Schon hier deutet sich die Suche der Autorin nach den Spuren weiblicher Geschichte an, die in den *Orientalischen Briefen* zentral wird. Bis in die Sprache hinein läßt sich der weibliche Standpunkt vernehmen, wenn sie von einer »Heiligin« oder »Sultanin« spricht (I, S. 75).

Die Reiseerfahrungen vermitteln ihr bessere Einsicht in das Problem der Benachteiligung der Frau, gegen die sie sich auflehnt:

> Es ist auf Reisen recht unbequem, kein Mann zu sein! [...] Bei den Messen in der Sixtinischen Kapelle dürfen die Männer in die innere Abtheilung, wo sie, unmittelbar hinter den Kardinälen, Alles aus der ersten Hand sehen. Wir sitzen wie sehr schädliche wilde Thiere in der äußeren Abtheilung hinter einem fein carrirten Gitter, so daß wir die ganze Ceremonie hinter sich kreuzenden Strichen wie ein Stickmuster erblicken. (I, S. 204)

Die Reisebeschreibung dient als Mittel, ihr Emanzipationskonzept über die Grenzen ihres eigenen Standes hinauszutragen. Für Frauen des Bürgertums und des Proletariats mehr noch als für aristokratische Frauen müßten Chancen zur Emanzipation erkämpft werden. Ambivalent bleibt ihr Konzept allerdings, wenn sie sich hauptsächlich für die physische und nicht so sehr für die geistige Eigenständigkeit der Frau einsetzt:

> [...] und Emancipation der Frauen sollte doch vor allen Dingen heißen, daß Keine, Keine, aber auch nicht eine Einzige für einen Piaster zu kaufen und zu verkaufen sei [...]. (I, S. 296)

Dieses erste Reisebuch Ida Hahn-Hahns gewinnt seine Bedeutung als Manifest ihrer persönlichen Befreiung, die in ihrem unkonventionellen Lebensstil, ihrer selbstsicheren Urteilskraft und in der Kritik an einer patriarchalen Gesellschaft Ausdruck findet. Auch wenn sie behauptet, nicht für andere schreiben zu wollen, so läßt sich die Botschaft an die Frauen ihrer Zeit nicht überhören. Dieser Text erfüllt also auch eine besondere, hauptsächlich für Frauen intendierte Appellfunktion.

Am bekanntesten sind sicherlich Hahn-Hahns *Orientalische Briefe* (1844) geworden, denn die Reise einer Frau in den Orient war im 19. Jahrhundert immer noch eine Sensation. Sie reiste weiter als Lady Montagu: In Begleitung von Baron Adolf Bystram, mit dem sie seit 1831 in einem »freien Neigungsverhältnis« zusammenlebte, ging ihre Reise über Konstantinopel, Smyrna, Beirut, Damaskus, Jerusalem bis nach Ägypten. Ida Hahn-Hahn weist darauf hin, daß sie als erste Frau in Konstantinopel zur Fortsetzung ihrer Reise einen Reisepaß beantragt (*OB* I, S. 301). Sie nimmt große Strapazen auf sich: Auf einem verschmutzten, verwanzten Dampfschiff erreicht sie Konstantinopel; sie läuft durch Schlamm und Schmutz der Städte und reitet mehrere Wochen lang auf dem Kamel durch die Wüste. Sie will die fremde Welt am eigenen Körper spüren. Während Mary Montagu sich in den oberen Kreisen der Gesellschaft bewegte und eine idealisierte Situation der Frau schildert, die mit Reichtum, Pracht und Schönheit strahlt, so erweist sich die Autorin des 19. Jahrhunderts als realistische Beobachterin mit einem stärkeren sozialen Bewußtsein. Sie beschreibt die Armut des türkischen Volkes und spricht sich entschieden gegen die Haremssklaverei aus, die sie in ihrer Problematik sehr viel differenzierter sieht als Mary Montagu. Darin trifft sich Hahn-Hahn durchaus mit der Engländerin Harriet Martineau, die die Idee des Harems scharf kritisiert. Die Ambivalenz der Hahn-Hahnschen Einsichten spiegelt sich jedoch gleichzeitig in der beschränkten Perspektive der weißen Europäerin, der es an Verständnis für die schwarze Sklavin fehlt:

> Ich muß ehrlich gestehen, daß mich bei der ganzen Prozedur [des Sklavinnenmarktes] nichts so anwiderte, als ihre Häßlichkeit, und daß mir der majestätische Königsgeier zu Schönbrunn mehr Mitleid mit seiner Gefangenschaft einflößte, als die Sclaverei dieser Geschöpfe. (*OB* I, S. 177)

Die Autorin widmet diese Reisebriefe ihrer Mutter, der einzigen Person, die ihr imponiert und ihr genug Freiheit ließ, sich zu der selbständigen Persönlichkeit zu entwickeln, die sie jetzt ist. Im Gegensatz zum ersten Reisebuch wählt Hahn-Hahn hier die Briefform – wie Lady Montagu. Es sind dies allerdings Briefe, die an wenige, eng mit ihr verbundene Menschen gerichtet sind: an die Mutter, die Schwestern, den Bruder und vor allem an die Freundin Emy, Gräfin Schönburg-Wechselburg. In diesen Briefen geht es der Autorin nicht mehr in erster Linie um die eigene persönliche Befreiung; es geht ihr um die Vermittlung einer Botschaft, die an alle, vor allem aber an Frauen gerichtet ist. Sie befindet sich auf dieser Reise intensiver noch als in Italien auf der Suche nach den Spuren der Geschichte der Frau und damit indirekt auch auf der Suche nach sich selbst.

Wer das Reisen wie eine oberflächliche Zerstreuung betrachtet, der gehe nicht in den Orient. Vergnügungen bietet er nicht, nur Lehren und Offenbarungen. Das habe ich vorausgesetzt, sie gesucht und gefunden, und darum bin ich vollkommen mit meiner Reise zufrieden. (*OB* I, S. 4)

Wie sehr diese Reise die Erfüllung einer langjährigen Sehnsucht bedeutet, drückt der 10. Brief an die Freundin aus:

Meine geliebte Emy! So stehe ich hier denn wirklich an der Pforte des Orients, des Landes vom Aufgang, von dem wir so viel zusammen gesprochen, nach dem wir so oft uns geträumt haben. (*OB* I, S. 190)

Ziel der Reise Hahn-Hahns ist das Kennenlernen der Stätte des Ursprunges ihrer eigenen Zivilisation. Sie reist aus der europäischen Gegenwart in die orientalische Vergangenheit und will keine Erinnerungen sammeln, sondern Hoffnungen, nicht für sich selbst, aber für alle (*OB* I, S. 281). Sie spricht über die hoffnungslose Lage in Europa, die »umgeändert, oder umgebildet, wenn nicht gar umgestoßen werden müsse« und sieht »eine bis jetzt noch unbekannte aber gewisse und in ihrer Art vollkommene Phase« voraus, die »neu über den Trümmern unsrer Welt beginnen wird« (*OB* I, S. 282).

Aus den Trümmern der orientalischen Vergangenheit gräbt sie große Frauen der byzantischen Kaisergeschichte aus. Die eigentliche Antwort findet sie dann in Ägypten, dem Höhepunkt ihrer Reise. Sie befindet sich auf den »Spuren einer Geschichte die Niemand kennt« (*OB* III, S. 313), und die sich ihr schließlich in dem Mythos der Göttin Isis offenbart (G. Geiger, S. 180 f.). Wirklichkeit und Phantasie vermischen sich in den Vorstellungen der Reisenden und schaffen eine Zukunftsvision, die sie ihrer Freundin Emy zu Beginn der Ägyptenreise mitteilt:

Der Nil hat sich z.B. in meiner Phantasie ganz mit der Isis verwebt, und zwar nicht mit der mumienhaften schwarzen Gestalt, der man in unsern egyptischen Museen diesen Namen giebt, sondern wiederum mit meinem Phantasiegebilde der Isis, als einer herrlichen dunkeln Frau mit tiefen, schwarzen Augen, mehr Zauberin und Königin als Göttin, mit mystischen Attributen, die zugleich auf Zauberstab und Scepter deuten. Zu ihren

Füßen floß der Nil – aus der unerforschten Wüste ins unergründliche Meer, ein unermüdlicher Segensstrom, den die Völker seit Jahrtausenden nur durch seine Wohltaten kennen, und sie hielt die Hand über ihm ausgestreckt. Man sieht ja dergleichen innerlich. (*OB* III, S. 29)

Der »grandiose Isistempel« taucht schließlich als »Wunderbau« aus dem Nil vor ihr auf, und sie beklagt die Zertrümmerung durch Barbarenhände, deren »rohe Fäuste [wie] in einem Blumengarten« gewütet hätten (*OB* III, S. 277). Hinter den Pylonen dieses Tempels offenbart sich ihr eine verschüttete vergessene Welt:

Nicht in die lichte Götterwelt des Olymps, nicht in die glühendselige Paradieseswelt des Islams, nicht in die lächelnde Engelwelt eines Fiesole führen diese Pforten. Vor der Welt des Gedankens stehen sie, des Gedankens der nur ein Ziel hat, ein letztes, ein höchstes: Erkenntnis! (*OB* III, S. 278)

Beim Besuch des Tempels Edfú fragt sich die Suchende, warum er dem ägyptischen Gott der Sonne gewidmet sei und »von alten Autoren« in Beziehung zu Apollo gesetzt werde, wenn doch die herrschende Göttin Isis auf sechzig Wandbildern alle Opfer empfängt. Die Verbindung zur weiblichen Geschichte wird dann endgültig hergestellt in der mythischen Begegnung mit der »Gesellschaft von grauen Weibern, die beisammen im Kreise am grasigen Hügelabhang saßen, und sich heimlich Märchen aus ihrer Zeit erzählten« (*OB* III, S. 295). Die Autorin möchte das Geheimnis dieser Frauen erfahren.

In den *Orientalischen Briefen* spürt Ida Hahn-Hahn für *aufmerksame* Leser/-innen verschüttete, vergessene, weibliche Orte auf, die utopische Bedeutung gewinnen. Durch die Erkenntnis weiblicher Geschichte gelingt ihr der Blick aus der Vergangenheit über die Gegenwart hinaus in eine bessere Zukunft. Die Autorin des 19. Jahrhunderts wagt es, in ihrer *Reise*schilderung etwas vorzudenken, was heute Autorinnen wie Christa Wolf (*Kassandra*, 1983) oder Irmtraud Morgner (*Amanda*, 1983) aufgegriffen haben.

Ein Vergleich der Reisebücher Hahn-Hahns mit denen Fanny Lewalds macht die vielfältigen Ausdrucksmöglichkeiten sichtbar, die sich hier für Frauen öffnen. Grundsätzlich war der Befreiungsprozeß für die vom Vater streng behütete Bürgerstochter Fanny Lewald schwieriger als für Ida Hahn-Hahn, deren aristokratisches Selbstbewußtsein ihr schon früh Sicherheit verlieh. Die Möglichkeit des Ausbruchs aus den Fesseln des bürgerlichen Familienkreises verwirklichte sich für Lewald durch ihren schriftstellerischen Erfolg: »Es war mir ein Blick aus der Wüste in das gelobte Land, es war eine Aussicht auf Befreiung«, schreibt sie in ihrer Autobiographie *Meine Lebensgeschichte* (S. 193). Die finanzielle Unabhängigkeit, die zum Umzug aus dem Elternhaus nach Berlin geführt hatte, gab ihr die nötige Selbstsicherheit, um sich den langjährigen Wunsch einer Reise nach Italien zu erfüllen. Fanny Lewald reiste mehrere Male gen Süden; sie verarbeitete ihre Erfahrungen und Eindrücke in drei Reisebüchern: *Römisches Tagebuch 1845/1846* (1927 veröffentlicht), *Italienisches Bilderbuch* (1847) und *Reisebriefe aus Deutschland, Italien und Frankreich* (1880).

Diese drei Texte unterscheiden sich in Inhalt und Schreibweise entscheidend voneinander: Zeugnis der persönlichen Befreiung gibt das *Römische Tagebuch*, das zu ihren Lebzeiten interessanterweise nicht veröffentlicht wurde. Fürs Publikum bestimmt war hingegen das kurz nach der Reise herausgegebene *Italienische Bilderbuch*, das primär Unterhaltungs-, Bildungs- und Informationsfunktion erfüllt. Es konzentriert sich auf das bereiste Land und dessen Bewohner und spart das persönliche Ich der Autorin größtenteils aus. Die sehr viel später erschienenen fingierten *Reisebriefe* stellen ein Erinnerungsbuch dar, in dem sich Nostalgie und gegenwärtige Eindrücke vermischen. Eine sehr viel konservativere Lewald läßt sich hier vernehmen, die auch den Frauen mit erhobenem Zeigefinger entgegentritt. Fleiß und Disziplin, Sparsamkeit und Bescheidenheit, also bürgerliche Tugenden, mit denen sie selbst aufgewachsen war, fordert sie von ihnen.

Am interessantesten ist im Rahmen dieser Untersuchung ihre erste Reiseschilderung, das *Römische Tagebuch*, da es die Reise am intensivsten als Teil ihres eigenen Befreiungsprozesses beschreibt:

> Es war mir, als wären mir Flügel gewachsen; und so unglaublich kam es mir oft vor, daß ich die Kaufmannstochter aus der Kneiphöfschen Langgasse in Königsberg in Preußen, jetzt aus eigener Machtvollkommenheit so weit, so weit von der Heimat, am Lago maggiore umherging.
>
> (*Römisches Tagebuch*, S. 11)

Diese Reise bedeutet Selbstbestätigung für Lewald. Im fremden Italien ist sie nicht mehr die Tochter eines Königsberger Kaufmanns; hier wird ihr Anerkennung als Schriftstellerin zuteil. Sie trifft Reisende, denen ihr Name ein Begriff ist, und das stärkt ihr Selbstvertrauen und ihre Selbstsicherheit. Die Reise wird auch ihr zum besonderen Schreib-Ort, obwohl sie gleichzeitig als Mittel zum Zweck dient. Im Gegensatz zu Hahn-Hahn äußert sich hier die Berufsschriftstellerin, der das Sammeln von Buchmaterial zum wichtigen Reisezweck wird.

Aufschlußreich ist das *Römische Tagebuch* aus zwei weiteren Gründen:

Hier bahnt sich zunächst sehr zwiespältige Beziehung zu ihrem späteren Ehemann Adolf Stahr an, der im Grunde die Vaterfigur zu ersetzen scheint. Lewald erkennt die Problematik, wenn sie schreibt:

> Die Kluft zwischen seinen und meinen Ansichten über die Bedeutung der Frau und über ihr Verhältnis zu dem Manne in der Ehe war so groß, so unausfüllbar, daß keiner von uns beiden [...] über sich selber oder über die Empfindungen des anderen auf die Länge im Ungewissen bleiben konnte. (*RT*, S. 79)

Die Möglichkeit einer alternativen Lebensweise ergibt sich erst in der Begegnung mit anderen Frauen. Italien war seit Goethes berühmter Italienreise beliebtes Reiseziel, und so trifft Fanny Lewald hier mehrere bekannte deutsche Frauen, u.a. Adele Schopenhauer und Ottilie von Goethe. Diese Frauen sind sich der Unterschiede zwischen dem viel freieren Lebensstil in der Fremde und dem beengten Dasein der Freundinnen in der Heimat bewußt. Die Reise ermöglicht ihnen ein Leben im »Ausnahmezustand«, das sie verändert. Ottilie von Goethe äußert sich dazu in einem Gespräch mit der Freundin Fanny Lewald: »Wie wird's uns nur in Deutschland wieder gehen? Man wird uns ganz unanständig geworden finden, und wir werden uns in den unanständigen Anstand der andern auch nicht mehr recht schicken können!« (*RT*, S. 89) Fanny Lewald hat andere Länder Europas bereist und ihre Erfahrungen literarisch verarbeitet: so z.B. im Revolutionsjahr 1848 die Reise nach Paris in den *Erinnerungen aus dem Jahre 1848* und 1850 die Reise nach England und Schottland. Sie äußert sich hier und da zur gesellschaftlichen Unterdrückung der Frau; zu einer so radikalen Erkenntnis des revolutionären Potentials in der verborgenen Geschichte der Frau wie Ida Hahn-Hahn gelangt Fanny Lewald nicht. Sie äußert sich bewußt als erfolgreiche Berufsschriftstellerin und gleicht sich in Thematik und Schreibperspektive eher an ihre männlichen Zeitgenossen an.

Bei der Untersuchung weiblicher Reisebücher handelt es sich um ein sehr umfangreiches Material, das neu gelesen werden und unter anderen Gesichtspunkten betrachtet werden muß als Reisebücher männlicher Autoren. Es geht dabei um eine Literatur, die unter besonderen Voraussetzungen entstanden ist. Die Reise schafft im konkreten wie im geistigen Sinn einen Schreib-Ort, einen Frei-Raum, der Anregung und Mut zu Gedanken und Einsichten gibt, die unter den beengenden Verhältnissen der Heimat nicht möglich gewesen waren. Häufig wird dabei das in der Fremde Erfahrene zur idealisierten Wunschprojektion, die Veränderung im zurückgelassenen Land herbeisehnt. Obwohl jede der hier besprochenen Autorinnen sich in Thematik und Form unterschiedlich äußert, erfahren alle drei eine Art

Selbstbefreiung; die Probleme der Frau werden von allen angesprochen,wobei sich ein mehr oder minder starkes Bewußtsein für die eigene Situation äußert.

Diese Reiseliteratur weiblicher Autoren erfüllt Informations-, Unterhaltungs- und auch Bildungsfunktion; jedoch steht die Vermittlung wissenschaftlicher Kenntnisse nicht im Mittelpunkt wie etwa Alexander von Humboldt sie sich zum Ziel gesetzt hatte. Es lassen sich hier viele Aspekte weiblicher Wirklichkeit ablesen, die direkt oder indirekt, unter dem Deckmantel der Ferne, des fremden Landes, dargestellt werden. Deutlich wird in diesen Texten auch die Doppelexistenz der Frau in der Gesellschaft, die sich einerseits angleichen muß und andererseits doch den Ausbruchversuch unternimmt. Diese Reisebücher von Frauen bergen Einsichten, die uns beim Verstehen weiblicher Literatur weiterhelfen können, die aber auch für eine Diskussion des gesamten Reiseliteraturgenres von Bedeutung sind.

Gert Mattenklott

Romantische Frauenkultur

Bettina von Arnim zum Beispiel

Ein Portrait Bettinas – nie fiele uns ein, so vertraulich von Clemens oder Achim, geschweige denn von Wolfgang oder Friedrich zu reden, wohl aber wiederum von Caroline oder Rahel. Mindert der Verzicht auf den Nachnamen den Respekt? Höchstens wenn der Name so intoniert wird, als solle es eigentlich »die arme Bettina« heißen oder »die glücklose Caroline«. Vielmehr bezeichnet die häufige Bevorzugung des Vornamens für die großen Frauen dieser Generation eine andere, so wohl nie wieder artikulierte Form des Respekts. Zum einen unterstreicht sie, daß man die besonderen weiblichen Individuen meint, nicht die Töchter, Schwestern oder Ehefrauen prominenter Dichter oder Philosophen. Zum anderen und bedeutungsvoller gilt sie Personen, von denen man emphatisch sagen möchte, daß sie sich zu erkennen gegeben haben. Nennen wir sie mit ihren Vornamen, so gehen wir darin vielleicht auf eine Lebenshaltung dieser Frauen ein, deren größerer Ehrgeiz als einer repräsentativen Position oder bürgerlichem Beruf – und sei es auch dem des Schriftstellers – ihrem Ansehen als Vertrauenspersonen galt. Um nichts sonst haben sie so beredt und zeugnisreich geworben. – Daß Menschen leichter Vertrauen entgegenbringen, wo ihnen vertraut wird, ist eine Unterstellung ihres Schreibens Brief für Brief, und kaum anders als in Briefen, stets auch Selbstentdeckungen, stehen uns Bettina, Rahel und Caroline und all jene anderen Frauen um 1800 vor Augen: Charlotte von Stein und Caroline Herder, Charlotte von Kalb, Dorothea Schlegel, Sophie Mereau, Susette Gontard und Johanna Schopenhauer, die Günderode oder Caroline von Humboldt. Vertrauen bekundend, warben sie um Vertrauen, selten aus Eigennutz. Nichts Geringeres ist dabei die Absicht als das angeblich bloß Private in Würde zu setzen. Briefe schreibend und im Gespräch gaben sie ihm ein Ansehen, dessen utopische Zukunft eine intimisierte Öffentlichkeit war. Das gewaltige Briefwerk, das dergestalt entstand, ist mindestens so sehr ein Zeugnis dieses kunstreich angestrebten Ziels als des bloßen Lebens.

Was das Bürgertum unter Freiheit und Gleichheit verstand, hat es –

problematisch genug – in seinen programmatischen Akten hinlänglich bezeugt. Was Brüderlichkeit hätte sein können, steht in den stärksten Bekundungen bei den Frauen, die Schwestern und Freundinnen sein wollten in einem weiteren als familiären Bereich. Hätte sein können – ist es denn nicht auch geglückt, zumindest in der Reichweite persönlicher Verbundenheit? Wohl in geringerem Maße als manches einzelne Schreiben nahelegt. Nicht bloß traten dramatische Zerwürfnisse wie zwischen Bettina und der Günderode dazwischen oder herzhaft empfundene Idiosynkrasien wie gegen Caroline Schlegel. In einem allgemeineren Sinn bezeugen viele dieser Briefe Beziehungen, die lebelang bloß gewünscht, Verbindungen, die nie geschlossen wurden – die Briefe der Günderode oder Charlotte von Kalb –, oder ihre unendliche Eloquenz soll Worte auf die allzu gewisse Ahnung häufen, daß auch dieser Vermittlungsversuch oder Bittbrief vergeblich bleiben wird, wie so oft bei Bettina, ob sie bei Savigny für die Brüder Grimm wirbt oder beim König für das Proletariat.

Auf die prekäre Seite der romantischen Wunsch-Konjunktion von Politik und Intimität einzugehen, wie Richard Sennet sie ausführlich erörtert hat, ist hier nicht bloß kein Platz, es ist auch nicht der Ort, weil diese Vorstellung bei den Frauen von vornherein im Irrealis steht: eine Traumgeburt, deren Verwirklichung nicht im Ernst auf der Tagesordnung ist und auch gar nicht so ins Spiel gebracht wird, als wäre es anders. An Brüderlichkeit wird hier im Sinne einer regulativen Idee appelliert, der man konzediert, daß ihre Wirklichkeit nicht von dieser Welt ist. Mit der Melancholie über diese prinzipielle Ungemäßheit von öffentlicher Wirkungssphäre und den intimen Ansprüchen auf Selbstverwirklichung verbindet sich eine Strategie der Fiktionen, die es erlauben sollen, der Klage über das Verlorene bzw. Unmögliche eine Form und ihrem Inhalt noch eine letzte Möglichkeit der Geltung einzuräumen. Als Bettina, Rahel oder Caroline haben sich nicht bloß Individuen einer bestimmten historischen Zeitgenossenschaft zu erkennen gegeben, zur Kenntlichkeit gelangt sind in diesen Namen auch Wunsch- und Reflexionsformen des Umgangs miteinander.

Die subtile Weise, in der in ihren Briefen – im wesentlichen aus der Spanne zwischen 1790 und 1850 – diese Wünsche mit aller Energie ihrer privaten Impulse ausgesprochen und zugleich nach der Seite ihrer Blockierung reflektiert werden, gibt ihnen eine schwer bestimmbare Zwischenposition im Grenzbereich von Kunst und Leben, deren jedes hier auf sein Recht am jeweils anderen pocht und – erhält. – Zu viel Empfindung der lebendigen Menschen, vor allem zu viel Unglück ist in die Briefwerke von Frauen der Romantik eingegangen, als daß es möglich wäre, sich dem Anspruch den die Schreiberinnen auf Konsequenzen stellen, zu entziehen. Die Autorität gelebten Lebens türmt sich fast überwältigend in jedem von ihnen. Sie wiegt schwerer als vergleichbare Briefwechsel von Männern, weil aus ihnen der Vorwurf über das gestaute, verhinderte und verminderte Leben ernster klingt und weniger relativiert durch eigenes Verschulden. Andererseits entlasten uns diese Briefe durch den Entfaltungsraum, den sie der Rhetorik, die Bühne, die sie den angenommenen Rollen, den Aktionsradius, den sie literarischen oder selbsterfundenen Handlungen gewähren, von der Unerbittlichkeit der wirklichen Schicksale, deren distanzierter Reflex sie sind. So nehmen wir zu den Briefwerken eine noch anders komplizierte Haltung ein als zu Kunstwerken, geschweige lebenden Menschen, denn das widersprüchlich gespannte Verhältnis zwischen Dokument und Fiktion fordert zugleich die Einbildungskraft heraus und bindet unsere Verantwortung wirklichen Menschen gegenüber.

Das könnten alles bloß Überlegungen über eine historische Zeit und ein gewisses Genre sein, wenn wir nicht den Eindruck haben müßten, als ob zwischen der Weiblichkeit der Schreiber und dieser changierenden Mitteilungsform ihrer Briefe bereits für deren zeitgenössische Empfänger ein engerer Zusammenhang bestand, als ein Mann einem anderen in der Korrespondenz zugestehen würde. Haben sich diese Frauen als Personen nicht überhaupt erst brieflich erzeugt? Was in der Dumpfheit eines bedrängten Lebens Angstlähmung oder hysterische Verspannung, ein Zwangsverhalten ist oder ein Tick, im leichteren Falle, ist im Brief eine Stilfigur, denn die Form der Mitteilung – a priori eine des gesellschaftlichen Vertrauens – geht darüber und nimmt sie schonend auf. Uns ist die Vorstellung eines näheren Umgangs mit Johanna Schopenhauer, Bettina von Arnim oder Charlotte von Kalb abzüglich ihrer brieflichen Hinterlassenschaft erspart. Das war aber schon für die Zeitgenossen oft kaum anders. Nur brieflich waren sie im Grunde für vollzunehmen. In den Briefen stecken die Frauen wie in Quarantäne. Die Korrespondenzen, in denen sie als Personen eingesperrt sind, waren andererseits oft die einzige Chance, sich als Person überhaupt erst zu erschaffen. Von den Lebensumständen, die ihnen feindlich waren, weil sie sie auf ihre biologischen Geschlechtseigenschaften bzw. daraus entwickelten sozialen Rollen fixierten, waren sie oft zu skurrilen Figuren verzerrt, als die sie sich einander auch deutlich genug wahrnahmen, um es in Klatsch und Tratsch unerbittlich und erbarmungslos auszusprechen. Selbst dann noch geht im Brief die Form des Klatsches über den Inhalt, und auch Männer klatschen. Für die weiblichen Schreiber ist es aber oft die einzige Möglichkeit gewesen, souverän zu sein – nicht es über den Brief hinaus zu *werden*, denn dieser bleibt der einzige Ort, an dem diese Souveränität wirklich wird – und wiederum auch nicht der einzige Ort, an dem sie sich *zeigt*, denn was nicht nach außen tritt, ist als wäre es nicht. Die Kultur der Briefe und –auf einer weiteren Reduktionsstufe – die der Tagebücher bilden eine gesellschaftliche Stellvertreterkultur, die den Platz der Frauen einnimmt, die wie Tiermütter die Aufzucht eines halben Dutzends Kinder unter kärgsten Bedingungen zu besorgen hatten wie Bettina; ihrem Liebsten fast Zeit eines kurzen Lebens aus der Erinnerung an ein paar Tage die Treue zu halten versuchen wie Susette Gontard; oder – ähnlich lebendig begraben – erblindet in einer barmherzig gewährten Kammer des Berliner Schlosses vegetieren wie Charlotte von Kalb. Für den Umgang mit diesen Frauen mußten sich ihre Freundinnen und Freunde die Brief- und Tagebuchaufzeichnungen hinzu imaginieren, sofern nicht umgekehrt der briefliche Verkehr ohnehin anstelle jedes anderen trat wie vielfach schon wegen der Immobilität der allgemeinen Verhältnisse.

Hoch war aus solchen Gründen der Anspruch an den Brief, höher noch bei den Schreibern als den Empfängern: stand bei jenen doch noch mehr als der gesellige Austausch auf dem Spiel. Alle Vermögen, die bei Männern der Arbeitstag eines Berufslebens, alle Wünsche und Begierden, die bei ihnen in den vielfältigen Beziehungen des Alltags wenn nicht befriedigt, so doch in den Pantomimen und Choreographien eines komplizierten Handlungsfeldes zu symbolischer Darstellung kommen konnten, mußten für die Frauen in Worte gefaßt werden. Endlos daher die Briefe, oft ermüdend, manchmal qualvoll. Je geringer die Möglichkeiten des Handelns – und sei es eines metaphorisch verschobenen –, desto breiter das hin und her wendende Reflektieren, das Erinnern und Ausmalen; desto drängender der Impuls, wenigstens in dieser Form wirklich sein zu lassen, was sonst keine Bühne findet; daher eine Wahrhaftigkeit, Unerschrockenheit und ein Temperament in der Mitteilung auch von Anstößigem, wie Männer es Briefen selten anvertrauen. Was dergestalt den Frauen eine Not und äußerster Zwang waren, hat auch den Männern Gelegenheit zur Selbsterschließung gegeben. Ob und in welchem Maße sie genutzt wurde – genutzt werden konnte – ist eine eigene Untersuchung wert.

»Es ist Menschenunkunde, wenn sich die Leute einbilden, unser Geist sei anders und zu andern Bedürfnissen konstituiert, und wir könnten zum Exempel ganz von des Mannes oder Sohnes Existenz mitzehren«, vertraut Rahel Varnhagen ihrer Freundin Rose an (Brief an Rose Asser, 22. 1. 1819). Das war eine herausfordernde Wahrheit in einer Zeit, in der die Dichotomie der Geschlechtseigenschaften die Basis jeder gesellschaftlichen Wirklichkeit bildete. Rahel gibt zu, daß diese Wirklichkeit nicht die ihre ist, daß sie »neben der menschlichen Gesellschaft« steht, »ein ohnmächtiges Wesen, dem es für *nichts* gerechnet wird, nun *so* zu Haus zu sitzen, und das Himmel und Erde, Menschen und Vieh wider sich hätte, wenn es weg wollte« (Brief an David Veit, 2. 4. 1793).

In ihren Briefen kann sich Rahel von dieser bedrückenden Wirklichkeit befreien, ihr Leben, wenigstens zum Schein, in eigener Regie gestalten, die Klage zur Kunstklage stilisieren. Der Brief wird zum imaginären Aktionsort, zur intimisierten Öffentlichkeit, der für all das zu entschädigen hat, was die Wirklichkeit dieser neugierigen romantischen Frauengeneration hartnäckig vorenthält: die Praxis des selbständigen Handelns. Rahel versucht, die Diskrepanz, die zwischen den weiblichen Fähigkeiten und den Möglichkeiten ihrer gesellschaftlichen Verwirklichung lag, in ihren Briefen ästhetisch zu überwinden. So wird der Brief zum utopischen Ort einer möglichen Selbstverwirklichung. In ihrem weitgespannten Briefwechsel bemüht sie sich immer wieder aufs neue, die schmerzvolle Selbstdarstellung des Ich bis an den Rand des Möglichen zu treiben.

Sie hatte es schwerer in der Wirklichkeit als die meisten ihrer romantischen Schwestern. Nicht reich, nicht schön, weder Freundin noch Gattin eines großen Mannes, eröffnete sie, noch nicht zwanzigjährig, ganz ohne männliche Protektion, in Berlin ihren ersten Salon in der Dachstube in der Jägerstraße. Die ersten, die kamen – zumeist Gäste des Salons der Henriette Herz – kamen aus Neugier und bildeten eine sehr gemischte Gesellschaft. Doch bald gelang es Rahel, die bedeutendsten Persönlichkeiten ihrer Zeit bei sich zu versammeln: Hegel und Humboldt, Savigny und Raumer, Schlegel und Schleiermacher. Was sie zusammenhielt, waren der sprühende Witz und die lebendige Originalität dieser jungen jüdischen Frau, die bald zum Mittelpunkt für das geistige Leben Berlins wurde.

Lange unverheiratet und ohne Kinder, ohne eine sie fordernde Tätigkeit, schaffte sich Rahel im Gespräch mit den Freunden den Aktionsraum für ihre starke ungenutzte Geisteskraft. Mit ihnen wollte sie ihr Leben wie ein Kunstwerk gestalten. Als sie sich in ihrem 42. Lebensjahr mit Karl August von Ense verheiratete, hatte sie mit ihm schon in einem zehnjährigen Briefwechsel gelebt, der den Umgangston zwischen den beiden geprägt hatte: »Wahrheit in allem«, aber kunstvoll gestaltete Wahrheit.

Die andere Hauptfigur der romantischen Epoche, Bettina von Arnim, die einzige, die Rahel für ihren »Pair« hielt und als Schwester empfand, hat diese Verquickungen von Kunst und Leben noch weiter getrieben. Sie steht als Beispiel für ein Frauenleben in Briefen. Es wird ausgewählt aus anderen, weil der Typus, von dem hier die Rede ist, in ihr besonders reich ausgebildet ist. – Doch soll auch der persönliche Anlaß nicht verschwiegen werden: die Überlagerung von Lebens- und Arbeitsschauplätzen mit eigenen und die Sympathie mit dem Habitus dieser Frau, wie er nun geschildert wird.

Erinnern nur wir uns an Mignon, oder ging Bettina selbst die Erinnerung an Wilhelm Meisters sehnsüchtige Freundin zeitlebens nicht aus dem Sinn? Wahrscheinlich ist die Frage zu pedantisch gestellt. Vermutlich sabotiert sie sogar die Lebenskunst dieser Frau, die darauf gerichtet war, die Freiheit ihres Empfindens, Denkens und Handelns durch Exaltation zu gewinnen. So möchte ich hier einmal diese nervös forcierte Naivität ihres Kunstverständnisses, das artistische Ausreizen von gewissen naiven Rollen im Leben bezeichnen. An Mignon soll man denken, um ein Bild Bettinens vor Augen zu haben, wie sie am Anfang des 19. Jahrhunderts den Bürgern Marburgs begegnet sein mag, wo ich ihre Spur zuerst aufnehmen möchte: vom Turm herabsehend unterhalb des Schlosses oder in einem Baum sitzend, mit zerschundenen Knien durch ein Bachbett kletternd oder unterwegs zu Bückings Garten: wild und ungebärdig, sonnenbraun mit dunklen Augen, bunte Bänder im Haar und gelbe Schuhe, im Aufzug fremd und wie von nirgendwo, am ehesten freilich von Italien, dem Land, wo für ihren Großvater auch tatsächlich noch die Zitronen geblüht hatten. Hüpfend, springend, immer hoch hinaus und mit der Erde nur widerwillig verbunden, so hatte Goethe sein knabenhaft abenteuerndes, mädchenhaft schmachtendes Lieblingsgeschöpf erfunden. Ihr will Bettine ähnlich sein, und so schildert sie sich geradeso wie der geliebte und bewunderte Dichter ihr poetisches Urbild, wenn sie aus Marburg an die ältere Freundin Caroline von Günderode schreibt:

> blüht der Apfelbaum, so habe ich rote Backen, stürzt der eigensinnige Bach die Klippentrepp hinab, so setz ich ihm nach und spring kreuz und quer über ihn weg, ruft die Nachtigall, so komm ich gerennt, und tanzen die Mühlräder mit der Lahn einen Walzer ins Tal hinab, so pfeif' ich auf dem Berg ein Stückchen dazu und guck über die rauchenden Hütten und über die schirmenden Bäume hinaus, wie sie ihren Mutwill verjuchzen und der Müller und sein Schätzchen auch, die denken, kein Mensch säh's.

Und dann, den Übermut mit einer gravitätischen Formulierung mutwillig verbindend, der der Geheimrat seine Anerkennung schwerlich versagt hätte:

> Morgenrührung, Abendwehmut wird nicht statuiert, in den Hecken blüht Frühlingsfeier genug, Schnurren und Summen und Windgeflüster.
> (*Die Günderode. Briefe aus den Jahren 1804–1806*, S. 443)

Freilich ist es Winter draußen, als dieser Brief geschrieben wird, und von Mignons Italien weiß Bettine kaum mehr, als man auch sonst in Hessen weiß, ohne im Süden gewesen zu sein, und sicher ist selbst nicht einmal, ob unser Brief in dieser Form die Adressatin je erreicht hat, denn wir finden ihn – wie die meisten Berichte der Verfasserin aus Marburg – in einem Briefroman der Bettina von Arnim aus dem Jahre 1840, in den sie die Korrespondenz mit der Günderode aus den Jahren 1804–1806 eingearbeitet hat. Manche Daten, selbst ganze Episoden, die Abfolge der Schreiben – manchmal sind sie aus mehreren der wirklich ausgetauschten zusammengefaßt – und diese oder jene Wendung des Stils mögen insofern später erfunden worden sein, hier wie auch in den anderen Briefromanen der Autorin. Aber das braucht eigentlich nur die Philologie zu interessieren. Wir, die wir an der Verfasserin interessiert sind, finden in den Korrespondenzen das Bild, das sie von sich selbst entwirft: in allem Bemühen um Ehrlichkeit – aber freilich auch ein Wunschbild, *so* gezeichnet, wie Bettine gesehen werden möchte. Doch sind nicht auch Wunschbilder ehrliche Bilder? Mögen sie die Wirklichkeit auch hier und da ein wenig idealisieren, um so genauer treffen sie die inneren Vorstellungen des Wünschenden, noch ohne die Abstriche, die die Realität an ihnen vornimmt. – Übrigens hat Goethe selbst gelegentlich Bettina als ein Abbild der Mignon gesehen, und bei einem englischen Reisenden des Jahrhundertbeginns, dessen Temperament wir uns wohl etwas kühl und reserviert vorzustellen haben, finden wir über Bettina die Briefstelle:

Als ich das erstemal nach Frankfurt kam, war sie ein kurzes untersetztes wildes Mädchen, die jüngste (?) und am wenigsten angenehme Enkelin der Frau von La Roche. Sie wurde stets als ein grillenhaftes unbehandelbares Geschöpf angesehen. Ich erinnere mich, daß sie auf Apfelbäumen herumkletterte und eine gewaltige Schwätzerin war; desgleichen auch, daß sie in überschwenglichen Ausdrücken ihre Bewunderung der Mignon in »Wilhelm Meister« aussprach. Indem sie ihre Hände gegen ihre Brust drückte, sagte sie: So liege ich immer zu Bett, um Mignon nachzuahmen.
(*Die Andacht zum Menschenbild. Unbekannte Briefe von Bettine Brentano*, S. 13f)

Zu Mignon gesellen sich in einem anderen zeitgenössischen Zeugnis weitere literarische Erfindungen Goethes, so in einem Brief, den Caroline Schlegel ein paar Jahre später über den Besuch Bettines in München an ihre Tochter Pauline Gotter schrieb:

Wir haben hier eine Nebenbuhlerin von Dir, mit der ich Dich schon ein wenig ärgern muß, wie sie mit Dir. Da kürzlich in einem Almanach eine Erzählung von Goethe unter der Benennung »Die pilgernde Törin« stand, glaubt ich, er könnte niemand anders gemeint haben als eben Deine Nebenbuhlerin, doch paßt die Geschichte gar nicht, aber jener Name paßt wie für

Bettina Brentano erfunden. Hast Du noch nicht von ihr gehört? Es ist ein wunderliches kleines Wesen, eine wahre Bettine (aus den venetianischen Epigrammen) an körperlicher Schmieg- und Biegsamkeit, innerlich verständig, aber äußerlich ganz töricht, anständig und doch über allen Anstand hinaus, alles aber, was sie ist und tut, ist nicht rein natürlich, und doch ist es ihr unmöglich, anders zu sein. Sie leidet an dem Brentanoischen Familienübel: einer zur Natur gewordenen Verschrobenheit, ist mir indessen lieber als die andern. [...] Manche fürchteten sich ihretwegen hinzugehen [zu dem kranken Wieland, den sie in München pflegte; G.M.], denn nicht immer gerät ihr der Witz, und kann sie wohl auch grob sein oder lästig. Unter dem Tisch ist sie öfter zu finden wie drauf, auf einen Stuhl niemals. Du wirst neugierig sein zu wissen, ob sie dabei hübsch und jung ist, und da ist wieder drollicht, daß sie weder jung noch alt, weder hübsch noch häßlich, weder wie ein Männlein noch wie ein Fräulein aussieht.

(*Caroline. Briefe aus der Frühromantik*, Bd. 2, S. 544)

So ununterscheidbar, wohl auch für sich selbst, hat das Verwechselspiel von Natur und Kunst, Temperament und Erfindung, Trieb und Inszenierung erst wieder Else Lasker-Schüler getrieben.

War Bettine ein wenig exzentrisch? Sie war es weiß Gott, und zwar im allerwörtlichsten Sinne. Denn wie sollte sie auch einverstanden sein mit dem, was seinerzeit und später als »zentral« galt? In Frankfurt beispielsweise, wo – eine gebürtige Brentano – ihr Elternhaus stand, war das Zentrum beherrscht von den Interessen der Kaufmannschaft. Der Vater – selbst ein Kaufmann – strebt nach hohen Ämtern in der Verwaltung der Freien Reichsstadt. Die italienische Herkunft der Familie war dabei eher im Wege. Für Bettine und ihren Bruder Clemens scheint hier die Opposition gegen das Philistertum begonnen zu haben. Als Clemens Brentano in Marburg studiert, liest er u.a. auch Basiles Ausgabe des italienischen Pentamerone, aus dem er für seine Märchen geschöpft hat. (Die Ausgabe im Besitz der Marburger Universitätsbibliothek hat Anstreichungen von seiner Hand.) In seinem Verhalten ahmt er den trinkenden, singenden, fröhlich-melancholischen Canzoniere nach, ja mehr, er *wird* dazu mit jener Begabung zur Simulation und Vervielfältigung der eigenen Identität, die, weil sie alles Artistische dem herkömmlichen Begriff nach weit hinter sich läßt, dämonisch heißen könnte. Das chimärische Leben der Simulation läßt dabei den kritischen Impuls der am Anfang war, durchaus hinter sich, wie ähnlich bei Bettina, deren schwärmende Neigung für die Mignon-Gestalt gleicherweise auf Kritik an der allzu berechnenden, ökonomisch haushälterischen Lebensführung des anpassungswilligen Vaters zurückgehen dürfte. Da kam die Erinnerung an die eigene unordentlich fremdländische Herkunft gerade recht. Wie in der Pubertät immer aufs neue die Kinder sich als Sprößlinge einer geheimnisvollen Mesalliance oder als unerkannte Waisen träumen, um den Abstand zu den leise oder heftig verachteten Eltern zu gewinnen, so auch hier. – Von einem italienischen Straßenhändler – il signor Pagliaruggi –, »die wahre Lockstimme für mich – unwiderstehlich«, berichtet sie der Günderode – kauft sie übrigens einen grünseidenen Regenschirm für ihren Aufenthalt in Marburg, wohin sie ihren Schwager Savigny begleitet, der hier eine juristische Professur versieht. Als es dann wirklich regnet, hat sie den Schirm längst irgendwo stehenlassen – (*Die Günderode*, S. 427). – Längst ist in diesen Jahren die bürgerschreckende Aktion zur Exaltation als Lebensform und Habitus geworden.

Wie die Marburger Bettina gesehen haben mögen, können wir uns jetzt vielleicht schon etwas vorstellen. Wie sah Marburg aus in ihren Augen? Sie hat es geliebt. 1802 schreibt sie an Savigny aus Offenbach:

Ich habe eine große Sehnsucht nach Marburg, da wo die schönen Aussichten sind und der große Garten, wo Clemenz und Savigny abends ganz spät hingehen und sich am Abend erfreuen, wo morgens die große Sonne ins Fenster scheint und alles weckt, was ich recht liebe.

Sie hat diese Huldigung später noch ausführlicher begründet und nie eingeschränkt. In jenem Roman, mit dem sie, die 1785 Geborene, spät, im Jahre 1835, fünfzigjährig ihr literarisches Debut beging, steht eine schöne Beschreibung ihres »wunderlichen Lebens« in der Stadt an der Lahn; sie wird Caroline Günderode mitgeteilt:

Ich wohnte einen ganzen Winter am Berg dicht unter dem alten Schloß, der Garten war mit der Festungsmauer umgeben, aus den Fenstern hatt ich eine weite Aussicht über die Stadt und das reich bebaute Hessenland; überall ragten die gotischen Türme aus den Schneedecken hervor; aus meinem Schlafzimmer ging ich in den Berggarten; ich kletterte über die Festungsmauer und stieg durch die verödeten Gärten; – wo sich die Pförtchen nicht aufzwingen ließen, da brach ich durch die Hecken, – da saß ich auf der Steintreppe, die Sonne schmolz den Schnee zu meinen Füßen, ich suchte die Moose und trug sie mitsamt der angefrornen Erde nach Haus; – so hatt ich an dreißig bis vierzig Moosarten gesammelt, die alle in meiner kalten Schlafkammer in irdnen Schüsselchen auf Eis gelegt mein Bett umblühten, ich schrieb ihr davon, ohne zu sagen, was es sei; ich schrieb in Versen: mein Bett steht mitten im kalten Land, umgeben von viel Hainen, die blühen in allen Farben, und da sind silberne Haine uralter Stämme, wie der Hain auf der Insel Cypros; die Bäume stehen dicht gereiht und verflechten ihre gewaltigen Äste; der Rasen, aus dem sie hervorwachsen, ist rosenrot und blaßgrün; ich trug den ganzen Hain heut auf meiner erstarrten Hand in mein kaltes Eisbeetland; – da antwortet sie wieder in Versen: »Das sind Moose ewiger Zeiten, die den Teppich unterbreiten, ob die Herrn zur Jagd drauf reiten, ob die Lämmer drüber weiden, ob der Winterschnee sie deckt, oder Frühling Blumen wecket; in dem Haine schallt es wider, summen Mücken ihre Lieder; an der Silberbäume Wipfel, hängen Tröpfchen Tau am Gipfel; in dem klaren Tröpfchen Taue, spiegelt sich die ganze Aue; du mußt andre Rätsel machen, will dein Witz des meinen lachen!

(*Goethes Briefwechsel mit einem Kinde*, S. 57)

Der »Witz«, in dem die Freundinnen wetteifern, hat einen weiteren Sinn als die Geschicklichkeit im Rätselraten. Er bezeichnet das Vermögen und die Kunst, das mit den Augen Angeschaute in die tiefen Räume der geschichtlichen Zeitalter zu versetzen. So wird hier das Moos im Eis zum Sinnen-Bild eines uralt lebendigen Lebens, das gelegentlich in Starre fallen und schlafen mag, aber nur für Zeiten. Die Spaziergängerin in den Gärten, Wiesen und Wäldern um das alte Schloß ist immer in zwei Welten unterwegs: in der hessischen Landschaft, die sie mit liebender Genauigkeit wahrnimmt, und in einer übersinnlichen Sphäre der Imagination, in der sie das sinnlich Wahrgenommene in einen geistigen Sinn übersetzt. In der spirituellen Ordnung ihrer Phantasie haben sich in den Moosen um ihr Bett die heiligen Haine von Cypros verborgen. Die Briefe, die sie in dieser Zeit mit ihren ähnlich gestimmten Freunden wechselt, haben allemal diesen Charakter von sinnlich-übersinnlichen Übersetzungsübungen. Das Ewige, Schöne und Bedeutende ist stets gegenwärtig, nur darf es an Witz nicht fehlen, um eines im anderen zu erkennen: das Uralte und Erhabene im Unscheinbaren des Marburger Alltags, das Alltägliche andererseits im Erhabenen. In den Briefen entsteht ein Zwischenreich, in dem beides sich ineinander spiegelt. Es ist müßig zu fragen, ob sie der Literatur oder dem Leben zugehören, denn die sie schreiben, wollen ja gerade diese Trennung nicht gelten lassen. Die säuberliche Scheidung beider ist für sie wie für ihren Bruder Clemens, für Savigny, den Mythologen Creuzer und die Günderode, für ihren späteren Mann Achim von Arnim und die befreundeten Brüder Grimm, kurz für den gesamten romantischen Kreis dieser Jahre zwischen Heidelberg und Frankfurt, Marburg und Berlin ein untrügliches Merkmal des Philiströsen, dem sie den Kampf angesagt haben.

Wie mancher Marburg heute am liebsten von weitem, so scheint Bettina es besonders gern von oben angeschaut zu haben. An der Festungsmauer, die den großen Garten umgibt, findet sie ihren Lieblingsplatz, eine Turmwarte:

wie war mir da, wie ich plötzlich durch Schnee und Mondlicht die weitverbreitete Natur überschaute, allein und gesichert, das große Heer der Sterne über mir! – So ist es nach dem Tod, die freiheitstrebende Seele, der der Leib am angstvollsten lastet, im Augenblick da sie ihn abwerfen will; sie siegt endlich und ist der Angst erledigt; – da hatte ich bloß das Gefühl, allein zu sein, da war kein Gegenstand, der mir näher war als meine Einsamkeit, und alles mußte vor dieser Beseligung zusammensinken.

(*Goethes Briefwechsel mit einem Kinde*, S. 58)

Dort oben, womöglich auf der Brustmauer sitzend, hat sie auch den Jahreswechsel von 1805 auf 1806 verbracht:

Es war in der Neujahrsnacht; ich saß auf meiner Warte und schaute in die Tiefe; alles war so still – kein Laut bis in die weiteste Ferne, und ich war betrübt um die Günderode, die mir keine Antwort gab; die Stadt lag unter mir, auf einmal schlug es Mitternacht, – da stürmte es herauf, die Trommeln rührten sich, die Posthörner schmetterten, sie lösten ihre Flinten, sie jauchzten, die Studentenlieder tönten von allen Seiten, es stieg der Jubellärm, daß er mich beinah wie ein Meer umbrauste; – das vergesse ich nie, aber sagen kann ich auch nicht, wie mir so wunderlich war da oben auf schwindelnder Höhe, und wie es allmählich wieder stille ward und ich mich ganz allein empfand. (*Goethes Briefwechsel mit einem Kinde*, S. 59)

Von der winterlichen Einsamkeit Marburgs, von dem engen, beschränkten Kreis seiner Geselligkeiten, von dem »Nest«, wo sie ganz als Einsiedler würde leben können, hatte die Günderode Bettina gesprochen (*Die Günderode*, S. 437), und dieser entgeht auch das alles nicht. Doch nimmt sie es wie den Winter, den sie als »Frühlingspause« erlebt und in dem sich jeden Augenblick das Leben erneuern kann: wie beim festlichen Eintritt ins Neue Jahr. Wenn sie beim Spazieren botanisiert, um Hinweise auf ein werdendes Leben zu finden – »Die Zeit würde aufhören, wär die Natur nicht mehr frühlingsbegeistert« –, oder wenn sie ein Bauernmädchen ausfragt nach Liedern für *Des Knaben Wunderhorn*, dem Bruder und seinem Freund Achim von Arnim zu Gefallen, stets stemmt sie sich auf solchen Suchen nach Lebensspuren gegen das Verdorren und Erkalten im Tod: »das ganze Leben ist bloß Zukunftsbegeisterung«, »denn sonst ist's Tod« (*Die Günderode*, S. 468).

Ist dieser Trotz gegen das Sterben nicht überhaupt einer der mächtigsten Impulse dieser Frau gewesen? Hier steht er gegen die Todeslust der Günderode, die sich im selben Jahr noch das Leben nehmen wird aus untröstlichem Schmerz über die Treulosigkeit des geliebten Creuzer. Einen heftigen, einen dämonischen Sog durch den Tod muß aber auch Bettine selbst erfahren haben; Faszination und archaisches Grauen. Ihre ungestümen Liebeswünsche, die sie – scheinbar unstet und mehr in die Liebe als die Geliebten verliebt – bald auf den Bruder, dann die Freundin, bald auf den verehrten Goethe, dann Arnim, den Fürsten Pückler oder Max von Freyberg richten mag, sind in ihrer fast verzweifelten Intensität immer wieder erneuerte Versuche, Terrain gegen den Tod zu gewinnen.

Als sie Goethe über ihre Liebe zu Achim von Arnim schreibt, heißt es:

> was kann man anders machen, hinten und vorne steht der Tod, da muß man sich freilich das Leben herbeiziehn, um ihm zu trotzen, und er ist so friedlich, er besänftigt mich, wenn ich stumm und traurig bin, und hat ja auch ein lieb Lied gemacht:
>
> Lieben und geliebt zu werden
> ist das größte Glück auf Erden.
>
> (*Bettinas Leben und Briefwechsel mit Goethe,* Nr. 10)

Doch eilen wir mit diesen Hinweisen auf die Ehe mit Arnim schon ein Stück weit voraus und wollen doch erst noch das Gesichtsfeld Bettines in Marburg um ein folgenreiches Ereignis ergänzen. Der erste und wichtigste Mensch, den sie hier kennenlernt, ist ein Handelsjude mit Namen Ephraim. Beredt schildert sie der Günderode sein schönes Äußeres: die orientalische Physiognomie, sein würdevolles ruhiges Verhalten, als er der Professorenfrau, bei der Bettina logiert, einige altertümliche Kleider abkauft, angestrahlt vom Abendrot. Wie »Dämmerung über einer erhabenen Natur« empfindet sie sein Wesen, und sie spricht mit ihm darüber, als sie ihn wiedertrifft, »vorurteilsfrei und zutraulich« (*Die Günderode,* S. 442). In der inneren Verwandtschaft, die sie fühlt, kommt für sie die Gemeinschaft der Außenseiter zum Ausdruck – auch hier schwingt wieder der Klang von Mignons Liedern mit –, eine geheime Gemeinde seit altersher im geschichtlichen Dämmerlicht, auf die sie sich beruft gegen die helle Tageswelt des bourgeoisen Lebens, durch das sie wie traumwandelnd geht mit einem wachen Auge für die Zeichen der Zukunft im Ehrwürdigen und Vergangenen. Sie nimmt Unterricht bei diesem greisen Philosophen für die Welt, als den sie ihn rasch kennenlernt, und wenn sie später die vier Marburger Wintermonate aus der Erinnerung verklärt: »ich konnte sie nicht schöner zubringen [...] Natur und tiefer Geist, die haben mich hier freundlich empfangen, die zwei Genien meines Lebens«, so spricht sie vom Geist des Juden Ephraim, nicht dem der Universitätsstadt, und von Ephraim hat sie das Wort, mit dem sie den Günderode-Roman endet: »Alles Werden ist für die Zukunft« (*Die Günderode,* S. 533). – In Frankfurt, so beschließt sie, will sie auf das Leben der Juden im Ghetto achtgeben.

Am ehesten findet sie sonst dieses verborgen Zukünftige im fröhlichen Leben der Studenten wieder, das von den bürgerlichen Sorgen noch nicht verdorben ist. Zu den Jungen hatte sie ein begeistertes Verhältnis, ununterscheidbar, ob erotisch entzündet, ästhetisch oder philosophisch, wie denn wohl auch nicht viel daran liegt, auseinanderzuhalten, was hier seine höchste Intensität gerade durch die wechselseitige Steigerung erfährt. Mit einer glücklichen Wendung schreibt Bettina später an den Bruder Clemens: »Und die Jugend ist doch durch und durch elektrisch« (*Frauen der Goethezeit*, S. 595f).

Lebelang hat Bettina diese Zuwendung zu den Jungen aufrechterhalten, wie denn auch andere in dieser Frühzeit empfangene Eindrücke bestimmend für ihr Leben bleiben. Tatsächlich ist auch die Öffnung des Blicks für das Schicksal der Juden in Deutschland der Anfang einer lebelangen Parteinahme. Auch sie steht zunächst im Zeichen der Opposition gegen die Bürgerwelt ihrer Vaterstadt. Vor der zunftungebundenen Judenschaft haben die Frankfurter Kaufleute lebhafte Konkurrenzangst, so daß sie noch in der ersten Hälfte des 19. Jahrhunderts keine Gelegenheit auslassen, die jüdischen Rechte gering zu halten. So haben sie auch das Ghetto, das 1812 unter Napoleon nach der Einnahme Frankfurts zugleich mit der Herstellung der Rechtsgleichheit der Juden aufgehoben worden war, 1816 sogleich wieder eingerichtet, einschließlich des Widerrufs der Bürgerrechte. – Bettine deckt den Widerspruch zwischen den ökonomischen Interessen der eigenen Familie und deren menschenfreundlich philantropischem Selbstverständnis auf, wenn sie die Sache der Juden gegen den auch in der eigenen Familie vertretenen Antisemitismus zu ihrer eigenen macht; übrigens auch Goethe gegenüber, den sie über die jüdischen Belange informiert.

Nach Frankfurt am Main, wo sie geboren wurde, weisen viele Fragen nach den Antriebskräften von Bettinas späteren Ansichten und Verhalten zurück, auch später noch, längst nach ihrem Umzug nach Berlin 1910, wo sie dann die längere Zeit ihres Lebens über bleiben wird bis zu ihrem Tode im Jahr 1859. Zwischen Frankfurt und Berlin ist ihr Leben gespannt wie eine Saite. Dort, in der Geburtsstadt, wird sie gehalten; hier, in der Stadt ihres literarischen und gesellschaftlichen Erfolges, stimmt sie diese Saite auf das hohe Niveau ihrer Lebensansprüche, dessen Voraussetzung und Berechtigung für sie in der intellektuellen und sozialen Verankerung im geistigen Milieu ihrer Herkunft liegen. – Marburg war für Bettina eine kurze Episode, wenn auch eine charakteristisch durchlebte. – Spätestens hier wird es nun aber Zeit, einige der Umstände ihres Lebens der Reihe nach mitzuteilen.

Kaum ließen diese sich würdiger denken. Auf Mutter und Großmutter fällt Licht von Goethes Sonne. Sie hatten sie indessen kaum nötig. Die Großmutter Sophie La Roche war eine der ersten selbständigen Schriftstellerinnen in deutscher Sprache, die mit ihrem Roman *Fräulein von Sternheim* weltberühmt geworden war, ohne daß es dazu ihrer Freundschaft mit Wieland und der Verehrung durch Goethe bedurft hätte, der ihr im

13. Buch von *Dichtung und Wahrheit* ein literarisches Denkmal gesetzt hat. Sie verband eine sorgfältig gepflegte Empfindsamkeit, die sie in den zartesten und rührendsten Wendungen mitteilen konnte, mit einem lebhaften Sinn für die Geschäfte des Lebens, worüber sich ihre Enkelin später scharfsichtig lustig macht. Auf diese Geschäftstüchtigkeit geht wohl auch die Verbindung ihrer ältesten Tochter Maximiliane, der von Goethe mit liebevoller Aufmerksamkeit bedachten Maxe, mit dem Großkaufmann P.A. Brentano zurück, einem phantasiearmen, doch einflußreichen Mann von bedeutenden Mitteln und Ämtern. »Goethe hat die kleine Brentano über den Geruch von Öl und Käse und das Betragen ihres Mannes zu trösten«, will das Schandmaul J.H. Merck erfahren haben.

Als Bettina acht ist, stirbt ihre Mutter Maximiliane. So wird sie mit ihrer Schwester Meline zur weiteren Erziehung in die Obhut der Nonnen des Klosters zu Fritzlar gegeben, in dessen Hof noch heute ein Baum die eingeschnittenen Initialen Bettines tragen soll. Sie lernt dort Handarbeiten anzufertigen, die allgemein gerühmt werden, vor allem aber auch, ihren Eigensinn zu behaupten gegen alle möglichen Bevormundungen. Zum Dank schickt sie den frommen Frauen später *Goethes Briefwechsel mit einem Kinde*, und diese bedanken sich zünftig. Sie können nämlich mit dem weltfrommen Buch nicht warmwerden, oder vielmehr erst, nachdem sie es schaudernd verheizt haben. – Als 1796 auch der Vater in Frankfurt stirbt, kommt sie in das Offenbacher Haus ihrer Großmutter, wo sie vom 12. bis zum 17. Lebensjahr lebt. Dort, wo ein reges geselliges Leben herrscht, denn Sophie La Roche schreibt noch bis ins hohe Alter und empfängt Besuch aus aller Welt, erhält sie ihre eigentliche Bildung und lernt ihre Weltgewandtheit. Doch hat sie auch ein regelrechtes Lernpensum zu bewältigen: Geschichte, Musik und Zeichnen – sie komponiert später eigene Lieder und läßt ein Goethe-Denkmal fertigen nach Entwürfen von eigener Hand –, alte Sprachen und die griechisch-römische Literatur, Französisch natürlich. Englisch wird sie später auf eigene Faust lernen, um ihr erstes Buch auch in England herausbringen zu können. Sie lernt es so schnell und leicht, daß sie es tatsächlich schafft, einen bedeutenden Teil selbst ins Englische zu übersetzen. Aber sie behält zu solchen Fertigkeiten ein sehr selbstkritisches Verhältnis. Denn auch hier fürchtet sie ein inneres Austrocknen und verwahrt sie sich gegen die tote Gelehrsamkeit des Bildungsbürgertums. In dem späteren Roman aus dem Günderode-Briefwechsel steht, aus dem Jahre 1805 datiert, ein Brief, der ganz im Sinn der ersten Romantiker-Generation um Friedrich Schlegel und Novalis erläutert, was allein ihr als wahrhafte Bildung gelten soll:

Heute nachmittag brachte der Büri der Großmama ein Buch für mich – Schillers Ästhetik – ich sollt's lesen, meinen Geist zu bilden; ich war ganz erschrocken, wie er mir's in die Hand gab, als könnt's mir schaden, ich schleudert's von mir. – Meinen Geist bilden! – Ich hab keinen Geist – ich will keinen eigenen Geist; am Ende könnt' ich den heiligen Geist nicht mehr verstehen. – Wer kann mich bilden außer ihm. – Was ist alle Politik gegen den Silberblick der Natur! – Nicht wahr, das soll auch ein Hauptprinzip der schwebenden Religion sein, daß wir keine Bildung gestatten das heißt kein angebildet Wesen, jeder soll neugierig sein auf sich selber und soll sich zutage fördern wie aus der Tiefe ein Stück Erz oder ein Quell, die ganze Bildung soll darauf ausgehen, daß wir den Geist ans Licht hervorlassen. Mir deucht mit den fünf Sinnen, die uns Gott gegeben hat, können wir alles erreichen, ohne dem Witz durch Bildung zu nahe zu kommen. Gebildete Menschen sind die witzloseste Erscheinung unter der Sonne. Echte Bildung geht hervor aus Übung der Kräfte, die in uns liegen, nicht wahr? – Ach, könnt ich doch alle Ketten sprengen, die uns daran hindern, jeder innern Forderung Genüge zu leisten; – denn dadurch allein würden die Sinne in ihre volle Blüte aufbrechen. (*Die Günderode*, S. 340)

»Schwebend« ist diese Religion, weil ihre Erfüllung aussteht. Bildung bedeutet hier nicht das Beherrschen eines Lernstoffs, sondern eine Produktivität, die den Geist in der Nähe sichtbar macht. Dem Werdenden in Natur und Geschichte nachzuspüren, das ist die Parole Bettinas, mit der sie sich dem jüdisch-messianischen Zukunftsdenken näher weiß als ihrer christlichen Erziehung. Insofern auch ist die innere Nähe, die sie zu dem alten Marburger Juden fühlt, mehr als eine romantische Flause. – In unserem Jahrhundert sind es auch wiederum Juden gewesen, die ihr eigenes Denken als wahlverwandt mit dem utopischen der Frühromantik empfunden haben: Ernst Bloch, Walter Benjamin, Theodor W. Adorno. –

Bei der Günderode im Frankfurter Cronstettschen Stift lebt Bettine nun auch, wenn sie nicht in Offenbach bei ihrer Großmutter oder den älteren Geschwistern bzw. im Haushalt des Schwagers Savigny in Landshut, Marburg und später auch in München ist. Alleinstehend, ohne eigenen Hausstand, hatte man es als Frau nicht einfach. So zigeunert sie durch halb Deutschland, um irgendwo zur Ruhe zu kommen, erst recht nach dem Selbstmord der Günderode im Jahr 1806. Im selben Jahr lernt sie in Frankfurt die alte Rätin Goethe kennen, in der sie einen Ersatz der eigenen so früh gestorbenen Mutter und der Freundin zu finden scheint, die sich vor ihrem Freitod schon von Bettine abgewandt hatte. Zu den Füßen der alten Frau sitzend, läßt sie sich aus Goethes Kindheit und aus den Frankfurter Erinnerungen der Rätin erzählen. Durch diese tritt nun auch sie – nunmehr in der dritten Generation ihrer Familie – in den Bannkreis Goethes. Als sie 1843, ganz im Gefolge der politischen Aufklärung noch des 18. Jahrhunderts, ein Buch der Fürstenerziehung schrieb – »Dies Buch gehört dem König«, nannte sie es, um den Schutz Friedrich Wilhelms IV. vor der Zensur anzurufen –, legt sie ihre politische Philosophie einer liberalen bürgerlichen Selbstverwaltung mit einem Minimum an repräsentativer Gewalt der Mutter Goethes in den Mund – aus persönlicher Verehrung und als Geste des Respekts vor der Frankfurter Freien Reichsstadt, die sie aus Preußisch Berlin erst schätzen lernt. Ein Jahr nach der Bekanntschaft mit Goethes Mutter lernt sie diesen selbst 1807 in Weimar kennen und sogleich auch lieben.

Wie ihre größte Begabung im Rühmen anderer lag, so hat sie ohne zu lieben nicht leben wollen. Die Willkür, die in solcher noch ganz unpersönlichen Vorentscheidung für den jeweiligen Geliebten liegen mag, hat sie durch bedingungslose Hingabe an den gesühnt, auf den gerade ihre Wahl gefallen war. »Ich wollte mich lieber tot wünschen als übrig sein; ich bin es aber nicht, denn ich bin Dein, weil ich Dich erkenn in allem«, schreibt sie 1808 an Goethe (*Bettinas Leben und Briefwechsel mit Goethe*, Nr. 9), und etwas später: »mein Gemüt wehrt sich gegen sonst nichts, als nur gegen Nichts, – Gegen dies Nichts, das einen beinah überall erstickt« (*Bettinas Leben*, Nr. 16). So tritt Goethe in ein Liebesvakuum ihres Lebens. Sie hätte ihn aus Stolz und Selbstachtung erfinden müssen, wenn es ihn nicht schon in Weimar gegeben hätte, denn ihre Erwartungen an einen Geliebten waren hoch. In der Liebe standen für sie Gewinn oder Verlust des eigenen Selbst auf dem Spiel. Alles auf die Liebe setzend, war sie ohne Verständnis, wenn sie diesen Absolutismus nicht erwidert fand. Andererseits brauchte sie kaum Resonanz. »Du strahlst in mich wie die Sonne in den Cristal und kochst mich wie diese immer reiner und klarer aus«, schreibt sie an Goethe im gleichen Jahr (*Bettinas Leben*, Nr. 16). Durch ihre selbstlose, gar unerwiderte Liebe findet sie die Bedingungslosigkeit ihres Begehrens noch geläutert und erst völlig dem Handel von Liebe und Liebeslohn, dem Schacher von Gabe und Gegengabe entzogen, der für sie die Leidenschaften im bürgerlichen Leben kompromittierte. Über Hölderlin, dessen dichterische Bedeutung sie als eine von Wenigen sofort erkannte, schreibt sie an die Günderode: »ich darf ihn hier in Frankfurt gar nicht nennen, da schreit man die fürchterlichsten Dinge über ihn aus, bloß weil er eine geliebt hat, um den Hyperion zu schreiben, die Leute nennen hier lieben: heiraten wollen [...]« (*Frauen der Goethezeit in ihren Briefen*, S. 544). Die Liebe hat danach ihr Recht und ihre einzige Verantwortung beim Liebenden, nicht dem Geliebten. – Es ist diese Gesinnung Bettines, an die Rilke später bewundernd erinnert, als er im *Malte Laurids Brigge* eine Liebe zu denken versucht, die unabhängig vom Geliebten ihre absolute Reinheit durch Selbstlosigkeit gewinnt.

Es ist aber wohl schwerlich Sache von Männern, diese Haltung zu verklären; dazu ist sie zu schwer mit der Hypothek des Ausschlusses von Glücksmöglichkeiten belastet, die Männer selbstverständlich einfordern und in Anspruch nehmen. So möchte ich sie denn hier auch eher als den Ausdruck einer Einsamkeit anführen, aus der die aus sich selbst Begeisterte den zweifelhaften Gewinn ziehen möchte, von niemandem, vor allem nicht von Männern abhängig zu sein. Eine ewige Jungfernzeugung im Geiste ist die perverse Wunschvorstellung, die diesem Solipsismus entspricht, finden Frauen wie Bettina doch den angemessensten Partner noch immer in sich selbst: »oft liege ich abends oder vielmehr nachts im Fenster und habe ganz herrliche Gedanken, wie es mir scheint; ich freue mich dann über mich selbst, meine Begeisterung begeistert mich sozusagen ...« (*Die Günderode*, S. 543). Diese Entzündung und Fortzeugung aus selbsterhaltener und -erneuerter Energie überträgt sie auch auf ihr Verhältnis zum Briefeschreiben, wenn sie gelegentlich ausruft: »seid fruchtbar ihr Briefe und mehret euch«, als bedürfe es kaum noch der Anstöße von außen (*Die Günderode*, S. 546). – Ein zunehmender Wirklichkeitsverlust war die naheliegende Folge. Christiane Vulpius jedenfalls war von der Kompliziertheit des Liebesverhältnisses, das Bettina zu Goethe eher erfand als im bürgerlichen Sinne unterhielt, bis zur Verstimmung überfordert.

Goethe, der zunächst die schwärmerische Zuneigung der jungen Frau genossen hatte, entzog sich ihr später. Immerhin besucht sie ihn auch noch 1810 und 1811, doch dann erst wieder nach über zehnjährigem Abstand 1824. Bedeutend ist er in ihrem Leben immer geblieben, weit über den Reiz der erotischen Beziehung hinaus. Wie in all ihren Lieben hat sie auch in dieser das persönlich Intime in den Rang einer metaphysischen Passion gesteigert (einer durchaus weltlichen gleichwohl), weshalb sie die Veröffentlichung des – wenn schon bearbeiteten – Briefwechsels auch nicht als Selbstentblößung empfinden konnte. In so hohem Maße hatte ihr eigenes Leben die Form und Festigkeit eines Kunstprodukts angenommen, so konsequent hat sie es aus der Logik der Bildungsphilosophie einer »schwebenden Religion« geführt, daß es darin nichts mehr zu geben schien, was nicht als Zeichen eines höheren Sinns zu denken war. Ist ihre Schamlosigkeit, wie Kritiker gelegentlich den Freimut ihrer Briefromane nannten, nicht die Unbedenklichkeit eines Menschen, der den entblößten Leib vor profanen Blicken sicher glaubt, weil er selbst den Kopf über den Wolken trägt?

Von den fürstlichen Persönlichkeiten des 16. und 17. Jahrhunderts wird berichtet, daß sie sich umstandslos vor ihrer Dienerschaft entblößten, weil sie kein Privates hatten, was nicht als Zeichen eine öffentliche Bedeutung repräsentiert hätte und insofern über alle persönliche Neugier unendlich erhaben war. Auf die bürgerliche Sphäre übertragen verhält es sich wohl mit der romantischen Veröffentlichung des Persönlichen vergleichbar. Es ist ein Versuch, für das private Leben von Liebe und Freundschaft eine ähnliche Würde und Erhabenheit zu beanspruchen; nicht im Rahmen einer bürgerlich repräsentativen Öffentlichkeit, sondern in der Beziehung auf die »werdende Zukunft« aus dem Geist der Liebe, also als Anleihe auf eine höhere menschliche Bildung. Von 1817 ist ein Brief Bettines an Goethe aus Berlin datiert, dessen Postscriptum sich auf den Brand des Schauspielhauses bezieht. Aus ihm läßt sich gut lesen, wie persönliche Verehrung, Metaphysik und Politik in der Vorstellung der Schreiberin zusammengehen:

> Den Tag, nachdem ich dieß geschrieben, geriet das Comödienhaus in Brand; ich ging nach dem Platz, wo tausende mit mir dies unerhörte Schauspiel genossen: die wilden Flammendrachen rissen sich vom Dache los und ringelten sich nieder oder wurden von Windstößen zerrissen; die Hitze hatte die schon tröpfelnden Wolken verzehrt oder zerteilt, und man konnte durch die rote Glut ruhig ins Antlitz der Sonne sehen, der Rauch wurde zum rötlichen Schleier, das Feuer senkte sich in die inneren Gemächer und hüpfte von außen hier und dort auf dem Rand des Gebäudes umher; das Gebälk des Daches war in einem Nu in sich herein gestürzt, und das war herrlich! nun muß ich Dir auch erzählen, daß es währenddessen in mir jubelte; ich glühte mit, der irdische Leib verzehrte sich, und der unechte Staat verzehrte sich mit; man sah durch die geöffnete Tür, durch die dunklen toten Mauern alle Fenster schwarz, den Vorhang des Theaters brennend niederstürzen; nun war das Theater im Augenblick ein Feuermeer, jetzt ging ein leises Knistern durch alle Fenster, und sie waren weg; ja wenn die Geister solcher Elemente einmal die Flügel aus den Ketten los haben, dann machen sie es zu arg; in dieser anderen Welt, in der ich nun stand – dachte ich an Dich, den ich solange verlassen hatte. Deine Lieder, die ich so lange nicht gesungen hatte, zuckten auf meinen Lippen ... ja es war gut: mit diesem Haus brannte ein dumpfes Gebäude nieder, frei licht wards in meiner Seele, und die Vaterlandsluft wehte mich an.
>
> (*Bettinas Leben und Briefwechsel mit Goethe*, Nr. 60)

Wir wissen übrigens, daß diese Szene zumindest noch einen anderen ähnlich interessierten Beobachter hatte: mit blitzenden Augen, halb verborgen durch einen flatternden Fenstervorhang: E.T.A. Hoffmann.

Untrennbar eng sind in Bettines Beschreibung – und mit wie furioser Meisterschaft ist nicht allein diese beschreibende Prosa ausgeführt! – der Brand des Staatstheaters und die Vision eines Zusammenbruchs des falschen Theater-Staats ineinandergebildet. Mit anarchisch lodernder Begeisterung sieht sie dieses schönste Stück, das im Schauspielhaus je inszeniert wurde, als Vorspiel einer neuen vaterländischen Zukunft. Wenn Goethes Lieder ihr dabei einfallen, so wird uns deutlich, daß sie in ihm auch den Dichter der Revolte gegen den Plunder des Ançien Régime verehrt hat, wie ähnlich Beethoven, den sie 1810 besuchte, und sie sah jeden auf seine Weise den Brand schüren, von dem sie das morsche Gebäude des absolutistischen Ständestaates verzehrt sehen wollte.

Seit 1810 mit Achim von Arnim verheiratet – zur Zeit des Brandes hat sie mit ihm bereits fünf Kinder –, lebt Bettina von Arnim auf dem märkischen Gut Wiepersdorf und in Berlin; nach 1831, dem Todesjahr ihres Mannes – inzwischen hat sie sieben unmündige Kinder, das jüngste gerade vier Jahre – nur noch in der Hauptstadt Preußens. Sie gilt nun als Symbol der liberal-demokratischen Opposition, die sie persönlich zunächst als verehrende Freundin des Königs, später dann desillusioniert, als scharfe Kritikerin des Monarchen und gar der ständischen Monarchie austrägt, gegen die sie die Souveränität des Volkes stellt. Ohne zu zögern nimmt sie Partei für die »Göttinger Sieben« und für die Freilassung des polnischen Patrioten Mieroslawski, verwendet sie sich für den lebenslänglich eingesperrten Kinkel, der an der 48er Revolution teilgenommen hatte, und sammelt sie durch einen öffentlichen Aufruf Material für ein »Armenbuch«, in dem sie das soziale Elend in den Berliner Armenvierteln dokumentieren möchte. Keine Frage, daß sie Marx, mit dem sie 1842 in Kreuznach zusammengetroffen war, bald sehr viel näher stand als ihren Standesgenossen. Mit roter Tinte – damit die »rote Farbe der Beschämung auf den Wangen eines hochlöblichen Magistrats widerscheine« – gibt sie der Berliner Stadtverwaltung bereits 1842 Nachhilfe in politischer Ökonomie:

> Der Schatz der Armen besteht im angebornen Reichtum der Natur, das Verdienst des Bürgers im Anwenden und Ausbeuten dieses Naturreichtums, welchen er vermittels seiner tätigen Gewandtheit und zum eigenen Vorteil derjenigen Menschenklasse zuwendet, deren Hochmut, Verwöhnung und geistige Vorbildung alles verschlingt, eben weil sie keine Produktionskraft hat.
>
> Die Gründe also, warum ich den Proletarier am höchsten stelle, ist, weil er der Gemeinheit enthoben ist, als Wucherer dem Weltverhältnis etwas abzugewinnen, da er alles gibt und nicht mehr dafür wieder verzehrt, als er eben bedarf, um neue Kräfte zum Gewinn anderer sammeln zu können.
>
> (*Frauen der Goethezeit in ihren Briefen*, S. 610)

Noch bis ins Alter bleibt sie lernfähig und bereit, sich bewegen zu lassen. In einem »Polenaufruf« schreibt sie an die Linke der deutschen Nationalversammlung, um für die Unterstützung des polnischen Freiheitskampfes und für die Aufklärung des eigenen Volkes zu werben, so wie sie zuvor für die Sache der Tiroler, später für die der Ungarn geworben hat. Wo immer sie Volksinteressen auf dem Spiel stehen oder Minderheiten und Wehrlose in Gefahr sah, war auf sie zu zählen. Kein Wunder, daß sie zum Gespött der Höflinge wurde – um so ungeschützter, als ihre persönliche Moral eine Unterscheidung des angetanen Unrechts – ob wichtig oder weniger wichtig – kaum zuließ. Zu politischer Klugheit fehlte ihr der Opportunismus, ja selbst die List mittelbarer Wirksamkeit. So muß Alexander von Humboldt gelegentlich vermitteln, um den gegen Bettina aufgebrachten König zu beschwichtigen oder auch, um ihre Bittgesuche auszurichten. Nur mit knapper Not entgeht sie auch in einem zivilrechtlichen Prozeß mit dem Magistrat, der sie schikaniert, der Verurteilung.

Fast alle politischen Aktivitäten Bettines bleiben mehr oder weniger erfolglos. Die Brüder Grimm, zu den Göttinger Sieben gehörend, beruft der König zwar noch nach Berlin auf ein Versprechen hin, das er Bettina als Kronprinz gegeben, danach versagt er sich aber ihren Eingaben mit zunehmender Entschiedenheit. Stand Bettina auf verlorenem Posten? Ja, aber sie stand dort nicht allein. Achim von Arnim hat zu ihr gehalten, auch in den Alltagssorgen um den Haushalt und um die Krankheiten der Kinder. Er ist ihr ein wirklicher Freund gewesen, wie – allem Literaturklatsch zum Trotz – der Briefwechsel der beiden es beweist. Freilich war sie auch in den praktischen Dingen weltläufiger und geschickter als er, ganz gegen die Erwartung, die ihr phantastisches Wesen erwecken mochte. Freundschaftliche Loyalität hat sie schließlich auch bei Frauen gefunden: Rahel von Varnhagen, die in Berlin am längsten noch an der frühromantischen Salon-Tradition emanzipierter Frauen festhielt, und bei ihrer Tochter Gisela, die ihre demokratischen Auffassungen teilte.

Fast hätte ich mit diesen allgemeinen Worten einer berichtenden Würdigung meinen Versuch eines Portraits abgeschlossen, als ich beim Blättern noch auf einen Brief Bettines an ihren Mann stieß, der aus Berlin geschrieben ist, wo sie mit den fünf Kindern – vier Jungen und einem Mädchen – lebt, während er gerade wieder für länger auf dem Gut Wiepersdorf unabkömmlich zu sein scheint. Ich habe mir diesen Brief als Warnung vor allzu harmonisierenden und geglätteten Lebensbildern zu Herzen genommen und will ihn auch hier nicht vorenthalten. Die Schreiberin hat mit ihren Söhnen soeben Schularbeiten gemacht:

Ich komme eben davon her, daß ich Siegmund geschlagen habe, daß ihm die Nase geblutet hat, er ist mit Wörten und Güte durchaus zu nichts zu bewegen; daß ich dabei meine Gesundheit aufopfere, ist natürlich, die Max ist ebenso von einer Bosheit, die nicht zu bändigen ist, und dabei spricht sie das lächerlichste Zeug, daß einem die Haare zu Berge stehen und ich es nicht wage aufzuschreiben. Freimund ist wirklich eine gute Natur, und auch Kühnemund läßt sich von Biedermann zurechtweisen, Friedmund hat einen beleidigenden Trotz; ich fühle, wie wesentlich deine Gegenwart hier wäre, besonders am Anfang, damit sie mit dem Lehrer in ein ordentliches Verhältnis kämen; Du glaubst aber auf dem Lande notwendiger zu sein, obschon die Betrügerei mit dem Brote während Deiner Anwesentheit war und Du auch bis jetzt noch keinen Streit und Zank verhindern konntest ... Wenn ich Dir die Wahrheit sagen soll, so hat es mich oft gekränkt, Dich um solcher Lappalien wegen ganze halbe Tage verlieren zu sehen; ich weiß zwar, daß Du manches Gute gestiftet hast, allein gerade was am wesentlichsten ist, kannst Du von hier aus auch besorgen. Sei nur nicht böse auf mich, ich hab heute schon zu viel ausgestanden, die Szene mit Siegmund hat mir heftigen Magenkrampf zugezogen; bei diesem Schreckensleben verändert sich meine Natur alle 3 Tage, ich bin auch so ermattet, daß ich abends gar nicht mehr ausgehe, sondern mich müde und tränenschwer zu Bette lege; ich sage Dir also, daß Deine Gegenwart hier höchst notwendig ist; und daß ich es nicht mehr ertrage, hier allein mit den Kindern zu sein [...] Und ich beschwöre Dich: nicht so bald als möglich, sondern gleich hierherzukommen und Deinen Kindern vorzustehen und Deine Wirtschaft mit Vertrauen auf Gott dem Gruhl zu rekommandieren. Wenn Du mir darin nicht willfahrest, so wälz ich alle Schuld auf Dein Haupt. Ich weiß, daß ich allein nichts ausrichte, und kann nicht länger widerstehen; Du mußt selbst einsehen, daß es für mich kein Amt ist, 4 Knaben von dieser Heftigkeit in Ordnung zu erhalten. Die Max allein macht mir Not genug, die Kinder sind ganz außer allen Banden und haben die unsittlichsten Erfahrungen gemacht. Ich erwarte Dich also ganz gewiß und hoffe, daß es Dir wesentlicher deucht, Deinen Kindern zu helfen als dem Vieh.

(*Achim und Bettina in ihren Briefen*, S. 416ff)

Ich möchte diese Sätze, die nicht als ein endgültiges Urteil der Schreiberin über Achim von Arnim zu lesen sind, auch die letzten Federstriche meines Portraits sein lassen. Sie zeichnen in heftiger und nervöser Schraffur den alltäglichen Lebenshintergrund Bettines. Vielleicht lassen sie besser als alle allgemeinen Worte die Energie und Liebesfähigkeit ahnen, die nötig waren, um diesem Leben einige Bedeutung abzugewinnen.

Antonie Schweitzer, Simone Sitte

Tugend – Opfer – Rebellion

Zum Bild der Frau im weiblichen Erziehungs- und Bildungsroman

Der Mann muß hinaus
Ins feindliche Leben,
Muß wirken und streben
Und pflanzen und schaffen
[. . .]
Und drinnen waltet
Die züchtige Hausfrau,
Die Mutter der Kinder,
Und herrschet weise
Im häuslichen Kreise . . .
(Friedrich Schiller, *Die Glocke*)

Die Entwicklung einer arbeitsteiligen Gesellschaft im 18. Jahrhundert veränderte auch die Stellung der Frau. Während sie noch im 17. Jahrhundert in der Regel als »Hausmutter« an der häuslichen Arbeitsgemeinschaft – beispielsweise eines landwirtschaftlichen oder handwerklichen Betriebs – teilhatte, vollzog sich nun die Trennung zwischen privatem und öffentlichem Leben, zwischen Wohn- und Arbeitsplatz; der Mann mußte hinaus, während die Frau in die dreifache Rolle der Hausfrau, Gattin und Mutter verwiesen wurde. Ihre Hauptaufgabe bestand darin, den familiären Innenraum zu einem Ort der Harmonie, des Ausgleichs, der Erholung werden zu lassen, in dem der Mann sich von dem harten, mit Leistungs- und Konkurrenzzwängen verbundenen Existenzkampf erholen konnte, den er »draußen«, im Berufsleben führte. In noch verstärktem Maße wurden der Frau als tugendhaft idealisierte Eigenschaften zugesprochen, die allesamt ihre Emotionalität betonten – man erwartete von ihr Güte, Zurückhaltung, Bescheidenheit – Komplementäreigenschaften zu dem aktiven, bestimmenden Part des Mannes im öffentlichen Leben. Gleichzeitig wurde der bürgerliche Ehrbegriff ein Gegenentwurf zur adeligen Libertinage.

Gegen einen völligen Rückzug der Frau aus dem öffentlichen Leben wandte sich allerdings bereits zu Beginn des 18. Jahrhunderts Gottsched; er forderte beispielsweise, daß die Frau im kulturellen, literarischen Leben auch kreativ werden sollte und ermunterte seine Frau, die sogenannte Gottschedin, selbst zu schreiben. Hatte sich die Forderung nach mehr Bildung für die Frau noch mit ihrer dreifachen Bestimmung vereinbaren lassen, da sie beispielsweise für den wirtschaftlichen, organisatorischen Teil der Haushaltsführung, für die Unterhaltung des Gatten und seiner Gäste – also im weitesten Sinne für sein berufliches Fortkommen – nützlich sein konnte, so war das Postulat einer nicht nur rezeptiven Rolle der Frau doch revolutionär. Schon in der zweiten Hälfte des Jahrhunderts setzte allerdings eine Gegenströmung ein – ausgehend von Philosophen wie Kant, Rousseau, Herder. Sie alle waren Vertreter der sogenannten »Geschlechtscharakterologie«, nach der die Frau von Natur aus bereits die Komplementäreigenschaften des Mannes besaß. Gegensatzpaare wie aktiv-passiv, rational-emotional, nehmend-gebend legitimierten die Vorherrschaft des Mannes auf allen Gebieten des gesellschaftlichen Lebens. Passivität wurde von der Frau nicht nur im öffentlichen Bereich, sondern auch in wichtigen Fragen ihres privaten Lebens erwartet. Nicht nur die Initiative zu einer Eheschließung hatte vom Manne auszugehen – jegliche Aktivität der Frau im erotischen Bereich stellte ihre Unschuld, ein wichtiges Attribut weiblicher Tugendhaftigkeit, in Frage. Auch war die sogenannte Konvenienzehe, nach der die Eltern den zukünftigen Gatten ihrer Tochter unter dem Aspekt seiner familiären Herkunft und seines Vermögens auswählten, durchaus noch üblich. Die Frau wechselte in der Regel nur von einem Abhängigkeitsverhältnis in ein anderes – aus der Obhut des Vaters in die des Gatten, von dem sie als die zumeist nicht Erwerbstätige finanziell abhängig war. Allmählich entwickelte sich zwar die bürgerliche Liebesideologie, nach der persönliche Wertschätzung, Zuneigung und Gefühl über die Wahl entscheiden sollten; Familie, Vermögen und soziales Prestige blieben allerdings nach wie vor ausschlaggebende Kriterien der Eheschließung.

Am Ende des 18. Jahrhunderts wurde jedoch – begünstigt durch die Ereignisse der Französischen Revolution – die »Geschlechtscharakterologie« zunehmend umstritten. So kritisierte beispielsweise Hippel an der Französischen Revolution, daß ihre Ideale der *liberté, egalité* und *fraternité* für die Frau eben nicht geltend gemacht wurden, und auch Schlegel forderte mehr Freiheit für die Frau im sinnlich-erotischen Bereich. Wie tief die bürgerliche Moral damals schon das allgemeine Bewußtsein prägte, zeigt der Skandal, den sein Roman *Lucinde* (1799) auslöste, in dem er das Modell einer gleichberechtigten Beziehung entwarf, in der beide Partner in Aufhebung der geltenden Rollenzuweisungen erotische Erfüllung fanden.

Seit der Mitte des 18. Jahrhunderts begannen bürgerliche Autorinnen weiterhin ihre weibliche Bestimmung zu reflektieren, indem sie literarische

Modellfiguren entwarfen. Da Frauen grundsätzlich kein politisches Mandat hatten, war der Griff zur Feder eine der wenigen Möglichkeiten ihrer öffentlichen Meinungsäußerung. Schreibende Frauen waren jedoch suspekt, zumal wenn sie sich in der relativ neuen und umstrittenen Romanform artikulierten. So diente ihnen häufig die dezidiert erklärte, weiblich-erzieherische Absicht als Legitimation ihrer Kreativität. Wie groß – trotz aller erzieherischen Intentionen – dennoch die Gefahr von Repression und öffentlichem Ehrverlust für schreibende Frauen war, zeigt die Tatsache, daß die meisten Veröffentlichungen anonym oder unter Pseudonym erfolgten.

Ein »papiernes Mädchen« wollte Sophie von La Roche, eine Gelehrtentochter aus Kaufbeuren, Gattin eines Hofrates und ehemalige Verlobte Wielands in ihrem 1771 anonym erschienenen Briefroman *Fräulein von Sternheim* schaffen. In diesem ersten bedeutsamen deutschen Frauenroman, der äußerlich an die Tradition der Briefkultur anknüpft, schöpft die Autorin aus den unterschiedlichen geistesgeschichtlichen Strömungen ihrer Zeit und entwirft einen als völlig neu empfundenen Frauentyp.

In der Figur des Fräulein von Sternheim verweben sich autobiographische Erfahrungen und Phantasie zu einem stark idealisierten Frauenbild, das kein komplexes, widersprüchliches Portrait, sondern ein Modell für »Teutschlands Töchter« sein soll. Fräulein von Sternheim, das in seinen weiblichen Eigenschaften dem Idealbild der La Roche entspricht, verkörpert verinnerlichte bürgerliche Tugendideale: Inhalte einer streng an religiösen, pietistischen Prinzipien orientierten Erziehung werden den lockeren Sitten des Adels gegenübergestellt. La Roche zeichnet einen integren weiblichen Charakter; Fräulein von Sternheim versucht nicht, auf das andere Geschlecht zu wirken, und ihr Auftreten scheint vollkommen unabhängig von der wohlwollenden Anerkennung der Männerwelt zu sein. Sie buhlt nicht um die Gunst der Männer, vermeidet es, mit äußerem Blendwerk deren Sinne zu verwirren und findet die Maßstäbe ihres Handelns in sich selbst. Bescheidenheit, Güte, Zurückhaltung, Wohltätigkeit und nicht zuletzt ihre Unschuld sind die Qualitäten, die sie von den koketten, putz-, gefallsüchtigen und Intrigen spinnenden Hofdamen unterscheiden, denen sie nach dem Tod ihrer Eltern am Hofe ihrer Tante begegnet.

Auch Caroline von Wolzogen, die an der von La Roche herausgegebenen Zeitschrift *Pomona für Teutschlands Töchter* mitarbeitete, beschreibt in ihrem Roman *Agnes von Lilien* (1796), der sich ausdrücklich gegen die Konvenienzehe richtet, eine Frauengestalt, die in wesentlichen Zügen dem Fräulein von Sternheim entspricht. Wie Sophie ist auch Agnes auf dem Lande aufgewachsen und konnte dort – unter der liebevollen Anleitung ihres Pflegevaters – all die Eigenschaften entwickeln, die ihr erlauben, in sich selbst zu ruhen. Sie erlangt eine innere Stabilität, die ihr bei ihrem Eintritt in die Gesellschaft ermöglicht, ihr Selbst zu wahren. »Wahrhaftigkeit«, »Schönheit des Geistes« und »Harmonie«, das sind die Tugendideale, die in beiden Romanen der adeligen Libertinage entgegengesetzt werden, einer »überlebten« Gesellschaft mit ausgehöhlten Konventionen und sinnlosen Gesprächsthemen. Sowohl Sophie als auch Agnes bewahren ihre Eigenständigkeit dieser Gesellschaft gegenüber, ihre charakterliche Integrität, die sich auch in ihrem Äußeren widerspiegelt, das dem Ideal einer klassischen Simplizität verpflichteten Eleganz entspricht. Diese, durch Tugendbegriffe geprägte Selbstbestimmung ähnelt jedoch – fernab von jedem »Gretchen-Mythos« – keineswegs dem bürgerlichen Ideal der Hausfrau, Gattin und Mutter; vielmehr wird hier jeweils eine Frau beschrieben, die gerade durch ihre innere Ausgeglichenheit eine Unabhängigkeit von dem gesellschaftlichen Streben erlangt und auf diese Weise Bewunderung erfährt. Dennoch – oder eben weil sie im Gegensatz zu den adeligen Verführerinnen nicht nur ein Spiegelbild männlicher Wunschvorstellungen ist – übt Fräulein von Sternheim eine ungeheure Faszination auf die Männerwelt aus. Ähnlich ist die Wirkung Agnes' von Lilien, die Nordheim, ihren späteren Gatten, von sich überzeugt, indem sie ihre Authentizität im gesellschaftlichen Zirkel bewahrt.

Untrennbar von dem Begriff der weiblichen Ehre und Tugend ist die Unschuld, auf die nicht der Makel eines Verdachts fallen darf. Agnes' Glück droht kurz zu schwanken, als Nordheim sie mit Julius von Alban beobachtet und daraus ungerechtfertigte Schlüsse zieht; wiederum läßt sich eine Parallele zu Fräulein von Sternheim ziehen, die kurzfristig in Verdacht gerät, den Verführungsversuchen des Fürsten, dessen Bekanntschaft sie auf einem Maskenball macht, erlegen zu sein. Sie widersteht jedoch allen Attacken, und auch dem galanten Lord Derby – ebenfalls ein Typ des adeligen Verführers, wie er beispielsweise auch im bürgerlichen Trauerspiel auftritt – gelingt es nicht, Sophie vom Pfad der Tugend abzubringen. Dennoch wird sie vorübergehend das Opfer eines raffinierten Täuschungsmanövers, als es Derby gelingt, sich ihr als ein Vorbild an Wohltätigkeit zu präsentieren. Sie willigt in eine Ehe mit ihm ein – ein Entschluß, der im nachhinein als Irrtum erkannt wird, denn die Tugendprinzipien gelten nicht nur für die Frau, sondern auch für den Mann. Sophies Zuneigung gehört indes dem – wie sie – eher schüchternen, zurückhaltenden, melancholischen Lord Seymour, bei dem sie einen »Gleichklang der Herzen« empfindet. Keine zügellose, leidenschaftliche, sondern eine zur Seelenliebe sublimierte, der bürgerlichen

Liebesideologie verpflichtete Empfindung ist es also, die sie zu Seymour hinzieht. Ein vergleichbares Gefühl verbindet Agnes mit Nordheim. Wie sie durch ihr Wesen unter den Frauen einzigartig erscheint, so verkörpert Nordheim in seiner Integrität »Wahrhaftigkeit«, »Güte« und »Edelmut« – Inbegriffe humaner Tugend.

Obwohl dieses Tugendideal zunächst das Leben des Individuums prägt, auf dessen charakterliche Ausgewogenheit zielt, die durch eine gesunde Eigenliebe geschützt werden soll, kommt ihm darüber hinaus ein gesellschaftlicher Wert zu. Tugend soll nicht nur auf die eigene Persönlichkeit, sondern auch auf die Außenwelt wirken. Dies geschieht zum Beispiel durch Wohltätigkeit gegenüber sozial Minderbemittelten, eine Wohltätigkeit, die die herrschende, »gottgewollte« ständische Ordnung allerdings keineswegs in Frage stellt. Der nächste Schritt von der Eigen- zur praktizierten Nächstenliebe liegt in einem tätigen sozialen Engagement. So gründet Fräulein von Sternheim beispielsweise eine Gesindeschule und unterrichtet arme Kinder. Ist die Tugend für La Roche ein Resultat der Erziehung und für beide Geschlechter gleichermaßen verbindlich, so sieht sie zwischen Mann und Frau durchaus Unterschiede, die die Entwicklung spezieller Fähigkeiten bedingen. So soll die Bildung der Frau beispielsweise keineswegs nur ihren Wert auf dem Heiratsmarkt erhöhen; von ihr wird nicht nur verlangt, sich auf eine oberflächliche Rezeption von Bildungsinhalten zu beschränken; dem Mann werden allerdings tiefergehende intellektuelle Fähigkeiten zugestanden. Dennoch stellt das Fräulein von Sternheim das Modell einer selbständig handelnden Frau dar, die durch ihre sozialen Aktivitäten aus dem engen Raum der Hausfrau, Gattin und Mutter hinausstrebt.

Wenn sich schreibende Frauen jetzt auch zunehmend der Gattung Roman widmen, so heißt das noch lange nicht, daß sie gleichzeitig zu Fürsprecherinnen weiblicher Eigenständigkeit werden. Den zarten Gleichheitsbemühungen der Sophie von La Roche völlig entgegengesetzt ist beispielsweise der Roman von Wilhelmine Caroline von Wobeser *Elisa oder das Weib wie es seyn sollte* (1795), in dem die bedingungslose Unterwerfung der Frau gefordert wird. Dieser Roman, der innerhalb kürzester Zeit sechs Mal aufgelegt wurde und zahlreiche Nachahmungen hervorrief, ist wohl deutlichstes Beispiel dafür, daß Frauen teilweise sogar strengste Ansichten selbst zum Postulat erheben und zeigt die Kontroverse um die Stellung der Frau. Wollte schon Sophie von La Roche mit ihrem ›Papiernen Mädchen‹ einen exemplarischen Entwurf tugendhafter Weiblichkeit entwickeln, so verdeutlicht Wobeser die gleiche Absicht bereits mit dem Titel ihres Romans: mit dem »Weib, wie es seyn sollte«, wird ein Modell entworfen, dem alle Eigenschaften weiblicher Vollkommenheit zugeschrieben werden. Elisa soll Vorbild sein, als »Lehrfigur« auf ihre Rezipientinnen wirken. Auffallend ist die recht nüchterne Schreibweise, die den belehrenden Impetus verstärkt; längere, fast schon theoretische Dialoge erläutern die »Philosophie« Elisas, die in vielerlei Hinsicht rigider anmutet, als die zeitgenössische Diskussion: Elisa entsagt sich jeder Eigenständigkeit, jeder Selbstbestimmung, jedes äußeren Reizes, jeder Leidenschaft. Alles Verhalten ist immer auf den Mann ausgerichtet, ihm zu dienen, ihm zu gefallen und seinen Anweisungen Folge zu leisten, ist die Maxime.

In dem Bewußtsein, der Schwester zuliebe selbst geopfert zu werden, beugt sich Elisa dem Wunsch ihrer Mutter: sie verzichtet auf den Mann, den sie liebt und heiratet einen, der ihr durch seine charakterliche Haltlosigkeit viel Kummer bereitet. Elisa aber bewältigt diese äußerlich so traurige Situation durch Pflichterfüllung, Gehorsam und Streben nach Tugendhaftigkeit zur eigenen Vervollkommnung. Während ihrer Ehe wird Elisa verschiedenen Situationen ausgesetzt und bewährt sich im Sinne der Autorin jeweils vorbildhaft, so daß man den Eindruck eines Handbuches erhält, in dem die Leserin in schwierigen Lagen das rechte weibliche Verhalten nachschlagen kann: ist Carl, ihr Gatte, kalt, schroff und ungerecht, so zeigt sich Elisa gleichbleibend heiter und freundlich, um ihn aufzumuntern. Selbst als er ihr den ältesten Sohn früh entreißt, verbirgt sie vor ihm ihre Trauer; als er der Spielleidenschaft verfällt und fast sein gesamtes Vermögen verliert, läßt sie ihn ihr Unbehagen nicht spüren, sondern reagiert mit Sanftmut, Zurückhaltung und Güte, und als er sich schließlich einer verschwenderischen Nebenbuhlerin leidenschaftlich hingibt, schenkt sie ihr, als diese in Not gerät, noch ihre Juwelen und gewinnt durch diesen Beweis ihres tugendhaften Edelmuts ihren gerührten Gatten zurück. Elisa wird trotz aller Entsagungen glücklich; dieses Glück aber, »welches ihr doppelt süß war, da es nicht das Werk des Zufalls, sondern sie es durch ihre Tugend errungen hatte und Tugend ihr den Genuß erhöhete« (S. 324), beruht ausschließlich auf Verzicht. Stärker noch als bei Sophie von La Roche bedeutet Tugend hier neben Sanftmut, Bescheidenheit, Güte, Demut, Hilfsbereitschaft den Armen gegenüber vor allen Dingen Opferbereitschaft; eigene Bedürfnisse jeglicher Art werden dem Streben nach Vollkommenheit untergeordnet, deren Befriedigung wird dem vorbildlichen Weibe untersagt, denn zur Vollkommenheit gehört die Bereitschaft zur Unterwerfung, die Selbstverleugnung.

Diese Rigidität in dem Entwurf einer vollkommenen Frau ist wohl einzigartig. Wobesers Roman zeigt allerdings nicht nur einen bürgerlichen

Tugendbegriff, wie er strenger kaum sein könnte, sondern er vermittelt auch einiges über den Stellenwert der schreibenden Frau: diese nämlich mußte, um ihre Kreativität, ihr Schreiben überhaupt rechtfertigen zu können, im Rahmen ihrer weiblichen Erzieherrolle bleiben.

Auch der Roman *Luise oder die unseligen Folgen des Leichtsinns*, der – von August Kotzebue herausgegeben (1800) – anonym erschien und Johanne Caroline Amalie Ludecus, der Schwester Kotzebues zugeschrieben wird (Meise, S. 257, 244), scheint auf den ersten Blick Wobesers Intentionen ganz zu entsprechen.

Luise erscheint als »negatives« Pendant, als das genaue Gegenteil der tugendhaften Elisa. Sie unterliegt leichtfertig dem Reiz eines aufwendigen, aber oberflächlichen Gesellschaftslebens. Verführt von Leichtsinn, Eitelkeit und Koketterie stürzt sie sich und ihren geliebten Gatten Carl von Essen ins Unglück. Obwohl sowohl der Titel als auch wesentliche Aspekte der Handlungsführung wiederum auf eindeutig belehrende Intentionen der Autorin verweisen, so erhält man im Gegensatz zu dem Roman Wobesers doch den Eindruck, als handele es sich hier eher um einen Vorwand, um eine äußerliche Rechtfertigung, als habe die Autorin unter dem Mäntelchen der »Belehrung« eine Möglichkeit gefunden, auch »Pikanterien« zu beschreiben. Auch läßt sich innerhalb des Romans eine Akzentverschiebung beobachten. Wird in dem ersten Band der moralisch-belehrende Aspekt noch hervorgehoben, so verliert er sich zunehmend in der Fortsetzung, um einer abenteuerlichen Schilderung der Erlebnisse des reisenden Carl von Essen und seiner Freunde Platz zu machen. Die meisten Figuren haben sich »zum Besseren« gewandelt. Der Werdegang Luises tritt in den Hintergrund. Von ihr erfährt man nur, daß sie, durch ihr Unglück geläutert, sich zu einem tugendhaften Leben bekennt und – bis zu ihrer langersehnten Versöhnung mit Carl – sich der erfolgreichen, aber nicht näher erläuterten Erziehung ihrer Tochter und anderer Mädchen widmet.

Sollten die Protagonistinnen in den bisherigen Romanen durch ihren positiven oder negativen Exempelcharakter zwar ausdrücklich erzieherisch auf die Leserinnen wirken, so wurde ihre eigene Erziehung kaum geschildert. Andere Intentionen werden in den Romanen sichtbar, die die Erziehung ihrer Hauptfiguren selbst zum Thema haben. Besonders deutlich wird dies in der Geschichte des *Julchen Grünthal* (1784) von Helene Unger, in der die negativen Folgen der Erziehung Julchens in einem französischen Pensionat beschrieben werden. Die Erziehung dort nämlich – so führt Julchens Vater aus, der die unglückliche Geschichte seiner Tochter erzählt – wirkt der natürlichen Würde und »Bestimmung« der Frau »zu den Pflichten und Freuden der Gattin und Mutter« (S. 45) entgegen, verführt zu Hingabe an äußere Reize und Leichtfertigkeit. Von der lockeren französischen Lebensart geleitet, verliebt sich Julchen in einen unzuverlässigen Verführer und beginnt später ein Verhältnis mit dem Mann ihrer tugendhaften Cousine. Doch auch mit ihm wird sie nicht glücklich. Nach einem lasterhaften und verschwenderischen Lebenswandel, der in den finanziellen Ruin führt, flieht sie schließlich mit einem russischen Offizier.

Julchen ist weder positives, noch negatives Exempel für die Leserinnen. Ähnlich wie Luise stürzt zwar auch sie sich durch leichtfertiges Verhalten ins Unglück, während Luises Leichtsinn aber als Charaktereigenschaft von Anfang an zu erkennen war, ist Julchen von Natur aus gut und wird erst durch die fehlerhafte Erziehung im Pensionat verdorben. »Alle weiblichen Tugenden lagen in ihrer jungen Seele unentwickelt da; ich durfte sie nur herausholen und entfalten helfen« (S. 12), sagt der stolze Vater über die frühe Kindheit seiner geliebten Tochter. So erscheint hier Tugend als quasi angeborene Gabe, als weibliche, unverbildete Eigenschaft, die durch eine glückliche Erziehung erhalten und gefördert, durch negativen Einfluß jedoch zerstört werden kann. »Zwar schlummern« meint der Vater, »eine Menge Neigungen und Triebe in der Einsamkeit« (S. 39), »in einem Kreise stiller häuslicher Freuden aber hätte meine Tochter ihre Bestimmung sicher nicht gefehlt, denn zu diesen war sie gebildet worden« (S. 4). Neben der »Bestimmung des Weibes« wird hier zugleich die »Bestimmung des Standes« thematisiert, denn die Erziehung im französischen Pensionat wirkt nicht allein der Aufgabe als Gattin und Mutter entgegen, sondern sie erweckt auch Ansprüche auf eine Lebensweise, die den bürgerlichen Mädchen aufgrund ihrer Standesgebundenheit in der Tat in den gegebenen gesellschaftlichen Verhältnissen nicht zusteht. Sie können lediglich zu Gespielinnen der Adeligen werden oder unglücklich im begrenzten bürgerlichen Alltag. Bürgerliche Werte weiblicher Tugendhaftigkeit, als da sind Religiosität, Bescheidenheit, Unauffälligkeit in der Kleidung, Sanftheit im Wesen, Zurückhaltung in der Gesellschaft, ja sogar Unschuld, werden im Pensionat verpönt und verlacht: Julchen verlernt das stille Gebet, verbraucht viel Ziel für äußere Aufmachung, wird kokett, verliert ihre Unschuld.

Fast scheint es, als sei Julchen – anders als in den Romanen der La Roche, Wobeser oder Ludecus – für ihr Unglück kaum selbst verantwortlich, als sei allein die mißglückte Erziehung die Ursache für ihr Verderben. Dennoch verläuft auch Julchens Leben modellhaft, ist auch hier die Absicht der Autorin erkennbar, erzieherisch auf ihre Leserinnen zu wirken, ihnen die leichtfertige französische Lebensart in den Städten als Ursprung allen Lasters zu entdecken.

Gegen adelige Libertinage, gegen die Koketterie, Putz- und Gefallsucht der Weiber wettert in Frankreich auch Mme de Genlis, die als Erzieherin des späteren Bürgerkönigs Louis Philippes tätig war und schließlich emigrierte. In ihren zahlreichen literarischen Veröffentlichungen – historische, erzieherische Romane, Künstlerromane, moralische Erzählungen und Handbücher zur Haushaltsführung – weist sie immer wieder auf den drohenden Sittenverfall hin, der ihrer Ansicht nach von der sinnlichen »Reizbarkeit« der Weiber ausgeht, dem eindeutig emotional betonteren, daher dem Laster gegenüber gefährdeteren Geschlecht. Die erzieherische Absicht, die sie in ihren Romanen verfolgt, besteht deshalb in einer Warnung vor der ungehemmten Hingabe an die Leidenschaft. Dies behauptet sie jedenfalls in einem Vorwort zu ihrer *La Duchesse de La Vallière (Geschichte der Herzogin von La Vallière*, 1804), in der sie den Lebenslauf einer ursprünglich vorbildlichen, tugendhaften Frau darstellt, die ihre Ehre und damit ihr Glück aufs Spiel setzt, indem sie die Maïtresse des Sonnenkönigs wird. Nicht nur die Leidenschaft selbst wird also verdammt, sondern auch ihre Darstellung ist nur dann legitim, wenn sie eine ausdrückliche negative Bewertung erfährt. Den Hintergrund dieser Erzählung bildet das Siècle Classique, de Genlis' Ideal einer vollkommenen gesellschaftlichen Ordnung und künstlerischen Blütezeit mit ihrer klassischen »clarté«, in deren Tradition sie auch ihre eigene Sprache stellt. Abgesehen von ihrem moralischen Fehlverhalten, das den Verlust der Unschuld bedingt, verkörpert die Herzogin allerdings keineswegs den Typ der adeligen Libertine, sondern stellt ein Gegenmodell zu den Intrigen und Liebesränke spinnenden Hofdamen dar. Wie auch Sophie in dem Roman von La Roche ist sie ein Vorbild an Tugendhaftigkeit. Da der weibliche Ehrbegriff für Mme de Genlis eng an die Wahrung der Unschuld gebunden ist, sind ihre erzieherischen Ziele vor allem Affektregelung und Mäßigung in der Befriedigung spontaner sinnlicher Bedürfnisse. Auf die Methode der Erziehung geht sie dezidiert in ihrem Briefroman *Adèle et Théodore* (1782) ein, in dem sie sich mit den Thesen Rousseaus und Lockes auseinandersetzt. Wie auch Rousseau betont sie, daß die Frau die Komplementäreigenschaften zu dem aktiveren, rational betonteren, mutigeren und Gefahren nicht scheuenden Mann entwickeln sollte. Allerdings legt sie eindeutig mehr Wert auf die Bildung der Frau. Von frühester Kindheit an wird Adèle in der Geschichte, in den Fremdsprachen und schönen Künsten unterrichtet und darüber hinaus zu eigener Kreativität im Zeichnen und Musizieren unter der Anleitung eines Hauslehrers angehalten. Dabei wird sorgfältig darauf geachtet, daß anschauliche und begriffliche Erfahrung immer ineinander übergehen und der Zögling nie überfordert wird. Mit Rousseaus Naturbegriff ist Mme de Genlis jedoch keineswegs einverstanden – für sie ist der Mensch nicht von Natur aus gut, er wird es erst durch die Erziehung, die Mann und Frau gleichermaßen zu tugendhaftem Verhalten anleiten sollte. Im Gegensatz zu Rousseau hält sie weiterhin an einer streng hierarchisch-ständischen Gesellschaftsordnung fest, die durch keinerlei »Mesalliancen« in Frage gestellt werden sollte. Zwar sind für de Genlis persönliche Wertschätzung und Zuneigung der Gatten wesentliche Voraussetzungen für das eheliche Glück; sie warnt sogar vor der Verheiratung der Töchter mit allzu despotischen Ehemännern und hält eine Heirat, bei der sowohl das Gefühl, als auch die gesellschaftlichen Konventionen berücksichtigt werden, für ideal. In jedem Fall treffen die Eltern jedoch die Vorentscheidung zu diesem wichtigen Ereignis im Leben ihrer Töchter, auch wenn deren Herz anders spricht. So wird beispielsweise in dem Roman *Petrarque et Laure* (1819) der Heiratswunsch der Liebenden durch den Willen der ehrgeizigen Mutter vereitelt, die für ihre Tochter bereits eine bessere Partie ausgewählt hat, und Laure wahrt ihre Tugendhaftigkeit, indem sie ihrem Liebsten entsagt. Die Unterwerfung der Frauen unter den Willen der Eltern, beziehungsweise unter den des Gatten ist also auch für Genlis ein Attribut der Tugendhaftigkeit und damit auch ein wichtiges Ziel der Erziehung im Hinblick auf die weibliche Bestimmung. Rezipiert wurde Mme de Genlis nicht nur von Schriftstellerinnen wie George Sand und Jane Austen. Auch männliche Autoren fühlten sich durch die strenge Sittenlehre der äußerst gebildeten Comtesse bisweilen zu ironischen Kommentaren animiert. So zählte beispielsweise E. T. A. Hoffmann sie zu den »Seelenkennerischen Damen [...], die auf ein Haar wissen, wie junge Gemüter in die rechte Bahn zu ziehen« seien (S. 971).

Während in den bisher untersuchten Romanen des 18. Jahrhunderts immer wieder Frauentypen auftauchten, die modellhaft für die Leserinnen nachahmungswerte Tugendideale verkörperten, oder die durch Mißachtung der Werte doch ein negatives, abschreckendes Beispiel abgaben, zeigt der erste Roman der englischen Autorin Fanny Burney *Evelina* (1778) bei grundsätzlich gleicher Struktur durchaus andere Intentionen.

Wie Agnes von Lilien wird Evelina von ihrem Pflegevater in gesellschaftlicher Abgeschiedenheit erzogen. Zwar entwickelt auch sie durch diese Erziehung Tugenden, die ihr bei ihrem Eintritt in die Gesellschaft eine Distanz, einen moralischen Halt, eine persönliche Eigenständigkeit vermitteln, zugleich aber auch eine Unerfahrenheit und Naivität, die ihr in der Konfrontation mit der Gesellschaft hinderlich sind. Da sie eben nicht die Gepflogenheiten und Sitten des gehobenen Londoner Zirkels beherrscht, gerät sie in verfängliche Situationen, von einem Mißgeschick ins andere – ja, wegen ihrer schweigsamen Hilflosigkeit wird sie zu Beginn sogar zum Gespött der Männer.

Evelina beschreibt ihre Erlebnisse aus ihrer Sicht in satirisch witzigem Ton in Briefen, die an ihren Pflegevater gerichtet sind. Deutlich werden in ihren Schilderungen typisch weibliche Ängste: die gesellschaftlichen Gefahren, die auf das Mädchen einströmen, setzen sie einem immerwährenden Konflikt aus; sie steht unter dem Zwang, nicht nur tugendhaft zu sein, sondern auch nach außen als tugendhaft zu gelten, und sie ist durch ihre Naivität ständig der schrecklichen Möglichkeit ausgesetzt, ihren Ruf der Unbescholtenheit zu verlieren. Trotz ihrer grundsätzlichen Tugendhaftigkeit, die sie verteidigt, hat Evelina nicht den eindeutigen Modellcharakter der Elisa oder Sophie, vielmehr erfüllt sie in ihrer ironisch-witzigen Darstellung der Gesellschaft innerhalb des Roman die Funktion eines Mediums, durch das die Sitten der Aristokratie gespiegelt werden. Dennoch ist auch in dieser Funktion ein moralisch-belehrender Aspekt erkennbar, denn gerade durch diese ironische Spiegelung der Gesellschaft mit ihren zweifelhaften Bräuchen werden ja deren Mißstände unter einem, wenn auch naiven, so dennoch moralisierenden Aspekt thematisiert. Durch diese Kritik an den gesellschaftlichen Verhältnissen wirkt zwar auch dieser Roman belehrend auf die Leser; die Hauptfigur, Evelina, erfüllt in dieser Hinsicht aber nur eine indirekte Funktion.

Spiegelte Fanny Burney in ihren Romanen bereits gewisse (Un-)Sitten der englischen Aristokratie wider, so richtet Jane Austen ihre Kritik gezielt gegen den Landadel, die sogenannte »gentry«, die ihre Landsitze fernab von den Städten hat und ihre Urlaube in Bath verbringt. Dort werden die Töchter dann in Musselin-Kleider gehüllt und in die Gesellschaft eingeführt, um eine gute Partie, das heißt einen jungen Mann aus guter Familie und mit Vermögen zu finden. Wie Burney nutzt auch Jane Austen die Möglichkeiten der ironisch-satirischen Darstellung, um in einer kritisch-distanzierten Erzählhaltung die Konventionen dieser gesellschaftlichen Schicht zu verdeutlichen, der sie selbst angehört. Pointiert fixiert sie die Schwächen der gehobenen, bürgerlichen Klasse der Besitzenden, die in England seit der industriellen Revolution gegen Ende des 18. Jahrhunderts ohne jeden politischen Umsturz die Machtstellung der Aristokratie doch erheblich geschwächt hatte. Aus dieser Klasse stammen auch Jane Austens

»Heldinnen«, wie sie ihre zunächst äußerst durchschnittlichen, keineswegs außergewöhnlichen Protagonistinnen ironisch nennt. Sie stehen in der Tradition der Romanfiguren der Mme de Genlis. So ist beispielsweise Anne Elliot in dem Roman *Persuasion* (1818) ein Vorbild an Zurückhaltung, Bescheidenheit und ähnlichen Demuts-Eigenschaften, die eben nicht die Voraussetzungen eines weiblichen Selbstbewußtseins sind. Anders als de Genlis fordert Austen jedoch nicht mehr die Unterwerfung der Töchter unter den Willen der Eltern, nicht mehr im Zweifelsfall die Entsagung, also den Verzicht auf den individuellen Glücksanspruch zugunsten gesellschaftlicher Anerkennung und Ehre, sondern gerade in dieser Frage das Recht auf die persönliche Entscheidungsmöglichkeit. So können beispielsweise sowohl Anne Elliot, als auch Catherine Morland in dem Roman *Northanger Abbey* (entstanden 1795-98, überarbeitet 1816, veröffentlicht 1818) ihre individuelle Erfüllung erst finden, nachdem ihre Entscheidung gegen den Willen der Tante, beziehungsweise des Vaters und für das eigene Gefühl ausgefallen ist. Fragwürdig wird die elterliche Autorität, da sie sich nicht an moralischen Wertmaßstäben, sondern ausschließlich an materiellen, finanziellen Aspekten orientiert. Eine ähnliche Situation schildert auch Maria Edgeworth in ihrem Roman *The Absentee* (1812), in dem der Sohn sich weigert, eine von der Mutter erwählte reiche Erbin zu heiraten und er gleichzeitig die emporkömmlerischen gesellschaftlichen Ambitionen seiner Eltern als korrupt und leer durchschaut. Zwar erreicht diese streng moralisierende Schriftstellerin nicht die literarische Qualität Jane Austens; bei beiden Autorinnen aber wird das Problem der Konvenienzehe zu einer Kritik an der gehobenen bürgerlichen Schicht ausgeweitet, die ein zunehmend an materiellen Werten und Profit orientiertes Bewußtsein entwickelt und dieses auch über persönliche Fragen entscheiden läßt. Die Liebesheirat wird zum Gegenentwurf zu einer lediglich an pekuniären Aspekten gemessenen Werteskala. Hierin ist wiederum begründet, daß auch von einer vorbildlich erzogenen Tochter keine bedingungslose Unterwerfung unter den Willen der Eltern mehr gefordert werden kann, sondern daß ihre moralische Integrität sich vielmehr durch die kritische Distanz gegenüber den geltenden Konventionen auf dem Heiratsmarkt erweist. Als untugendhaft erscheint daher eher die Frau, die die bürgerlichen Normen verinnerlicht hat und eine Geldheirat anstrebt, alle äußerlichen Reizmittel aufwendet, um einen Zuwachs an sozialem Ansehen durch eine gute Partie zu erreichen - beispielsweise Isabella in der Erzählung *Northanger Abbey*.

Besonders pointiert karikiert Jane Austen dieses bürgerliche Bewußtsein in ihrem Roman *Emma* (1816). Die gleichnamige weibliche Hauptperson stellt keinen komplexen Charakter dar, sondern verkörpert bestimmte Denkweisen, Vorurteile und Normen. Emma ist eine junge Erbin, die mit ihrem Vater zusammenlebt, Heiraten unter finanziellen Erwägungen vermittelt, ohne selbst heiraten zu wollen, denn sie bedarf keines zusätzlichen Vermögens, ist unabhängig von den Finanzen eines Ehemannes. Im Verlaufe des Romans allerdings zeichnet sich bei Emma eine individuelle Entwicklung ab, die von der kritiklosen Übernahme und Verinnerlichung von gesellschaftlichen Konventionen weg zu einem an eigenen Urteilen orientierten Denken und Handeln hinführt. Indem Emma ihr Gefühl für Mr. Knightley entdeckt, der Austens Ideal eines englischen Gentleman verkörpert, zeigen sich bei ihr erste Ansätze eines unabhängigen, Gefühl und Verstand gleichermaßen berücksichtigenden Selbstbewußtseins. Jane Austen skizziert also bereits eine innere Entwicklung ihrer Heldinnen, die auf eine Loslösung von verinnerlichten bürgerlichen Wertmaßstäben hinausläuft, kritisiert die Gepflogenheiten einer bestimmten Schicht, ohne daß hierdurch die gesellschaftliche Klassenordnung bereits grundsätzlich in Frage gestellt würde. Sie thematisiert nicht mehr abstrakte bürgerliche Tugendideale als Gegenentwurf zu adeliger Libertinage, fordert weiterhin von der Frau nicht mehr Unterwürfigkeit, Sanftmut und Angepaßtheit um jeden Preis; vielmehr zeigt ihr Entwurf der weiblichen Bestimmung bereits eine kritische Distanz und ein eigenes Urteils- und Entscheidungsvermögen hinsichtlich der Konventionen des aufstrebenden Bürgertums.

Nicht mehr allein die Bildung eines weiblichen Selbstbewußtseins gegenüber den Normen der bürgerlichen Gesellschaft, sondern die aktive Selbstverwirklichung der Frau in einer von Männern dominierten Arbeitswelt interessiert Charlotte Brontë, die unter dem Pseudonym Currer Bell schrieb. In ihrem Roman *Shirley* (1849) thematisiert sie beispielsweise die Schwierigkeiten einer jungen, selbstbewußten Erbin, sich als Frau unter Fabrikbesitzern und Handesleuten zu behaupten. Shirley scheint dem Typ der weiblichen, anschmiegsamen Frau vollkommen zu widersprechen, vertritt dezidiert ihre Ansichten, gilt als unbequeme, eigenwillige Gesprächspartnerin, die keine Auseinandersetzung scheut. Sie behauptet auch politisch ihren Standpunkt, bezieht Position, als sich Konflikte zwischen Arbeitnehmern und -gebern, Fabrikbesitzern und ihren Angestellten anbahnen, deren historischen Hintergrund die maschinenstürmerischen Ludditenaufstände und die damit verbundene Krise des englischen Frühkapitalismus in der Grafschaft Yorkshire im Jahre 1812 bilden. Anders als die ansonsten äußerlich eher unscheinbaren, farblosen Brontë-Protagonistinnen gilt Shirley als eine schöne, begehrenswerte junge Frau mit nicht nur hübschem, sondern auch eigenwilligem Kopf. Sie widersetzt sich beispielsweise den Wünschen der Familie, die für sie bereits einen wohlhabenden jungen Mann als Gatten ausgesucht hat, und behauptet auch in dieser wichtigen Frage ihres persönlichen Lebens ein Recht auf die eigene Entscheidungsfreiheit. Shirleys moralische Integrität erweist sich gerade dadurch, daß sie eine Geldheirat ablehnt, die Wertmaßstäbe der Gesellschaft nicht bedingungslos anerkennt, sich eben nicht anpaßt und sich weder dem Willen der Familie noch dem eines Ehemannes unterordnet. Weibliches Selbstbewußtsein behauptet sich also auch hier gegenüber den fragwürdig gewordenen Wertmaßstäben der bürgerlichen Gesellschaft.

Probleme mit den Normvorstellungen des Bürgertums, für das die Erwerbstätigkeit der Töchter beziehungsweise der Ehefrauen einen Verlust an sozialem Prestige bedeutet, hat auch Shirleys Freundin Caroline Helstone. Ihr fällt es schwer, stickend und strickend zu Hause zu sitzen und auf den Einzigen zu warten. Sie hegt den Wunsch nach einer sinnvollen beruflichen Beschäftigung, interessiert sich für »trade«, doch nicht einmal den als weiblich anerkannten Beruf der Lehrerin darf sie ausüben. All ihre Versuche, aus dem Bannkreis des häuslichen Lebens auszubrechen, scheitern am Willen ihres engstirnigen Onkels und des Ortspfarrers. »Currer Bell« thematisiert in diesem Zusammenhang weiterhin, wie die Trennung der Arbeitsbereiche von Mann und Frau in »Innen« und »Außen« das Gefühl einer Entfremdung zwischen den Geschlechtern entstehen läßt. Caroline weiß beispielsweise plötzlich nicht mehr, was in ihrem geliebten Robert Moore, einem zielstrebigen jungen Unternehmer, vor sich geht; sie hat das Gefühl, daß er geistig mit Dingen beschäftigt ist, die sie nicht nachvollziehen kann, zu denen sie keinen Zugang hat. Eine Lösung dieses Problems der geschlechtsspezifischen, aber auch gesamtgesellschaftlichen Entfremdung sieht »Currer Bell« nur in der Zusammenarbeit von Mann und Frau im Hinblick auf ein gemeinsames Ziel. Diese Vorstellung äußert sie keineswegs abstrakt, sondern als eine konkrete Utopie, die die ›Wohltätigkeit‹ der herrschenden Klasse als Scheinlösung verwirft: nachdem Robert Moore beinahe einem Attentat der gegen die Einführung neuer Maschinen rebellierenden Arbeiter zum Opfer gefallen wäre, entsteht in seiner Fabrik ein Ort der partnerschaftlichen Zusammenarbeit zwischen Arbeitgebern und Arbeitnehmern; die streng hierarchischen Abhängigkeitsverhältnisse werden gemildert, und auch Arbeitslose finden eine Beschäftigung – eine für diese Epoche charakteristische Kompromißlösung. Den Frauen Caroline, die inzwischen mit Robert, und Shirley, die mit dessen Bruder, dem Hauslehrer Louis Moore verheiratet sind, fällt bei diesem Projekt die wichtige, wenn auch typisch weibliche Aufgabe zu, die Kinder der Arbeiter zu unterrichten. Die Frau nicht als unselbständiges Hausmütterchen, sondern als gleichberechtigte Partnerin an der Seite des Mannes, die in der Ehe einen Ort der Liebe und Geborgenheit, nicht der tyrannischen Unterdrückung findet – das ist das Anliegen Charlotte Brontës, das sie in allen ihren Romanen formuliert, beispielsweise auch in *The Professor* (1857), der eigentlich der Entwicklungsroman einer jungen Frau ist. Diese wird unter der liebevollen Anleitung ihres Lehrers zu einem selbstbewußten Wesen, das schließlich sogar zur Directrice einer Schule avanciert. Brontë berücksichtigt in dieser Ich-Erzählung auch die Perspektive des Mannes, der mehr Interesse an einer eigenständigen Persönlichkeit denn an einem willenlosen, unterwürfigen Wesen an seiner Seite hat.

Die Liebe hat auch in den autobiographischen Romanen *Villette* (1853) und *Jane Eyre* (1847) einen gewissen Hebammeneffekt auf die Bildung weiblichen Selbstbewußtseins, die durch die Darstellung innerer Vorgänge anschaulich wird. Zwar sind beide Hauptfiguren bereits zu Beginn der Erzählungen relativ selbständige Wesen, die als Lehrerinnen ihre Existenz behaupten, ein Sklavinnendasein als Ehefrau verweigern; sie werden jedoch erst durch die partnerschaftliche Beziehung zu einem geliebten, nicht despotischen Mann zu Persönlichkeiten, die Gefühl und Verstand integrieren, ihre Weiblichkeit im harten Existenzkampf nicht mehr verleugnen, sondern im Gegenteil erst voll entwickeln. Der Schluß des in Brüssel spielenden Romans *Villette*, der das Kentern eines Schiffes darstellt, das den Verlobten der Hauptperson Lucy Snowe an Bord trägt, soll übrigens Rimbaud zu seinem Gedicht *Le Bateau Ivre* inspiriert haben. Doch nicht nur Zeitgenossen zeigten sich von »Currer Bells« Romanen, in denen sie häufig autobiographische Erfahrungen verarbeitet, fasziniert, sondern auch zeitgenössische Filmemacher wie François Truffaut, der seinem Film *Deux Anglaises et le Continent* den Lebenslauf der Brontë-Sisters zugrunde legte.

In Schweden kämpft Fredrika Bremer für die Gleichstellung der Frau. In diesem Land, das zu jener Zeit im Vergleich zu anderen europäischen Ländern noch strengere Gesetze hatte – seit 1734 standen Frauen jeden Alters unter Vormundschaft, und Unverheiratete konnten nur in einer umständlichen, teuren und demütigenden Prozedur vom König für mündig erklärt werden, erst 1884 wurden Frauen und Männer im gleichen Alter mündig –, vertritt Fredrika Bremer nicht nur einen individuellen Kampf der Frau um Selbstbehauptung, sondern attackiert zugleich die schwedische Gesellschaft, fordert eine Änderung der herrschenden Gesetze und engagiert sich in sozialen und religiösen Debatten ihrer Zeit.

In ihren früheren Romanen schon, die unter dem Titel *Skizzen aus dem Alltagsleben* zusammengefaßt sind, beschreibt sie scharfäugig und humoristisch das Leben ihrer Umgebung in höheren bürgerlichen und aristokratischen Kreisen und zeichnet durch ihre vielfältigen Charakterstudien nicht mehr idealisierte Frauenbilder, sondern – wie bereits Charlotte Brontë – eher realistisch anmutende, differenzierte Gestalten. Sie reflektiert die Stellung der Frau, setzt sich für eine bessere Ausbildung ein und verteidigt den Anspruch auf weibliche Berufstätigkeit.

Nach einer anregenden Reise in die USA und nach England (1849–51) verfaßt sie 1856 ihren Roman *Herta*, in dem sie sich energisch für die Freiheitsrechte der Frau einsetzt. Fredrika Bremer beschreibt – wie sie es nennt – »die wahre Wirklichkeit«, die die Frau ersticken und erlahmen läßt. Herta, die Hauptfigur, ist nicht nur dem strengen Reglement ihres despotischen Vaters ausgesetzt; überall spürt sie Barrieren, die eine freie Gestaltung des Lebens, eine Selbstbestimmung der Frau verhindern. Allein in ihrer Beziehung zu Yngve, der als männliches Äquivalent zu Herta ebenfalls Sprachrohr der Autorin ist, findet Herta eine Bestätigung ihrer Ideen. Da sie sich aber nicht mehr zur bürgerlichen Rolle der allein auf den Mann fixierten Gattin, Mutter und Hausfrau bestimmt fühlt, willigt sie in eine Ehe mit ihm nur unter der Bedingung ein, daß Yngve ihr hilft, ihre »höhere Aufgabe«, zu der sie sich berufen fühlt, die Gründung einer Mädchenschule, zu erfüllen. Diese, schon bei Brontë beschriebene Utopie der gleichberechtigten partnerschaftlichen Arbeit scheitert jedoch an der willkürlichen Herrschsucht des Vaters, der trotz vorheriger Zusage die Erlaubnis zur Heirat verweigert. Da Herta sich scheut, ihre Ansprüche dem Vater gegenüber gerichtlich durchzusetzen, zerbricht ihre Beziehung zu Yngve. Dennoch gelingt es ihr, ihren Traum einer Mädchenschule zu verwirklichen, in der junge Frauen durch vielfältigere Bildung bessere Voraussetzungen zu ihrer Behauptung in der Gesellschaft erhalten sollen.

Obwohl Herta in ihrer kritischen Auseinandersetzung mit der individuellen und gesellschaftlichen Stellung der Frau sicherlich insofern Modellcharakter hat, als sie als Sprachrohr der Autorin engagiert die Mißstände attackiert und nach Möglichkeiten ihrer Beseitigung sucht, wird sie in ihrer kämpferischen Haltung jedoch keineswegs idealisiert. Vielmehr wird hier das differenzierte Bild einer Frau gezeichnet, die auch Schwächen hat und – im Kampf gegen den Vater zum Beispiel – unterliegt. Während Fredrika Bremer sich selbst bereits 1840 vom König für mündig erklären ließ, läßt sie Herta vor diesem Schritt zurückscheuen und setzt sie im Roman dem Vorwurf mangelnder Entschlußkraft aus.

Nach vielen Jahren der Trennung erhält Herta dann – weil sie auf einen Rechenschaftsbericht des Vaters über das Muttererbe verzichtet – doch seine Zustimmung zu ihrer Heirat mit Yngve. Die Utopie der gemeinsamen partnerschaftlichen Arbeit läßt sich zu dieser Zeit aber nicht mehr erfüllen, denn wie M. Emmanuel in dem Roman *Villette* von Charlotte Brontë gerät auch Yngve in ein Schiffsunglück und stirbt – gesundheitlich immer schwächer werdend – bereits ein Jahr nach der Hochzeit. Die persönliche Tragik Hertas verdeutlicht in verstärktem Maße die Schwierigkeit des Individuums, sich gegen gesellschaftliche Schranken zu behaupten; diese Bedingungen als unmenschlich zu attackieren, ist Fredrika Bremers vorrangiges Ziel. Die Zwänge, denen die Frau in einer patriarchalischen Gesellschaftsordnung, beispielsweise im Alltag einer Konvenienzehe ausgesetzt ist, thematisiert auch Amandine-Lucie-Aurore Dudevant, geborene Dupin, als Schriftstellerin bekannt geworden unter dem Pseudonym George Sand. Im Mittelpunkt ihrer ersten Romane steht häufig eine junge Frau aus der gehobenen bürgerlichen Schicht, die bereits in frühester Jugend unfreiwillig in die Ehe mit einem ungeliebten, despotischen Gatten getrieben wurde, der sich mehr für die Jagd, seine Hunde, Pferde und ähnliche Hobbies interessiert als für die Frau an seiner Seite, die er gar nicht erst als ein eigenständiges Wesen wahrnimmt. So ist beispielsweise Indiana in dem gleichnamigen Roman (1832) zunächst eine duldsame, dem weiblichen Ideal der sanftmütigen, bescheidenen, selbstlosen, zurückhaltenden Gattin durchaus entsprechende junge Frau, die erst durch die Entwicklung ihres leidenschaftlichen Gefühls für Raymon, der den Typ des gewissenlosen Verführers verkörpert, ein erstes Bewußtsein von sich selbst entwickelt. Die Leidenschaft wird von George Sand – anders als von Mme de Genlis – also nicht mehr als unmoralisch verdammt, sondern als ein erster Impuls zu einem durchaus legitimen Versuch der Befreiung aus gesellschaftlichen Zwängen dargestellt. Die tradierten weiblichen Tugenden werden nicht mehr idealisiert, da sie die Herrschaft des Mannes über die Frau, ihre Unterwerfung unter seinen Willen ermöglichen, und erst der Ausbruch der Frau aus den gesellschaftlichen Konventionen bildet den ersten Schritt zur Entwicklung weiblichen Selbstbewußtseins. In dieser frühen Phase ihrer Romanproduktion verarbeitet George Sand ihre persönlichen Erfahrungen in der Ehe mit dem Baron Dudevant, die mit der Trennung (nicht Scheidung) endete. Der individuelle Glücksanspruch der Frau ist für sie zu diesem Zeitpunkt noch unvereinbar mit den gesellschaftlichen Ehekonventionen, die Selbstverwirklichung der Frau und das Glück sind nur in einer Art »Erémitage à deux« zu finden, wie sie beispielsweise Indiana und Ralph schließlich verwirklichen. Letzterer verkörpert neben dem tyrannischen Ehemann und dem gewissenlosen Verführer den dritten Typ Mann im Werk George Sands, den des heimlich und selbstlos Liebenden.

Abgöttisch, allerdings nicht selbstlos liebt auch Stenio, ein junger Poet, Lelia in dem gleichnamigen Roman (1833). Diese stellt eine dem geltenden Klischee von Weiblichkeit vollkommen widersprechende Intellektuelle dar, die den gesellschaftlichen Entwicklungen ihrer Zeit skeptisch bis nihilistisch gegenübersteht und unter ihrer mangelnden Hingabefähigkeit, unter ihren selbsterrichteten Barrieren gegenüber dem Mann leidet. Lelia schreckt davor zurück, sich ganz ihrem Gefühl hinzugeben, da sie befürchtet, daß in diesem Moment die Liebesglut des anderen bereits erlöschen könnte. Eine Art weiblicher Dandy bleibt sie undurchdringlich, eine kühle, marmorne, unerreichbare Schönheit in klassischer Eleganz, die man nur von ferne bewundern darf. Sie schützt sich selbst vor dem Leiden, indem sie niemandem erlaubt, sich ihr zu nähern. Auch Stenio, der sie anbetet, gelingt es nicht, ihr Inneres zu rühren. Er verfällt schließlich dem Laster, indem er versucht, sein Idol in einer don-juanesken Existenz zu vergessen und geht an seiner unerfüllten Liebe zugrunde. Das weibliche Pendant zu Lelia stellt übrigens die Courtisane Pulcheria dar, die ein rein sinnliches Dasein führt.

Ihr eigentliches Ideal einer liebesfähigen Frau, die gleichzeitig eine eigenständige Persönlichkeit ist, als Schauspielerin arbeitet, sich sogar dem Tyrannen Friedrich II. – an dessen Hof sie spielt – widersetzt und die für ihre persönliche Meinung sogar in den Kerker geworfen wird, entwickelt George Sand allerdings erst in ihrem Roman *La Comtesse de Rudolstadt* (1843). Vor dem Hintergrund der Epoche Friedrich II. und der philosophischen, religiösen Diskussion dieser Zeit, zeichnet sich in einer barock und durch zahlreiche phantastische Elemente romantisch wirkenden Handlungsfülle der Lebenslauf Consuelos, der späteren Gräfin von Rudolstadt ab. Diese findet schließlich sogar Aufnahme in der ursprünglich nur Männern vorbehaltenen Loge der Freimaurer, tritt für die Ideale der Französischen Revolution ein, fordert *liberté* und *egalité* auch für die Frau. In diesem Roman vollzieht George Sand gleichzeitig den Schritt von der individuellen zur politischen Lösung der Frauenfrage. War in ihren ersten Erzählungen die individuelle Selbstverwirklichung nur in der Isolation von der Gesellschaft möglich, so entwickelt sie nun eine konkrete politische Utopie. Consuelo wird zum Sprachrohr der Autorin, die sich schließlich für die Ideen des Saint-Simonismus begeisterte und politisch engagierte.

Gleichheitsideen vertritt auch Ida Hahn-Hahn, eine Gräfin aus mecklenburgischem Landadel, die zu den ersten Schriftstellerinnen gehört, die ihren

Lebensunterhalt durch das Schreiben verdienen konnten. In der Regel stammten die Literatinnen dieser Zeit aus der Schicht des gehobenen Bürgertums oder der Aristokratie und waren finanziell abgesichert. Wie George Sand formuliert auch Hahn-Hahn ihre Kritik an der Konvenienzehe, stellt beispielsweise den Alltag von Frauen dar, die bereits im Alter von vierzehn Jahren mit ungeliebten Männern verheiratet wurden. Indem sie das Motiv der unterschiedlichen Schwestern aufgreift, veranschaulicht sie verschiedene Reaktionen auf die geltenden Rollenzwänge. So verkörpert beispielsweise Cornelie in dem Roman *Zwei Frauen* (1845) eher den Typ der anschmiegsamen, gefügigen, unterwürfigen Gattin, während ihre Schwester Aurora von vornherein als ein eher eigenwilliges, wissensdurstiges, aufgewecktes Wesen dargestellt wird. Erstaunlich ist jedoch, daß im weiteren Verlaufe des Romans Cornelie es ist, die beginnt, eigene Interessen und ein selbständiges Denken zu entwickeln, sich schließlich sogar von ihrem treulosen Gatten trennt, also keinesweges mehr Opfer sein will; Aurora hingegen resigniert nach einigen mißglückten Versuchen, soziale Aktivitäten zu entwickeln, flieht in pietistische Schwärmereien und fügt sich den Umständen – einem eintönigen Leben an der Seite eines langweiligen Gatten, bei dem sie keinerlei geistige Anregungen findet. Ausbruch oder Anpassung – dies sind also die möglichen Reaktionen auf die Konvenienzehe, die Hahn-Hahn aufzeigt. Allerdings bleibt auch Cornelies Prozeß der Emanzipation eine lediglich individuelle Lösung, stellt noch keine soziale Utopie eines besseren Zusammenlebens dar.

Probleme sieht Ida Hahn-Hahn keineswegs nur in der Konvenienzehe, sondern auch in der freien Partnerwahl, wie die Entwicklung der Gräfin Faustine in dem gleichnamigen Roman (1840) zeigt. Dieser spiegelt – wie auch die Autobiographie *Sibylle* (1846) – persönliche Erfahrungen der Autorin wider, die nach ihrer Scheidung eine »freie« Beziehung zu Baron von Bystram einging. Faustine, die zunächst in einer Ehe mit einem ungeliebten Gatten gelebt hatte, findet nach seinem Tod ihr Glück in der Verbindung mit dem Baron Andlau, einem festen, allerdings keineswegs despotischen Charakter. Eines Tages trifft sie jedoch den jungen Mario Mengen, in den sie sich verliebt. Schmerzhaft verläuft die Trennung von Andlau, sie willigt in eine Ehe mit Mario ein und bekommt ein Kind von ihm. Doch die Liebe allein kann Faustine nicht ausfüllen, sie ist eine Künstlernatur, deren Wesen – in Anspielung an Faust – ein ewiges, immer unbefriedigt, aber auch immer lebendig bleibendes Streben nach Erfüllung ist, das allerdings schließlich in eine Art seelische Apathie mündet. Eine Frau auf der Suche nach ihrer Selbstverwirklichung, die nicht mehr die Verkörperung abstrakter Tugendideale und dennoch ein Gegenmodell zu ihren Geschlechtsgenossinnen ist: wie bereits das Fräulein von Sternheim ist auch sie in ihrer äußeren Erscheinung dem Ideal klassischer Einfachheit verpflichtet, macht sich nichts aus belanglosen Salonplaudereien, buhlt nicht durch falschen Talmiglanz um die Anerkennung der Männer, sondern fasziniert durch ihr Wesen, das Spontaneität, Phantasie, Unabhängigkeit, Begeisterungs- und Liebesfähigkeit ist. Und dennoch sind ihre Möglichkeiten begrenzt, denn wenn Faustine auch gleiche Rechte für Mann und Frau fordert, die Unterwerfung der Frau als korrumpierbare weibliche Moral ablehnt, so verdeutlicht doch gerade diese Forderung die gesellschaftlichen Schranken, an die sie immer wieder stößt. Ähnliche Frauengestalten wie Faustine tauchen in allen Romanen Hahn-Hahns auf, in denen sie immer wieder das Problem der weiblichen Emanzipation thematisiert, selbst wenn sie oberflächlich betrachtet den Lebenslauf eines Mannes (*Cecil*, 1844) oder die Karriere einer Künstlerin (*Rachel*, 1859) behandelt. In einer bisweilen verwirrenden Handlungsfülle (*Der Rechte*, 1839) entwickelt sie in zahlreichen Reflexionen und Diskussionen immer wieder mögliche Alternativen zu den patriarchalischen Verhältnissen. Den gesamtgesellschaftlichen Entwicklungen ihrer Zeit stand Hahn-Hahn zwar nicht ablehnend, aber dennoch skeptisch gegenüber. Sie erblickte in den Gleichheitsbestrebungen eine Tendenz zur Gleichmacherei, eine Gefahr der Wertenivellierung durch den Verlust allgemeingültiger moralischer und religiöser Maßstäbe, der Orientierungslosigkeit und Irritation, erkannte in der Freiheit zwar die Bedingung für die Bildung des Individuums, sah in ihr aber zugleich auch einen Feind.

Die Skepsis der aristokratischen Ida Hahn-Hahn teilt die »Tendenzschriftstellerin« Fanny Lewald nicht. Diese bürgerliche und jüdische Autorin, die vor allem in ihren aufschlußreichen autobiographischen Schriften ein genaues Bild der für Mädchen und Frauen so eingeschränkten Möglichkeiten vermittelt, sieht ihre Aufgabe vielmehr bewußt darin, sich für eine Demokratisierung »menschlichen Zusammenlebens« einzusetzen. In ihrem Roman *Jenny* (1843) zum Beispiel bezieht sie sich konkret auf gesellschaftliche, religiöse und politische Probleme ihrer Zeit und zeigt die zweifache Diskriminierung, der Jenny – wie die Autorin – als Frau und Jüdin ausgesetzt ist.

Jennys Emanzipationsprozeß, durch den sie sich vom traditionellen Rollenbild befreit, ist vielschichtig. Zwar hatte sie schon früh die ihr angetragene Konvenienzehe abgelehnt, dennoch glaubte sie, sich aus Liebe dem Mann, den sie heiraten möchte, anpassen zu müssen und ist zunächst bereit, zum Christentum überzutreten, einer Religion, deren »Mystizistik« die intellektuell Zweifelnde keineswegs überzeugt. Dann aber erkennt Jenny den selbstverleugnerischen Aspekt eines solchen Schrittes; sie sagt sich von der Liebe los. Wird bei Ida Hahn-Hahn noch die Frage der Konvenienzehe thematisiert, so geht Fanny Lewald über diese Problematik hinaus; auch der »geliebte Mann« wird in seiner dominierenden Position als Maßstab des Denkens, nach dem die Frau sich zu richten hat, in Frage gestellt. Indem Jenny sich in ihrer religiösen Identität behauptet, gelingt ihr die Entwicklung einer eigenständigen Persönlichkeit: sie beteiligt sich an zeitgenössischen Diskussionen und setzt sich – wie ihr Bruder – für die Rechte der Juden ein. So kann sie in einer »gleichberechtigten« Freundschaft zu Graf Walter, den sie gerade durch ihre Eigenständigkeit überzeugt, eine partnerschaftliche Beziehung zweier gleich starker Individuen erleben. Trotz des äußerlich traurigen Endes dieses Romans – Graf Walter wird im Duell erschossen und auch Jenny scheitert –, der keineswegs die Idee in Frage stellt, sondern lediglich die Rückständigkeit der Gesellschaft aufzeigt, wird hier die konkrete Utopie eines neuen Rollenverständnisses entwickelt, die Hoffnung auf ein gleichberechtigtes, partnerschaftliches Beisammensein in einer liberaleren und toleranteren Welt.

Zu den produktivsten Autorinnen der Vormärz-Zeit zählt Klara Mundt, die unter dem Pseudonym Luise Mühlbach insgesamt zweihundertneunzig Romane verfaßte, von denen allerdings nur wenige die Unterdrückung der Frau zum Thema haben.

Während Ida Hahn-Hahns Erzählungen fast ausnahmslos in einem adligen Milieu des »dolce far niente« spielen, stellt Luise Mühlbach mit ihrem 1844 erschienenen Roman *Eva. Ein Roman aus Berlin* (1844) die spezifischen Probleme einer Handwerkersgattin dar. Nach ihrer Eheschließung zum häuslichen Müßiggang als Gattin eines Meisters verurteilt, entwickelt Eva Aufstiegsphantasien, beginnt sie, nach der sogenannten besseren Gesellschaft zu schielen – einer Mischung aus neureichen Emporkömmlingen und verarmten Adeligen, die voneinander zu profitieren versuchen. Ohne sich auf eine bloß moraline Haltung zu beschränken, stellt Mühlbach Evas Aufstiegsambitionen als Folge eines Mangels an sinnvoller Beschäftigung dar; die Frau nicht mehr allein als Opfer eines adligen Verführers, in diesem Falle ihres Lehrers, sondern als Opfer einer Gesellschaft, die ihr das Recht auf Selbstverwirklichung verweigert. Symptomatisch verdeutlicht Luise Mühlbachs Roman die Entstehung eines kritischen Bewußtseins, die einhergeht mit einer Loslösung von geltenden Moral- und Tugendvorstellungen, die die Einschränkung der Frau auf den häuslichen Bereich verlangen, sie von allen öffentlichen Belangen ausschalten.

Wurden gegen Ende des 18. Jahrhunderts idealisierte Frauenbilder, Verkörperungen weiblicher Tugenden entworfen, so zeichnet sich zu Beginn des 19. Jahrhunderts die Tendenz zu einer wirklichkeitsnaheren Beschreibung ab. Nicht mehr »das Weib, wie es seyn sollte«, sondern wie es ist – in seinen eingeschränkten Möglichkeiten nämlich – wird hier dargestellt.

Maria Porrmann

Angst – Flucht – Hoffnung

Von der Gothic Novel zum utopischen Roman

Warum sie Ann Radcliffes Schauerroman *The Italian* lese, fragt Caroline Helston in Charlotte Brontës Roman *Shirley* die kleine Rose York. Roses Antwort ist verblüffend einfach: Dann wünsche sie sich zu reisen, denn auf jeder Art von Reise müsse sie glücklicher sein als in ihrem sich nie verändernden Dorf. Ihr Fluchtwunsch ist verständlich. Noch 1849, als *Shirley* erscheint, ist die Reise in die Phantasie so ziemlich die einzige, die z.B. die Brontë-Schwestern Anne und Emily unternehmen. 1812, der Roman spielt zur Zeit der Ludditen-Aufstände in England, wird gerade für das von Verarmung bedrohte Proletariat – ihre stellvertretende Leserin ist die kleine Rose – jede Reise Wunsch bleiben.

Die Literatur stellt uns noch andere Radcliffe-Leser vor – und damit Gründe für den Erfolg ihrer Romane. Bereits unmittelbar nach dem Erscheinen des *Italian* (1797) parodiert Jane Austen in *Northanger Abbey* (konzipiert 1797/98, erschienen 1818) mit ihrer Antiheldin, der höchst normalen bürgerlichen Catherine die Realitätsferne der empfindsamen romantischen Heldinnen. Catherine »erliest« sich ihre Rolle à la Burney, Richardson und Radcliffe. Diese falsche Rolle manövriert sie in eine Sicht- und Erlebensweise, der die ihr gemäße vernünftige bürgerliche Wirklichkeit nicht entspricht. Die als romantische Heldin komisch scheiternde Catherine ist jenseits aller Parodie die typische bürgerliche Leserin der Zeit, die der Langeweile genormter Wirklichkeit entfliehen will.

Auch Henri de Marsay, der Dandy par excellence in Balzacs *La Fille aux Yeux d'Or* (1833/34) erweist sich als Radcliffe-Leser. Der Dandy, der aus Langeweile sich selbst und seine Wirklichkeit kunstvoll inszeniert, überführt auch seine Furcht und seinen Schauer in ein »künstliches« Gefühl: ein verlassenes Haus mit seinen unbewohnten Sälen erinnert ihn an Radcliffesche mysteriös bedrohliche Gemäuer.

Die drei fiktiven Leser höchst unterschiedlicher Autoren (auch sie Leser!) repräsentieren typische Rezeptionsweisen; sie beweisen, daß die Gothic Novel Radcliffescher Prägung mehr war als eine kurzlebige Mode, nämlich zeitrichtig: Roses Reisefieber und Catherines Wunsch, eine andere zu sein, verraten ihre Wunschphantasien: Flucht aus ärmlicher Beschränkung, Flucht aus der Vernünftigkeit der tradierten Rolle. Die Fluchtorte werden in de Marsays Zitieren eines typischen Motivs erkennbar als, so Weber, »Lust [...] an künstlichen Paradiesen der Angst und des Schmerzes« (20), deren eine Zeit bedarf, die sich nicht mehr als vernünftig geordnet begreift. Im Erkennen, Wiedererkennen von Handlungsmustern, Natur- und Architekturtopoi und ihnen zugeordneten Affekten transformiert der Gebildete die Wirklichkeit in Künstlichkeit.

Ann Radcliffes Genre, die Gothic Novel, der Schauerroman, hat seinen datierbaren Prototyp, der bereits das phantastische Handlungs-, Charakter- und Motivraster vorgibt: Horace Walpoles 1764 erschienenen, in einem scheinhistorischen Mittelalter spielenden Roman *The Castle of Otranto*. Ein derartiges, vom Publikum zudem sofort akzeptiertes Raster, in Einzelteile zerlegbar und neu zusammensetzbar, mußte zu erfolgsträchtiger Schnellproduktion reizen, von der sich Radcliffes Romane unterscheiden.

Ihre plots und Topoi, von ihrem ersten Erfolgsroman *The Mysteries of Udolpho* (1794) bis zu *The Italian*, variieren und verfeinern stets dieses eine Genre: die reinen Liebenden, die verfolgte, empfindsame – aber auch zur Hysterie neigende –, sich immerzu auf der Flucht befindende Unschuld, die von der Aura des Bösen (Verbergen geheimer Verbrechen) Gezeichneten, die von Standesdünkeln oder Geldgier getriebenen Intriganten und Finsterlinge, die Schrecken (aber auch der Friede) des Klosters oder Schlosses, die düsteren Gewölbe, Zellen und nächtlichen Ruinen, die entarteten Mönche und Äbtissinnen, die blutigen Gewänder, verschleierten Bilder, die halben Andeutungen, die erlauschten irreführenden Gesprächsfetzen, die endliche Vereinigung der Liebenden und die rationale Auflösung des Geheimnisses.

Es seien hier am Beispiel ihrer beiden erfolgreichsten Veröffentlichungen Aspekte wesentlicher Themen ihres Romanmusters herausgegriffen. Das mitleidende Interesse des Lesers wird vor allem auf die Heroine, die liebende, leidende, unschuldige, in ihrer Furcht auch paralysierte Frau gelenkt. Diesem ungeborgenen Subjekt entspricht seine Existenzweise: die Flucht, die Reise, der Aufenthalt an geheimnisvollen finsteren Orten. Die Beschreibung dieser Reisen, die zugleich immer Fluchten sind, und der Landschaften sprengen bei Radcliffe, insbesondere in *The Mysteries of Udolpho*, fast den Handlungszusammenhang. Das Phantastische, das Fremde wird hier erkennbar als Flucht aus dem rollenfixierten, starren bürgerlichen Gehege, das z.B. auch der englischen, züchtig drinnen waltenden Frau höchstens die Reise nach Bath erlaubte. So typisch weiblich für ihre Zeit das unbekannte, weil nur zurückgezogen private Leben der Radcliffe selbst ist – schon Christina Rossetti gibt, weil darüber nichts in Erfahrung zu bringen war, den Plan einer Biographie auf –, so typisch ist auch, daß sie die so ausgiebig beschriebenen Landschaften nie kennenlernte, weil sie die jeder Realgeographie spottenden Reisen durch Frankreich oder Italien nie unternommen hat. Die von de Sade bis Balzac bewunderten »Radcliffe-Landschaften und -Genreszenen«, die zu sehen und zu empfinden den reinen Liebenden, insbesondere der unschuldigen Heroine vorbehalten ist und die so virtuos aus der subjektiven Sicht dieser einzig Empfindsamen geschrieben scheinen, erweisen sich als wortgewaltige Replikate von Reisebeschreibungen oder von Bildern der Salvatore Rosa, Gaspar Dughet (auf die sie selbst verweist), Domenicino oder Claude Lorrain.

Der Erfolg solcher sich scheinhistorisch und -geographisch gebender Fluchtliteratur ist erklärlich: Seit dem 18. Jahrhundert war das Bürgertum romanfähiger Stand, der Roman sein Genre. Der aufklärerische englische Roman, auch in seiner empfindsamen Ausprägung durch Richardson, auf Alltäglichkeit verpflichtet, setzte ein normatives Wertesystem voraus. Ihm entsprachen relativ stabile Klassenbeziehungen und die Entfaltung bürgerlichen Selbstverständnisses und -bewußtseins. Beides war bis ins zweite Drittel des 18. Jahrhunderts in England gegeben. Mit der qualitativen Veränderung des Kapitalismus von der Manufakturproduktion zur industriellen radikalisierten sich nicht nur die Klassengegensätze, sondern die Verunsicherung erfaßte auch das sich gerade etablierte, nun von Verarmung bedrohte Kleinbürgertum. Die ideologische Verunsicherung wurde zudem verschärft durch die amerikanischen Unabhängigkeitskriege und die französische Revolution.

Der der Gothic Novel eigene Blick auf ferne, scheinhistorische Zeiten und/oder Länder, die Verengung des Romanpersonals auf den Adel mit seinen festen Ständeregeln, denen die Moral der Agierenden nur selten entspricht, die Flucht in den Schrecken und das Unerklärliche kommen der Bereitschaft der zeitgenössischen Leser entgegen, ihrem Alltag lesend zu entgehen und doch die bürgerlichen Tugenden gewahrt zu wissen. Im Grunde erweisen sich nämlich insbesondere Radcliffes Heroinen, aber auch ihre um deren Zukunft besorgten Mütter und Tanten als bürgerliche Frauen ihrer Zeit. Ohne das (mitlesende) Wissen, daß die bürgerliche Ehe des 18. Jahrhundert keine Arbeits-Gemeinschaft mehr ist, daß sie der Frau allein den häuslichen privaten Bereich zuweist und sie aus dem bezahlten Produktionsprozeß ausschließt, daß außerhalb der bestehenden oder einzuheiratenden Familie die Frau ökonomisch und gesellschaftlich nicht abgesichert ist, entrieten alle Radcliffe-plots ihrer inneren Glaubwürdigkeit, ohne die auch das Phantastische nicht auskommt. Einzig Ellena, der Heroine des *Italian*, ermöglicht ihr »gewerblicher Kunstfleiß« (116) - sie arbeitet als Stickerin, übt also wieder eine typisch weibliche Tätigkeit aus - Unabhängigkeit und Stolz, so daß sie eine heimliche Einheirat als Schande empfindet. Auch dem Zeitideal der englischen Lady sind Radcliffes verfolgte und durch Leid erhöhte Heroinen näher, als es das fremde Ambiente vermuten läßt. So mutig sie Schrecken und Gefährdung meistern, in vergleichsweise konventionelleren Situationen schwinden ihnen, entsprechend dem Anstand der Zeit, anmutsvoll die Sinne. Emily *(Mysteries of Udolpho)* flieht stets propper gekleidet, versucht ihre jeweils erzwungenen Behausungen fraulich-freundlich herzurichten. Ellena *(The Italian)* verwirrt nicht so sehr der Standesdünkel der sie gefangenhaltenden Äbtissin - ihm tritt sie mutig entgegen -, als das wenig ladygemäße Benehmen der Nonnen bei Tisch, ihnen ermangelt »durchaus jenes Dekorum [...], das unter seiner Züchtigkeit all die Anmut vereinigt, welche dem Wesen des Weibes zur Zierde gereichen sollte.« (155)

Ann Radcliffes Romane, die in ihrer Art die subtilste Ausfeilung des »gotischen« Genres darstellen, verdanken ihren Erfolg sicher nicht zum wenigsten genau dem, was ihr wohl zu unrecht als imaginative Schwäche ausgelegt wurde: der rationalen Auflösung der Geheimnisse, der säuberlichen Trennung in Intriganten und verfolgte Opfer und dem endlichen happy-end, das, indem es die göttliche Ordnung wiederherstellt, auch die ständische feiert. Ihre Fluchtromane stabilisieren einen bürgerlich christlichen Normenkanon, ohne daß sich dieser im Alltag bewähren müßte.

Allerdings, diese konservativen Aspekte begründen noch nicht den europaweiten Erfolg ihrer Romane bei einem Lesepublikum, das weder sozial noch intellektuell auf »Durchschnittlichkeit« zu stutzen ist, er erklärt sich vielmehr aus ihrer Fähigkeit, »das triviale Genre in den Bereich der Kunst« (641) zu überführen, wie Miller in seinem Nachwort des einzigen derzeit deutsch vorliegenden Romans *Der Italiäner oder Der Beichtstuhl der schwarzen Büßermönche* analysiert. Ihr Romanoeuvre, von *The Castles of Athkin and Dundayne* bis zum blassen *Gaston de Blondeville*, ist »der beharrliche und methodische Versuch, [...] ein vorgegebenes Sujet und ein vorgegebenes Genre in ein eigenständiges und makelloses Kunstwerk« (646) zu verwandeln. Radcliffes Virtuosität erschöpft sich nicht nur in der Entfaltung des immer selben Kanons geheimnisvoller Zeichen und Orte, sondern auch in der immer subtileren Gestaltung der Charaktere, ohne freilich das Gut-Böse-Raster aufzugeben. Indem der edle Mensch - die

Heroine, die Liebenden – auch der empfindsame ist, der allein das Natur-Erhabende zu sehen, Furcht zu verspüren vermag, entläßt ihn die letztlich rationale Auflösung durchaus nicht in die Alltäglichkeit einer nur vernünftigen Ordnung. Das was ihn – und den Leser – in letztlich befreienden »terror« (unbestimmte Angst, gepaart mit gespannter Erwartung) und eben nicht wie bei Matthew Gregory Lewis in »horror« (mit Ekel vermischtes Grauen) versetzt, prägt und verändert ihn. Mit der Figur des Mönchs Schedoni, die nicht nur Byron beeinflußt, die Radcliffe, inspiriert und angeekelt von Lewis »schwarzem Horror-Monk« in *The Italian*, entwirft, erweitert sie zudem den Typ des schurkischen Intriganten zum romantischen, zerrissenen, unversöhnten Charakter. Er ist fähig zur Liebe zu seiner vermeintlichen Tochter, die zu ermorden er angetreten war, die zu erretten er dann, sich selbst gefährdend, alles unternimmt. Aber seine böse Energie ist damit nicht aufgehoben, sondern bleibt konstituierend, sie ist auch nur rational – Verdecken eines früheren Verbrechens – nicht zu erklären.

Bereits 1818, als der Roman *Frankenstein, or The Modern Prometheus (Frankenstein oder Der neue Prometheus)* von Mary Wollstonecraft Shelley erscheint, ist das Genre der Gothic Novel auf Leihbibliotheksniveau verkommen und seine unversöhnliche, disharmonische, Einflüsse des Sturm und Drang verarbeitende Horror-Variante, deren Prototyp *The Monk* von Lewis ist – den Shelley kannte –, nicht minder. Die Faszination, die die Geheimnisse des Schreckens und Unerklärlichen ausübt, ist nicht mehr neu, aber geblieben. Der Erfolg von Mary Shelleys Romanen, insbesondere ihres zunächst anonym veröffentlichten *Frankenstein*, erklärt sich aber kaum daraus, daß die Autorin den Sensationserwartungen eines potentiellen Publikums entsprechen wollte.

Allerdings, der plot gerade dieses Romans ist sensationell genug: Der Naturwissenschaftler Viktor Frankenstein erschafft, um dem Geheimnis des Lebens auf die Spur zu kommen, einen künstlichen Menschen: »eine ekelhafte Anhäufung aus Fleisch und Bein« (158). Das namenlose, auf sich allein gestellte Ungeheuer versucht vergeblich Anschluß und Liebe bei den Menschen zu finden. Seine Liebe verkehrt sich in Haß, seine fürchterliche Rache gilt seinem »Schöpfer«, bzw. dessen Familie. Schöpfer und Geschöpf, Herr und Knecht sind fortan in wechselseitiger Flucht und Verfolgung bis in den Tod aneinander gekettet: »Du bist mein Schöpfer, doch ich bin dein Herr« (181).

Der phantastisch-schreckliche Vorgang selbst ist aber nicht Shelleys eigentliches Thema, obwohl es phantastisch genug ist, daß eine junge Frau die Schöpferin dieses langlebigsten aller Monster ist. Stattdessen geht es ihr, jenseits aller phantastischen Konstruktion, um menschliche Beziehungen. Nicht zufällig steht am Anfang des *Frankenstein* die Klage der Rahmenfigur, des Polarforschers Walton: »Mir gebricht's an einem Freunde« (13). Auch er ist ein potentieller Frankenstein, der vermeint, ihm stehe es zu, »Großes zu vollbringen« (11). Am Schluß ihres utopischen Romans *The Last Man* begibt sich Verney, eben jener letzte Mensch, auf die verzweifelte Suche nach einem Mitmenschen, um der ihm »unerträglichen Monotonie der Gegenwart« (335) zu entfliehen. In diesem Roman ist am Ende des 21. Jahrhunderts durch Kriege und eine Naturkatastrophe, die Pest, die Menschheit ausgerottet, die, völlig untypisch für eine utopische Fiktion, offen das plane Spiegelbild der englischen Gesellschaft des frühen 19. Jahrhunderts ist.

Isolation und Gemeinschaft, Idylle und Katastrophe, das Schöne und Gräßliche, das Edle und Gemeine, Harmonie und Disharmonie, dies bleiben bestimmende Antinomien, die, schärfer kontrastiert als in der glatteren Darstellung in *The Last Man*, bereits ihren ersten und erfolgreichsten Roman charakterisieren. Entsteht das Phantastische durch (auktoriales) Zerreissen von Zusammenhängen oder ist der nicht erstellbare Zusammenhang Bedingung des Phantastischen? Anders gefragt: Was charakterisiert das Phantastische dieser Romane? Das namenlose Science-fiction-Geschöpf oder sein Schöpfer? Die Vision einer Welt, in der die Menschen »toter Staub inmitten einer gesunden, blühenden Natur« (268) sind, oder das Porträt eben dieser ausgestorbenen Rasse, die sich ganz im Stil der Tories und Whigs ihrer Zeit noch fragt, »ob England wirklich seine feudalen Relikte abschaffen [konnte], um sich mit dem demokratischen Stil Amerikas zu begnügen? Konnte man den Stolz auf seine Herkunft, den patriarchalischen Geist [...] wirklich ausradieren?« (132) Es ist kaum anzunehmen, daß die Tochter derart gesellschaftlich und literarisch engagierter Eltern, der Frauenrechtlerin Mary Wollstonecraft und des anarchistisch-atheistischen William Godwin, die zudem ihr eigenes Leben kaum den Konventionen ihrer Zeit gemäß einrichtete, sich keine andere als die bestehende Gesellschaftsordnung hätte vorstellen können. Nein, mit Verney, dem letzten Mann, der »seine« Geschichte erzählt, schließt sich der Kreis zum ersten selbstmitleidstarken Selbstdarsteller Frankenstein, dieser »Junggesellenmaschine« (Marcel Duchamps), die ein sozialisierungsunfähiges Monster zeugt. (Der Topos des besessenen Wissenschaftlers als Junggeselle, als »Kopfgebärer«, – so auch in Thea von Harbous/Fritz Langs *Metropolis* – gehört noch immer zum Sience-fiction-Inventar.)

Unter empfindsamer Verkleidung verbirgt sich eine patriarchalische Gesellschaft, deren wechselseitigen Beziehungen Warencharakter eignet. Es ist kein Zufall, daß Shelley im *Frankenstein* beispielsweise vorwiegend die Perspektive von drei männlichen Erzählern wählt. Der Arktisforscher Walton berichtet in Briefen seiner Schwester zunächst von sich, dann teilt er ihr die Selbstbiografie Frankensteins mit. Er ist dessen letzter Freund und wirklicher Schüler: Er lernt aufzugeben und fährt am Schluß »heimwärts«. Diese Figur ermöglicht also Frankenstein seinen Bericht, der, im wesentlichen chronologisch, in seinen Gewichtungen, Auslassungen, Raffungen und Bewertungen den Leser in dessen subjektive Perspektive reißt. Diese stimmige eigenparteiliche Perspektive irritieren die zum indirekten Kommentar werdenden beiden Monologe des Opfers, des namenlosen Ungeheuers.

Nur vordergründig bildet das auch dem Trivialen eigene Schwarzweiß-Raster gut und böse, ihm zugeordnet die glückliche Familie/die Liebenden und die im Leid zerbrechende Familie, die liebliche und düster-heroische Landschaft, Sonne, Frühling, Sommer und Sturm, Gewitter, Kälte, Nebel, – Topoi, die Shelley mit großer erzählerischer Frische gestaltet – das Grundmuster des Romans. Wesentlicher ist, daß die Figuren, nur notdürftig sentimental verbrämt, eine rollenfixierte Gesellschaft spiegeln, die durch egoistische Einzelinteressen geprägt ist. Besonders die als Ideal geschilderte Gemeinschaft: die Familie, Hort des Friedens und der Harmonie, wird sichtbar als zerbrechliche, der Außenwelt nicht standhaltende, sich vor ihr absondernde Idylle, als Konstrukt. Frankensteins Vater gönnt sich »seine« Familie erst als Altersrefugium. Seine wesentlich jüngere Frau ist die aus Not gerettete Tochter eines Freundes. Dieser a-erotischen, aus Dankbarkeit und Altersabgeklärtheit erwachsenen Liebe der Eltern, die sich ihres wechselseitigen Besitzes sicher sind, entspricht das Verhältnis zu ihrem ältesten Sohn Viktor, der »seiner Eltern Spielpuppe« (29) ist. Diese Beziehung wiederholt sich in der Viktors zu seinem »Eigentum«, seiner Pflegeschwester und späteren Frau Elisabeth, die seine Mutter ihm einst als »hübsches Geschenk für meinen kleinen Viktor« (32) übereignet hat. Die Familie als Konstrukt, als von der liebenden Frau zu bewahrendes Fluchtidyll des nach außen drängenden und nur in der Isolation Selbstverwirklichung findenden Mannes, bestimmt die willkürlich auswählende Beschreibung der Familie durch Frankenstein, der schon seine Brüder kaum wahrnimmt. Sie ist als Idylle, als Inselexistenz auch dadurch gekennzeichnet, daß sie als schroffer Gegensatz zur feindlichen, bösen oder schlicht mediokren Umwelt dargestellt wird. Nur einmal gerät in den Blick, daß die Innensicht der Idylle der Außensicht nicht standzuhalten vermag: Wilhelm, Frankensteins Bruder und das erste

Mordopfer des Monsters, ist nur im Familienzusammenhang ein »lächelndes Kind in all seiner Unschuld und Fröhlichkeit« (84), außerhalb ist er trotz seines »Angstgeheuls« verblüffend standes- und privilegienbewußt: »Mein Papa ist Ratsherr [...], er wird dich ins Gefängnis werfen« (153). Ähnlich abgeschnitten, ausgeschnitten – gesehen durch einen »schmalen, nahezu unmerklichen Riß« (114) – zeigt sich uns das zweite Familienidyll, die Familie de Lacey, von der das Monster, zur schönen Seele ästhetisch durch Miltons *Paradise Lost* und Goethes *Werther* gebildet, Liebe, Gemeinschaft erhofft. Angesichts des Häßlichen, das eben zunächst nicht das Böse ist, zerbricht das fragile Idyll. Die Familie flieht vor dem Monster in herzlosem Schrecken.

In dieser Mikrosozietät Familie mit ihren emotionalen und rollenspezifischen Bindungen ist Gesellschaft als repräsentativer kleinster Ausschnitt zugleich enthalten und verweigert. Die scheinbaren Ausblicke aus dem Familiengehege erweisen sich als dramaturgische Krücken. So scheint, entsprechend ihrem ich-zentrierten Studenten, die eigenartige Ingolstädter Universität nur aus zwei auf Frankenstein wartenden Professoren zu bestehen. Elisabeths Hinweis auf die standesnivellierenden »republikanischen Einrichtungen« (65) der Schweiz dienen allein als Motiv, das zweite (indirekte) Mordopfer, Justine Moritz, einzuführen. Daß Armut verweigertes Menschsein bedeutet, gerät nur einmal in den Blick. Frankenstein wählt als zweite Experimentierstätte, um die Monsterbraut zu basteln, die Hütte völlig verarmter Inselbewohner, weil er sonst »wohl einiges Aufsehen erregt [hätte], wären die Inselbewohner nicht durch Mangel und bitterste Armut gegen alles, was in ihrer Umgebung vorging, gleichgültig gewesen.« (177)

Während verweigerte Gemeinschaft das Monster erst zum Monster macht, verweigert sich der Mann selbstherrlich genau dieser Gemeinschaft, der er sich – samt liebendem Weib – erst nach getaner Arbeit und Selbstverwirklichung zuwendet. Frankenstein als »neuer Prometheus« will eine Menschheit mit seinen »Geschöpfen« beglücken. Über beide reflektiert er jedoch herzlich wenig. Ungefähr 2,50 m mißt sein mit »zunehmender Besessenheit« (54) zusammengeklaubtes Werk, weil die menschliche Normgröße wegen der »Winzigkeit der einzelnen Bestandteile« ein »beträchtliches Hindernis« (52) gebildet hätte. Als Modell dient ihm das an der Natur nie überprüfte Ideal des Kunstschönen. Erst nachdem er aus Tod und Verwesung neues Leben geschaffen hat, vermag er die selbstverschuldete Häßlichkeit seines »Geschöpfes« zu erkennen, von dem er sich sofort entsetzt abwendet. Er verdrängt seine »Erfindung« durch Flucht in Vergessen, die Scheinidylle der Freundschaft, die liebliche Natur, die plötzlich erinnerte Familie. Dieser Science-fiction-Prometheus, den Shelley mit unterhaltendem, nie trivialem Format ausstattet, ist durchaus anders als seine idealen schöpferischen Verwandten und deren erweckungsbedürftige Menschheit: der Sturm-und-Drang-Prometheus Goethes oder die Prometheus-Gestalten P.B. Shelleys oder Byrons. Dieser Frankenstein-Prometheus erweist sich, sentimentalisch verbrämt, als der denkbar schlechteste, weil nie mit- sondern nur selbstleidende »Vater« seines Geschöpfes. Es mag sein, daß Mary Shelleys frühe Schwangerschaften – sie war zunächst die Geliebte, dann die Frau Shelleys – und der rasche Tod der Kinder, dies verweigerte Leben also, und die neuerliche Schwangerschaft während der Niederschrift des Romans den Aspekt, daß Frankenstein ein sich verweigernder Vater ist, mit beeinflußen.

Daß das namenlose Geschöpf Frankensteins im Verlauf seiner breiten, von Adaptionen, Bearbeitungen, Fortsetzungen begleiteten Rezeption den Namen seines Schöpfers erhielt, ist sicher nicht zufällig. Des Monsters Haß ist das andere Gesicht der Gemeinschaft erst stiftenden Liebe. Seinen Widersprüchen gemäß, flieht der künstliche Mensch ins Eis, um sich dort zu verbrennen, er flieht den »natürlichen« Menschen, weil dieser das von ihm propagierte Ideal schöner Humanität nicht zu leben imstande ist.

Phantastische Literatur – Radcliffe und Shelley sind hier typische Beispiele – ist oft auch »Reiseliteratur« in ferne Länder, Zeiten oder, wie bei E.T.A. Hoffmann, ins bei Dresden gelegene Atlantis. Dennoch erleidet die englische Lady alle Schrecknisse, zerbricht ein Familienideal zwischen Alpen und Arktis, dessen Zeittyp datierbar ist, nämlich auf seine Entstehenszeit. Aber wer vermutet schon das Phantastische, beunruhigend Nichterklärliche so um die Ecke, im nächsten Bauernhaus etwa, und sei es ein englisches um 1800?

1847 erscheint der Roman *Wuthering Heigths (Die Sturmhöhe)* von Emily Brontë, ein Roman, dessen Handlung äußerlich kaum Phantastisches vermuten läßt. Die Handlung ist exakt datierbar (Winter 1801 und September 1802) und lokalisierbar (zwei vier Meilen und Welten entfernte Höfe im Moor), der Rahmen ist konventionell: Dem erkrankten Pächter von Thrushcross Grange, einem der Höfe, vertreibt die Haushälterin Ellen Dean erzählend die Zeit. Ihr Bericht ist aber alles andere als gemütlich. Sie erzählt die eine Generation zurückliegende und bis in die unmittelbare Gegenwart greifende Geschichte und Anatomie zweier von düsteren Stimmungen, Leidenschaften, Haß und Rache und letztlich von Liebe aufgezehrten Familien. Mit *Wuthering Heights* erscheint ein Roman, der seiner viktorianischen oder zeitgeschichtlichen europäischen Gegenwart quersteht, der in seiner erratischen Eigenwüchsigkeit die Erzähl- und Romanraster realistisch oder phantastisch, Familienchronik, Gespenstergeschichte, Bildungsroman usw. sprengt und doch alles das auch ist. Dies ist ein Roman, dessen Geschichte aus so ver-rückter Perspektive erzählt wird, daß der Leser mit seiner Wertung auf sich selbst zurückverwiesen wird, da er auf die Sicht der Autorin und deren Wertung, wenn überhaupt, dann nur vorsichtig schließen kann.

Eröffnet wird der Roman mit der kaum ein Zehntel ausmachenden Rahmenperspektive des Städters und nunmehrigen Pächters Lockwood. Dieser besucht dreimal, eben 1801 und 1802, den Nachbarhof »Wuthering Heigths«, »ein echtes Paradies für Menschenfeinde« (7), und lernt dort zunächst seinen Pachtherrn Heathcliff, dessen Schwiegertochter Catherine und den Neffen Hareton kennen. Letztere zeigen sich ihm beim dritten Besuch nach Heathcliffs Tod als Liebende und Lernende. Der Selbsttäuschung Lockwoods (Täuschung, Selbsttäuschung und Verkennen sind strukturbestimmende Merkmale des Romans), der glaubt, Stadt- und Zivilisationsekel habe ihn in die Einsamkeit getrieben und trotzdem sofort Anschluß bei seinen Nachbarn sucht, entspricht die »common-sense-Perspektive«. Seine konventionellen Konversationsversuche mit dieser archaischen, mit sich selbst beschäftigten »Familie« sind so lächerlich unangemessen wie seine spontane Charakteristik Heathcliffs als eines »famosen Burschen« (7), weil dieser seinem Klischee vom Misanthropen in ländlicher Einsamkeit zu entsprechen scheint. Es wird erkennbar, daß diese Perspektive falsch ist, als Lockwood konfrontiert wird mit den von kindlicher Leidenschaft, Haß und Anklage erfüllten Tagebuchaufzeichnungen einer anderen Catherine, die ihm dann nachts erscheint. Deren wild-emotionale Perspektive verstört Lockwood so, daß er – und der Leser – zwischen Alptraum und »realem« Geist nicht unterscheiden kann. Diesem vorweggenommenen, ausschnitthaften (der Ausschnitt, das aus dem Zusammenhang gerissene Detail ist ein weiteres strukturelles Merkmal), sich zum Alptraum verdichtenden Rückblick auf eine zerstörte, archaische Kindheit (die Catherines und Heathcliffs) folgt der weitgehend chronologische, aber Episoden auswählende Bericht Ellen Deans. Auch deren scheindistanzierte, zugleich betroffene, auch ins Geschehen eingreifende Perspektive bleibt als subjektive – und eben nicht auktoriale – erkennbar.

Der Eindruck höchster Emotionalität gründet nicht allein in den Charakteren der zentralen Figuren Heathcliff und Catherine und ihrer gegenseitigen, sie ganz bestimmenden und zerstörenden Leidenschaft. Diesen Eindruck erzielt auch der »filmisch-dramatische« Erzählduktus, der die lineare, weitgehend chronologische Handlung in die Eigendynamik von Einzelbildern und Ausschnitten auflöst. Diese Erzählhaltung überdeckt und konterkariert die höchst experimentelle, analytische Struktur des Romans, ein Moment, das begründet sein mag in der isolierten Lebens- und Schreibsituation von Emiliy Brontë in der Einsamkeit des Yorkshirer Pfarrhauses von Haworth. Erzählt wird das Schicksal einander symmetrisch zugeordneter Personen. Analoge Konstellationen und ihnen zugewiesene erwartete Wirkungen werden synthetisch wiederhergestellt. Aber ihre Wiederholbarkeit erweist sich als Täuschung.

Die Ausgangsbedingungen der drei Earnshaw-Kinder, der leiblichen Hindley und Catherine und des angenommenen Findlings Heathcliff, sind, obwohl Heathcliff von vornherein nicht nur äußerlich »dunkel« ist, zunächst gleich. Doch diese gleichen Möglichkeiten, sich zu entwickeln, ändern sich abrupt mit dem Tod der Eltern, für Heathcliff bereits mit dem Tod des Vaters. Hindley nimmt nun rigoros die Rechte des Hausherrn wahr, ein Verhalten, das in unkontrollierte Brutalität umschlägt, als seine Frau, die ihm bislang Halt gab, bei der Geburt seines Sohns stirbt. Hindley, der durch seine Trunksucht allmählich verroht, drückt Catherine und Heathcliff in einen vorzivilisierten Urzustand, in das Dunkel und die Wildheit ihrer Leidenschaften, den verhaßten Findling, der ihm die Liebe seines Vaters »absaugte«, obendrein in die Knechtsexistenz. Heathcliffs Versuche, mit der rudimentären Weiterbildung Catherines mitzuhalten, scheitern. Aber auch die emotionale Gleichheit dieser beiden scheint durch die Schere gegensätzlicher Entwicklungen aufgehoben. Die Zurückentwicklung Heathcliffs zum geknechteten Nicht-Menschen steht im Kontrast zum Zivilisationsschub Catherines durch die benachbarten Lintons, zu deren Herrenhaus »Thrushcross Grange« es die beiden bei einem heimlichen Ausflug verschlagen hat. Diese verweisen den verwilderten »Knecht« aus dem Haus, dessen Besitz er sich später erzwingen wird, nehmen aber das »Herrenkind« auf und domestizieren es. Der danach erkennbare Standesunterschied veranlaßt Heathcliff, getäuscht durch die von ihm erlauschte nur halbe Wahrheit Catherines, zur Flucht. Zurückgekehrt, – Catherine ist mittlerweile mit Edgar Linton verheiratet – ist auch Heathcliff zu zivilisatorischen Fertigkeiten und Geld, nicht aber zu Charakterbildung gekommen. Er lebt nur noch seiner zu Dämonie, fast Vampirismus verfinsterten Leidenschaft zu Catherine. Diese zerbricht daran, daß sie die Widersprüche zwischen ihrer archaischen Emotion und der Sicherheit stiftenden Konvention – ihre Ehe – nicht zu lösen vermag. Heathcliffs systematisch geplante und durchgeführte Rache gilt nur vordergründig dem mit krimineller Energie angeeigneten Besitz der Familien. Sie gilt letztlich den Menschen, Hindley und den Lintons, ersatzweise deren Kindern Hareton und Catherine. Letztere ist das sanftere, nicht von deren Selbstsucht und Egoismus getriebene Abbild ihrer Mutter. Er zwingt sie in eine Mitleidsehe mit seinem Sohn, der kränkelnden Karikatur des Vaters. Das an Hindley und Sohn Hareton vorgeführte Racheexperiment: deren Zurückentwicklung auf eine knechtische, primitiv dumpfe Existenz, entspricht spiegelverkehrt seiner »Entwicklung« als Jugendlicher. Dieses böse Experiment scheitert auf der psychologisch erklärbaren Ebene an der Liebe Catherines und Haretons, die einander als Lehrende und Lernende zu Menschen entwickeln. Es scheitert aber auch auf der jede Erklärbarkeit sprengenden Ebene des Magischen. Ihr entsprechen – auch strukturbestimmend – die Märchenmotive, die im Volkswissen lebendigen Zauber-, Beschwörungs- und Bannungszeichen oder die magische Existenz der sinnverwirrten, zwischen Liebe und Treue zerriebenen kranken Catherine. Die tote Geliebte, die in Heathcliff weiterlebt, bannt seine Racheenergie und sucht ihn als Vision »heim«.

Auch in diesem magisch-phantastischen, rational nicht aufzuschlüsselnden Bereich, in dem eine Mensch und Natur, Tod und Leben verschränkende pantheistische Religiösität aufscheint, kommt die Botschaft des Romans nicht zu sich selbst. Er hat nämlich auch eine erstaunlich realitätsverpflichtete Dimension. Seit Sangers Aufsatz *The Structures of »Wuthering Heights«* von 1926 wird dem Roman ein Stammbaum der fiktiven Familien beigefügt. Sangers Durchrechnen des Romans, seine Vergleiche der Besitzaneignungen Heathcliffs mit dem Erbrecht der Zeit, weisen nicht nur für diesen Bereich das hohe Maß an Realitätsnähe nach. Seine Daten machen auch einsichtig, daß sich jenseits aller dichterischer »Versuchsanordnung« die Figuren jeweils adoleszensgemäß verhalten, daß diese Kinder und Jugendlichen keine vorweggenommenen Erwachsenen sind.

Die differenzierte Vielschichtigkeit dieses Romans, sein experimenteller Charakter, die fehlende Einbindung der Figuren in religiöse, ethisch-moralische, ja zivilisatorische Konventionen irritierte nicht nur die Zeitgenossen. Noch 1936 läßt Irene Cooper Willis die Frage offen, die schon die Zeitgenossen stellten, ob nicht doch der Brontë-Bruder Branwell der Verfasser sei. Willis referiert diese zeitgenössischen Urteile, denen zufolge nur ein »ferocios male« (174) den Roman geschrieben haben könne, weil ihn eine »unmistacable masculinity« (175) präge. Die in diesen Urteilen in Abrede gestellte Weiblichkeit der Imaginationskraft Emily Brontës verengt das Weibliche auf rollenspezifische Normen. Mit dem unausgesprochenen eigentlichen Postulat, daß der Frau ein eingeborener, sozusagen domestizierter

Blick eigen sein müsse, brauchen wir uns wohl nicht ernsthaft auseinanderzusetzen.

Wenn das Ersinnen einer Figur wie Heathcliff als unweiblich gewertet wird, dann übersieht diese Kritik die motivische Tradition der Figur: ihre Verwurzelung in der Schauerromantik. Schon Radcliffes Schedoni ist, jenseits seiner genre-gemäßen Verkleidung, ein Zerrissener, eingeboren böse und doch fähig zur Liebe. Zugespitzt zum dunklen (!) *Findling*, als dem in seinem Ursprung Unbekannten, variiert diesen Typ z. B. Kleist bereits 1811 in seinem Nicolo, der im übrigen auch, eine eigentümliche Parallele, subjektiv unrechtmäßig, objektiv in Übereinstimmung mit den geltenden Gesetzen, seine Familie ökonomisch und sozial »aussaugt«. Brontës Imaginationskraft liegt weniger in der Erfindung einer Figur, als in deren Ausstattung mit scheinbarer Realitätshaftigkeit. Die eigentliche Irritation der Figur gründet vor allem aber in ihrer rollensprengenden Verdoppelung. »Ich bin Heathcliff«, sagt die nur an der Oberfläche sozialisierte Catherine. »Ich habe ihn immer, immer im Sinn [...] als mein eigenes Selbst.« (90)

Derart bornierte Vorstellung von weiblicher bzw. unweiblicher Imagination entlarvt eine verstörte Prüderie, die typisch ist für das die realen Widersprüche verbrämende viktorianische England, sie entlarvt sich als Rückschritt, der die zwei Generationen frühere »unmännliche« Phantasie eines Friedrich Schlegel in *Lucinde* (1799) retrospektiv zu Pornografie degradiert. Für Schlegel ist die die Rollen vertauschende Liebe »eine wunderbare, sinnreich bedeutende Allegorie auf die Vollendung des Männlichen und Weiblichen zur vollen ganzen Menschheit.« (13)

Diesen Stolperweg zur »vollen ganzen Menschheit« beschreibt Virginia Woolf wiederum zwei Generationen später mit ihrem/ihrer *Orlando*, dessen/deren 36jähriges Leben, 1928 in der Gegenwart angekommen, gut 360 Jahre Geschichte umgreift, ein Roman, der mit ironischer Verve die Genres Biographie, Geschichts- und Abenteuerroman und ihre immanenten Männer- und Frauenbilder parodiert. Orlando, für den/die die plötzliche Geschlechtsverwandlung nicht zu einem Identitätsproblem führt, sondern der für ihn/sie zunächst spielerischer Rollenwechsel ist, erlebt ihre Frauenrolle als Zwang (z. B. zur Ehe) erst im viktorianischen England. Rolle wird hier zum Identitätsverlust, zum Zwang zur abgeschnittenen, nur weiblichen Identität. »Frauen«, zitiert Woolf damalige (männliche) Vorurteile sarkastisch, »sind bloß Kinder, [...] ein verständiger Mann tändelt ihnen nur, spielt mit ihnen, hält sie bei Laune und schmeichelt ihnen« (151). Dieses kindische Geschlecht hat folglich »einander nichts zu sagen [...]. Wenn sie miteinander allein sind, reden sie nicht, sondern kratzen«, weil sie »füreinander nur die größte Abneigung haben« (156).

Der »fremde Blick« ermöglicht eine verschärfte Sicht auf die Widersprüche der existierenden Gesellschaft. Das dem Märchen, dem Phantastischen, der Science-fiction, der Utopie eigene Motive des Rollentausches, der Verwandlung in einen anderen Zustand, setzt in seiner besonderen Variante als Geschlechtertausch präzise die Defizite einer Gesellschaft frei, die z.B. heute die Gleichberechtigung theoretisch bewältigt hat. Der zur Frau gewordene Mann in Günter de Bruyns *Geschlechtertausch* erfährt seine neue Rolle als Gewinn von Wärme und Verlust von Macht. Seinem Wunsch, in die Urrolle zurückzukehren, widersetzt sich die einstige Frau, die ihre neuen Privilegien genießt. Das der Wissenschaft zuliebe in einen Versuchsmann verwandelte weibliche Ich in Christa Wolfs *Selbsversuch* erlebt die Veränderung ihrer/seiner emotionalen Identität als »Defekt«. Die nur funktionstüchtige Gesellschaft ist eine ohne Liebe: »Jetzt steht uns mein Experiment bevor: Der Versuch, zu lieben. Der übrigens auch zu phantastischen Erfindungen führt: Zur Erfindung dessen, den man lieben kann« (247). Das Motiv »Geschlechtertausch« schließt ein, daß das Subjekt stets die Widersprüche, eigene und anderer Verhaltensänderungen als Praxis erlebt, deshalb ist es typisch, daß das phantastisch transformierte Subjekt innerhalb seiner spezifischen rollengeprägten Gesellschaft porträtiert wird.

Anders strukturiert begegnet uns das fiktionale Konstrukt »fremder Blick« in den Orts- und Zeitutopien. Ein von seiner jeweiligen Gesellschaft (oder den Ideologien seiner Zeit) geprägtes Subjekt entdeckt einen im Nirgendwo und Nirgendwann realisierten Idealstaat. Es ist das bis weit ins 19. Jahrhundert ermüdend wiederholte ästhetische Mittel, eine stets überschaubare, ideal funktionierende Sozietät in ihrer Totalität beschreibbar zu machen. Bei aller entwicklungsgeschichtlich und ideologisch bedingten Unterschiedlichkeit der Staatsutopien eint sie in der Regel folgende Merkmale: Da wohl ein Verstehen gesellschaftlicher Mechanismen von einer Frau nicht angenommen werden konnte, verschlägt's immer als Beobachter einen Mann in die Ferne. Die ideale Gesellschaft ist zwar meist vergleichsweise gleichberechtigter aufgebaut, wird aber nie von einer Frau geleitet. *Herr*schaft ist eben als *Frau*schaft nicht zu denken! Den Staatsutopien ist der didaktische Impuls eigen, das Interesse auf die *noch* falsche, also reformierbare Gegenwart zu lenken. Obwohl Frauen gesellschaftliche Veränderungen am sichersten zu fordern gehabt hätten, sind sie als Erfinderinnen gerechterer Gesellschaftsmodelle bis ins 20. Jahrhundert die höchst seltene Ausnahme. Der verweigerten Teilhabe entspricht wohl die Weigerung, in Ordnungsmodellen zu phantasieren. Es ist ja bezeichnend genug, daß der Amazonenstaat der einzige jahrhundertelang literarisch rezipierte Frauenstaat ist, ein Staat, den die Rezipienten zumeist geprägt sehen von der männlichen Naturtugend, dem Kampf, dem Krieg, der also nur funktionieren kann aufgrund weiblicher Denaturierung.

Erst 1915 erscheint mit dem Roman *Herland* von Charlotte Perkins Gilman eine feministische Utopie. Zu diesem Zeitpunkt ist zwar das Problembewußtsein für die Rolle der Frau in der Gesellschaft gewachsen, aber es ist auch in Amerika eine Zeit extrem verschärfter, nicht mehr aus dem Bewußtsein zu drängender gesellschaftlicher Widersprüche. Der Komplexität dieser Widersprüche das Gegenbild einer befriedeten Insel der Seligen entgegen zu stellen, signalisiert eher eine Flucht aus der Realgesellschaft als die Hoffnung auf deren Reform. Dieser Roman, sie schreibt insgesamt drei utopische, stellt sicher auch eine späte feministische Reflexion auf Edward Bellamy dar (der wie sie für die Zeitschrift *The American Fabian* arbeitete) und auf dessen utopisch-sozialistische Bewegung, deren Intention er 1888 in seinem Roman *Looking Backward: 2000–1887* beschreibt. Er entwirft dort ein sozialistisch und militärisch strukturiertes Gesellschaftsmodell.

Die literarische Tradition variierend, erkunden in *Herland* drei entdekkungslustige junge Amerikaner ein sich durch Parthenogenese fortpflanzendes, sich seit sechstausend Jahren zur idealen Schwester- und Mütterlichkeit reformierendes Frauenland. Diesen Männern entsprechen drei männliche Reaktionsweisen: die des sensiblen, realistischen Ich-Erzählers, die des »Softy« und die des zuletzt des Frauenlandes verwiesenen »Macho«. Ihre schlichtesten Vorurteile: »Das ist ein *zivilisiertes* Land! Da müssen Männer sein« (24), ihre Vorstellungen von klösterlicher Zucht, weil sonst Streit und Chaos herrschen müsse, oder von Kampfweibern bestätigen sich nicht. Stattdessen begegnen sie Frauen, die ein Leben gegen Kampf und Gewalt leben, die liebende und wissende Friedenspädagoginnen und Mütter sind, die zukunftsgewandt ständig bedacht sind, zu lernen, zu verbessern – kein Gesetz ist älter als zwanzig Jahre; die Liebe zu den Müttern erweist sich in der Erziehung der Töchter, »die sich über uns hinausentwickeln müssen« (148). Dem Wir-Gefühl, in dem sich das Ich geborgen, verstanden und geliebt weiß, entspricht die ökonomische, soziale und bedingt auch an Ökologie orientierte Struktur des Landes. Herland-Frauen kennen weder Dienerinnen noch Anführerinnen, sondern nur gewählte Führerinnen. Das Land ist sozialisiert, ebenso die bedarfsangepaßte Produktion und Distribution. Die Trennung von Privat und Öffentlich ist weitgehend aufgehoben, weil eine substantielle Entfremdung von Individuum und Gruppe im Frauenland unbekannt ist.

In *Herland* ist die Arbeit spezialisiert, aber nicht entfremdet, nicht nur weil der Beruf den Neigungen und Fähigkeiten entspricht, sondern weil sich in jedem Teil die Struktur des Ganzen widerspiegelt. Diese im höchsten Maß zur Schwesterlichkeit, Mütterlichkeit und Vernunft begabten Frauen überlassen gegebenenfalls sogar die Erziehung ihrer Kinder eigens dazu Ausgebildeten. »Bei uns ist die Kindererziehung eine Kultur und Wissenschaft geworden« (114), eine Wissenschaft, die wir uns als konsequente Fortentwicklung der Montessori-Pädagogik, auf die verwiesen wird, vorstellen müssen: eine unserer heutigen Friedenspädagogik bereits erstaunlich ähnliche Erziehung mit Sport- und Lernspielen, die keinen Zwang, keinen Wettkampf, weder Sieger noch Besiegte kennt.

Perkins Gilman stellt uns die schwesterlichen Prinzipien, nach denen diese Frauen leben, vor; sie beschreibt nicht detailliert, wie sie exakt umgesetzt werden. Ausgespart bleibt auch, wie die agrarische Gesellschaft funktioniert. Anhand des männlichen Antipoden Terry, der auch in »Muttchenland« weiß, was Weiber wollen: beherrscht werden, Lustobjekt und Heimchen am Herd sein, wird deutlich, daß die Frauengesellschaft nur eine sozialistische sein kann. Terry liebt den Kampf, den Wettbewerb, den Erfolg des Stärkeren, er kann sich also weder biologisch noch ökonomisch ein Leben außerhalb von Ausbeutungsverhältnissen vorstellen, er verkörpert als kapitalistischer Macho barbarische »Natur« – und gerade keine Kulturgesetze.

Es ist typisch für Utopien, daß es Widersprüche, »Systemfehler« also, so gut wie nicht gibt. Auch in Herland, in dem Sexualität zur großen Schwesterlichkeit und später in der Ehe zwischen dem Ich-Erzähler und Ellador zur großen Menschlichkeit verinnerlicht ist, gibt es keine individuationsbedingten Außenseiter. Die letzte Kriminelle z.B. ist vor sechshundert Jahren ausgestorben. Herland kennt weder seelische noch körperliche Krankheiten. Eines aber ist Herland auch nicht: antirassistisch. Gerade diese Erweiterung hätte doch die amerikanische Wirklichkeit und die phantastische Konstruktion der Parthenogenese provozieren müssen. Das nimmt dieser feministischen Utopie die »tagträumende« (Bloch) Antizipation vom schwesterlichen zum menschlichen Leben. Ihr Land ist weiß und sauber.

Staatsutopien, und da ist *Herland* keine Ausnahme, setzen häufig autoritäre Phantasien voraus und frei, deren anderes Gesicht die Fratze totaler Normierung ist. Seit den 20er und 30er Jahren verkehren sich derartige Gesellschaftsmodelle obendrein zu utopistischen: Das sozialistische Nirgendwo hat seit 1917 seinen von der Theorie zur Praxis zwingenden Ort: die Sowjetunion. Im Kontext des sich perfektionierenden Monopolkapitalismus verkommt die Vision einer ökonomisch befriedeten Gruppe zum verlogenen Idyll. Die Wirklichkeit produziert ihre zeitgemäßen Warnutopien. Der Wissenschaftsanspruch egalitärer sozialistischer Praxis, für die er selbst kämpfte, provoziert schon 1920 Samjatin in *My* (Wir) zu einer Horrorvision vom »mathematisch-fehlerfreien Glück« (5). Die entfremdete Fließband-Arbeitswelt von den Schlachthöfen Chicagos zu Fords Detroit trägt Huxleys Arbeitsordnungsstaat mit gentechnisch befriedeten menschlichen Arbeitsmaschinen (*Brave New World*, 1932) nicht erst im »7. Jahrhundert nach Ford« in sich.

Der Staat als Selbstzweck, als terroristische Ordnungs- und Todesmaschine, in dem der einzelne nicht nur nichts ist, sondern auch, den Parolen zum Trotz, die Gemeinschaft nicht alles sein kann, weil sie nichts als Propagandakonstrukt ist, dieses Modell brauchte nicht erfunden zu werden, es war seit 1933 gelebter deutscher Faschismus. Einen derartigen Staat beschreibt Karin Boye 1940 in *Kallocain*. Die scheinbare Warnutopie »aus dem 21. Jahrhundert« ist die phantastisch verdichtete Wirklichkeit selbst.

Ausgelöst durch Peter Weiss' bewegendes, verstörendes Porträt der schwedischen Dichterin und durch seinen Verweis auf *Kallocain* in der *Ästhetik des Widerstands*, wird Boyes Roman hierzulande spät wiederentdeckt. Sein Erscheinen im »Orwelljahr« und Boyes Etikettierung als »Orwells große Schwester« lenkt kurzsichtig das Interesse auf die menschenverachtenden Macht- und Kontrollmechanismen eines totalitären »Weltstaates«, der vom feindlichen »Universalstaat« nicht unterscheidbar ist. Beider Ideologie besteht in nichts anderem als purer Herrschaftssicherung durch Knechtschaft der »Mitsoldaten«, d.h. permanenter Kontrolle, täglicher, lebenslanger Reglementierung, dem rein dienstlichen Informationsrapport an »meinen Chef« in »Achtungsstellung«, Militär- und Staatsfeierdienst, zum knappen, von »Polizeiauge« und »Polizeiohr« und zur Denunziation verpflichteten Dienstmädchen, kontrolliertem Familienleben und dem den Nachwuchs sichernden Beischlaf, von der durch Kriegsspielzeug verseuchten Kleinkindererziehung und paramilitärischen vorschulischen und schulischen Ausbildung bis zur Zwangsumsiedlung in Arbeitsstädte.

Boyes plot ist einfach: der Chemiker Leo Kall, Gefangener des Universalstaates, führt eine Existenz, die sich kaum von der in seiner weltstaatlichen »Chemiestadt Nr. 4« unterscheidet; heimlich beschreibt er seine letzte Tätigkeit für den Weltstaat: die experimentelle Erprobung an »Menschenmaterial« und den dann gezielten überwachungsstaatlichen Einsatz – die totale Gesinnungskontrolle – des von ihm erfundenen Wahrheitsserums Kallocain. Leo Kall, der sich selbst zum konzisen »autoritären Charakter« (Adorno) zwingt, erweist sich als sein eigenes Experiment. Er ist derjenige, der die an die Oberfläche gezerrten Wünsche, Sehnsüchte, Ängste, diffusen Hoffnungen der »anderen« als seine eigenen nicht erkennen will und zu verdrängen sucht. Nicht allein der Staat produziert diesen Kall, er deformiert sich selbst. Sein Selbstzwang zur Konformität führt zu Allmachts- und Verfolgungsphantasien, das »andere« kennen zu müssen, um es besitzen zu können. Weil er Liebe als Besitz mißversteht, glaubt er sich seiner ihm fremd gewordenen Frau versichern zu können, indem er sie »wie eine Konservenbüchse« (163) aufbricht, um ihre »Wahrheit« zu erpressen. Die triebhafte Destruktion, mit der er seinen »Chef« Edo Rissen, in dem er vordergründig den Liebhaber seiner Frau, eigentlich aber dessen – und damit sein eigenes – Anderssein haßt, zum Feind stilisiert und ihn der tödlichen »Gerechtigkeit« des Weltstaates ausliefert, zielt im Grunde auf Selbstzerstörung: »Ich war rasend vor Verbitterung, daß ich mich selbst verstümmelt hatte« (176).

Indem Boye diesen anscheinend so konzis autoritären Kall zum Erzähler macht, zwingt sie uns in die Komplexität der eigenen Widersprüche. Denn Kall ist nicht einfach nur der Anpassungshörige, der Befehle antizipiert, weil er ihnen gehorchen will, sondern seine Gier, sich unterzuordnen, zu funktionieren, Gesinnungsklarheit zu schaffen, »ein wirklich reines Gewissen« (49) haben zu wollen, ist pervertierter Ausdruck seiner Sehnsucht, es möge einen Weg »von der Einsamkeit zur Gemeinschaft« (54) geben. Nur in der Gemeinschaft weiß er seine Identität gesichert. Deshalb neidet er seiner ersten »Versuchsperson«, der »Nr. 45« vom »Freiwilligen Opferdienst«, den nie selbst erlebten »Augenblick höchster Seligkeit« (45) extatischer Identifikation, eine »Seligkeit«, die Karin Boye 1932 in Berlin bei einem NSDAP-Sporthallenritual angeekelt und zugleich fasziniert hat. Diese Gemeinschaft z.B. mit »seiner« Frau Linda will er als seinen »Traum von grenzenloser Sicherheit« (149) im Gewalt- und Besitzverhältnis erzwingen. Daß es eine Gemeinschaft der Entmündigten, Fremdbestimmten nicht geben kann, erfährt er in Lindas Ermordungsphantasien, aber auch in ihrer den anderen freilassenden Liebe. Die »Mitsoldatin« Linda funktionierte als »kostspielige Produktionsmaschine« (168), ihrem »Besitzrecht« an ihrem Sohn entsprach seine Befehl-Gehorsam-Erziehung. Erst die Liebe zur Tochter macht sie zur Mutter. Deren Ruhen-in-sich-selbst – »sie hatte ihre eigene Melodie« (168) – läßt Linda die Liebe als Freiheit des anderen und des Ich ahnen. Unter allen Verschüttungen bleibt die Ahnung von organischem, nicht organisiertem Leben, von Stille, die keine Einsamkeit ist, von unglücklicher Liebe, die erfüllte Sehnsucht ist, weil sie nicht besitzen will. »Ich war«, erkennt Kall, »aus einem Zusammenhang gelöst worden, der mich fast erstickte, und in einen neuen, selbstverständlichen, einfachen gerettet worden, einen Zusammenhang, der trug, aber nicht band« (169). Die Vision selbstbestimmten, organischen Lebens ohne Angst, wo es »frische Wasseradern im Boden gibt« (133), die Sehnsucht »in Freundschaft [zu] leben und sich gegenseitig [zu] helfen« (134), hat ihren bezeichnenden Fluchtort: eine fast völlig vergiftete »Ruinenstadt in der Wüste«.

Die späte, vermittelte Rezeption des Romans hierzulande, die des äußeren Anlasses »Orwelljahr« und vor allem der Intervention von Peter Weiss bedurfte, ist symptomatisch für uns. Im nachhinein wird erkennbar, daß Orwells Sicht auf einen totalitären Staat in den frühen 50er Jahren den Rezipienten unbeschädigt in seine hoffnungsvoll aufstrebende Republik entlassen konnte: so hatte sich der totalitäre deutsche Staat gegeben, so funktionierte der kommunistische noch immer. Karin Boyes personale Sicht läßt derart unkritisch unbetroffene Rezeption nicht zu. Sie zwingt den Leser in ihre eigene Betroffenheit und Beschädigung zurück. Mit der Gestalt von Leo Kall ist der Leser gezwungen, sich selbst zu erkennen, denn Kalls Widersprüche sind noch immer die unsrigen. In seinen totalitären Ordnungsphantasien scheint ja nicht nur seine Sehnsucht nach Gemeinschaft und Liebe auf, sondern auch der Wunsch, beides festzuhalten, sich ihrer zu versichern. Boye entläßt den Leser nicht in die einfache Lösung, ins unbeschädigte Gegenbild, sie fragt ihn nach seiner »Fähigkeit zu trauern«. Sich auf diese Irritation 1947 einzulassen, als der Roman erstmals deutsch erschien, hätte vorausgesetzt, kollektives Bewußtsein als vom Individuum mitgestaltetes eingestehen zu können.

»Schlechte Zeit für – positive – Utopien« (174) ist Hiltrud Gnügs Fazit der Perspektiven, die die utopischen Romane des 20. Jahrhunderts aufweisen. Eine Wirklichkeit, die den Autor nicht mehr erreicht, weil sie ihn erstickt, läßt keinen Raum für positive Gegenbilder. Einer fragmentarisiert, chaotisch, selbstzerstörerisch erfahrenen Realität entsprechen die Fluchten nach Innen, die schiefe Idylle, das Versinken im irgendwie Ganzheitlichen.

Ein »utopischer Roman«, wie z.B. Maria Erlenbergers (Ps.) *Singende Erde*, der das, was war, nämlich eine Gesellschaft, die ihre Katastrophe und ihren Untergang herbeigeführt hat, überhaupt nicht mehr beschreibt und der von dem, was als ganzheitliche Gegenexistenz gemeint sein mag, nur noch mythisch zu raunen weiß, setzt eine Wirklichkeit voraus, die nicht lohnt, wahrgenommen zu werden. Die Sozietäten – allesamt zivilisationsfeindlich oder pervertiert –, die Erlenbergers zerfließendes Ich durchwandert (z.B. computerhörige Bewohner eines Wolkenkratzers, die ökoromantische Agrarkommune, die spirituelle Sekte, die fick- und fäkalgeile Kommune - sinnenfreudig mag man das euphemistisch nennen -) sind Stadien, »Hirnmuster« (610), dieses a-sozialen Ich, das endlich zu sich findet, als ihr »faltiges Hirn [...] in die Klomuschel« (613) fällt. Schlechte Zeiten für Utopien, wenn der ver-rückte Sinn, die Flucht in »weises Gemurmel« (605) als Gegenbild einer Gesellschaft, der ganz rational, geplant, geordnet der Sinn abhandengekommen ist, gutgeheißen wird.

Jede Zeit produziert auch ihre eigene Apokalypse und das Genre, diese zu beschreiben. Deshalb ist kaum verwunderlich, daß sich die in galaktischen Dimensionen operierende Science-fiction oder, wie Doris Lessing ihre Sonderform nennt, die »Space-fiction«, des stellaren Unfallherdes Erde verstärkt zu einer Zeit annimmt, in der die globale Vernichtbarkeit von Natur und Mensch, die tägliche Wegzivilisierung von Tier- und Pflanzengattungen so normal ist, daß selbst der Schlager diese Themen kommerziell verwerten kann. Insofern kann auch nicht wundern, daß eine so engagierte Autorin wie Doris Lessing, die Schreiben immer auch instrumental als Verantwortung, als den Leser erziehendes Medium versteht, insbesondere in ihren späten Romanen gleichermaßen den die Faktizität von Geschichte in Natur rückverwandelnden Mythos und die interstellare Perspektive, die das irdische »Des-aster« in seiner wörtlichen Bedeutung zeit- und raumgreifend darstellbar macht, entdeckt.

Lessings umfangreiches Oeuvre, auf das hier nur in wenigen Aspekten eingegangen werden kann, wurde hierzulande verspätet zur Kenntnis genommen. Die von verschiedenen Verlagen besorgten Einzelausgaben verstellen ebenso wie die derzeitige Doris-Lessing-Welle den Blick auf die Genese derart endzeitlich gerichteter, alle individuellen, sozialen, ökologischen Konflikte verschmelzender Apokalypse. Der Genese von der Krisenbeschreibung zur Apokalypse entspricht die zunehmend unkonkreter gestaltete Hoffnung auf eine Gesellschaft befriedeter Menschen, die Doris Lessing zunächst als realisierbare Handlungsanweisung, dann nur noch als mythischen Ort, als Paradies, zu beschreiben vermag: als die die heilige Stadt mitzitierende »Sternenstadt mit fünf Zacken« (517), die schon in *The Four-Gated-City (Die viertorige Stadt)* entworfen wird, oder als heilige Idylle - der Jaguar, der bei Schäfer und Herde lebt -, ein Bild, in das *Shikasta*, der erste ihrer Space-fiction-Romane, mündet. Abgesehen davon, daß man bezweifeln kann, ob, wie Doris Lessing zu *Shikasta* anmerkt, der der Space-fiction eigene »Zugang zu einem größeren Zusammenhang mit umfassenderen Möglichkeiten und Themen« und seiner »Freiheit zum Experimentellen« (7) sich auch als Erweiterung der »Botschaft«, um die es ihr immer auch gegangen ist, definieren läßt. Lessings Weg von der konkretisierbaren Utopie, die allen ihren realistischen Roman eignet, zum Mythos – Gegenstand des Space-fiction-Folgeromans *The Marriages Between Zones Three, Four, and Five (Die Ehen zwischen den Zonen Drei, Vier und Fünf)* – läßt sich schon früher festmachen.

Humanitäre Parteilichkeit prägt Doris Lessings Realismus. Ihre Wirklichkeit ist nicht einfach, sondern fragmentarisch, zerstückelt. Dieser Wirklichkeit entspricht das fragmentarische, in Einzelaspekte zerfallene Individuum, das lernt, sich in seiner Unfertigkeit zu erkennen und anzunehmen und das dadurch Entwicklung ermöglicht. Das Individuum mit seinen rollen-, geschlechts- oder sozialbedingten, z. T. psychotisch gelebten Widersprüchen und die ihm entsprechende Gesellschaft schaffen sich ihre utopischen Sinninseln, die als Traum, als Ver-rücktsein, als individuelle oder gruppenspezifische Wunschphantasien erscheinen. Sie geben den »Mühen der Ebenen« (Brecht) Perspektive, Ziel und Halt. Dazu gehören vor allem das Schreiben selbst – thematisiert in *The Golden Notebook (Das goldene Notizbuch)* – oder spezifische Motive: das ihren Figuren typische Sich-Wiedererkennen, Verlieren oder Versenken in urbewußte Sinnzusammenhänge im Traum; dazu gehört die als Beglückung erfahrene, weil Sinn und Ziel stiftende Identität von Selbst und Gesellschaft in einer politischen – sozialistischen – Partei. Diese konkrete politische Arbeit wird aber im Romanzusammenhang stets als Phase gekennzeichnet, als Verabsolutierung und Vereinzelung eines Moments. Parallel dazu muß Lessings bereits in den späten 50er Jahren einsetzende Kritik gesehen werden, die sie im Vorwort zu *The Golden Notebook* wiederholt, daß der Marxismus nämlich »in unserer Zeit der erste Versuch war, ein umfassendes Bewußtsein, eine weltumspannende Ethik zu schaffen«, daß er aber scheiterte, weil er sich »wie andere Religionen in immer kleinere Kirchen, Sekten und Bekenntnisse teilte und unterteilte« (15). Zu diesen Sinn-Inseln gehören auch – in *The Four-Gated City* – das utopische Konstrukt einer idealen, mythischen, nach göttlichen Ordnungsharmonien (der Mandala) gebauten Stadt, die Martha und Mark entwerfen, oder die neuen Kinder nach dem Menschheitsholocaust: »Geschöpfe, die diese Geschichte in sich tragen und über sie hinausgelangt sind« (964).

Schwonke hatte zukunftssicher im Science-fiction-Autor die Weiterentwicklung des gesellschaftsplanenden Staatsroman-Autors gesehen: der Autor als »Konstrukteur, der den Bauplan der Welt entwirft«, als »Generalstäbler der Menschheit, der Feldzugspläne [...] für die Zukunft [...] aufstellt« (146). Lassen wir beiseite, daß die Gegenwart derartige Weltraummilitarisierungs- und Befriedungsvisionen schon eingeholt hat, die eine so unbefragt positive Interpretation nicht mehr zuläßt, so provoziert auch Doris Lessings Sonderform Space-fiction die von Neusüss angemeldeten Zweifel, ob die den Gesellschaftsmodellen der Staatsromane eignende »gesellschaftskritische Intention« (91) auch auf die Mehrzahl der Science-fiction-Modelle zutrifft, ob sich hier nicht vielmehr »in verstellten Wunschphantasien, trübe Mythen und Märchenklischees als ungeklärter Impuls niederschlagen« (92). Die Kritik, die typischen Science-fiction-Gesellschaftsmodelle hätten keine gesellschaftskritische humanere Dimension mehr, trifft für Lessings Romane sicher nicht zu, vergleichen wir sie mit gängiger kommerz-spezialisierter Science-fiction-Literatur, wohl aber, vergleichen wir ihr Spätwerk mit ihrem frühen und mittleren. Geblieben ist der allerdings zunehmend uneingelöste Anspruch, Gesellschaft und Individuum exakt zu beschreiben und daraus die konkrete Utopie einer veränderbaren Welt herzuleiten.

Die immer schärfer und differenzierter gestaltete Fragmentarisierung schlägt nun um in eine letztlich perspektivlose, weil alle Widersprüche gleichmachende Apokalypse. Schon in *Briefing for a Descent into Hell (Anweisung für einen Abstieg zur Hölle)* ist das nach orthodoxer – von Lessing häufig negativ beschriebener – Psychiatrie kranke Individuum nur im Wahn identisch mit sich selbst und dadurch frei; in *The Memoirs of a Survivor (Memoiren einer Überlebenden)* begründet den Aufbruch der älteren und jungen Frau in eine vielleicht bessere Zukunft die Trennung von zerstörter äußerer und innerer (Flucht-)Welt.

Der immer endzeitlicher gestimmte Doris-Lessing-Leser ahnt also durchaus, daß ihm die »Archive von Canopus im Argos« Arges enthüllen werden. In *Shikasta* protokolliert Johar, Kolonialbeamter von Canopus, Planet des Heils, der Harmonie, des reinen Geistes, die fürchterlichen Veränderungen des Kolonialgebiets Erde – unsere Geschichte: »Rohanda«, die »Blühende«, ist unter dem Einfluß Shimmats, Planet des Bösen, zu »Shikasta«, die »Verletzte«, »Zerstörte«, geworden. Der allwissende Erzähler – Prophet, Seher –, ein nur höchst vermittelt Mitleidender und Nichtverantwortlicher, berichtet scheinbar dezidiert realitätshaftig von »Umschwüngen, Umbrüchen, Veränderungen, Zusammenbrüchen« (14), in denen wir die gesellschaftlichen, ökonomischen, ökologischen und nuklearen Katastrophen unserer Gegenwart erkennen. Auch Lessings Hölle – unsere Welt – kennt das Paradies: Die Sehnsucht der Kinder, der Liebenden und Unterdrückten wird manifest in den wenigen Überlebenden des III. Weltkrieges, die sich zu einer Natur und Mensch versöhnenden Idylle zusammenfinden – jenseits der Dimension konkreter Hoffnung.

Sie habe sich, sagt Lessing in einem Gespräch mit Robert Anton Wilson, für ihre Romanserie »die Aufgabe gestellt [...], eine Bibel im Science-fiction-Stil zu schreiben« (63). Eine Bibel, ein heiliges Buch, und die Menschheitserlösung verkümmert zur Idylle? Die Versöhnung der Widersprüche Kampf, Barbarei und Zivilisation, Harmonie, von Patriarchat und Matriarchat als mythische »Ehe zwischen den Zonen Drei und Vier«?

Der Widerspruch bleibt: Dem moralischen Verdikt von der bösen Welt – die Geschichte als Apokalypse, unsere Gegenwart und nahe Zukunft als bedrängend realistisch geschilderte Phase der Selbstvernichtung – entspricht kein als konkrete Utopie vorweggenommenes Ziel mehr. Die in den Mythos zurückverwandelte Geschichte kondensiert sich zu romantizistischen Hoffnungsinseln im Nebel. Der Fantasy an der Macht ist die kritische Phantasie abhanden gekommen.

Anklage von Sklaverei und Unterdrückung

Merryn Williams

Protest aus angelsächsischen Ländern

Radikale Frauen sind eine Minderheit in einer Minderheit. Man weiß seit langem (auch wenn sich dies seit einiger Zeit zu ändern beginnt), daß Frauen in Gewerkschaften und Protestbewegungen unterrepräsentiert sind und eher Parteien des rechten Flügels wählen. Traditionsgemäß glauben wir, daß Frauen wenig von Politik verstehen, ziemlich triviale Interessen haben, Gewalt verabscheuen (aber als Krankenschwestern und auf andere Weise Hilfe leisten, wenn ihr Land im Krieg liegt), daß sie hauptsächlich damit beschäftigt sind, einen Mann zu finden und sich um eine Familie zu kümmern, religiöser, freundlicher und barmherziger sind als Männer. Trotzdem hoffe ich verdeutlichen zu können, daß zumindest bei einigen Frauen ihre »weiblichen« oder fürsorglichen Instinkte zum Protest führten.

Als Frauen gegen Ende des 18. Jahrhunderts anfingen, Romane zu veröffentlichen, fielen sie in der Regel nicht gerade wegen ihrer progressiven Einstellungen auf. Die meisten kamen aus ziemlich privilegierten Verhältnissen (sonst hätten sie gar nicht die Muße zum Schreiben gehabt), und nicht viele wollten ihre neu gewonnene Freiheit durch den Beinamen »Radikale« oder »Revolutionärin« gefährden. Harriet Taylor, die Frau John Stuart Mills, schrieb 1851, daß »die literarisch tätigen Frauen besonders in England gern ihr Bestreben nach gleichen Bürgerrechten in Abrede stellen und ihre völlige Zufriedenheit mit dem Platz verkünden, den die Gesellschaft ihnen zuweist« (*The Enfranchisement of Women*, in: *Westminster Review*, 1851). Um diese Zeit gibt es viele Romane von Engländerinnen, die sich gegen Sozialismus, Gewerkschaften, Gedankenfreiheit usw. wenden; später verkündeten viele von ihnen, besonders Humphrey Ward, daß sie kein Wahlrecht wollten. Und natürlich schrieben die meisten nur romantische oder gefühlvolle Prosa. Aber nach Mary Wollstonecraft finden wir häufig streng moralische und ehrbare Schriftstellerinnen, die die großen Fortschrittsbewegungen ihrer Zeit beeinflußten.

Mary Wollstonecraft ist eine untypische Erscheinung. Sie gehörte einer kleinen Gruppe englischer Intellektueller an, die die Französische Revolution unterstützte, und in ihren beiden kurzen Romanen *Mary* (1788) und dem unvollendeten *Wrongs of Woman* (1798) weitete sie ihren Radikalismus auf Frauen aus, eine Bevölkerungsgruppe, deren Rechte sehr selten ernsthaft erörtert worden waren. Aus künsterlischer Sicht sind die Romane zwar unbefriedigend, enthalten aber einige außergewöhnlich interessante Gedanken. Die Heldin von *Mary* ist eine starke Frau, die sich um hilflose Menschen kümmert – »die Not anderer ließ sie über sic sich selbst hinauswachsen« (4. Kapitel) – und die darauf besteht, sich ihre eigene Meinung zu bilden. Ihr werden gewöhnliche, angepaßte Frauen gegenübergestellt:

> Ihre Köpfe waren von Konventionen gefesselt, die um den Anstand kreisten [...]. Was wird man sagen? war das erste, woran sie dachten, wenn sie etwas tun wollten, das sie noch nicht getan hatten [...]. Und wenn diese Frage beantwortet war, hatten sie das Richtig oder Falsch herausgefunden, ohne den eigenen Kopf mit einer Meinung zu der Angelegenheit zu belasten.
> (11. Kapitel)

Mitgefühl für Leiden und ein unabhängiger Geist sind zwei Kräfte, die dazu angetan sind, einen Menschen Protestbewegungen zuzutreiben. Mary stirbt, weil ihr Familienleben zerstört ist, und dadurch wird angedeutet, daß Frauen gefühlsmäßig sehr verletzlich sind.

The Wrongs of Woman – chaotisch aufgebaut und mit langen, unvollendeten Passagen – ist ein noch traurigerer Roman. Die Heldin wird von ihrem Ehemann (der ihr das Kind wegnimmt) brutal mißhandelt, von ihrem Liebhaber verlassen und entscheidet sich schließlich, um ihrer Tochter willen weiterzuleben, die in einer von solchen Männern beherrschten Welt Schutz braucht. Die Schriftstellerin will, wie sie im Vorwort sagt, »das Elend und die Unterdrückung besonders von Frauen zeigen, die durch die einseitigen Gesetze und Konventionen der Gesellschaft entstehen«. Es ist nicht einfach die Geschichte einer einzelnen Frau. Sie wütet gegen Gesetze, die es einem Mann erlauben, seiner Frau das Einkommen wegzunehmen und sie ihrer Kinder zu berauben, lenkt aber auch fortwährend unsere Aufmerksamkeit auf andere Grausamkeiten. Wir hören von Mädchen, die keine Arbeit bekommen und zur Prostitution getrieben werden, und begegnen einer Frau, deren Mann eingezogen und dann getötet wird – »die Armen sind dazu verurteilt, zum Wohl ihres Landes zu leiden«, sagt Mary bitter (7. Kapitel). Dann gibt es die Erzählung von der Dienerin Jemima, die rücksichtslos von ihren Arbeitgebern ausgebeutet wird und kein Kind haben darf.

> Ich war ein auf den Sand gefallenes Ei [...], von Geburt an verachtet und ohne die Möglichkeit, einen Platz in der Gesellschaft zu bekommen

[...], als Sklave geboren und durch Niederträchtigkeit fürs ganze Leben an die Sklaverei gekettet. (5. Kapitel)

Mary Wollstonecraft versucht, Verbindungen herzustellen zwischen Krieg, Arbeitslosigkeit, dem *Ancien Régime* in Frankreich, sexueller Ausbeutung und Sklaverei. Der Ehemann einer armen Frau ist ihr »Herr; kein Sklave auf den westindischen Inseln hat einen despotischeren« (12. Kapitel). Die Heldin erfindet ein neues Verb, wenn sie sagt, daß die Ehe sie »für das ganze Leben bastilliert habe« (10. Kapitel). Sie zieht den Schluß, daß Frauen, wenn nötig, lernen müssen, ohne Männer auszukommen und nicht zu viel Achtung vor einer repressiven Gesellschaft haben sollten. »Ich wünschte, mein Land billigte mein Verhalten; aber solange es Gesetze gibt, die von den Starken gemacht werden, um die Schwachen zu unterdrücken, berufe ich mich auf meinen eigenen Sinn für Gerechtigkeit« (17. Kapitel).

Mary Wollstonecraft war ihrer Zeit zu weit voraus, um in ihrem Jahrhundert großen Einfluß zu haben. Sogar die französischen Revolutionäre unterdrückten Frauenvereine, und erst viel später wurden feministische Gedanken in breiteren Kreisen diskutiert. Aber von 1830 an hatten Frauen, die aus sozialem Protest heraus schrieben, große Sympathien bei ihren Lesern, vorausgesetzt, ihre Botschaft war relativ leicht zu begreifen.

Die beiden großen humanitären Anliegen der Zeit waren der Kampf gegen die Kinderarbeit und den Sklavenhandel. Für beide Bewegungen engagierten sich Schriftstellerinnen, und eine, die leider anonym blieb, schrieb 1830 einen kurzen Roman, *The Negro Slave, A Tale, addressed to the Women of Great Britain*:

Aus zwei Gründen wendet die Verfasserin sich mit dieser kleinen Arbeit ausschließlich an die Frauen Großbritanniens: erstens wegen der erschütternden Gleichgültigkeit gegenüber dem Sklavenhandel mit Negern, auf die die Verfasserin bei ihren Geschlechtsgenossinnen gestoßen ist; und zweitens, damit keiner vom edleren Geschlecht sich beschweren kann, zur Durchsicht eines kindischen Werks verleitet worden zu sein. Um das zu verhindern, möchte sie ihnen darüber hinaus mitteilen, daß sie sich nicht anmaßt, auf diesen Seiten etwas zu ihrer Belehrung oder Unterhaltung anzubieten.

Da sie nicht in der Lage ist, das Thema in seinem politischen Zusammenhang zu verstehen, unfähig, irgendwelche vergleichenden Berechnungen über den Profit aus Sklavenarbeit und freier Arbeit, Zuckersteuern etc. aufzustellen und bedauernswert ignorant, was die Entwicklung einer Geschichte angeht, mußte die Verfasserin das Thema in einer Art und Weise abhandeln, die sich ausschließlich an die Gefühle richtet und ihnen folglich zum großen Teil auch entstammt.

Unsere erste Reaktion beim Lesen dieser aggressiv bescheidenen Erklärung ist: Meint sie das wirklich? Gut möglich, daß sie glaubte, den Männern intellektuell unterlegen zu sein, aber darum geht es nicht. Wenn das »edlere Geschlecht« wirklich denkt, Zuckersteuern seien wichtiger als Leben oder Freiheit, ist offensichtlich selbst der Versuch, sich mit ihnen auseinanderzusetzen, nutzlos. Stattdessen appelliert sie an ihr eigenes Geschlecht, das immer ermutigt wurde, sich nicht auf Wirtschaft oder Politik, sondern auf »die Gefühle« zu konzentrieren und wendet so eine Schwäche in eine Stärke.

Der Inhalt des Romans ist explosiv. Ein afrikanisches Mädchen wird entführt und als Sklavin auf eine der westindischen Inseln gebracht, die zu dieser Zeit noch britische Kolonie sind. Sie wird die Geliebte ihres Eigentümers (anders als viele Frauen in der Literatur ist sie nicht unnatürlich tugendhaft, weil die Autorin zeigen will, was in der Wirklichkeit hätte geschehen können), aber er jagt sie fort, nimmt ihr Kind weg, und sie stirbt. Die Autorin versucht, ihre relativ behüteten englischen Leserinnen dazu zu bringen, sich in die Lage einer ungebildeten und ausgebeuteten schwarzen Frau zu versetzen. Auch wenn sie unpolitisch waren, fiel es ihnen leicht, sich vorzustellen, wie sich eine Frau fühlt, die sexuell im Besitz ihres Herrn ist und der die Kinder geraubt werden. Sie schließt mit der Bitte an die »Töchter und Mütter eines freien Volkes«, »zieht den Kreis eurer Wohltaten nicht zu eng und beschränkt euren Eifer nicht zu sehr auf die häuslichen Pflichten«:

> Geneigte Leserin! Sie haben wahrscheinlich keine Stimme im Parlament und nicht einmal genug Ansehen, um eine Petition für dieses Haus zu unterschreiben. Aber haben Sie gar keinen Einfluß? Haben Sie weder Vater, Ehemann noch Bruder, die sich von ihrer Redekunst bewegen oder ihrem Eifer beeinflussen lassen? Haben Sie keine jungen Gemüter, die sie zu jenem hohen Sinn für Gerechtigkeit und jener Verachtung des Unrechts erziehen können – vielgerühmte Eigenschaften der Bürger Ihres glücklichen Landes? – Eines Volkes [...] so entschlußkräftig, daß eine Flotte ausgerüstet oder ein Heer aufgestellt wird, sobald die Gesetze Englands von anderen Nationen verletzt werden, und die dreisten Angreifer den Donner seines Zorns zu hören und spüren bekommen. Und doch kann dasselbe Volk sich im Falle von achthunderttausend Mitmenschen auf den westindischen Inseln zurückhalten, faul und untätig bleiben (9. Kapitel)

Hier klingt ein Standpunkt an, der häufig von der modernen Friedensbewegung vertreten wird: alle wirkliche Anstrengung gilt dem Krieg und nicht humanitären Angelegenheiten (in den 80er Jahren stellt England immer noch Flottenverbände auf, um andere Nationen den Donner ihres Zorns spüren zu lassen!). Es gab jedoch Schriftstellerinnen mit anderen Prioritäten. Caroline Bowles protestierte zur gleichen Zeit leidenschaftlich gegen die Kinderarbeit:

Wie sie die kleinen jungen Wesen
In diesen fürchterlichen Fabriken behandeln!
Bei der Arbeit den ganzen Tag und die halbe Nacht,
Ach, Stunden um Stunden bei Kerzenlicht;
und wenn sie dem Schlaf verfallen,
Blinzeln oder ermatten, werden sie gezüchtigt und gepeitscht,
Und gezwungen, weiter und weiter zu machen
Bis sie Augenlicht und Verstand fast verlieren:
Oh, Christus! daß Christen die Kinder mißbrauchen,
Die du so liebtest!

Können jene armen Schwarzen, über die sie sprechen,
Halb so schlecht behandelt werden?

Manche Leute behaupteten mit einer gewissen Selbstverständlichkeit, Sklaverei sei nicht so schlimm wie Kinderarbeit, und andere wiederum sagen, Kinderarbeit sei nicht so schlimm wie Sklaverei. Doch die Autorinnen von *Negro Slave* und *Tales of the Factories* haben den gleichen Ansatz, wenn sie ihre Leser bitten, an ihre eigenen Kinder zu denken und ihr Los mit dem der Entrechteten zu vergleichen. In einem anderen Fabrikgedicht läßt Caroline Bowles jemanden sagen:

Mein Herr, wenn *Ihre* Kleinen schlafend im Bett liegen,
Müssen meine weiter schuften – in Staub und Qualm und
Rauch:
Sie mögen mit den *Ihren* den Tag des Herrn heiligen,
In seinem Haus. Es ist mehr als ich tun kann
(Unmensch, für den Sie mich halten), sie an diesem Tag
Ihrer Ruhe zu entreißen, arme kleine Teufel!

Religion ist ein wichtiges Thema. So gut wie die ganze Gesellschaft bekannte sich zum Christentum, aber nur wenige sorgten für Verlegenheit, indem sie Regierung und Mitbürger aufforderten, ihre Religion ernst zu nehmen. Immer wieder hören wir sie sagen, wie entsetzlich es sei, daß ein christliches Land Übel wie die Sklaverei und Kinderarbeit dulde. Eine Schriftstellerin, die gegen beides protestierte, war Caroline Norton, eine berühmte Dichterin und Frauenrechtlerin. Sie lebte getrennt von ihrem Mann, der sie ihre drei Kinder nicht sehen ließ, verfaßte Pamphlete und stritt für das Recht einer verheirateten Frau, ihr eigenes Einkommen zu behalten und das Sorgerecht für die Kinder zu haben; beide Kampagnen waren zu ihren Lebzeiten nur zum Teil erfolgreich. Davor, 1836, hatte sie über den Kampf gegen die Kinderarbeit *A Voice from the Factories* veröffentlicht:

Schon erheben sich die britischen Abgeordneten,
(Die Freigeborenen und Väter unseres Landes!)
Und während jene den Leidenskelch zur Neige trinken,
Leugnen sie die Leiden der Gemarterten.
Mit ausgeklügelten Rechnungen zur Hand,
Beweisen – widerlegen – erklären und räsonieren sie lange;
Stolz auf jede leere Ausflucht stehen sie da,
Und stellen die äußersten Kräfte ihrer Zungen bloß
Um das große und schreiende Unrecht schwach zu
rechtfertigen.

So erhoben sich, mit solch einleuchtender Verteidigung
Des unveräußerlichen Rechts des Kain,
Jene, die gegen die gescheiteste Redekunst der Wahrheit
Aufrechterhielten Folter und Schmerz:
Und Angst vor Besitzverlust ließ jahrelang
Die Hoffnung christlicher Nächstenliebe vergeblich sein,
Den Fluch zu nehmen von dunkler Sklavenherrschaft,
Und über den großen Atlantik
Die Parole der Mutigen zu schicken – den bebenden Schrei –
»Seid frei!«

Wie die Verfasserin von *The Negro Slave* sagt Mrs. Norton, daß ökonomische Argumente letzten Endes keine Rolle spielen. Kinderarbeit mag zwar rentabel sein, ist aber dennoch unzulässig und muß abgeschafft werden. Obwohl sie vernünftige Argumente bestimmt nicht verschmäht, denkt sie wahrscheinlich, daß die Weisheit der Frauen »vom Herzen kommt«, während Politiker häufig oberflächlich argumentieren. Wenn es, wie die Leute sagen, wahr ist, daß Frauen nur fühlen und nicht denken können, dann werden sie zumindest » ein großes und schreiendes Unrecht« erkennen, wenn sie darauf stoßen.

1833 wurde die Sklaverei auf britischem Hoheitsgebiet abgeschafft; Kinderarbeit gab es noch ein weiteres Jahrzehnt lang. 1843 veröffentliche Elizabeth Barrett (Browning) ein sehr berühmtes Protestgedicht: *The Cry of the Children (Der Schrei der Kinder)*:

›Denn, oh!‹, sagen die Kinder, »wir sind müde,
Und wir können nicht mehr laufen und springen;
Wenn wir Wiesen suchten, dann nur
Um hineinzufallen und zu schlafen.
Unsere Knie zittern schmerzvoll beim Bücken,
Wir fallen auf's Gesicht beim Versuch zu gehen;
Und unter unseren schweren, zufallenden Augenlidern
Würde die röteste Blume blaß wie Schnee aussehen;
Denn den ganzen Tag schleppen wir erschöpft unsere Last
Durch das Kohlendunkel, unter der Erde –

Oder wir treiben den ganzen Tag die eisernen Räder an
In den Fabriken, rund und rund.«

Wie viele andere Schriftstellerinnen, wies Miss Barrett darauf hin, daß die Opfer eines grausamen Systems nicht an einen mitfühlenden Gott glauben können; die Kinder in dem Gedicht sehen keinen Sinn im Beten:

Sie antworten: »Wer ist Gott, daß er uns hören sollte,
Während die eisernen Räder angetrieben werden?
Wenn wir laut schluchzen, werden wir nicht gehört
Und bekommen kein gutes Wort von den Menschen, die vorbeigehen.
Und *wir* hören nicht (wegen der ratternden Räder)
Fremde, die an der Tür sprechen:
Ist es dann möglich, daß Gott, um den herum Engel singen,
Unser Weinen noch hört?

Tatsächlich wurde der Kinderarbeit im darauffolgenden Jahr ein Ende gesetzt, und dieses Gedicht trug wahrscheinlich zum Umschwung des Meinungsklimas bei. Aber es blieb weiter wirkungsvoll (und wurde noch im zwanzigsten Jahrhundert auf Protestveranstaltungen vorgetragen), weil die Situation der Kinder aus der Arbeiterklasse schrecklich blieb. Die 1840er Jahre wurden in England wegen extremer Armut und Arbeitslosigkeit die »Hungerjahre« genannt. Elizabeth Gaskell setzt die Tradition christlichen Protests fort, auf die wir bei den früheren Schriftstellerinnen des neunzehnten Jahrhunderts gestoßen sind. Wie die Verfasserin von *The Negro Slave* behauptet sie, sich mit »männlichen« Themen nicht auszukennen: »ich verstehe nichts von politischer Ökonomie oder Handelstheorien«; doch änderte das nichts an ihrer Überzeugung, daß ein System, das Kinder leiden ließ, unannehmbar sei.

Das Zitat ist aus dem Vorwort ihres ersten Romans, *Mary Barton* (1848). In der ersten Hälfte ihres Erwachsenenlebens war Mrs Gaskell eine normale Hausfrau und Mutter gewesen. Vor *Mary Barton* hatte sie kaum etwas veröffentlicht, aber als Frau eines unitarischen Priesters in Manchester wußte sie viel über die Lebensbedingungen der Arbeiterklasse. Nach dem Tod ihres Kindes war das Schreiben eine Art Therapie für sie. Damals starben so viele Kinder im Säuglingsalter, daß man es für normal und nicht besonders tragisch hielt:

Aber wohlgemerkt! Wir vermissen nur jene, die in ihrem bescheidenen Umkreis Männerarbeit leisten; die Alten, Schwachen und Kinder werden von der Welt kaum bemerkt, wenn sie sterben; und doch hinterläßt ihr Tod in vielen Herzen eine Lücke, die sich lange Zeit nicht schließt. (10. Kapitel)

Der ganze Roman ist ein Protest gegen die Auffassung, nach der Menschen ohne Einfluß als minderwertig gelten. Im Unterschied zu vielen Schriftstellerinnen aus ähnlichen Verhältnissen behandelt Mrs Gaskell die Arbeiterklasse nicht herablassend. Sie macht sich nicht über ihre Sprache lustig und erklärt mit Nachdruck, daß alte Dienstmädchen, Mütter und Kinder genauso wichtig seien wie jeder andere auch. Ihr eigener Verlust half ihr, die Gefühle von Eltern aus der Arbeiterklasse zu verstehen, deren Kinder hungerten. Der Gewerkschafter John Barton fängt an, die Arbeitgeber zu hassen, nachdem sein eigenes Kind an Hunger stirbt; dies geschieht, bemerkt er, den Kindern der Herren nie. Sein Haß bringt ihn dazu, den Sohn seines Arbeitgebers zu ermorden, aber schließlich erkennt er, daß sie beide auf gleiche Weise leiden:

> Der Trauernde vor ihm war nicht mehr der Arbeitgeber; kein Wesen anderer Rasse [...], sondern ein sehr armer und verlassener alter Mann [...]. Er hatte sich das zerstörte Heim und die beklagenswerten Eltern genauso wenig vor Augen geführt wie der Soldat, der das Gewehr anlegt, sich die Verzweiflung der Frau und die mitleidvollen Schreie der hilflosen Kinder ausmalt, die gleich Waisen und vaterlos sein werden. (35. Kapitel)

Es stellt sich heraus, daß Mrs Gaskell keine Verfechterin des Klassenkampfes ist, aber für menschliche Solidarität plädiert. So wie sie die Arbeiter bittet, Unternehmer oder Streikbrecher nicht tätlich anzugreifen, appelliert sie an die Unternehmer, sich mehr um Armut zu kümmern. Statt von kalten ökonomischen Gesetzen beherrscht zu werden, sollte die Gesellschaft eher wie eine Familie organisiert werden, in der man für die schwächsten Mitglieder sorgt.

In *Mary Barton* sind es nur die Männer, die Gewerkschaften beitreten oder sich besonders für Politik interessieren; die Frauen sind ergebener und religiöser. Mrs Gaskell glaubt an und plädiert für traditionelle weibliche Werte. Sie meint, daß Frauen nicht in Fabriken arbeiten sollten, weil sie dann keine häuslichen Fertigkeiten lernen und ihre Familien vernachlässigt würden. Auf der anderen Seite betont sie den Wert der Wohltätigkeitsarbeit, die normalerweise von Frauen geleistet wird. Männer, meint sie, sollten »weibliche« Tugenden entwickeln, statt Gewalt anzuwenden. Sie liefert uns einige denkwürdige Beispiele von Männern aus der Arbeiterklasse, die sich um eine notleidende Familie kümmern (6. Kapitel) oder erfolgreich darum kämpfen, ein Kind zu retten, dessen Mutter gestorben ist (9. Kapitel). Indem sie aufzeigt, wie die Armen sich in Krisen gegenseitig helfen, deutet sie an, wie eine fürsorgliche Gemeinschaft der Zukunft aussehen könnte. »Die Laster der Armen versetzten uns hier manchmal in Staunen; aber wenn die Geheimnisse aller Herzen bekannt werden, werden uns ihre Tugenden in weit größerem Ausmaß in Staunen versetzen. Dessen bin ich mir sicher« (6. Kapitel).

In *North and South* (1855) protestiert sie später erneut gegen die Art und Weise, in der Industriearbeiter leiden mußten; eine der Hauptfiguren ist ein Mädchen, das langsam an dem Staub, den sie in der Baumwollspinnerei einatmet, stirbt. Die Heldin Margaret versucht, mehr Menschlichkeit in das Verhältnis von Herren und Untergebenen zu bringen – »Wenn ich einen Schlag, eine grausame, wütende Handlung verhindert habe, die sonst geschehen wäre, habe ich die Arbeit einer Frau getan« (23. Kapitel). Der Vorschlag, daß industrielle Konflikte durch die Ausübung »weiblicher« Tugenden gelöst werden könnten, mag naiv scheinen, ganz fraglos aber erweckte Mrs Gaskell in vielen ihrer Leser ein besseres Verständnis des Problems. Von allen englischen Schriftstellerinnen, die sich Mitte des neunzehnten Jahrhunderts mit der »Lage der Nation« beschäftigten, ist sie bei weitem die bemerkenswerteste.

Inzwischen wandte sich die öffentliche Meinung in Europa entschieden gegen die Sklaverei. Besucher in den Vereinigten Staaten äußerten sich oft über die Ironie von Menschen, die sich ihrer freien Institutionen rühmten und gleichzeitig Sklaven besaßen. Eine der ersten dieser europäischen Besucherinnen, die ein Buch über ihre Erlebnisse schrieb, war Frances Trollope. An sie erinnert man sich vor allem wegen ihres berühmten Sohns Anthony, doch sie war selbst eine bemerkenswerte Persönlichkeit. Spät entdeckte sie ihr Talent, unterhaltende Bücher zu schreiben und ernährte mit ihrem Einkommen ihren arbeitsunfähigen Mann und eine große Familie. Auch zögerte sie nicht, zu wichtigen Themen ihre Meinung frei zu äußern. In *Michael Armstrong: The Factory Boy* (1840) attackierte sie die Kinderarbeit. Davor war sie in den späten 1820ern durch die Vereinigten Staaten gereist, und der Bestseller *Domestic Manners of the Americans* (1832) war das Ergebnis. Sie traf viele Sklaven und bemerkte (wie später Harriet Beecher Stowe), daß sie in den nördlichen Staaten relativ gut behandelt würden, aber fürchteten, in den Süden verkauft zu werden. Sie folgerte, daß »die höchsten und besten Gefühle des menschlichen Herzens durch das Verhältnis von Sklave und Besitzer lahmgelegt wurden«. Die Familie, bei der sie wohnte, war überrascht und amüsiert, als sie ein schwarzes Kind auf ihren Schoß nahm. »Der Gedanke an wirkliches Mitgefühl mit den Leiden eines Sklaven erschien ihnen so absurd wie über ein Kalb zu weinen, das vom Metzger geschlachtet worden ist«. Sie war der Meinung, daß sie um einiges besser behandelt werden könnten und sollten, aber ihre Befreiung nicht »im Einklang mit der Sicherheit des Landes« stehe (22. Kapitel).

Doch in der nächsten Generation gelangten immer mehr Amerikaner zu der Überzeugung, daß Halbheiten nicht möglich wären. Der Kampf gegen die Sklaverei brachte einen der meist verkauften Romane aller Zeiten, *Onkel Toms Hütte*, von Harriet Beecher Stowe hervor. Auf viele Arten glich ihre Karriere der von Mrs Gaskell. Sie war glücklich verheiratet, hatte mehrere Kinder und empfand tiefen Schmerz, als eines davon starb (der Roman bringt viele Hinweise auf diesen Verlust). Sie sah sich in erster Linie als Frau und Mutter (sie hatte kein Arbeitszimmer und kümmerte sich, während sie schrieb, weiter um Kochen und Hausarbeit) und begann, *Onkel Tom* aus Entsetzen über das Sklavenflüchtlingsgesetz zu schreiben. Sie sagte, sie »habe keinen Gedanken an Stil oder literarische Güte verschwendet, genauso wenig wie eine Mutter, die Hilfe rufend auf die Straße stürzt, um ihr Kind aus einem brennenden Haus zu retten, an Rhetorikunterricht oder Sprecherziehung denkt« (Forrest Wilson: *Crusader in Crinoline. The life of Harriet Beecher Stowe*, S. 159).

Als das Buch 1852 herauskam, sorgte es für eine Sensation ersten Ranges. Es wurde in siebenunddreißig Sprachen übersetzt; Verleger wetteiferten um die Herausgabe, und eine halbe Million britischer Frauen unterzeichnete eine Bittschrift, die gegen die Sklaverei protestierte und Mrs Stowe persönlich überreicht wurde. Später wurde ihr vorgeworfen, sie haben den amerikanischen Bürgerkrieg angestiftet. Sie blieb bis zum Ende ihres Lebens eine berühmte Persönlichkeit.

Sie hat offensichtlich Ähnlichkeiten mit den zuvor beschriebenen Schriftstellerinnen. Auch sie geht so vor, daß sie das vor allem Müttern nachgesagte instinktive Wissen um Recht und Unrecht der herzlosen Argumentation der Männer gegenüberstellt. Das Buch beginnt mit Mr. Shelbys Versuch, Elizas Kind zu verkaufen. Mit beißender Ironie wird uns erzählt, daß schwarze »Mädchen« unvernünftig sind, weil sie verzweifeln, wenn ihnen die Kinder weggenommen werden. »Wissen Sie, es ist ja nicht wie bei den Weißen, die erwarten können, daß sie ihre Frauen und Kinder behalten« (1. Kapitel). Genauso werden Ehen von Schwarzen gesetzlich nicht anerkannt, und wenn ein Mann oder eine Frau verkauft werden, gibt man ihnen den Rat, »sich mit jemand anderem zu begnügen« (21. Kapitel). Mrs Shelby fleht ihren Mann an:

Ich habe ihm die Pflichten der Familie beigebracht, die Bande zwischen Eltern und Kindern, zwischen Mann und Weib; Wie kann ich dieses offene Zugeständnis ertragen, daß wir, sobald Geld auf dem Spiele steht, keine Bindung, keine Pflichten, keine Verwandtschaft mehr achten [...]? Ich habe mit Eliza über ihren Knaben gesprochen [...]. Ich habe sie gelehrt, daß eine lebendige Seele mehr wert ist als alles Geld auf Erden, wie soll sie mir glauben, wenn wir kommen und ihr das Kind verkaufen? Einfach verkaufen, vielleicht zu seinem sicheren Verderben! (5. Kapitel)

Die Religion gab Mrs Stowe ungeheure Kraft, denn sie half ihr, sich ihrer Auffassungen absolut sicher zu sein. In diesem Roman sind es die Frauen, die auf Grund ihrer religiösen Überzeugung auf der Unverletzlichkeit menschlicher Beziehungen bestehen, während ihre Männer dem entgegenhalten, daß Religion eine private Angelegenheit sein sollte – »Auch ich achte diese Gefühle, obwohl ich sie nicht in ihrem vollen Ausmaß gutheißen möchte«; »Ich will mich nicht in deine religiösen Ansichten einmischen, nur scheinen sie für Leute in dieser Lage äußerst ungeeignet« (5. und 21. Kapitel). Dasselbe Verhaltensmuster taucht wieder auf, als Eliza in den freien Staat Ohio flieht und Senator Bird und seiner Frau begegnet:

Elizas Problematik war für die sanfte kleine Mrs Bird eine höchst ungewöhnliche Frage. Mit den Staatsgeschäften hielt sie sich niemals lange auf, wohl wissend, daß es in ihrem Haushalt genug Betätigung gab. (9. Kapitel)

An keiner Stelle des Buches wird nahegelegt, daß Frauen in den Senat kommen oder sich überhaupt für Politik interessieren sollten; unter normalen Umständen ist Mrs Bird damit zufrieden, sich mit den Pantoffeln ihres Mannes zu beschäftigen und sich um die Kinder zu kümmern. Aber manche Dinge sind so wichtig, daß selbst die unpolitischste Frau kämpferisch werden kann; Mrs Bird war wie Mrs Stowe empört über die Verabschiedung eines Gesetzes, das Leute in den freien Staaten dazu zwang, entlaufene Sklaven zurückzuschicken:

»Es ist ein schändliches, gottloses Gesetz, und ich werde es bei der ersten Gelegenheit brechen, hoffentlich bietet sich bald eine! Es ist weit gekommen mit uns, wenn eine Frau darbenden Flüchtlingen nicht mehr eine warme Mahlzeit oder ein Bett abtreten kann, nur weil es Sklaven sind, die ihr Leben lang mißbraucht und unterdrückt wurden!«

»Aber Mary, nun hör doch einmal zu. Dein Gefühl in Ehren, ich liebe dich deshalb, aber Liebste, man muß doch die Dinge auch mit dem Verstand betrachten. Es geht hier nicht um unsere Privatgefühle, es handelt sich um Allgemeininteressen, es herrscht bereits eine allgemeine Aufregung, da müssen unsere Privatgefühle zurückstehen.«

»Ach, John, ich verstehe nichts von Politik, aber meine Bibel kann ich lesen und da heißt es, daß ich die Hungrigen speisen, die Nackten kleiden und die Traurigen trösten soll. Und dieser Bibel will ich folgen.«

»Aber für den Fall, daß daraus der Allgemeinheit ein großer Schaden entsteht ...«

»Gott gehorchen bringt niemals öffentlichen Schaden. Das weiß ich zu gut. Am Ende ist es immer das sicherste, seinen Willen zu tun.«

Als ob das nicht genug wäre, findet der Senator nur wenige Minuten später in seiner eigenen Küche Eliza und ihr Kind, die sich von ihrer Qual erholen, und ist so gerührt, daß er seine Meinung auf der Stelle ändert. Hier wird angedeutet, daß Menschen mit wenig Vorstellungskraft die Opfer der Unterdrückung wirklich *sehen* müssen, um ihr Menschsein zu erkennen. Wie Mrs Gaskell (in der Szene, in der sich Carson und John Barton gegenüberstehen) zeigt die Verfasserin, daß er sich die Folgen seiner Handlungen nie vor Augen geführt hat:

> Mit welcher Überlegenheit hatte er mit den Händen in den Hosentaschen die sentimentalen Schilderungen und Beweise seiner Gegner verlacht, denen das Wohlergehen einer Handvoll armseliger Flüchtlinge wichtiger war als die hohen Staatsinteressen! [...] Aber seine Vorstellung von einem Flüchtling bestand nur aus den Buchstaben, die das Wort bilden, oder höchstens dem Photo auf einem kleinen Zeitungsausschnitt von einem Mann mit Stab und Bündel und darunter »dem Unterzeichneten entlaufen«. Dem Elend wirklich gegenüberzustehen, das flehende Menschenauge, die zitternde Hand, die verzweifelte Bitte in hilfloser Todesangst hatte er noch nie erfahren. Er hatte nie gedacht, daß ein Flüchtling auch eine verzweifelte Mutter, ein unschuldiges Kind sein kann wie jenes, das jetzt seines Lieblings wohlbekannte kleine Mütze trug.

Jeder (darauf besteht Mrs Stowe) weiß in seinem Herzen, was recht ist und was nicht. Mr Shelby ist sich bewußt, daß es unrecht war, Tom zu verkaufen. »Vergeblich versucht er sich einzureden, daß er im *Recht* war, daß jeder das tat [...]; sein Gewissen ließ sich nicht beruhigen« (10. Kapitel). Weniger gebildete Menschen, Hausfrauen und Sklaven eingeschlossen, nehmen gut und böse deutlicher wahr als die ihnen überlegenen. Ein Beispiel ist Toms Reaktion, als er eine schwarze Frau sieht, der das Kind weggenommen wird (die Trennung von Müttern und Kindern ist ein Thema, auf das sie immer wieder zurückkommt):

> Ihm erschien es wie etwas äußerst Schreckliches und Grausames, denn die ungebildete schwarze Seele hatte noch nicht gelernt, zu verallgemeinern und den größeren Rahmen zu sehen. Wäre er nur von gewissen christlichen Priestern unterrichtet worden, er hätte es besser verstehen können und darin ein Alltagsereignis eines gesetzmäßigen Handels gesehen [...]. Ihm blutete die Seele wegen des Unrechts, das dem armen leidenden Ding widerfuhr, das wie ein zertretenes Pflänzchen auf den Kisten lag; das fühlende, lebendige, blutende, doch unsterbliche Ding, das das amerikanische Gesetz kalt zu Bündeln, Ballen und Kisten ordnete, zwischen denen es liegt.
> (12. Kapitel)

Es wäre falsch anzunehmen, daß in Mrs Stowes Weltbild Frauen aufgeklärter sind als alle Männer. In ihrem Buch kommen oberflächliche Frauen vor, die glauben, daß Sklaven nicht die gleichen Gefühle haben wie sie und auch die selbstmitleidige Marie St Clare, die sich wenig mit ihrem eigenen Kind abgibt und (29. Kapitel) ein junges Sklavenmädchen in eine Strafanstalt schickt. Es gibt deutlich erkennbar so etwas wie weibliche Brutalität, und wir werden darüber nicht im Zweifel gelassen, daß die Frau, die das Auspeitschen beaufsichtigt, ebenso schlecht ist wie der Mann, der dies tut. Aber die Autorin meint, daß die normale ›weibliche‹ Haltung mit ihrer Achtung vor menschlichen Beziehungen und tiefen Gefühlen der berechnenden oder ›männlichen‹ Einstellung weit überlegen ist. Aus diesem Grund ist sie im Unterschied zu Mrs Trollope in der Frage der Sklavenbefreiung zu keinem Kompromiß bereit; für sie ist die Sklaverei ein absolutes Übel. Es ist wahr, daß viele Sklaven wohlwollende Herren hatten, doch dienten sie den schlechten als Schutzschild. »Und doch es seid gerade ihr rücksichtsvollen und humanen Pflanzer, die man für alle Brutalität verantwortlich machen müßte, denn ohne eure Sanktionierung könnte dieses ganze System nicht einen Tag länger zusammenhalten« (30. Kapitel). Es ist interessant, das J. St. Mill wenige Jahre später in *Die Hörigkeit der Frau* (1869) das gleiche Argument benutzte. Die meisten Männer behandelten ihre Frauen nicht schlecht; die meisten Herren behandelten möglicherweise auch ihre Sklaven nicht schlecht, aber wenn man einer Gruppe Menschen alle gesetzlichen Rechte nimmt und einer anderen Gruppe absolute Macht über sie gibt, erzeugt das mit Gewißheit Grausamkeit.

Alle menschlichen Wesen – argumentierte Mrs Stowe – sind in den Augen Gottes gleich. Es reicht nicht, Abolitionist zu sein; Miss Ophelia will, wie viele Bürger der Nordstaaten, keine Schwarzen besitzen, aber kann es nicht ertragen, sie zu berühren oder um sich zu haben; sie wird lernen müssen, diese Gefühle zu überwinden.

Ausbeutung, ob sie Sklaverei genannt wird oder nicht, ist auf der ganzen Welt gleich, darum erwähnt St. Clare (im 19. Kapitel) die Behandlung der Arbeiter in England, gegen die Mrs Gaskell protestiert hatte und immer noch protestierte:

»Der Sklavenbesitzer kann den widerspenstigen Sklaven zu Tode prügeln – der Kapitalist kann ihn zu Tode hungern lassen. Was den Schutz der Familie angeht, ist es schwer zu sagen, was schlimmer ist – daß die eigenen Kinder verkauft werden oder zu Hause zu Tode hungern.«

»Aber der Beweis, daß die Sklaverei nicht schlimmer ist als andere schlechte Dinge, entschuldigt sie nicht.«

»So habe ich es nicht gemeint – nein, ich will außerdem nur sagen, daß unsere die unverschämtere und augenfälligere Verletzung menschlicher Rechte ist. Einen Menschen einzukaufen wie ein Pferd – seine Zähne anschauen, seine Gelenke abklopfen und seine Gangart prüfen, und dann zahlen [...] macht die Angelegenheit vor den Augen der zivilisierten Welt noch greifbarer, obwohl, was getan wird, im wesentlichen das gleiche ist: daß nämlich eine Gruppe Menschen eine andere Gruppe Menschen zu ihrem Nutzen und Wohlergehen besitzt, ohne Rücksicht auf deren eigenes.«

Andere Menschen zu *besitzen* – gleich auf welche Weise – ist das wirkliche Verbrechen. St. Clare fährt fort: »Eines ist sicher – daß sich auf der ganzen Welt die Massen zusammentun; und es wird früher oder später einen *Tag des Zorns* geben. Das gleiche gärt in Europa, England und diesem Lande. Meine Mutter erzählte mir immer von einem kommenden tausendjährigen Reich, in dem Christus regieren und alle Menschen frei und glücklich sein würden.« Die Quäkergemeinde in diesem Roman, die Unrecht vergibt und gewaltlosen Widerstand gegen die Sklaverei leistet, ist ein Beispiel dafür, wie das Reich Christi auf Erden aussehen könnte. Mrs Stowe wollte wie Mrs Gaskell keinen Aufstand, aber so, wie die Engländerin John Bartons Wut verstehen konnte, als es ihm nicht möglich war, für seine Kinder zu sorgen, so konnte sie mit George Harris mitfühlen, dem es nicht gelingt, das Christentum voll und ganz anzunehmen, weil er für sich und seine Familie das absolute Recht der Freiheit fordert. Sie spürt offenbar, daß er zu seiner Selbstverteidigung das Recht auf ein Minimum an Gewalt hat. Insgesamt sind die Frauen in beiden Romanen aber eher fromm und ergeben.

Protest und christlicher Glaube sind nicht identisch (Mrs Stowe wies mit Abscheu darauf hin, daß viele Priester die Sklaverei verteidigen), und überhaupt kann Protest Verschiedenes bedeuten. Man kann gegen ein bestimmtes Übel wie die Sklaverei oder Kinderarbeit kämpfen und gleichzeitig der Ansicht sein, daß die Gesellschaft im großen und ganzen in Ordnung wäre, wenn diese abgeschafft würden. Andere befinden sich in dem Glauben, daß nicht so sehr die Gesetze geändert werden müßten, als vielmehr die grundlegenden menschlichen Beziehungen. Mary Wollstonecrafts Romane sind, während sie zweifellos auch auf den rechtlichen Status von Ehefrauen aufmerksam machen, von dem Gefühl durchdrungen, daß die Gesellschaft äußerst korrupt ist und daß es für die einzelne Frau sehr schwer ist, darin glücklich zu werden. Eine Zeitlang sah sie Hoffnung in der Französischen Revolution, so wie Mrs Gaskell und Mrs Stowe Hoffnung im Christentum sahen. Olive Schreiner ist eine weitere Autorin, die glaubt, daß das Unrecht nicht durch die Änderung einzelner Gesetze ausgemerzt werden kann.

Als Feministin und Radikale kämpfte Olive Schreiner natürlich gegen bestimmte Mißstände. Sie war während des Burenkriegs interniert und schrieb unveröffentlichte, aber weit verbreitete Lyrik, in der sie die britische Regierung verurteilte (Johannes Meintjes, *Sword in the Sand*, S. 195–198); sie engagierte sich in der Friedensbewegung, und ihr Buch *Woman and Labour (Die Frau und die Arbeit*, 1911) tritt eindrucksvoll für die volle Gleichberechtigung der Geschlechter ein. *Trooper Peter Halket of Mashonaland* (1897) ist ihr freimütigster Protestroman. Seine Zielscheibe sind die britischen Soldaten und Spekulanten, die nach Südafrika kommen, um die eingeborene Bevölkerung auszubeuten. »Sie haben keine Gefühle, diese Nigger; ich glaube nicht, daß sie viel um Leben oder Tod geben, nicht wie wir sollten« (2. Teil), ist eine gängige Sicht. Am Anfang ist Peter ein brutaler und oberflächlicher junger Mann, der auf Geld, Sex und Gewalt versessen ist; im Verlauf des Romans entwickelt er ein moralisches Bewußtsein und opfert sich schließlich, um einen Schwarzen zu retten. Aber die Mehrheit der Menschen in diesem Buch ist der Moral gegenüber gleichgültig und jeder, der protestiert, macht sich unbeliebt und zum Außenseiter:

> Hier und da hat man gewagt, die Stimme zu erheben; aber der Rest flüstert hinter vorgehaltener Hand; es heißt: »Mein Sohn würde seine Stelle verlieren, wenn ich meine Stimme erhebe« und ein anderer: »Man hat mir Land versprochen« und wieder jemand: »Ich bin befreundet mit diesen Männern und würde meine gesellschaftliche Stellung verlieren, wenn meine Stimme gehört würde« [...]. Weiß ich nicht schon zu schmerzlich, wie schwach meine Stimme ist; und daß ich so gut wie nichts tun kann: aber soll ich schweigend bleiben? (1. Teil)

Bedeutender noch und komplexer ist ihr Werk *From Man to Man* (1927), das ich für einen der besten Romane halte, die in diesem Jahrhundert von einer Frau geschrieben worden sind. Der Untertitel heißt *Perhaps Only ... (Vielleicht nur ...)*, womit gesagt werden soll, daß wir *vielleicht* menschlichere Beziehungen haben könnten, wenn wir sie *nur* genug wollten. Wenn Olive Schreiner hier eine bestimmbare Zielscheibe hat, ist es die Doppelmoral. »Gefallene« Frauen wie tugendhafte Ehefrauen werden von den Männern, denen sie trauen, grausam ausgebeutet, und wie Mary Wollstonecraft legt Olive Schreiner deutlich nahe, daß sie aus persönlichen Beziehungen wenig Glück erwarten können. Auch ihre Technik erinnert an die vorangegangenen Schriftstellerinnen. Sie interessiert sich weniger dafür, eine fesselnde Geschichte zu erzählen (wozu Mrs Stowe und Mrs Gaskell sich genötigt sahen), als vielmehr Verbindungen zwischen verschiedenen Arten von Unterdrückung herzustellen. In der Mitte des Romans gibt es eine lange Unterbrechung, damit bestimmte Schlüsselgedanken erörtert werden können. Die Wortführerin der Autorin und Hauptproteststimme in diesem Roman ist eine unbedeutende kleine Hausfrau, die zwischen Sokkenstopfen und Teigrühren ihre (revolutionären) Gedanken niederschreibt. Bei der Lektüre der zentralen Kapitel »Raindrops in the Avenue« und »You Cannot Capture the Ideal« sehen wir, daß Rebecca nicht nur im Namen der Frauen, sondern aller Opfer protestiert.

Zu solchen Opfern zählen nicht bloß die Menschen. Ein Unterschied zwischen Rebecca und ihrem Ehemann (der gefühllos ist und sie betrügt) liegt darin, daß er im Gegensatz zu ihr Gefallen daran hat, Tiere zu töten. »Für mich ist der erhabenste Augenblick nicht, wenn ich etwas Lebendiges überwinde oder töte, sondern der Augenblick, in dem sein Auge das meine trifft und sich eine Verbundenheit zwischen mir und dem Leben, das in ihm ist, bildet« (8. Kapitel). Rebeccas zärtliche Besorgtheit um alles Lebendige mag in einer Welt, in der seit den Anfängen des Lebens nur die Tüchtigsten überlebt haben, absurd und unrealistisch scheinen. Das zumindest ist uns allen erzählt worden, aber Olive Schreiner empört sich über diese Version der Geschichte:

> Der Tüchtigste hat überlebt! Unter Wasser, halb in Schlamm begraben, zeigen nur der Umriß des Kiefers und zwei tiefe Augenschlitze, wo der Alligator liegt. Generation für Generation hat er in Morast und Schlamm gelegen. Die Gazelle kam zum Wasser hinunter, um zu trinken, und wurde hineingezogen von dem machtvollen Schlund; der kleine Affe, grazil, schnell, gewitzt, schwang sich von Ast zu Ast und streckte seine Hände aus, um im Wasser zu plantschen, kam zu nahe, und der braune Stumpf bewegte sich und schnappte zu; das menschliche Kind kam ans Ufer, um zu spielen und verschwand [...] die Kreatur überlebt. Viele Zeitalter sind verstrichen, seit es geboren wurde, viele schöne und seltene Arten existierten und wurden ausgelöscht [...]. Vieles ist geflüchtet – aber Ach! um das, was in dem langen räuberischen Kampf der Zeiten dem starken Schlund und der langen Klaue und dem Giftbeutel nicht entkommen konnte! Ach! um die Arten des Lebens, vielleicht höher als alle, die wir kennen oder kennen werden, die in ihrem allerersten Anfang verschwanden und für immer unmöglich wurden! (7. Kapitel)

Dies geht weit über Protest im gewöhnlichen Sinne des Wortes hinaus. In der Klage um alles, was verloren ging, scheint sie für eine Welt zu plädieren, die von Liebe und Miteinander regiert wird, und dies ist sicher ein unmöglicher Traum. Aber er ist nicht so lächerlich wie es klingt. Recht exakt führt die Schriftstellerin aus, daß keine Form menschlichen oder tierischen Lebens ohne den Mutterinstinkt hätte fortbestehen können:

> Weder Mensch, noch Vogel noch Vieh, nicht einmal ein Insekt ist, was es ist und hat bis heute überlebt, nur weil der Stärkere Jagd auf den Schwächeren machte [...]. In der ganzen Natur sind Leben, Wachstum und Evolu-

tion nur durch die Mutterliebe möglich. Rühre daran, lege einen kalten Finger darauf, und bring es im weiblichen Herzen zum Schweigen, und in fünfzig Jahren würde auf dem Planeten Erde das Leben in all seinen höheren Formen ausgelöscht [...]. Überall liegt dem Leben die Mutterliebe und die zärtliche Sorge um die Schwachen zugrunde, und je entwickelter das Geschöpf, um so größer die Rolle, die sie spielt. (7. Kapitel)

Weibliche Geschöpfe aller Zeiten und Arten, versichert sie, haben in der Geschichte eine lebenswichtige, wenn auch versteckte Rolle gespielt. Sie verteidigt ihr Recht auf andere Arbeiten (es hat keinen weiblichen Shakespeare gegeben, sagt sie, weil Frauen, die große Schriftstellerinnen hätten sein können, nicht erlaubt wurde, ihre Talente zu entwickeln), aber ihr Hauptargument ist, daß die traditionelle fürsorgliche Arbeit der Frauen unschätzbar ist und daß eine Frau dies mit dem Gebrauch ihres Kopfes verbinden kann. Der Mutterinstinkt sollte jedoch nicht auf die eigene Familie beschränkt bleiben; er kann und muß in Protest münden.

Schriftstellerinnen wie Mary Wollstonecraft und Olive Schreiner finden erst seit kurzem die Anerkennung, die sie verdienen. Es ist für uns unmöglich abzuschätzen, welche zeitgenössischen Schriftstellerinnen noch in einhundert Jahren gelesen werden (wenn die menschliche Rasse bis dahin überlebt), aber ich glaube, daß Christa Wolf eine Schriftstellerin ist, die auch noch im einundzwanzigsten Jahrhundert Bedeutung haben wird. Während so viele Schriftstellerinnen nie über die minutiösen Einzelheiten persönlichen Erlebens hinauskommen, konzentriert sich Wolf entschlossen auf die wichtigen Themen wie Leben, Tod und moralische Verantwortung. Mit Nachdruck ist sie eine Schriftstellerin des Protests. Eines ihrer Hauptthemen ist der Gegensatz zwischen den wenigen denkenden, sensiblen und unangepaßten Menschen – denen ihr Interesse gilt – und der gleichgültigen Mehrheit. Als Harriet Beecher Stowe *Onkel Toms Hütte* schrieb, bemerkte sie, daß die meisten Leute sich nicht über die Sklaverei entrüsten, wenn sie nun mal Bestandteil ihres Lebens ist. »Heutzutage sündigt man gefällig und manierlich, um Augen und Sinne der ehrbaren Gesellschaft nicht zu schokkieren« (29. Kapitel). Und zu denken, daß ein Sklavenherr viel schlechter ist als der Rest, wäre ein Fehler, »Sein Herz war genau an der gleichen Stelle, wo Ihres, Sir, und meins bei genügender Anstrengung und Bearbeitung hätte hinkommen können [...] Ach, man kann sich an solche Dinge gewöhnen, mein Freund« (12. Kapitel).

Heutzutage wird *Onkel Toms Hütte* gewöhnlich nicht zu den großen Romanen gezählt, weil Mrs Stowe nicht im geringsten – um ein bei modernen Kritikern beliebtes Wort zu benutzen – subtil war. Ihre Helden und Schurken sind in grellen Farben gezeichnet, und sie läßt keine Gelegenheit aus, ihren Lesern zu sagen, was sie denken sollen. Christa Wolf ist eine komplexe und kunstvolle Schriftstellerin, die immer beim Bewußtsein des Individuums ansetzt und daran politische Aussagen anschließt. Und obwohl ihre Technik sich deutlich von der Mrs Stowes und den anderen hier besprochenen Schriftstellerinnen unterscheidet und diese sicherlich bestürzt hätte, ist der Impetus, der hinter ihrer Arbeit steht, zum großen Teil der gleiche.

Uns allen wurde beigebracht, das »Normale« zu achten. Aber die zentrale Aussage in Christa Wolfs *Kindheitsmuster* (1976) ist, daß der Wunsch, sich anzupassen, wie jeder andere zu sein, zu unaussprechlichen Schrecken führen kann. Keiner in diesem Roman und gewiß keiner aus dem Umkreis der kleinen Nelly ist bereit, gegen die Nazis zu protestieren. Als die erwachsene Nelly versucht, ihre Erinnerungen im Zusammenhang mit den historischen Fakten zu sehen und erkennt, daß Faschismus in Ländern wie Chile immer noch existiert, fragt sie sich, wie es zu diesem »massenhaften Gewissensverlust« kommen konnte? (15. Kapitel). »Denn eher machen wir aus unseren Herzen eine Mördergrube als eine Räuberhöhle aus unseren gemütlichen vier Wänden. Leichter scheint es, ein paar hundert, oder tausend, oder Millionen Menschen in Un- oder Untermenschen umzuwandeln als unsere Ansichten von Sauberkeit und Ordnung und Gemütlichkeit« (9. Kapitel).

Die zynische Antwort ist, daß »man die Menschen nehmen muß, wie sie sind« (11. Kapitel). Gewiß zeigt die Autorin Spuren wütender Verachtung für die »schweigende Mehrheit«, eine Ansicht, die viele im Protest aktive Menschen teilen, doch erkennt sie, daß nur eine Minderheit aktiv Unrecht begeht. Problematisch wird es, wenn solche Menschen das Ruder der Gesellschaft übernehmen und Grausamkeit zur Norm wird; da sich niemand ganz aus dem, was um ihn herum geschieht, heraushalten kann, wird es für die Mehrheit immer schwieriger, eine weiße Weste zu bewahren. Harriet Beecher Stowe, die frei veröffentlichen konnte und die öffentliche Meinung zum großen Teil hinter sich hatte, konnte viel leichter protestieren als jemand unter der Naziherrschaft. Er kann nur aufhören, über bestimmte Dinge nachzudenken und bestimmte Fragen zu stellen, wenn er in Sicherheit und am Leben bleiben will. Nelly im Roman der Christa Wolf begreift, daß Mitgefühl eine »unpassende Empfindung« ist (7. Kapitel); sie unterdrückt es. Als ihre Tante Dottie im Rahmen des Euthanasieprogramms getötet wird, spricht die Familie nicht darüber (Es gibt immer noch Leute, die geistig Behinderte am liebsten töten würden). Als die Einheit ihres Vaters zur Exekution von Geiseln herangezogen wird, ist er entsetzt, aber wir erfahren, daß er nicht so weit gehen kann, öffentlich zu protestieren:

Der Saucenfleck, den Nelly auf das frische Tischtuch gemacht hat, ist gebührend gerügt worden [...] Es ist nicht denkbar, daß irgendein Handgriff geändert oder unterlassen würde, bloß weil die Nachricht einging, der Vater wäre um ein Haar zum Mörder geworden. (8. Kapitel)

Zwei winzige Ereignisse im letzten Kapitel weisen auf die Existenz eines alternativen Wertsystems hin. Nelly, die immer noch an den Nationalsozialismus glaubt, weigert sich, sich dem sterbenden Kind Hannelore zu nähern, und fragt, was sie das angehen würde. Schließlich ändert sie ganz ohne Druck ihre Meinung. Dann ist da noch die Unterhaltung der erwachsenen Nelly mit dem Grenzsoldaten:

Er fragt: Soll ich mich vielleicht auch noch um jeden toten Vogel kümmern? Soll ich vielleicht meine Mütze darunterhalten, damit keiner aus dem Nest fällt?
Da hat er recht, das kann er nicht. (18. Kapitel)

Es ist unmöglich, jeden Vogel oder jedes Kind zu retten, aber dennoch wichtig, sich darum zu kümmern. Christa Wolf ist wie die anderen hier beschriebenen Autorinnen der Auffassung, daß wir auf unsere instinktiven Gefühle vertrauen und sie nicht, weil sie »weiblich« sind, schamhaft unterdrücken sollen. Wir wissen alle, daß manche Frauen genauso gewaltsam und konformistisch wie manche Männer sein können. Aber im großen und ganzen haben Frauen, gerade weil sie von der Entscheidungsgewalt ausgeschlossen waren, Werte entwickelt, die sich von denen der Politiker und Militärs sehr unterscheiden. Darum haben sich in Vergangenheit und Gegenwart einige dem Protest angeschlossen.

Bettina Gräfin von Galen

Protest aus Frankreich

»Reich muß man zu sein scheinen, das bestimmt die Mode, die Gewohnheit, an die man sich hält; bietet sich einem ein Hindernis, beseitigt man es mit einer Ungerechtigkeit. (*Lettres d'une Péruvienne*, 1747, S. 269)

Die für ihre Zeit sehr originellen zivilisationskritischen Äußerungen der Madame de Grafigny (Françoise D'Issembourg d'Happoncourt) stellen recht unverblümt eine Gesellschaft in Frage, in der Ansehen, auch Überlegenheit, letztlich nur noch eine Frage des Geldes sind und entlarven den falschen Glanz eines Reichtums, an den man sich um so mehr klammert, je weniger er wirklich vorhanden ist. Sie knüpft mit ihrer Zivilisationskritik an die 1720 erschienenen *Lettres persanes* von Montesquieu an, der wie sie über die Konfrontation zweier Kulturen, eine Gesellschaft im Auflösungsprozeß darzustellen versucht. Während Montesquieu seine kritischen Äußerungen auf ganz Europa ausdehnt, beschränkt sich Madame de Grafigny auf Frankreich, welches sie aus der Sicht einer »edlen Wilden«, der Inkaprinzessin Zilia, beschreibt. Die Orginalität dieser Briefe liegt nicht zuletzt in der Behandlung des Frauenthemas: die negativen Auswirkungen einer auf der Ungleichheit der Geschlechter basierenden Gesellschaft und eines Bildungssystems, in dem Frauen praktisch zur Unbildung verdammt werden, sind selten zuvor so deutlich ausgesprochen worden. Den Frauen fällt in dieser spätfeudalen Gesellschaft einerseits die Rolle der Repräsentantin eben dieses Reichtums zu – sie wird zum Ausstellungsstück: »Da er kein Vertrauen zu ihr hat, sucht ihr Mann sie auch nicht dazu anzuhalten, sich seiner Geschäfte, seiner Familie und seines Hauswesens anzunehmen. An dem ganzen kleinen Universum partizipiert sie nur durch die Repräsentation« (S. 293). Andererseits haben die Männer das Recht, jede Frau zu hintergehen und zu betrügen, zu verleumden, ohne damit Tadel oder Strafe auf sich zu ziehen. Einher mit diesen verächtlichen Praktiken geht die rücksichtslose Ausbeutung der weiblichen Arbeitskraft. »[...] fern davon, der Schwäche der Frauen Rechnung zu tragen, finden die schwer arbeitenden Frauen des Volkes Erleichterung weder beim Gesetz noch bei den

Männern« (S. 287). An dieser Stelle weist Madame de Grafigny darauf hin, daß die Männer im Inkareich von Gesetzes wegen die Frauen schützen und vor Ausnutzung bewahren müssen, d.h. nur eine Gesetzesänderung könnte die ungerechten Verhältnisse in Frankreich, wo die Gesetze den Männern all die Rechte geben, die sie den Frauen vorenthalten, beenden. »Und wirklich, mein lieber Aza, wie sollten die Frauen sich nicht gegen die Ungerechtigkeit der Gesetze auflehnen, die den Männern eine Straffreiheit gewähren, die ebenso exzessiv ist wie ihre Autorität.« (S. 294) Diese Zivilisationskritik legt scharfsinnig die dekadenten Gesellschaftsverhältnisse des Ancien Régime bloß, als da sind Prestigebedürfnis der Adligen und Luxus-Sucht, Parasitentum und Unbekümmertheit des elitären Daseins; daß sie diese Kritik am »französischen Wesen« mit der Frauenfrage verbindet, macht Madame de Grafigny zu einer der wichtigsten Fürsprecherin und Vorkämpferin für die Sache der Frau.

Nicht die ungerechten Gesetze, sondern die durch die Männer verfügte erzieherische Konzeption prangert Madame Riccoboni an; sie ist es, die Unterlegenheit und Schwäche der Frauen provoziert: »Erzieht Ihr uns etwa nicht in Milde und Sanftmut, macht Ihr uns etwa nicht schwach und schüchtern, um Euch das gleiche grausame Vergnügen zu verschaffen wie jene Jäger, die ruhig dasitzend, die unschuldige Beute in ihre Falle gehen sehen, nachdem sie sie mit List dahin gebracht haben, sich in ihren Netzen zu verfangen?« (*Lettres de Miss Fanni Butlerd*, 1757, S. 194). Mit dieser Einschätzung weist Madame Riccoboni auf ein sich bis heute erhaltenes Dilemma der Frauen hin, welches sich darin äußert, daß moralische Tugenden wie Sanftheit und Güte fast immer an der Macht des Stärkeren scheitern, anstatt sie zu begrenzen oder gar außer Kraft zu setzen. Noch im Triumph über ihren Geliebten, der dadurch charakterisiert ist, daß sie sich von ihrem Opferstatus befreit und verantwortlich für ihr Handeln zeigt, verharrt Fanni Butlerd in anklagendem Leid. Die Stärke der Frauengestalten bei Madame Riccoboni liegt in ihrem Streben nach Selbstbehauptung und in ihrer Ungebundenheit, die sich in ihrem steten Beharren auf eigener Urteilskraft sowie jeden Verzicht auf ein Eingebettetsein in Systeme jeglicher Art äußern. Mit einem hohen Maß an Selbstwertgefühl, welches sich einerseits in dem Bewußtsein ihrer Liebesüberlegenheit, andererseits aber auch in dem Wunsch nach Unabhängigkeit verbirgt, fühlen die Frauen in ihren Romanen mit den Unterdrückten. »Ich sah wenig Menschenfreunde ihren Prinzipien getreu handeln [...]. Den Bruder meiner Mutter [...] sah ich [...] eines Abends [...], den Stock in der Hand, einen reizenden kleinen Neger verfolgen, dessen Sanftmut und Natürlichkeit mir gefielen.

Ich rettete das Kind vor der Wut seines Herren und fragte nach dem Vergehen, das ihm so harte Bestrafung zugezogen habe [...]. Versehentlich hatte er soeben Wasser über die Papiere des unermüdlichen Schriftstellers vergossen. Wovon handeln denn diese kostbaren Blätter?, fragte ich meinen gereizten Verwandten. Vom Glück eines Teils der Menschheit, antwortete er leidenschaftlich; es ist das Werk meiner Empfindsamkeit, meinem Herzen am teuersten, es wurde mir von zarter Menschlichkeit eingegeben. Ich weise darin die Grausamkeit unserer Plantagenbesitzer nach, das Unrecht der Europäer, die sich nicht damit begnügen, zu einem schamlosen Handel zu ermutigen und davon zu profitieren, sondern sich das barbarische Recht zur Mißhandlung unglücklicher Sklaven anmaßen, deren Arbeiten sie bereichern. – An Ihrer Stelle, lieber Onkel, unterbrach ich heftig, begänne ich mein Mitleid dadurch zu zeigen, daß ich nicht den einzigen umbrächte, dessen Geschick von mir abhinge« (*Lettres de milord Rivers à Sir Charles Cardigan*, 1776, S. 162–63). Dieser Widerspruch zwischen der politischen Theorie und der konkreten Lebenspraxis vieler Männer wird von den Autorinnen immer wieder beklagt und angefochten.

Die dritte der bekannteren Romanautorinnen des 18. Jahrhunderts ist Isabelle de Charrière; ihr literarisches Schaffen charakterisiert sich im Spannungsfeld zwischen einer realistischen Selbsteinschätzung und der verzichtbereiten Selbstgenügsamkeit der Frau. Als unerläßliche Vorbedingung für eine Veränderung der sozialen und ethischen Bedingungen weiblicher Existenzmöglichkeit, nennt sie die Befreiung von Etikette und Übereinkommen, von der Versklavung durch das Geld und ein verbessertes Erziehungssystem, in dem Frauen in ihren intellektuellen Fähigkeiten nicht länger benachteiligt werden. Allerdings beläßt Isabelle de Charrière ihre Protagonistinnen weitgehend in der Defensive, die von der Möglichkeit ihres Bewegungspielraums kaum Gebrauch machen. Eine Ausnahme bildet ihr Werk *Trois Femmes*, welches sie erst nach der Revolution, 1795 geschrieben hat; hier gründen drei Frauen Modellschulen und stellen pädagogische Experimente an, die der veränderten, auf absoluter Gleichheit basierenden Gesellschaftsordnung Rechnung tragen sollen.

Damit ist der Übergang zur nachrevolutionären Ära geschaffen: während der Aufstand der Frauen im 18. Jahrhundert noch geprobt wird, findet er im Verlauf der Französischen Revolution wirklich statt.

Marie Olympe de Gouges, eingegangen in die Geschichte als Dossier 210 in den Archives Nationales: »Nom: Aubry (Marie Olympe de Gouges) /Profession: femme auteur/Jugement: mort/Date: 12 brumaire an II« und verbannt in die verstaubten Magazine der Pariser Nationalbibliothek. Nur dort sind letztlich, abgesehen von einigen wenigen Ausnahmen, ihre Werke zugänglich: sie umfassen Reden, Theaterstücke, Manifeste, Korrespondenzen und andere Broschüren. Schon 1788 nahm sie Kontakt zur revolutionären Bewegung auf und schrieb ihre *Lettre au peuple, ou Projet d'une Caisse Patriotique (Brief an das Volk, oder Entwurf für eine patriotische Kasse)*, vorgelegt von einer Bürgerin. Sie schlägt darin vor, eine Kasse für eine freiwillige Abgabe zu gründen, um das Defizit im Staatshaushalt abzubauen. Allerdings begreift Olympe de Gouges sich immer als autonom handelnde Frau, die ihre eigenen Wege geht, alles Gleichförmige ablehnt und keinen Grund sieht, sich unterzuordnen oder im Gleichschritt mit anderen zu gehen. »Abhold jeglicher Intrige, jenseits aller Parteien, deren leidenschaftliche Kämpfe Frankreich gespalten haben, bahnte ich mir einen neuen Weg; mich nur auf meine eigenen Augen verlassend, nur meiner inneren Stimme gehorchend bin ich den Törichten entgegengetreten, habe ich die Niederträchtigen angegriffen und mein ganzes Vermögen der Revolution geopfert« (*An das Revolutionstribunal*, Archives Nationales Paris, zitiert nach der deutschen Ausgabe von 1980, S. 122). Schon sehr früh setzt sich Olympe de Gouges für die Rechte der Negersklaven ein; eines ihrer ersten Theaterstücke und eines der wenigen, die zur Aufführung gelangten, hieß *Zamore et Mirza, ou l'Heureux naufrage*. Im Jahre 1784 reichte es die Schriftstellerin bei der Comédie Française ein; aufgeführt wurde es jedoch erst im Dezember 1789 unter dem Titel *L'Esclavage des nègres*. Die Schwarzen, so lehrt ihr Stück, leben naturverbundener als die Europäer, und ihre Menschlichkeit soll für die Weißen Vorbild sein. In gleicher Weise, wie sie sich für die Rechte der Schwarzen einsetzt und sich auf die natürliche Gleichheit beruft, tut sie es später immer wieder für die Frauen. Berühmt geworden ist ihre *Déclaration des Droits de la Femme et de la Citoyenne* von 1791, eine Schrift, die sie zu einer Wegbereiterin des modernen Feminismus machte.

Artikel I: Die Frau wird frei geboren und bleibt dem Manne ebenbürtig in allen Rechten. Unterschiede im Bereiche der Gesellschaft können nur im Gemeinwohl begründet sein. [...]

Artikel VI: Das Gesetz soll Ausdruck des Willens aller sein; alle Bürgerinnen und Bürger sollen persönlich oder über ihre Vertreter zu seiner Entstehung beitragen, für alle sollen die gleichen Bedingungen Geltung haben. [...]

Artikel X: Niemand darf wegen seiner Meinung, selbst in Fragen grundsätzlicher Natur, Nachteile erleiden.

Die Frau hat das Recht, das Schafott zu besteigen, gleichermaßen muß ihr das Recht zugestanden werden, eine Rednertribüne zu besteigen, sofern sie nicht in Wort und Tat die vom Gesetz garantierte öffentliche Ordnung stört. (S. 42–43)

Im zweiten Teil der Schrift, Entwurf eines Gesellschaftsvertrages zwischen Mann und Frau, finden sich Ansätze einer feministischen Kritik an den Gegebenheiten des männlich strukturierten Gesellschaftsapparates, und die Autorin vermittelt eine Ahnung von den positiven Möglichkeiten einer partnerschaftlich organisierten Gesellschaft.

Spätestens 1791, als die Nationalversammlung ihre neue Verfassung verabschiedet, wurde klar, daß die Menschen- und Bürgerrechte nur auf eine kleine männliche Minderheit angewendet werden sollten; Frauen, genausowenig die nichtbesitzenden Arbeiter und Kleinbürger, zählten nicht zu den wahlberechtigten »Aktivbürgern« und durften demzufolge auch keine öffentlichen Funktionen übernehmen. Auch die jakobinische Verfassung von 1793 machte die Frau nicht zur vollwertigen Staatsbürgerin. Zwar zeigte man sich im sogenannten Sechserausschuß bei der Beratung der Verfassung gegenüber den Forderungen nach Frauenstimmrecht nicht abgeneigt, hielt es aber für notwendig – aufgrund der Fehler im Erziehungswesen –, die Frauen wenigstens für ein paar Jahre vom Stimmrecht auszuschließen. Später beschloß der Konvent auf Vorschlag des Sicherheitsausschusses das Verbot aller weiblicher Vereinigungen und die Aufhebung des Versammlungsrechts für Frauen. Der völlige Ausschluß der Frau, der schließlich von der patriarchalisch-bürgerlichen Gesellschaft im *Code Civil* verankert wird, hat hier schon seinen Ursprung.

Die Entwicklung der kapitalistischen Industrie von 1830–1848, ermöglicht durch technische Fortschritte sowie die massenhafte Einbeziehung von Frauen und Kindern in die Großmanufakturen, beschleunigt und »radikalisiert« den Ausbruch der Arbeiterbewegung. Die Schulen des utopischen Sozialismus entwickeln Konzepte, um das soziale Übel zu eliminieren und um die Klassenwidersprüche zu versöhnen. Nicht nur die Arbeiterschaft, sondern die Gemeinschaft aller Frauen waren das Ziel jener Versprechen, und ihre Entrüstung über den Verrat an der Hälfte der Gesamtbevölkerung findet Ausdruck in dem verstärkten politischen Engagement vieler Autorinnen.

Die auf das harmonische Zusammenleben in der Gesellschaft abzielenden Ansätze, die im weitesten Sinne menschenfreundlichen Lehren der Saint-Simonisten, ermöglichen überhaupt erst, daß Frauen die Idee von einer notwendig autonomen Selbstbefreiung für sich umsetzen und ihre Beiträge zur eigenen Emanzipation und zu der des »Volkes« laut werden lassen. Das Engagement der Frauen gegen patriarchalisch-bürgerliche Institutionen (Justiz, Parlament) – welches sie schon als qualitativ andere Intervention gegenüber dem der Männer begreifen – ist zum Teil aber noch stark in den »utopischen« ökonomischen Einschätzungen der Saint-Simonisten verhaftet.

Bemerkenswert ist die Gründung einer Frauenzeitschrift *La femme libre* der Arbeiterinnen Marie-Reine Guindorf und Désirée Véret im August 1832, die später von Suzanne Voilquin übernommen wird. Diese »filles du peuple« (Mädchen aus dem Volke) konzentrieren sich vorrangig auf ein autonomes Handeln im Kampf um die Befreiung der Frau; sie zeigen in ihrer Autonomie und Praxis mit Frauen, daß Proletarierinnen sich nicht notwendig darauf reduzieren lassen, an der Seite der Männer für die alleinige Befreiung der Arbeiterklasse zu kämpfen. Auch wenn ihr Engagement für eine sexuelle Befreiung als untrennbare politische Dimension der Emanzipation der Frau gewiß durch die Initiative der Männer innerhalb der saint-simonistischen »Familie« mit der Tabuisierung des Themas der Sexualität zu brechen, mitproduziert wurde, so bedeutet das Auftreten der »filles du peuple« eine Eigenständigkeit der männlichen saint-simonistischen Theorie gegenüber. »Wir werden nur Artikel von Frauen abdrucken und begrüßen alle, die in dieser Broschüre schreiben wollen [...]. Wir werden über Moral, Politik, Industrie, Literatur und Moden sprechen, aber nicht gemäß der vorherrschenden Meinung und mit ihren Vorurteilen, sondern nach unserem Herzen. Wir werden weniger auf Wissenschaftlichkeit und Eleganz des Stils achten als auf die Freimütigkeit und Offenheit der Gedanken, denn wir wollen vor allem, daß die Frauen sich aus ihrem Zustand der Gezwungenheit und Hemmung, in dem die Gesellschaft sie festhält, befreien und mit aller Aufrichtigkeit ihres Herzens zu sagen wagen, was sie für die Zukunft erahnen und wollen« (Marie-Reine, *La Femme libre*, No. 1, S. 8). Ein äußeres Zeichen ihrer Selbstbestimmung setzen die »filles du peuple« mit der Verweigerung, Namen ihrer Männer zu tragen; der »männliche« Name repräsentiert für sie nur die sich gegen alle Frauen richtenden Herrschaftsverhältnisse.

Während die Frauen eine Öffnung nach außen versuchen, sich auflehnen gegen ihre doppelte Unterdrückung als Frauen und als Proletarierinnen, vollzieht die »Männerfamilie« mit der Intensivierung ihres Sektenlebens einen umgekehrten Prozeß, als sie ihren Rückzug in das zölibatäre Gemeinschaftsleben antreten, um auf die »Oberste Mutter« zu warten. Schließlich drängt ihre Verherrlichung der Industrie, der Auf- und Ausbau dieser produktiven Kraft, die Anliegen der Frauen wieder ganz in den Hintergrund. »Weder die Gewalt noch die Industrie haben die Frau jemals vereinnahmen können. Ihre Natur widersteht immer wieder den repressiven Gesetzen der Männer, die ihre Rechte negieren« (Suzanne Voilquin, *Souvenirs d'une fille du peuple*, 1865, S. 202).

In dem Bewußtsein: Der Schritt einer Ameise hat Gewicht auf dieser Welt (ein Satz von Lamartine, den Suzanne Voilquin ihren Erinnerungen voranstellt), schreibt sie ihre Lebensgeschichte, die sie ihrer Nichte Suzanne und allen Frauen widmet. »Sich verweigern« – den Interessen einer materiell orientierten und ausbeuterischen Gesellschaft, den sexualmoralischen Ansprüchen einer hierarchisch geprägten Männerwelt, der »institutionalisierten« Liebesbeziehung – und nur den selbst aufgestellten Regeln entsprechen wollen, bedeutet für Suzanne das Eintauchen in eine Welt mit den Schwachen, den Armen und den Frauen. Die Verbindung von »Klassenkampf« und Frauenbewegung, m. a. W. die Emanzipation der Frauen als Voraussetzung für die Befreiung der Arbeiterklasse anzunehmen, befindet sich noch in ihren Anfängen; der Beginn einer neuen, weiblich orientierten Realität wird von den saint-simonistischen Redakteurinnen postuliert, und Suzanne Voilquin überschreitet allein, d. h. ohne männlichen Partner, die Grenzen der gesellschaftlichen Ordnungen, in die eine Frau damals eingebunden war (und heute sehr oft noch ist), trotz sozialer Unsicherheit, trotz der nie zu überwindenden Angst vor Gewaltanwendung – Angst als unvermeidbare Folge des sich eingestandenen Andersseins, der Verweigerung männlichen Schutzes –, die in der existenziellen Angst vor der Vergewaltigung kulminiert.

Claire Démar, eine begeisterte Vertreterin der saint-simonistischen Schule, begeht im August 1833 Selbstmord in einem Moment des tiefempfundenen Widerspruchs, der sich zwischen den »Glaubenslehren« einer »frauenfeindlichen« Männerwelt und den täglich neu empfundenen Grenzen eines Frauenlebens aufgetan hat. Ihre Selbständigkeit drückt sich in der Forderung nach Auflösung der bestehenden Eheverhältnisse aus, die sie in ihren fatalen Auswirkungen, Prostitution und Ehebruch, als Resultat der bürgerlich-patriarchalischen Doppelmoral beschreibt. Der Ausweg aus dieser Beziehungsmisere kann nur in der Schaffung eines völlig neuen Vertrauensverhältnisses möglich werden. Die Zerstörung der Machtverhältnisse zwischen Mann und Frau, »die Revolution in den Beziehungen der Geschlechter« (*Appel d'une femme au peuple sur l'affranchissement de la femme*, 1833, S. 16), kann ihrer Meinung nach nicht über vereinzelte Kämpfe oder eine Modifizierung bürgerlicher Gesetzgebung erreicht werden, sondern die Austragung des Kampfes muß überall dort stattfinden, wo sich diese Verhältnisse manifestieren. »Die Revolution in den Beziehungen der Geschlechter vollzieht sich nicht an den Straßenecken oder auf öffentlichen Plätzen während drei schöner Sonnentage, sondern zu jeder Stunde, an jedem Ort: in den Theaterlogen, bei den Wintergesellschaften, während der Sommerspaziergänge und während der langen Nächte, die oft und öfter im Ehebett vergehen. Diese Revolution untergräbt und höhlt unaufhörlich das große Gebäude unserer Gesellschaft, das zum Vorteil des Stärkeren errichtet wurde, und läßt es Stück für Stück, wie ein Gebirge aus Sand abbröckeln, auf daß eines Tages auf besser geebnetem Boden der Schwächere mit dem Stärkeren auf gleicher Höhe voranschreiten und unter denselben Bedingungen die Summe an Glück fordern kann, die jedes soziale Wesen mit Recht von der Gesellschaft verlangen kann« (S. 21–22).

Claire Démar unterscheidet sich von ihren Zeitgenossinnen dadurch, daß sie die Ausbeutung der Frau nicht nur als klassenspezifische, sondern vor allem als geschlechtsspezifische, d.h. sexuelle Ausbeutung entlarvt. Sie deckt den Widerspruch zwischen den Reproduktionsaufgaben der Frau, ihren sozialen Leistungen für die Gesellschaft und der gesellschaftlichen Entmachtung auf. Darüber hinaus analysiert sie die qualitativ andere Unterdrückung der Frauen als Relegierung in die Familiensphäre und als Zensur oder als Verbot der eigenen Artikulierung durch die Diskriminierung weiblicher Revolte von seiten der Männer.

George Sand, Zeitgenossin von Flora Tristan, wird in den Hauptwerken bürgerlicher Literaturgeschichtsschreibung als Schriftstellerin geehrt, im Gegensatz zu Flora Tristan, die in Vergessenheit geriet. Die Popularität von George Sand ist mit darauf zurückzuführen, daß sie im damaligen Salonleben weitgehend integriert war und der männlichen Anerkennung offensichtlich bedurfte. Das Durchbrechen von bestimmten moralischen Normen ihrer Zeit, die Proklamierung der »femme libre« und ihre spätere Begeisterung für das Proletariat können nicht darüber hinwegtäuschen, daß George Sand in ihrem individualistischen, bisweilen gar rührseligen Feminismus, ihrem männerangepaßten »Verhalten« sowie in ihrer rauhen Beurteilung von engagierten – für die Frauenemanzipation – kämpfenden Frauen eine öffentliche Austragung des Problems der Frauenunterdrückung verhindert und seine politischen und gesellschaftlichen Dimensionen reduziert. Sich Exponieren heißt gerade für Frauen, die Ideologie des privaten Unglücks der einzelnen Frauen umzuwerfen und die weibliche »Pariaexistenz« als eine kollektive zu begreifen.

Die Erfahrung einer persönlichen Unterdrückung und der aus ihr resultierende Wille, die Unterdrückung aller Unterdrückten zu verhindern, kennzeichnen das Werk Flora Tristans, welches neben ihren Reisebeschreibungen ihrer Erfahrungen in London und Peru, einen Roman, politische Broschüren, Briefe und Tagebuchnotizen umfaßt. In dem »autonomen« politischen Verhalten Flora Tristans – sie unterlag im Gegensatz zu den »filles du peuple« nicht dem direkten Einfluß der sozialutopischen Theorien –, getragen von der Erkenntnis der dem kapitalistischen System innewohnenden Ausbeutungsformen, dem Klassenantagonismus zwischen Bourgeoisie und Proletariat und einer tendenziellen Entlarvung der Vergesellschaftung der Arbeit als Widerspruch zu deren privater Aneignung durch die Reichen, drückt sich ihr Kampf um die Emanzipation der Frau wie auch ihre politische Weitsichtigkeit aus. Ihre Schlußfolgerungen, die sie nicht der Lektüre ökonomischer Werke oder irgendeiner systematischen Bildung verdankt, sondern sowohl ihrer sensiblen Beobachtungsgabe, als auch der unermüdlichen Arbeit bis an die Grenze der Selbstaufopferung im Dienste der französischen Arbeiterklasse, brechen mit dem Gedankengut des utopischen Sozialismus und betreten schon das Terrain fundamentaler Prinzipien des marxistischen Sozialismus. Sie stirbt auf ihrer Rundreise durch Frankreich, auf die sie sich 1844 begeben hat, um ihren Entwurf für die Organisation der »Arbeiterunion« bekanntzumachen, in dem sie die volle Gleichberechtigung der Frauen als unerläßliche Voraussetzung für die Arbeiteremanzipation fordert (*Union ouvrière*, 1843). Der Internationalismus von Flora Tristan spiegelt ihre Erkenntnis, daß die Lage der Arbeiter in allen kapitalistischen Ländern die gleiche ist und daß das Proletariat eine internationale Klasse ist. Auf ihrer Reise nach Peru erkennt sie, daß auch die unterdrückten Völker, die Frauen und die Sklaven dieser »Interessengemeinschaft« des Proletariats angehören und fordert in diesem Zusammenhang gezielte Alphabetisierungskampagnen (*Pérégrinations d'une paria*, 1838). Schon 1835 formuliert Flora Tristan die Notwendigkeit einer weltweiten Vereinigung für alle Unterdrückten und veröffentlicht ein kleines Werk: *Nécessité de faire un bon accueil aux femmes étrangères*, mit dem sie zum ersten Mal an die Pariser Öffentlichkeit dringt. »Hervorragende Gelehrte beschrieben unser Zeitalter recht treffend, indem sie es als eine Epoche des Übergangs in der sozialen Ordnung und der Erneuerung des Menschengeschlechts bezeichneten. Die Grundfesten, auf denen die vergangene Gesellschaft des Mittelalters ruhte, sind zerfallen – für immer zerfallen –, und auf ihren Überresten versucht eine neue Gesellschaft sich aufzubauen. Allerorten hört man den Widerhall einmütiger Stimmen, die neue Institutionen für die neuen Bedürfnisse fordern – Stimmen, die nach Assoziation und Vereinigung rufen, auf daß in gemeinsamer Anstrengung für die Entlastung der schmachtenden Massen gearbeitet werden kann, denn als einzelne sind sie schwach und nicht einmal in der Lage, sich zu erheben und gegen die letzten Anstrengungen einer überkommenen, verlöschenden Zivilisation zu kämpfen« (S. 3). Doch hat diese Broschüre, neben ihrem »gesamtpolitischen« Interesse, noch eine frauenspezifische Bedeutung, die sich in der Idee der Konstruktion von Häusern für die Frauen, unterstützt durch öffentliche Mittel, manifestiert. Diese Einrichtungen sind nicht nur der Ort des Miteinanderwohnenkönnens, sondern dienen zugleich einer Art »Erziehungsmaßnahme«, die den Frauen solidarisches Verhalten untereinander, wechselseitige Hilfeleistungen u. ä. ermöglichen soll. Darüber hinaus bieten sie Möglichkeiten des gemeinsamen Kampfes gegen die Unterbewertung weiblicher Arbeitskraft und für die Aufhebung des Konkurrenzverhaltens bei den Frauen untereinander.

In ihrem Werk *Promenades dans Londres* (1840), setzt sich Flora Tristan mit der Prostitution auseinander, reflektiert ihre Ursachen und problematisiert die bürgerlich-männliche Doppelmoral in diesem konkreten Zusammenhang.

Die Prostitution, und damit meint sie die subjektive Fähigkeit der Prostituierten, sich täglich selbst auszulöschen, empfindet Flora als Wahnsinn und erlebt sie außerhalb der menschlichen Empfindungsmöglichkeiten; ihr positives Verständnis von Moral, die Selbstachtung und Achtung des anderen als menschliches Wesen stehen im eklatanten Gegensatz zum »Laster« als Zerstörung, Mißachtung, Reduktion und Ausbeutung des Mitmenschen. Die konkreten Ursachen dieser Form von Prostitution liegen in der Sozialisation der Frauen, die nur unter dem Einfluß der Doppelmoral, welche Flora hier explizit angreift, vonstatten geht, sowie in der ökonomischen Basis, bzw. den mangelnden Arbeits- und Ausbildungsmöglichkeiten für Frauen begründet. Flora Tristan sieht in diesem Zusammenhang im industriell entwickeltsten Land Europas zu dieser Zeit die Proportion der Produktion an Reichtum für wenige und der demgemäß steigenden Armut und anwachsenden Zahl von Prostituierten, Frauen und Kindern.

Die Freudenhäuser sind die Tempel, die der englische Materialismus seinen Göttern erbaut! Die Diener, die jene bedienen, sind reich gekleidet; die industriellen Eigentümer dieser Einrichtungen begrüßen unterwürfig die *männlichen* Gäste, die dorthin kommen, um ihr Gold gegen Unzucht und Ausschweifung zu tauschen (S. 130).

Die Mädchen aus den ärmeren Schichten, d.h. aus der Arbeiterklasse, werden in ihrem Kampf um Arbeitsplätze auf dem Land oder in Manufaktur- und Fabrikbetrieben, der oft ein Kampf um das Überleben wird, aus Hunger in die Prostitution getrieben. Sogar am Arbeitsplatz ist die Arbeiterin dem geschlechtlichen Abhängigkeitsverhältnis unterworfen: sie wird nicht nur schlechter bezahlt, sondern unterliegt darüber hinaus den Nachstellungen und Täuschungen der Chefs, Fabrikbesitzer oder Feudalherren. Diese Brutalisierung der Reichen durch ihre im materiellen Besitzstreben deformierten, pervertierten Emotionen und die damit zusammenhängende Reduktion auf eine ausbeuterische, degradierende Sinnlichkeit setzt sich, nach Ansicht Flora Tristans, in den armen Klassen fort. Ihr moralisches Verurteilen von prostituierten Frauen ist für die Autorin genauso ausbeuterisch. Diese für Flora unfaßbare Depravation selbst im Volk, die sie sowohl als Folge der anglikanischen Religion und der »Scriptural Education« wie auch der Korrumpierung durch die Laster der oberen Klassen beschreibt, schlägt sich konkret in der Tatsache nieder, daß die Mißhandlung einer Prostituierten (oder ihre Tötung) auf offener Straße, am hellichten Tag, weder vom Eingreifen »Unbeteiligter« verhindert wird noch eine Verfolgung durch die Polizei (Justiz) nach sich zieht. Flora geht hier über eine Beschreibung des von ihr selbst beobachtenden Faktums nicht hinaus bzw. bleibt bei der Erklärung für die Verbreitung dieser sich so dargestellten Doppelmoral in allen Volksschichten allein auf der Ebene der Verdinglichung der Gefühlswelt stehen.

Flora Tristan zählt unter ihren Zeitgenossen zu denen, die die Folgen der Industrialisierung schon in ihrer Frühphase bemerkt und bewußt beobachtet haben und versuchten, aus ihren Beobachtungen eine Alternative zum Kapitalismus, wie er sich ihnen darstellte, zu entwerfen, eine Alternative, die das Elend des Proletariers beenden sollte. Doch der Wille zur Praxis ist bei ihr stärker und deutlicher zum Ausdruck gekommen als bei den männlichen Theoretikern.

Brunhilde Wehinger

»Die Frucht ist fleckig und der Spiegel trübe«*

Lyrikerinnen im 19. Jahrhundert

Einsamkeit lautlos samtener Acker
aus Stiefmutterveilchen
verlassen von rot und blau
violett die gehende Farbe
dein Weinen erschafft sie
aus dem zarten Erschrecken deiner Augen –
(Nelly Sachs, *Einsamkeit*)

»In Tinte oder in Traum getaucht, eile, meine Feder, eile!«

Im 19. Jahrhundert galt es als Zeichen vornehmer Weiblichkeit, Piano zu spielen und zu feierlichen Anlässen im Freundes- und Familienkreis selbstgedichtete Verse zu verschenken. Hatten diese Gelegenheitsgedichte ihren diskreten Ort im Poesiealbum oder wurden sie von vornherein in verschwiegene Sekretäre eingeschlossen (z.B. das umfangreiche lyrische Werk von Emily Dickinson, das erst nach ihrem Tode aufgefunden wurde), so überrascht aus heutiger Sicht die unermeßliche Anzahl der Verse, die – von unbekannten Frauen und Mädchen verfaßt – in Anthologien, Musenalmanachen oder Modejournalen publiziert worden sind. In der Gunst des Lesepublikums nahm die Lyrik in den ersten Jahrzehnten des 19. Jahrhunderts noch eine herausragende Stelle ein, die dann aber auf den Roman übergegangen ist. In der Geschichte der Lyrik hat sich seit der Jahrhundertmitte eine Bipolarisierung vollzogen: die »entromantisierte«, moderne Lyrik, die sich auf die Autonomie der Sprache beruft, kontrastiert mit der darstellungsorientierten Lyrik, die aber nicht als Absage an die Moderne überhaupt mißverstanden werden sollte.

Die Herausgeber der bereits im 19. Jahrhundert zielgruppenorientierten Lyriksammlungen konnten davon ausgehen, daß ihre Leserschaft mehr-

* Annette von Droste-Hülshoff, *Halt fest!*

heitlich aus Frauen bestand, denen durchaus zugestanden wurde, selbst poetisch zu dilettieren. Unzählige Preise der Dichterwettbewerbe sind denn auch an Frauen verteilt worden. Das ist ein erstes Indiz für das Verhältnis von Publikumserwartung und lyrischer Produktion, das wiederum mit der zeitgenössischen Vorstellung von Poesie und Weiblichkeit zusammenhängt. Seit der europäischen Romantik hat sich die Auffassung durchgesetzt, Poesie spreche dort, wo die Vernunft versagt. Und eines der Wesensmerkmale, die der Frau als »schöner Seele« gesellschaftlich zugeschrieben wurden, ist nun gerade ihre Un-Vernunft. Dem Bereich des »Naturschönen« zugeordnet, konnte die Frau als Repräsentation des Poetischen an sich gelten. Die stillschweigende Übereinkunft, das Weibliche vermittle sich auf spontane Weise poetisch, machte jenen Autorinnen zu schaffen, die sich nicht mit dem Verdikt abfinden wollten, weibliche Poesie sei dilettantisch, mit Lust und Liebe, im besten Fall mit artistischer Raffinesse verfaßt, aber ohne poetische Reflexion und habe mit Kunst nichts zu tun.

Sobald sie ihre Gedichte nicht mehr im Schonraum der Anonymität publizieren und diese zerstreut und zusammenhanglos an Zeitschriften verschenken wollten, hingegen mit durchkomponierten Lyrikbänden an die literarische Öffentlichkeit traten, begann das kulturgeschichtlich bekannte Spiel: andere übernahmen die Verantwortung für die Publikation, machten gutgemeinte »Verbesserungsvorschläge« oder gingen nachlässig mit den Manuskripten um. Betty Paoli sah sich veranlaßt, diesen Mißstand zum Thema eines Gedichts zu machen: *Censor und Setzer. »Stoßseufzer beim Erscheinen meiner›neuen Gedichte‹«* (in: Brinker-Gabler, S. 178f.).

Auch die Dichterinnen hatten ihren Tribut an die gesellschaftliche Rolle der Frau zu entrichten, zumindest in Form von bescheidener Zurückhaltung im Literaturbetrieb. Annette von Droste-Hülshoff, die erst als 41-jährige mit einem Lyrikband an die Öffentlichkeit getreten ist, bezeichnete sich selbstironisch als »Blaustrumpf von Stande«. Sie war zu vornehm, um sich im literarischen Tagesgeschehen zu exponieren. Das hat sie nicht davon abgehalten, den Habitus des »stolzen Künstlers« zu kritisieren (*Einer wie viele und viele wie einer*, 1843/44) oder die trivialisierte Pose des romantischen Dichters zu ironisieren, der noch immer – »in Jamben, Stanzen, süßen Phrasen« – die Lerche mit der Nachtigall verwechselnd, sich von der Muse »küssen« ließe (*Dichters Naturgefühl*, 1842/43).

Offensiv dagegen meldete Elizabeth Barrett-Browning ihre Ansprüche als professionelle Schriftstellerin an, während ihre Biographen gerade sie als die sanfte, eine lebenslange Krankheit still erduldende Poetin verehren. In der Versnovelle *Aurora Leigh* (1852/57) thematisiert sie den Kampf einer

Schriftstellerin um Unabhängigkeit und gesellschaftliche Anerkennung. Für die aktuelle Problematik hat sie zwar eine damals schon antiquierte Form gewählt, doch sie fand große Anerkennung beim einen Teil der zeitgenössischen Leserschaft. Dem *Cornhill Magazine* war das Sujet nicht genehm, es lehnte das Manuskript ab. Angesichts der eigenen Probleme, in der literarischen Öffentlichkeit Fuß zu fassen, haben die Dichterinnen immer wieder ihre Bewunderung für eine der erfolgreichsten Schriftstellerinnen der Zeit zum Ausdruck gebracht: George Sand galt ihnen als großes Vorbild. In Gedichten wird ihr Werk gewürdigt und die Autorin verehrt, die zugleich gegen die Verleumdungen in Schutz genommen wird, denen George Sand ob ihres literarischen Erfolgs und ihres eigenwilligen Lebensstils ausgeliefert war (E. Barrett, *To George Sand* (1844), Ida v. Reinsberg-Düringsfeld, *An George Sand,* in: Brinker-Gabler, S. 183).

Eine dritte Möglichkeit, sich innerhalb der Stereotypen des Rollenverhaltens zu bewegen, spielte Marceline Desbordes-Valmore durch: Am Anfang des Jahrhunderts steht sie geradezu modellhaft für die dichtende Frau; sie begründete eine Tradition weiblicher Lyrik, auf die sich die Nachfolgerinnen – positiv oder negativ – beziehen konnten. Ihre romantische Selbststilisierung bedient sich jener Attribute, die das Bild der Frau als die Verkörperung des Poetischen an sich ausmachen. Trunken vor Sehnsucht, bedingen sich bei ihr Lieben und Dichten gegenseitig. Der romantischen Doktrin vom unbewußten Schöpfertum folgend, verlangte es sie danach, ihre Gefühle unmittelbar auszusprechen, ihnen die als natürlich empfundene Form, d.h. die der lyrischen Poesie zu geben. Ihre Verse vertraute sie einem neuen, recht eigentlich mit der romantischen Lyrik erst herausgebildeten Publikum an, bei dem sie die Intensität des Fühlens voraussetzte. Und sie hatte Erfolg. Die Großen unter den zeitgenössischen Dichtern haben sie literarisch portraitiert und das Bild fixiert von der glühenden Dichterin, jeder Schulung und Kunstunterweisung fremd, deren Lehrmeister einzig das Herz und die Liebe sei. Sie selbst spricht unablässig von einem »Riß«, der mitten durchs Herz gehe und von ihrer Existenz, der diese Welt die Heimat verweigere:

> Die Welt war nicht mein Haus!
> Ich scheute ihr Gesetz, ihr Urteil, ihre schlimme
> Verlockung und Bedrohung – und von Angst gehetzt,
> Fand ich das Wort, den Ruf, das laute Lied zuletzt!
>
> (*Von Dir*, 1839)

Im Vorwort zu *Blumen und Gebete* (1845) verwendet sie das Bild der »eilenden Feder« – »in Tinte oder in Traum getaucht, [...] den Schwingen eines Vogels entnommen, der vielleicht verwundet ist wie meine Seele« –, um ihre Einstellung zum Schreiben zu signalisieren, ein Bild, das auf die beiden wichtigen Aspekte ihrer Lyrik verweist: die konkrete Arbeit an der Sprache, die die intendierte »Leichtigkeit« letztlich erst ermöglicht und das Träumen von einer Welt, in der es anders wäre.

Bedenkt man, daß die Gedichte der hier zur Sprache kommenden Dichterinnen nur mit wenigen Ausnahmen in Klassikerausgaben oder Lesebüchern tradiert und heute kaum noch gelesen werden, so ist der Vertrautheitsgrad des Mitteilungsmodus umso erstaunlicher. Das liegt vor allem daran, daß diese Texte die Tradition des romantischen Dichtens nicht primär in Frage stellen. Im Gegenteil, sie machen sich die Errungenschaften der Romantik als Chance zu eigen, die den Gegenstandsbereich der lyrischen Gattungen erweitert und Freiheiten gegenüber dem klassischen Regelkanon ermöglicht. Dem bereits im Kreise der deutschen Romantiker geforderten Reflexionsgebot scheinen sich die Autorinnen weitgehend entzogen zu haben. Zurückhaltung gegenüber der poetologischen Reflexion kennzeichnet – über die nationalen Grenzen hinweg – ihre Werke ebenso wie die Anstrengung, nicht auf die darstellende Funktion und die kommunikative Valenz ihrer poetischen Aussagen zu verzichten. Sie muten ihren Lesern ein Mitteilungsschema zu, das auf bildhaftem Sprechen beruht, das die traditionelle Form des Vergleichs, – »als ob«, »gleich wie« – und den erweiterten Vergleich bevorzugt. Offensichtlich sind die Dichterinnen von der Prämisse ausgegangen, daß es ihren Lesern in erster Linie auf die Gedichte selbst und weniger auf theoretische Rechtfertigung ankommt. In sich stimmige Einheiten, die durch die Komposition semantischer, lexikalischer, rhythmischer und musikalischer Elemente erreicht werden sollen, verfolgen die Intention, Stimmungen zur Sprache zu bringen, in denen sich die Leser – insbesondere die Leserinnen – wiederfinden konnten. Diese poetische Ausdruckshaltung bedient sich der Sprache als Medium, und zwar als Medium für die Mitteilung von Gefühlen, die in imaginierten Dialogen zwischen dem lyrischen Ich und einem benannten oder vorausgesetzten Du ausgesprochen und im Einklang von Natur und Seele veranschaulicht werden. Intensiviert wird die Bildhaftigkeit durch eine ausgeprägte Musikalität, die im Werk von M. Desbordes besonders auffällt. Viele ihrer Gedichte wurden für Klavier und Sologesang vertont, u.a. von ihrer Freundin, der Komponistin Pauline Duchambge.

Die relative Abwesenheit der Dichterinnen in der zeitgenössischen Diskussion um die Theorie der Kunst und Literatur – und folglich noch heute in der literaturtheoretischen Reflexion – sollte nicht über die Bedeutung hinwegtäuschen, die ihre Gedichte für die literarische Erfahrung und das (romantische) Poesieverständnis mehrerer Generationen hatte.

Vor der Folie des hier nur skizzierten Bezugsrahmens erscheint es aus heutiger Sicht von Interesse, den Blick auf die realisierten Möglichkeiten des thematischen und formalen Horizontes dieser Lyrik zu lenken, und die Frage zu stellen, ob angesichts nicht zu leugnender Konventionalität dennoch Aspekte einer poetischen »Weltaneignung« zur Sprache kommen, die die zeitgenössische Ideologie der Frau verschweigt.

Vorausschickend kann festgehalten werden, daß im Unterschied zu den kosmologischen Gesamtentwürfen in Form von Menschheitsgedichten eines mit göttlicher Mission versehenen Sänger-Dichters den Lyrikerinnen die Themenkreise der individuellen Existenz am nächsten lagen, und zwar weniger der allgemein-menschlichen schlechthin, als der poetischen Existenz der Dichterin.

Orte des Schreibens: »In meiner Träume Zauberturm«

Die europäische Romantik hat die Tradition der Erlebnis- und Stimmungslyrik begründet, in der Gedichte stehen, die z.B. die Erinnerung an historisch erlebte Augenblicke sprachbildend werden lassen. Selbst wenn explizit an faktische Momente angeknüpft wird, ist die mithin intendierte Authentizität der Kommunikationssituation ausschlaggebend. Unter diesem Vorzeichen entwerfen die poetischen Vergegenwärtigungen Räume, auf die die Erinnerung offensichtlich nicht verzichten kann.

Poetische Räume, die ein ganzes Universum in sich bergen, entstehen in den Gedichten, die die Erinnerung an die Kindheit ins Bild setzen. Untrennbar ist das Erinnern mit dem Haus verbunden, in dessen Schutz das kleine Mädchen die Welt entdeckt: offene, »glückliche« Häuser mit Fenstern und Türen, Zimmern und Dachböden konstituieren »das Universum, in dem wir die ersten Schritte machten, Kammer und Himmel zugleich, dessen Weltkarte unserem Herzen eingeschrieben ist« (M. Desbordes, *Das Haus meiner Mutter*, 1839). In dieser Welt en miniature dominieren freie Bewegung und ungetrübte Helligkeit. Blumensträuße wirbeln durch die Luft, Mädchenröcke flattern im Sommerwind (M. Desbordes, *Ein Gäßchen in Flandern*, 1860, *Sommertage*, 1843). In der Erinnerung ist die Zeit der Kindheit par excellence ein einziger Sommertag. Der Tag beginnt mit einem Blick aus dem geöffneten Fenster, der gleich einem Glücksversprechen die ferne Freiheit und das zukünftige Leben erahnen läßt. Die Erfüllung des kindlichen Tages bringt das Hereinbrechen der »frischen« Nacht: Beim Zubettgehen genießt das Kind die »Nähe«, die ihren höchsten Ausdruck im Gutenachtkuß der Mutter findet. *Das Nachtgebet eines kleinen Mädchens* (M. Desbordes, 1833) – den »zarten Wangen des Kopfkissens anvertraut« – evoziert das beruhigende Bild des Nestes:

> Du liebes kleines Kissen, angefüllt
> Mit zarten Federn, weiß und warm bist du;
> Wenn Wind und Wolf und Ungewitter brüllt –
> Bei dir ist Schlaf für mich und gute Ruh.
> [...]
> Jetzt sag' ich leis mein innigstes Gebet,
> Noch einen Kuß, Mama, und gute Nacht.

Diese Kindheitsbilder sinken deshalb nicht auf die Schwundstufe einer Biedermeieridylle herab, weil das Glück aus der Perspektive des Kindes noch in ungewisser Zukunft liegt, aus der Perspektive des lyrischen Ich hingegen längst verloren ist. Es ist im unwiederbringlichen Paradies der Kindheit aufbewahrt: die Tür ist verschlossen, die Wendeltreppe, die auf den Dachboden führte, zerfallen. Allein der Imagination gelingt die Vergegenwärtigung glücklicher Zeiten, in denen das kleine Mädchen nicht nur laufen und singen gelernt hat, sondern auch lesen und schreiben (Droste, *O frage nicht*, 1841/1842; *Carpe diem*, 1845).

Einer der großen Augenblicke stellt in den Kindheitsbildern die Entstehung des ersten Gedichts dar. Droste hat als 47jährige dieses Ereignis erinnernd festgehalten: *Das erste Gedicht* ist zugleich ein Gedicht über das Dichten der Frau. Aus zeitlicher und räumlicher Distanz (vierzig Jahre später, »Ich aber stehe draußen«) läßt sie ein altes Haus entstehen, das, unmerklich in die Perspektive des Kindes übergehend, zu einem »Zauberturm« wird, den das Kind eines Tages verbotenerweise erobert hat. Heimlich ist es »Den schwer verpönten Gang / Hinauf die Wendelstiege, / Die unterm Tritte bog« geklettert – »Bis zu des Sturmes Wiege, / Zum Hahnenbalken hoch« – um dort oben »ein heimlich Ding«, das erste Gedicht zu verbergen. Die Ausdruckskraft des Textes beruht auf seiner Bildhaftigkeit. Symbolische Oppositionen schaffen eine Spannung zwischen dem alten Turm und dem kleinen Kind, dem gefährlichen Aufstieg und dem zerbrechlichen Geheimnis, das, aus tiefstem Herzen kommend, in höchster sturmgefährdeter Höhe in Sicherheit gebracht werden soll. Die einzelnen Szenen stehen für die ambivalente Situation des Dichtens: das Eindringen in eine »verpönte«, gefährliche und zugleich äußerst verlockende Sphäre, in der es zwar riskant ist, den Boden unter den Füßen zu verlieren, die dafür aber zwischen »Himmel und Erde« angesiedelt ist. Dort »oben« befindet sich der Freiraum, in dem die imaginären Projektionen eines sich nach fernen Abenteuern sehnenden Ich entstehen können, das gleichwohl eingebunden bleibt in die kindliche und weibliche Welt des Hauses und seine Sicherheit.

Ist der Zeitpunkt gekommen, die Schwelle zu überschreiten, wird der Eintritt ins Leben unter dem Vorzeichen des Zögerns, des Schmerzes oder der Verlockung signalisiert. Im Sonett XXXV von E. Barrett (*Sonette aus dem Portugiesischen*, 1847–1859) erfährt das lyrische Ich die Übergangssituation zunächst als schmerzhaft: »Das stille Heim mit seinen Schwesternküssen / Und Segensworten, die so sanft umfassen« weist auf die glückliche Mädchenzeit zurück; »In fremden Gassen und Räumen zu frieren« benennt die Vorstellung der ungewissen Zukunft. Die Schwelle wird zum Zeichen des Begehrens, der Versuchung, sobald sie überschritten werden muß, um den Geliebten zu erreichen.

Interieurszenen – im Sinne des sanften Reichs der Frau oder als verklärter Ort bürgerlicher Privatheit – werden unter der Signatur der »Konteridealisierung« entworfen oder stehen in polemischem Zusammenhang. Louise Aston, die in ihrem Lyrikband *Freischärler-Reminiszenzen* (1850) die Fesseln der Ehe und der bürgerlichen Moral verwirft und »freie Liebe« fordert, wird in einer Replik von Louise Spreu, *An Louise Aston* (*Frauen-Zeitung*, Nr. 23, 22. 9. 1849) eines Besseren belehrt:

> Des Mannes Freundin soll die Gattin sein,
> Ihn mit dem Ernst des Lebens zu versöhnen;
> Des Hauses Glück kann wahrhaft nur gedeih'n,
> Wenn sie das *Gute* einet mit dem *Schönen*.

Selbst Droste sah sich herausgefordert, den Frauen die Rückbesinnung auf ihre eigentliche Sphäre ins Gedächtnis zu rufen. Im Appell *An die Schriftstellerinnen in Deutschland und Frankreich* (1842/43) warnt sie davor, »den Handschuh Zeus und allen Göttern« hinzuwerfen und den »naturgegebenen« Ort der Frau zu verlassen:

> Vor allem aber pflegt das anvertraute,
> Das heil'ge Gut, gelegt in eure Hände,
> [...]
> Des Tempels pflegt, den Menschenhand nicht baute,
> Und schmückt mit Sprüchen die entweihten Wände,
> Daß dort, aus dieser Wirren Staub und Mühen,
> Die Gattin mag, das Kind, die Mutter knieen.

An anderer Stelle hat sie dann hingegen das Mutterglück als Illusion dargestellt (*Die junge Mutter*, 1841/42). Im Werk von M. Desbordes stellt die Erfahrung der Schwangerschaft und die Mütterlichkeit eines der wiederkehrenden Themen dar. Es vermittelt sich – ähnlich der Liebe – als

Quelle höchsten Glücks (Schwangerschaft, Geburt, glückliche Kinder etc.) und tiefsten Schmerzes (Sorge um das kranke Kind, Tod des Kindes). Der familiäre Kontext bleibt dabei zumeist ausgespart. Die Lyrikerinnen scheinen eher vom Zustand eines Nicht-Mehr fasziniert gewesen zu sein, den sie in Form des »verlassenen Hauses« evozieren, als impliziere jedes Haus auch schon seine »Ruine«. *Das verlassene Haus* (1907) von Mary Elizabeth Coleridge erinnert zwar noch in elegischem Ton, das Wissen um die Idealität des Heimes voraussetzend, daran, daß mit dem Zerfall des Hauses auch die Spuren der Menschen verwischen, die früher darin gelebt haben. Doch besitzen die noch in wilder Natur angesiedelten Ruinen ihren eigenen Reiz, den z.B. das lyrische Ich in Drostes *Das öde Haus* (1843/44) in schauerromantischer Manier zu genießen weiß.

An die Stelle des kindlichen Hauses, das, einmal ausgekundschaftet, in Besitz genommen werden konnte, tritt in der Gegenwart das Zimmer der Frau. Und diese Gedichte lassen zugleich das Dichten thematisch werden. Ähnlich der Erinnerung, die der Lokalisierung bedarf, um der abstrakten Zeit einen konkreten Raum zur Seite zu stellen, benötigt die schreibende Frau das Bewußtsein, über einen eigenen Raum zu verfügen. Sprachlich entwirft sie ihn, poetisch wird er bewohnbar. Zwei Grundmuster kristallisieren sich in den vielfältigen »Zimmer-Landschaften« heraus; sie spiegeln zugleich die Stimmung der Seele: Zimmer, die hoch oben, offen und hell und andere, die tief unten, geschlossen und im Dunkeln liegen.

Die Liebende im Sonett XLI von E. Barrett singt ihre Lieder »mit schluchzender Stimme« in einem Kerker, aus dem allein der Geliebte sie befreien kann, oder sie summt als »arme Spielfrau« im Sonett III müde, im Dunkel hinter »Gitterfenstern« kaum hörbare Melodien. Diese trostlosen Bilder der Gefangenschaft und Bewegungslosigkeit vermitteln das Gefühl der Einsamkeit, sprechen von Verzweiflung und Todesnähe (»nur der Tod gräbt solches um und eben«, Sonett III) und kontrastieren mit den anderen poetischen Räumen, die hoch oben angesiedelt sind: die Turmzimmer.

Mein Zimmer liegt fast
Schon im Wolkenbereich;
Der Mond ist sein Gast,
Immer ernst, immer bleich.
Mag's drunten nur läuten!
Denn was es auch ist,
Hat nichts zu bedeuten,
Da du es nicht bist!

M. Desbordes, *Mein Zimmer* (1843)

Auch hier teilt sich das Gefühl der Einsamkeit mit, nur spricht sich das

Subjekt im Modus der Träumerei aus: zwischen Erinnerung und Imagination befindet sich das weibliche Ich im Zustand des Wartens. Der Geliebte, dessen Spuren im Interieur noch an ihn erinnern, wird nicht zurückkommen.

Ein imaginäres Fenster lädt stattdessen die Träumende ein, den Blick zu heben, in die Ferne zu schauen, so daß sich die Imagination auf einer Bahn bewegen kann, die den Boden spannt vom tristen Hier zum schillernden Dort des wolkenlosen Himmels oder des Gewittersturms. Der kaum merkliche Wechsel von Nähe und Ferne, von Stille und Naturlauten macht die Musikalität dieses oft vertonten Gedichts aus. In diesem Zimmer »stickt« die Einsame »ganz still und verborgen« ihre »Blumen«: ein romantisches Bild fürs Dichten. Als poetische Miniatur, die sich diskreter Details bedient, um das winzige Zimmer zu »möblieren«, partizipiert das Gedicht am »Großen«, indem es nichts anderes vorgibt, als ohne Thema zu phantasieren.

Fast gleichzeitig ist das Gedicht *Am Turme* (1841/42) von Droste entstanden.

Ich steh auf hohem Balkone am Turm,
Umstrichen vom schreienden Stare,
Und laß gleich einer Mänade den Sturm
Mir wühlen im flatternden Haare;
O wilder Gesell, o toller Fant,
Ich möchte dich kräftig umschlingen,
Und, Sehne an Sehne, zwei Schritte vom Rand
Auf Tod und Leben dann ringen!

Hier überschreitet die Imagination jede Grenze des Häuslichen, äußert sich eine Sehnsucht, die angesichts des Naturschauspiels des stürmischen Sees, nicht zu bändigen ist. Lautmalerei, beschleunigter Rhythmus, fremd klingende Worte und Archaismen intensivieren die Faszination der Versuchung, gegen die das Ich, mit dem das Gedicht unvermittelt anhebt, kämpft. Als wollte sie nie mehr auf die Kindheitserfahrung der Turmbesteigung verzichten, lokalisiert Droste das Ich oft kühn in respekteinflößenden Burgen und erhabenen Balkonzimmern. Um so dramatischer ist dann auch der Abstieg in die Enge des Zimmers. *Am Turme* endet mit den Versen:

Nun muß ich sitzen so fein und klar,
Gleich einem artigen Kinde,
Und darf nur heimlich lösen mein Haar
Und lassen es flattern im Winde!

Drostes Aufbruchsphantasien rebellieren gegen die Begrenzungen des weiblichen »Elfenbeinturms«. »An des Balkones Gitter« gelehnt, weckt

»jedes wilden Geiers Schrei / in mir die wilde Muse«, und dennoch ist nicht zu übersehen, daß sie sich keinen Illusionen über die Möglichkeiten jenseits des Ortes hingibt, von dem aus sie schreibt. Der immer wieder thematisierte räumliche Bezugsrahmen – »das umhegte Haus« – macht den Erfahrungsgehalt dieser Gedichte aus. Sie verwehren sich gegen die Darstellung eines jenseits von Raum und Zeit angesiedelten Ewig-Weiblichen. Vielmehr vermitteln sie ein Bewußtsein über die eigene Geschichtlichkeit, die nicht zu trennen ist von den gesellschaftlichen Zuordnungen, die die Frauen in die »geschlossenen« Räume verweisen und somit auch ihre Wahrnehmungsmöglichkeiten konditionieren. Individuelle, gesellschaftliche und literarische Erfahrungen sprechen aus den Texten, die die Sehnsucht nach der Ferne aus der subjektiven Perspektive des Innenraums darstellen. Die spezifische Präsenz der Frau im Interieur wird zur poetischen Valeur wider den falschen Schein:

> Verschlossen blieb ich, eingeschlossen
> in meiner Träume Zauberturm.
>
> Droste, *Spätes Erwachen* (1843/44)

Von dort aus erst gelingt es, den Ort zu bestimmen, in dessen Einsamkeit die Suche nach dem Ich beginnen kann.

Poetische Konturen des Ich

Ein unverzichtbares Requisit der imaginären Räume stellt der Spiegel dar. Damit wird eine poetische Figur thematisch, die ihre Faszination, »Spieglein, Spieglein an der Wand ...«, auch das ganze 19. Jahrhundert hindurch nicht verliert. Der Spiegel, ins Zentrum der inneren Räume gerückt, verfügt über Prägnanz und Komplexität und ist geeignet, die ästhetische Einstellung angesichts der Selbstaussprache des Ich zu gewährleisten. Während die gesellschaftliche Artikulation des weiblichen Ich in der Subjektposition eher als »Schweigen« überliefert ist, gesteht die Lyrik traditionell dem Ich die zentrale Stellung zu. Das Personalpronomen in der ersten Person erscheint in einem Gedicht von Betty Paoli provokativ als Titelwort: als Anapher eingesetzt, wird das Ich mit einer der Indifferenz abgetrotzten Selbstverständlichkeit ausgesprochen, die natürlich die Aufmerksamkeit gerade auf das lenkt, was die vierzehn Verse des Gedichts *Ich* ausschließen: die Unmöglichkeit, öffentlich Ich zu sagen.

Die Besonderheit der lyrischen Sprechweise privilegiert das Subjekt und erlaubt ihm – gemessen an der Sprache des Alltags – die Freiheit, die zweite

Person zu modifizieren. Es kann sozusagen alles anreden, Menschen und Objekte ebenso wie Naturphänomene oder Phantome, nicht zuletzt das eigene Spiegelbild.

Die Lizenz, die das Ich-Sagen durch die lyrische Tradition absichert, genießt auch die Figur des Spiegels. Er ist so alt wie die Literatur selbst und steht traditionell als Metapher für ästhetische Darstellung und Vorstellung, deren Funktionsveränderungen er mitvollzogen hat. Die symbolische Bedeutung des Spiegels verfügt seit der Romantik über eine Komplexität, welche die »Spiegel-Gedichte« unausgesprochen voraussetzen: der Spiegel als Symbol der Seele, die das Universum reflektiert oder als Medium der Identitätsfindung, das zugleich das Verhältnis zur Kunst mitthematisiert.

Haben lyrische Spiegel-Bilder angesichts der vielfach verbürgten Konventionen überhaupt noch Spielraum für die weibliche Wahrnehmung, oder ist nicht alles längst gesagt? Kaum wird der Spiegel Ungesagtes als polierte Oberfläche, als plattes Bild poetischer Selbstüberhöhung reflektieren. Hart am Rande dieser Gefahrenzone steht ein Poem von Delphine Gay, in dem das weibliche Ich beim Blick in den Spiegel geradezu leichtsinnig jubiliert, von seiner eigenen Schönheit entzückt ist. Das Gedicht steht noch in der Tradition des Esprit und Charme der Salons des 18. Jahrhunderts und hält den flüchtigen Moment des ersten Verliebtseins fest. Narzißtisch genießt das Ich *Das Glück schön zu sein* (1822), ohne sogleich seine Naivität zu verlieren. Das Identitätsangebot – »ich bin die Schönste ...« – ist zwar gemein, doch die mädchenhafte Illusion, Schönheit lasse sich eigenwillig selbst bestimmen, dauert nur einen Augenblick. Das Wunschbild, das die junge Frau glücklich erstaunt in ihrem Spiegelbild fixiert, entspricht selbstredend den vorweggenommenen Blicken ihrer Mitwelt. Gegen Ende des Jahrhunderts formulierte M. Coleridge in Anspielung auf die Tradition der Spiegel-Portraits eine Fin-de-siècle-Antwort auf die Frage, was bedeuten die Augen? Sind sie farbiges Glas oder geöffnete Fenster, die Schönheit und Liebe, Klugheit und Witz spiegeln? Ihre Faszination haben sie nicht verloren, wenn auch den »lebhaften«, den »feurigen Blick«, den ihnen D. Gay zuschrieb: Es sind »Quellen eines gespenstigen Lichts, Gefängnisse des Unendlichen« (*Augen*, 1890). Noch unter dem Vorzeichen der Tändelei erkennen sich die Blicke des verliebten Paars im Spiegel eines Salons (M. Desbordes, *Wiedersehen mit Délie*, 1830). Doch kaum ist Liebe im Spiel, wird aus dem kristallinen Spiegel ein lebender, in dem die Liebende vergeblich ihr eigenes Bild wiederzufinden sucht. Sie möchte sich in seinem Blick »gespiegelt« sehen, wünscht, er möge sie anschauen, damit sie »schön« werde. Doch der Geliebte entzieht sich, er bevorzugt das gläserne Spiegelbild, seine Augen geben der Frau ihr Bild nicht zurück. Ihr bleibt die Erinnerung, die der Spiegel vervielfältigt. Die Umrisse werden fließend, die Bilder traumhaft. Sie gleichen jenen Wassern, die seit Petrarca das Portrait der bzw. des Geliebten entstehen lassen, zerbrechliche Portraits, die vor der Wirklichkeit zurückweichen (Desbordes, *Der Welt entfernt*, 1860).

In einem Distanz schaffenden Zwiegespräch mit dem eigenen Spiegelbild versucht das Ich, der Wahrheit über sich selbst auf die Spur zu kommen (Droste, *Das Spiegelbild*, 1841/42). Hier gerät das Bild in Bewegung: Das Selbst wird verfremdet, in Ich und Du gespalten. Die gebrochene Spiegelrelation fordert zum Doppeltsehen heraus und wirft die Frage auf: »Trätest du vor, ich weiß es nicht, / Würd ich dich lieben oder hassen?« Zwischen anfänglicher Verkennung – »Phantom du bist nicht meinesgleichen!« – und dem Versuch, mit dem dämonischen Doppelgesicht in ein Verhältnis zu treten, um es letztlich doch als eigenes anerkennen zu können, spielen sich schaurige Szenen ab, die zunächst zu der Einsicht führen: »Es ist gewiß, du bist nicht ich.« In der Ballade *Das Fräulein von Rodenschild* (1840/41) gestaltet Droste das Doppeltsehen zu einer grauenhaften Begegnung mit dem Selbst:

> O weh meine Augen! bin ich verrückt?
> Was gleitet entlang das Treppengeländ?
> Hab ich nicht so aus dem Spiegel geblickt?
> Das sind meine Glieder – welch ein Geblend!
> Nun hebt es die Hände, wie Zwirnes Flocken,
> Das ist mein Strich über Stirn und Locken!
> Weh, bin ich toll, oder nahet mein End?

Während die Ballade, die eine aufregende Handlung in Szene setzt, damit endet, daß das Fräulein v.R. seine Doppelgängerin stellt und mit dem Schrecken davon kommt, meditiert das Ich in der lyrischen Selbstdarstellung *(Das Spiegelbild)* über das Verhältnis zu sich selbst. Die ausgesprochene Faszination des Spiegelbildes vermittelt eindringlich die Zerrissenheit und die Gefährdung des Ich, das fremd und »verwandt« zugleich, abstoßend und dennoch anziehend ist. In diesem Gedicht, das versöhnlich endet, wird die Zerrissenheit des Ich noch nicht ausgehalten, seine Risse sind noch kommunizierbar:

> Ja, trätest aus Kristalles Rund,
> Phantom, du lebend auf den Grund,
> Nur leise zittern würd ich, und
> Mich dünkt – ich würde um dich weinen!

Den Ausbruch aus der habitualisierten Spiegelrelation beschwört das Ich in *Die andere Seite eines Spiegels* (1882) von M. Coleridge. Das seit alters her reflektierte Portrait ist nicht mehr erkennbar. Die hier festgehaltene Vision, die »kein Mann sich je vorstellen könnte«, läßt an die Stelle der luftdurchwehten Haare eine »Dornenkrone der Verzweiflung« treten, über die geöffneten Lippen nur noch Schweigen kommen. Der rote Mund gleicht einer häßlichen Wunde, die unbemerkt verblutet, die Flammen der Sehnsucht sind in den aufgerissenen Augen erloschen, die entschwundene Hoffnung macht dem Wahnsinn Platz. Im Appell an den dunklen Schatten des eigenen Schattenportraits beschwört das Ich die Befreiung vom Zwang einzugestehen: »Ich bin sie!«. Die zur Qual gewordene Selbstbespiegelung befördert das Bedürfnis, die Spiegelbilder zu zerstören, die »andere Seite des Spiegels« zu zeigen: Erst die Kehrseite des Kristalls wird das hervortreten lassen, was der ungetrübte Spiegel verbirgt.

Der weibliche Blick ändert die Wahrnehmungsrichtung in jenen Gedichten, die Portraits anderer Frauen entwerfen und mithin das eigene Ich vervielfachen, ohne auf den mechanischen Reflektor zurückzugreifen.

E. Barrett entwirft in einem inneren Monolog (*Die Schwestern / Bertha in the Lane,* 1844) das Portrait ihrer »kleinen Schwester«, die in die intimsten Gedanken und »Fieberträume« eingeweiht wird. Das Bild der Schwester zeichnet ein zweites Ich, in dem das lyrische Ich sich wie in einem Spiegel findet und entfernt. Die spiegelbildliche Nähe und Identität der beiden Schwestern, die auf der gemeinsamen Kindheit beruhen, werden zu Distanz und Differenz in jenem Augenblick, in dem das Zwiegespräch auf der biographischen Achse angesiedelt ist: am Vorabend der Hochzeit der kleinen Schwester. Die Entlassung der anderen ins Leben wird vom Ich als Trennungsschmerz erfahren, der zugleich das Bewußtsein über die »innere« Zeit herausbildet: Die bislang »Kleine« steht an der Schwelle zum Leben und konfrontiert die »große Schwester« mit dem Wissen um das Älterwerden. Während die eine das Hochzeitskleid anlegt, bereitet die andere sich auf das Sterben vor: Der Abschied von der identitätsstiftenden Kindheit erscheint als tödlicher Verlust. Die Vorstellbarkeit des eigenen Todes vermittelt sich auch im Portrait der jugendlichen Freundin (Droste, *An Philippa*, 1844), die als Verkörperung des Horizontes der noch offenen Zukunft dient, dem sich seines Alters bewußten Ich aber auch die Chance gibt, an der Bewegung und der Grazie des noch jungen Lebens teilzuhaben:

> Um dich Philippa spielt das Licht,
> Dich hat der Morgenhauch umgeben,
> Du bist ein liebes Traumgesicht

Am Horizont von meinem Leben;
Seh deine Flagge ich so fern
Und träumerisch vom Duft umflossen,
Vergessen möcht ich dann so gern,
Daß sich mein Horizont geschlossen.

In den Entwürfen der anderen Frauen spielt das weibliche Ich im Medium der Sprache die Möglichkeiten durch, die es selbst nicht zu realisieren vermag. Im Doppelbild der Freundin entstehen Facetten weiblicher Subjektivität, die über die Spiegelrelation hinausgehen: von der Tochter-Mutter-Beziehung – »Zu alt zur Zwillingsschwester, möchte ich / mein Töchterchen dich nennen« (Droste, *An Elise Rüdiger*, 1843) – über die Vertraute in Liebesnöten bis zur perfiden Rivalin, die das einsame Ich in den Schatten stellt. Insgesamt präsentieren die Werke der Lyrikerinnen des 19. Jahrhunderts eine kleine literarische Gemäldegalerie, in der unterschiedliche Frauengestalten poetische Konturen erhalten: Gegenbilder, von denen das Ich sich distanziert, oder Projektionen, in die es sich verliebt. Wie das eigene Spiegelbild als piktorales Portrait zum Objekt, d.h. zur Repräsentation des Weiblichen aus männlicher Sicht werden kann, thematisiert das Gedicht *Im Atelier eines Künstlers* von Christina Rossetti. Die Dichterin, die ihrem Bruder oft Modell saß, erkennt sich in der Dargestellten »nicht wie sie ist, sondern wie sie seine Träume füllt.«

Einen Höhepunkt erreicht die Faszination der anderen bei der Entdekkung des weiblichen Körpers in ihrem Bilde. Denn über den eigenen Körper zu sprechen, ist noch an das Gebot negativer Vorzeichen gebunden: Müdigkeit, Krankheit, Sterben. Bezogen auf den viktorianischen Kontext, vollbringt das weibliche Gegenüber in M. Coleridges *Regina* (1884) eine »kühne« Tat: Es befreit sich von allen vestimentären Attributen und wird in seiner Nacktheit zur »Königin«, die sich selbst, die »ganze Welt« und das lyrische Ich fasziniert.

Immer wieder und noch einmal: die Sprache der Liebe

»Obwohl dies Wort vielleicht, / so wiederholt, dem Lied des Kuckucks gleicht« (E. Barrett, *Sonette aus dem Portugiesischen*, XXI), die Liebe ist ein unverzichtbares Thema der weiblichen Lyrik. Und daß diese Liebesgedichte nicht nur in einem Verhältnis zur Realität der erlebten Liebe stehen, zeigen die Auseinandersetzungen mit der Tradition der europäischen Liebeslyrik. So werden Oden an die Dichterinnen geschrieben, die die weibliche Geschichte der Liebeslyrik geprägt haben: Sappho wird als die Begründerin der Lyrik gerühmt (Marie von Najmájer, E. Barrett, Ch. Rossetti) oder Louise Labé von M. Desbordes als »poetische Seele, in der sich das Universum spiegelt«, als »Sängerin der Liebe« romantisiert. Auf der Suche nach der Sprache für das »gewisse Unbeschreibliche« (Droste) stellte sich E. Barrett explizit in die Tradition der europäischen Liebesdichtung: Sie nannte ihre Liebesgedichte *Sonette aus dem Portugiesischen*, eine Reverenz an die *Briefe einer portugiesischen Nonne* (1669), die man im 19. Jahrhundert noch einer anonym gebliebenen französischen Nonne zuschrieb, die die Liebesbriefe eines anderen großen Liebespaares zum Vorbild genommen hat: Abaelardus und Heloïse, auf die sich wiederum Louise v. Plönnies in einem Sonettenkranz bezog. Es war, nebenbei bemerkt, bereits Heloïse, die die originelleren und, gemessen an der zeitgenössischen Literatursprache, verwegeneren Liebesbriefe geschrieben hat. Eine andere Form der Traditionsaneignung unternahm Ch. Rossetti. In einem Zyklus von vierzehn Sonetten stellt sie den poetischen Portraits der Beatrice und Laura das Portrait einer *Monna Innominata* (1882) aus weiblicher Feder zur Seite. Im Rückgriff auf das Sonett als einer der traditionellen Formen der Liebeslyrik, die sich durch Kürze, Reimschema und strenge Isometrie auszeichnet, äußert sich der Wille, eines der intensivsten Gefühle in prägnanter Form auszusprechen. Im Sonett nimmt das Ich die Rolle der Liebenden und die Dichterrolle ein, d.h. die Dichterin wendet sich in der Ich-Form an den Geliebten und reflektiert zugleich das Dichten. Durch den Wechsel von hochgradiger Unmittelbarkeit und distanzschaffenden Überlegungen entsteht eine Spannung, die vor allem in den Sonetten von E. Barrett die Aufmerksamkeit weckt. Das erste Gedicht breitet das thematische Spektrum von der Kontemplation antiker Liebesdichtung zur Tristesse der eigenen Existenz aus, um dann unvermittelt die Liebe einzuführen:

> Da stand plötzlich jemand hinter mir und riß
> aus diesem Weinen mich an meinem Haar.
>
> Und eine Stimme rief, die furchtbar war:
> »Rate, wer hält dich so?« – »Der Tod gewiß.«
> – »Die Liebe« – klang es wieder, sanft und nah.

Damit ist das Thema der folgenden 43 Sonette benannt: die Liebe in allen Phasen ihres Erlebens; vom ersten Erkennen über die Qual der Selbstzweifel und Mißverständnisse bis zur glücklichen Gewißheit. Die Liebende nimmt dabei wechselnde Rollen ein. Sie erniedrigt sich, um die Idealität des Geliebten ins Grenzenlose zu steigern, weist ihn ab oder gibt sich hin, macht leidenschaftliche Geständnisse oder fordert diese: »Sag immer wieder und noch einmal sag, / daß du mich liebst. [...] ich möchte schrein: / ›Sag wieder daß du liebst‹« (XXI). Die pluralische Struktur des Sonetts, das traditionell als Zyklus konzipiert ist, ermöglicht das Spiel mit der wechselnden Perspektive, der Intensität der Gefühlsaussprache oder der Dissimulation, so daß letztlich die Mitteilung unausweichlich wird. »Wie ich dich liebe?« (XLIII):

> Mit allem Lächeln, aller Tränennot
> und allem Atem. Und wenn Gott es gibt,
> will ich dich besser lieben nach dem Tod.

Neben den thematisch strukturierten Zyklen stehen die ungezählten Liebesgedichte, die jeweils nur eine Situation, einen momentanen Ausschnitt der »Liebesgeschichte« thematisieren: das passionierte Liebesgedicht als »Denkmal eines Augenblicks«. Viele der meist nur diskret angedeuteten Elemente der Liebe auch als Sinnlichkeit, als Sexualität werden noch hinter dem »viktorianischen« Schleier versteckt oder in die im 19. Jahrhundert modischen Orientalismen »gehüllt«. Der Schleier stellt neben dem Spiegel eines der bevorzugten poetischen »Requisiten« dar: Er verdeckt und macht doch auf das Unsichtbare aufmerksam. Droste hat eines der erotischen »Schleiergedichte« geschrieben (*Klänge aus dem Orient: Gesegnet*, 1837), in dem die Verführung der körperlichen Anmut – »in Gewändern umschließend deine Huld« – und die Faszination des Blicks – »wie Sterne deine Augen / durch deines Schleiers Nächte« – als unaussprechlich angedeutet werden.

Ch. Rossetti (*Ein Geburtstag*, 1857) inszeniert die Eröffnung des Liebesspiels. Sie markiert die Ankunft des Liebsten wie ein zweites Geburtsdatum, das ihr Leben in neuem Licht, ihre innere Zeit in einem anderen, im Gedicht durchgespielten Rhythmus dahinfliegen läßt. Ihrem Jubel verleiht sie durch die Konkretheit der Bilder Ausdruck, die dem Bereich der belebten, erntereifen Natur und der Pracht des von Menschen geschaffenen Luxus, der festlichen Inszenierung des Sinnengenusses entstammen. Schwelgender Überfluß und generöser Reichtum der Natur und Menschenwelt werden aufgeboten, um die Bedeutsamkeit des Augenblicks festzuhalten. Ohne rhetorische Gespreiztheit setzt sie Wiederholungsfiguren ein: »Mein Herz singt wie ein Vogel singt, [...] Mein Herz gleicht einem Apfelbaum, [...] Mein Herz schwankt wie ein heitrer See. [...] Mein Herz ist froher als all dies: Es kam mein Liebster heut zu mir.« Die Steigerung der Emotion gipfelt im Schlußvers: »Denn meines Lebens erster Tag / Ist heut: mein Liebster kam zu mir!«

Auf die Phase der erotischen Erfüllung deutet der Bilderreichtum dieses Gedichts schon voraus; sie wird zum eigentlichen Thema in M. Desbordes *Die Rosen von Saadi* (1860). Mit der Erzählung einer kleinen »Katastrophe« setzt sie ein:

Heut morgen wollt' ich dir Rosen bringen,
Ich füllte mit ihnen den Gürtel zum Springen –
Der allzu bedrängte, er konnt' sie nicht fassen.
Er brach auseinander; die Rosen verflogen
Im Wind und sind alle zum Meere gezogen.

Die konventionellen Rosen stehen auch hier als Symbol der leidenschaftlichen Liebe, und sie sind ein Bild für die Schönheit der Geliebten. Der Text assoziiert beides gleichermaßen mit dem Subjekt, dem weiblichen Ich, das am Morgen eine »körperliche« Liebeserklärung machen wollte. Diese etwas bedeutungsschwere Eindeutigkeit wird im folgenden Vers für Vers zurückgenommen: Das viel zu üppige Rosenbouquet löst sich auf, verliert sich in den Wellen des Meeres. In einer diskret angedeuteten Metamorphose verbindet sich die kühle Flut mit der »glühenden Flamme« der Leidenschaft, und die Rosen werden von ihrer Materialität befreit, so daß schließlich nicht mehr als die Leichtigkeit ihrer Essenz zurückbleibt:

Die Wogen, um die sie mich wirbelnd verlassen,
Erschäumen von rötlicher Glut überflossen,
Mein Kleid aber hält noch die Düfte verschlossen ...

Von der Wellenbewegung über den Duft der Rosen gelangt das Gedicht zur körperlichen Präsenz, die nur im Hinweis auf das nach Rosen duftende Kleid vermittelt wird. In einer zweiten Lektüre formt sich die zunehmend leichter werdende Bewegung zur Darstellung der noch mit einem Hauch von Scham bedeckten Erotik der Frau. Sie scheint sich dem leidenschaftlichen Verlangen hinzugeben, sich in der imaginären Liebeserfüllung in Analogie zu den Rosen im Wasser zu verflüchtigen, so daß von der Sensualität des Anfangs nur noch schwerelose Bewegung und Wohlgeruch bleiben. Das Gedicht ist auch lesbar als eine Skizze des Liebesaktes, der mit einem Verlust beginnt und in der Hingabe endet:

Mein Kleid aber hält noch die Düfte verschlossen ...
Komm abends – ich will sie dich atmen lassen!

Was darauf folgt, kommt vor allem im Werk von M. Desbordes in den zahllosen Elegien zum Ausdruck, die den Schmerz der Trennung beklagen. Die Erinnerung an das Nicht-mehr, bzw. an den Duft des verlorenen Liebesglücks – »ein herbstlicher Wohlgeruch öffnete meine Erinnerung« (*Ein Deserteur*, 1835/1860) – vertraut sie den einsamen Wänden des Zimmers oder den ungelesenen Liebesbriefen an. Doch manchmal wird die unstillbare Sehnsucht so mächtig, daß der treulose Geliebte mit dem »Zauberwort« der Poesie beschworen, in seiner Abwesenheit durch die Macht der poetischen Bilder in eine imaginäre Gegenwart gerückt wird: »Ganz still hier verborgen [...], höre ich im Abgrund deines Schweigens, daß du mich liebst«.

Die unerschöpfliche Faszination der poetischen Sprache der Liebe liegt in ihrer suggestiven Wirkung. Die Verwendung der Sprache erweist sich immer wieder als die wirksamste Strategie der »Verführung« und als Möglichkeit der ästhetischen Glückserfahrung jenseits der begrenzten Realität.

Tränen und rote Nelken: Zeitbilder

Während die Selbstaussprache des weiblichen Subjekts durch die lyrische Tradition verbürgt und in das herrschende, der Privatheit zugeordnete Bild der Frau mehr oder weniger integrierbar war, sahen sich die Dichterinnen des 19. Jahrhunderts, die das »öffentliche« Wort ergriffen, mit dem Diktum konfrontiert: In der Öffentlichkeit sei das Schweigen der Frau beredter als jede noch so feierliche Volksrede eines Mannes! Dennoch haben sie in Form der Sozialpoesie und der Agitationslyrik den Anspruch erhoben, auf die öffentliche Diskussion Einfluß nehmen zu wollen. Das Terrain bereitete die in den 30er und 40er Jahren geführte Diskussion des Zusammenhangs von Kunst und Gesellschaft vor, die ein literarisches Potential freisetzte, das man heute engagierte Literatur nennt. Die Lyrik verschloß sich nicht länger den Themen des »unidealen« Alltags und partizipierte an der Wendung der Literatur zur gesellschaftlichen Aktualität. Vom Prestige der noblen Form versprach sich das lyrische Engagement wirkungsmächtigen Ausdruck für das Pathos der sozialen Anklage und für die Forderungen nach Freiheit und Gerechtigkeit. In diesem Zusammenhang stehen die emphatischen Verse, die M. Desbordes den streikenden Arbeitern von Lyon gewidmet hat:

> Als das Blut die bestürzte Stadt überschwemmte,
> Als Kugel und Blei alle Schritte hemmte
> Und das Schluchzen der Sturmglocke wilder entfachte,
> [...]
> War ich da! – Ich vernahm den Todesschrei
> Der brennenden Stadt, und ich war dabei.
>
> (*Für Monsieur A.L.*, 1839)

Vor dem Erfahrungshintergrund der teilnehmenden Beobachterin verfaßte sie 1834 mehrere Gedichte, die das soziale Elend anklagen und an die Solidarität mit den Aufständischen appellieren. Keine Zeitschrift wagte es, ihre Texte zu veröffentlichen. Unmißverständlich hatte sie Partei ergriffen, zu deutlich die Verantwortlichen beim Namen genannt: Mörder, Pfaffen, Fabrikbesitzer. Die Poetin will das soziale Mitleid wecken und den Hoffnungsschimmer aufleuchten lassen im Appell an jene, die ihre humanitären Gefühle teilen und die Versöhnung der gesellschaftlichen Widersprüche anstreben. Handlungsorientierter war das sozialpoetische Engagement von E. Barrett: Sie publizierte 1844 ein Poem, das die Lage der arbeitenden Kinder in England pathetisch schildert. Mit *Der Kinder Weinen* (1844) unterstützte sie die Forderungen nach einem Schutzgesetz gegen Kinderarbeit. Die beabsichtigte Wirkung des populär gewordenen Poems zielt auf die Emotionalisierung der Leserschaft, die angesichts der physischen und psychischen Misere der in Bergwerken und Fabriken arbeitenden Kinder von der Notwendigkeit einer Veränderung der Zustände überzeugt werden soll. In der Sprecherrolle klagen die »weinenden Kinder« unmittelbar selbst an. Dadurch erhält das Gedicht eine emotionale Intensität, der sich die Leser nicht entziehen können, sofern sie die Meinung der kommentierenden Autorin teilen, daß gerade Kinder ein Recht auf Glück haben. Ihre Argumentation beruht auf der in der Eingangsstrophe hergestellten Analogie zur Natur als letzter Instanz der Wahrheit. Gemessen an der als harmonisch vorausgesetzten Natur muß die menschliche Gesellschaft, in der Kinder ausgebeutet werden, als pervertiert erscheinen. Aus der Perspektive des Gedichts ergibt sich zwangsläufig die moralische Verurteilung der Industrialisierung als Entfremdung vom Guten und Schönen. Die Depravation der Natur in Form des Kinderelends wird sich an allen rächen – »Glaubt, daß Kinderschluchzen grauenvoller fluchet, / Als des starken Mannes Wut!« – gelingt es der moralischen Instanz des Gewissens nicht, den Egoismus, der »nimmersatt nach Gold nur sucht«, zu brechen. Die von E. Barrett mit Verve vertretene philanthropische Position war in den 40er Jahren im Kampf um die Kinderschutzgesetze noch konsensfähig. Entschieden militanter mußte für die Zeitgenossen die Agitationslyrik geklungen haben, die das Recht der Frau auf gesellschaftliche Gleichheit einklagt. Die ersten Wortführerinnen der Frauenemanzipation haben das Schweigen gebrochen und die revolutionäre Rhetorik für die öffentliche Artikulation ihrer Ansprüche eingesetzt. Die um 1848 in Deutschland und Frankreich publizierten Flugblätter und Frauenzeitungen »schmückten« sich mit engagierter Poesie. Die leidenschaftlichen Plädoyers für Gleichheit und Freiheit, für

Glück und Republik konnten sich auf die Tradition des politischen Liedes und der Oppositionslyrik berufen, die im 19. Jahrhundert zu Revolutionszeiten immer wieder erneuert wurde. Der Aktualität der politischen Aktion entsprechend, dichtete man Texte, die, bekannten Melodien unterlegt, schnell gesungen oder deklamiert werden konnten. In Paris sangen die Frauen auf den 48er Barrikaden eine »weibliche Marseillaise«, in Deutschland verfaßte Louise Otto das *Morgenlied der Freiheit* oder verspottete die Revolution als Machwerk der Männer, die nur für die Interessen der einen Hälfte der Menschheit kämpften:

> Wo wieder aber ward der Ruf vernommen
> *»Für alle Freiheit!«* klang es fast wie Hohn,
> Denn für die *Männer* nur war er gekommen
> Im Wettersturm der Revolution.
>
> (*Für Alle*, in: Brinker-Gabler, S. 209)

Zur Zeit der Commune schrieb Louise Michel Texte und komponierte Melodien, die in den »Liederschatz« der Arbeiterbewegung eingegangen sind. Sie aktualisierte noch einmal die politische Romantik der ersten Stunde, indem sie für die revolutionäre Poesie z.B. bei Victor Hugo Anleihen machte. Ihr enthusiastisches Engagement für die Revolution verwahrt sich jedoch gegen jede Form des bürgerlich-sozialen Mitleids. Im Gefängnis oder in der Verbannung entstanden, appellieren die Gedichte an die Solidarität der Besiegten und Unterdrückten, denen sie immer wieder ins Gedächtnis ruft: »Ni Dieux ni Maîtres!« (»Weder Götter noch Herren!«). Das bekannteste Lied, *Rote Nelken* (1871), führt in die »Blumensprache« der popularisierten Romantik ein neues Zeichen ein: die rote Nelke. Sie steht für die rote Fahne und für das von den Communarden im Kampf um die Freiheit vergossene Blut. Keine Träne wird sie weinen, wenn sie nachts auf das Grab der Freiheitskämpfer die rote Nelke legt: ein Hoffnungszeichen, das die Morgenröte der Revolution ankündigt.

Auf der Suche nach *neuen* literarischen Formen, die das Bewußtsein der frauenrechtlich engagierten Schriftstellerinnen zum Ausdruck bringen konnten, ist die Lyrik in der zweiten Hälfte des 19. Jahrhunderts ins Hintertreffen geraten. Sie kaprizierte sich auf die traditionelle Rhetorik, verklärte die Opfer (Frauen und Kinder) oder suchte Trost bei der noch unverwüsteten Natur. Selbst Louise Aston, deren Texte sich durch eine für deutsche Verhältnisse erfrischende Respektlosigkeit gegenüber bürgerlichen Ehe- und Moralvorstellungen auszeichnen und die die Leserinnen der *Frauen-Zeitung* von Louise Otto epatierten, greift in ihrer sozialen Lyrik auf die Klischees der Armeleutepoesie zurück: Tränen und Trauerweiden. Louise

Colet versteckte gar ihre klarsichtige Ideologiekritik in die gerade in Paris längst antiquierte Form der Verserzählung. Der emblematische Titel *Die Dienerin* (1853) faßt die These des Poems programmatisch zusammen: Die Frau befinde sich noch immer im Zustand der Sklaverei, sie werde durch Gesetzgebung, Kirche und Patriarchat zu einem subalternen Wesen deklassiert. Louise Colet reagiert in ihren Versen auf das Bild der Frau, das ihr nicht zuletzt von den Vertretern der modernen Literatur, die in ihrem Salon verkehrten, vorgehalten wurde und in dem sie sich nicht wiedererkennen konnte. Auch die von ihr entworfenen Gegenbilder bleiben dem Alltäglichen der weiblichen Leidenserfahrung verhaftet. Ausbruchsphantasien enden in Selbstmord oder Wahnsinn.

Die engagierte Lyrik der Dichterinnen der zweiten Hälfte des Jahrhunderts besetzte noch keine unerwartbaren Mitteilungsstrukturen oder Bildfelder. Ihr Verdienst besteht eher darin, die Sensibilität für veränderte Wahrnehmungsrichtungen und Themenbereiche befördert zu haben, die am Ende des Jahrhunderts noch nicht abgegolten waren.

Sie hätte schreien mögen.
Vor Wut und Elend. Aber sie bezwang sich.
[...]
»So wisse, daß das Weib
Gewachsen ist im *neunzehnten Jahrhundert*«,
Sprach sie mit großem Aug', und schoß ihn nieder.

(Maria Janitschek, *Ein modernes Weib*, 1898)

Michaela Giesing

Theater als verweigerter Raum

Dramatikerinnen der Jahrhundertwende in deutschsprachigen Ländern

Dann wär' es für die Frau wohl an der Zeit, Gottes Tochter zu werden.
(Ernst Rosmer: *Maria Arndt*, S. 27)

Mit diesem so genügsamen wie für seine Zeit bemerkenswerten Satz resümiert Maria Arndt in dem gleichnamigen Schauspiel von Ernst Rosmer (d.i. Elsa Bernstein-Porges) das Programm der gemäßigten Frauenbewegung der Jahrhundertwende. Zehn Jahre zuvor hatte die österreichische Autorin Emil Marriot (d.i. Emilie Mataja) in dem Thesenstück *Gretes Glück* die zerstörerischen Folgen bourgeoiser Ehemoral am Beispiel einer in die finanziell vorteilhafte Ehe gedrängten und über den ehelichen Erfahrungen wahnsinnig werdenden Frau dargelegt. Dagegen setzt nun Rosmer in *Maria Arndt* die Forderung nach Aufklärung und Bildung der Töchter; dagegen setzt Marie Madeleine (d.i. Marie Madeleine von Puttkamer) die Komödie um *Das bißchen Liebe*, in welcher ein unerschöpflicher materieller Fonds der Heldin erlaubt, die Regeln im Spiel der Geschlechter selbst zu bestimmen.

Drei Schriftstellerinnen aus zwei Generationen melden sich mit brisanten dramatischen Texten zu Wort und werden an namhaften Bühnen der Moderne gespielt: Marriot an der Berliner Freien Bühne (1897), Marie Madeleine am Intimen Theater in Nürnberg (1905), Rosmer am Münchner Schauspielhaus (1908). War also Gottes Tochter auch wieder Thaliens und Melpomenens Günstling geworden? Ist sie durch solche Ausgrabungen aus jenem Klischee zu befreien, in dem der Name Charlotte Birch-Pfeiffer synonym für das Trivialstück stehen kann, die einzige derzeit anerkannte (deutsche) Dramatikerin dagegen, Marieluise Fleißer, zu ihrer (Wieder-) Entdeckung eines männlichen Stammbaums bedurfte?

Der Weg zurück zu den Quellen, zu Spielplänen und Uraufführungsberichten, lohnt sich. Die Zahl der Schriftstellerinnen, welche den doppelten Tabuverstoß wagten und die Grenzen der Gattungen überschritten, um ihre Interessen in die Öffentlichkeit der Theater zu bringen, verblüfft. Gleichwohl ist es mit dem Schwelgen in Trouvaillen nicht getan. Denn die

Reverenz vor den Verdrängten und Vergessenen, welche sie um dessentwillen wieder ins Gespräch bringen will, weshalb ihnen der Zugang in den Kanon kultureller Tradition verwehrt wurde, ihres Geschlechts, kann das Interesse zwar wecken; in der Diskussion ihrer historischen Präsentation aber kann nicht dabei stehen geblieben werden, soll die Praxis ihrer Ausgrenzung nicht in der freiwilligen Abkoppelung vom historischen Prozeß fortgeschrieben werden. Zumal der Euphorie der Wiederentdeckung der Lektüreeindruck die Waage hält: Ein schaler Geschmack bleibt zurück, hervorgerufen durch den Eindruck übergroßer Zaghaftigkeit vieler Frauendramen jener Zeit, einer formalen und ideologischen Rückversicherung auch und gerade dort, wo weibliche Belange ins Spiel gebracht werden. Er kann sich zur Verärgerung verdichten, wenn die Autorinnen gar zu anbiedernd patriarchalische Klischees zu ihren eigenen machten oder aber wenn sie gar zu zaghaft-opportunistisch mit weiblicher Ohnmacht und weiblichem Leid »kokettierten«.

Um Mißverständnissen zu begegnen: Ist mit dieser Kritik auch ein anderer Maßstab an die zur Diskussion stehende Dramatik angelegt, der sich dem Verdacht aussetzt, das weibliche Geschlecht zur Projektionsfläche eines besseren – sprich: weniger korrumpierten – Menschen zu machen, so verlangt nicht nur die Wahrnehmung ihre Ausschließung aus dem Kanon des Erinnerungswerten diese Produktion als die *der Anderen* ernst zu nehmen. Soll der Blick zurück mehr bringen als die Bestätigung erlittener Unterdrückung, dann muß auch der Konsens, welcher die Opfer reproduziert, indem er sie nur als solche gelten läßt, aufgebrochen werden.

Der gewählte Zeitraum – der beginnenden und sich entfaltenden Moderne um die Wende zum 20. Jahrhundert – bietet sich für die Suche nach der vergessenen Dramatikerin und ihrer Konfrontation mit dem Theaterbetrieb an. Die Voraussetzungen scheinen günstig. Seit den späten 80er Jahren machte die Frauenbewegung verstärkt von sich reden und zwang die politische und kulturelle Öffentlichkeit des Kaiserreichs, die Frauen und ihre »Frage« wenigstens – und sei es in der Abwehr – zur Kenntnis zu nehmen. Den Schriftstellerinnen bot sie den notwendigen Rückhalt, um mit ihren Belangen auf den literarischen Markt zu treten. Zur gleichen Zeit gewann das Theater in der Folge der *Literaturrevolution* der *Jungen* eine neue Experimentier- und Diskussionsbereitschaft, die es in der Zweiteilung eines routinisierten, pragmatisch-organisierten Spielbetriebs zum einen, akademisch-epigonaler Festschreibung dramaturgischer Regeln zum andern in den vorhergehenden Jahrzehnten verloren hatte. Zwar taten sich auch die

Schriftstellergenerationen der beginnenden Moderne in der Doppelstrategie literarischer Innovation, welche zugleich Gewinnung und Behauptung von Marktanteilen war, mit der weiblichen Konkurrenz schwer, doch die ihnen gelingende Öffnung der Bühnen, die Wendung zu neuen Stoffen und zu kleinteiligen, offenen, epischen Formen könnte eine Chance bedeuten auch für die Erprobung eines weiblichen Beitrags – wie auch immer der aussehen mag – in der Entwicklung von den Forderungen an ein zeitgemäßes Theater entsprechenden Dramenformen.

Durchaus programmatisch ist daher auch die Aufnahme des Artikels *Neunhundert Jahre Frauendrama* von Amalie von Ende im ersten Jahrgang der Theaterzeitschrift *Bühne und Welt* (1899, S. 1105ff.) zu verstehen, schien damit doch eine Grenzziehung angetastet, mit der, hartnäckiger als in anderen literarischen Gattungen, die dramatische Form als männliches Reservat behauptet wurde. Als solches hatte sie einhundert Jahre zuvor Friedrich Schlegel in einer der ersten Zuschreibungen zu charakterisieren versucht. Was in der *Diotima* jedoch noch eine explizit gegen den apodiktischen Oktroi sich verwahrende Annäherung an geschlechtsspezifisch definierte »Begeisterung« (S. 97) war, dies hatte sich im Literatur- und Theaterbetrieb des 19. Jahrhunderts zur Regel verfestigt. Das Rührstück einer Johanna Franul von Weissenthurn, Amalie Heiter (d.i. Amalie Herzogin von Sachsen) oder Charlotte Birch-Pfeiffer war zwar als Kassenfüller und Virtuosenfutter geduldet, ja konnte, prestigearm, wie diese Theaterproduktion war, zu einer weiblichen Domäne stilisiert werden, für das »hohe Drama« jedoch glaubte man, in Spielplänen wie dramaturgischen Schriften auf weibliche Einmischung verzichten zu können.

Mit dem Auftreten Ernst Rosmers, 1893 von der Freien Bühne in Berlin in die Theaterszene eingeführt, versprach für eine kurze Phase der Des- und Neuorientierung die Dramatikerin wieder salon- oder sezessionswürdig zu werden. Ihren Namen halten die Chroniken der Zeit fest; doch in der Form der Anerkennung bereits bahnt sich die Ausschließung von neuem an, kann doch Rosmer als Repräsentantin »dieser echt weiblichen Stimmungskunst« (Edgar Steiger: *Von Hauptmann bis Maeterlinck*, S. 327) nicht normative Gattungsdefinitionen von männlich/dramatisch und weiblich/undramatisch widerlegen. Ihr Schreiben, gewertet als Resultat der »Weibnatur« (Rudolf Lothar: *Das deutsche Drama der Gegenwart*, S. 167), bestätigt vielmehr eine Geschlechtsmetaphorik, die als Stilmetapher für die »passiven Helden« und novellistischen Strukturen der naturalistischen und impressionistischen Dramatik favorisiert wurde und die in der Beurteilung der Dramatikerin zu sexistischen Tautologien führen muß. Folgerichtig werden dann die Dramatikerinnen, welche den stilkünstlerischen Gegenbewegungen des frühen 20. Jahrhunderts verpflichtet sind, eine Carolina Woerner oder Hanna Rademacher, ihres Geschlechts beraubt. Ihre Anerkennung – wenn sie denn erfolgt – gilt, explizit gegen das Geschlecht der Autorin gesetzt, der »mannhaften Frau« (Julius Bab: *Spieldramen*, S. 330). Da auch die zeitgenössischen Monographien über *Die Frau in der modernen Literatur* kaum von überkommenen Wertungen absehen und die zur Erklärung erfahrener Ausschließung bemühte Definition des Dramas als Resultat einer »Herrscher-« (Ella Mensch: *Die Frau*, S. 73) oder »Herrennatur« (Johannes Wiegand: *Die Frau*, S. 60) nur zu leicht Argument zu deren Beibehaltung wird, schließt sich die schmale Öffnung der Gattungsgrenzen, kaum zeichnete sie sich ab. – »Ich glaube überhaupt nicht, daß eine Frau, die glückliche Gattin und Mutter ist, der Welt noch viel als Dramenschriftstellerin zu sagen hat.« Denn »die starke Auslösung der Kräfte, die bei der physischen Geburt stattgefunden, hat auf die geistige Konzentration verteilend gewirkt, sie aufgehoben. Die Natur verfährt eben sehr ökonomisch.« Mit solchem – keineswegs originellen – Verdikt über den *Mißerfolg der Frau als Dramenschriftstellerin* schließt Ella Mensch 1910 in *Bühne und Welt* (S. 158f.) die Diskussionen einer Epoche ab, an denen sie – Literatur- und Theaterkritikerin in Darmstadt und Redakteurin der *Frauenrundschau* in Berlin – engagiert und kontinuierlich teilgenommen hatte, u. a. mit einem *Konversationslexikon der Theater-Litteratur*, das zu den raren Schauspielführern zählt, die Frauendramen berücksichtigen, und mit einem Artikel über *Die Frauen und das Theater*, der neben der Kritik des männlichen Theaterapparats vor allem ein Plädoyer für die Theaterkritikerin war. Die dort behaupteten weiblichen journalistischen Qualitäten, die in der »ehrlichen Hingabe an die Sache« (S. 128) liegen sollen, belegt Ella Mensch mit dem Mißerfolgsartikel freilich nicht, brechen doch die von ihr angeführten dramatischen Beispiele dort ab, wo bereits ihre Monographie über *Die Frau in der modernen Litteratur* 1898 geendet hatte.

Solcher Ignoranz kam die Aufführungspraxis in den Zentren der Moderne entgegen, und ein wenig ist bei diesen Verhältnissen und Verhinderungen noch zu verweilen, bevor die Dramenproduktion der Schriftstellerinnen diskutiert werden kann. Voran in Berlin, seltener in Wien, wo weder die strikte Opposition avantgardistischer Bühnen gegen die etablierten Häuser, noch der »literaturrevolutionäre« Impetus in der Radikalität der Berliner zu finden ist, werden die Dramatikerinnen verbannt auf die Matineen der Vereinsbühnen. Diese hatten seit der Gründung der Freien Bühne (1889) die Funktion der Vorreiter für das Theater übernommen; was für die

Dramatiker jedoch Sprungbrett zu ihrer Karriere wurde, wird für die Schriftstellerinnen zur Sackgasse.

Schon die erste Aufführung einer Autorin auf der Freien Bühne – fünf von insgesamt 27 ihrer Stücke waren von Frauen geschrieben – fällt aus der Programmatik dieses epochemachenden Vereins heraus, gegen Zensur und indolente Geschäftstheaterdirektoren neue Autoren durchsetzen zu wollen. Im Anschluß an Otto Erich Hartlebens skandalversprechende *Angèle* (1890), »nach einem höchst bedenklichen Wagnis« also, wurde Marie von Ebner-Eschenbachs Einakter *Ohne Liebe* »kredenzt als Tasse Thee zur Niederschlagung des Alkohols«, wie Erich Schmidt (*Charakteristiken* 2, S. 299) den Aufführungsmodus der Freien Bühne kommentierte.

Ebner war dreißig Jahre zuvor mit dem Vorsatz aufgetreten, »das deutsche Theater zu reformieren« (Anton Bettelheim: *Marie von Ebner-Eschenbach's Wirken und Vermächtnis*, S. 23). Das Ausmaß dieser intendierten Grenzüberschreitung ist zu ahnen in den Aufzeichnungen des Karlsruher Theaterleiters Eduard Devrient, der 1861 die *Maria Stuart in Schottland* des vermeintlichen Herrn von Eschenbach angenommen hatte. Nicht nur bricht, als er die Identität der Autorin erfährt, das Interesse an dem »außerordentlichen Talent« (Eduard Devrient: *Aus seinen Tagebüchern*, S. 393) abrupt ab, Jahre später noch notiert er als einzig Festhaltenswertes einer Begegnung: »Ihr Aussehen ist erschreckend häßlich« (S. 423).

Wird sie nun, da sie schon lange als Dramatikerin resigniert hatte und sich mit der »bescheidensten Form« (Marie von Ebner-Eschenbach: *Aus meinen Kinder- und Lehrjahren*, S. 83), der Erzählung, begnügte, zusammen mit Ibsen und Anzengruber zur Schutzpatronin der Freien Bühne erhoben, so mag dies für sie – gemessen an einstigen Demütigungen und Enttäuschungen – ein schwacher Trost gewesen sein. Den Vorteil hatten die *Jungen*, die sie noch ein zweites Mal, mit der Aufführung von *Am Ende*, zusammen mit *Gretes Glück* 1897 gespielt, als Versicherung für ihre Risikofreudigkeit nutzten, auch wenn ihr deren Reverenz den Zugang zum Burgtheater öffnete. Beide Einakter, Plaudereien voller satirischer Spitzen gegen die kaiserlich-königliche Aristokratie, wurden dort 1898 und 1900 der greisen Jubilarin präsentiert. Lief sie gleichsam außer Konkurrenz, so verdankt Ernst Rosmer zwar einen Gutteil ihres Ruhms dem Freien-Bühne-Kreis, doch die Ehre blieb folgenlos. Gemessen an ihrem Ruf ist Rosmers Aufführungsbilanz mager: Sechs ihrer dreizehn zwischen 1891 und 1910 veröffentlichten Schauspiele, Künstlerdramen, »Frauenstücke«, Antikenbearbeitungen und Mysterien, wurden nie auf einer Bühne erprobt, eines nur, die *Königskinder*, wurde fester Repertoirebestandteil, was es nicht Rosmers

Versen verdankt, sondern Humperdincks Musik, den anderen fehlt der Nachspielerfolg. Ihr Debütstück, *Dämmerung* (Freie Bühne, 1893), bleibt über Jahre hinweg Vereinsbühnen vorbehalten und wird erst zehn Jahre nach der Uraufführung von zwei regulären Bühnen übernommen. Als Jubiläumsvorstellung erinnert es nun an einstige »revolutionäre Kampfzeiten«, als aktueller Beitrag zum Spielplan wird es nicht diskutiert. Ohne auch nur eine solche verzögerte Wirkung bleibt *Mutter Maria*, aufgeführt 1901 in der Freien Bühne, als diese zu einer Werkstattbühne Otto Brahms herabgekommen war. Weder Rosmers *Totengedicht in fünf Wandlungen* noch Marriots Kampfstück wurde die Ehre einer Übernahme in den Abendspielplan von Brahms Deutschem Theater zuteil.

Dafür zeitigte die Ausquartierung von Autorinnen auf Vereinsbühnen in der Reichs- und Theaterhauptstadt mitunter kuriose Folgen. So sind z.B. die Gebrauchsstücke von Elsbeth Meyer-Förster in Berlin – nach den Uraufführungen in der Provinz – nur in literarischen Matineen zu sehen. Dort aber gehören sie nicht hin, denn sie können durch solchen Etikettenschwindel nur den fragilen Ruf der Dramatikerin noch weiter diskreditieren. So bleiben die Schauspiele Clara Viebigs, durchaus zwischen denen eines Gerhart Hauptmann und Max Halbe vorstellbar, in Berlin der Neuen Freien Volksbühne (*Barbara Holzer*, 1896) und Martin Zickels Literarischer Gesellschaft (*Der Kampf um den Mann*, 1905–1908) vorbehalten. So bedurfte selbst die Einführung eines der raren Erfolgsstücke, Annie Neumann-Hofers *Kollegen* (1901), Max Reinhardts Brettlbühne Schall und Rauch, ohne daß dieser Erfolg der Autorin zum Durchbruch verholfen hätte. Neumann-Hofer tingelte auch weiterhin mit ihren Stücken durch die Provinz, versuchte sich kurze Zeit eine eigene Bühne zu schaffen, das Residenztheater in Köln (1908), ohne je Boden zu gewinnen. Allein ihre *Kollegen* erreichten eine dreistellige Aufführungsziffer; sie verdanken diese der locker-unverbissenen Darstellung des beliebten Themas vom Geschlechterkampf in einer Kunst- und Ehekollegialität, die – sei es aus Souveränität oder aus Konzessionsbereitschaft – auf die wütende Schärfe, damit aber auch auf die Eindringlichkeit des Meisters dieser Spezies, August Strindberg und seiner *Kameraden*, verzichtet. Doch selbst dieser Erfolg machte den jungen Unternehmer Max Reinhardt nicht experimentierfreudiger – was dramatische Werke von Frauen betrifft. An seinen Bühnen genoß das Privileg einer Aufführung in den folgenden Jahren nur mehr eine Märchenautorin und die Holländerin Josina Adriana Simons-Mees. Nicht günstiger sieht es an den anderen sich etablierenden Bühnen der Berliner Moderne aus. Mit Ausnahme Rosmers bleiben die Spielpläne Otto Brahms frauenfrei; Victor Barnowsky im Kleinen Theater (1905–1912) kam völlig ohne weibliche Autoren aus,worin sich diese künstlerisch führenden Häuser übrigens nicht von ihrem konservativen Antipoden, dem Königlichen Schauspielhaus in Berlin, unterscheiden.

Die Zurücksetzung der Frauen in den theatralischen Aktivitäten der Moderne ist nicht unabhängig von Verschiebungen in der künstlerischen Selbstdarstellung der Avantgarde und damit – muß daran erinnert werden? – der gesellschaftlichen Entwicklung zu sehen. Denn anders als im überschaubaren Kreis der Provinzstädte – und hier wurden Dramatikerinnen als »Lokalgrößen« in »ihren« Stadttheatern gespielt – war in der im letzten Drittel des 19. Jahrhunderts sprunghaft gewachsenen Millionenstadt Berlin mit der Dissoziation bürgerlicher Schichten auch die Differenzierung und Spezialisierung im Unterhaltungsangebot fortgeschritten, welche die Besinnung auf dem Theater eigene und nur ihm verfügbare künstlerische Mittel verlangte. Die Zeichen wiesen auf Regietheater. Mit diesem aber wurde weiblicher Einfluß in der Institution weiter zurückgedrängt, beruhten doch die besonderen Wirkungsmöglichkeiten der Frau im Theater auf der Präsenz ihrer Person und ihres Körpers, mit allen Chancen und Risiken eines solchen Einsatzes und fallweise mit erheblichem (indirekten) Einfluß verbunden. Mit der Differenzierung und Hierarchisierung des Theaterbetriebs als Agentur bürgerlicher Selbstdarstellung aber waren ihr die Kompetenzen, über die sie als Prinzipalin wandernder Truppen einst verfügt hatte, entzogen worden. Wollte sie nun eingreifen in die Entscheidungsprozesse, blieb ihr nur, ihre Launen ins Spiel zu bringen oder die künstlerisch fortgeschrittenen Zentren zu verlassen. Als Gastspielvirtuosin von außen eingreifend oder an den Rändern der Theaterlandschaft, in der Provinz, konnten sich Theaterleiterinnen im 19. Jahrhundert behaupten, während Frauen in den Metropolen nur mehr selten die (Ko-)Direktion eines Privattheaters übernehmen oder Pächterin eines Stadttheaters werden.

Diesen Prozeß der Verdrängung aufzuhalten und als Regisseurin Autorität zurückzugewinnen gelang in der Umbruchphase der Jahrhundertwende nicht. Vorstöße zwar wurden gemacht, aber die Prozesse der Freisetzung künstlerisch-theatralischer Mittel im Theater der Moderne und gesellschaftlicher Frauenemanzipation verliefen zu zeitverschoben. Von unterschiedlichen gesellschaftlichen Positionen herkommend, mußten auch die Ziele und Mittel divergieren; die künstlerischen Emanzipationsansätze fielen – anders als die sozialen – aus dem Spektrum öffentlicher und gegenöffentlicher Interessen heraus. Die Diskussion über *Die Regisseurin* – von einer ob ihrer Launenhaftigkeit berühmten Schauspielerin Adele Sandrock,

1898, d.h. kurz vor ihrem durch Krach provozierten Abgang vom Burgtheater, in der *Wiener Rundschau* angeregt, weil sie es »absurd« findet, »über das weibliche Milieu, welches sie [die Bühnenkünstlerin] zur vollen Verkörperung ihrer Rolle nöthig erachtet, erst einen Mann zu Rathe ziehen [zu] müssen; [...] nur eine Regisseurin wird sich da völlig hineinzuversetzen vermögen« (Adele Sandrock: *Die Regisseurin*, in: *Wiener Rundschau*, III, S. 506) – diese Diskussion gelangte über Ansätze nicht hinaus. Denn die Kollegen greifen zwar Sandrocks Vorstoß auf, aber nur, um ihn abzufangen und ihre Privilegien neu zu sichern. In der *Deutschen Bühnen-Genossenschaft* wird zum Thema *Weibliche Regisseure* (1898, S. 271 u. ö.) – so heißt es nun – eingeladen, und die Zuschriften der Bühnenkünstlerinnen und Schriftstellerinnen werden zensiert. Da auch unter letzteren dramatische und theatralische Interessen die längste Zeit zugunsten der Minderung sozialer Probleme zurückgedrängt blieben – erst 1913 entstanden in Berlin innerhalb des *Deutschen Schriftstellerinnenbundes* (gegr. 1896) und in München Initiativen, um, wie die *Schaubühne* meldet, »der Frauendramatik vorwärtszuhelfen« (1913, S. 934) – beide Unternehmen versandeten jedoch so sang- und klanglos, wie sie entstanden waren –, gelingt es den im Theater arbeitenden Frauen nicht, ein Forum zur Organisation ihrer künstlerischen Interessen zu schaffen. Als 1911 die Regisseure sich zusammenschlossen, geschieht dies über die Köpfe der Frauen hinweg. Im Mitgliederverzeichnis der *Vereinigung künstlerischer Bühnenvorstände*, veröffentlicht im ersten Jahrgang der *Scene* (1911, S. 47f.), ist unter den 97 ordentlichen Mitgliedern eine Frau zu finden: Rosa Lischka-Raul in Kattowitz.

Nun ist, um auf die Wirkungsmöglichkeiten der Dramatikerin zurückzukommen, eine Affinität der Regisseurin oder Theaterleiterin zu den Schauspielen ihrer Geschlechtsgenossinnen nicht vorauszusetzen. Doch der Exkurs war geboten, um den Spielraum innerhalb der Theater abzustecken; die Strategien dramatischen Schreibens können nicht unabhängig davon beurteilt werden. Zudem ist mit dem Beruf der Bühnenkünstlerin eine der wenigen Möglichkeiten für die Töchter des Bürgertums angesprochen, sich dem direkten Zugriff der bürgerlich-patriarchalischen Familie zu entziehen. Noch um die Jahrhundertwende können viele der für das Theater schreibenden Frauen auf schauspielerische Erfahrungen zurückgreifen. Sie beherrschen das Handwerkszeug, aber ihre Stücke bleiben meist an den Mustern des konventionellen bürgerlichen Dramas orientiert, affirmativ in den bühnentechnischen Mitteln wie in dem Frauenbild, das sie als regressives Ideal entwerfen.

So kamen auch die Impulse für das Theater der Jahrhundertwende von außen, aus der künstlerischen und intellektuellen Avantgarde. Die schweifenden Erfahrungen der diese Gruppierungen tragenden Söhne aber waren den Töchtern des Bürgertums – jenseits des schauspielerischen Berufs – verwehrt. Zwar eroberten sie sich seit den 80er Jahren die Studienmöglichkeit in der Schweiz, doch dem (moralischen) Druck der deutschen Gegner des Frauenstudiums ausgesetzt, folgte dieses anderen Bedingungen als das Studium in den deutschen Zentren, wo sich die wechselnden Zirkel der Boheme bildeten. In diesen Kreisen war zwar die reproduzierende Künstlerin gerngesehener Gast, die produzierende blieb auch hier Außenseiterin, fern einer gruppenbildenden Rolle. Dementsprechend begegnen um die Jahrhundertwende keine selbständigen Theaterleiterinnen der Moderne – solche treten zeitverschoben in der Weimarer Republik auf –, sondern weiterhin in der Tradition des Virtuosentums stehende Bühnenkünstlerinnen, darunter eine Selma Erdmann-Jesnitzer in Bremen. An sie war 1906, nach dem Tode ihres Mannes, des bisherigen Theaterpächters, das Bremer Stadttheater vergeben worden. Dagegen protestierte die Berliner *Schaubühne* (Marsyas: *Verwitwete Theaterdirektionen*, S. 671f.), wobei nicht dem individuellen Fall und der Qualifikation der ehemaligen Schauspielerin und Bühnenschriftstellerin Erdmann-Jesnitzer der Einwand galt, sondern prinzipiell dem Vorgang des »Witwenerbes«, einer in der Theaterprovinz des 19. Jahrhunderts häufig begegnenden Praxis der Bühnenübernahme. Das Veto signalisiert das Ausgreifen der Moderne in die Provinz, die Verringerung der Ungleichzeitigkeiten, in denen eine gewisse Chance für Bühnenkünstlerinnen im 19. Jahrhundert gelegen hatte.

Einem Nachholbedarf, der Notwendigkeit, aufholend Schritt zu halten in künstlerischen Institutionen, die sich an ihnen vorbei entwickelt hatten, sahen sich auch die Schriftstellerinnen gegenüber, die mit Blick auf das Theater schrieben. Damit wird nicht etwa das ästhetische Vokabular der Jahrhundertwende als Maßstab gesetzt, wohl aber ist es als formaler und ideologischer Ausdruck der Zeit verbindlich zu nehmen, von dem bei der Beurteilung der Dramatikerinnen nicht abzusehen ist. So wenig es jedoch um den Beweis eines »Auch-Könnens« gehen kann, so wenig wird eine Darstellung der Frauendramatik in der nachvollziehenden Zuordnung zu den «-ismen« der Jahrhundertwende gelingen. Zu fragen ist vielmehr, wie Schriftstellerinnen der Diskrepanz zwischen den im Schatten bürgerlicher Öffentlichkeit gewonnenen Erfahrungen und den Gesetzen der eine öffentliche Wirkung unmittelbar voraussetzenden dramatischen Form begegneten, und ob sie, vielleicht, diese zur Artikulation ihrer Interessen zu nutzen verstanden. Dies heißt aber auch, daß eine im Detail erkennbare Betroffenheit nicht für das Ganze stehen kann.

Wie die literarische war die gesellschaftliche Situation des ausgehenden 19. Jahrhunderts durch Aufbrüche gekennzeichnet, die Folge und Ausdruck nicht mehr zu retuschierender Widersprüche waren – einer zunehmenden Kapitalkonzentration und einer wachsenden Proletarisierung, einer schwindenden materiellen Sicherheit des Kleinbürgertums und eines Überhangs ideologischer Muster bürgerlich-patriarchalischer Lebensweisen. Mit dem Aufdecken der in unerfüllbar gewordenen Postulaten an die gesellschaftliche Institution der bürgerlichen Familie liegenden Widersprüche setzten die *Literaturrevolutionäre* im naturalistischen Familiendrama ein. Unmittelbar konnten Frauen sich hier einmischen; die realgeschichtlichen Erfahrungen wie die ihnen verfügbare Tradition des bürgerlichen Schauspiels drängten zu einer Verarbeitung ihrer Rolle in der bürgerlich-patriarchalischen Familie. In hohem Maße ist daher zwar keineswegs die gesamte, aber die brisanteste Dramatik von Frauen in jener Zeit auch im Subjekt der Konflikte eine »Frauendramatik«: Ehefrauen, Mütter, Töchter in der Bindung an ein gesellschaftliches Modell, in dem sie die ihnen zugewiesene Aufgabe nicht mehr erfüllen können. Doch so sehr sich die Konzentration auf familiale Konflikte anbot – als gesellschaftlicher Raum, der im konkreten Aufzeigen der Unfreiheit auch die Möglichkeit einer Befreiung ahnen ließ –, so lag darin die Gefahr einer fortdauernden Ausschließung aus gesellschaftlichen Erfahrungen, zumal die Muster des bürgerlichen Dramas um die Jahrhundertwende nur mehr aufgegriffen werden konnten, um sie – wie ein Schlagwort der Zeit lautete – zu überwinden. Die Öffnung aber zu umfassenderen gesellschaftlichen Räumen und dramatischen Modellen machten die Schriftstellerinnen nur selten mit. Ihr Blick bleibt auf das Naheliegende, auf den binnenfamilialen Raum konzentriert. Damit aber fließen kaum je die zeitgenössischen Diskussionen um Alternativen zu verordneten Weiblichkeitsbestimmungen innerhalb der Familie, um Bildungs- und Berufsmöglichkeiten und -notwendigkeiten, in die soziale Definition der Frauengestalten, geschweige denn in die Konfliktkonstellation ein. So wird die Stärke zur Schwäche, zu einer freiwilligen und historisch nicht mehr gerechtfertigten Beschränkung von Handlungsmöglichkeiten und notwendigen Relativierungen familialer Erfahrungen, welche die Frauen zwingt, in der Perspektive der dramatischen Konflikte an der Unfreiheit in der Familie als einzig ihnen verfügbarer Raum festzuhalten.

Bestätigung für den bekannten weiblichen Blick – nah und umfassend zugleich –, aber auch für die gern betonten dramaturgischen Schwierigkeiten von Schriftstellerinnen bietet der Erstling einer österreichischen Autorin und ehemaligen Schauspielerin, Richard Nordmann (d.i. Margarete Langkammer). Ihre in der Tradition des österreichischen Volksstücks stehenden *Gefallenen Engel*, 1892 im Deutschen Volkstheater Wien uraufgeführt, faszinieren in der Exposition, einer genauen Darstellung weiblicher Handlungsmöglichkeiten in der Bindung an brüchig gewordene Autoritätsstrukturen in der kleinbürgerlichen Familie. Im Schatten des Ernährers, der seine Rolle kaum mehr, weder materiell noch symbolisch, erfüllen kann und der doch für Frau und Tochter in der Definition ihrer sozialen Stellung maßgeblich bleibt, entwickeln sie ihre Aktivitäten. Sie können jedoch ihrer Aufgabe, den Schein bürgerlicher Wohlanständigkeit auch noch in der materiellen Defizienz zu wahren, nur durch den Verstoß gegen die moralischen Grundsätze der sie bindenden und ihr privates Handeln deckenden bürgerlichen Gesellschaft gerecht werden. In kleinen Täuschungsmanövern, obskuren finanziellen Geschäften und einem Verhalten, das die Grenze zur Kuppelei bzw. Prostitution streift, wollen sie sich gegen die desolaten materiellen Bedingungen behaupten, schreiben jedoch nur die Abhängigkeit für ihr Geschlecht – »erzogen zum ›Warten auf eine gute Partie!‹« (Richard Nordmann: *Gefallene Engel*, S. 38) – fort.

In der Doppelhandlung um die Familie des subalternen Beamten Nowak sucht Nordmann die korrumpierenden Auswirkungen des patriarchalischen Systems darzulegen, wenn sich an der sechzehnjährigen Linerl, unter dem Einfluß der auf die »gute Partie« spekulierenden Frau Nowak, die Erfahrungen ihrer Mutter Johanna wiederholen – Linerl geht am Ende mit einem jungen Bourgeois durch –; Johanna selbst aber, mißtrauisch gegen die Erziehungsmaximen der Mutter, Frau Nowak, geworden, fühlt sich in dem Lügennetz gefangen, das die Frauen zur Vertuschung von Linerls Herkunft gesponnen haben und sieht sich außerstande, aus den korrupten Verhältnissen auszubrechen, da man sie zwar »viel [hat] lernen lassen, aber alles nur halb« (S. 67). Durch die Einbeziehung sich ergänzender und indirekt kommentierender Frauengestalten und durch eine breite Exposition, in der viel von Männern die Rede ist, die Szene aber den Frauen gehört, kann Nordmann die Bedingungen weiblicher Existenz nachzeichnen, ohne sie auf ein individuelles Schicksal zu reduzieren, dem in moralisierender Kritik zu begegnen wäre und ohne die Frauengestalten zu falscher Ohnmacht zu verurteilen. Indem sie vielmehr die Opfer, handelnd in der Abhängigkeit falschen Bewußtseins, als Täterinnen zeigt, weist sie auf die Möglichkeit eines anderen Handelns hin. – Nicht gelungen ist Nordmann jedoch die Verbindung der gegenläufigen Handlungsstränge und die szenische Durchführung der Motive. Vor allem im letzten Akt entgleitet ihr der Stoff. Mehr als einmal werden hier Zufall und Mißverständnis zu dramaturgischen Nothelfern, haben Selbstgespräche und Briefe die Motivation der Figuren zu erläutern, schließlich kippt das Stück in melodramatische Effekte um.

Stärken und Schwächen des Schauspiels scheinen nur zu geeignet, bestehende Vorurteile eines ›typisch weiblichen‹ Schreibens zu bestätigen. Wenn die Zeitgenossen dies nicht erkannten, so lag das an Nordmanns Taktik; sie war eine der wenigen Schriftstellerinnen, die ihre Identität mit dem Debüt nicht preisgab. Spekulationen knüpften sich an das Pseudonym, doch der Vermutung, daß sich dahinter »eine Dame verberge« (*Magazin für Literatur*, 1892, S. 749), schien das »starke Theatertalent« (Fritz Mauthner: *Theater*, S. 760) zu widersprechen, so daß, als Margarete Langkammer bei der Premiere ihres zweiten Stücks, der *Überzähligen* (Raimundtheater Wien 1895), der Mystifikation ein Ende setzte, die Kritik glaubte, »sehr gute Gründe zu haben, die eine mindestens ausschließliche Autorschaft der Frau Langkammer nicht sehr wahrscheinlich machen« (Jakob Julius David: *Geistiges Leben in Wien*, Sp. 163).

Das Familiendrama der *Überzähligen* profitierte von dem Aufsehen dieser Debatten. Bei dem dritten Schauspiel jedoch, der Adelssatire *Halbe Menschen* (Deutsches Volkstheater Wien 1899), holte Nordmann die Meinung der Kritiker ein. Sie zog nach der zweiten Vorstellung das Stück zurück (*Das literarische Echo*, 1898/99, S. 725). – Das stärkste Schauspiel schrieb sie dann mit dem *Blauen Bogen*. Sie kann hier, im Kampf eines Subalternbeamten, der durch die Idee zu einer gesetzlichen Altersversorgung mit der »großen Politik« kollidiert, präziser und ökonomischer den dramatischen Konflikt gestalten und auf Behelfsfiguren und spektakuläre Bühneneffekte verzichten, ohne in der Prägnanz der Figuren- und Milieuzeichnung nachzulassen. Doch von der österreichischen Zensur verboten, in Leipzig 1903 uraufgeführt und von der deutschen Kritik als nicht aktuell gerügt, »da wir ja längst die Altersversorgung [...] besitzen« (Wilhelm Henzen: *Bühnentelegraph*, S. 1058), besiegelte der *Blaue Bogen* nur das Ende einer Karriere, die nicht stattfinden durfte. Es ist das letzte von Nordmann veröffentlichte Schauspiel.

Die unterschiedlichen dramaturgischen Qualitäten der *Gefallenen Engel* und des *Blauen Bogens* sind nicht nur einer wachsenden Erfahrung im Umgang mit der Gattung zuzuschreiben; auch die Stoffwahl muß berücksichtigt werden. Denn der Konflikt der nur reaktiv handelnden *Gefallenen Engel* ist bei weitem stärker von der ihr Verhalten bedingenden Milieuzeichnung und von außen gesteuerten Impulsen abhängig. Um die Handlungsunfähigkeit milieudeterminierter Figuren dramatisch zu gestalten, behalf sich das Drama der konsequenten Naturalisten mit einem Nordmanns dramaturgischen Nothelfern vergleichbaren Kniff, dem »Boten aus der Fremde«, dessen Auftreten eine Scheinhandlung initiiert. Doch eben dieses Muster ist für eine engagierte Frauendramatik nicht übernehmbar, wenn es gilt, sich von dem Klischee weiblicher Ohnmacht zu befreien. Die *Listen der Ohnmacht* aber öffentlich, im Drama, auszustellen, dies widerspricht dem Prinzip dieser Listen wie dem Konfliktmuster des bürgerlichen Schauspiels. So sind auch Nordmanns Volksstücke, obwohl sie einer österreichischen Variante des deutschen Naturalismus nahestehen, nicht den ästhetischen Gruppierungen der Moderne zuzurechnen. Diese Distanz gibt der Autorin einen gewissen Freiraum – gegenüber der Anlehnung oder Unterordnung unter die zeitgenössische moderne Gestaltung des Geschlechterverhältnisses aus maßgeblicher, sprich: männlicher Sicht, die bereits bei den Naturalisten hinter die kritisch aufzeigende und verwerfende Dramatik Ibsens und Anzengrubers zurückgefallen war. Der Rückgriff auf Traditionen des Volksstücks, für den unter den österreichischen Autorinnen der Jahrhundertwende noch auf Antonie Baumberg hinzuweisen wäre, die in ihren besten Stücken wenigstens herrschende Muster unterläuft, scheint demgegenüber für die Behauptung weiblicher Interessen besser geeignet. Durch die weniger strikte formale Reglementierung, die offene Form – die Figuren in ihren sozialen Kontakten darstellend – kann für die Frauengestalten die lähmende Isolierung im bürgerlichen Haushalt vermieden werden, wie durch die weitaus geringere moralische Disziplinierung auch der Frauengestalten, die sie zur Opferrolle im bürgerlichen Schauspiel prädestinierte, ihnen im Volksstück bessere Karten zugespielt werden können.

Den deutschen Autorinnen des Heimatstücks demgegenüber, Anna Croissant-Rust mit *Der Bua* (1897) und Clara Viebig, gelingt die Darstellung der Notwendigkeit des Aufbruchs im Moment des Zerbrechens patriarchalischer Bindungen nicht. Aus einem fortgeschrittenen Grad gesellschaftlicher Umstrukturierung stellen sie vielmehr ihre Protagonistinnen in retrospektiv angelegte Konflikte, die diese auf eine faktisch bereits von ihnen verlassene Ordnung rückverpflichten. Daß Viebig dabei niemals dem Wunschbild einer konfliktfreien Idylle »Land« verfällt, trennt sie, wie die Selbständigkeit ihrer Frauengestalten, von der Heimatkunstbewegung. Indem sie aber in den Eifelstücken *Barbara Holzer* und *Das letzte Glück* (Schauspielhaus Frankfurt a. M. 1909) die materiellen Existenzkämpfe der Bauern auf die Besitzkämpfe der Frauen, Mägde und Arbeiterinnen um ihre Kinder mit deren Vätern überträgt, muß sie in irrationale Erklärungsmuster ausweichen. Gegen die erreichte materielle und mentale Unabhängigkeit binden die naturalisierten sozialen Verhältnisse auch die Frauengestalten auf Prinzipien einer a-sozialen Natur, einer triebhaften Mütterlichkeit. Bei weitem Eindringlicheres erreichte Viebig dann auch dort, wo sie das Land verläßt und die Frauengestalten aus patriarchalischen Bindungen – nicht aber aus kapitalistischen – löst, in zwei in Berlin unter Proletarierinnen spielenden Einaktern aus dem Zyklus *Der Kampf um den Mann*.

Die verschärfte materielle Situation im Deutschen Reich verlangte nach einer entschiedeneren Darlegung der Kritik in den Perspektiven möglicher und notwendiger Veränderungen oder gegen die materielle Zerstörung zurückgeholter familialer und affektiver Sicherheiten. Die Radikalität einer Lu Märten oder Ilse Frapan ist nur selten zu finden. Beide wählen einen seit Holz/Schlaf und Hauptmann etablierten dramatischen Topos: das »ärmliche Zimmer«, darin das Bett einer Schwerkranken und – bei Frapan – Utensilien von Schneiderarbeit als Schauplatz oder Ausgangspunkt der Stücke, beide verlassen jedoch das kleinbürgerliche Milieu zugunsten eines proletarischen. Durchbricht Märten in der dramatischen Skizze *Bergarbeiter* (1909), wo der Tod der Kinder den Streikwillen des Vaters neu zu entfachen hat, geschlechtsspezifische Muster – im Sterben der Tochter, im Lebensdrang und Tod des Sohnes – nicht, so nutzt umgekehrt Frapan in den *Rettern der Moral* (Ernst-Drucker-Theater Hamburg 1905) Mittel der Arbeiterdramatik, um den Kampf der Abolitionistinnen zu unterstützen und in der Prostitutionsreglementierung Unterdrückungsmechanismen des bürgerlichen Staates anzugreifen. Sie faßt die Vorgänge des Schauspiels – die Denunziation einer Arbeiterin und ihre polizeiärztliche Zwangsuntersuchung – im letzten Akt im lebenden Bild zusammen und probt in diesem den Aufstand: Auf einem Maskenball in einer überwachten Arbeiterkneipe tritt vor die Polizeibeamten ein Zug mit einer schwarzverhüllten Bahre; darauf umklammert eine Tintenfischmaske, ein »Polyp«, eine weibliche Wasserleiche. Anonyme Stimmen verkünden dazu den Tod des denunzierten, vergewaltigten Mädchens im Fabrikkanal. Im Moment der Auflösung des Bildes springt eine »rote Maske« mit einer »roten phrygischen Mütze« hinzu und »schlägt dem Polypen den Kopf herunter; unter rasendem Beifallgeschrei wird die Bahre schnell fortgetragen« (Ilse Frapan-Akunian: *Die Retter der Moral*, S. 63ff.). Dieses Bild, mediale Besonderheiten nutzend, um die politische Beschränkung des Mediums, die Theaterzensur, zu unterlaufen, kann nur ungeheuerlich genannt werden.

Frapan schwankt in der Wahl der stilistischen Mittel. Sie greift, etwa in der verdeckten familialen Verknüpfung der Gegenspieler, auf eine Technik des Naturalismus zurück, und sie durchbricht dessen engen Horizont in der offensiv geführten Anklage, dem die Tendenz zur Entpsychologisierung und Entindividualisierung einzelner Figuren entspricht und die auf das Zeitstück der 20er Jahre vorausweist. Schließlich nimmt die Einführung phantastischer Züge in Nebengestalten und -motiven der pantomimischen Brechung der Handlung im letzten Akt die Gewaltsamkeit eines Stilbruchs. Das Ergebnis ist kein »perfektes« Drama, aber spannend gerade in dem Versuch, das aufrührerische Anliegen in entsprechend funktionalisierten künstlerischen Mitteln vorzutragen. An einer solchen Stimmigkeit hatte es ihrem ersten Schauspiel, *Phitje Ohrtens Glück* (Altonaer Stadttheater 1902), noch gefehlt, in dem sie in der neidlosen Gemeinschaft eines Hamburger Hofes die Utopie einer Gesellschaft entwerfen wollte, »wo nicht mehr der Geldsack, sondern die Liebe regiert« (Frapan: Presseerklärung, Sp. 139f.). Ungeprüft übernahm sie dabei die Mittel des konsequenten Naturalismus, mit denen die dem Gegenentwurf immanente Kritik an der kapitalistischen Gesellschaft nicht zu führen war.

Die in den *Rettern der Moral* erreichte Distanz zu ideologischen und stilistischen Richtungen der Zeit fehlt jedoch in vielen Fällen auch einer engagierten Frauendramatik. Im Eifer des sozialkritischen Anliegens bleiben entweder die gewählten dramatischen Mittel unreflektiert, oder die Anerkennung als Dramatikerin wird erkauft durch Anpassung an herrschende Trends. So wählt Marriot z.B. in *Gretes Glück* für die Darstellung der Zerstörung einer Frau durch die ihr aufgezwungene, finanziell vorteilhafte Ehe die für ein emanzipatorisches Anliegen denkbar ungeeignetste Form, das Thesenstück. Bei allem Mut der Autorin – und der ist beachtlich –, in der Darstellung ehelicher Vergewaltigung kann sie doch die kritisierte Verfügung über die in Unmündigkeit gehaltenen Töchter nicht aufbrechen. Vielmehr schreibt sie in der Beschreibung die Ohnmacht fort, wenn sie die Kritik an den Raisonneur delegiert und gegen alle materiellen Erfahrungen die Rolle der Frau in der bürgerlich-patriarchalischen Familie konservieren will. Wie schon in ihrem ersten Schauspiel, *Der Heirathsmarkt* (1895), als sie gegen den »Sittenverfall«, wie er in der auf »Männerfang« ausgerichteten Erziehung der höheren Töchter zutage tritt, nur die Aufwertung des mütterlichen Bereichs, der »getreuen Priesterinnen des häuslichen Herdes« (Emil Marriot: *Der Heirathsmarkt*, S. 115), zu setzen wußte, so mündet die Kritik in *Gretes Glück* in die Mahnung an die Mütter, ihre Töchter »über die Liebe des Mannes aufzuklären. [...] Sie würden den Sprung [in die liebeleere Ehe] vielleicht nicht thun wollen [...], wenn sie wüßten, was sie erwartet« (Emil Marriot: *Grete's Glück*, S. 49). Als handle es sich bei dem Spielraum, den Marriot ihren Frauengestalten zubilligt, um eine Frage des Wollens.

Sicher widerruft hier nicht nur die dramatische Form den Inhalt. Mit der Rehabilitierung des weiblich-mütterlichen Bereichs steht Marriot Strategien der gemäßigten Frauenbewegung nahe. Nur zu lange hielt diese in ihrer Argumentation eine Trennung aufrecht zwischen weitgehend von den »Umständen« erzwungenen berufs- und bildungspolitischen Forderungen und familienpolitischer Aufwertung der weiblichen Rolle, die nicht zuletzt Sexualität an die generative Funktion in der Familie band. In dem Maße aber, wie Schriftstellerinnen Alternativen aus der dramatischen Diskussion ausschließen, wächst die Bereitschaft zur Einwilligung in herrschende Verhältnisse. So greift zwar Rosmer in der eingangs erwähnten *Maria Arndt* das Erziehungsprogramm von Gottes Tochter auf – 1908 jedoch, da selbst in Preußen die Mädchenschulreform Frauen, wenigstens de jure, Gymnasial- und Universitätsbildung erschloß, da die radikale Frauenbewegung sexuelle Tabus aufgebrochen hatte, wäre zu erwarten, daß sie über das Postulat hinaus die Idee in der dramatischen Handlung konkretisieren kann.

In Rosmers Dramen fällt eine rigide Zweiteilung geschlechtsspezifischer Konfliktgestaltung auf. Hatte ihr nie aufgeführter Erstling *Wir drei* (1891) noch tastend nach der Gestaltung einer »neuen Frau« gesucht und bringt die *Dämmerung* mit der Ärztin Sabine Graef eine der wenigen Akademikerinnen auf die deutsche Bühne, welche nicht von ihrem Autor verhöhnt wird, so läßt sie nicht nur in der weiteren Produktion diese Figur fallen; schon in der *Dämmerung*, stärker noch in den folgenden Gegenwartsstükken *Tedeum* (1896) und *Johannes Herkner* (1904) – alle bei S. Fischer, Berlin, verlegt und bei Brahm uraufgeführt –, ist der dramatische Konflikt auf die Bedürfnisse des Protagonisten ausgerichtet, denen die Frauen sich widerspruchslos unterordnen. Aber auch ihre »Frauenstücke«, von denen *Mutter Maria* und *Maria Arndt* aufgeführt wurden, willigen – wenn auch nicht klaglos – in patriarchalische Vorgaben ein. Verzicht ist die Prämisse weiblicher Existenz, die Rosmer nicht anklagend ausstellt, sondern die sie verklärt, wenn sie in *Mutter Maria*, einer »weiblichen« Variante des Undinenmotivs, da das Naturwesen Frau zwar durch, aber nicht für den Mann erweckt wird, ein Mutterschicksal mit den Mitteln des Symbolismus zu verewigen sucht, welches im Verzicht der Mutter, belohnt durch eine Marienapotheose, kulminiert. Und resignierende Einwilligung ist Rosmers Angebot an Maria Arndt. Wohl nicht von ungefähr konkretisiert sie das emanzipatorische Erziehungsprogramm in der Episodenhandlung um den Sohn einer benachbarten Familie, denn für ihr eigenes Geschlecht widerruft die Fabel das aufklärerische Anliegen der Titelfigur. Einmal mehr wird ein biologisches Schicksal der Frau hypostasiert: Getrennt von ihrem Gatten, der Erziehung ihrer Tochter Gemma lebend, begegnet Maria dem Mann wieder, dessen Bekanntschaft sie einst bewogen hatte, ihrer »Ehelüge« ein Ende zu setzen. Im Konflikt zwischen dem Geliebten und den Bedürfnissen Gemmas siegt das Kind, die Mutter tötet sich. »Vergewaltigt – hingegeben – aber die Natur macht keinen Unterschied und schenkt uns das Kind« (Ernst Rosmer: *Maria Arndt*, S. 92). Verstärkt wird dieser fatalistische Duktus noch durch eine enggeschlossene, von Todessymbolen durchtränkte Atmosphäre. In diesem stimmungsträchtigen Ambiente wird die Idee von Gottes freier Tochter allenfalls noch als reizvoller Kontrast wirksam, nicht mehr als Alternative durch das Schauspiel diskutiert.

Der Versöhnung in der Resignation mit zerstörerisch erfahrenen sozialen Verhältnissen kommen die impressionistischen wie dann die stilkünstlerischen Richtungen entgegen, sind sie doch selbst häufig als Flucht aus der gesellschaftlichen Realität – der Impressionismus – oder als Unterwerfung der Wirklichkeit unter das Gesetz der »großen Form« charakterisiert worden. Für die Frauenstücke aber bedeutet die Aneignung dieser »-ismen« die Affirmation, die Einwilligung in erfahrenes Leid, das als verübtes nicht mehr erkennbar wird. Nicht anders ist der impressionistische Einakterzyklus *Zu spät* (Burgtheater Wien 1903) von Marie Eugenie delle Grazie, einer treu an den »-ismen« der Jahrhundertwende partizipierenden österreichischen Autorin, zu verstehen, in welchem sie das Thema der verratenen, verkauften Frau variiert, die in der Retrospektive die Fehlentscheidungen heraufbeschwört. Denn nicht das fragende, suchende Ergründen der Mechanismen, der materiellen und moralischen Zwänge, welche sie in die ausweglose Situation getrieben haben, ist Anliegen der Rückschau und Wiederbegegnungen, sondern die Erinnerung dient nur der Erhöhung des Stimmungswerts einer vertanen Chance, und die Opfer etablieren sich, in breit ausgeführten Reden die einstigen Entscheidungen nachvollziehend, in der Rolle der Dulderinnen.

Vollends die Stildramen geben den Gedanken an emanzipatorische Kritik erfahrener Unterdrückung preis. Denn das gewaltsame Konstrukt einer erzwungen ausweglosen, pseudotragischen Konstellation zwingt die Heldin zum entsagungsvollen Dulden als Voraussetzung der Handlung oder unterwirft ihr Handeln einer Idee, die nicht ihre Befreiung meinen kann. – »An Germania«, »Deutschland – in dir!« (Ursula Carolina Woerner, *Vorfrühling*, S. 95 und S. 206), so wird in Carolina Woerners *Vorfrühling* (Hoftheater Karlsruhe 1909) der starken, wenn auch schemenhaft bleibenden Antagonistin gehuldigt. Und wie selbstverständlich setzt die Erhebung im Dienste einer nationalistischen Idee die Herabsetzung der Gegenspielerin voraus.

Deren falsches Handeln, bedingt durch ein wirres Konglomerat aus Eifersucht, Unwissenheit, Mißverständnis und politischen Divergenzen mit dem geliebten Mann, das als Konfliktpotential nicht aufgelöst und ausgefochten wird, ist Voraussetzung des Handlungsverlaufs, der in die Demagogie eines deutschen Märtyrertodes im Jahre 1809 führt. Damit aber wird die Unmündigkeit der Frau nicht Gegenstand des Schauspiels, sondern Funktionale seiner Tendenz, in deren Dienst die Frau ein zweites Mal vergewaltigt wird.

Keiner dieser Autorinnen, auch den zuletzt genannten nicht, ist Engagement in eigener Sache abzusprechen. Nur die Mittel, mit denen sie auf die erfahrenen Verhältnisse reagieren, sind so unterschiedlich wie ihre Biographien. Frapans immer erneutes Aufbegehren und Durchbrechen auferlegter Schranken unterscheidet sich radikal von dem Leben der ehemaligen Schauspielerin und Münchner Rechtsanwaltsgattin Rosmer/Bernstein oder von Woerners jahrelanger Fesselung in der Krankheit. Ambivalent, wie diese Lebensläufe zwischen Anpassung und Selbstbehauptung jonglieren, bleibt auch die Orientierung an den dramatischen Mustern der Moderne: Die Projektionsmechanismen des ersten Geschlechts stehen ihnen nicht zur Verfügung; das Durchbrechen des Schweigens und das Eindringen in einen ihnen verwehrten literarisch-öffentlichen Raum läßt sie jedoch häufig Konformismus in der Opposition suchen, noch im Aufbegehren signalisieren sie Bereitschaft zur Unterordnung. Dies ist nicht das spezielle Problem der Dramatikerin – aber die privilegierte Gattung kam ihr auch nicht entgegen. Wie schon deren formale Gesetze, in der szenischen Präsenz agierender Personen ein Handlungskonzentrat zu imaginieren, weiblichen Erfahrungen in der bürgerlichen Gesellschaft, ausgeschlossen von deren Öffentlichkeitsforen, zuwiderlaufen – und in jener noch 1930 von Fleißer notierten Diskrepanz zwischen »meisterhaft« geschriebenen Einzelszenen und dem Mißlingen des »sogenannten wohlabgewogenen Baus« als Charakteristikum *dramatischen Empfindens bei den Frauen* (*Die Scene*, 1930, S. 8f.) mag die spezifische Schwierigkeit der Dramatikerin zwischen öffentlicher Form und privatem Handeln ihren Niederschlag gefunden haben –, so widersprechen die ideologischen Muster der Gattung ihren Interessen.

Heldinnen als Opfer hat diese literarische Gattung in ihrer Geschichte kultiviert. Ihren Schöpfern war dies eine bevorzugte Möglichkeit der Kritik an ihrer Gesellschaft. Wollten Frauen die Gattung sich aneignen, dann verlangte dies, mit dem Muster des *leidenden Weibs* und der *opfernden Heldin* eine im bürgerlichen Drama überhöhte Erwartung doppelt zu unterlaufen. Dies konnte nicht im simplen Verkehren der Rollenmuster, dem Ersetzen der passiven durch aktive Heldinnen, gelingen, dazu mußte der bürgerliche Heldenmythos zerstört werden – in Übereinstimmung, aber auch gegen dessen Destruktion durch die zeitgenössischen Dramatiker.

Als »weiblicher Wedekind« war die Lyrikerin Marie Madeleine den Zeitgenossen empfohlen und verrufen; in ihrer Komödie um *Das bißchen Liebe* läßt sie als Anti-Wedekind aufhorchen. Eine andere Lulu, führt diese Sascha ihre Selbstbehauptung nicht nur gegen die Zumutungen der sie begehrenden Männer, welche die Unerreichbare idealisieren, die erreichbar Gewordene sich unterwerfen und bei Mißlingen sich töten oder sie, vergeblich, töten wollen, sondern genauso gegen eine »von Männern beherrschte Literatur«, in welcher »die Frau entweder etwas unglaublich Gutes und Edles oder [...] ganz las-ter-haft und dä-mo-nisch« (Marie Madeleine: *Das bißchen Liebe*, S. 67) ist.

Etwas subtiler als Marie Madeleine, die im Eifer ihres Anliegens eine andere Maxime ihrer Prinzessin vergißt, daß Frauen nämlich »zu klug [sind], um sich so darzustellen, wie sie sind« (S. 67), und ihre Heldin etwas zu geschwätzig aus der Schule plaudern läßt – etwas subtiler also verfuhr gut dreißig Jahre früher Hedwig Dohm in einigen Einaktern, damals noch im Königlichen Schauspielhaus Berlin aufgeführt, in denen sie, mit Fontane zu sprechen, »moderne Männerliebe ridikülisiert« (Theodor Fontane: *Theaterkritiken*, S. 386). Aber mehr noch: Wenn ein Ritter *Vom Stamm der Asra* (1876) mit den Worten Heinrich Heines seine Angebetete zu erpressen oder ein selbsternannter *Seelenretter* (1875) Bestätigung für seine Mission ausgerechnet in der Besinnung auf des Deutschen größten dramatischen Helden, in der moralischen Widerlegung Fausts, sucht, dann bezieht sie soziokulturelle Muster vom siegreichen Verführer und der düpierten Verführten in die Blamage ihrer Helden ein. Finden sich diese am Ende als Gegenstand des Spottes wieder, dann verblaßt auch die Aura der von ihnen bemühten kulturellen Leitbilder.

Dohm führte die dramatischen Versuche nicht weiter. Zwanzig Jahre nach ihren Stücken aber schrieb eine jüngere Autorin die für zeitgenössische Klassikerpietät nun wirklich ketzerische Gretchen-Paraphrase: »Mein' Schand' is hin! Mein Schand' will ich wieder!« (Juliane Déry: *Die Schand'*, S. 87). Gesprochen ist sie in einem Wiener Volksstück mit den mittlerweile hinlänglich bekannten Determinanten Liebe/Geld, Ehre/Schande. Auf moralisierende oder argumentierende Vorhaltungen aber läßt sich Juliane Déry nicht mehr ein. Der Weg dieser Ungarin, nach dem wenigen, was darüber bekannt ist, hatte sie aus der bürgerlichen Gesellschaft geführt – sie hatte als Schauspielerin in Wien und Paris begonnen, lebte in den 90er Jahren in der Münchner Bohème, gründete dort zusammen mit Max Halbe das Intime Theater (1895), wurde schließlich noch mit der Dreyfus-Affäre in Beziehung gebracht, 1899 schied sie aus dem Leben –, und ihre Stücke signalisieren die Aufkündigung der Einwilligung. Provokationslust führte ihr bei der *Verlobung bei Pignerols* (Hoftheater Coburg-Gotha 1891), einem Schwank, der durch die Einbeziehung der Frauengestalten die zentrifugale Bewegung des Genres noch steigerte, die Hand; in den 90er Jahren folgte – neben einigen impressionistischen Nichtigkeiten – mit den *Sieben mageren Kühen* (Dramatische Gesellschaft im Residenztheater Berlin 1898) eine Satire auf das Thema Geldehe. Nicht mit Entrüstung oder Verzweiflung, nur mit Hohn kann bourgeoisem Ehehandel noch begegnet werden. Der bürgerliche Tugendkanon selbst steht damit zur Debatte. *Die Schand'* wird zur Satire auf das bürgerliche Drama schlechthin, auf das Drama der Verführten mit dem bekannten Personal vom polternden Vater, der die Tochter verstößt, dem Liebhaber, den eine Intrige des Freundes von der Geliebten trennte, worauf sie »Opfer« des Intriganten wurde. Allein, die Personen bekommen die dazugehörenden Handlungsweisen nicht mehr zusammen. Die »Lösung« durch Selbstmord ist nur mehr als komische Reminiszenz möglich, und das Duell der Rivalen verkehrt sich in das handgreifliche Bemühen des Betrogenen, den Intriganten zur Heirat der Geliebten zu zwingen. Denn »tragt wer Hörner, dem der Freund die Geliebte wegheiratet?« (S. 74). Die bürgerlichen Wertvorstellungen, an denen die Personen ihr Handeln ausrichten wollen, taugen in dieser Gesellschaft herabgekommener Handwerker und neureicher Unternehmer nicht mehr als Orientierungsmuster, und die Personen stürzen permanent aus der großen Pose ab, kippen um. Hingerissen betrachtet der Vater sein Kind, »vor Freude närrisch« und Anlaß, »der Mutter in Demut und Dankbarkeit zu Füßen [zu] stürzen.« Daraus holt ihn die prosaische Aufforderung Maries: »Heirat' mich! – So verleid' mir doch nicht diesen Augenblick!« (S. 32). Und als er sie endlich heiraten will, ist das Kind gestorben, und Marie will ihn nicht mehr haben.

So baut *Die Schand'* (1897) berühmte Konfliktkonstellationen auf, zu deren Lösung das Drama der bürgerlichen Gesellschaft Mord, Selbstmord, Kindsmord angeboten hatte. Doch die Realität wie die verqueren, nämlich selbstsüchtigen Reaktionsweisen der Gegenspieler lassen solche Konfliktlösungen nicht mehr zu. In Gelächter, dem die Überheblichkeit fehlt, der dann Wedekind seine verhinderte Kindsmörderin, Klara Hühnerwadel, in der *Musik* (1906), aussetzen wird, versinkt mit einer berühmten dramatischen Tradition ein bürgerlicher Tugendkanon, der Frauen als Opfer nur erhob. – Beschränkungen, Belastungen sind damit durchbrochen, ein Weg in die Dramatik des 20. Jahrhunderts ist gebahnt. Doch *Die Schand'* harrt noch der Uraufführung.

Hiltrud Gnüg

Erotisch-emanzipatorische Entwürfe

Schriftstellerinnen um die Jahrhundertwende

Die Französische Revolution hat die »égalité« / Gleichheit und die »liberté« / Freiheit auf ihre Fahne geschrieben, doch schon die dritte Farbe der Tricolore, die »fraternité« / *Brüder*lichkeit, verweist darauf, daß den Frauen nicht die gleiche Würde wie den Männern zukommt, infolgedessen auch nicht die gleichen Rechte. Die Bürgerinnen haben zwar aktiv für die Freiheit gekämpft, werden aber sowohl vom aktiven als auch passivem Wahlrecht in der Nationalversammlung ausgeschlossen. Olympe de Gouges, Autorin der berühmten *Déclaration des droits de la Femme* vom September 1791, fordert im Artikel 10 dieser Erklärung: »Die Frau hat das Recht, auf das Schafott zu steigen, sie soll gleichermaßen dasjenige haben, auf die Rednerbühne zu steigen.« Robespierre rechnet die kämpferischen Frauen zu seinen Gegnern, löst am 20. Oktober 1793 die von der Schauspielerin Claire Lacombe geführte *Société des Femmes Républicaines Révolutionnaires* auf, nimmt den Frauen das Recht auf Versammlungsfreiheit. – Während sich die Frauen nach der Französischen Revolution in ihrer Hoffnung auf politische Gleichberechtigung schmerzlich enttäuscht sahen, wurden ihnen im privatrechtlichen Bereich Zugeständnisse gemacht. Die Benachteiligungen in der Erbfolge wurden aufgehoben, das Recht auf Zeugenschaft wurde ihnen zugestanden (8. und 15. Aug. 1791), die Ehescheidung bei wechselseitigem Einverständnis oder auf begründetem Verlangen eines Ehepartners wurde möglich (20. Sept. 1792). Während der *Code Civil* an dem Scheidungsrecht festhielt, jedoch die Durchführung erschwerte, wurde es mit der Restauration nach einem knappen Vierteljahrhundert wieder abgeschafft und erst mit dem Gesetz vom 27. Juli 1884 wieder eingeführt. – Die Frage des Scheidungsrechts ist gerade für die Entfaltungsmöglichkeit der Frau insofern von Bedeutung, als die Ehe dem Mann in fast allen wichtigen Fragen alleiniges Entscheidungsrecht zugestand. Trotz der proklamierten Gleichheit aller Bürger zielen die Gesetze des *Code Civil* darauf ab, die patriarchalische Herrschaft des Mannes als Vater und Ehemann in der Familie zu sichern. Die Frau wechselt mit der Heirat nur den Herrn, an die

Stelle des *pater familias* tritt der Ehemann, der nun seinerseits über die Lebensführung der Frau wacht, ihren Wohnsitz bestimmt, ihre Korrespondenz überwachen darf, die Alleinverwaltung ihrer Güter übernimmt etc. Der *Grand Dictionnaire Universel* von Pierre Larousse (1865-1876) feiert zwar die von der Französischen Revolution proklamierte Gleichheit der Geschlechter, die im *Code Civil* festgelegten rechtlichen Errungenschaften der Frau, er konstatiert jedoch auch – ohne einen Anflug von Irritation ob des Widerspruchs zum Gleichheitsprinzip –, daß diese Gleichheit in der Ehe aufhöre. Der für die Frau günstigste Familienstand – vor allem nach dem Jahr 1816, das die Scheidung verbot – wäre der Witwenstand, da er die Frau sowohl von der Autorität des Vaters als auch von der des Ehemannes befreite, er ihr grundsätzlich eine Lebensführung nach eigener Wahl erlauben würde. Daß Witwenschaft und Ehelosigkeit dennoch nicht unbedingt als die große Befreiung von den meisten Frauen betrachtet wird, liegt nur in geringem Maße an einer emotionalen Bindung, an einer Liebe für den einen Einzigen, sondern an den patriarchalischen ökonomischen Verhältnissen. Da das Bürgertum, das sich im Zuge der Industrialisierung ökonomische und später politische Macht erkämpft hat, die bürgerliche Frau vom Produktionsprozeß, d.h. von der Macht ausschließt, da nur der Mann ihr ökonomische Sicherheit bieten kann, muß die Frau an der Ehe als an einem Tauschgeschäft interessiert sein. Der Preis für die in der Ehe vertraglich zugesicherte materielle Versorgung ist die Unterwerfung unter ein männliches Tugendideal: das der »züchtigen Hausfrau«, die »drinnen« im beschränkten Umkreis des häuslichen Herdes – abgeschnitten vom öffentlichen Leben – »waltet«, legale Kinder gebiert und aufzieht. Eheliche Treue gehört zur Vertragspflicht der Frau, da nur sie die legale Nachkommenschaft garantiert. Anders als der Mann muß die Frau mit ihrer Sexualität rationell umgehen, darf sie sie nur als Gegenwert für das Eheversprechen einsetzen, andernfalls verlöre sie an Kaufkraft, an Anreiz zur Ehe. Die aristokratische Konvenienzehe unterscheidet sich von der bürgerlichen hauptsächlich darin, daß in ihr die Sexualität kaum eine Rolle spielt, sie vor allem der Verbindung gleichrangiger Namen und natürlich auch einer reinen Erbfolge dient. – Sowohl Bürgertum als auch Aristokratie verhindern schon durch eine entsprechende Ausbildung und Erziehung, daß die Frau den Weg finanzieller Unabhängigkeit durch einen Beruf anstrebt. Zwar verbietet nicht das Gesetz der Frau das Erlernen eines Berufes, jedoch die Familienehre. Und obwohl die Manufakturarbeiterin im 19. Jahrhundert schon eine weit verbreitete Erscheinung ist, konstatiert auch hier der Larousse in seinem Artikel »Ouvrier« / Arbeiter von 1874, daß die Manufakturarbeit der Frau »eine ungesunde Konkurrenz zwischen Gattin und Gatten schaffe«, »Moral und Hygiene gegen die Beschäftigung von Frauen in den Werkstätten spreche«, hält er gegen die Argumente der »Philanthropen« daran fest, daß die »Frau als Mutter und Tochter zu Hause arbeiten solle«. Offensichtlich verfehlt die Frau, die aus Not oder Neigung im beruflichen Leben integriert ist, ihre Bestimmung als Frau. Den eingeschränkten Bildungs- und Berufsmöglichkeiten der Frau entspricht eine Moral, die die Frau – anders als den Mann – auch in ihrer erotischen Sinnlichkeit, Körperlichkeit unterdrückt. Das 19. Jahrhundert hat in seinem Verlauf eine immer rigidere Sexualmoral für die Frau, eine Doppelmoral für den Mann entwikkelt. Da nun gerade die weibliche Sexualität innerhalb der patriarchalisch organisierten Gesellschaft in die gewöhnlich lustfeindliche Institution der Konvenienzehe verbannt wird, hat die Opposition der Frauen um die Jahrhundertwende gegen diese rigide Sexualmoral auch einen emanzipatorischen Impetus. Daß andererseits erotische Libertinage noch keine geglückte Emanzipation verbürgt, sie auch andere Formen der Unfreiheit bergen kann, ist evident.

Als ein Beispiel für die komplexe Problematik weiblicher Emanzipation stellen sich die Biographie und das Werk der Franziska zu Reventlow dar, der lebenshungrigen, sinnlich-erotischen Gräfin, die eine strenge, ja diktatorische Erziehung genießt, nur heimlich die damals modernen Autoren wie Lassalle, Bebel, Ibsen, Zola etc. lesen kann und deren Wunsch, unter fachlicher Anleitung gründliche Malereistudien zu betreiben, auf den erbitterten Widerstand der Eltern stößt. Nur um der Enge des Elternhauses zu entkommen und um finanziell unabhängig zu werden, setzt sie es durch, ein Lehrerinnenseminar zu besuchen. Lehrerin, Gouvernante, Pflegerin, so sieht im Allgemeinen das Spektrum der beruflichen Möglichkeiten der »gebildeten Schicht« aus. Franziska zu Reventlow hat keinen pädagogischen Eros, sieht in dem Lehrerinnenberuf nur einen Weg, der familiären Tyrannei und der drohenden Konvenienzehe zu entkommen. Was ihre Romanfigur Ellen Olestjerne aus dem gleichnamigen autobiographischen Roman (1903) äußert, als sie auf viele Bälle geschickt wird, um vielleicht »doch mal jemand zum Heiraten zu finden«, entspricht ihrem eigenen Verhalten: »Momentan ist hier das ganze Haus voll von Offizieren zur Jagd. Ich halte ihnen Reden über Ibsen und moderne Ideen [...] Die werden sich schwer hüten, mich zu heiraten. Überhaupt macht es mir furchtbaren Spaß, die Leute vor den Kopf zu stoßen, besonders diese aristokratische Bande« (S. 85). Am Tag ihrer Mündigkeit, dem 18. Mai 1892, flieht die Reventlow nach Wandsbeck zu einer befreundeten Familie des »Ibsen-

Clubs«, eines intellektuellen Zirkels, der u. a. auch Ideen weiblicher Emanzipation diskutiert. Ihre Familie wird ihr diesen Schritt nie verzeihen, versagt ihr auch in der Not jede Hilfe, verweigert sogar den Abschied vom sterbenden Vater. An der psychischen und ökonomischen Strafe läßt sich das Ausmaß der Provokation ablesen, die eben der Ausbruch aus dem Paradigma weiblicher Lebensgestaltung – im Sinne des Patriarchats – bedeutet. Im Ibsen-Club lernt sie den Gerichtsassessor Walter Lübke kennen, der viel Verständnis für ihre künstlerischen Ambitionen zeigt, sich mit ihr verlobt, ohne daß sie konkreter an eine Ehe mit ihren Implikationen dächte. In München – Lübke finanziert den einjährigen Aufenthalt – nutzt die Reventlow nicht nur ihre Chance, unter fachlicher Anleitung intensiv ihre Kunststudien zu betreiben, sie genießt in vollen Zügen die neue Freiheit, ist hingerissen von dem unkonventionellen Leben der Künstlerbohème – Diskussionen bis zum frühen Morgen, improvisierte Imbisse, turbulente Maskenbälle, ungeplante nächtliche Escapaden etc. und dann wieder das aufreibende Mühen, in der Kunst weiterzukommen. Die Gräfin, deren Lebensweise sowohl den Verhaltensnormen der eigenen aristokratischen Kaste als auch den Erwartungen der »guten Gesellschaft« überhaupt widerspricht, vergoldet in ihren autobiographischen Schriften und Romanen keineswegs ihre Erfahrungen: dem Rausch der Feste, der augenblickserfüllten Impromtus folgt die nervende Suche nach ein bißchen Geld für eine Mahlzeit, die rückständige Miete, Malutensilien. Freiheit ist ihre Devise, und das bedeutet für sie, der Spontaneität ihrer Einfälle und Wünsche – ohne Rücksicht auf gesellschaftliche Normen, Vernunftgründe, moralische Vorstellungen – zu folgen, ihre Sinnlichkeit auszuleben, ihren Leidenschaften sich hinzugeben – auch auf Kosten der Gesundheit, des guten Rufes, friedlicher Geborgenheit. Als Neunzehnjährige schreibt sie an ihren Freund: »[...] von jungen Mädchen findet man's entsetzlich, wenn sie ein Selbst sein wollen, sie dürfen überhaupt nichts sein, im besten Fall eine Wohnstubendekoration oder ein brauchbares Haustier, von tausend lächerlichen Vorurteilen eingeengt. Die geistige Ausbildung wird vollständig vernachlässigt, schändlich ist's, daß man in ihrer Erziehung und Lebensweise immer versucht, ihre Sinnlichkeit zu reizen, um sie zu verheiraten, ›damit sie ihren Beruf erfüllen‹ – und dann vollständig im Haushalt und dergleichen versumpfen. [...] Ich will und muß einmal frei sein, es liegt nun einmal tief in meiner Natur, dies maßlose Sehnen und Streben nach Freiheit. Die kleinste Fessel, die andere gar nicht als solche ansehen, drückt mich unerträglich, unaushaltbar – muß ich mich nicht freimachen, muß ich mein Selbst nicht retten – ich weiß, daß ich sonst daran zugrunde gehe«.

Eine besondere Wertschätzung der Ehe spricht nicht aus diesen Zeilen; dennoch heiratet sie 1894 Walter Lübke, ist ihm ein ganzes Jahr lang eine gute Lebensgefährtin in Hamburg, geht dann wieder nach München, um ihre Malereistudien weiterzuführen und genießt auf's Neue das turbulente Leben der Künstler-Bohème. Sie liebt ihren Mann, aber sie fühlt sich zugleich von den erotischen Reizen verschiedener Männer angesprochen; und da sie moralische Bedenken nicht kennt / anerkennt, kostet sie den Sinnenrausch einer Episode wie die Fieberkurven einer Leidenschaft aus. Ihre Protagonistin Ellen Olestjerne erfährt die Liebe als eine »blinde, wütende Sturmflut, die alle Dämme niederbrach, und da gab es kein Fragen mehr, kein Überlegen, was mit fortgerissen und was gerettet werden konnte« (S. 172). Auch Franziska zu Reventlow fragt nicht nach den Konsequenzen, wenn sie sich der »Sturmflut« ihrer erotischen Begierden überläßt, sie wägt nicht das Für und Wider ab, teilt ihre Gunst nicht nach sicheren Zukunftsperspektiven aus, sondern sie empfindet den Eros als Selbstzweck, der Mann und Frau das lustvolle Gefühl ihrer Körperlichkeit beschert. Und darin liegt auch das emanzipatorische Moment ihrer libertinen Lebenskonzeption: sie bejaht die Sexualität der Frau, und das heißt zu ihrer Zeit, sie fordert gegenüber einer repressiven Gesellschaft, die die Frau einerseits zum niedrigen Lustobjekt degradiert, sie andererseits zur hehren Gattin und Mutter stilisiert, die rein ist von der Verderbnis sexueller Wollust, das Recht auf ein undiskriminiertes Sexualleben der Frau. Das Oeuvre ihres literarischen Zeitgenossen Arthur Schnitzler, das immer wieder kritisch die männliche Doppelmoral ausstellt, die das »gefallene Mädchen«, die Frau mit sexueller »Vergangenheit« diffamiert, gleichzeitig die zahlreichen sexuellen Erfahrungen des Mannes als »fesch«, weltmännisch-souverain taxiert, demonstriert die Brisanz dieses Postulats. Die Gräfin liebt die flüchtigen Amouren ebenso wie die grande Passion, sie kennt kein Nacheinander, empfindet mehrere Lieben auf einmal, und nimmt en passant noch erotische Aventuren mit. In ihrem Tagebuch (16. Okt. 1905) notiert sie: »Fühle mich ganz als ich selbst, wenn alles durcheinandergleitet, Wehmut, tiefe Liebe und frivole Oberflächlichkeiten.« In ihrem erotischen Briefroman *Von Paul zu Pedro – Amouresken* (1912), in dem sie eine Galerie verschiedener Liebhabertypen ironisch witzig portraitiert, schöpft sie aus ihrem eigenen reichen Erfahrungsschatz. Stärker als in ihrem Erstling *Ellen Olestjerne* entfaltet sie hier ihr Talent zur Satire und distanzierter Beobachtungsgabe. Das gilt auch für den ein Jahr später erschienenen Schwabingroman *Herrn Dames Aufzeichnungen oder Begebenheiten aus einem merkwürdigen Stadtteil*, in dem sie wiederum ihre eigenen Erlebnisse in dem Kreis um

Klages, Wolfskehl, George geistreich aufs Korn nimmt. So erfrischend ihr Freimut ist, ihre sexuellen Abenteuer nicht mit der Aura hehrer Empfindung moralisch zu polieren, so problematisch bleibt doch ihr Versuch, das schrankenlose Ausleben der Sexualität schon als geglückte weibliche Emanzipation darzustellen. Obwohl ihr von Finanznöten bestimmtes Leben das aristokratische Privileg luxuriösen Müßiggangs keineswegs kennt, sie die eigene Klasse als »Aristokratenbande« verachtet, entwickelt sie doch aristokratische Vorstellungen einer erstrebenswerten weiblichen Existenzform. In ihrem programmatischen Aufsatz *Viragines oder Hetären* (1899), der sich polemisch gegen die Ziele der damaligen Feministinnen / Viragines richtet, definiert sie die Frau als »Luxusobjekt in des Wortes schönster Bedeutung, das Schutz, Pflege und günstige Lebensbedingungen braucht«, für den Kampf ums Dasein nicht geschaffen ist und das seine Zeit damit ausfüllen soll, »Männer zu lieben, Kinder zu bauen und an allen erfreulichen Dingen der Welt teilzunehmen«. Und folgerichtig fordert sie eine Frauenbewegung, die »die Frau als Geschlechtswesen befreit«, »die uns das Hetärentum wiederbringt« (*Autobiographisches*, S. 478). Das Postulat freier Liebe teilt sie mit Ida Hofmann-Oedenkoven, die zu den Monte-Verità-Bewohnern gehört, einer Gruppe, die eine alternative Lebenskultur proklamiert, eine gesunde, mehr vegetarische Ernährung, körperfreundliche Kleidung bzw. nacktes Sonnenbaden, Freiluftarbeit, Freilufttanz etc., kurz ein Leben im Einklang mit der inneren und äußeren Natur, das eine nicht institutionalisierte Sexualpraxis einschließt. Während Ida Hofmann in ihren Schriften *Monte Verità. Wahrheit ohne Dichtung* (1906) außer der freien Liebe jedoch auch Chancengleichheit der Bildung, Berufstätigkeit der Frau fordert – ähnlich wie Sibilla Aleramo in ihrem autobiographischem Roman *Una donna* von 1906 –, ein politisches Konzept sozialen Zusammenlebens entwickelt, bleibt Franziska zu Reventlows Emanzipationsentwurf in mancher Hinsicht traditionellen Denkmustern verhaftet. Sie fordert zwar die »freie Verfügung über seinen Körper« (*Autobiographisches*, S. 479), freie Sexualität, teilt aber letztlich der Frau eine Drohnenexistenz zu, die diese weiterhin vom politischen und öffentlichen Leben, von Selbstbestimmung, im umfassenden Sinne von Eigenverantwortung, freier Berufswahl, ökonomischer Unabhängigkeit ausschließt. Im Grunde reproduziert sie die Denkmuster über eine Geschlechterpolarität, die dem Mann Aktivität, Aggressivität, Genialität, der Frau dagegen Passivität, Hingabefähigkeit, einen künstlerischen Sinn, der nur im »Sichhineinleben, Nachempfinden« besteht (S. 477), zuschreiben. Obwohl sie selbst für sich und ihren Sohn, dessen Vater sie – wie manche Feministinnen heute – nur die Erzeugerrolle zuweist, mühsam durch Übersetzungen vor allem den Lebensunterhalt verdient, sie als Schriftstellerin die künstlerische Produktivität der Frau beweist, feiert sie das fragile Luxusgeschöpf mit erotischer Begabung als Frauenideal. – Ihre Ehe, die ihr materielle Sicherheit gegeben hätte, wird nach einem Jahr geschieden, da Lübke die erotische Libertinage der Gräfin nicht erträgt. Zwar träumt die Reventlow immer wieder von einem charmanten Mann, der sie finanziert und ihr alle sexuellen Freiheiten läßt, zwar geht sie mehrere solcher Liaisons mit ›Finanzhintergrund‹ ein, aber ihr Unabhängigkeitsdrang ist größer als ihr Wunsch, umhegtes »Luxusobjekt« eines Mannes zu sein.

Der Widerspruch, der das Leben der Franziska zu Reventlow prägt, ein Unabhängigkeitsstreben, das die Fesseln der Ehe scheut, und ein Sehnen nach Geborgenheit und finanzieller Sorglosigkeit, ist symptomatisch für eine ganze Reihe von Schriftstellerinnen um die Jahrhundertwende. Colette hat diesen Konflikt in ihrem Roman *La Vagabonde* von 1910 thematisiert, in dem sie u.a. ihre eigenen Erfahrungen mit ihrem ersten Mann Willy verarbeitet, sie die Anfechtungen ihrer nach der Scheidung allein lebenden Protagonistin Renée, einer Schauspielerin, durch die Werbung eines liebenswürdigen und finanziell potenten Mannes darstellt. Renée entscheidet sich trotz mancher Katerstimmung, die das Alleinsein, die ständige Sorge um die Existenz, das Leben aus dem Koffer auf Tourneen etc. mit sich bringt, gegen eine neue Ehe, auch gegen eine emotionale Bindung, die sie neuen Demütigungen, einer neuen Abhängigkeit aussetzen könnte. Obwohl Colette selbst sich dreimal verheiratete, setzt sie sich in ihrem Werk immer wieder kritisch mit den patriarchalischen Strukturen der damaligen Ehe auseinander, die vor allem die unerfahrene junge Frau – ohne eigene Existenzgrundlage – zu entmündigen sucht. Auch ihr Roman *Claudine s'en va / Claudine geht* von 1901 beschreibt aus der Perspektive der zunächst naiv gefügigen Annie, die demütig den Weisungen ihres unantastbaren Mentors und Ehemanns Alain folgt, den Selbstfindungsprozeß der Protagonistin, der mit wachsender Kritik an dem unfehlbaren Idol Alain einhergeht und mit der Flucht aus diesem goldenen Ehekäfig endet. Daß Colette mehrfach das Risiko Ehe eingeht, liegt wohl einerseits an ihrer ökonomischen Unabhängigkeit, die sie sich durch ihre Schauspielkunst, aber vor allem durch ihre literarische Produktion geschaffen hat, andererseits zeigt sich darin auch ihr Wunsch nach emotionaler Geborgenheit.

Während die Reventlow entgegen ihrem Ideal meistens mehr schlecht als recht ihr Leben und das ihres vaterlosen Wunschkindes selbst finanziert, gehen andere Schriftstellerinnen entgegen ihrem Ideal von Gleichberechtigung und Unabhängigkeit eine Konvenienzehe ein, die sie nicht nur finanziell wieder von ihrem Mann abhängig werden läßt. Liest man den *Lebensrückblick* (aus dem Nachlaß 1951) der Lou Andreas-Salomé, die *Mémoires* (1928) der Elisabeth de Gramont, verheiratete Clermont-Tonnerre, *Le Livre de ma vie* (1932) der Anna de Noailles, so fällt auf, daß diese Autorinnen, die sich kritisch über die Institution Ehe äußern, ihre Heirat in den Autobiographien gleichsam nur im Nebensatz erwähnen. Die eine Generation später geborene Anaïs Nin trieb in ihrem umfangreichen Tagebuchwerk, das minutiöse Portraits der Freunde Miller, Artaud etc. zeichnet, psychoanalytische Sitzungen bei Allendy und Rank notiert, ihre Verschwiegenheit so weit, daß sie den Gatten verbal aus dem Leben streicht. Nin, die aufgrund einer edelpornographischen Auftragsarbeit *Delta of Venus / Das Delta der Venus* den Ruf einer erotischen Schriftstellerin genießt, spart in ihren Tagebüchern die eigene Sexualität so gründlich aus, daß man ihre Schwangerschaft als Werk des Heiligen Geistes und nicht als das ihres Mannes betrachten muß. Einige Kritiker hielten dann – irrigerweise, aber verständlich – ihren Vater für den Erzeuger des Kindes.

Befremdlich und unerwartet erscheint die Heirat der Lou Andreas-Salomé, die schon als junges Mädchen einen ausgeprägten Unabhängigkeitssinn entwickelt und ohne Zögern die Heiratsanträge von ihr geliebter / geschätzter Männer wie Henrik Gillot, Paul Rée und Nietzsche ablehnt, dann überraschend F.C. Andreas, Professor für Iranistik, heiratet. Im Gegensatz zu der Libertine F. zu Reventlow setzt die Salomé einen äußerst unkonventionellen freien Lebensstil durch, der erotisch sexuelle Beziehungen gerade ausschließt. Als sie 1882 in Rom bei Malwida von Meysenbug, einer engagierten Republikanerin, deren *Memoiren einer Idealistin* zu der Zeit in dritter Auflage erscheinen, den Philosophen und späteren Arzt Paul Rée kennenlernt, weist sie zwar seinen Heiratsantrag zurück, will aber dem schönen Beisammensein mit ihm durch eine Art Wohngemeinschaft Dauer verleihen. Auch Nietzsche, dessen Bekanntschaft Rée vermittelt, wird in den Plan einbezogen, verliebt sich programmwidrig in Lou und läßt ihr durch Rée einen Heiratsantrag übermitteln.

> Sorgenvoll überlegten wir, wie das am besten beizulegen sei, ohne unsere Dreieinigkeit zu gefährden. Es wurde beschlossen, Nietzsche vor allem meine grundsätzliche Abneigung gegen alle Ehe überhaupt klarzulegen, außerdem aber auch den Umstand, daß ich nur von der Generalpension meiner Mutter lebe und überdies durch Verheiratung meiner eigenen kleinen Pension verlustig gehe, die einzigen Töchtern des russischen Adels bewilligt war. (S. 80)

So erstaunlich es ist, Lou Andreas Salomé verwirklicht ihren »den geltenden gesellschaftlichen Sitten von damals hohnsprechenden Plan« (S. 76) weitgehend. Zwar scheitert die Gemeinschaft der »Dreieinigkeit« letztlich wohl vor allem an Nietzsches Eifersucht, doch Lous »fast fünfjähriges Beisammenleben« mit Rée wurde »geradezu verblüffend« einem »Traumbilde« gleich, das sie eines nachts hatte:

> Da erblickte ich nämlich eine angenehme Arbeitsstube voller Bücher und Blumen, flankiert von zwei Schlafstuben und, zwischen uns hin und her gehend, Arbeitskameraden, zu heiterem und ernsten Kreis geschlossen. (S. 76)

Lou Andreas Salomé, die schon als junges Mädchen bei Gillot, dem damals angesehensten protestantisch-unorthodoxen Kanzelredner Petersburgs, religionswissenschaftliche und philosophische Studien betrieb, 1894 ein Buch über Nietzsches Philosophie, *Friedrich Nietzsche in seinen Werken*, veröffentlichte, entspricht in ihrem »total entriegeltem Freiheitsdrang« (S. 76) keineswegs dem Hetärenideal der Reventlow, sie scheint in sexueller Hinsicht ein weitgehend asketisches Leben geführt zu haben, sucht vor allem die Freundschaft und das intellektuelle Gespräch der Männer. Ihre Beziehung zu F.C. Andreas bildet da keine Ausnahme, sie kennzeichnet Ernst Pfeiffer, der Herausgeber des *Lebensrückblicks* und Freund, in seinem Kommentar als eine »das Leibliche ausschließende Vermählung« (S. 290). Die Motive dieser Heirat, die sie in einem Nachtrag zum *Lebensrückblick – Was am »Grundriß« fehlt* (1933) – in einer behutsamen Sprache, die plakative Begriffe meidet, sich tastend dem Komplizierten nähert, andeutet, diese Motive erschließen sich nur einer nuancierten literatur-psychologischen Analyse.

Es ist charakteristisch für Lou Andreas Salomé, die später bei Freud studierte, daß ihr *Lebensrückblick* immer auf das Bedeutende zielt, auf das Symptomatische, das von zufälliger Individualerfahrung absieht. Ihre Biographie stellt nicht ein Potpourri von Erlebnissen, Eindrücken, Ansichten dar, sie selektiert stark, reflektiert Schlüsselerlebnisse, den plötzlichen Verlust ihres vorher selbstverständlichen Gottesglaubens, das erste »Liebeserleben« mit Henrik Gillot, dem wahlverwandten Freund und Lehrer, der gleichsam an die Stelle des verständnisvollen Vatergottes tritt und dessen Heiratswunsch sie erschrocken als unerwarteten Anspruch an ihre Existenz ablehnt. Sie schildert die Prägung durch die Familie, durch die fünf älteren Brüder, die ihre vertrauensvolle, freundliche Grundeinstellung zu den Männern mitbedingt, durch Rußland, das sie als Heimat empfindet, obwohl sie

Deutsch als Muttersprache betrachtet. Wenn sie von Persönlichkeiten allgemeinen Interesses wie Rée, Nietzsche, Rilke oder Freud spricht, meidet sie jede intime Plauderei, rückt sich nicht in den Vordergrund, sondern sucht vielmehr, die Person in ihrer Komplexität vorzustellen. Auch das Portrait ihres Mannes zeigt mehr das Bild einer genialischen Forscherpersönlichkeit, die zwischen akribischem Wissenschaftsanspruch und intuitiver Erkenntnis nicht zu vermitteln vermag, es spart Einblicke in die private Beziehung weitgehend aus. Ähnlich verfährt Lous Andreas Salomé auch in ihren Rilke-Kapiteln, die wiederum stärker die Problematik der dichterischen Selbstfindung Rilkes analysieren, als daß sie die emotional individuellen Erfahrungen der Autorin mit dem Geliebten beschreiben.

Daß die mehr an Freundschaft und Gedankenaustausch interessierte Salomé mit Rilke die Liebe auch sinnlich-erotisch erlebt hat, er ihr »*das erstmalig Wirkliche* gewesen«, »Leib und Mensch ununterscheidbar eins, unbezweifelhafter Tatbestand des Lebens selbst« (S. 138), ist insofern von Bedeutung, als ihr nach den »vorausgegangenen Kämpfe[n] und Krämpfe[n]« »dann die Liebe unter einer großen Stille und Selbstverständlichkeit begegnete«. »Nicht nur ohne Trotz- oder gar Schuldgefühle, sondern so, wie Gesegnetes begegnet, durch das die Welt vollkommen wird« (S. 211). In dieser Selbstverständlichkeit des Gefühls, das konventionelle Moralvorstellungen hinter sich läßt, zeigt sich die Freiheit eines Lebensentwurfs, der alle fremden Maßstäbe von sich weist. So wie ihre Wohngemeinschaft mit Paul Rée, ihre Reisen mit Freunden einen Affront gegen die herrschende Norm darstellen, ohne daß Salomé diesen Affront beabsichtigt, verletzt auch die Liebesbeziehung zu Rilke, mit dem sie u.a. viele Wochen in Rußland verbringt, die Vorstellungen von ehelicher Treue, weiblichem »Anstand«; doch in der Weise, wie sie diese Liebesbeziehung lebt – ohne Heuchelei und ohne Demonstration –, beweist Salomé gerade die Treue zu sich selbst, ihre in sich ruhende Persönlichkeit. Die erotische Emanzipation vollzieht sich bei ihr – anders als bei der Reventlow – ohne Eklat, ist einer libertinen Lebenskonzeption gerade konträr.

In ihrem fiktionalen literarischen Werk, das ebenso wie ihre Studien bzw. Portraits über Nietzsche, Rilke, Ibsen, Freud von nuanciertem psychologischen Verständnis zeugt, verarbeitet sie ihre eigenen Erfahrungen, löst sie sich jedoch zugleich von ihrem biographischen Vorwurf. So fließen z.B. in ihre Erzählungen *Im Zwischenland. Fünf Geschichten aus dem Seelenleben halbwüchsiger Mädchen* (1902), *Die Stunde ohne Gott und andere Kindergeschichten* (1922) eigene Kindheitserlebnisse ein, die durch die poetische Komposition eine starke Stilisierung erfahren. Wie sehr die Salomé sich von einer autobiographischen Schreibweise entfernt, zeigt die Erzählung *Fenitschka* (1898): Protagonistin ist zwar die weibliche Titelfigur Fenitschka, eine Moskoviterin, die in der Schweiz Geisteswissenschaften studiert und auch promoviert, doch erzählt wird aus der männlichen Perspektive des promovierten Psychologen Max Werner, der zunächst von der selbstverständlichen, offenen Haltung der russischen Intellektuellen irritiert ist, ihre Geistigkeit und stilisierte Einfachheit als keusche Maske deutet, hinter der sich Sinnenglut, ja Frivolität verbirgt. Daß Fenitschka, die Werner zufällig nachmitternächtlich bei einem Besuch des Pariser Hallenviertels im Bekanntenkreis kennenlernt, arglos seinen Vorschlag annimmt, in seiner Pension den von ihr begehrten Kaffee zu trinken, interpretiert er – fälschlicherweise – als verbrämte Avance. Sein erotischer Überfall stößt auf Befremden, auf ein Bedauern zunächst, da das spontane Einverständnis im Gespräch nun gestört ist, auf Verachtung, als ihre dezente Abwehr bei ihm sexuelle Aggression hervorruft. Man trennt sich schließlich im wechselseitigen Eingeständnis der Schuld. Werners Anklage seiner »wahnsinnigen Dummheit«, seiner Bitte um Verzeihung begegnet Fenitschka mit der Selbstkritik ihrer Naivität. – Fenitschka verkörpert eine unverkrampft emanzipierte Frau, der das Studium nicht nur »Wissen, sondern ein Stück Leben voll von Gemütsbewegungen«, Freiheit erobert hat, die sich nicht um die Vorurteile und Konventionen der Gesellschaft kümmert und die im Mann zunächst nicht das Geschlechtswesen, sondern eine Art Bruder sieht. Indem Salomé sie in ihrer Wirkung auf den z.T. in Weiblichkeitsclichés befangenen Werner darstellt, verdeutlicht sie die Besonderheit Fenitschkas, ihren femininen Avantgardismus, der Mißverständnisse hervorruft. Als Werner ein Jahr später Fenitschka in Rußland wiedertrifft, ihre Freundschaft gewinnt, hat sich nun in ihm das Bild der keuschen, vergeistigten Frau gefestigt, und er muß entdecken, daß sie einen Geliebten hat. Kritisch reflektiert er seine grobe Fixierung ihres Wesens, die schematisierende Sicht, die Schwierigkeit, »die Frauen in ihrer rein menschlichen Mannigfaltigkeit aufzufassen und nicht immer nur von der Geschlechtsnatur aus« (S. 36). Fenitschka, für die Liebe »Frieden« bedeutet, die darunter leidet, daß sie ihre Liebe aus Rücksicht auf die Verwandten verheimlichen muß, die sich empört, daß den Frauen die Heimlichkeit einfach aufgezwungen wird, trägt viele Züge der Autorin, wird zum Sprachrohr ihrer Auffassungen über Studium, Liebe, Ehe, Konventionen, dennoch ist ihre Geschichte nicht die der Autorin. Als der Geliebte, dem die kurzen Treffen nicht genügen, der alle Stunden in »anregender und geistig fördernder Weise« mit ihr verbringen will, ihr einen Heiratsantrag macht, ist sie darüber – wiederum zur großen Irritation Werners – entsetzt, sieht in dem Antrag einen Angriff auf ihre Freiheit, auf ihr Ziel, ein eigenverantwortliches Berufsleben zu führen. Die Vorstellung von »Heim, Familie, Hausfrau, Kinder« ist ist absolut fremd. »Liebe und Ehe ist eben nicht dasselbe« (S. 56). Ohne daß der Geliebte es weiß, ist ihr Abschied von ihm ein endgültiger. – Es ist selten, daß Autorinnen eine männliche Erzählperspektive wählen, hier zeugt sie nicht nur von der Fähigkeit der psychologisch geschulten Salomé, sich in fremde Bewußtseinshorizonte einzufühlen, sie hat auch die Funktion, die immer neuen Irritationen bewußt zu machen, die dieser freie weibliche Existenzentwurf auch bei einem intellektuellen Mann hervorruft. Daß eine Frau die Ehe nicht als Hort der Geborgenheit, sondern als Fessel betrachten könnte, die sie in ihren intellektuellen und beruflichen Möglichkeiten einschränkt, verletzt nicht nur das männliche Selbstgefühl des Protagonisten. Auch Adine, die Protagonistin der Erzählung *Eine Ausschweifung* (1898), entscheidet sich für ihre Künstlerlaufbahn gegen die Heirat mit dem vertrauten, sie liebenden Mann. Sowohl Salomé als auch Colette thematisieren in ihren Werken immer wieder den Konflikt, in den eine Heirat die wissenschaftlich oder künstlerisch engagierte Frau stürzen wird. Deutlich läßt sich daran die Rigidität eines geschlechtsspezifisch begründeten Rollendualismus ablesen, der auch in aufgeklärten Kreisen noch um die Jahrhundertwende der verheirateten Frau die häusliche Domäne zuteilt.

Ähnlich wie Lou Andreas Salomé versteht sich auch Elisabeth de Gramont als gleichrangige intellektuelle Partnerin der Männer, sucht sie vor allem das anregende Gespräch; sie war mit Proust und dem Comte de Montesquiou befreundet, und in ihrem Salon verkehrten bedeutende Schriftsteller und Künstler. In ihren *Mémoires – Au temps des équipages, Les marronniers en fleurs, Clair de lune et taxi-auto, La Troizième heure* – bezeichnet sie sich als »bildungshungrige junge Frau«, die sich lieber mit Literatur, Malerei und Sprachstudien beschäftigt, als die Heiratsbörse der Bälle, Pflichtveranstaltungen für junge Damen aus gutem Hause, zu besuchen. Kritisch beschreibt sie in den Memoiren, deren einzelne Kapitel – wie bei der Salomé – thematisch geordnet sind, die beschränkten Lebensmöglichkeiten höherer Töchter, ihre Erziehung zur Unselbständigkeit bzw. zur Abhängigkeit vom künftigen Ehemann, den im Normalfall die Familie / der Vater ihnen zudachte; mit polemischem Witz skizziert sie das steife Ritual der Bälle, die faden Unterhaltungen – stupide Theaterstücke, alberne Melodien –, die widerliche »Graue Maus«-Mode, kurz, die tristen Verhältnisse, denen aristokratische Mädchen ausgesetzt waren. Das »Leben dieser jungen Mädchen war so wenig angenehm, daß sie alle zur Heirat drängten wie eine Schafherde zur Stalltür, wenn man sie morgens halb öffnet« (*Mémoires* I, S. 147). Daß sie mit der Heirat vom Regen in die Traufe kommen, der Ehemann in der Regel einen »mehr oder weniger grausamen Gefängniswächter« darstellt, daran läßt Elisabeth de Gramont keinen Zweifel. »In der damaligen Zeit«, klagt sie an, »war die französische Frau auf eine unwahrscheinliche Weise ihrem Mann unterworfen, hatte sie doch weder das Recht, über ihre Zeit zu verfügen, noch über ihre Meinungen, noch über ihr Geld« (I, S. 147). Einige der Anekdoten, welche die Duchesse anführt, veranschaulichen die Misere der Frau: Als eine Gattin ihren Gatten respektvoll um Briefmarken bat, antwortet dieser: »Ich habe dir doch schon gestern welche gegeben.« Als ihre Cousine de Gramont d'Aster von ihren Eltern einmal in die Oper eingeladen wurde, wandte sie sich, obwohl bereits in Ehren ergraut, zu ihrem Gatten: »Erlauben Sie es mir, Antoine?« Als Resultat dieser Unterdrückung konstatiert Elisabeth »eine völlige Unfähigkeit, sich mit den Realitäten des Lebens zu beschäftigen.« Selbst im Fahrplan nachzuschauen, war Männersache. Da die Männer meistens nur auf Druck der Familie heirateten, waren sie höchst »mittelmäßige Gatten«. Ein Beispiel: »M. de C. läßt seinen Sohn kommen und sagt ihm: – Die Weltreise oder die Heirat mit Mlle Z ... Er heiratet sie, sie wird während der Hochzeitsnacht ohnmächtig, er klingelt: Pflegen sie Mme la vicomtesse. Er hatte ihr ein Kind gemacht und kümmerte sich nie wieder um sie« (I, S. 148). Anders als die »jeunes filles du monde / die Mädchen von Rang« in ihrem bewußt reizlos gehaltenen Äußeren hatten die Demi-Mondaines, die »nicht derselben menschlichen Rasse anzugehören schienen«, keinerlei Mühe, die »brünstigen Männchen« zu verzaubern. Als einen dieser Stars nennt Elisabeth die Courtisane und Schriftstellerin Liane de Pougy, die im Olympia und in den Folies Bergères auftritt, eine gefeierte Schönheit der Belle Epoque ist, Maîtresse im großen Stil, die mit ihren galanten Gönnern luxuriöse Tage in den Nobel- und Weltstädten Europas verbringt, jedoch auch dem Sapphismus huldigt. Ihre leidenschaftliche Liaison mit der amerikanischen Amazone in Paris, Natalie Clifford Barney, eine Freundin der Männer und ausgesprochene Liebhaberin schöner, gebildeter Frauen, findet ihren literarischen Niederschlag in der *Idylle Sapphique* (1901), ein Buch, das vom *Gil Blas* gefeiert wird und große Resonanz findet. Ein Jahr zuvor hatte Natalie Barney ihre *Portraîts de femme en sonnets* veröffentlicht, eine Gedichtsammlung, die unter mythologischer Verkleidung einer Diana oder Salammbô der femininen erotischen Liebeskunst gewidmet ist. Im selben Jahr wie die *Sapphische Idylle* erscheint auch der erste Gedichtband *Études et Préludes* der Renée Vivien / Pauline Tarn, deren großes Thema wiederum die lesbische Liebe ist und die eine passionierte Liebe an Natalie Barney bindet. Während einerseits die Frauen versuchen, sich aus ehelichen Bindungen zu lösen bzw. trotz dieser eine selbständige freie Existenz zu führen, sie in ihren autobiographischen und fiktionalen Werken diese Emanzipationsbestrebungen thematisieren, zeigt sich andererseits um die Jahrhundertwende die Tendenz, lesbische Beziehungen offen zu leben und literarisch zu verarbeiten.

Elisabeth de Gramont lernt die Amazone Natalie Barney, als die Rémy de Gourmont sie verehrt hat, erst 1910 kennen, als deren *Éparpillements* erscheinen, Aphorismen, die sich geistvoll mit der Liebe, der Kunst, dem Lebensgenuß beschäftigen. Seit dieser Zeit verkehrt sie im Freundschaftstempel der passionierten Anhängerin des Sapphismus, und sie öffnet ihr Haus in der rue Raynouard, einem der vornehmsten, elitärsten Salons von Paris, der Amazone. Daß Elisabeth, die in ihren Memoiren die Institution Ehe als Unterdrückungsinstrument anprangert, aber 1896 den Duc de Clermont-Tonnerre heiratet, ist kein Widerspruch, bestätigt nur die mißliche Situation der jungen unerfahrenen Frau, die sich in romantischer Verklärung von der Heirat Entfaltungsmöglichkeiten ihrer Person verspricht. Bezeichnend für den kritischen Blick der Duchesse, ihr distanziert ironischer Kommentar zu den Gründen dieser Eheschließung: eine hübsche Figur des Duc, sein akazienfarbender Bart, sein Entschwinden ins geheimnisvolle, den Mädchen verschlossene Maxim's, kurz, seine malerische Erscheinung im italienischen Geschmack und seine Eleganz. »Bedarf es noch mehr« – fragt sie rhetorisch suffisant –, »um ein kleines Mädchen, das Gemälde liebt, zu verführen, um so mehr, als er ihr versprach, sie in einer wilden Fahrt quer durch das Universum zu führen?« (I, S. 162). Daß der Duc keineswegs dem romantischen Traumbild entsprach, daß er von den geltenden Rechten eines Ehemanns auch Gebrauch machte, davon zeugt ein Detail, das die Duchesse anführt: Sein »Geiz«, den er mit den meisten Männern des »gratin«, der oberen Zehntausend, teilt, verbot alle Ausgaben, die eine elegante Toilette ermöglichten (I, S. 164). Im Jahr 1920 läßt sie sich schließlich von Philibert de Clermont-Tonnerre scheiden, führt aber auch schon zuvor – aufgrund ihrer literarischen Bildung, ihrer aristokratischen Privilegien – das kulturell animierte Leben einer Salondame, die sich über die Normen institutionalisierter Wohlanständigkeit hinwegsetzt.

Die Duchesse, die Sympathien für den Kommunismus hegt und an Demonstrationen der Volksfront teilnimmt, bleibt in ihrem Lebensstil die anspruchsvolle Aristokratin, die an Dienerschaft gewöhnt ist, Antiquitäten sammelt und die sich um Broterwerb nicht zu kümmern braucht. Dieses

Privileg teilt sie mit ihrer Freundin Natalie Clifford Barney, die aus einer reichen amerikanischen Industriellenfamilie stammt und nach dem Tod ihres Vaters aus dem Trust der Barney Railroad Car Fondry »einen monatlichen Dollarregen« – so ihr Biograph Jean Chalon (S. 152) – erhält, der es ihr gestattet, ihren »Abenteuern des Geistes« und ihren erotischen Aventuren in Muße nachzugehen. – Schreiben bedeutet für beide Autorinnen reflektierte Rückschau, Verdichtung eigener Lebenserfahrungen; die literarische Fiktion spielt in ihrem Werk nur eine geringe Rolle. Die Memoiren der Elisabeth de Gramont, neben ihrem Buch über *Robert de Montesquiou et Marcel Proust* (1925), den Comte d'Orsay, ihr Hauptwerk, stellen eine Art Kulturgeschichte ihrer Zeit dar; im privaten Detail – sei es aus der Familiengeschichte, der eigenen Erziehung, aus Begegnungen, Freundschaften – veranschaulicht sie zugleich etwas Symptomatisches. Es fällt auf, daß die Autorinnen um die Jahrhundertwende, deren Werk zum großen Teil autobiographisch orientiert ist, auf ausführliche Erlebnisschilderungen verzichten, daß sie mehr als beobachtende, reflektierende Zeitgenossinnen ihre vita vorstellen, denn als emotional beteiligte Subjekte. Diese Selbstdistanz und nuancierte Beobachtungsgabe machen sie auch zu guten Portraitisten: einfühlsam und charmant sind die Frauenportraits der Duchesse in ihren Memoiren, von psychologischer Delikatesse ihre Portraits von Proust und Montesquiou. Auch Nathalie Barney skizziert in ihren *Aventures de l'Esprit* (1929) ihre literarischen Freunde und Freundinnen, u.a. Pierre Louys, Anatole France, Rémy de Gourmont, Max Jacob, Paul Valéry, Colette, Lucie Delarue-Mardrus, Elisabeth de Gramont, Djuna Barnes, Gertrude Stein, Renée Vivien, pointierte – temperamentvolle Collagen aus Impressionen, Briefen und Zitaten aus den Werken. – Lucie Delarue-Mardrus, die als Sechzigjährige bilanziert, daß sie mehr als sechzig Romane und Gedichtbände publiziert hat, entwirft in ihren *Mémoires* (1936) von Natalie Barney das Bild einer femininen Schönheit von pariserischer Eleganz, die »wie eine verschüchterte Novizin zu erröten« vermochte. Der erste Eindruck dieser Frau mit dem »pastellfarbenen Teint«, dem »feenblonden Haar« täusche »über den stählernen Blick der Augen« hinweg, »die alles in Sekundenschnelle sehen und begreifen«. Die faszinierende, geistreiche und schreckliche Natalie, die einen sehr unorthodoxen Treuebegriff hat und wie die Reventlow neben der großen Passion durchaus kleine Aventuren genießen kann, taucht immer wieder sowohl in den Memoiren als auch in den fiktionalen Werken verschiedenster Schriftstellerinnen der damaligen Zeit auf. Sie inspirierte Renée Vivien nicht nur zu ihrem ersten Gedichtband: die Amazone, die in ihrer libertinen Lebenseinstellung das sublime Liebesideal der vergeistigten Freundin verletzt, bleibt die ambivalente Muse, die – wider Willen – zum Schicksal der Lyrikerin geworden ist. In dem autobiographischen Roman *Une femme m'apparut* (1904), in dem Natalie als Lorely Vally auftritt, wird sie als jungfräuliche Priesterin eines wiederauferstandenen Kults (S. 77), als »perverse Madonna weltlicher Kapellen« (S. 94), angesprochen. Ihr »mondfarbenes wallendes Haar«, ihre »Augen, von kälterem Blau als die Winternebel«, ihr »Blick voller Wollust und Sehnsucht« (S. 43) haben die schwärmerische junge Dichterin völlig in ihren Bann gezogen. Sie liebt die Amazone »d'un amour absolu«, »mit blinder Leidenschaft« (S. 104f.). Die vitale, sinnenfreudige Natalie Barney, die ohne Schuldgefühl ihre lesbischen Neigungen auslebt, bildet den Gegenpol zu der melancholischen, in sich gespaltenen Renée Vivien, die die »frissons ailés des seins / die geflügelten Schauer der Brüste«, die Wollust und die schmachtende Sehnsucht des Körpers evoziert und zugleich einen spirituellen Selbstentwurf pflegt, der den lesbischen Sinnesgenüssen selbstquälerisch Reue und Scham beimischt. In ihren *Aventures de l'Esprit* charakterisiert Natalie Barney die Autorin, die sich als Heidin bezeichnet, im Gegenteil als unbewußte Christin, die die Liebe und das Leiden suche, in jedem Gefühl einen Vorwand für ihren Schmerz aufspüre. Das Christentum habe durch das Versprechen eines ewigen Himmels die einfachen Freuden des Augenblicks verdorben, und sie zitiert als Beispiel für diese letztlich lebensfeindliche, morbide Sicht einige Verse des Gedichts *Prophétie* von Renée Vivien (*Cendres et Poussières*, S. 50), die diese in ihrer glücklichen Phase mit Natalie, in voller Jugend, schrieb: »Mais la vision des ans me déchire, / Et, prophétiquement, je pleure ta beauté! / Puisque telle est la loi lamentable et stupide, / Tu te flétriras un jour, ah! mon Lys! / Et le déshonneur hideux de la ride / Marquera ton front de ce mot: Jadis!« (S. 202). Die Vision der Vergänglichkeit und des Alterns, die die Falte auf der jungen Stirn voraussieht, zeugt von der melancholischen Grundstimmung der Autorin, die in ihren Gedichten immer wieder den Tod erinnert und deren Boudoir mit Kerzen und weißen Lilien einer Totenkapelle ähnelt. Zugleich verweist der Ausdruck »der häßliche Schimpf der Falte« auf die Selbststilisierung des Ich zurück, das sich als makellos geistige Form, als körperloses Wesen sehen möchte. Bezeichnend das Bild der Lilie, die Jungfräulichkeit symbolisiert, aber auch in ihrer Weiße und künstlich wirkenden Gestalt zur Totenblume geworden ist. Die Geliebte als Lilie – damit wird Sexualität, vitale Sinnlichkeit abgewehrt. Andererseits dämonisiert Renée Vivien in ihren Gedichten die Geliebte, mit der sie die fleischlichen Lüste der Sexualität erlebt, zu einer bezaubernden Schlange, gibt ihr vampiristische Züge (*Ressemblance,*

S. 56) – »Tes lèvres ont humé le sang d'une blessure« –, evoziert sie z. B. in dem Gedicht *Désir* aus *Cendres et poussières* (S. 51) eine Sinnlichkeit voll »wilder Glut«, Schluchzer exstatischer Wollust wie in den »Augenblicken der Agonie«. Die zwei Strebungen im Menschen, von denen Baudelaire in *Mon coeur mis à nu* spricht, die zu Gott bzw. zur Spiritualität und die zu Satan bzw. zur Animalität, prägen in ihrer Widersprüchlichkeit die erotische Lyrik der Renée Vivien, eine Lyrik, die in ihrer morbiden stilisierten Bildlichkeit den Präraffaeliten verwandt ist. Interessant und erhellend für die damalige Zeit ist, daß gerade Renée Vivien in ihrem komplizierten Verhältnis zur Sexualität eine der bedeutenden Lyrikerinnen der lesbischen Liebe wurde, sie sich offen zum Sapphismus bekannte. Sie, die 1903 eine freie Nachdichtung der sapphischen Gesänge veröffentlichte, schuf in ihren Gedichten voller Sensualität und Mystizismus geradezu einen Kult des Sapphismus. Während männliche Homosexualität auch literarisch weitgehend tabuisiert bleibt bzw. kritisch bewertet wird – so Proust in der *Recherche du temps perdu* –, thematisieren Autorinnen wie Liane de Pougy, Natalie Barney, Renée Vivien, Lucie Delarue-Mardrus, Colette oder Radcliffe Hall weibliche Homosexualität, liefert diese oft den Anstoß literarischer Produktion. Pointiert läßt sich sagen, der Sapphismus ist in der Belle Epoque à la mode. Auch wenn Autorinnen wie Renée Vivien oder Radcliffe Hall, die in ihrem Roman *Le puits de la Solitude / Quell der Einsamkeit* (1928) wiederum Natalie Barney zum Vorbild ihrer libertinen Protagonistin Valérie Seymour nimmt, kein ungebrochen freies Verhältnis zu ihrer Sexualität haben, so werden sie doch zum Sprachrohr der »Gomorrha-Welt« in ihren verschiedenen psychischen und sozialen Aspekten.

Die Muse des Sapphismus, die ungebrochen selbstverständlich ihren erotischen Neigungen folgt, Natalie Clifford Barney, geht ein weiteres Mal in die Literatur ein, und zwar als Laurette Wells in Lucie Delarue-Mardrus' Roman *L'Ange et les pervers*, der sie einerseits als wahre Rebellin schildert, als Schönheit mit dem berühmten Feenhaar und den »wie Schwertklingen blitzenden Augen«, sie jedoch als »pervers, ausschweifend, egoistisch« (S. 63) kritisiert, die Autorin selbst übernimmt die Rolle der edlen, belesenen Marion Hervin, die bei den komplizierten erotischen Freundschaftsverhältnissen der Laurette zu vermitteln sucht, selbst aber ihre »Reinheit« bewahrt. Sie kommentiert in ihren Memoiren: »Ich habe in *Der Engel und die Perversen* ausführlich sowohl Natalie als auch das Leben, in das sie mich einweihte, analysiert, beschrieben, ein Leben, in dem ich erst sehr viel später schließlich nicht mehr die asexuelle Rolle des Engels spielte« (S. 144). Auch Elisabeth de Gramont nähert sich erst später der Gomorrha-

Welt, und Colette entzieht sich trotz ihrer drei Ehen dennoch nicht den Verführungen von Lesbos; ihre Erfahrungen verarbeitet sie u.a. in dem *Claudine*-Zyklus (1900–1903), mit dem sie ihre literarische Karriere begann und den sie noch unter der Redaktion bzw. Mitarbeit ihres ersten Mannes Willy schrieb. Ihre vielen, in nuancierten Farben entworfenen Mädchen- und Frauengestalten, impressionistische Portraits verschiedenster Individualitäten, zeugen sowohl von Colettes ästhetischer Sensibilität für weibliche Physiognomien und Coquetterien, weiblichem Charme als auch von ihrer psychologischen Kennerschaft. Daß ihr männlicher Protagonist der Claudine-Romane, Renaud, der viele Züge Willys aufweist, Claudines erotisches Verhältnis zu der schönen Rézi mit lächelndem Interesse verfolgt, sie dann jedoch selbst mit Rézi betrügt, ist wohl auch symptomatisch für die Haltung der damaligen Männerwelt dem Sapphismus gegenüber: er hat die Aura des Pikanten, das Männerphantasien anregt, nicht den Ruch des Verfemten, der der männlichen Homosexualität anhaftet.

Die Autorinnen um den Freundschaftstempel der Natalie Barney – zu nennen wären auch Rachilde, Marthe Bibesco und die Engländerin Mina Loy – entsprechen in ihrer Lebensführung keineswegs dem damals gängigen Frauenbild der gefügigen Gattin und Hausfrau, sie bewegen sich frei, ohne die damals noch obligatorische Anstandsdame durch die Welt, sie durchbrechen die rigide Sexualmoral und beweisen durch ihre literarische Produktion, die ihrerseits die patriarchalische Gesellschaft infragestellt, ihren prinzipiellen Anspruch auf Gleichberechtigung. Diese Autorinnen, die weibliche Sexualität vom Zwang ehelicher »Pflichterfüllung« befreit sehen wollen, sind dennoch nicht unbedingt engagierte Feministinnen, die sich für die soziale und ökonomische Gleichstellung der Frau einsetzen, für gleiche Berufschancen, gleiche Ausbildungsmöglichkeiten etc.; Natalie Barney beruft zwar im Kriegsjahr 1917 in ihrem Freundschaftstempel einen Frauenkongress für den Frieden ein, an dem auch militante Feministinnen wie Valentine Thompson, Aurel, Anna Wickam, Marie Leneru, Sévérine etc. teilnehmen, doch sie selbst wie auch ihre Freundinnen, u.a. Liane de Pougy, Renée Vivien, Elisabeth de Gramont, die Prinzessin Marthe Bibesco haben es auf Grund ihrer privilegierten Herkunft, ihres mehr oder minder großen Vermögens nicht nötig, einen Beruf auszuüben bzw. von ihrer schriftstellerischen Tätigkeit zu leben.

Das gilt auch für Anna de Noailles, Tochter eines rumänischen Prinzen, Gattin des Comte de Noailles, deren Salon zu den angesehensten von Paris zählte und die schon früh durch ihre Gedichtbände vor allem großes literarisches Ansehen erringt, in Proust und Barrès u.a. glühende Bewunderer findet. – Ähnlich wie bei Renée Vivien spielt das Motiv der fliehenden Zeit, die die Schönheit bedroht, schon in ihren frühen Gedichtbänden – *Un coeur innombrable* (1901), *L'Ombre des jours* (1902), *Les Eblouissements* (1907) – eine große Rolle! Anna de Noailles feiert immer wieder die Liebe als Daseinsgrund, als große Passion, deren Verlust die Existenz selbst bedroht. In ihrem Gedicht *Je vis, je bois l'azur* aus *Les vivants et les morts* (1913) antizipiert das lyrische Ich den Tod des Geliebten und klagt: »Mon amour, je me haïs, je méprise mon âme, / Ce détestable orgueil qu'ont les filles des rois, / Puisque je ne peux pas être un rempart de flamme / Entre la triste mort et toi!« Stolz spricht zugleich aus diesen Zeilen, die die Ohnmacht der Königstöchter vor dem Tod beklagen, damit jedoch das lyrische Ich zu einem außerordentlichen Wesen stilisieren, das im Grunde den Geliebten mit dem Flammenwall von Liebe und Ruhm vor dem Tod schützen müßte. Anna de Noailles suchte und genoß den Ruhm, die Verehrung, die ihrer exotischen Schönheit, ihrem literarischen Genie, ihrer graziösen Selbstinszenierung im Übermaß zuteil wurde. Diese in luxuriösen Schlössern und zauberhaften Parks aufgewachsene Prinzessin, deren musikalisch begabte Mutter ihre musischen Anlagen förderte, führt die Existenz eines fragilen Luxusgeschöpfes, dem Bewunderung selbstverständlich ist und das sich seinen Empfindungen und Stimmungen in Muße hingeben kann. Das Werk der Anna de Noailles, die wie die Colette in die Académie royale de Belgique aufgenommen wurde (1922), eine außergewöhnliche Ehre, ist nicht das Produkt kalkulierter Formarbeit, sondern eher unmittelbarer Ausdruck eines Lebensgefühls, das in die Liebe verliebt ist, Sensationen der Seele und des Leibes sucht und sich permanent vom Tod bedroht sieht. Cocteau kritisiert in seinem Erinnerungsbuch *La comtesse de Noailles Oui et Non* die mangelnde Selbstkontrolle der Autorin, die »sich die Ohren verschloß vor allem, was nicht Fanfare war« (S. 21), ihre Eloquenz, die schon Verlaine aus der Lyrik verbannt hat, die Zufälligkeit ästhetischen Gelingens; zugleich jedoch gesteht er ihr eine poetische Naturgabe zu, die ästhetische »Schätze« hervorgebracht hat, die sie allerdings »mit dem Trödel eines orientalischen Bazar mischte«. Die mangelnde ästhetische Selbstreflexion, die auch Gide moniert, mag einen Grund in dem frühen Ruhm haben, dessen Charme die Prinzessin erlag; doch auch der verfeinerte aristokratische Lebensstil, der sie von den Widrigkeiten des Alltags abschirmte, förderte mehr den Kult der eigenen Sensibilität, u.a. den Genuß schöner Natur, die Hingabe an die Liebe, als daß er zu selbstkritischer, handwerklicher Feinarbeit aufforderte.

Es sind vor allem Aristokratinnen, Geldaristokratinnen, jedenfalls finanziell abgesicherte Frauen, die sich von patriarchalischen Lebensformen lösen, einen freien Lebensstil propagieren und pflegen. Nur Franziska zu Reventlow, deren Ideal jedoch das umhegte Luxusgeschöpf bleibt, Colette und Lucie Delarue-Mardrus, die sich 1913 in Freundschaft von ihrem Mann trennt (*Mémoires*, S. 200), verdienen sich durch ihre schriftstellerische Tätigkeit auch ihren Lebensunterhalt. Lucie Delarue, die lange, abenteuerliche Reisen u. a. durch Ägypten, Syrien, Palästina, Rumänien, Ungarn und Griechenland unternimmt, hält Vorträge über ihre Reisen, schreibt Reportagen, verfaßt während des Krieges als Lazarettschwester Artikel über das Rote Kreuz, belgische Rekruten etc., kurz, sie führt nach ihrer Scheidung eine ökonomisch unabhängige Existenz und sucht auch keine neue eheliche Bindung. Ihr Sapphismus, der auch in dem von der Comédie Française angenommenen, jedoch plötzlich wieder abgesetzten Stück *Sappho désespérée* thematisch wird, wird diese Haltung unterstützt haben. Dennoch gehört auch sie nicht zu den engagierten Feministinnen, die sich aktiv für die allgemeine Gleichberechtigung der Frau einsetzen, für gleiche Bildungs- und Berufschancen, jedoch entwirft sie in ihren Romanen immer wieder – so in *Ex-Voto* (1922), *Anatole* (1930) – Mädchengestalten, die sich aus ihrer Unmündigkeit zu befreien suchen. Das gilt auch für Colette, die zwar der Frauenbewegung fernsteht, in ihrem Werk aber Frauengestalten zeichnet, die ihre Unabhängigkeit verteidigen. – Die Autorinnen, die einen aristokratischen Lebensstil pflegen und die sich um finanzielle Probleme nicht zu kümmern brauchen, sind keine kämpferischen Naturen, sie verwirklichen individuell für sich selbst ihre Vorstellungen femininer Selbstfindung, suchen ihre erotisch-emanzipatorischen Entwürfe zu leben, doch die soziale und politische Dimension der Frauenemanzipation interessiert sie nur in geringem Maße, insofern können sie auch nur bedingt heutigen Frauen ein Beispiel geglückter Emanzipation sein. Während innerhalb der deutschen Frauenbewegung ein radikaler Flügel um Anita Augspurg und Lida Gustava Heymann 1902 den »Verband für Frauenstimmrecht« gründet, Hedwig Dohm sich vehement für gleiche politische Rechte der Frau einsetzt, Clara Zetkin die ökonomische Unabhängigkeit der Frau als Basis ihrer Emanzipation in einer veränderten, sozialistischen Gesellschaft postuliert, vertreten die französischen Autorinnen und die Reventlow, die die erotisch sexuelle Befreiung der Frau für sich durchsetzen, weniger egalitäre Ideen.

Die zwei divergierenden feministischen Grundpositionen, die die heutige Diskussion bestimmen, zeichnen sich schon um die Jahrhundertwende ab: einerseits die egalitäre Richtung, die es ablehnt, aus dem biologischen Unterschied unterschiedliche intellektuelle und emotionale Unterschiede abzuleiten und die für die völlige Gleichstellung der Frau kämpft, andererseits die Richtung der »neuen Weiblichkeit«, die aus den Hüllen geschichtlicher Prägungen ihre weibliche Urnatur zu entdecken sucht, spezifisch weibliche Lebensformen propagiert. Die erotisch-emanzipatorischen Entwürfe der hier vorgestellten Autorinnen entsprechen in ihrer Grundtendenz mehr dem Konzept einer weiblichen Kosmogonie. Der Kult des Sapphismus in der Belle Epoque ist auch als ein möglicher Ausdruck dieser Tendenz zu verstehen.

Fritz Mierau

Die Zeit der Achmatowa

Lyrik nach der Oktoberrevolution

Und suchtest im dunklen Gedächtnis, und findest
Handschuhe bis zum Ellenbogen
Und Petersburger Nacht. Und die Logen
Mit süßen, erstickten Gerüchen.

Und Wind weht vom Meer. Und zwischen den
Zeilen
Über den Schmähsprüchen, überm Lob
Lächelt dir Block verächtlich zu,
Tragischer Tenor der Epoche.

(Anna Achmatowa, um 1960)

Gleich nach dem frühen Tod von Alexander Block ist sein Platz in der russischen Poesie Anna Achmatowa zugewiesen worden: mit einer Sicherheit, die vermuten läßt, die Zeitgenossen seien sich einig gewesen, daß nur eine Frau tragen könne, worunter Block zusammengebrochen war. Block starb am 7. August 1921 an Nervenzerrüttung, Skorbut, Herzklappenentzündung, doch tödlich waren die Krankheiten für ihn geworden, weil er sich schon Jahre, nämlich seit seinem Revolutionspoem *Die Zwölf* (1918), taub fühlte, die »Musik des Weltorchesters« nicht mehr vernahm, keine Gedichte schrieb. Bedurfte es eines anderen Hörens, um da wieder etwas zu vernehmen?

Anna Achmatowa schien freilich zu zögern, den ihr zugewiesenen Platz einzunehmen. Wartet sie ab oder wird sie gehindert? Es sieht so aus, als habe sie erst Anwärter mit älteren Rechten gewähren lassen wollen. Tatsächlich beherrschen in dem neuen Jahrzehnt ganz andere die Szene, von ihr erscheinen von 1922 bis 1940 keine neuen Gedichte im Lande, und noch als Boris Eichenbaum, der 1923 das erste Buch über die Dichterin veröffentlicht hatte, 1933 den neuerlichen Konstellationswechsel in der russischen Poesie beschreibt – vom Verhältnis Majakowski / Jessenin zum Verhältnis Pasternak / Mandelstam –, spielt Anna Achmatowa keine Rolle. Doch als auch diese beiden verschwinden – Mandelstam geächtet und verbannt, Pasternak die Rangerhöhung abwehrend, als die letzten großen Symbolisten tot sind –, Sologub stirbt 1927, Woloschin 1932, Bely 1934, Kusmin 1936 –, als endlich Marina Zwetajewa, aus der Emigration zurück, im Krieg Selbstmord begeht, da wird deutlich, daß Anna Achmatowa den Platz wirklich innehat. Besonders die nach dem Krieg in zwei Leningrader Zeitschriften erscheinenden größeren Auswahlen ihrer Gedichte von 1909 bis 1944 zeigen sie in ihrem Rang, den Boris Eichenbaum nun in zwei Vorträgen am 7. Januar und am 17. März 1946 benennt: »Das ist nicht einfach die russische Frau – das ist das russische Weib. Die Heldin der Lyrik der Achmatowa empfindet man als Frau aus dem Volk und ihr Schicksal als das Schicksal der *russischen* Frau.«

Vehementer aber als in jeder positiven Beschreibung ist Anna Achmatowa die Geschichtlichkeit ihres Daseins und ihrer Poesie in einer negativen angetragen worden. Am 14. August 1946 faßte das ZK der KPdSU (B) seinen Beschluß *Über die Zeitschriften ›Swesda‹ und ›Leningrad‹*, in dem die Dichterin neben Michail Sostschenko als national gefährdend vorkommt: Mit ihrer »Poesie einer wildgewordenen Gnädigen, die zwischen Boudoir und Bethaus pendelt«, falle sie zurück in den »Geschmack der alten Salondichtung, die auf den Positionen des bürgerlich-aristokratischen Ästhetizismus und der Dekadenz stehengeblieben« sei. Shdanow, der zum Beschluß die folgenschweren Reden in Leningrad hielt, variierte zur endgültigen Diskriminierung der Dichterin eine Definition, die Eichenbaum 1923 zur Beschreibung der lyrischen Sprecherin der Achmatowa eingeführt hatte, zu dem Satz: »Halb Nonne, halb Dirne oder besser Dirne und Nonne, Unzucht und Gebet in einem.«

Die Achmatowa selber meinte, die Gedichte seien lediglich ein Vorwand gewesen. Stalins Zorn hätten vielmehr die beiden Besuche erregt, die ihr Sir Isaiah Berlin im November 1945 und im Januar 1946 in ihrer Wohnung an der Fontanka abstattete. Der aus Riga gebürtige englische Philosoph und Historiker gehörte nach dem Kriege, als russisch noch von wenigen gesprochen wurde, einige Monate zur Britischen Botschaft in Moskau. Anna Achmatowa war davon überzeugt, daß Berlins Begegnung mit ihr, die zufällig mit einer Leningrad-Visite von Berlins Studienfreund Randolph Churchill, Journalist, Sohn des ehemaligen britischen Premierministers, Abwehroffizier a.D., zusammenfiel, den Kalten Krieg ausgelöst habe. Zweifellos korrespondieren die absurden Gerüchte über eine ausländische Delegation, die die Achmatowa zum Verlassen der Sowjetunion überreden sollte, ja über das Sonderflugzeug, das Winston Churchill, angeblich ein alter Bewunderer ihrer Poesie, nach Leningrad beordern werde, sowohl mit Stalins Kommentar zu Berlins Besuch: »Also empfängt unsere Nonne jetzt ausländische Spione«, als auch mit Shdanows Argumentation. 1980 sagt Sir Isaiah Berlin von seinen Gesprächen mit Anna Achmatowa im Jahre 1965 in Oxford, wo sie den Ehrendoktor entgegennahm, und mit dem Blick auf das *Poem ohne Held* (1940–1962) und die umliegenden Gedichte: »Sie sah sich und mich als weltgeschichtliche Figuren, vom Schicksal erwählt, verhängnisvolle Partien in einem kosmischen Konflikt zu spielen [...]. Das war konstitutiv für ihre gesamte geschichtsphilosophische Vision, der vieles in ihrer Dichtung entsprang.«

Wenn sich das auch niemand hatte träumen lassen – hoch politisch war es von Anfang an zugegangen. Denn wie hatte die Zuweisung ausgesehen?

Sie begann verborgen mit einem Brief von Larissa Reissner, die in Afghanistan verspätet vom Tode Alexander Blocks erfährt: »Jetzt, da er nicht mehr da ist«, schreibt sie am 24. November 1921 an Anna Achmatowa, »Ihr gleicher einziger geistiger Bruder, sieht man es deutlicher, daß Sie da sind, atmen, leiden, umhergehen [...]. Ihre Kunst ist der Sinn und die Rechtfertigung von allem. Schwarz wird weiß, Wasser springt aus dem Stein, wenn die Poesie lebt.« Dem Brief lag ein kleines Päckchen mit »ein wenig Brot und ein wenig Honig« bei.

Öffentlich wird die Zuweisung in einer *Prawda*-Rezension von Nikolai Ossinski (Obolenski) zu Achmatowas neuem Buch von 1921, *Anno Domini MCMXXI.* »Nach dem Tod Alexander Blocks«, heißt es da am 4. Juli 1922, »gehört der erste Platz unter den russischen Dichtern zweifellos Anna Achmatowa. Die Revolution tilgte aus ihren Gedichten alle Damen-Manier.« Die alte gesellschaftliche Orientierung sei zwar noch nicht aufgegeben, entscheidend seien aber die »glänzenden Formulierungen bedeutender und charakteristischer Bewegungen der menschlichen Seele« in ihren Gedichten.

Was Ossinski nur andeutete, hat bald darauf Alexandra Kollontai im dritten ihrer *Briefe an die werktätige Jugend* in der Zeitschrift *Molodaja gwardija* auf zwölf Seiten ausführlich kommentiert. Im Februar 1923 antwortete sie einer Genossin Mitstreiterin auf die Frage, warum vielen Arbeiterinnen und Studentinnen die Achmatowa mit ihren »drei weißen Büchlein« – *Rosenkranz, Weißer Schwarm* und *Anno Domini* – so nahegehe, obwohl sie doch keine Kommunistin sei. Anna Achmatowa sei, so die Kollontai, die erste selbständige Dichterin der Übergangsepoche vom Kapitalismus zum Sozialismus. Da die Weltauffassung der Revolution die von beiden Geschlechtern geschaffenen geistigen und seelischen Werte aufnehmen müsse, seien die Zeugnisse der Dichterin von den inneren Umbrüchen unentbehrlich. Zwei Motive hebt Alexandra Kollontai hervor – den Konflikt in der Liebe: »Der Mann erkennt das menschliche ›Ich‹ der Frau nicht an«, und den Konflikt in der Seele der Frau: »Sie kann ihre Liebe nicht mit der kreativen Teilnahme am Leben vereinbaren.« Die Poesie der Achmatowa stärke die Selbständigkeit: »Den Platz der ›Gefangenschaft in der Liebe‹ wird der beflügelnde Genuß der Liebe einnehmen, der der gegenseitigen Anerkennung entspringt, der kameradschaftlichen Behutsamkeit, dem vorsichtigen Umgang gleichgestimmter Seelen [...]. Die Kultur der werktätigen Menschheit wird Bedingungen schaffen, unter denen mit der Selbstentwürdigung der Frau auch ein uraltes Problem verschwindet: der Kampf der Geschlechter.«

Frappierend und weit vorausgreifend an dieser Zuweisung war, daß sie die poetische Gestalt der Befreiungsutopie nicht an aktivistische Modelle band. Nichts von der schreibenden Politkommissarin, der »Frau von den Barrikaden«, wie sie in Larissa Reissner geliebt wurde; nichts von der Leiterin des Internationalen Frauensekretariats der Komintern, der ersten Botschafterin der Welt, als die Alexandra Kollontai ihre emanzipatorischen Konzepte lebte und schrieb; und erst recht nichts von dem »Ingenieur«, den Walter Benjamin in der sowjetischen Regisseurin Asja Lacis feierte, die in ihm als Autor die *Einbahnstraße*, seine berühmte, ihr gewidmete Schrift, »durchgebrochen« habe.

Der Widerspruch gegen diesen kühnen Entwurf ließ auch nicht lange auf sich warten. Majakowski, der schon im Januar 1922 auf der ersten »Reinigung der zeitgenössischen Poesie« Achmatowas Dichtung als bedeutend, aber vergangen verworfen hatte, betonte im Januar 1923 mit seinen Freunden in der ersten Nummer von LEF, der Zeitschrift der »Linken Kunstfront«, das Beliebige der Wertung Ossinskis: »Ossinski lobt die Achmatowa, Bucharin Pinkerton.« Das war der Moment, als Bucharin die Revolution nach dem Detektivmuster Nat Pinkerton zu schildern empfahl. Die schärfere Attacke kam von seiten der proletarischen Schriftsteller. Im Herbst 1923 wirft G. Lelewitsch, der führende Kritiker der Zeitschrift *Na postu*, der Kollontai vor, sie habe sich in den »Netzen des Kom-Feminismus« verfangen und nicht einmal Eichenbaums doch sehr treffendes »Dirne«-»Nonne«-Oxymoron zur Kenntnis genommen. In Wahrheit sei die Poesie der Achmatowa nichts als ein »kleiner schöner Splitter der Adelskultur« und Kollontais Interpretation gleiche dem Versuch, »Achmatowa mit Clara Zetkin zu verheiraten«. Nimmt man hinzu, daß auch Leo Trotzki 1923 in seinem Buch *Literatur und Revolution* unter der Überschrift »Literatur außerhalb des Oktober« die Achmatowa sarkastisch abfertigte, dann scheint die große

Zuweisung nicht nur gescheitert, sondern im Ansatz verfehlt. Die Literaturenzyklopädie beschreibt sie dann auch 1929 als eine Dichterin des Adels, die schon in der kapitalistischen Gesellschaft keine neue Funktion mehr erhalten, die alten aus der Feudalgesellschaft aber längst verloren hatte. Und eine zeitgenössische Karikatur, die den Baum der sowjetischen Literatur mit über siebzig Schriftstellern reich belaubt zeigt, plaziert sie mit Bely und Woloschin als »Lebenden Leichnam« – unter dem Baum.

Daß es unentscheidbar bleibt, wo Anna Achmatowa aus freien Stücken abwartet und wo gezwungenermaßen zurücktritt, gehört zum Bild der Zuweisung. Entscheidend ist, daß diese Zuweisung in Rußland eine verzweigte Vorgeschichte hat, die genauer zu betrachten wohl lohnte. Es handelt sich um eigentümliche Entwürfe, die gewissermaßen die Achmatowa ankündigen. Um kurz die Richtung anzudeuten, hier Stichworte zu zwei Vorgängen: Sophia-Kult der Symbolisten und Mystifikation durch Cherubina de Gabriac.

Sophia-Kult: Anfang des Jahrhunderts waren unabhängig voneinander Alexander Block in Petersburg und Andrej Bely in Moskau, beide zwanzigjährig, der Sophia-Lehre des Mystikers Wladimir Solowjow gefolgt. Solowjow hatte die Heilige Sophia als Gottes Eben- und Gegenbild gesehen, die Königin der geeinten Vielfalt, die nach dem Akt der Weltschöpfung als ein Schutzengel die Geschöpfe vor dem Sturz ins Chaos bewahrt und sie aus der Mannigfaltigkeit der Welt in ihre ursprüngliche Heimat, die göttliche All-Einheit zurückbringt. In seiner Philosophie der Liebe zeigte Solowjow dann, daß es die Liebe zwischen Mann und Frau ist, die das Werk der Einigung der Menschheit vollbringt. In der körperlich-geistig-seelischen Vereinigung entstehe die göttliche Zweieinigkeit der Androgyne, die die »Desintegration und den Tod« überwinde: »Unsterblich ist nur der ganze Mensch.« Noch bevor Block und Bely sich persönlich kennenlernten, hat der Sophia-Kult nicht nur ihre Dichtung, sondern ihr gesamtes Verhalten geprägt. Blocks *Verse von der Schönen Dame* meinen im Bild der »Ewig Jungen«, der »Herrscherin des Alls«, der »Geheimnisvollen Jungfrau« immer zugleich die Sophia, den harmonischen, den ganzen Menschen und die Geliebte – Ljubow Dmitrijewna Mendelejewa. Blocks Heirat mit Ljubow erlebten seine Moskauer Freunde als Mysterium der Welterneuerung. Die Stürze waren unvermeidlich und im Verhältnis zwischen Block, Ljubow Dmitrijewna und Bely würden bis zu gegenseitigen Duellforderungen der beiden Männer alle Wendungen zu finden sein. Aber treugeblieben sind sie ihrer Jünglingsvision, und Block hat 1912, in den Tagen, als Anna Achmatowas erstes Gedichtbüchlein erschien, eine Übersetzung von Solowjows Androgyne-Konzept vorgeschlagen, die es auch als eine Ankündigung der Achmatowa lesen läßt. Als nämlich im Mai August Strindberg starb, entwickelte er sein Bild von einer neuen »Geschlechterauslese«, einer neuen Verteilung des »Männlichen« und des »Weiblichen«. Wenn das Männliche zum Männchenhaften werde, entarte Zorn zu Bosheit; wenn das Weibliche zum Weibchenhaften werde, verwandle sich Güte in Gefühlsseligkeit. Zu beobachten sei nun, daß versucht werde, das »Männchenhafte mit dem Weiblichen und das Weibchenhafte mit dem Männlichen zu veredeln«. Strindberg sei einer der ersten gelungenen »Probemenschen« gewesen, und ich halte es für sicher, daß Anna Achmatowa für Block zu den nächstgelungenen »Proben« gehört hat. Sein Gedicht für die Achmatowa vom Dezember 1913 entwirft in ihrer Schönheit das Höchste – das Androgyne, das Zweieinige von Furchtbarkeit und Einfachheit der menschlichen Existenz: nicht so furchtbar zu sein, um einfach zu töten, und nicht so einfach, um nicht zu wissen, wie furchtbar das Leben ist.

Cherubina de Gabriac: Zwei Jahre vor Blocks eigenwilliger Übersetzung von Solowjows Sophia-Lehre hatte sich eine höchst merkwürdige Mystifikation der Petersburger Dichterschaft durch eine Cherubina de Gabriac abgespielt. In der eben gegründeten nachsymbolistischen Zeitschrift *Apollon* treffen per Post Gedichte von einer Frau ein: Absender ohne Adresse. Am Telefon eine dunkle Stimme. Spanische Aristokratin. Mutter früh verstorben. Jesuit als Beichtvater. Die Verse von feiner Trauer. Eine Entdekkung, die Redaktion Mann für Mann verliebt. Selbst der für untrüglich geltende Stilsinn des Dichters Nikolai Gumiljow versagt, er ist intrigiert und brennt darauf, die Unbekannte zu erobern. Das Geheimnis wird gelüftet, als Gumiljow eines Tages aus heiterem Himmel vom Dichter Maximilian Woloschin geohrfeigt wird und sich mit ihm duelliert. Woloschin, stellt sich heraus, hatte der als Dichterin in Petersburg durchaus bekannten Lehrerin Jelisaweta Dmitrijewa, die Gumiljows Geliebte gewesen war und auf eine Verbindung gehofft hatte, die exotische Biographie und den Stil verschafft und nun die Beleidigung der Frau durch Gumiljow, der noch nichts von der Identität der Gabriac wußte, handgreiflich gerächt. Kurz darauf wurde Gumiljow Anna Achmatowas erster Mann. Marina Zwetajewa hat in ihrem Woloschin-Essay darauf bestanden, die Mystifikation als eine Botschaft anzunehmen, die eine Ankündigung der Achmatowa und ihrer selbst umfaßt. Sie sagt vom Vers der Cherubina de Gabriac: »Das Bildliche ist Achmatowa, der Rhythmus meiner, Verse, die vor der Achmatowa geschrieben sind und vor mir – so richtig ist mein Satz, daß alle Verse, früher, jetzt und künftig, von einer Frau geschrieben sind – einer namenlosen.« Diese verborgenen Vermittlungen sind es aber auch, über die (was nächstens zu berichten wäre) Anna Achmatowa mit den Frauen der russischen Geschichte verbunden ist – mit den Frauen der Dekabristen, mit der Mathematikerin Sofja Kowalewskaja und der Malerin Maria Baschkirzewa, mit den Revolutionärinnen Sofja Perowskaja und Vera Figner und mit ihren persönlichen Vertrauten Olga Glebowa-Sudejkina, Nadeshda Mandelstam und Lidija Tschukowskaja.

Anna Achmatowa hat nie aufgehört, darüber zu staunen, was ihr da zugewiesen worden ist. Keinen Augenblick die Selbstverständlichkeit des Rangs – einer geheimen politischen Gegenregentschaft etwa, wie sie von Leo Tolstoi oder Wladimir Solowjows Rolle her bekannt gewesen und noch von den Symbolisten übernommen worden war. Dafür überscharf das Empfinden einer Unangemessenheit, einer Zumutung fast, einschneidender: einer Vertauschung des Lebens, eines Biographienwechsels. Was sie in der Erinnerung an ihr erstes Büchlein *Abend* notierte, gilt durch die Jahre: »Diese armen Gedichte eines denkbar unbedeutenden Mädchens werden nun schon zum dreizehnten Mal gedruckt [...]. Das Mädchen selber hatte ihnen (soweit ich mich erinnere) dieses Los nicht zugedacht und versteckte die Zeitschriftenhefte, in denen sie zuerst gedruckt worden waren, unter die Sofakissen: ›um sich nicht zu ärgern!‹ Und vor Ärger, daß der ›Abend‹ erschien, reiste sie sogar nach Italien (1912, Frühjahr), wo sie, in der Straßenbahn die Nachbarn betrachend, dachte: Die Glücklichen – von denen erscheint kein Büchlein.«

Es ist genau diese Art des minutiösen Berichts über die Wahrnehmungen des Augenblicks, der sie wieder etwas vernehmen läßt, wo Block über dem Krachen vom »Zusammenbruch der alten Welt« das Hören vergangen war. Was an ihrer Poesie als leise, als Flüstern (bis zur »Flüstersyntax«!) beschrieben wurde, was sie selber als ihr stilles Wesen verstand und was die wilde Marina Zwetajewa bei der Begegnung im Juni 1940 so enttäuscht, als sie hören muß, daß die geliebte Achmatowa, für die sie sich »auf einem richtigen Scheiterhaufen« hatte verbrennen lassen wollen (1921), in diesen furchtbaren Zeiten einfach vom verspielten Harlekin-Petersburg des Jahres 1913 schreibt – alles das weist auf die Mitte der Existenz und der Poesie der Achmatowa. Noch als das apokalyptische, das revolutionär-maximalistische Katastrophendenken der Symbolisten und Futuristen den Ton angibt, hat die Achmatowa am Lebensraum einer neuen Alltäglichkeit und Häuslichkeit, einer entschlossen angenommenen Gegenwart gearbeitet, die nun ihren Namen tragen sollte: nicht wegen der literarischen Führerschaft der Dichterin, sondern wegen der seelischen und geistigen und körperlichen Kraft, mit der sie die Zuweisung annahm und verwandelte, diesen fünfundfünfzig Jahren zwischen 1912 und 1966 ihren Sinn gab, sie zu ihrer Zeit machte.

Wie das geschah, wird den Leser ihrer Gedichte immer neu verwickeln. Er wird auf eine Verschränkung und Spiegelung der Zeiten, Kulturen und Sprachen stoßen, die im ganz Einfachen, im Vertrauten hier und nebenan die Einheit der Welt unerschrocken ausspricht: die Einheit der Welt, in der Solowjows Sehnsucht nach der Androgynie und die Trauer der Cherubina de Gabriac sich spiegeln in den seelischen Nöten der Revolutionäre, deren Linderung Ossinski und die Kollontai 1922 und 1923 der Achmatowa anvertrauten, sich spiegeln in den Leiden der Lager (ihr »Requiem« auf Mann und Sohn) und in den Opfern des Krieges, die Eichenbaum 1946 in Anna Achmatowas Poesie ausgesagt und aufgehoben fand. Er wird einer Poetik der Gedächtnisse begegnen, die noch das Fernste in diesem Augenblick vereint: den Sturm ihrer Liebe zu Isaiah Berlin mit dem Nachkriegsschicksal Europas. Im *Poem ohne Held* und den umliegenden Gedichten, alles zurückgewendet auf 1913, das Jahr ihres Anfangs, das sie als den eigentlichen Beginn des 20. Jahrhunderts verstand, das Jahr des prophetischen Achmatowa-Gedichts von Block. Man erwarte dabei keine Schlüsselliteratur. Gedächtnis ist für Anna Achmatowa natürlich so verhüllend wie enthüllend: erst im Medium der anderen Sprachen, Gestalten und Vorgänge gewinnt sie die Freiheit und die Befugnis zu sprechen. Ununterscheidbar eigenes und fremdes Wort. Hatte sie Block am Ende als den »Tragischen Tenor der Epoche« gesehen, sie selber war, so im *Poem ohne Held*, bereit,

> »Die Rolle zu übernehmen des
> schicksalverkündenden Chors.«

Kay Goodman

Weibliche Autobiographien

Weitverbreitet ist die Ansicht, daß literarische Werke von Frauen autobiographischer seien als die von Männern. Daraus ließe sich folgern, daß die Autobiographie die der Frau eigene Gattung sei. Andererseits fällt auf, daß in wissenschaftlichen Untersuchungen über die Autobiographie fast ausschließlich Männerbiographien behandelt werden. Sowohl zahlenmäßig als auch der Bedeutung nach wird ihnen eine wichtigere Rolle beigemessen. Zu fragen wäre, ob das gerechtfertigt ist, und wenn ja, woran das liegt? Wenn nein, dann müssen wir unsere Einstellung ändern. Aber wie? Schreiben Frauen denn wirklich anders?

Diese Fragen sind bisher keineswegs befriedigend beantwortet worden. Eines aber ist gewiß nicht zu bezweifeln: Solche Fragen lassen sich mit dem herkömmlichen literarischen Bewertungskanon kaum hinreichend beantworten. Denn zu viele Einflußfaktoren waren hier im Spiel. Die Gattung Autobiographie steht im engen Zusammenhang mit der Herausbildung des bürgerlichen Selbstbewußtseins. Sie entwickelt sich im Kampf des Individuums um seine bürgerliche Identität. Oft zeigt sich das an dem Stolz des Autobiographen, der nicht verschweigt, sich seine Stellung und Bedeutung in der Gesellschaft selbst erarbeitet zu haben. Die Adligen, so behaupten viele dieser frühen Autobiographen, besäßen ihre gesellschaftlichen Rollen nur zufällig, aufgrund ihrer Herkunft und nicht etwa, weil sie innere Qualitäten besäßen. Durch die Autobiographie beansprucht ein Autor eine gewisse Repräsentanz, die gesellschaftliche Achtung seines Lebens – auch wenn es als negatives Beispiel dargestellt wird. Das ist meistens ein schwer errungener Stolz. Die Geschichte des Kampfes um die Identität oder die gesellschaftliche Stellung bildet zumeist das Kernstück einer Autobiographie. Frauen haben – darauf ist hinlänglich verwiesen worden – einen solchen Kampf niemals kämpfen dürfen. Konnten sie dann – besonders um 1800 – in anerkannten Formen ihr Leben erzählen?

Günter Niggl leitet die moderne Autobiographie aus drei Vorläufern dieser Gattung ab: 1. aus religiösen Bekenntnissen, 2. aus Berufsautobiographien und 3. aus abenteuerlichen Autobiographien. Die moderne Autobiographie *(Dichtung und Wahrheit)* – so Niggl – ist eine harmonische Integration dieser drei Vorformen. Nach seiner Einteilung konnte nur eine Frau, die gegen viele gesellschaftliche Ansprüche verstoßen hatte, an dieser Frühform der Autobiographie partizipieren. Eine Frau, die den gesellschaftlichen Formen gemäß lebte, konnte höchstens religiöse Bekenntnisse, also keine »wirkliche« Autobiographie schreiben.

Zwar haben Frauen gelegentlich Abenteuer- oder Berufsautobiographien geschrieben. Rose Staal-Delauneys *Memoires* (1755), Isabella von Wallenrodts *Leben* (1797), und Regula Engels *Schweizerische Amazone* (1821/5) beispielsweise weisen zahlreiche abenteuerliche Motive auf. Wie viele der damaligen Intellektuellen versucht Friderica Baldinger 1783 die Geschichte ihrer Vernunft wiederzugeben (gedruckt 1791). Die Autobiographie der englischen Précieusen Margaret Cavendish (1656) gehört gleichfalls in diese Kategorie. Frauen haben ebenfalls Haus- und Familienchroniken geschrieben, eine noch frühere Form autobiographischer Berichte, von der sowohl Berufs- wie Abenteuerautobiographien herstammen. Lady Anne Fanshawe schrieb 1676 eine Familiengeschichte für ihren Sohn, und die niederländische Jüdin Glückel von Hameln verfaßte 1690/91 auch eine Haus- und Geschäftschronik für ihre Familie.

Doch die Tradition, die für Frauen am fruchtbarsten gewesen ist, ist tatsächlich die der religiösen Bekenntnisse. Im 17. und 18. Jahrhundert galt das vor allem für pietistische oder Quäker-Frauen, deren Religion auch die Seelen von Frauen ernst nahmen und ihre weiblichen Mitglieder verpflichteten, ihre Bekenntnisse niederzuschreiben. Ob Frauen außerhalb solcher religiöser Zirkel Autobiographien geschrieben haben, die sich auf das Innere konzentrieren, läßt sich nicht so ohne weiteres feststellen, zumal es diesbezüglich definitorische Unstimmigkeiten in der wissenschaftlichen Diskussion gegeben hat. Seitdem Georg Misch die europäische Autobiographie untersucht hat, neigen deutsche Autobiographieforscher dazu, einen Unterschied zwischen Memoiren und Autobiographien zu machen. Memoiren – meistens von Adligen geschrieben – behandeln eher äußerliche Begebenheiten: z. B. Hof- und Berufsintrigen, Militärgeschichten. Autobiographien – meistens von Bürgerlichen geschrieben – behandeln eher innere Begebenheiten: Seelen- und Bildungserlebnisse. Gerade diese Seelengeschichten bestimmen die Gattung. Bernd Neumann meint, wenn ein Autobiograph seine Identität soweit entwickelt hat, daß er eine gesellschaftliche Rolle übernehmen muß, dann schlägt sich eine Autobiographie an dieser Stelle in Memoirenliteratur um. Dadurch entsteht der Gegensatz von gesellschaftlicher Rolle und Identität. Englische, amerikanische, und französische Forscher haben diesen Unterschied im Wesentlichen übernommen: Roy Pascal, Wayne Schumaker und Georges May.

Doch auch aristokratische Frauen haben Memoiren geschrieben: *Die Mémoires de la reine Marguerite* (geschrieben 1597/8) von Margaretha von Valois gelten als die erste weltliche Selbstbiographie einer Frau. Die Memoiren von Mme de Motteville, Christina von Schweden, Mlle de Montpensier, Sophie Kurfürstin von Hannover, Markgräfin Wilhelmine von Bayreuth, der Kaiserin Katharina von Rußland sind nur einige der zahlreichen Beispiele dieser Kategorie. Interessanter, wenngleich – streng theoretisch gesprochen – zum Teil problematischer, sind die bürgerlichen Formen der Lebensberichterstattung, die Autobiographien also, welche die Suche nach einer Identität thematisieren.

Wenn die Kategorien Memoiren und Autobiographie stimmen (und das tun sie zum größten Teil), dann haben Frauen eine merkwürdige autobiographische Aufgabe. Ihre geschichtliche und gesellschaftliche Rolle beschränkt sich meistens auf das Gebiet der Liebe und Familie – besonders um 1800. Dieser »privaten« Rolle geht andererseits in aller Regel das »öffentliche« Interesse ab. Es ist kein hinreichender Stoff für Autobiographien. Wie sollen Frauen, die sich nicht öffentlich zeigen dürfen, ihr Leben öffentlich erzählen? Bürgerliche Mädchen durften nicht einmal sehr stark ausgeprägte Eigenschaften oder außergewöhnliche Begabungen entwickeln, es sei denn, diese Eigenschaft bestand in einer besonderen Tugendhaftigkeit. Alle anderen Begabungen minderten ihren Heiratswert. Haben Frauen sich überhaupt je eine Unabhängigkeit oder gar Subjektivität leisten können, besonders ökonomisch gesehen, da sie von der Familie meistens finanziell abhängig waren? Was mußte geschehen, bis eine Frau sich eine Identität außerhalb der Familie (*ihre* gesellschaftliche Rolle) vorstellen konnte? Ist eine Frau, die in einem autobiographischen Text offen und direkt über ihre Nicht-Identität mit dieser Rolle schreibt, nicht ökonomisch gefährdet? Vielleicht verbirgt sie lieber ihre wahren Gefühle hinter einer Romanheldin, damit sie als Autorin keine spezifische Verantwortung dafür trägt. Das ist gewiß der sichere Ort für von gesellschaftlichen Normen abweichende Meinungen. Dann wäre – höchst wahrscheinlich – die Mischung der autobiographischen und romanhaften Formen eher die adäquate Form für weibliches Schreiben.

Dennoch haben einige Frauen es gewagt, in Autobiographien ihre Identität von ihrer gesellschaftlichen Rolle zu trennen. Gerade die Tradition der religiösen Bekenntnisse ist in dieser Hinsicht von großer Bedeutung gewesen. Manche Frauen mußten sich gegen ihre Familien auflehnen, um Mitglieder dieser Sekten zu werden. Nur aufgrund einer religiösen Überzeugung durfte eine Frau ihre Familie verlassen. Nur als Mitglied einer Kirche konnte sie finanzielle Unterstützung für dieses Wagnis finden. Ausschlaggebender hierfür als die Bekenntnisse der Heiligen Teresa, die zusammen mit den Bekenntnissen des Heiligen Augustinus *die* Form der religiösen Selbstgeschichte gerade geprägt haben, sind die Bekenntnisse der Jeanne de la Motte Guyon (gedruckt 1694/1709). Diese führende Figur der quietistischen Mystik begann ihre Bekenntnisse im Gefängnis auf Befehl ihres eigenen geistigen Führers. Ihre Verfolgungen und Leiden in der Gesellschaft und in der Familie, die sie unbeschönigt beschreibt, nimmt sie als Prüfung Gottes hin, was jedoch nicht bedeutet, daß sie sich in dieser Situation aufgibt. Vielmehr betont sie die Zügellosigkeit ihres eigenen Temperaments und, wegen dessen göttlichen Ursprungs, auch die Unabhängigkeit des persönlichen religiösen Lebens von sittlichen Forderungen und von kirchlichen Vermittlungen. Sie behauptet, das souveräne Recht der göttlichen Leidenschaft komme hier zum Durchbruch als Ausdruck der subjektiven gefühlsmäßigen Reaktion auf die inneren Erfahrungen.

Die weltlichen Konsequenzen eines solchen Glaubens sind nicht zu übersehen. Sie erlauben Mme. Guyon, sich von einem ungeliebten Manne und von ihren ehelichen Pflichten zurückzuziehen. Ihre wahren Gefühle und ihr innerstes Selbst gehören Gott. Abstrakter gesehen, ist eine durch Gott bewirkte Anziehung einfach göttlich, da es eine Wahrnehmung Gottes herbeiführt. Ohne solche Attraktionen wäre Gott nicht zu erkennen, denn die Seele ist ganz in ihn übergegangen. Seelenvollem, göttlichem Gefühl darf menschliche Vernunft (auch sittliche Vernünftigkeit) nicht widersprechen. Grenzenlose Nächstenliebe einer egoistischen Seele erweist sich als das natürliche Ausströmen der Überfülle Gottes in der Seele. Selbstliebe wird als Gottesliebe gepriesen. Die Gesellschaft bestimmt nicht mehr die Moral. »Ich finde, daß in mir etwas ist, das das Böse verwirft und das wahrhaft Gute billigt. Ebenso ist es mit der Übung der Tugenden: dieser *esprit droit* unterscheidet ursprünglich die wahre Tugend von der falschen« (Georg Misch: *Geschichte der Autobiographie*, S. 752). Es gibt für sie einfach keine *vertu raisonnable*. Überhaupt hat das Göttliche nichts mit der Vernunft zu tun. Deswegen behauptet sie von ihrem Schreiben: »Das, was mich am meisten in Staunen setzt, ist, daß es fließt wie aus der Tiefe und geht nicht durch den Kopf« (Georg Misch, S. 752).

Zur gleichen Zeit wie Shaftesbury betont sie die Bedeutung der Gefühle. Durch Madame de Warens wird Rousseau mit ihren Werken bekannt. In

Anton Reiser (1786/89) bezeugt Karl Philipp Moritz ihren großen Einfluß auf pietistische Kreise in Deutschland. Schopenhauer nannte die Selbstbekenntnisse dieser »schönen und großen Seele« ein »spezielles, höchst ausführliches Beispiel und faktische Erläuterung der von (ihm) aufgestellten Begriffe« (Georg Misch).

Obwohl Mme. Guyons Bekenntnisse auch resignative Züge aufweisen, zeigt sie auch das Anrecht einer selbstbewußten Seele, gesellschaftlicher Vernunft zu trotzen. Daher hat sie nicht nur die Autobiographie der Elise von der Recke (geschrieben 1793/95, gedruckt 1902) beeinflussen können, sondern auch deren Leben. Gegen Mann, Familie und Gesellschaft behauptet von der Recke das Recht ihrer Person auf Achtung. Während Mme Guyon sich als Mystikerin einfach zurückgezogen hat, läßt Recke ihre Ehe scheiden. Später weigert sie sich, nochmals zu heiraten. Auch Rahel Varnhagen gehörte zu den Bewunderern der Mme Guyon. Auch für sie hatten Liebe und Achtung für die eigene Seele nichts mit einem eng verstandenen Egoismus zu tun. Sie bewies Liebe und Achtung gegenüber allem Lebendigen und Natürlichen, Verständnis für und Sorge um die Eigenartigkeit eines jeden Lebewesens. Auch sie wollte aus vollem Herzen schreiben und wehrte sich gegen allzu enge Vernunftvorschriften und Moralbestimmungen. Der Einfluß Mme Guyons auf Frauenautobiographien reichte bis gegen Ende des neunzehnten Jahrhunderts. Noch in Marie von Ebner-Eschenbachs *Meine Kinderjahre* (1905) lassen sich Spuren ihrer Gedanken erkennen.

Zu Beginn des wissenschaftlichen Zeitalters fing man an, sich um Beschreibungen der Wirklichkeit zu kümmern. Nach Descartes wurde Wahrheit individualistisch. Daher stammt wohl auch das zunehmende Interesse an privaten Zeugnissen des Lebens: in Autobiographien und vor allem in Briefen. Romane durften plötzlich nicht mehr phantastisch oder unglaubhaft erscheinen. Der Roman näherte sich der Realität, und die Realität war individualistisch. Er näherte sich also der Autobiographie und dem Brief an. Autobiographie und Brief hingegen näherten sich ihrerseits dem Roman, der Fiktion. Im späten 18. Jahrhundert wurden Formmischungen wirksam. Nicht nur der moderne Roman, sondern auch die moderne Autobiographie entstand. Der Brief als Kunstform dagegen ist untergegangen.

Schon im 17. Jahrhundert wurde diese Tendenz zu Formmischungen deutlich. So zeigen Anne Lady Halkett sowie Hortense und Marie Mancini Ansätze autobiographischer Verwendung romanhafter Stilmittel. Später wird der autobiographische Roman, dem Mme d'Epinay den Titel *Histoire de Mme de Montbrillant* (gedruckt 1818) gegeben hat, als ihre Memoiren ausgegeben. Elisabeth Stägemanns *Erinnerungen für edle Frauen* (geschrieben 1804, gedruckt 1846) enthalten dagegen viele Wirklichkeitsabänderungen und romanhafte Stilmittel, obwohl der Text von ihr ausdrücklich als Autobiographie designiert wird. Viele Romane um 1800 wurden einfach als Autobiographien gelesen, man denke etwa an de Staëls *Delphine* (1802) und *Corinne* (1807).

Die Form des Briefs wurde der Frau zugeteilt, als Vehikel ihrer familien- und gesellschaftsbindenden Aufgabe und als Ventil ihrer Subjektivität. Da Frauen zumeist ohne Bildung waren und ohne künstliche Stilmittel schrieben, galt ihr Briefstil als natürlicher und echter, der Seele und der Wahrheit näher. Kein Wunder also, wenn der neue Roman sich durch Briefe entwikkelte. Die zahlreichen Briefromane der Zeit nahmen fast ausschließlich Biographien von Frauen zum Thema. So ist es nicht verwunderlich, wenn auch die Frauen selber ihr Leben in der ihnen zugestandenen Form niederschrieben. Tatsächlich scheint die Briefautobiographie (zum Teil mit ausgeprägt romanhaften Zügen) eine den Frauen eigentümliche Form zu sein. Isabella von Wallenrodt (1797) und Elisabeth Stägemann haben sich eine solche Form zu eigen gemacht. Das Gleiche gilt für Mme d'Epinay und viele andere.

Wenn eine bürgerliche Frau heiratete, war es selbstverständlich, daß sie ihrem Mann ihr Selbst schenkte. Ihm gegenüber hatte sie folglich keine persönlichen oder ökonomischen Rechte mehr, weder eine Identität noch eine Subjektivität. In diesem Zusammenhang gewann zu Beginn des 18. Jahrhunderts – zunächst in England – der Brief, als ein Ort zugestandener Subjektivität, für Frauen eine außerordentliche Bedeutung. In Briefen (und Briefromanen) verteidigt eine Frau nicht nur ihre Tugend, sondern in der Tugend ihr Selbst. Einer Frau unaufgefordert einen intimen Brief zu schicken, galt als Nichtachtung ihrer Persönlichkeit.

Wenn Elise von der Recke in den fingierten Briefen ihrer Autobiographie ihr Selbst verteidigt, so schreibt sie genau in dieser Tradition. Sie schreibt, um ihr innerstes Selbst zu schützen. Die Briefe spiegeln die Prüfung wie auch die Behauptung ihres Selbst wider. Wie Mme Roland (1793) bedient sie sich des Beispiels J.J. Rousseaus und erzählt mehr persönliche Details aus ihrem Leben, als es die damalige oder sogar spätere Gesellschaft für gut hielt – also eine Bloßlegung ihres Selbst, während sie dieses Selbst verteidigt. Wie ganz anders dagegen ist die briefliche Offenheit einer Rahel Varnhagen, die ebenfalls geplant hatte, ihr Leben in Briefen herauszugeben. Sie denkt nicht daran, sich in ihren Briefen verteidigen zu müssen. Ihr geht es darum, ihren Charakter mit Hilfe ihres Briefpartners zu entwickeln

Dieses Verständnis des Individuums geht über Schleiermacher auf die Mystik Spinozas zurück.

Ähnliches zeigt das Werk Bettine von Arnims: Um Lesern die Entwicklung ihres Charakters darzustellen, ordnet sie 1853 drei ihrer »Briefromane« in autobiographischer Reihenfolge: *Clemens Brentanos Frühlingskranz* (1844), *Die Günderode* (1840), *Goethes Briefwechsel mit einem Kinde* (1835). Dabei entsteht eine Art Autobiographie, die den Forschern völlig entgangen ist. Sie gründet sich nämlich auf einen nicht traditionellen, ganz unbürgerlichen Identitätsbegriff. Bettine von Arnims Selbst wird mit und an diesen Briefpartnern entwickelt. Sie »gehören« zu ihr wie Teile ihres Selbst; sie spiegeln ihr Selbst, und sie spiegelt Teile ihrer Briefpartner. Dieses Ineinanderverwobensein ihres Selbst ist der Form nach in den stark redigierten Briefen wiedergegeben.

Von Arnim braucht diese Menschen, um »zu sich« zu kommen. Sie lernt von Clemens, von Caroline Günderode, von Goethe und entwickelt sich weiter. Durch diese Freundschaften lernt sie allmählich, sich innerhalb der Gesellschaft zu behaupten und nicht deren Vernunftsregeln zu folgen, sondern sich als verantwortungsvolles Mitglied der Gesellschaft zu betätigen. Sie geht noch einen Schritt weiter, wenn sie denkt, der Gesellschaft helfen zu können und in Liebe und ohne alle Vorurteile zu sich zu kommen.

Bettine von Arnim nimmt aber keine gesellschaftliche Rolle an und entwickelt keine in sich abgeschlossene Identität im traditionellen Verständnis. Nach wissenschaftlichen Kategorien zählen diese Werke auch dem Inhalt nach nicht zur Gattung der »echten« Autobiographien. Weder Abenteuer noch Beruf spielen eine große Rolle. Vielmehr ähneln sie dem alten Typus der religiösen Bekenntnisse, da die Werke die Entwicklung einer Seele wiedergeben. Je mehr Arnim zu *sich* kommt, desto mehr meint sie, ›Gott‹ näher zu kommen. Indem sie sich entwickelt, entwickelt sie ›Gott‹ und die ›Welt‹. Auch wenn von Arnim Mme Guyon nicht gelesen hat, so hat sie Spinoza zumindest durch Schleiermacher gekannt.

Merkwürdig bleibt, daß von Arnim die Schwierigkeiten ihrer Ehe nie autobiographisch geschildert hat. Außer Isabella von Wallenrodt, die diese Schwierigkeiten beschreibt und sie dennoch leugnet, haben Frauen, die unglückliche Ehen führten, ihre Autobiographien meistens als Nachlaß überliefert. Zwar ist die Ehefrage um die Mitte des Jahrhunderts vor allem in den Romanen von George Sand, George Eliot und Fanny Lewald wieder aktuell geworden, doch sucht man umsonst nach autobiographischer Behandlung solcher Probleme. Vielmehr ähneln Frauenautobiographien denen der Männer immer mehr. George Sands *Histoire de ma vie* (1854/

55) liefert ein Beispiel für diese Tendenz. Ihr Liebesleben wird kaum erwähnt, während sie eine Fülle von Informationen zu ihrer Geneologie, zur Volkskunde, zur Zeit im allgemeinen bringt. Schließlich befinden wir uns im Zeitalter des Positivismus. Immer mehr Frauen (besonders die zahlreichen unverheirateten und finanziell gefährdeten) finden Berufe, und immer mehr Frauen können aus diesem Grund ihr Leben in männlichen Formen beschreiben, auch wenn sie, wie Fanny Lewald (*Meine Lebensgeschichte* 1861/62), manche Schwierigkeiten, die sie als Frauen hatten, offiziell unterschätzen. Urteilt man nach diesen Typen, so scheint es, als ob Frauen erst im frühen 19. Jahrhundert »wirkliche« Autobiographien schreiben, d.h. gängigen Definitionen der Forschung nach. Erst jetzt bekleiden einige öffentliche Positionen. Weitere Probleme der Subjektivität werden unterdrückt und rationalisiert, wenn nicht genau so stark, so doch ähnlich wie in Männerautobiographien.

Die berühmte englische Schriftstellerin Harriet Martineau wußte, daß sie eine einflußreiche Person war und ihre Lebensbeschreibung ihrem Publikum schuldete (geschrieben 1855 / gedruckt 1877). Sie erklärt ihre Verantwortung, eine Autobiographie schreiben zu müssen, daher, weil sie sich geweigert hatte, ihre Briefe zu veröffentlichen. Diese seien privat gemeint, und es bedeutete einen Vertrauensbruch, sie der Öffentlichkeit jetzt vorzulegen. Die Rolle des Briefes und der Subjektivität in der Gesellschaft hatten sich inzwischen umgekehrt. Doch darf man daraus nicht schließen, daß sich diese Übersetzerin der Werke von Auguste Comte nicht für ihre Gefühle interessiere. Das Interesse ist lediglich ein anderes, nämlich ein intellektuelles mit didaktischem Ziel. Der Fortschritt der Menschheit beruht auf der Sammlung vieler solcher Geschichten. Martineaus persönliche Entwicklung wird so dargestellt, daß sie die Stufen der menschlichen Entwicklung aus theologischem und metaphysischem Dunkel ins Licht der postivistischen Aufklärung verdeutlicht.

Martineau *erzählt* nicht kontinuierlich die Geschichte einer jugendlichen Liebe, vielmehr übergeht sie manche Details, deutet nur versteckt die Geschichte an. Warum sie nicht geheiratet hat, wird mit Vernunft erklärt. Verhältnismäßig schnell – aber nicht ohne subjektive Elemente einzuflechten – berichtet sie über ihre ersten dreißig Jahre, bis sie Schriftstellerin wird. Später werden berühmte Leute, die sie kannte, ausführlich beschrieben, aber auch ihr Engagement und das Aufgehen in ihrer Arbeit. Denn genauso wie eine Frau manchmal innerhalb eines Familienlebens ihrer Persönlichkeit Ausdruck geben kann, so kann sie es auch oft innerhalb eines Berufs. Die Lust, Energie und Befriedigung, die diese Frau durch ihre Arbeit gewinnt, sind unverkennbar. Ob die Behauptung ihrer gesellschaftlichen Rolle einen Zwang für ihre Identität bedeutete, werden wir wohl nie erfahren. Vielleicht bedeutete es für sie weniger Zwang als die vorgeschriebene Rolle einer Hausfrau und Mutter.

Erst um die Mitte und gegen das Ende des neunzehnten Jahrhunderts also *kann* eine Frau ihren Kampf um Beruf oder politisches Engagement beschreiben. Im späten neunzehnten und frühen zwanzigsten Jahrhundert beschreiben Frauen, die öffentliche Figuren geworden sind, persönliche *und* politische Kämpfe. In England erzählen Lady Sydney Morgan (1859), Margaret Oliphant (1899) und Mrs. Humphrey Ward (1918) von ihren Schwierigkeiten, Schriftstellerinnen zu werden. In Deutschland tun das Fanny Lewald (1861/2) und Gabriele Reuter (1921). Frauen, die gegen den Krieg agiert haben, erzählen ihr Leben zu didaktischem Zweck: Bertha von Suttner (1909) und Vera Brittain (1933). Frauen, die sich für Frauenrechte eingesetzt haben, beweisen anhand ihrer Erfahrungen, warum diese Rechte nötig sind: Malwida von Meysenbug (1869/76), Elisabeth Cady Stanton (1898), Helene Lange (1920), Emmeline Pankhurst (1935) und Charlotte Perkins Gilman (1935). Andere erzählen, wie sie dazu gekommen sind, Sozialistinnen zu werden: Lily Braun (1909/11), Beatrice Webb (1926), Emma Goldman (1931). In Deutschland erscheint, eingeleitet durch Adelheid Popps *Die Jugendgeschichte einer Arbeiterin* (1909), eine Reihe Autobiographien von Arbeiterfrauen: Doris Viersbeck (1910), Maria Wegrainer (1914), Ottilie Baader (1921).

Das Persönliche entschwindet keineswegs aus diesen Autobiographien. Viele behandeln Schwierigkeiten mit Eltern, die nicht verstehen, daß eine Frau sich auch öffentlich betätigen möchte. Auffällig dagegen ist, daß nur wenige Differenzen mit ihren Männern eingestehen, obwohl man es manchmal ahnt. Ende des Jahrhunderts scheint das immer noch ein heikles Thema zu sein. Viele verschleiern die Schwierigkeiten, die sie hatten, von der Öffentlichkeit ernstgenommen zu werden. Manches wird verschwiegen – wie in Männerautobiographien –, aber oft auf eine Weise, die Spuren einer anderen Geschichte ahnen lassen. Patricia Meyer Spacks hat das für viele englische und amerikanische Frauen im neunzehnten Jahrhundert festgestellt.

Solche »Widersprüche« im Text lassen Zweifel an der Authentizität der Erzählung zu. Denn diese andere »Wahrheit« hat keine Erzählstimme im Text. Es wird meistens aus *einer* Erzählposition erzählt. Ein »Ich« versucht, sein Leben objektiv niederzuschreiben. Die Spannungen, die entstehen, lassen erkennen, daß diese Frauen sich nicht ohne Zwang integriert haben.

Dennoch experimentieren einige mit neuen Erzählweisen. Lu Märtens *Torso* (1909) wird in erlebter Rede erzählt. In *Meine Kinderjahre* (1905) erzählt Marie von Ebner-Eschenbach nicht chronologisch, sondern assoziativ. Der Einfluß der psychoanalytischen Bewegung läßt sich, allem Anschein nach, erst nach dem zweiten Weltkrieg erkennen: zum Beispiel bei Anaïs Nin und Marie Cardinal.

Zwischen den Kriegen wird weiter bewußt experimentiert. Mary Austin (1932) mischt »Ich«-, »Du«- und »sie«-Erzähler. Lou Andreas-Salomés Begriff vom Selbst als Individuum (1931/2) ähnelt dem der Bettine von Arnim. Sie erzählt lose verschiedene Begegnungen mit Menschen, durch die sie ihrem Selbst näher gekommen ist. Die Art von mystischem Urerlebnis mit dem Weltall kann man biographisch auf Spinozas Schriften zurückführen. Aber Salomé erzählt nicht, wie Arnim, in Briefen, die diesem Individualitätsbegriff Form gegeben hat. So radikal in der Form wie Arnim ist vielleicht sonst nur Gertrude Stein gewesen.

1933 schreibt Gertrude Stein die Autobiographie ihrer Gefährtin Alice B. Toklas. Der Gefährtin erzählt sie, sie wolle Toklas' Autobiographie schreiben, »so einfach wie Defoe die Autobiographie von Robinson Crusoe erzählt hat« (James E. Breslin: *Gertrude Stein and the Problems of Autobiography*, S. 152). Die veräußerte Erzählperspektive läßt wenig Psychologisches erscheinen. Stein interessiert sich, wie Picasso, für Flächen. Auch läßt die Erzählweise keinen Begriff für bürgerliche Identität aufkommen, da man oft nicht weiß, wer was meint. Der Stil ähnelt gelegentlich dem der Toklas, gelegentlich dem der Stein. Ein Kritiker hat behauptet, beide hätten daran gearbeitet (Richard Brigdman: *Gertrude Stein in Pieces*, S. 209–37). Ähnlich hat das lesbische Paar Anita Augspurg und Lida Gustava Heymann seine Autobiographie gemeinsam geschrieben (1941). Bei Stein wird auf eine Weise erzählt, daß von einer linearen Handlungsführung nicht die Rede sein kann. Gertrude Stein erscheint als Seiende.

In den Vereinigten Staaten läßt sich seit den 1960er Jahren ein Phänomen erkennen, das sich mit einer Erscheinung aus dem späten 19. Jahrhundert vergleichen läßt. Schwarze Frauen, die öffentliche Rollen spielen, beginnen ihre Autobiographien zu schreiben. Es gibt zwar schon im 19. Jahrhundert »slave narratives«, und bereits 1942 veröffentlicht die Schriftstellerin Zora Neale Hurston ihre Autobiographie. Doch erst seit der Bürgerrechtsbewegung können wir von einer beträchtlichen Anzahl sprechen: die der Aktivistin Anne Moody (1968), der Sängerin Pearl Bailey (1968), der Dichterin Maya Angelou (1969, 1974), der Autorin Lorraine Hansberry (1969), der Politikerin Shirley Chisholm (1970), der Lyrikerin Nikki Giovanni (1971), der Lyrikerin Gwendolyn Brooks (1972), der Aktivistin Angela Davis (1974). Auch die Prostituierte Delle Brehan (1969), die »Mutter« Ossie Guffy (1971) und die Sekretärin Helen Jackson Lee (1978) schrieben Autobiographien. Ähnlich wie europäische Frauen am Ende des vorigen Jahrhunderts, die öffentliche Positionen errungen hatten, sehen sich diese Autorinnen nicht ausschließlich als Außenseiter – weder als Frau noch als Schwarze. Meistens schreiben sie auf eine Weise, die das bürgerliche Ideal der Identität nicht in Frage stellt. Sie erzählen chronologisch aus der Perspektive eines sich erinnernden Ich, das aber auch oft eine andere Wahrheit erkennen läßt.

Die Probleme, die die Gattung Autobiographie für schreibende Frauen aufwirft, sind in der theoretischen Diskussion bisher noch kaum berücksichtigt worden. So viel steht fest: Solange Frauen nicht in der Gesellschaft völlig integriert sind, werden sie immer mit subversiven und widersprüchigen Stimmen schreiben müssen. Es muß anders gedacht werden. Feststellen läßt sich allenfalls: Frauen schreiben nicht alle gleich, auch wenn sie gemeinsam eine ähnliche gesellschaftliche Position teilen, die dann doch oft eine *andere* Wahrheit als die herrschende erkennen läßt.

Silvia Schlenstedt

Bilder neuer Welten

Else Lasker-Schüler hat sicherlich am stärksten dazu beigetragen, daß sich im Deutschland des zwanzigsten Jahrhunderts das Bild von der Eigenart und vom Vermögen schreibender Frauen tiefgreifend gewandelt hat. In zweifacher Hinsicht, die neu verstehen ließ, was eine »Dichterin« sein könne: Sie hat, zum einen, eine Rollenverteilung durchbrochen, wonach die dichtende Frau vor allem auf ein Terrain zu fixieren sei, auf dem sie tradierte weibliche Funktionen – als Liebende, Gattin, Mutter – wahrzunehmen und als Sprecherin individueller Lebenserfüllung ihr Eigentliches vorzubringen habe. Solche Rollen auszufüllen, solchen Erwartungen zu entsprechen, hat sich Else Lasker-Schüler – bewußt und mit Konsequenz provokativ – geweigert, sie hat Ansprüche neuer Art angemeldet und neue Maßstäbe einzusetzen geholfen. Mit ihren Gedichten, zum anderen (nicht vom Gesamtwerk, das mehr als die Lyrik umfaßt, kann im Folgenden die Rede sein), hat sie bis dahin ungehörte Töne und Sprechweisen, ein neues Greifen nach Welt in die deutsche Dichtung überhaupt eingebracht, so die Felder des Sagbaren wesentlich erweitert und von dem, was das Gedicht zu leisten vermag, neue Dimensionen sichtbar gemacht. Mit ihr hat sich auch eine Emotionalität offenbart, die vielleicht Spezifisches im authentischen Gedicht von Frauen ausmacht – in seiner Positivität und allgemeinen Produktivität wäre es zu bestimmen durch das, was hier ausgeschlagen wird: Härte, Kälte, treffender Witz, verletzender Zynismus.

Aus dem gegebenen Rahmen eines bürgerlichen Lebensablaufs und den eingeführten Verhaltensmustern hat sich Else Lasker-Schüler erst herausarbeiten müssen. Nur so konnte sie ihr eigenes Gesicht, ihre Sprache, die ihr gemäße Gestalt schaffen; etwa um das Jahr 1905 ist diese Gestalt und das ihr eigene Selbstbewußtsein wesentlich ausgeprägt. Da ist sie (was sie aber damals und später zu kaschieren verstand) schon 35 Jahre alt. Was die Lasker nicht sein wollte: bürgerliche Ehefrau, Dame, »wie die Berliner Puppen«, eine der Künstlerinnen oder Frauenrechtlerinnen oder Corsettfabrikantentöchter mit künstlichen Busen oder Lockenfrisuren (Br. 1,41 u.

69). Dann lieber wie ein Knabe, ein Vagabund, der über die Bürger lacht, der verkleidete Orientale, der weiß: »Ich bin ein verprügelter Junge, ein verwundeter Prinz« (Br. 1,136). Auf solche Weise schuf sie das Gegenbild einer jungenhaften, herben, ungebändigten Frau (das sie auch durch ihren äußeren Habitus sinnfällig machte), die nicht mit bürgerlichen Maßen und quasinatürlichen Normen gemessen werden wollte; für sie als Dichterin sollte auch das Alter keine Rolle spielen und nicht ihre reale Biographie. Das wird – ein spätes Beispiel – überdeutlich in ihrem Beitrag zu *Führende Frauen Europas* (1930), der sich in seiner Eulenspiegelei und Selbstmystifikation demonstrativ von allen anderen »Selbstschilderungen« abhebt, die Elga Kern 1930 herausgegeben hat (vgl. Else Lasker-Schüler: *Etwas von mir*. In: *Führende Frauen Europas*.) Für den Aufbruch in diese Richtung waren verschiedene Kreise im Berlin der Jahrhundertwende von wesentlicher Bedeutung. Dazu zählen, nach der »Neuen Gemeinschaft« der Harts, vor allem »Die Kommenden«, eine literarische Vereinigung mit »wilden Diskussionen« und »voller Ungezwungenheit« – so charakterisiert sie Stefan Zweig in *Die Welt von gestern* (S. 139) – und die Gruppe um die Zeitschrift »Der Kampf«. Peter Hille, Peter Baum und die Lasker hätten – so Erich Mühsam in *Unpolitische Erinnerungen* (S. 518) – bei den »Kommenden« eine »eigene lyrische Melodie« gespielt, deren »Grundnote« aus dem »Zusammenklingen von Jean-Paul-hafter Bildfreudigkeit und psalmodierender Getragenheit« entstand. Im »Kampf«-Kreis trafen sich ebenfalls Mühsam, Hille, Herwarth Walden, weiter Paul Scheerbarth, Franz Pfemfert, Ludwig Rubiner; der Herausgeber der Zeitschrift 1904–1905 war Johannes Holzmann (Senna Hoy). Die erst zu schreiben begonnen hatte, erlebte in diesen Kreisen die Proklamation unverstellter Entfaltung der Individuen und deren Ausdruck, sie erfuhr das gemeinsame Eintreten für »freiheitliche Bewegungen, welcher Art auch immer«, von politischen oder sozialen, in der sexuellen Sphäre oder in der Kunst (vgl. Senna Hoys Programmartikel in *Kampf. Neue Folge* [Nr. 1]). Wie wichtig Hille für sie wurde (ihr »Prophet«), hat die Dichterin immer wieder herausgestellt; er hat sie in ihrem Weg zu Natürlichkeit, emotionaler Unbedingtheit, zu einem antibourgeoisen Leben und Schreiben ohne Marktgängigkeit, aber auch ohne Esoterik bestärkt, und er hat früh in Formeln gefaßt, was zu einem Grundmuster der Dichterin werden sollte: »Der schwarze Schwan Israels, eine Sappho, der die Welt entzwei gegangen ist. Strahlt kindlich, ist urfinster …« (vgl. *Kampf* Nr. 8 v. 26. 3. 1904). Weniger offengelegt ist, von welchem Gewicht die frühe Begegnung mit Menschen war, die ihr Leben für anarchistisch geprägte revolutionäre Ideen einsetzten, mit Erich Mühsam und vor allem Senna Hoy.

Else Lasker-Schülers erstes Gewand, das ihr zur Distanz verhalf: die Prinzessin Tino von Bagdad, das zweite: Joseph, den seine »Brüder verkauft haben, das Bürgermillion« (II,150) (uralte Überlieferung und gänzlich Heutiges gehen im Denkstil der Dichterin zusammen), aufgestiegen zum regierenden Prinzen Jussuf im ägyptischen Theben. Indem sie ihr Kunstreich schuf, die Stadt Theben und ihre Provinzen (»Und doch liegt in Wirklichkeit mein Theben in meinem Herzen« / Br. 1,172) und andere, die sie schätzte, zu Herzögen, Königen, Prinzen erhob, bewegte sie sich außerhalb der Hierarchie des kaiserlichen Deutschland und der bürgerlichen Ordnung und gegen sie, stellte sie in solch phantastischer Selbstherrlichkeit ihre poetischen Gestalten auf die Ebene einer anderen Wertehierarchie, einer vom Dichter herzustellenden Weltordnung. Ein Balanceakt, weil auf der einen Seite das Spiel der Mystifikationen leicht als Verrücktheit verlacht und in seinem Ernst und emanzipativen Sinn verkannt werden konnte (und wurde) und weil auf der anderen Seite die erdichteten Gewänder ihrer Schöpferin sich auch als Schleier vor ihren Blick auf die wirkliche Welt legen konnten.

Das Gefühl, in einer Welt und einer Zeit zu leben, die dem Ich mit feindlicher Kälte begegnet, es einsam macht, und die Sehnsucht, solche Einsamkeit zu überwinden, Gemeinschaft zu finden und zu stiften, ist schon in Else Lasker-Schülers frühsten Gedichten ein Urgrund des Schreibens und wird es bleiben. »O, ich sterbe unter Euch!/ Da Ihr mich erstickt mit Euch«, heißt es 1902; dem entspricht der Wunsch, »zu entfliehn/ Meinwärts« (I,14). 1909 beginnt eines ihrer schönsten Gedichte, *Heimweh*:

Ich kann die Sprache,
Dieses kühlen Landes nicht,
Und seinen Schritt nicht gehn. (I,168)

Zu einem Ihr, das die Dichterin verhöhnt, sagt sie im *Stillen Lied*:

Doch ich griff nach euren Händen,
Denn meine Liebe ist ein Kind und wollte spielen
Und ich artete mich nach euch,
Weil ich mich nach dem Menschen sehnte. (I,285)

Die Liebe, mit Kindhaftigkeit und Spiel in Verbindung gebracht, nimmt hier eine markante Stelle ein – in ihr haben wir ein Hauptwort der Dichterin, aus der Mitte ihres lyrischen Kosmos. Nur an Beispielen kann dies gezeigt werden. Viele ihrer Gedichte hat Else Lasker-Schüler an Personen gerichtet oder Einzelnen gewidmet. Diesem Vorgang ist das Klischeebild von der »ewig verliebten« Dichterin abgezogen worden. Es ging aber um etwas anderes. Ihre Widmungen verteilte sie, wie man Geschenke gibt, ihre Gedichte für und von Einzelnen meinten und sagten mehr als eine persönlich-individuelle Beziehung (was nicht ausschließt, daß sie hellsichtig-genaue Porträtgedichte schrieb!), zu ihrem »so geliebten Spielgefährten Senna Hoy« etwa oder zu Gottfried Benn. Senna Hoy, der als Zwanzigjähriger 1905 Berlin verließ, 1907 nach Rußland ging und dort wegen revolutionärer Aktionen von 1907 bis zu seinem Tod 1914 im Kerker war – diesem Senna Hoy gelten die innigsten Liebesgedichte. Es ist eine Liebe ohne den Sinn des Habens. »Seit du nicht da bist,/ Ist die Stadt dunkel« (I,184) – seelischer Gleichklang wird aufgerufen, Verbundenheit im Dialog mit dem fernen Partner hergestellt, so in *Ein Trauerlied*, in Versen mit einem unpathetischen intensiven Sprechton:

Die Leiden, die dir gehören,
Kommen zu mir.

Die Seligkeiten, die dich suchen,
Sammle ich unberührt.

So trage ich die Blüten deines Lebens
Weiter fort.

Und möchte doch mit dir stille stehn;
Zwei Zeiger auf dem Zifferblatt. (I,186).

Mit der Person des Senna Hoy, mit seinem Schicksal verbindet sich für die Dichterin eine besondere humane Qualität (charakteristisch dafür die vegetativen Bilder des Blühens), die nicht zerstört werden darf, weil die Erde eine Liebe wie die seine braucht. Nach seinem Tod faßt ein Gedicht diese Idee im Bild vom Aufgehen des Freundes ins Universale, am Schluß wird er zu einer erlösenden Instanz:

Aber du stehst am Tor der stillsten Stadt
Und wartest auf mich, du Großengel. (I,189)

Über ihre Beweggründe, für Senna Hoy einzutreten, auch für eine Reise nach Rußland, die seiner Befreiung dienen sollte, hat sich die Dichterin in Briefen an Karl Kraus ausgesprochen: »weil ich sein Freund war, weil ich es für eine Weltordnung halte, daß man jeden Menschen, der so hilflos gefangen ist«, zu befreien sucht. Das treibende Motiv ist nicht allein ihre Überzeugung, daß er, der für seine Sache, »für die gepeinigte Menschheit in den Tod ging«, sie in ihrer Einsamkeit verstanden habe wie keiner sonst: »Ich tat es aus Ordnung. Es giebt noch was grandioseres wie Liebe, er war mein liebster Mensch; jede Schaufel Erde, die über seinen Sarg fiel, fiel auch über mein Gesicht« (S. 62; 66; 69). Daß in den ihm gewidmeten Gedichten mehr als eine Individualbeziehung ausgesagt wird, er vielmehr als Inbegriff eines bestimmten menschlichen Verhältnisses gesetzt ist, geht auch aus dem Ordnungsprinzip der *Gesammelten Gedichte* von 1917 hervor. In die Textgruppe, die dem »Spielgefährten« gewidmet ist (einem, der sich naives Dasein und Unschuld bewahrt hat, bei dem, mit dem das Ich Kind sein kann), stellt die Autorin Gedichte auch auf andere, die sie als verwandt empfand.

Entsprechendes gilt ebenso für die Benn gewidmete Gruppe, sie vereint an ihn gerichtete Gedichte mit anderen, in denen eine ähnlich geartete emotionale Spannung waltet. Auch mit Bezug auf Benn fällt im Brief das eigenartige Wort »Weltordnung«, wenn die Lasker ihrem Verleger erklärt, warum sie sich dafür einsetzt, daß er dessen Gedichte drucken soll; zusammen mit der Feststellung, »daß bis jetzt die derbe Art der Dichtung mir *immer* wie mit Gewalt heraufbeschworene Ekstase vorkam«, hier jedoch »wirkliche Eigenart« sei, »ungeheurig«, versichert sie, sie stehe »Dr. Benn *nicht* was Liebe betrifft nah [...] tue es aus Weltordnung nicht mal aus Cultur« (Br. 1,88). Liebesgedichte anderer Art entstehen in dieser Beziehung – sie sind bestimmt vom Verlangen nach Überwindung der Gegensätze, von Trauer über nicht erkannte und angenommene Liebe, über abgewiesene Gemeinsamkeit, vom Leiden unter Härte und Kälte. Höchst symptomatisch für die aufeinanderstoßenden Prinzipien, das forderndwerbende »Ich bin dein Wegrand« bei der Dichterin (I,215) und die harte Replik in Benns Gedicht:

Keiner wird mein Wegrand sein.
Laß deine Blüten nur verblühen.
Mein Weg flutet und geht allein. (Bd. II, S. 388)

Liebe wird in der Lyrik der Lasker zu einem Inbegriff einer immer wieder gesuchten und herzustellenden Verbindung der Menschen in Mitmenschlichkeit, gegen Kälte, Einsamkeit, Gottverlassenheit. Durch ihr Gedicht möchte sie eine humane Kommunion ermöglichen; so benennt die Dichterin im *Gebet* ihre Lage in der Welt und den Sinn ihres Mühens:

Ich suche allerlanden eine Stadt,
Die einen Engel vor der Pforte hat
[...]
Ich habe Liebe in die Welt gebracht –
Daß blau zu blühen jedes Herz vermag. (I,288)

In späterer Zeit, mit vorschreitendem Alter – sie leidet tief am Verlust ihres Sohnes, an den Erfahrungen des verstärkten Antisemitismus, am fehlenden Echo auf ihr Angebot, die Religionsgemeinschaften zu versöhnen (vgl. die Geschiche *Arthur Aronymus* und das Drama *Arthur Aronymus und seine Väter* von 1932), sie fühlt sich äußerlich und innerlich gefährdet (»mein Gerüst, das ich um mich baute, darf nicht einstürzen«/Br.1,199) – nimmt ihre Liebesbotschaft einen zunehmend tragisch-religiösen Gestus an:

> Die Heimat fremd, die ich mit Liebe überhäufte,
> Aus der ich lebend in die Himmel reifte. (I,328)

Ihr letztes Gedichtbuch, *Mein blaues Klavier* (1943), widmete Else Lasker-Schüler »Meinen unvergeßlichen Freunden und Freundinnen in den Städten Deutschlands – und denen, die wie ich vertrieben und nun zerstreut in der Welt, in Treue!« Wenn in diesen Elegien des Exils (sie floh 1933 in die Schweiz, war in den letzten Lebensjahren in Palästina) die Kältebilder zunehmen, wenn bitter gesprochen wird vom Zerbrechen der »Klaviatür«, des blauen Instruments, »seitdem die Welt verrohte« (I,337); wenn gegen das Grauen gesetzt wird: »Meine Freiheit soll mir niemand rauben« (I,371), so sind dies Zeichen der Treue. Und Treue hielt sie dem Hochbild und Hauptwort Liebe, das bei allem transzendenten Klang seinen widerständigen Sinn bewahrte:

> Das ewige Leben *dem*, der viel von Liebe weiß zu sagen.
> Ein Mensch der *Liebe* kann nur auferstehen!
> Haß schachtelt ein! wie hoch die Fackel auch mag schlagen.

Dies steht im Gedicht *Herbst*, das auch einen Prosatext für Ernst Toller abschließt; Tollers gedenkend, dem sie gut war »wie dem Gleichnis eines Menschen, den man ewiglich liebt«, erinnert die Dichterin noch einmal Senna Hoy, dessen Schicksal dem des toten Dichter-Exilgefährten glich, »gestorben beide für die Menschheit«, »die zwei heiligen Kämpfer« (III,82 f.). Der poetische Liebesentwurf umschließt ein solches Kämpfen für die Menschheit, wie er nach der Anstrengung derer verlangt, an die die Botschaft gerichtet ist: sie ist utopisch-fordernd auf die Hoffnung gestellt, die dichterische Hinterlassenschaft werde ein erlösender »Psalm« für eine Welt, die »ihn übe« (I,353).

Gertrud Kolmar hat nicht viele Gedichte veröffentlicht – in jungen Jahren wohl: veröffentlichen wollen, später: veröffentlichen können; die Konturen ihres lyrischen Werks sind erst den Nachgeborenen erkennbar geworden. Schon dies legt nahe, nach dem Stellenwert des Schreibens in ihrem Leben zu fragen.

Ihr Gedicht bewegt sich zunächst im Rahmen des Konventionellen und

Traditionellen – charakteristischer Titel aus der frühen Zeit: *Wunschlied* – es sind Sehnsuchtsgedichte, in denen ein im bürgerlichen Leben ungestilltes Verlangen ausgesagt wird oder auch Beziehungen als verwirklicht vorgestellt werden, die dieser Frau im privaten Leben real versagt sind: im Verhältnis zu einem Mann, zu einem Kind zu stehen. Konventionell sind solche Gedichte auch insofern, als der Entwurf glücklich erfüllter Bindung an den traditionellen Rollen von Frau und Mann orientiert ist – er ist der starke, harte, dem sie sich hingeben will, sie ist Gefühl und Werbung um Gefühl, will ihn bezaubern. In vielen Varianten erscheint dies, bis in die spätesten Gedichte hinein. Aber: bei der unmittelbaren Aussage von Ersehntem und Erlittenem bleibt die Schreibende nicht stehen, sie schafft sich objektivierende lyrische Sprech- und Darstellungsweisen, häufig in Form des Rollengedichts, in dem Frauen in verschiedenen Lebenslagen ihre Erfahrungen, ihre Verletzungen und Träume vortragen. Von der Autorin aus betrachtet, ist z.B. *Die Entführte* das Wunschbild eines in sich sinnvollen Lebens in Gemeinschaft mit Mann und Kind; als Resultat poetischer Hervorbringung betrachtet, begegnet uns das sozial bestimmte Bild einer Frau, die sich für ein tätiges Dasein jenseits bürgerlicher Herkunft entschieden hat und sich damit neu entdeckt (»Meine Wurzel schwankte siech im Winde/ Und ist heimgewachsen in die Tiefen«, 29). Wie hier steht die Mehrzahl der Frauen-Ichs der Zyklen *Weibliches Bildnis* nicht in, sondern außerhalb bürgerlicher Normalität, häufig sind sie Außenseiter, sozial oder emotional an den Rand und in die Vereinsamung gedrängte; mit großer Kraft weiß die Dichterin Frauen darzustellen, die mit ungebärdigem, rebellischem Gestus ihren Lebensanspruch aussagen, sich gegen Unterwerfung und Verachtung zur Wehr setzen und auch im Erleiden ihr Selbstbewußtsein nicht aufgeben. 1933 schon erschien in *Herz zum Hafen*, *Die Fahrende*, ein äußerst intensives Bild einer Frau, die in heiter-schmerzlichem Ton ihr Ausgeschlossensein, ihr Verlangen, »einen Zipfel dieser Welt« zu packen, ausspricht und das Wissen, ihr Teil sei »zögernd heimzugehen,/ Nichts als Sand in den Schuhen Kommender zu sein« (S. 125). Nelly Sachs wird diese Metapher vom Sand in den Schuhen aufgreifen. Innerhalb dieser Sammlung von »Frauenlyrik« – deren Stärke seit der Droste, so Langgässer, im Ruf liege, »den Menschen in seiner Ganzheit wieder aufzurichten« und das »Geistland ihrer Sehnsucht« zu schaffen – heben sich aus einer Masse von Konventionell-Gefühlsseligem die Gedichte E. Lasker-Schülers und G. Kolmars besonders ab.

Es gehört zur Eigenart der Dichtung Gertrud Kolmars, daß in ihr gegenständlich bestimmte Gestalten dominieren und daß sie tendenziell ihre

Gegenständlichkeit nicht im gesellschaftlichen Raum des sozial und politisch gegliederten und von Widersprüchen bewegten modernen Lebens ansiedelt. Die zeitgenössische Welt wird substituiert durch vor- und außermoderne oder außergesellschaftliche Sujets, indes sind diese erfüllt von individuellen und kollektiven Erfahrungen in der zeitgenössischen Welt. Damit wird auch eine romantisch-antikapitalistische Tradition fortgesetzt, am deutlichsten in *Alte Stadtwappen* (z.T. 1934 ediert, »entstanden im Winter 1927/28«). Vielfach werden darin Bilder einer vormodernen Welt noch funktionierender Beziehungen zwischen Natur und Mensch oder einer natürlichen Ordnung und unwiederbringlich verlorenen Ganzheit imaginiert – zumeist als Gegenbilder zum Jetzt. Der Auerochs in *Wappen von Auras* erinnert ein Einst mit starker, undomestizierter Natur und konfrontiert es mit dem Heute, das »kaum das Wesenlose fassen« kann, in dem »wir kraftlos, schutzlos« sind, Brodeln und Gemeng des »Menschenschaumtopfs« (465). Als Medien der Selbstaussprache werden der Dichterin Natursujets wichtig, vorzüglich das gefangene und das gemeinhin verachtete Tier (s. *Aquarium*, *Flehn* bzw. *Die Kröte*). Die Nachfolge (nach-)romantischer und symbolistischer Anthropologisierung von Natur, die hier wie auch im Sonettzyklus *Bild der Rose* deutlich ist, wird aber immer wieder aufgesprengt – und das schafft Stücke mit einer starken Intensität in den Gestalten der Entfremdung und mit großer anklagender Wucht (s. das jüngste Gericht der gequälten Kreaturen in *Der Tag der großen Klage*).

Gerade Texte wie der letztgenannte drängen die Frage auf, ob es den poetischen Arbeiten dieser Frau angemessen ist, sie im üblichen Sinne als Literatur zu betrachten. Denn wesentlich für sie war, daß ihrer Hervorbringung bei der Schreibenden eine lebenspraktische Funktion zukam. Lebenspraktisch in der Frühzeit zunächst in einem individuell-privaten Sinne, zur Bewältigung von Enttäuschung und Verlust erfüllter Lebensbeziehung als Frau, in einem viel weiteren existentiellen Sinne in den letzten zehn Jahren, die der deutschen Jüdin in Hitlerdeutschland noch zu leben blieben. Es war ein Schreiben, das das Leben aktiv zu bestehen half, indem es das eigene Erleben in objektivierten Bildern poetisch durcharbeitete und das individuelle Dasein in größere Zusammenhänge stellte und damit sinngebend aufzuheben suchte. (Eine Selbstbeobachtung der Autorin: Sie beginne eine Arbeit immer »aus einem Ohnmachts- einem Verzweiflungszustand heraus«, Br. 206).

Sind also die Gedichte von Tieren oder die unaktuellen Bilder leidenden oder widerständigen Lebens als Camouflage zu lesen, als Verschlüsselungen einer sozialen und politischen Anklage? Nein und Ja. Nein insofern, als bei

Gertrud Kolmar eine Vorstellung vom Dichter wirksam war, wonach sein Werk nicht so sehr das rasch wechselnde »Zeitgeschehen« verarbeite und weniger auf den Tag denn aufs »Ewigkeitsgeschehen« gerichtet sei; der heutige Tag werde »richtbar«, indem man auf ihn von einem distanzschaffenden Standort aus blickt (vgl. Br. 30, 33/34). Daß aber eine solche Bejahung der »zeitlosen« Dichtung, wie sie sich in späten Briefen ausspricht, eine Komponente des Selbstschutzes vor der »Zeit« enthält, die ihresgleichen zunehmend den Lebensraum, das Lebensrecht verweigerte, geht aus einem erst 1978 bekannt gewordenen Zyklus *Das Wort der Stummen* (entstanden August bis Oktober 1933) hervor. Wie nirgends sonst bezieht sich Gertrud Kolmar hier unmittelbar und offen auf politische Zeitereignisse, auf die Brutalität, mit der die deutschen Faschisten den Widerstand unterdrükken, Gefangene physisch und psychisch vernichten wollen. Sie möchte für die Opfer des Terrors, denen sie sich zurechnet, Klänge finden, die »rasen, wie eine Sturmglocke aufschreit um Mitternacht«.

> Oh, ich müßte mit euch, in Krämpfen, zerprügelt, hungrig, verlaust
> Hinkriechen auf tränendem Stein, gefesselt mit eiserner Kramme.
>
> Das wird kommen, ja, das wird kommen; irret euch nicht!
> Denn da dieses Blatt sie finden, werden sie mich ergreifen. (Wo 24)

Solidarisierung mit den Verfolgten und Verhalten des Aufschreis, Auflehnung gegen die Entwürdigung des Menschen und Bemühen, sich das Lebensganze nicht als sinnlos entwerten zu lassen – dies alles wirkt zusammen. Die 1933 geschriebenen Gedichte offenbaren deutlicher als spätere den Widerstreit der Reaktionen auf die feindliche Umwelt, von der die Schreibende weiß, sie werde sie »auf den Aschenhügel« zerren (Wo 31), und sie lassen – in der Art, wie sie den Zyklus aufbaut – erkennen, wie sie um eine Haltung ringt, die ihr das Weiterleben ohne Selbstaufgabe möglich macht.

Im Zyklus *Das Wort der Stummen* sind alle wesentlichen Themen, Motive und Haltungen der Gedichte des letzten Lebensjahrzehnts enthalten: Sehnsucht und Trauer der Kinderlosen; Tier und Pflanze; Sujets der Geschichte. Hier sind – in dieser Art neu und zu den bedeutendsten von Gertrud Kolmar zählend – Gedichte, die von der Leidensgeschichte der Juden zeugen, die seit altersher dauert und nun grausam aktualisiert ist »im dritten, christlich-deutschen Reich« (Wo 29): der *Ewige Jude*, der zum gehetzten alten Mann geworden ist – »Ach, das Zeichen, gelbes Zeichen,/ Das ihr Blick auf meine Lumpen näht« (Wo 20); *Wir Juden*, ein klagendstreitbares Bekenntnis zum geliebten »Volk im Plunderkleide« (Wo 31).

Doch: für Gertrud Kolmar reduziert sich Geschichte nicht auf eine ewig fortgesetzte Leidensgeschichte; gerade in einer Lage, die sie in die Rolle des ohnmächtigen Opfers zu werfen drohte, vergewissert sie sich alternativer Möglichkeiten geschichtsverändernden Handelns. 1933 stehen dafür Milton und Robespierre als Beispiele des Aufbegehrens:

> Daß getroffner Amboß jäh sich hob
> Und die Erde stampfend schlug die Hämmer,
> Daß mit Zähnen packte eins der Lämmer
> Und das Wölferudel blutend stob. (Wo 38)

Texte wie dieser, auch ein Essay und in der Folgezeit ein großer Gedichtzyklus *Robespierre*, entspringen gründlichen Studien zur Französischen Revolution, in denen sich die Autorin mit dem herrschenden Zerrbild von Robespierre auseinandersetzt (vgl. ihren Essay *Das Bildnis Robespierre*). Da sie die Protagonisten der Revolution als Modelle eines unbedingten Einsatzes für soziale Gerechtigkeit begreift, der bis in ihre Gegenwart nicht abgegolten ist, kann sie sie auf echt lyrische Weise vergegenwärtigen (herausragend: *Die Kerze*). Ein zentrales Stück: *Die großen Puritaner*: die reinen Erneuerer von Moses und Savonarola über Milton zu den Jakobinern, ihr rückhaltloses Kämpfen, das den eigenen Untergang bejaht, werden als Ahnen und Leitbilder aufgerufen, die auch der Heutigen helfen sollen, ihre Schwäche zu überwinden.

Die Schlußstellung im *Wort der Stummen* erhielt nicht das Gedicht auf den Täter, sondern eine Gestalt des Nichthandelns, *Der Engel im Walde* (in Motiv und Haltung auf ein Gedicht gleichen Titels im Zyklus *Welten* von 1937 deutend). Entworfen als ein Inbegriff reinen Leides und des Einverständnisses mit dem Geschehen, steht dieser Engel für eine geistig-seelische Verfassung, die die Dichterin in ihren letzten Jahren zu erringen sucht: ein Sein »außer aller Wirklichkeit« (Wo 44), durch das Ruhe und innere Harmonie gefunden werden kann. Es ist eine tief religiöse Haltung, die auf eine ganz eigentümliche Weise Selbstaufgabe und Lebensbejahung zu vereinen gestattet. 1941 – zur Zeit, als sie zu Zwangsarbeit verpflichtet worden war – sagte Gertrud Kolmar von sich, zu ihrer »Kraft zum Dulden« gehöre »etwas durchaus Aktives«: der Glaube, »daß der Mensch, wenn auch nicht immer und nicht überall, ein äußeres widriges Geschick aus seinem eigenen Wesen heraus zu wandeln vermag, mit ihm ringen kann, wie Jakob mit dem Engel kämpfte« (Br. 117). In diesem Verlangen, »dem scheinbar Sinnlosen einen Sinn zu geben« (Br. 116), vermochte sie mit *Welten* gegen Verzweiflung und Einsamkeit Bilder einer Fülle und Diesseitigkeit aus sich herauszustellen, die ihren nie aufgegebenen Anspruch auf die Bewahrung des Humanen vermitteln.

Nelly Sachs gehörte der gleichen Generation an wie Gertrud Kolmar, gemeinsam ist ihnen auch das großbürgerliche Milieu ihrer Herkunft und die enge Bindung ans Elternhaus. Wie Gertrud Kolmar bei ihrem Vater blieb und vor allem seinetwillen Deutschland nicht verließ, blieb Nelly Sachs mit ihrer Mutter zusammen, mit ihr konnte sie 1940 noch ins Exil fliehen. Als sie ihren ersten Gedichtband »Meinen toten Brüdern und Schwestern« widmete, gehörte auch die Dichter-Schwester Kolmar zu jenen, denen die Totenklage »Dein Leib ein Rauch durch die Luft« galt.

Dieses erste Buch, *In den Wohnungen des Todes* (1947), den »Schrecken eines nie zuvor erlebten Menschenbebens und Gewaltherrschaft« abgerungen (vgl. ihr Vorwort zu *Von Welle und Granit*, S. 7), wird ein Bleibendes sein in Nelly Sachs' Werk. Zu Totenklage und Monument der Opfer werden diese Gedichte, Klage um die Getöteten, deren Leib zu Staub und Rauch wurde, Klage um die verkürzten Leben, Zwiegespräch der Überlebenden mit dem »toten Bräutigam«, die die »Sehnsucht« seines Staubes in ihr »Herz« aufnehmen will (30). Und sie sind Anklage, gerichtet auf die Mörder – »Todesgärtner«, die »nur noch den Tod [...] in den würgenden Händen« hielten (15), Anklage auch der »Zuschauenden« – die »keine Mörderhand« erhoben, aber »unter deren Blick getötet wurde« (20). Im Anrufen, Aufrufen, Klagen, womit der Band anhebt, und in den »Chören nach Mitternacht«, Stimmen kollektiver Leidensgeschichte, mit denen er schließt, sind in vieler Hinsicht Bibeltöne aufgenommen, sakrale Stilfiguren, Bildsprache, elegisch-emphatischer Gestus.

Der erste Gedichtband machte die Autorin – sie lebte bis zu ihrem Tode in Schweden – zu einer der wesentlichen deutschen Dichterstimmen der Zeit –, ein außerordentliches Debüt mit 54 Jahren (einem Alter, in dem bei »normalen« Lebensläufen das Eigentliche bereits zutage getreten, der Übergang zum Spätwerk abzulesen ist); war er plötzlich entstanden? Die Lebensphasen vor 1940 und das Schreiben vor 1945 liegen weitgehend im Dunkel, doch wurden aus den zugänglichen Fragmenten die Verbindungsfäden zum veröffentlichten Werk erkennbar gemacht. Als junges Mädchen begann Nelly Sachs zu schreiben (das einzige Buch, *Legenden und Erzählungen* von 1921, entstand vor 1908), ihre Verse standen in Motivik und Form im Bann romantischer Lyrik. Auch die wenigen liedhaften Texte, die seit 1929 Zeitungen druckten (zwischen 1933 und 1938 solche des Berliner jüdischen Kulturkreises, in dem Nelly Sachs auch Getrud Kolmar persönlich begegnete), wirken merkwürdig zeit- und harmlos. Für das, was ihr persönlich widerfuhr, was sie zunehmend in Hitlerdeutschland bedrängte, hatte sie noch keine Sprache. Zu Beginn des Exils, vom lastenden Druck befreit, entstanden nochmals schwermütig-verträumte und naturversunkene Verse (*Miniaturen um Schloß Gripsholm*) – sie schrieb sich, in rasch aufeinanderfolgenden Schüben, erst an ihr eigentliches Thema heran, mit *Elegien von den Spuren im Sand*, Vorstufen zum ersten Gedichtband, und einem weiteren Zyklus, Vorform vor allem der *Chöre*. Jetzt spricht sie sich zu:

> Du sollst auch nicht singen
> Wie du gesungen hast –
> Ein Feuer brach aus nach der
> Musik von Gestern –

Ihren Stilwandel begründete sie 1948 gegen »den Vorwurf vieler Emigranten [...], die ein Anknüpfen an die Vormartyrium-Tradition verlangen und sind doch in einer Zeit, die aufgerissen ist wie eine Wunde« (zit. bei Peter Sager, S. 245). Das Wissen um das katastrophale Ausmaß der Judenvernichtung zerstört die »Musik von Gestern«, es treibt die Umbrüche in Weltbild und Sprache hervor, den Neubeginn mit den *Wohnungen des Todes*. Und wichtig kann dabei nun – wozu früher keine Beziehung bestand – eine Lyrik werden, die an europäischer Moderne teilhat.

Die neuromantischen Motive werden nach 1940 keineswegs eliminiert, sondern erscheinen als Traditionsfragmente weiter – verändert nun, in tiefgreifender Umwertung, bis zur spätesten Lyrik. Als »schmerzlich-schöne Enklave der Innerlichkeit, deren Tore grausam eingeschlagen wurden« (Peter Sager, S. 54), bildet das Frühere eine Hintergrundfolie, die in allem Wandel durchscheint. Mit Blick auch auf die Dokumente zur Biographie und literarischen Produktion der Frühzeit werden Eigenarten im lyrischen Gesamtwerk erkennbar: Einige wenige Grunderlebnisse sind von prägendem Gewicht und bleiben in gewandelter Form im Schaffen präsent – die Liebe für einen Mann, 1908, und dessen Ermordung in einem Konzentrationslager fließen im Bild des »toten Bräutigam« zusammen, das bis ins achte Lebensjahrzehnt als Symbol zerstörter Liebesmöglichkeit poetisch aufgerufen wird; die persönliche Erfahrung von Verfolgung im Faschismus, mit Grundworten eines Ausgeliefertseins – den sich nähernden Schritten, dem Verhör bei der Gestapo, dem »Trennungsmesser«, das durch die Familie schnitt – im autobiographischen Text *Leben unter Bedrohung* (S. 19) benannt und im Gedicht als Zeichen der Gefahr immer wieder anwesend; und später die Erfahrungen vom jahrelangen Lebensende des ihr nächsten Menschen, Sterben und Tod der Mutter. Stärkstes Grunderlebnis aber die Massenvernichtung der Juden, die eine tiefe Lebenszäsur mit sich brachte und für die Dichterin Gegenwärtigkeit behielt – das Bewußtsein, eine Überlebende zu sein, hat sie nie mehr verlassen. Es wirkt so stark, daß es ein Erlebensraster bildet, das die Aufnahme gegenwärtiger Wirklichkeit präformiert, deutlich z.B. in einem um 1960 geschriebenen Gedicht, in dem eine Stadtszenerie mit Marktplatz und Schornstein Vergangenheit assoziiert; der Rauch über dieser Stadt aktualisiert die Vorstellung vom »Grab der Luft«, den Krematorien, ein Aufsteigen des Menschen als »grade Kerze/ in die Nacht« (268).

Korrespondierend mit der Präsenz der Grunderlebnisse ein zweites: Im Schaffensprozeß der Nelly Sachs ist eine Transformation von früh entstandenen Leitbildern festzustellen, und zwar in poetischer Hinsicht in Form des Wiederaufnehmens, Abwandelns, Verkürzens eines Grundvorrats früher ausgeprägter Bilder und Symbolfelder (Nacht, Tod, Sand, Staub, Feuer, Rauch, Stern), und ebenso in weltanschaulicher Hinsicht – zu einer frühen Rezeption christlicher Mystik tritt später die jüdische Mystik, es bildet sich eine Art mystischer Synkretismus aus. Dies äußert sich um 1945 im Appell an sich selbst und die Leidensgefährten, lauschen zu lernen, »Wie im Tode/ Das Leben beginnt« (19). Der sinnlose Tod, der Massenmord kann im Gefühl nicht als sinnlos akzeptiert werden, daher das Bemühen, Leid und Tod in einem großen Zusammenhang aufgehoben zu sehen. Einen frühen Entwurf solcher Aufhebung gibt *Zahlen* (110): aus der Asche der Toten des Konzentrationslagers erheben sich Zahlen, »(gebrannt einmal in eure Arme/ damit niemand der Qual entginge)« und werden »eingerechnet« in den himmlischen Kreislauf. In diesseitiger Lebenspraxis kann Sinn nicht gefunden und festgemacht werden, und nicht in sozialem Handeln in der Geschichte (wie bei G. Kolmar), daher muß die Lösung in einem allgemeinsten Lebensrhythmus gesucht, ein universaler Naturkreislauf im geistig-seelischen Akt und im poetischen Bild evoziert werden. Geschichte kann so erscheinen als ein »Immer wieder«, in dem Sehnsucht überwältigt wird (234), und allgegenwärtig die »Schritte – Urzeitspiel von Henker und Opfer,/ Verfolger und Verfolgten,/ Jäger und Gejagt –« (77). Die nicht zu bannende Fatalität treibt starke Gedichte hervor – so die imaginäre *Landschaft aus Schreien* (221f.), die sich spannt von Isaaks Schrei unter dem Opfermesser über die Angst- und Todesschreie Gefangener und Gottgeprüfter bis zum »Ascheschrei« über »Maidanek und Hiroshima«.

Doch die Bilder von Verlust, Entzweiung, Tod sollen kein Endpunkt sein, die Subjektivität der Dichterin ist darauf gerichtet, ihnen eine transitorische Bedeutung zu verleihen. Programmatisch für das selbstgestellte Ziel die Titel der lyrischen Zyklen *Flucht und Verwandlung* (1959), *Fahrt ins Staublose*, *Noch feiert Tod das Leben* (1961). 1960 formuliert Nelly Sachs in einer Rede anläßlich der Verleihung des Droste-Preises die Aufgabe, »diesen Stern [die Erde] zu durchschmerzen – zu durchlieben – bis er durchsichtig wird«, bis durch das Wort »ein unsichtbares Universum lesbar« gemacht werde (zit. bei Peter Sager, S. 93). Dem dichterischen Wort wird so eine sakrale Funktion zugemessen, die Idee der »Verwandlung« rückt ins Zentrum der poetischen Anstrengung. Die Schwierigkeiten, diese Idee in Bildern des Realen zu entfalten, ihr poetische Evidenz zu verleihen, sind unaufhebbar; vielfach werden an Naturmetaphern – die Metamorphose des Schmetterlings, des Samenkorns – universale Bedeutungen geknüpft, die nachzuvollziehen die Bereitschaft voraussetzt, die mystischen Sinngehalte aufzuschließen oder sich ihnen hinzugeben. Im lyrischen Zusammenzwingen von einfach-anschaulichem und ideell-abstraktem Bildmaterial setzt sich ein Prozeß durch, der die Metaphern als Chiffren stereotyp verwenden und Vokabeln beschwörend setzen läßt.

Wie stark diese Verfahren vom subjektiven Verlangen nach innerer Befreiung, nach Umwendung von Not getragen werden – und gerade dies ermöglicht unsere Anteilnahme –, zeigt z.B. die Empfindungsart, mit der das Aufblühen des Weißdorns erlebt und gestaltet wird, die Spannung von »Hängend am Strauch der Verzweiflung/ und doch auswartend ...« bis zum plötzlich »außer sich/ vom Tod in das Leben geraten –« (378). Nicht mehr Pathos und intensive Bildkraft der Klagegesänge, auch nicht die evokative Metaphorik einer transzendenten Bewegung von Asche zu Stern kennzeichnen das späteste Gedicht. Aus dessen Reduktionen der einfachen Nennungen und der kargen Protokolle einer Sprach-Not bricht noch einmal, unverstellt, eine Elegik auf, die teilnehmen läßt an einem Ringen um Würde des Lebensendes.

»Für Nelly Sachs, die Freundin, die Dichterin, in Verehrung« – das Gedicht *Ihr Worte* von Ingeborg Bachmann trägt 1961 diese Widmung. Man meint zu spüren, wie sehr das Gedicht mit seinem dringlich flehenden Schluß »Kein Sterbenswort,/ Ihr Worte!« (1,162) der Älteren zugesprochen war und verwandte Nöte zur Sprache bringen sollte. Dieser Text erwuchs aus anderen Erfahrungen als denen der Freundin, und dennoch trägt die jüngere ein Gemeinsames vor: daß die Arbeit mit dem Wort frag-würdig, ein quälerischer Vorgang geworden ist. Was man mißverstehendes Verstehen nennen kann, wirkt dabei mit: Übereinstimmung oder Gleichgerichtetes mit einem anderen wird von den eigenen, andersgearteten Voraussetzungen aus entdeckt und, so umakzentuiert, als Bestätigung des Eigenen erfahren. Auch bei Else Lasker-Schüler gab es dieses mißverstehende Verstehen, da sie von vielen Dichtern aus der jüngeren Generation des Expressionismus als Zeitgenossin ihrer Rebellion und ihrer Visionen gesehen und verehrt wurde. Der Erfahrungsgrund, aus dem ihre besondere Art, Welt anzuschauen und poetisch herzustellen, erwuchs, wurde dabei oft nicht gesehen und mitbedacht, wesentlicher war die einfache Wahrnehmung von gleichgerichteten Grundimpulsen. Im Verhältnis jüngerer Dichter zu Nelly Sachs wird man Ähnliches wiedererkennen – sie erst, Enzensberger, Andersch und auch Bachmann, haben sich für ihr Werk eingesetzt, sie als Zeitgenossin eigenen Bestrebens und Poesieverständnisses entdeckt.

Ihr Worte entstand bereits zu einer Zeit, als Ingeborg Bachmann kaum noch Gedichte schrieb (wohl aber die große Prosa); ihre Anfänge prägte anderes. Auf dem Lande aufgewachsen, in einem Landstrich in Kärnten, der »das Bewußtsein der Grenze« (4,301) von Nationalitäten und Sprachen vermittelte, zu einem »Erfahrungsfundus, Empfindungsfundus« gelangt in Österreich, das als Land mit »übermächtiger, monströser Vergangenheit« »aus der Geschichte ausgetreten« (Interview, S. 46) zu sein schien, eingelassen in eine reiche Erbschaft von Versuchen, in Philosophie und Literatur diese Vergangenheit geistig anzueignen – auf das spezifische Gewicht dieser ihrer Ausgangspunkte hat Ingeborg Bachmann mehrfach verwiesen. Solche Herkunft hat aber auch ihr Bewußtsein geschärft, mit Deutschland nicht nur die Sprache gemeinsam zu haben, sondern auch die Problematik eines restaurativen Nachkriegs zu teilen, in dem zu erfahren war, daß sich die Mörder mit den Opfern zu Tische setzen können. Insbesondere ihre Erzählung *Unter Mördern und Irren* zeugt von diesem Bewußtsein. Wesentliche, Ingeborg Bachmanns Lyrik durchziehende Bilder, Motive und Konstellationen wurzeln in der individuellen Ausgangslage, die bald als symbolträchtige erscheint: Landschaft, über allem Wandel stets gegenwärtig, »als Traum nach innen« gezogen (1,92), die »mit dem scharfen Gehör für den Fall« (1,61) als geschichtliche gezeichnet wird, als von Arbeit und Arbeitenden geprägte; Ausfahrt aus dem Herkunftsland in eine größere Weite, ein Aufbruch, der die Erfahrung des Miteinanders an den Grenzen aufzuheben hat.

Das Eröffnungsgedicht des ersten Bandes (1953) entfaltet die Dimensionen von Aufbruch und Fahrt: *Ausfahrt* gibt das Widerspiel der Fahrt weg von der Küste und dem scharfen Hinüberschauen auf das Zurückgelassene, Wissen um den Lebensrhythmus der Fischer und um die Untiefen, denen es standzuhalten gilt, Ausfahrt ist der gewünschte, gebrauchte tätige Bezug, nicht Bewegung auf ein Ziel der Ankunft hin, vielmehr ein Sich-in-Bewegung-Wissen. Später wird oft als verkürztes Bildmotiv gesetzt, was hier noch Nähe zum realen Vorgang einer Meeresfahrt hat. Charakteristische

Redefiguren der Poesie Ingeborg Bachmanns offenbaren sich bereits in *Ausfahrt*: Sätze wie »Steh ruhig auf Deck« und »man ruft dich, und du bist froh,/ daß man dich braucht« (1,29) enthalten die schöne Schwebe der Selbstanrede, die Wendung an den Aufnehmenden ist – ein Dialogisches im Sich-selbst-Aussagen. Und ebenso zeichnen sich hier Eigenarten ihres bildhaften lyrischen Sprechens ab: es behält anschauliche Kontur, bleibt im sinnlich Konkreten und übersteigt und überhöht es zugleich – in Verfahren, die einsehbar werden lassen, wie das lyrische Ich das Reale durcharbeitet. Durcharbeitet im wörtlichen Sinn: für Ingeborg Bachmanns Gedicht ist eine Aktivität des Subjekts konstitutiv, welche die Gegebenheiten nicht anzunehmen gewillt ist, die gegen Wort-Kosmetiker und Unentschiedene den Appell zur Wachheit setzt (vgl. 1,40), die sich im Dennoch zu behaupten sucht – mit einer Intensität, die (so die Schlußmetapher von *Was wahr ist*/1,118) Kette und Verlies aufsprengen soll:

> Du haftest in der Welt, beschwert mit Ketten,
> doch treibt, was wahr ist, Sprünge in die Wand,
> Du wachst und siehst im Dunkeln nach dem Rechten,
> dem unbekannten Ausgang zugewandt.

Eine solche Maxime entspringt dem Gefühl der Vergeblichkeit ebenso wie dem energischen Angehen gegen Vergeblichkeit.

Was den zeitgeschichtlichen Grund für die tragische Tönung abgibt, wird in Ingeborg Bachmanns Gedichten nur selten unmittelbar eingezeichnet. Politischer Zeitbezug trägt einige Stücke ihres ersten Bandes, die sich gegen Fluchtmanöver und Wegwischen der Schuld zur Wehr setzen, die nach Widerstandsformeln suchen gegen das Bestreben, zu einer Tagesordnung überzugehen, in der »das Unerhörte [...] alltäglich geworden« ist (1,46). Exemplarisch ist hierfür *Früher Mittag* (1,44/45), das eine Szenerie des Deutschland sieben Jahre nach dem Krieg entwirft: Vergangenheit, schon überwunden geglaubt, hat bestürzende Gegenwart, im Balladen- und Volksliedton wird es lyrisch sichtbar gemacht (»in einem Totenhaus,/ trinken die Henker von gestern/ den goldenen Becher aus«); dagegengesetzt moderne Bild-Zeichen tödlicher Spur (»Wo Deutschlands Erde den Himmel schwärzt,/ sucht die Wolke nach Worten und füllt den Krater mit Schweigen«); Hoffnung »kauert erblindet im Licht«, ihr die Fessel zu lösen, bedarf es des tätigen Einsatzes. Schichtung der Zeiten und der Stillagen ist der Versuch, das Unfaßbare doch gestalthaft zu fassen, lähmende Bedrohung und Aktivitätsverlangen in Chiffren der Stille aufzuheben (»Das Unsägliche geht, leise gesagt, übers Land«). An Erfahrung und Ertrag solchen poetischen Arbeitens ist zu denken, wenn man in den Poetikvorlesungen der Autorin von 1959 von den Veränderungen der Sprache liest, »die weder zuerst noch zuletzt ästhetische Befriedigung will, sondern neue Fassungskraft« (4,192) und davon, daß das Gedicht, das »in einer Zeit äußerster Sprachnot« »Not abzutragen« sucht, aus dieser Leistung »eine neue Würde« bezieht (4,215).

Dies vermag Ingeborg Bachmann nicht fortzusetzen. Die Zuversicht, zur Änderung beizutragen dadurch, daß die Übel der Zeit namhaft gemacht, durch ideologiekritische Spracharbeit denunziert werden, ist letztlich der Dichterin Sache nicht. »Dem Tier beikommen wird nicht, wer den Tierlaut nachahmt«: nicht »Nachrede«, in der man sich reproduzierend an die »schlechte Sprache« des Lebens (4,268) zu verlieren droht, soll das Gedicht geben; aufgerufen wird dagegen das Wort »von uns,/ freisinnig, deutlich, schön« (1,116/117). Dem dichterischen Wort wird so eine hohe Aufgabe zugemessen: Es soll wahrhaftige Modelle humanen Daseins entwerfen, ohne die Sprache der »Zeit«, aber mit dem Wissen, »daß es den Austritt aus der Gesellschaft nicht gibt« (4,276) – eine doppelte Abgrenzung, welche die lyrische Arbeit beschweren und die Rezeption erschweren muß. Das Bildmaterial für diese Modelle entstammt vorzüglich der heimatlichen und der südlichen Naturlandschaft Italiens (wo Ingeborg Bachmann viele Jahre lebte), exemplarisch hierfür die Gedichtfolgen *Von einem Land, einem Fluß und den Seen* und *Lieder auf der Flucht*. Natur wird da nicht zur idyllisch widerspruchsfreien Gegenwelt, sie ist ein offener Raum der Selbst- und Welterfahrung, vor allem der Liebe, in dem Widersprüche ausgetragen werden. Gesucht wird eine Liebe, die den anderen nicht überwältigt, welche die Isolationen im wechselseitigen Selbstentdecken aufhebt, die im Zeichen der Übereinstimmung mit der Natur steht, auch der eigenen. Im real-überrealen Land mit Fluß und Seen leuchtet der utopische Zustand eines Gleichklangs auf, in der Liebe erreichbar, die – charakteristische Koppelung – Einklang über Sprachgrenzen erwirkt. Der Augenblick größten Übereinstimmens jedoch hebt das Bewußtsein des Getrenntseins nicht auf, umgekehrt ist dieses Bewußtsein eine Bedingung für gelungene Übereinstimmung:

> Wir aber wollen über Grenzen sprechen,
> und gehn auch Grenzen noch durch jedes Wort:
> wir werden sie vor Heimweh überschreiten
> und dann im Einklang stehn mit jedem Ort. (1,89)

Die *Lieder auf der Flucht* führen in schrofferen Kontrasten und vehementer Sinnlichkeit einen bis zum äußersten gehenden Spannungsbogen vor. Unlöslich verklammert ihre Metaphorik Landschaft, Eros und Spracharbeit – Beispiel »klarster Vieldeutigkeit«, einer »Grammatik der vielfachen gleichzeitigen Bezüge«; so interpretiert Christa Wolf in ihren Frankfurter Poetikvorlesungen die Ästhetik des Gedichts *Erklär mir, Liebe* (S. 129). Mehr und anderes wird so lesbar als naturhafte Zyklen von Wintereinbruch, Vereisung, großem Tauen und vom Aufbrechen der Subjektivität in der Liebe, Erleiden des Widerrufs und vernichtendem, todbringendem Enden. Die Verheißung einer Metamorphose im Lied steht am Schluß – in deutlicher Nähe zur Idee der Rilkeschen Orpheusdichtung: »Doch das Lied überm Staub danach/ wird uns übersteigen« (1,147).

Dieses Postulat wird jedoch in der Lyrik der Bachmann nicht zum Endpunkt, zur Beruhigung in Transzendenz. Nicht anzunehmen, die Welt sei »endgültig« zu machen in Worten (1,162), das ist der Selbstappell des späteren *Ihr Worte*, und mit genauem sozialem Sinn wird gesagt, »wer bloß sich zu helfen weiß,/ und mit Worten –/ dem ist nicht zu helfen« (1,166). Ihr Ethos beweist sie gerade auch dort, wo das Gedicht erklärt, daß und warum es ihr die Sprache verschlägt, »mit dem Schreibkrampf« in der Hand (1,173) darauf deutend, was sie in der Realität ungelöst weiß und im lyrischen Sprechen als untauglich empfindet – im Sich-Nicht-Abfindenkönnen ist Selbstbehauptung.

Susan Winnett, Bernd Witte

Ästhetische Innovationen

»Innovation« und »Roman« (»novel«) haben im Englischen eine gemeinsame Wurzel. Unter dem Stichwort »innovation« finden wir im *Oxford English Dictionary* folgendes: »Die Einführung von Neuigkeiten (»novelties«); die Veränderung des Etablierten durch die Einführung neuer Elemente oder Formen; eine Veränderung im Wesen (»nature«) oder in der Machart (»fashion«) eines jeden; das neu Eingeführte; ein neuartiges Verfahren (»a novel practice«), Methode, ...«. Der Roman, den Virginia Woolf als »diese flexibelste aller Gattungen« bezeichnet hat, war schon immer ein Ort der Innovation. Ob der Begriffskomplex »Roman-Innovation« für »Weiblichkeit« – genauer gesagt, für die Schriftstellerin – den gleichen schöpferischen Freiraum gewährleistet, wird uns im folgenden beschäftigen.

Um der Relevanz dieser Wortspielerei aus dem Wörterbuch für die Praxis weiblichen Schreibens näher zu kommen, richten wir den Blick zuerst auf Virginia Woolfs Aufsatz *A Room of One's Own* von 1929 (dt. Übers. *Ein Zimmer für sich allein* von 1978). In diesem für die feministische Wissenschaft ebenso kanonischen wie problematischen Text nimmt Woolf sich vor, über Frauen und Fiktion zu schreiben. Von Anfang an aber stellt sie den Zusammenhang dieser Worte in Frage und überlegt sich, was der Gegenstand ihrer Untersuchung überhaupt sei:

»[Die Worte] könnten einfach bedeuten, ein paar Anmerkungen über Fanny Burney [...] Jane Austen [...] die Brontës [...] Miss Mitford [...] George Eliot [...] Mrs Gaskell [...]. Aber auf den zweiten Blick kamen mir die Worte nicht mehr so einfach vor. Der Titel ›Frauen und Fiktion‹ könnte bedeuten [...] Frauen und wie sie sind; oder er könnte bedeuten, Frauen und die Fiktion, die sie schreiben; oder er könnte bedeuten, Frauen und die Fiktion, die über sie geschrieben wird; oder er könnte bedeuten, daß alle drei irgendwie unentwirrbar miteinander verwickelt sind und daß ich sie in jenem Licht betrachten sollte« (S. 5f.).

»In jenem Licht«, das ihr »das Interessanteste« an ihrem Gegenstand zu sein scheint, wird aber die Sache so kompliziert, daß Woolf fürchtet, »daß ich nie zum Schluß käme« / »I should never come to a conclusion« (S. 6).

»Conclusion« heißt »Schluß« nicht nur im Sinne von »Ende«, sondern auch im Sinne von »Ergebnis«. Mit anderen Worten, je interessanter, komplizierter, umfangreicher, ehrlicher die Fragestellung, um so unmöglicher wird es, die Form eines analytischen, informativen, aufschlußreichen Aufsatzes einzuhalten. Und bevor sie fortfährt, über Frauen und Fiktion zu reflektieren, was ein ganz anderes Unternehmen ist, als Schlüsse zu ziehen, kommt sie vorweg zu dem Resultat, das für sie die unverzichtbare Grundlage für weitere Reflexionen ist: »Eine Frau muß Geld und ein eigenes Zimmer haben, wenn sie Fiktion schreiben soll, was [...] das große Problem der wahren Natur von Frauen und der wahren Natur von Fiktion gänzlich ungelöst läßt« (S. 6).

Diese Behauptung läßt erkennen, daß es sich in der Frauenliteratur kaum um »Innovation« im herkömmlichen Sinne handeln kann, da den meisten Frauen bis vor kurzem die finanzielle Unabhängigkeit und die Ruhe, ein Kunstwerk zu produzieren, fehlte. Auch wenn Frauen im 19. Jahrhundert Romane geschrieben haben – und Woolf weist darauf hin, daß fast alle diese Autorinnen relative finanzielle Sicherheit genossen und kinderlos waren –, konnten sie sich nicht an der literarischen Tradition der herrschenden Kultur orientieren: »Als [jene Schriftstellerinnen aus dem frühen 19. Jahrhundert] ihre Gedanken aufs Papier bringen wollten, hatten sie keine Tradition hinter sich, oder nur eine so kurze und unvollständige, daß sie kaum hilfreich sein konnte« (S. 114). Der Begriff »Innovation« setzt voraus, daß eine starke Tradition den Künstler bestimmt und ihn herausfordert, mit ihr zu ringen, um sich einen Platz zu erkämpfen. »Make it new« (»Schafft es neu«) konnte nur das Motto von Woolfs männlichen Zeitgenossen sein. Horchen, suchen, informieren, bilden müssen die Frauen sich an einem ganz anderen Ort: »Denn wir denken zurück durch unsere Mütter, wenn wir Frauen sind. Es ist nutzlos, bei den großen männlichen Schriftstellern Hilfe zu suchen, egal wie sehr wir bei ihnen unser Vergnügen suchen mögen« (S. 114). Selbst wenn es den Frauen möglich gewesen wäre, die Universitätsbibliothek von Woolfs fiktionalem »Oxbridge« mit einem »Mitglied des Kollegiums oder [...] einem Einladungsbrief« zu betreten, so hätte ihnen diese Institution nichts geboten, was der stummen Tradition der Mütter eine Stimme hätte verleihen können. Woolf hat tatsächlich versucht, im British Museum sich wissenschaftlich über »Frauen und Fiktion« zu informieren. Sie scheiterte daran, daß »man [...] nichts über Frauen vor dem 18. Jahrhundert [weiß]« (S. 69). Daher ist sie der Auffassung, daß es die Aufgabe von Studentinnen und Akademikerinnen sein sollte, die Geschichte neu zu schreiben. »... wie alt war sie, als sie heiratete; wieviel

Kinder hatte sie in der Regel; was für ein Haus hatte sie; hatte sie ein Zimmer für sich allein; mußte sie kochen; war es wahrscheinlich, daß sie Haushaltshilfe hatte? Ich gehe davon aus, daß all diese Fakten irgendwo wohl in Kirchenregistern u.ä. liegen ...« (S. 68).

In der Geschichtsschreibung sei Innovation sowohl möglich als auch dringend notwendig: »Hier frage ich, warum Frauen im elizabethanischen Zeitalter keine Gedichte geschrieben haben, und bin gar nicht sicher, wie sie erzogen wurden; ob ihnen das Lesen beigebracht wurde; ob sie ein Zimmer für sich allein hatten« (S. 69). Der Innovation in der Fiktion jedoch stehe offensichtlich mehr im Wege, denn es gehe darum, sich erst von den Maßstäben der männlichen Kultur zu befreien und dann ein Kreativitätsbewußtsein – mit anderen Worten: eine Tradition – nicht, vor allem nicht, zu proklamieren, sondern wachsen zu lassen, erwachsen werden zu lassen. »... denn wir denken zurück durch unsere Mütter, wenn wir Frauen sind.«

Wie kann die Schriftstellerin »durch unsere Mütter zurückdenken« mittels einer Sprache, durch die sich das Männliche schon immer gedacht hat und deren eigene Erneuerung (»innovation«) schon immer in der Gattung Roman (»novel«) institutionalisiert war? Gibt es eine Muttersprache, die nicht schon durch die Projektionen männlicher Bedürfnisse zum ödipalen Spiel mit einem Zerrbild der Mutter geworden ist? Woolf ist sich darüber nicht im klaren, wie dieses »Durch-unsere-Mütter-Denken« praktisch verlaufen soll, und es ist interessant festzustellen, daß sie in ihren Romanen – z.B. *Die Fahrt zum Leuchtturm* (1927) und *Die Jahre* (1937) – ihre Handlung mit dem Tode einer Mutter einleitet oder zu Ende bringt. Weiterhin sollten wir beachten, wie sie in *Ein Zimmer für sich allein* ihre Frauenliteraturgeschichte mit dem Selbstmord der von ihr erfundenen Vorgängerin, Judith Shakespeare, beginnt: »Sie brachte sich in einer Winternacht um, und nun liegt sie an irgendeiner Kreuzung begraben, wo die Busse [vor einer Kneipe] halten« (S. 72f.). Und diese Vorgängerin hat sich umgebracht, weil sie schwanger war.

Das Vorhaben, »durch unsere Mütter zu denken«, droht vorerst daran zu scheitern, daß der Inhalt dieses Denkens sowohl wissenschaftlich als auch ästhetisch schwer assimilierbar ist. Woolfs Versuch, dieses Denken darzustellen, reproduziert, was diese »Mütter« an Affekt überliefert haben: Frustration, Bitterkeit, Wut. Stellt sie sich eine ihrer Vorgängerinnen vor, ist diese »irgendeine stumme unrühmliche Jane Austen, irgendeine Emily Brontë, die sich auf dem Moor den Schädel eingeschlagen hat oder auf den Landstraßen hin und her irrte, von der Tortur ihrer Begabung verrückt gemacht [...]. Hätte sie überlebt, das, was sie geschrieben hätte, wäre verzerrt und entstellt gewesen, das Produkt einer überspannten und morbiden Phantasie« (S. 74f.). »Vorgänger ihr, Blut im Schuh« (Christa Wolf). Virginia Woolfs Schilderung der Geschichte, die geschrieben werden muß, ist durchaus brutal und erinnert in dieser Hinsicht gerade an den Aspekt des Werkes von Charlotte Brontë, den Woolf selbst getadelt hat: » . . . es ist klar, daß die Wut die Integrität von Charlotte Brontë als Schriftstellerin verfälscht hat. Sie hat ihre Geschichte verraten, der sie ihre ganze Zuwendung hätte widmen sollen, um einen persönlichen Groll zu hegen« (S. 110). »Durch unsere Mütter zurückdenken«, wie es hier dargestellt wird, reproduziert genau die Eigenschaften, die die Schriftstellerin vom Wesentlichen ihrer Kunst ablenken: » . . . sie dachte an etwas anderes als das Ding selbst. Runter stürzt uns ihr Buch auf den Kopf. Es gab einen Fehler mitten drin« (S. 111). Wenn wir Woolfs nicht gerade desinteressierte Kritik lesen, fällt uns auf, wie auch hier politische Überlegungen der Schriftstellerin die Aufmerksamkeit von der Frage »Frauen und Fiktion« abziehen. Bevor sich Frauen mit Fragen der »Innovation« beschäftigen können, müssen die Konditionen geschaffen werden, in denen sie der Kunst zuliebe die Fragen des täglichen Überlebens vernachlässigen können.

Es geht jedoch nicht nur darum, gegen äußere Umstände und die daraus resultierende Wut zu kämpfen. Abgesehen von der Gewalt, die unvorhergesehen, ja sogar ungewollt zum Ausdruck kommt, werden Schriftstellerinnen mit einem weiteren Widerspruch konfrontiert, der das Schreiben mit gutem Gewissen in Frage stellt. Um die Stimme der weiblichen Überlieferung kommunizierbar machen zu können, müssen sie an einer Sprache teilnehmen, die vom »Weiblichen« schon anderen, verstellenden Gebrauch gemacht hat und die den »anderen Diskurs« der Mütter aus seinem Wesen heraus Lügen straft. Woolfs Beschreibung der »äußerst komplexen Kraft der Weiblichkeit« in bezug auf weibliche Kreativität weist auf diese Schwierigkeit hin; in der Tat stellt die Logik ihres Diskurses auch hier das Dilemma weiblichen Schreibens dar: »Man geht in einen Raum – aber die Mittel der englischen Sprache würden sehr stark beansprucht und ganze Wortfluchten müßten illegitim ins Dasein treten, ehe eine Frau sagen könnte, was geschieht, wenn sie einen Raum betritt. Die Zimmer sind sich so wahnsinnig unähnlich; sie sind ruhig und donnerlaut; blicken aufs Meer oder, im Gegenteil, auf einen Gefängnishof; sind voller Wäsche oder schillern mit Opalen und Seidenstoffen; hart wie Roßhaar oder weich wie Eiderdaun – man muß nur in einen beliebigen Raum in einer beliebigen Straße gehen, um die ganze, äußerst komplexe Kraft der Weiblichkeit hautnah zu spüren« (S. 131).

»Man geht in einen Raum« – und plötzlich ist die Sprache nicht mehr in der Lage mitzuteilen, was geschieht, wenn eine Frau einen Raum betritt. Es wäre sogar, Woolfs Metapher zufolge, einer illegitimen Geburt vergleichbar, dies als Frau mitteilen zu wollen. Anstatt die Sprache zu vergewaltigen, um dieses Phänomen zum Ausdruck zu bringen, zählt Woolf eine Reihe von Gegensätzen auf, deren innere Spannung den Umfang dieser Erfahrung andeutet, aber nie ausspricht. Dabei vertritt Woolf die Ästhetik der Väter, als müßte ihre Feststellung, »wir denken zurück durch unsere Mütter, wenn wir Frauen sind«, sich einem Geschlechtswandel unterziehen: »Wir denken durch unsere Väter, wenn wir Schriftsteller sind.« Wenn sie z.B. die wichtige Qualität der »Integrität« beschreibt, verrät sie ihre eigenen Vorurteile: »Was Integrität für den Schriftsteller bedeutet, ist die Überzeugung der Wahrheit, die *er* uns mitteilt« (S. 108). Eine rein ästhetische Wahrheit, die nicht von Spuren unverarbeiteter Realität getrübt ist, konnte Charlotte Brontë, um Woolfs Beispiel aufzunehmen, nicht anbieten: »Sie schreibt über sich selbst, wo sie über ihre Figuren schreiben sollte. Sie hat ihrem Los den Krieg erklärt« (S. 104). Obwohl Woolf dem politischen Los der Frauen den Krieg erklärt, bleibt sie als Vertreterin der Spezies Schriftsteller der Tradition insofern verbunden, als sie sich als Innovatorin versteht. Sie betrachtete sich mit Recht als Konkurrentin von Joyce und Proust. Hingegen ist sie als Schriftstellerin immer dann ihren Müttern am nächsten, wenn ihre Praxis ihrer Ästhetik widerspricht, wenn sie ihre Wut zum Ausdruck bringt. Für Woolf, wie sicherlich auch für ihre Nachfolgerinnen, bleibt die ästhetische Frage weitgehend unbeantwortet. Es ist einfacher, ein politisches, sozialkritisches Urteil zu fällen und auf Innovation im Sinne von Gleichberechtigung zu plädieren, als eine neue Tradition ins Leben zu rufen, die sich völlig von den Maßstäben, sprich Vorurteilen, einer bestehenden Kultur emanzipieren kann.

Trotz der scheinbaren Sackgasse, die wir in Woolfs Schreiben über Frauen und Fiktion gefunden haben, bietet ihr Text auch einen Ansatz zum weiblichen Schreiben, der die Tür zu einer authentischen Praxis eröffnet, die die Gegensätze Erfahrung/Ästhetik, Wut/Distanz usw. auf produktive Weise ins Spiel bringt, ohne sie vorschnell zu versöhnen. *Ein Zimmer für sich allein* ist selber eine Mischgattung: ein Essay, der »auf zwei Vorträgen basiert, die im Oktober 1928 vor der Arts Society in Newnham und der Odtaa in Girton gelesen wurde. Die Papiere waren zu lang, um ganz vorgelesen zu werden, und sind seither geändert und vervollständigt worden« (S. 5). Obwohl der Essay sich inhaltlich wesentlich von den zwei Vorträgen unterscheidet, behält er die Form eines Dialogs zwischen Woolf und ihren

Zuhörerinnen bei. So macht er die Zwiesprache zwischen einer erfolgreichen Schriftstellerin und den Vertreterinnen einer neuen Generation, die sich den Zugang zu den Institutionen (Girton, Newnham) errungen hat und nun mit der Aufgabe, »durch unsere Mütter zurückzudenken«, ringen muß, jedem Leser zugänglich. Woolf stellt sich, mit anderen Worten, als Mutter vor, und indem sie ihr Ringen beispielhaft darstellt, bietet sie wenigstens eine Fiktion der Geschichte, deren Fehlen sie dokumentiert und beklagt hat. In seinem dialogischen Aufbau sowohl mit der teils stummen, teils zu sehr affektiv beladenen Vergangenheit als auch mit der neuen Generation, die mit Woolf selbst als Vorgängerin zu ringen hat, bietet sich ihr Text als Muster für ein zukünftiges Unternehmen weiblichen Schreibens an. Dieses Muster legt keineswegs fest, was geschrieben werden kann oder muß, sondern deutet an, wie die Form des Dialogs der Vielstimmigkeit, der Ungewißheit, der zugleich spannenden und beunruhigenden Pluralität weiblicher Erfahrung gerecht werden kann.

In *Wide Sargasso Sea* von 1966 (dt. *Sargassomeer*, o.J.) antwortet Jean Rhys auf Woolfs Herausforderung in zweifacher Weise: der Roman ist sowohl eine Art nach vorn gerichtete Fortsetzung des Romans *Jane Eyre* (1847) von Charlotte Brontë als auch eine Inszenierung des »Durch-unsere-Mütter-Denkens«, welche die Radikalität dieses Prozesses für den Roman als Institution dramatisiert. In Hinsicht auf die Tatsache, daß es gerade Charlotte Brontë war, deren Wut, Frustration und Bitterkeit nicht in die Woolfsche Ästhetik paßte, ist es umso erstaunlicher, daß es Rhys gelingt, den affektiven Gehalt des Brontë-Romans zu steigern, ohne daß die ästhetische Qualität ihres Textes – oder die Qualitätsmaßstäbe der Woolfschen Romanästhetik – dadurch kompromittiert werden. Der dialogische Aufbau findet im Roman auf zwei Ebenen statt. Den einen Dialog führt Rhys mit der Vorgängerin, die einen weiblichen Bildungsroman auf Kosten eines weiblichen Opfers vollendet. Der andere verläuft zwischen den Ehepartnern Rochester und Antoinette (Bertha), deren hoffnungslose Beziehung in der Handlung und durch die Handlung aufgelöst wird. Im Dialog mit der Vorgängerin verleiht Rhys durch die Figur »Antoinette – Bertha« den Müttern die Stimme, die ihnen nach Woolfs These versagt geblieben ist. Der Dialog zwischen Antoinette und Rochester, dem Helden des Brontë-Romans, erweist sich als Katastrophe. Weil Rochester sich weigert, Antoinette als Trägerin der Stimme der Mütter zu akzeptieren – weshalb er sie auch statt »Antoinette« immer »Bertha« nennt –, sind weder er noch sie in der Lage, aus den Monologen ihrer jeweiligen Ich-Erzählungen herauszukommen und in ein Zwiegespräch einzutreten.

In *Sargassomeer* wird also die Erscheinung einer Frau beschworen, hinter der die Tradition des englischen Frauenromans steht und die in der Frauenliteraturgeschichte – so bei Sandra M. Gilbert u. Susan Gubar – als exemplarische Figur der weiblichen Imagination im neunzehnten Jahrhundert gilt. In *Jane Eyre* wird Bertha, die Verrückte, die Wilde, von Rochester im Dachgeschoß seines Landhauses eingesperrt, bis sie die Katastrophe verursacht, die das Happy End des Romans ermöglicht. In *Sargassomeer* hingegen spricht Rhys dieser Berthafigur in der Gestalt der Antoinette eine Vergangenheit und eine Stimme zu, die ihre gespenstische, phantomhafte Erscheinung im Roman der Brontë motivieren. *Sargassomeer* verfolgt teils aus Berthas, teils aus Rochesters Perspektive Antoinettes Entwicklung aus der kindlichen Unschuld hin zur pubertären Verwirrung, aus der Verzweiflung über die erzwungene Ehe mit Rochester hin zu dem, was Brontës Rochester als Wahnsinn bezeichnet und was in Rhys Roman durch die Umbenennung zu »Bertha« symbolisiert wird.

Sargassomeer läßt sich durchaus unabhängig von *Jane Eyre* lesen. Um die Dynamik des Dialogs zwischen Rhys und ihrer Vorgängerin zu diskutieren, ist es jedoch notwendig, Berthas Rolle in Brontës Text kurz zu skizzieren. In *Jane Eyre* wird Berthas Anwesenheit durch eine Reihe von Gewaltereignissen angedeutet, die der Ich-Erzählerin bzw. Heldin unerklärlich bleiben. Sie werden entweder einer mysteriösen Haushälterin zugeschrieben oder als Traumbilder oder Hirngespinste von Jane verstanden. Daß es tatsächlich eine »Verrückte im Dachgeschoß« gibt, kommt erst zutage, als Berthas Bruder die Hochzeitszeremonie von Jane und Rochester unterbricht, um anzukündigen, daß der Bräutigam schon verheiratet ist. Daraufhin erzählt Rochester die Geschichte dieser Ehe: wie er Bertha habe heiraten müssen, um das Familienvermögen für den älteren Bruder intakt zu halten, wie er von der Schönheit und Schmeichelei dieser Kreolin entzückt gewesen sei: » . . . eine Heirat wurde vollstreckt, fast ehe ich wußte, wo ich war.« Rochester entdeckt aber bald, daß seine Frau »keine einzige Tugend [. . .], weder Demut, noch Gutmütigkeit, noch Ehrlichkeit, noch Sensibilität« besitze; außerdem stellt es sich heraus, daß ihre Mutter nicht, wie ihm gesagt wurde, tot ist, sondern in einer Irrenanstalt vor sich hindämmert, und daß die ganze Familie Opfer einer progressiven, erblichen Geistesumnachtung ist. Er habe die Qual des gemeinsamen Lebens vier Jahre lang ausgehalten, zugeschaut, wie seine Frau geistig abbaute, bevor er sich entschloß, sich zu retten, indem er nach England zurückkehrte. Rochester bezieht sein Gut Thornfield, sperrt seine Frau im Dachgeschoß ein und lebt weiter, als hätte die Ehe nie stattgefunden. Jane hört Rochester zu, um dann, von der

Geschichte erschüttert, abzureisen und sich eine neue Existenz zu schaffen. Sie erbt das Vermögen eines in der Karibik verstorbenen Onkels und kehrt erst nach Thornfield zurück, als sie meint, Rochesters Stimme gehört zu haben. Sie findet das Gutshaus bis auf die Grundmauern abgebrannt und erfährt, daß Rochester den Brand zwar überlebt habe, aber nun verstümmelt und blind sei. Der Brand sei von Bertha gelegt worden, die dann vom Dach abgestürzt sei und dabei den Tod gefunden habe. Jane begegnet Rochester auf dem desolaten Gut Ferndean, wo dem Wiedersehn die Heirat folgt. Jane, die Ich-Erzählerin, gibt der Leserin/dem Leser zu verstehen, daß es um mehr als um ein Happy End geht: Rochesters Sehkraft stellt sich wieder her, damit er in die tiefen Augen seines Erstgeborenen schauen kann.

Jean Rhys modifiziert diese weibliche Bildungsromanze, die komplizierter und ambivalenter ist, als hier angedeutet werden konnte, indem sie bedeutungstragende Parallelen zwischen Janes Laufbahn und der ihrer gescheiterten Vorgängerin bzw. Konkurrentin bzw. Doppelgängerin zieht. Die von Brontë erzählten unglücklichen Kindheitsereignisse lassen sich durchaus vergleichen, wie auch die Tatsache, daß beide Töchter von Frauen sind, die als Störfaktoren im Familienpatriarchat gewirkt haben. Janes Mutter ist von ihrem Vater wegen ihrer Ehe mit einem armen Pfarrer enterbt worden. Nach dem Tod ihrer Eltern wird Jane vom Bruder ihrer Mutter in seine Familie aufgenommen, wo sie nach seinem Tod von der Tante und den Vettern als Mensch zweiter Klasse behandelt wird. Ihr Vermögen, und damit das Happy End, verdankt sie einem Bruder ihres Vaters, dessen Erbschaft sie in die eigene Patrilinie zurückversetzt. Nur so wird es ihr ermöglicht, eigenständig in die Ehe mit Rochester einzutreten.

Rhys' Neuerzählung stellt die Prämissen dieser Handlung des Brontëschen Romans in Frage, indem sie das Drama der mütterlichen Erbschaft inszeniert. In Rhys' Version sind die Väter so uninteressant wie austauschbar; der Tod von Antoinettes Vater ist sicherlich ein auslösender Faktor für die fortschreitende Verrücktheit ihrer Mutter Annette, nur wird angedeutet, daß die Krankheit erblich bedingt ist und sich also auch von allein entwikkelt hätte. Die Armut und Hilflosigkeit der Familie ist ebenfalls dem Tode des Vaters zuzuschreiben, nur Rhys deutet unmißverständlich an, daß politische Ereignisse ähnliche Vorkommnisse hervorgerufen hätten. In der Tat gewährt die zweite Ehe von Antoinettes Mutter mit Mr. Mason, einem reichen Engländer, nur vorübergehend Aufschub des Verfalls dieser Familie. Nachdem Mr. Mason das Haus renoviert und den Kindern seinen Namen gegeben hat, schleicht das Chaos sich wieder in die Idylle ein. Rassenunruhen vertreiben die Familie, Annettes Lieblingssohn, der geistesschwache Pierre, stirbt auf der Flucht, Annette versinkt in der Umnachtung und Antoinette wird zur Trägerin eines affektiven Erbgutes, das ausschließlich mit Weiblichkeit identifziert wird und dessen Kraft jeden Versuch, diese Familie mit der patriarchalischen Ordnung zu versöhnen – oder sie in diese Ordnung so zu integrieren, daß sie gerettet wird –, zum Scheitern verurteilt. Mr. Masons Reichtum selber stellt sich als Auslöser einer Katastrophe heraus, da Antoinettes Ehe nie zustande gekommen wäre, wenn sie nicht mit dem Vermögen ihres Stiefvaters belastet gewesen wäre. Diese Ehe verfehlt die Zwecke beider Parteien. Rochester wird den geheimnisvollen, rätselhaften Gesetzen von Antoinettes Welt so ausgesetzt, daß er nicht in der Lage ist, ihr die Ordnung aufzuerlegen, die er vertreten soll: »›Stimmt es‹, sagte sie, ›daß England wie ein Traum ist? Denn eine meiner Freundinnen, die einen Engländer geheiratet hat, schrieb und sagte es mir. Sie sagte, dieser Ort London sei manchmal wie ein kalter, dunkler Traum. Ich möchte aufwachen.‹ ›Nun‹, antwortete ich [Rochester] verstimmt, ›das ist genau wie diese schöne Insel mir vorkommt, ganz unwirklich und wie ein Traum‹« (S. 80). Die Tatsache, daß sich beide einander völlig entfremdet gegenüberstehen, ist ein Zeichen dafür, daß Rhys diese in *Jane Eyre* verdrängte Krise auf die Spitze treibt und damit deutlich machen will, um welchen Preis Brontë ihre Heldin glücklich gemacht hat.

Rhys hat ihre Handlung also nicht nur durch den Prozeß des »Durch-unsere-Mütter-Denkens« konzipiert, sondern sie dramatisiert die bedrohlichen Folgen, die dieses Denken für die patriarchalische Kultur und ihre Institutionen haben muß. Woolfs Essay deutet an, daß die Mütter immer etwas gewußt haben, was in der herrschenden Ideologie nicht ausgesprochen und in der Kunst nie in vollem Ausmaß dargestellt wurde. Es sind die Frauen in Rhys' Roman, die wissen, wie nah der Wahnsinn und die Schizophrenie jedem/r steht und daß es nutzlos ist, dagegen zu kämpfen, da ein solcher Kampf nur zu weiterer Fragmentierung führt. Sie haben gelernt, mit der eigenen Schizophrenie umzugehen, wie auch die karibischen Familien in *Sargassomeer* sich mit ihren Mischlingen, unehelichen Kindern und Geschwistern irgendwie abfinden, bis die politische Situation ihnen eine Rassenidentität und entsprechende gesellschaftliche Haltung aufzwingt. Solange das eigene Ich und die eigene Familie als eine Phantasie erlebt und das Realitätsprinzip einfach vernachlässigt wird, kann man überleben. Wenn aber von diesem Wissen verlangt wird, daß es sich gegenüber einer Struktur wie dem Patriarchat behauptet, gehen beide zugrunde: Das »Frauenwissen« ist nicht in der Lage, die eigene Rechtfertigung auszudrücken; es bleibt aber gefährlich, weil es die Logik des Patriarchats entgleisen lassen kann.

Der Zusammenstoß der in *Jane Eyre* gezähmten und in *Sargassomeer* zum Ausdruck gebrachten Triebe mit der familiären, politischen und auch erzähllogischen Ordnung des Patriarchats wird von Jean Rhys auf jeder Ebene des Texts inszeniert. Worauf will ihre Revision des *Jane Eyre*-Texts hinaus? Wie wird »Antoinette« zu der »Bertha«, die am Ende des Romans im Begriff ist, Thornfield anzuzünden, eine Tat, die den Weg für Jane Eyres Ehe mit Rochester vorbereitet? Beide Namen zusammen kommen schon in *Jane Eyre* vor, und zwar bei der Lektüre des Aktenstückes, das beweist, daß Rochester schon verheiratet ist und daraufhin bewirkt, daß die Hochzeit unterbrochen wird: »›Ich bestätige und kann nachweisen, daß am 20. Oktober AD [...] Edward Fairfax Rochester aus Thornfield im Bezirk [...] sowie aus Ferndean Manor in der Grafschaft [...] in England, meine Schwester Bertha Antoinette Mason, die Tochter des Kaufmanns Jonas Mason und seiner Frau Antoinetta, einer Kreolin, in der [...] Kirche, Spanish Town, Jamaica, geheiratet hat [...]‹ gez. James Mason« (S. 292). In *Sargassomeer* wird die Kohärenz der Verhältnisse, die ein solches Dokument wirksam machen (das Gesetz, die Unterschrift des Bruders und Erben, die Kirche, die Namengebung selber), gesprengt.

Rhys macht nirgendwo deutlich, daß ihre Antoinette tatsächlich Bertha heißt, sondern läßt den Eindruck entstehen, daß die Umbenennung Rochesters Willkür zuzuschreiben ist: »Jetzt haßt er mich. Ich höre jede Nacht zu, wie er auf der Veranda hin und her geht. Hin und her. Wenn er bei meiner Tür vorbeigeht, sagt er ›Gute Nacht, Bertha‹. Er nennt mich jetzt nie mehr Antoinette. Er hat entdeckt, daß es der Name meiner Mutter war. ›Ich hoffe, du schläfst gut, Bertha‹ – es könnte nicht schlimmer sein« (S. 113). Der Name »Bertha« soll die Erbschaft von Antoinettes Mutter verdrängen; indem Rochester seine Frau »Bertha« nennt, will er eine andere aus ihr machen als diejenige, deren Mutter verrückt wurde und deren Bruder einer erblichen Verblödung erlag. Diese Umbenennung ist dem »Obeah« und »Vodoo« vergleichbar, das von den Inselfrauen praktiziert wird. Nur, wie die Kinderfrau und »Obeah«-Künstlerin Christophine warnt, gelingt dies bei den Weissen nie. Und in der Tat mißlingt Rochesters Versuch, sich eine neue Frau zu zaubern. Erstens ist er schon selbst unter dem Einfluß der Kräfte, die er aus seiner Welt bannen will – »Obeah« zu versuchen, heißt dessen Kräften zu unterliegen –, und zweitens hieß die Mutter nicht »Antoinette«, sondern »Annette«. Rochester hat den Namen der Mutter der Urkunde in *Jane Eyre* entnommen (aber wiederum nicht genau: dort heißt sie Antoinetta) und hat es versäumt, auf die Stimmen um sich zu hören, für die diese Frau, von der so selten gesprochen wird, »Annette« hieß. Wenn er

»durch die Tochter« zurück zur Mutter denkt, um deren Spuren zu vernichten, spricht er diese direkt an, indem er ein »toi« (das französische Wort für »du«) einschiebt. Dieses Wort »toi« ist ein Zeichen dafür, daß er gerade dort, wo er verdrängen will, genau das findet, was er verdrängen will.

Paradoxerweise also ruft die Umbenennung zu »Bertha« die Kräfte wach, die hätten weiter schlafen sollen. Und viel später, wenn Rochester von den Stimmen des »Obeah«, der Christophine und den eigenen Leiden heimgesucht wird, zeigt eine weitere assoziative Umbenennung, daß er dem Geist der Mütter nie entkommt: »Nun schallte, schallte mir jenes ihrer [Christophines] Worte laut im Kopf [...]. ›Aber Sie lieben nicht. Sie wollen sie [Antoinette] nur zerbrechen [...]‹. ›Sie sagt mir, daß Sie irgendwann angefangen haben, sie mit komischen Namen zu nennen. Marionette, oder so was.‹ Ja, ich erinnere mich, hab' ich. (*Marionette, Antoinette, Marionetta, Antoinetta*). ›Das Wort heißt Puppe, nicht? Weil sie nie spricht. Sie wollen sie dazu zwingen, zu weinen und zu sprechen‹« (S. 154 f.). »Marionette«, das Produkt dieses (halluzinierten) Dialogs mit der »Obeah«-Frau, die auch Amme und Mutter-Ersatz ist, heißt zwar »Puppe« (»Bertha« soll die Puppe seines Willens werden), aber wir hören auch das Wortspiel »marry Annette« (heirate Annette), das die erfolgreiche Überlieferung des verdrängten Mütterlichen bestätigt. Auf der affektiven Ebene ist Rochester so sehr mit »Annette« verbunden, daß keine Gerichtsentscheidung, keine Scheidung, kein »In-Ordnung-bringen« der Verhältnisse diese Beziehung lösen kann.

Nach England bringt er nicht nur seine wütende, frierende, zitternde Frau mit, sondern die Stimmen aller wütenden, frierenden, zitternden Mütter, die versuchen werden, im Frauenroman zu Wort zu kommen. Es ist also durchaus passend, daß die Frau, die nun »Bertha« genannt wird, eine neue Generation von Schriftstellerinnen veranlaßt, »durch die Mütter zu denken«. Im Namen »Bertha« (was die »Glänzende, Schillernde« bedeutet) hören wir auch das englische Wort »birth« (»Geburt«). Dieser Name und der Zustand derjenigen, die ihn trägt, müssen im Kontext der Geschichte des englischen Frauenromans verstanden werden: durch sie, so entnehmen wir Rhys' Handlung, kommt auch eine Jane Eyre zustande. Und wenn wir die Lehre der Mütter richtig gehört haben, wissen wir auch, daß ihre Stimmen auch in Janes Happy End einen Nachhall finden. Wir erinnern an Coco, den Papagei von Annette, der während des Brandes am Anfang des Romans vom Dach abstürzt, weil seine Flügel von Mr. Mason beschnitten wurden. Er konnte nur einen Satz sprechen: »Qui est là?« (»Wer ist da?«). Rhys' Namensspiel liefert uns die Antwort, die der Frauenroman immer wieder neu inszenieren muß: »toi«.

Innovation vollzieht sich im englischen Frauenroman als Bruch mit der Vaterwelt, als Erschreiben einer neuen Tradition, der Tradition des »Durch-die-Mütter-Zurückdenkens«. Bei Woolf ist diese Tradition selbst noch gar nicht vorhanden, sondern wird im Akt des Schreibens als fiktionales Gebilde erst geschaffen. Jean Rhys als die jüngere greift auf die Tradition des Frauenromans im neunzehnten Jahrhundert zurück, allerdings nicht so, daß sie diese bruchlos übernimmt. Vielmehr ist ihre Neuschreibung gerade dadurch charakterisiert, daß sie in ihrem Text die Verfälschungen und Entstellungen entlarvt, denen der Roman ihrer Vorgängerin auf Grund seiner Anpassung an die Tradition des männlichen Bildungsromans unterliegt. Erst durch diese Dekonstruktion erweist sich die Sprengkraft weiblichen Schreibens gegenüber den männlich geprägten Ordnungen.

Es bleibt zu fragen, ob diese neue Form des Schreibens, die durch die fiktionale oder destruierende Schaffung einer eigenen Tradition sich auszeichnet, dem bisherigen ästhetischen Diskurs noch angehört, in dem der Begriff der Innovation an zentraler Stelle figuriert. Historisch gesehen, tritt dieser Begriff als grundlegendes Moment der Definition des Kunstwerks genau in dem Augenblick auf, als er sich auch im Bereich der materiellen Produktion, auf dem Markt nämlich, durchsetzt. Dort ist das Neue eine Eigenschaft der Ware, dem Tauschwert aufs intimste zugehörig. Hier – im deutschen Sprachraum etwa in den ästhetischen Theorien Gottscheds, Bodmers und Breitingers – wird es als inhaltliche Neuerung, als das Wunderbare verstanden, durch das das ästhetische Interesse erregt wird. In der Genieästhetik radikalisiert sich dieser Begriff, indem er gegen die Tradition selbst gewendet wird. Seitdem hat der einzelne Künstler im Konkurrenzkampf seine Originalität zu erweisen, indem er mit dem Hergebrachten, dem der Form wie dem des Gehaltes gleichermaßen, bricht. Innovation, als stetige Veränderung im ästhetischen Material begriffen, wird so zur eigentlichen Triebkraft der künstlerischen Moderne. Seitdem ist »die Autorität des Neuen«, wie Adorno in seiner *Ästhetischen Theorie* formuliert, »die des geschichtlich Unausweichlichen« (S. 38). Das Neue ist so von seinem Ursprung her eine Kategorie des Marktes, der Konkurrenz, also der Männergesellschaft, die in der Verbindung, die sie mit der Autonomie des Kunstwerks eingegangen ist, zu gleichsam metaphysischen Ehren gelangte. »Innovation« im weiblichen Schreiben wäre demnach ein Widerspruch in sich. Es wäre nur dann sinnvoll, von ihr zu sprechen, wenn damit gesagt wäre, daß auch und gerade mit dem historischen Begriff von Neuheit gebrochen werden muß. In Virginia Woolfs Formel des »Durch-unsere-Mütter-*Zurück*denkens« deutet sich diese extreme Konsequenz an.

In der Frauenliteratur wird der Begriff der Innovation also insofern radikalisiert, als er gegen sich selbst gewendet wird. Das hat Folgen für die Rolle der Schriftstellerin wie für das Verständnis des Schreibprozesses selber. Seit der Mitte des achtzehnten Jahrhunderts ist der Schriftsteller als Prophet, als Priester gesehen worden, der sich allen hohen Herren der Welt ebenbürtig fühlen darf. Schreiben von Literatur ist seitdem nicht nur ein sozialer Ausweis von Originalität und gleichzeitig ein Instrument der Ausbildung einer originellen Persönlichkeit, es verleiht dem Schreibenden darüber hinaus im öffentlichen Bewußtsein ein hohes Sozialprestige und damit Macht. Noch im zwanzigsten Jahrhundert gilt der Dichter als »Führer« (Kommerell), als »Held« (Gundolf) oder mindestens als Weiser. Selbst bei so reinen Figuren wie Kafka oder Canetti, die den Schriftsteller als den Antimachthaber definieren, behält das Schreiben seine Weihe, indem es als einziges Mittel der »Rettung« des Menschen erscheint. Was Canetti in *Masse und Macht* unter der Überschrift »Von der Unsterblichkeit« über Stendhal sagt, soll auch von seiner eigenen Rettung der ihm zugehörigen Menschen durch erinnerndes Eingedenken gelten: »Wer aber Stendhal aufschlägt, findet ihn selbst und alles wieder, das um ihn war, und er findet es hier in diesem Leben. So bieten sich die Toten den Lebenden als edelste Speise dar. Ihre Unsterblichkeit kommt den Lebenden zugute: in dieser Umkehrung des Totenopfers fahren alle wohl. Das Überleben hat seinen Stachel verloren, und das Reich der Feindschaft ist zu Ende« (S. 319). In diesen, den mystischen Gehalt der *communio* ins Säkulare der Erinnerungsarbeit des Autors überführenden Sätzen darf man zu Recht die inhaltliche Erfüllung des von Canetti – und nicht nur von ihm – immer wieder mit Nachdruck behaupteten Anspruchs sehen, die Literatur vermöge den Menschen vorm Tode zu retten. So haftet dem Autor auch im zwanzigsten Jahrhundert im öffentlichen Bewußtsein noch etwas von der Kraft der Schamanen an.

Die Auffassung vom Dichter als schöpferischem Individuum, in dem sich exemplarisch Mensch-, das heißt bisher vor allem Mannwerdung vollzieht und durch das die Welt ihrer Vergänglichkeit enthoben wird, hat in der bisherigen Literatur zu einer Heiligsprechung des Schreibens geführt. Die in ihr geleistete Erinnerungsarbeit wird als der Ort einer wenn auch noch so schwachen messianischen Hoffnung gesehen. Dieser Mythos ist das schlechte Alte, das zu zerstören die Literatur der Frauen zur Aufgabe hat. Die Frauen, d.h. vor allem die des Bürgertums, sind in der Neuzeit historisch viel später in den Schreibprozeß eingetreten als die Männer; von Ausnahmen abgesehen, haben sie sich erst gegen Ende des neunzehnten Jahrhunderts in größerer Zahl schöpferisch mit Literatur zu befassen begonnen. »Die Frau als Intellektuelle« – so Christa Wolf in *Kassandra* – »gibt es in nennenswerter Zahl erst seit sechzig, siebzig Jahren« (S. 175).

Damals war die Ideologie von der Originalität des schöpferischen Individuums schon brüchig geworden. In den Augen der schreibenden Frauen, denen schöpferisches Ingenium von der Öffentlichkeit nicht zugestanden wurde, mußte sie sich als gänzlich hohl erweisen. Die Tradition, aus der heraus der Schriftsteller sein Selbstverständnis und seine Rollenerwartung bezog, war demnach so eminent männlich besetzt, daß sie von schreibenden Frauen nicht erneuernd umgeschrieben werden konnte. Auf sie konnten die Schriftstellerinnen sich nicht beziehen. Sie mußten sich eine neue erfinden.

Diese neue Tradition ist zunächst negativ definiert: als Destruktion des männlichen Diskurses und damit als Durchsetzung ihrer eigensten Interessen als Frau in der Sprache. Hierhin gehört das, was Woolf als das »Zurückdenken-durch-die-Mütter« faßt: die Zerstörung der logozentrischen Schreibweise, die Aufnahme der vielen Sprachen, auch der des Körpers, in den Text. Maxime dieses Schreibens ist es, Ausschließungen und Verknappungen des Diskurses nach Möglichkeit nicht zuzulassen, die vielen Stimmen, möglichst alle, zu Wort kommen zu lassen. Auf eine Formel gebracht, die Christa Wolf in ihren *Voraussetzungen einer Erzählung* (1983) vorschlägt, könnte man sagen, dieser Aspekt der ästhetischen Neuerung der Frauenliteratur besteht darin, daß sie keine Geschichten mehr erzählt, weil diese immer Helden-Geschichten sind (S. 117).

Radikal entsprechen Nathalie Sarrautes Prosa-Texte seit den *Tropismes*, die sie 1932 zu schreiben begann, diesem ästhetischen Konzept. Die Sarraute gehört zu den Autoren, die gleich zu Beginn ihres Schreibens ihr eigenes Thema gefunden haben, das sie – ohne monoton zu werden – in immer neuen Aspekten entwickeln. Schon der Titel des ersten Bandes *Tropismen* ist eine Schlüsselmetapher, die auf den thematischen Kern ihres gesamten Oeuvres verweist: Der ursprünglich aus der Botanik stammende Begriff »Tropismen«, der dort die kaum wahrnehmbaren Krümmungsbewegungen bezeichnet, die Pflanzen als Reflex auf äußere Reize wie Licht, Wärme etc. vollziehen, wird bei ihr zum sprechenden Bild für die nur halb erahnten psychischen Regungen unseres Inneren, die sich in unkontrollierten, flüchtigen, fast unmerklichen Zeichen spiegeln, einem leichten Vibrieren in der Stimme etwa, einem vielleicht zu forschen oder zu gleichgültigen Ton, einem Augenzucken, einem um eine Spur zu herzhaften, freundlichen Lachen etc. Diese »Tropismen« werden für das sensible, aller glatten Oberfläche mißtrauenden Ich zu Indizien einer Wahrheit, die sich hinter den eingeübten Verhaltensmechanismen, der scheinbar gut funktionierenden Kommunikation einer gesellschaftlichen Gruppe verbirgt. Die Sarrauteschen Romane sind – so *Portrait d'un Inconnu* (1948), *Martereau* (1953), *Le Planétarium* (1959), *Les Fruits d'Or* (1963), *Vous les entendez?*(1972) – jeweils aus der Perspektive eines solchen überbewußten, mißtrauischen Ichs geschrieben, das die feinen, fast unsichtbaren Risse in den Masken freundlichen Wohlverhaltens, das Unechte in dem so echt natürlich Scheinenden aufzuspüren sucht. Der Stoff, die Handlung dieser Prosa – und das gilt in abgewandelter Form auch für die Hörspiele – entfaltet sich aus diesen psychischen Kurzdramen zwischen einem Ich, das die fest konturierte Außenansicht, welche die anderen ihm bieten, das runde, klare Charakterbild, ständig nach dem Geheimnis ihres verborgenen, eigentlichen psychischen Lebens abtastet. Für die Sarraute ist das Äußere nicht ungebrochen Ausdruck des Inneren, vielmehr ist es das, was wir für die anderen sein wollen, ist also Maske, Schutz und Rolle, eine Rolle freilich, in die uns die anderen auch drängen, denn das unverstellbare wahre Gesicht des Ichs mit seinen Ängsten, Unsicherheiten, Eitelkeiten, Haß-Ekelgefühlen, Sehnsüchten etc. würde die eingespielte gesellschaftliche Konvention stören, wäre unpassend unangepaßt, eben peinlich unkonventionell.

In dieser Welt des Äußeren herrschen der Gemeinplatz, die unverbindliche Konversation, die Allgemeinheiten, die so perfekt von den komplexen, nicht schematisierbaren Regungen des emotionellen Ichs ablenken. Insofern wird auch die Sprache suspekt, verliert ihre authentische Ausdruckskraft, wird mit ihren Etiketten, Fertigsätzen, modischen Jargons, den eingespielten Sprachregelungen gleichsam zur Tarnkappe, hinter der das Individuum verschwindet. In dieser Welt des Scheins, der falschen Harmonie regiert das Mißtrauen; alles gerät in den Sog des Verdachts: die harmlose Bemerkung, ist sie nicht doppeldeutig, spielt sie nicht auf die Schwäche des Gegenübers an, die freundliche Zustimmung, ist sie nicht nur eine Falle, die das Ich in seinen Empfindlichkeiten herauslockt, es in Sicherheit wiegt, um es dann in seiner Blöße zu fangen – vielleicht nur mit einem auch wieder freundlich höflichem Kopfschütteln: »Nein wirklich, ich verstehe Sie nicht?« Und dieses »Nicht Verstehen«, will es nicht – überdeutlich –, allerdings in der Maske des gutwillig um Verständnis Bemühten, demonstrieren, daß das Ich hoffnungslos spinnig ist, oder wie in der Gesellschaftszene im Hörspiel: verdeckt die uneingeschränkte Zustimmung nicht letztlich ein peinliches Berührtsein?

Diese Doppelexistenz, zu der die gesellschaftliche Norm das Individuum verpflichtet, veranschaulicht sich bei der Sarraute im Bild der Muschel, deren glänzende Oberfläche ein waberndes, weiches, verletzliches Fleisch umschließt. Eingeschlossen in die abschirmende Schale des Clichés, das das Ich vor Selbstentblößung und Verwundung schützt, drängt es zugleich hinaus in den ungeschützten, aber wahren Bereich unverstellter Kommunikation und wird dann immer wieder zurückgetrieben – durch die Floskelsprache der Insider, durch verallgemeinernde Urteilssätze, die sich wie plakative Aufkleber über jede individuelle Äußerung legen. Das große Thema der Sarraute ist letztlich die Kommunikation, bzw. die in einer Welt des Gemeinplatzes verhinderte Kommunikation, die in Scheindialogen abläuft.

In einem noch spezifischeren Sinne jedoch verraten die schreibenden Frauen die literarische Tradition, wenn sie das Schreiben nicht mehr als sakrale Handlung verstehen, durch die ein Höchstes geoffenbart oder der Tod überwunden werden könnte. Darin liegt das eigentlich Neue der Texte jüngerer Schriftstellerinnen, daß sie der Mythisierung des Schreibens entgegentreten. Statt dessen begreifen sie es als Verrat am Leben, als Wahnsinn, als – um ein Wort Ingeborg Bachmanns zu verwenden – die schmerzlichste aller »Todesarten«. So sieht sich die schreibende Frau selber auch nicht mehr als Prophetin oder Heldin. Eher schon als Kind oder noch radikaler als Verräterin oder als Verrückte. Schreiben wird damit zu einem Weg, auf welchem dem eigenen Tod entgegenzugehen ist, womit es sich aller Macht versagt und sich im innersten der ganz und gar uneigennützigen, der ekstatischen Liebe zuwendet.

In diesem Sinne macht Christa Wolf in ihrer jüngsten Erzählung (1983) die trojanische Seherin Kassandra zur Antiheldin. Obwohl sie als Tochter des Königs Priamos von ihrer Abstammung her an den Herrschaftsstrukturen des Stadtstaates teilhat, beginnt sie allmählich einzusehen, in welcher Weise sie von den Männern ausgenutzt und zum Objekt gemacht werden soll. Sie benutzt ihren besonderen Status als Opferpriesterin dazu, sich den Ansprüchen ihrer Umgebung immer mehr zu entziehen. Aus dieser bewußt gewählten Außenseiterstellung heraus vermag sie als einzige in der belagerten Stadt die Phrasenhaftigkeit der offiziellen Parolen und den menschenverachtenden Wahnsinn des Krieges zu durchschauen. Ihr Kampf gegen den von den Männern wegen eines Phantoms angezettelten Krieg bringt sie in einen sich verschärfenden Konflikt mit den Herrschenden und damit auch mit dem eigenen Vater. Wie die Schriftstellerin, als deren Statthalterin sie auftritt, ist sie durch ihre Kondition als Frau zum ersten Mal hellsichtig geworden. Indem sie ihre gesellschaftliche Randstellung bewußt akzeptiert, versucht sie, mit ihren Sprüchen Widerstand zu leisten gegen das allgemeine Mordsystem. So tritt sie als sprechende Frau der offiziellen Sprachregelung entgegen und begeht Verrat an der »heiligen« Sache des Vaterlands.

Dieser Weg führt notwendigerweise in den Tod. Schon in den ersten Sätzen ihres Textes läßt die Erzählerin daran keinen Zweifel aufkommen: »Mit der Erzählung geh ich in den Tod. / Hier ende ich, ohnmächtig, und nichts, nichts was ich hätte tun oder lassen, wollen oder denken können, hätte mich an ein anderes Ziel geführt« (S. 5). Angesichts der Löwen über dem Eingang zur Burg von Mykenä, angesichts dieser steingewordenen Embleme der Macht bekennt sich Kassandra – und mit ihr die Erzählerin – dazu, daß Schreiben, wenn es sich als Einsicht und als Widerstand begreift, den Abschied vom Leben bedeutet. Allerdings bleibt das Paradox bestehen, daß Christa Wolf diese Erkenntnis in ihrer poetischen Praxis nicht wirksam werden läßt. Theoretisch weiß sie zwar, daß Geschichten immer »Heldengeschichten« sind, doch sie erzählt das Leben Kassandras – die so sehr Antiheldin sein will, daß sie ihrem Geliebten Äneas auf seiner Flucht aus Troja nicht folgt, um ihn später nicht als römischen Helden sehen zu müssen – in der Form des traditionellen Bildungsromans. Als Erzählerin erliegt sie damit der »Indoktrination durch den Ästhetikbegriff«, den sie in ihren *Voraussetzungen einer Erzählung* zurecht als Teil des Systems der instrumentellen Vernunft entlarvt (S. 150). Die Aufspaltung in eine theoretische Abhandlung, in der mit aller Radikalität die poetologischen und politischen Voraussetzungen des Schreibens von Frauen analysiert werden, und in eine Erzählhandlung, die diese Positionen inhaltlich zwar aufnimmt, aber ihnen erzählerisch nicht gerecht wird, ist unmittelbarer Ausdruck dieses Dilemmas, das aus dem Erzähltext eine bloße allegorische Umsetzung von vorgefaßten Einsichten macht. Christa Wolf war sich dieses Mankos bewußt: »Empfinde die geschlossene Form der Kassandra-Erzählung als Widerspruch zu der fragmentarischen Struktur, aus der sie sich für mich eigentlich zusammensetzt. Der Widerspruch kann nicht gelöst, nur benannt werden« (S. 120).

Ingeborg Bachmann ist es gelungen – das ist ihre auch ästhetisch innovative Leistung – die radikale Neuorientierung des Schreibprozesses im Roman selbst zu reflektieren. In *Der Fall Franza*, dem ersten Roman der als Trilogie geplanten Reihe der *Todesarten*, stellt sie dar, wie ein Mann »seine« Frau zum Objekt seiner Studien herabwürdigt, ihr dadurch die produktive Freiheit nimmt, die sie als junges Mädchen gehabt hatte, und so ihre Individualität zerstört. Sie wird von ihm zum Fall gemacht: »Er hat mir meine Güter genommen. Mein Lachen, meine Zärtlichkeit, mein Freuenkönnen, meine Animalität, mein Strahlen, er hat jedes einzelne Aufkommen von all dem ausgetreten, bis es nicht mehr aufgekommen ist« (Bd. III, S. 150). Die Selbstentfremdung der Frau, der sie schließlich nur noch im Tod entkommen zu können glaubt, wird hier in ihrer extremsten Form vorgeführt und durch die Parallelisierung mit der Vernichtung der Juden und der Ureinwohner Australiens als das mörderische Prinzip einer vom wissenschaftlich-technischen Verstand organisierten Gesellschaft entlarvt. Dennoch hat Ingeborg Bachmann den so gut wie abgeschlossenen Roman nicht veröffentlicht, unter anderem deshalb, weil in ihm – ähnlich wie in Christa Wolfs Erzählung – die radikalste aller Erfahrungen, nämlich die, daß auch das Schreiben von literarischen Werken dieser von Machtstrukturen und Tötungswünschen besessenen Männergesellschaft zugehört, noch nicht gestaltet ist.

Bis zu dieser äußersten Grenze ist sie erst in dem von ihr 1971 veröffentlichten Roman *Malina* vorgedrungen. In dessen erstem Teil wird in der Gestalt des Ivan der Verrat der Männer an der unbedingten Liebe der Frau kritisiert. Im zweiten Teil des Romans, beziehungsreich »Der dritte Mann« überschrieben, erweist sich die Welt für die Frau – wie für das Kind und die Juden – als destruktiver, patriarchalisch strukturierter »Mordschauplatz«. Der Vater im Kostüm des Henkers und SS-Schergen ist zugleich auch die Figur, die der Tochter Sprachfindung und Selbsterkenntnis verweigert. »Mein Vater läßt den See über die Ufer treten, damit nichts herauskommt, damit nichts zu sehen ist« (Bd. III, S. 219). Gegen diese Besetzung der eigenen Identität bietet die Erzählerin die scheinbar alles verstehende Bruderfigur auf, die dem Roman den Namen gibt. Doch dieser »ideale« Liebhaber wird im Laufe des Schreibprozesses immer mehr als Selbsttäuschung der Schreibenden dekouvriert. Er ist eine Ausgeburt ihrer Phantasie, und als solcher ist er ohnmächtig, macht die Erzählerin nicht tauglicher zum Leben. Wie ein Kind in seiner magischen Phase sich einen allmächtigen Partner erschafft, mit dem es in ständigem Dialog steht und der ihm zum liebsten Spielgefährten wird, so geht es der Erzählerin mit Malina: Für sie ist er dieser imaginäre Partner, der sie davon abhält, zu sich selbst zu kommen. Das Schreiben von Literatur wird so als kindisches, magisches Tun desavouiert, durch das sich die Ohnmacht der Erzählerin, sich ihrer selbst inne zu werden und das wahre Leben zu erlangen, endgültig manifestiert. »Schritte, immerzu Malinas Schritte, leiser die Schritte, leiseste Schritte. Ein Stillstehn. Es kommt niemand zu Hilfe. Der Rettungswagen nicht und nicht die Polizei. Es ist eine sehr alte, eine sehr starke Wand, aus der niemand fallen kann, die niemand aufbrechen kann, aus der nie mehr etwas laut werden kann. / Es war Mord« (Bd. III, S. 337). Diese Schlußsätze des Romans sprechen nicht nur die Ausweglosigkeit der Situation der Frau in der Gesellschaft aus, sie rechnen auch die Literatur deren Mordsystem zu. Am Ende der Suche nach dem eigenen Selbst steht so das Schweigen in seiner radikalsten Form, als Dekonstruktion der eigenen Sprache, als Tod.

Diese radikale Absage an die Tradition einer mindestens als Lebenshilfe und Identitätsfindung, wenn nicht gar als metaphysische Rettung oder Rechtfertigung verstandenen Literatur im Kunstwerk selbst, ist der Extrempunkt des Neuen, der nicht nur das schlechte Alte, sondern die Literatur überhaupt in Frage stellt. Zugunsten des recht verstandenen Lebens, zugunsten der geglückten Liebe, die jedoch allenfalls noch in einer als negative Folie zur Haupthandlung fungierenden Märchenerzählung präsent ist. In der Legende *Die Geheimnisse der Prinzessin von Kagran*, welche die Erzählerin im ersten Teil des Romans wiedergibt, leuchtet dieses »ganze Leben« wie eine Fata Morgana in die Todeswelt hinein. »Ein Tag wird kommen, an dem die Frauen rotgoldene Augen haben, rotgoldenes Haar, und die Poesie ihres Geschlechts wird wiedererschaffen werden [...] Ein Tag wird kommen, an dem die Menschen rotgoldene Augen und siderische Stimmen haben, an dem ihre Hände begabt sein werden für die Liebe, und die Poesie ihres Geschlechts wird wiedererschaffen sein...« (Bd. III, S. 136ff.). Und auch diese fragmentarischen Verheißungen werden am Ende noch »ausgestrichen« und »weggeworfen«.

Ästhetische Innovation vollzieht sich demnach in Ingeborg Bachmanns Prosawerk dadurch, daß die Literatur an ihren absoluten »Nullpunkt« (Roland Barthes) vorgetrieben wird. Was der österreichischen Autorin nur in der radikalen Zerstörung des Mythos Literatur erreichbar scheint, vermag Marguerite Duras im anderen Kontext der französischen Literatur ins Positive zu wenden. In ihrem neuesten Werk *L' Amant* (*Der Liebhaber*, 1984) steht die negative Erkenntnis, zu der Bachmanns Erzählerin am Ende des Romans gelangt, am Anfang des Textes: »Die Geschichte meines Lebens gibt es nicht [...]. Schreiben heute, so scheint es, bedeutet häufig überhaupt nichts mehr. Manchmal weiß ich es: Schreiben ist immer dann, wenn es nicht in heillosem Durcheinander Suche nach Eitelkeit und Wind ist, nichts« (S. 14f.). So sind denn ihre autobiographischen Erinnerungstexte nicht als Erzählung gestaltet, sondern aus einer Reihe von Bildern montiert, solchen des Körpers vor allem, an deren Anfang das ihres mit achtzehn Jahren alt gewordenen, zerstörten Gesichts steht, das schon das Gesicht der gealterten Schriftstellerin ist. Von dieser Folie geht sie zurück zu jenem anderen Bild, in dem das Kindmädchen in seinem theatralischen Aufputz auf der Fähre über den Mekong einem anderen Außenseiter, dem jungen chinesischen Millionärssohn, begegnet. Dieser »dritte Mann« gleicht dem Mädchen, das am Rande der kolonialen Gesellschaft lebt und das schon Schriftstellerin ist, ohne noch eine einzige Zeile geschrieben zu haben.

Indem die beiden Liebenden ihre Klasse und Rasse verraten, die Loyalität gegenüber der eigenen Familie mißachten und die Gebote der Gesellschaft übertreten, entgehen sie dem Unglück, das im verpfuschten Leben der Mutter des Mädchens stets drohend gegenwärtig ist. Sie ist die eigentlich Liebende, die sich für ihre Kinder, insbesondere ihren ältesten Sohn, aufopfert. Aber dieses Opfer mißlingt. Es vermag die Grenzen der mörderischen Gesellschaft nicht zu überwinden, weil die Mutter sich auf deren Spielregeln eingelassen hat. Anders das Schreiben der Tochter, das als autobiographische Erinnerungsarbeit die eigene Identität aus dem instinktiven Verrat des jungen Mädchens gewinnt. Auch Marguerite Duras »denkt zurück durch die Mütter«: Schreiben ist für sie der Versuch der Wiederherstellung, der Heilung des Unglücks der Mutter durch die Bilder der Imagination. *Der Geliebte* lautet der Titel dieser Wiedergutmachung, worin sich andeutet, daß auch die Männerfigur dem weiblichen Kosmos ganz und gar angehört. Die schreibende Frau hat ihre negative Fixierung abgestreift, ist sich ihrer selbst sicher geworden. Auch für Marguerite Duras bedeutet das Schreiben nichts im Sinne der Machtverhältnisse innerhalb der Gesellschaft. Aber gerade in dieser Nichtigkeit garantiert es die Ganzheit des Lebens und der Person dieser Frau, die dadurch die Intensität, die Reinheit jenes Augenblicks wiederfindet, in dem sie noch Kind und schon Außenseiterin war.

Schreibende Frauen in der Deutschen Demokratischen Republik

Patricia Herminghouse

»Der Autor nämlich ist ein wichtiger Mensch«
Zur Prosa

»Natürlich ist das Land ein Ort des Wunderbaren«: Mit dieser ironischen Aussage beginnt und endet Irmtraud Morgners phantastischer Roman *Leben und Abenteuer der Trobadora Beatriz nach Zeugnissen ihrer Spielfrau Laura* (1974). Morgner erzählt von einer französischen Trobadora, die nach 808jährigem Schlaf rüde ins zwanzigste Jahrhundert erweckt wird. Ihr Weg durch die moderne Gesellschaft führt sie von der Provence nach dem Paris der Mai-Revolution von 1968 und schließlich in »das gelobte Land« DDR, den ersten sozialistischen Staat auf deutschem Boden. In diesem »wunderbaren« und, wie sie hofft, frauenfreundlicheren Land will sie ihren Beruf als Dichterin wieder aufnehmen, nachdem sie ihn, entmutigt durch ihre Erfahrungen in der mittelalterlichen Männerwelt, vor mehr als achthundert Jahren aufgegeben hatte. Morgners Roman entspringt der Hoffnung, daß dieses »gelobte Land« auch ein Schreibort sein wird, der den Interessen der Frauen förderlich ist und ihnen endlich den »Eintritt in die Geschichte« gestattet, der ihnen von früheren, patriarchalen Gesellschaftssystemen verwehrt worden war. Obwohl die Trobadora stirbt, ehe sie ihre »Romanform der Zukunft« vollendet, wird es klar, daß Morgner ihre Hoffnungen auf die DDR setzt als einen »Ort des Wunderbaren« in sozialer, politischer und kultureller Hinsicht, wo Frauen sich einrichten und behaupten können, wo sie endlich ihren »Eintritt in die Geschichte« vollziehen können.

Was macht das »gelobte Land« DDR so anziehend für die Trobadora? Nach ihrem langen Schlaf kommt sie zunächst nach Paris, wo ihre Erlebnisse während der Mai-Revolution sie zum Erlernen der deutschen Sprache motivieren, damit sie Marx und Engels im Original lesen kann. Sie lernt dabei einen Reporter aus der DDR kennen, dessen Berichte über den Versuch, in seinem Land, die Theorien von Marx und Engels zu realisieren, sie zu der Ansicht bringen, daß es sich um das gelobte Land der Frauen handeln müsse. Mit Marx' Bemerkung, »Der gesellschaftliche Fortschritt läßt sich exakt messen an der gesellschaftlichen Stellung des schönen Geschlechts«, fest im Gedächtnis, macht sich die Trobadora auf den Weg zur DDR, die – so erwartet sie – der tradierten Reduktion der Frau auf den häuslichen Bereich und damit ihrem Ausschluß aus der kulturellen Sphäre ein Ende gemacht hat.

Es wäre unmöglich, die umfangreichen Programme zur Sicherung der sozialen, politischen und wirtschaftlichen Gleichberechtigung der Frau in der DDR hier zu erörtern. Es genügt festzustellen, daß außerordentliche Maßnahmen ergriffen wurden, um die traditionellen Barrieren gegen ihre Beteiligung am öffentlichen Leben wegzuräumen; man muß jedoch ebenso darauf hinweisen, daß das Gewicht bei dieser Emanzipation in erster Linie im wirtschaftlichen Bereich liegt. Aufgrund der Prämisse, daß die gesellschaftliche Stellung der Frau notwendigerweise von ihrem Verhältnis zur Produktion abhängt, und daß ihre Emanzipation untrennbar von der Emanzipation des Menschen im Klassenkampf ist, gibt es in der DDR keine organisierte, öffentliche Frauenbewegung. Aus diesem Grund hat vor allem die Literatur die Funktion eines Forums für die Diskussion von Frauenfragen in der DDR übernommen. Wenn DDR-Schriftstellerinnen jedoch von enthusiastischen Lesern aus dem Westen mit dem Etikett »feministisch« versehen werden, so wird diese Bezeichnung meistens entschieden zurückgewiesen, da der Feminismus als bürgerlicher Versuch gilt, Emanzipation durch den Kampf der Geschlechter statt durch den notwendigen Angriff auf die ökonomische Basis der Unterdrückung zu erreichen. Angesichts der Verluste an männlichen Arbeitskräften durch den Krieg und, bis zur Schließung der Grenze, noch durch die Abwanderung in den Westen wäre ein Überleben der DDR, ganz zu Schweigen vom Erreichen des gegenwärtigen Status einer hochentwickelten Industriegesellschaft, undenkbar gewesen ohne die aktive Mitarbeit von Frauen in einer Anzahl und in Berufen, wie man sie vorher nie gekannt hatte: fast 90 v.H. aller Frauen im arbeitsfähigen Alter arbeiten in einem Vollzeitberuf. Gleichzeitig aber braucht der Staat, zumindest gegenwärtig, die Dienste der Frau im Familienverband, wo sie auch die Aufgaben wie Reproduktion und Sorge für die Kinder übernehmen muß.

Wenn die Familie eine Bastion des Konservativen geblieben ist, so mag man eine etwas fortschrittlichere Haltung seitens der Regierung und der Partei erwarten, die immerhin die gesetzlichen Rahmenbedingungen für die Emanzipation der Frau geschaffen haben. Obwohl Frauen ungefähr ein Drittel aller Parteimitglieder stellen, sind sie in den höchsten Organen –

dem mächtigen Zentralkomitee der SED, dem Ministerrat und dem Politbüro – nur dürftig, wenn überhaupt, vertreten. Die fundamentale marxistische These, daß die Einbeziehung der Frau in die Produktion das Ende der Arbeitsteilung herbeiführen würde, wird durch den Fortbestand von Institutionen und Verhaltensweisen widerlegt, welche die Unterordnung der Frau in der öffentlichen wie auch in der privaten Sphäre bewahren. Dieser Zustand wird beispielhaft dargestellt in den Erfahrungen der Trobadora und ihrer Spielfrau Laura.

In der DDR wird der Kultur und insbesondere der Literatur eine zentrale gesellschaftliche Bedeutung zugemessen. Hier gilt Bewußtseinsbildung als die »Arbeit« von Künstlern, besonders Schriftstellern, und sie werden deshalb in viel größerem Ausmaß als im Westen mit festen Gehältern, Stipendien und wohldotierten Preisen unterstützt, welche sie von den literarischen und sozialen Institutionen der DDR (Theatern, Verlagen, Schriftstellerverband und Akademien z.B.) beziehen. So wird von Schriftstellern erwartet, daß sie der Gesellschaft durch produktives Schreiben dienen, sowohl in der Wirkung auf die Menschen, für die geschrieben wird, als auch durch die Befriedigung der Bedürfnisse dieser Leser. Obwohl die ältere Konzeption der »Literatur als Waffe« im Klassenkampf, die in den frühen Jahren der DDR noch volle Geltung besaß, einem breiteren, flexibleren Verständnis der Literatur als »Lebenshilfe« gewichen ist, die der Therapie, dem Widerstand oder der Selbstverwirklichung dienen kann, bleibt die Literaturtheorie in der DDR dennoch eng verknüpft mit aktuellen Fragen der Politik. Die zentrale Stellung der literarischen Kultur in der DDR verleiht ihr eine viel wichtigere Funktion als in den westlichen Ländern. Sie macht sie aber auch zum Objekt der Prüfung und Kontrolle durch außerliterarische Instanzen, weil sowohl dem Schreib- als auch dem Leseakt eine grundsätzlich verschiedene Bedeutung zugemessen wird. So entscheiden kulturpolitische und pädagogische Gesichtspunkte, nicht Profit- oder Vermarktungsfaktoren darüber, was veröffentlicht wird.

Schriftstellerinnen in der DDR arbeiten in einem hierarchisch aufgebauten, bürokratisch kontrollierten literarischen System. Es erstreckt sich vom Zentralkomitee der SED über das Ministerium für Kultur, mit seiner Hauptverwaltung Verlage und Buchhandel – die jeden Aspekt der Publikation und Verteilung, einschließlich der Papierzuteilung kontrolliert – zum Schriftstellerverband, der zwischen der Partei und den Autoren vermittelt und die Literaturentwicklung auf allen Ebenen koordiniert und fördert, und schließlich zu den Verlagen, ihren Lektoren und den Schriftstellern, mit denen sie arbeiten. Was in den führenden Zeitschriften und Verlagen erscheint, wird oft mit einer Intensität gelesen und diskutiert, die im Westen nichts Vergleichbares hat, weil allgemein anerkannt ist, daß jede Veröffentlichung einen langen und verschlungenen Weg durch die vermittelnden Institutionen der Kulturpolitik hinter sich hat.

Trotz ihrer Bereitschaft, gesellschaftliche Mißstände deutlich zu artikulieren, fällt es jedoch auf, daß mit Ausnahme von Sarah Kirsch fast keine DDR-Schriftstellerin als »Dissidentin« im Sinne jener, die für ihre Kritik mit Gefängnisstrafen, Ausweisungen oder Emigration bezahlt haben, bezeichnet werden kann. Der kritische und provozierende Ton vieler jüngerer Autorinnen hat ihnen im Westen Aufmerksamkeit eingebracht, aber im Gegensatz zu den »Dissidenten« wird ihre Kritik nicht als Angriff auf das System selbst, sondern als Hinweis auf »nichtantagonistische Widersprüche« betrachtet, die im Kontext des Sozialismus gelöst werden können und sollen. Freilich sind ihre Kritiken oft verschleiert, metaphorisch oder phantastisch, und man kann den Faktor der Selbstzensur auch nicht ausschließen, aber im Grunde haben die Frauen den Versuch nicht aufgegeben, durch die literarischen Institutionen der DDR zu arbeiten, statt sich außerhalb ihrer »Literaturgesellschaft« zu begeben, indem sie sich der illegalen Publikation in den jederzeit zugänglichen westlichen Medien bedienen. Daß einige von ihnen dennoch größere Resonanz im Westen gefunden haben als die meisten ihrer männlichen Kollegen, deutet auf die internationale Relevanz ihrer Anliegen.

Die Aufmerksamkeit, die jüngeren DDR-Schriftstellerinnen im Westen geschenkt wird, steht in starkem Kontrast zu der Nichtachtung ihrer Vorgängerinnen, die gerne als Parteischreiberlinge mit beschränkten Interessen und noch beschränkteren Talenten abgetan wurden. Viele Frauen dieser älteren Generation, meistens schon vor dem Ersten Weltkrieg geboren, waren in den späten 20er oder frühen 30er Jahren der KPD und dem Bund proletarischer-revolutionärer Schriftsteller (BPRS) beigetreten und haben aus diesem Grund die Jahre des Nationalsozialismus im Exil, hauptsächlich in der Sowjetunion, verbracht. Soweit sie nach dem Krieg nach Deutschland zurückkehrten, haben sie sich in der Sowjetzone niedergelassen, entschlossen, mittels der Kultur den politischen, moralischen und wirtschaftlichen Wiederaufbau Deutschlands und deutscher Kultur zu bewirken. Ohne Unterschied der Geschlechtszugehörigkeit ging es den Schriftstellern um den Wiederaufbau von Städten und Fabriken, den Abbau von Faschismus und Kapitalismus, die Verstaatlichung von Betrieben und die Kollektivierung der Landwirtschaft.

Anna Seghers, deren literarische Karriere sieben Jahrzehnte umspannt, wird allgemein als die führende Figur dieser Aufbauperiode und die große Vorläuferin der DDR-Schriftstellerinnen anerkannt. Im selben Jahr, in dem ihr erster Roman, *Aufstand der Fischer von St. Barbara* (1928), erschien, trat sie der kommunistischen Partei bei. 1930 wurde sie auch aktives Mitglied des BPRS. Nach ihrer Verhaftung im Jahre 1933 floh sie nach Paris, bis die deutsche Okkupation sie zwang, erneut zu fliehen, diesmal über San Domingo nach Mexiko, wo sie unter den Emigranten eine führende Rolle spielte. *Das siebte Kreuz*, geschrieben während ihrer Pariser Zeit und schon 1942 in englischer Sprache in den USA veröffentlicht, war 1946 die erste deutsche Veröffentlichung des neugegründeten Aufbauverlags. Seghers Roman, der die Flucht eines politischen Gefangenen aus einem Konzentrationslager schildert, wurde in der DDR allein in mehr als einer Million Exemplaren verkauft und gilt seit langem als klassisches Werk der DDR-Literatur.

Nach ihrer Rückkehr nach Berlin im Jahre 1947 engagierte sich Seghers intensiv in dem literarischen und kulturellen Leben der SBZ und späteren DDR. Ohne sich irgendwie über ihre anomale Stellung als Frau im männlich dominierten Literaturbetrieb zu äußern, hielt sie 1947 die Ansprache beim 1. (gesamt-)deutschen Schriftstellerkongreß. Danach wurde sie Präsidentin des Schriftstellerverbandes der DDR von seiner Gründung 1952 bis zu ihrem Rücktritt im Jahre 1978. Bei der Gründung des Kulturbundes 1947 wurde sie dessen Vizepräsidentin und auch Gründungsmitglied der Akademie der Künste (1950). Besonders in den frühen Nachkriegsjahren setzte sie sich immer wieder für die Förderung des Friedens ein und vertrat ihren Staat auf vielen internationalen Kongreßen und Tagungen. Bis in ihre späten Lebensjahre spielte Anna Seghers eine aktive, doch zurückhaltende Rolle in der Kulturpolitik der DDR, und ihr Schrifttum kann oft als Kommentar zu kulturpolitischen Fragen gelesen werden. Als z.B. in den 70er Jahren die langanhaltenden Vorbehalte gegen die Romantik und den »Formalismus« sowie engstirnige Auffassungen des sozialistischen Realismus in Frage gerieten, entdeckten DDR-Kritiker wieder den weit aufgeschlosseneren Realismusbegriff in ihren ersten Werken der 20er Jahre und in ihrer Realismusdiskussion mit Georg Lukács in den 30er Jahren. Seghers selbst veröffentlichte dann 1973 ihre wichtige Erzählung *Reisebegegnung*, die eine imaginäre Begegnung von E.T.A. Hoffmann, Franz Kafka und Nikolai Gogol schildert. Hier wird Gogols Realismus als anachronistisch und bourgeois abgetan, während Hoffmanns und Kafkas visionärer Realismus als ehrlich und zeitgemäß hervorgehoben wird.

Anna Seghers war jedoch nicht das einzige Mitglied einer Generation von Frauen, die in bedeutendem Maße die Literatur der DDR formte. Andere engagierten sich noch stärker, z.B. in dem Versuch, Frauen als Arbeiter für die neue Gesellschaftsordnung in den Fabriken und in der Landwirtschaft zu gewinnen. Ihre Romane dienten den politischen und wirtschaftlichen Zielen der Partei, wobei die Emanzipation der Frau auf ihre Funktion als Arbeiter für den Sozialismus eingeschränkt wird, besonders in Positionen, die vorher von Männern besetzt wurden. Vorbildliche Frauen wurden gezeigt, entweder in entschlossenem Widerstand gegen den Nationalsozialismus oder in dem Prozeß, Arbeit und Familienpflichten zu verbinden. In diesem Prozeß des Aufbaus und der Bewußtseinsveränderung, die bis zur Schließung der Grenzen 1961 dauerte, sind die Werke der Schriftstellerinnen in keiner Weise von denen ihrer männlichen Kollegen unterscheidbar. Die Frau wird Objekt, nicht Subjekt der literarischen Darstellung, ohne jegliche Analyse ihrer wirklichen Bedürfnisse oder der Strategien für ihre Emanzipation.

Die fehlende Selbstsicherheit der neugegründeten DDR führte zu einschränkenden Maßnahmen gegenüber den Künsten. Schriftsteller wurden dazu angehalten, den Übergang zum Sozialismus zu fördern, indem sie den Beitrag der Arbeiterklasse hervorhoben und die Sicht auf eine bessere Zukunft in der neuen Gesellschaftsordnung eröffneten. Walter Ulbricht maß der Kultur beträchtliche Verantwortung hinsichtlich der Erfüllung des 5-Jahresplanes zu und machte deutlich, daß es ökonomisch notwendig sei, daß sich die Schriftsteller auf die Gegenwart konzentrierten, anstatt sich weiter mit der Vergangenheit zu beschäftigen. Einer der ersten Betriebsromane der DDR wurde von Maria Langner geschrieben. Langner, deren Roman *Die letzte Bastion* (1948) den Krieg in ihrer Geburtsstadt Breslau in Erinnerung rief, beschrieb schon in *Stahl* (1952) die Mitarbeit der Frauen am Wiederaufbau des Stahlwerks Brandenburg. Ruth Werner erfreute sich damals mit *Ein ungewöhnliches Mädchen* (1958) großer Beliebtheit. Stark autobiographisch schildert der Roman die Entwicklung eines wohlbehüteten Mädchens aus bürgerlichen Verhältnissen, die mit ihrer eigenen Klasse bricht und sich der KPD anschließt, ehe sie ihrem Ehemann nach China folgt. Seit dem biographischen Roman *Olga Benario. Die Geschichte eines tapferen Lebens* (1961) konzentriert sich Werner mehr auf das tägliche Leben in der DDR, so z. B. mit Romanen und Erzählungen wie *Über 100 Berge* (1965) und *Kleine Fische – große Fische* (1973).

Elfriede Brüning, die mit ihrem Roman *...damit du weiterlebst* (1949) einen bedeutenden Beitrag zur antifaschistischen Tradition leistete, richtete schon mit *Ein Kind für mich allein* (1950) ihr Hauptaugenmerk auf die

Stellung der Frau in der sozialistischen Gesellschaft, bevor sie 1955 den mustergültigen Betriebsroman vorlegte. *Regine Haberkorn* beschreibt die Geschichte einer politisch rückständigen Hausfrau, die Glück und Erfüllung in der Fabrik findet – dank einem Parteisekretär, der sich einschaltet und sich um ihre persönlichen und beruflichen Interessen kümmert. Brüning, die bereits in den 30er Jahren als Unterhaltungsschriftstellerin bekannt war, veröffentlichte mehr als ein Dutzend Werke, die immer wieder um Frauenprobleme kreisen, so z.B. *Sonntag der 13.* (1960), *Septemberreise* (1974), *Wie andere Leute auch* (1983) und *Partnerinnen* (1978), ein Zyklus von vier Erzählungen, die zusammen eine Art Roman bilden. Erst in den späteren Werken wird angedeutet, welchen hohen persönlichen Preis die Frauen, deren Leben geschildert wird, im Zusammenhang mit ihrer Integrierung ins Arbeitsleben zahlen mußten.

Unter den zurückgekehrten KPD-Mitgliedern der Vorkriegszeit waren auch Frauen, die nicht in erster Linie als Romanautorinnen hervorgetreten sind. Hedda Zinner, vor allem als Dramatikerin bekannt, versuchte sich in den 50er Jahren auch an einem Roman: *Nur eine Frau* (1954), der das Thema der Frauenemanzipation im Zusammenhang mit dem Leben der bürgerlichen Frauenrechtlerin des 19. Jahrhunderts, Louise Otto-Peters, behandelt. Zinner verfaßte später eine autobiographische Trilogie, *Ahnen und Erben* (1968–73), welche die Versuche einer Frau schildert, mit ihrer bürgerlichen Wiener Herkunft zu brechen und für ihre Emanzipation und die Veränderung sozialer Verhältnisse zu kämpfen. Ihr neuestes Werk, *Arrangement mit dem Tod* (1984), benutzt die Geschichte des Jüdischen Theaters in Berlin (1933–1941) als Hintergrund einer Geschichte über Kunst und Leben im Dritten Reich. Inge von Wangenheim, die als Schauspielerin und Regisseurin Karriere machte, erfreut sich als Romanautorin eines größeren Leserkreises mit Werken wie *Einer Mutter Sohn* (1958), worin sie Probleme der Jugend nach dem Kriege behandelte, sowie Romanen, die sich mit dem Verhältnis der Intelligenz zur neuen Gesellschaftsordnung beschäftigten: *Professor Hudebrach* (1961) und *Das Zimmer mit den offenen Augen* (1965). Einige ihrer neueren Werke verbinden Stoffe aus der Literaturgeschichte mit Gegenwartshandlungen, so die Beschäftigung mit Lessing in *Hamburgische Elegie* (1977) und Goethes Weimar in *Spaal* (1979). Unter den vielen Schriftstellern, die in den 70er Jahren eine Neuanalyse der deutschen Vergangenheit unternahmen, war auch die weniger bekannte Lyrikerin Eva Lippold, deren eigene Erfahrungen als politische Gefangene im Dritten Reich als Grundlage von *Haus der schweren Tore* (1971) und *Leben, wo gestorben wird* (1974) dienen.

Einige Schriftstellerinnen dieser Generation schildern auch Erfahrungen von Frauen auf dem Lande, insbesondere Margarete Neumann, selbst Neubäuerin in Mecklenburg, mit *Der Weg über den Acker* (1955), *Lene Bastians Geschichte* (1956) und *Der grüne Salon* (1972), ein Stoff, der 1985 in ihrem jüngsten Roman *Magda Adomeit* fortgesetzt wird. Ihr erfolgreichster Roman, *...und sie liebten sich doch* (1966), behandelt aber ein anderes Thema: die Probleme einer Malerin, die ihre Ehe aufgibt, um ein neues Leben zu beginnen. Auch Irma Harder schildert das ländliche Leben in den unmittelbaren Nachkriegsjahren in dem Roman *Im Haus am Wiesenweg* (1956), der vier Jahre später in *Wolken überm Wiesenweg* (1960) fortgesetzt wurde. Typisch für die Tendenz in den 70er Jahren, Probleme der deutschen Vergangenheit wieder aufzugreifen, ist ihr neuestes Werk, *Die Frau vom Ziegelhof* (1985), das die Zeit von 1936 bis zum Kriegsende behandelt – leider mit derselben Schwarz-weiß-Malerei, welche die Darstellungen der 50er Jahre charakterisiert.

Frauen aus bürgerlichen Verhältnissen trugen ebenfalls in großem Maße zur Literatur der Aufbauperiode bei. Marianne Bruns, die schon in den 30er Jahren als Schriftstellerin begann, verfaßte in der Zeit von 1945 bis in die frühen 80er Jahre mehr als zwanzig Romane, darunter Jugendbücher wie *Der Junge mit den beiden Namen* (1958) und *Die Silbergrube* (1959) und Betriebsromane wie *Glück fällt nicht vom Himmel* (1954), *Das ist Diebstahl* (1960) u.a.m. Ein historischer Roman, *Uns hebt die Flut* (1950), geschrieben im Auftrag des Mitteldeutschen Verlags, zeichnet die Geschichte der Frauenbewegung an der Wende vom 19. zum 20. Jahrhundert nach. Bis in die 80er Jahre ihres Lebens zeigte Bruns eine überraschende Breite an Stoff, Struktur und Schreibweise in Werken wie *Großaufnahme – leicht retuschiert* (1973), ein Briefroman, in dem eine Mutter den schwierigen Lebensweg ihrer Tochter von den 30er Jahren bis in die Gegenwart erzählt, und *Der grüne Zweig*, eine Parabel über Noahs Vorbereitung auf die Sintflut, die ihr starkes Engagement für ökologische Fragen aufweist. Auch die jüngere Ruth Kraft, bekannt für ihre Kinderbücher, Hörspiele und Kinderfilme, gehört zu der Gruppe der immer noch vielgelesenen Unterhaltungsschriftstellerinnen. Seit ihrem ersten Roman, *Insel ohne Leuchtfeuer* (1959), der das Schicksal einer jungen Halbjüdin während des Krieges zum Inhalt hat, hat sie sich zunehmend Gegenwartsstoffen zugewandt.

Zu den beliebtesten Nachkriegsromanen der DDR gehörte auch *Wem die Steine Antwort geben* (1953) von Hildegard Maria Rauchfuß, die die Probleme beschreibt, welche ein Ehepaar während des Wiederaufbaus in Dresden bedrängen. In den autobiographischen Romanen *Schlesisches*

Himmelreich (1968) und *Fische auf den Zweigen* (1980) schildert Rauchfuß die Entwicklung einer Frau, die aus konservativer Bürgertradition ausbricht. Auf andersartige Weise hat Liselotte Welskopf-Henrich, Professorin für alte Geschichte in Berlin, DDR-Leser mit einer Art sozialistischer Karl-May-Geschichten versorgt: mehr als ein Dutzend Romane, die Kultur und Ausbeutung der Indianer aus sozialistischer Perspektive beschreiben. Neben ihren Indianergeschichten veröffentlichte Welskopf-Henrich auch eine Romantrilogie, *Zwei Freunde* (1956), die das Leben zweier Intellektueller während der Weimarer Republik und des Dritten Reichs schildert, sowie Romane über den Kampf gegen den Faschismus, z.B. *Jan und Jutta* (1956).

Gegen Ende der 50er Jahre erkannte die DDR ein fundamentales Problem in ihren Bemühungen, eine eigene sozialistische Kultur zu entwickeln: die meisten Schriftsteller waren ungenügend mit der Welt der Produktion vertraut, und die Arbeiter selbst verfügten weder über die nötige Zeit noch Ausbildung zum Schreiben. Schon 1955 wurde das Institut für Literatur »Johannes R. Becher« gegründet, um vielversprechende junge Schriftsteller auszubilden. Obwohl man wenige Frauennamen unter den Lehrern und Absolventen des Instituts findet, scheinen viele der Debütantinnen der 70er Jahre zumindest an den Sonderkursen teilgenommen zu haben. In dieselbe Richtung schlug auch die Bitterfelder Konferenz 1959, wo Kulturfunktionäre, Schriftsteller und schreibende Arbeiter in dem Versuch zusammenkamen, die Trennung von Kultur und Arbeit aufzuheben. Mit seinen oftzitierten Parolen, »Schriftsteller in die Betriebe!« und »Kumpel, greif zur Feder!«, führte der »Bitterfelder Weg«, obwohl letzten Endes in seinem präskriptiven Lösungsversuch erfolglos, zur Produktion mehrerer Romane, die den Beginn einer neuen Periode der DDR-Literatur markieren. Über einen der ersten exemplarischen Versuche wurde bereits auf der Bitterfelder Konferenz von Regine Hastedt berichtet: Der Roman *Die Tage mit Sepp Zach* (1959), der Hastedts eigene Erfahrungen mit Bergbauarbeitern in Oelsnitz dokumentiert.

Mit ihrem Roman *Ankunft im Alltag* (1961) lieferte die wesentlich jüngere Brigitte Reimann die Bezeichnung »Ankunftsliteratur« für die Literatur der 60er Jahre. Dieser Roman über die Probleme und Erfahrungen von Abiturienten, die ihr Pflichtjahr auf einer Großbaustelle verbringen – darunter ein Mädchen, das unmittelbar vor der Ausbildung als Architektin steht –, reflektiert Reimanns eigene Erlebnisse mit einer Brigade in Hoyerswerda. Ihr nächster Roman, *Die Geschwister* (1963), handelt von den Problemen junger DDR-Intellektueller, die an einer Konfrontation mit der Bundesrepublik beteiligt sind. *Franziska Linkerhand* (postum erst 1974 erschienen) kehrt zurück zur Welt der Arbeit, jedoch mit einer völlig neuen und kritischen Perspektive, die diesem Werk in den 70er Jahren eine ähnliche Bedeutung verleiht wie *Ankunft im Alltag* für die 60er.

Die berühmteste Schriftstellerin der deutschen Gegenwartsliteratur, Christa Wolf, schrieb ihren ersten Roman ebenfalls im Zeichen des Bitterfelder Wegs: *Der geteilte Himmel* (1963) entstand aus ihren eigenen Erfahrungen, als sie, während sie als freiberufliche Lektorin für den Mitteldeutschen Verlag in Halle tätig war, in einem Eisenbahnwaggonwerk in derselben Stadt arbeitete. Wolfs Heldin Rita, in der Ausbildung zur Lehrerin, leistet ihr Betriebspraktikum im Waggonwerk. Wolfs Roman ist besonders wichtig, da er einen Erzählstil einführt, der erheblich komplexer ist als der, welcher in den Betriebsromanen der 50er Jahre vorherrschte, eine Mischung von Zeitebenen und Erzählperspektiven, die bis zu ihrem *Nachdenken über Christa T.* (1968) ohnegleichen bleibt.

Mit dem Ende der Kollektivierung der Landwirtschaft 1960 und dem Bau der Berliner Mauer im Jahre 1961 begann in der DDR eine Periode der Isolation, die auch eine der inneren Festigung war. Eine Art sozialistischen Selbstbewußtseins begann sich zu entwickeln, zum Teil basierend auf dem wirtschaftlichen Aufschwung, der aus dem Ende der menschlichen und materiellen Verluste durch das offene Tor zum Westen resultierte, zum anderen auf der dadurch gezwungenen Blickrichtung auf DDR-eigene Angelegenheiten. Damit zusammenhängend wich ebenfalls die alte schwarzweiße Darstellung des »schlechten Alten« und des »guten Neuen« einer differenzierteren Sicht, die auch ungelöste Widersprüche und kompliziertere Fragen in Betracht zog, ohne fertige Antworten parat zu halten. 1961 wurde der Beginn des »entwickelten gesellschaftlichen Systems des Sozialismus« verkündet, das dann 1963 durch das Neue Ökonomische System, mit seiner Betonung der Perspektive des Planers und Leiters, implementiert werden sollte. Auch in der Literatur artikulierte sich ein fast naiver Glaube an die Macht der wissenschaftlich-technologischen Revolution, das menschliche Leben zu verbessern. Der weibliche Bildungsroman thematisierte jetzt die Integration der Frauen in bisher männlich dominierte Arbeitsfelder, vor allem in hochqualifzierte wissenschaftliche Berufe und in ihre neuen Rollen als »Leiter und Planer«. Es mag mit dieser Aufwertung der Technologie zusammenhängen, daß die 60er Jahre kaum wichtige Debütantinnen zu verzeichnen haben, mit der großen Ausnahme von Morgner und Wolf. Beide gehören zur relativ spärlich vertretenen Generation der zwischen den beiden Weltkriegen geborenen Autorinnen, die noch in jungen Jahren den Übergang vom Nationalsozialismus zum Sozialismus erlebt haben. Diese Generation, ernüchtert durch die Unvereinbarkeit individueller Bedürfnisse und Glücksvorstellungen einerseits und den Geboten der Gesellschaft andererseits, begann vielmehr, von einem subjektiven als von einem gesellschaftlichen Standpunkt aus zu schreiben, nicht länger gewillt, ihre Selbsterfüllung auf eine bessere Zukunft zu verschieben.

Die jüngsten Entwicklungen in der Frauenliteratur lassen sich auf Christa Wolfs *Nachdenken über Christa T.* zurückverfolgen. Der Roman, der 1968 in ängstlich begrenzter Auflage erschien, wurde dem breiteren Lesepublikum erst zugänglich, nachdem Erich Honecker bei seiner Machtübernahme 1971 eine liberalere kulturpolitische Atmosphäre eingeleitet hatte. Wolf lehnt die herkömmliche, eindimensionale Erzählweise mit ihrer Darstellung der Frau in der Rolle der »positiven Heldin« ab und erzählt stattdessen von einem Versuch, eine junge Frau darzustellen, die nicht beispielhaft war. »Einmal nur«, erklärt die fiktive Erzählerin, »dieses eine Mal möchte ich erfahren und sagen dürfen, wie es wirklich gewesen ist, unbeispielhaft und ohne Anspruch auf Verwendbarkeit.« Ausdrücke wie »zu sich selber kommen« und »die Schwierigkeit, Ich zu sagen« sind Anzeichen für die Suche nach einer Lebens- und Schreibweise, die in Authentizität statt Autorität verankert ist, die eher bedürfnis- als zielorientiert ist, eher Ausdrucks- als Werkzeugcharakter hat. Wolfs Beschreibung des Versuchs, die weibliche Erfahrung zu Papier zu bringen, das Schweigen der Frauen zu brechen, die sich bisher dem patriarchalischen Wertsystem gefügt haben, statt sich auf der Basis eigener Erfahrungen zu definieren, stellt einen Durchbruch in der Geschichte der deutschen Frauenliteratur dar. Mit ihrem Prinzip der »subjektiven Authentizität«, das sie gleichzeitig in dem wichtigen Aufsatz *Lesen und Schreiben* erläutert, führt Wolf eine radikale Abkehr von den alten Regeln ein, die sowohl die Komplexität der Erzählstruktur als auch das deutlich erkennbare Engagement der Autorin einschließt.

Dieses Prinzip läßt sich durch das gesamte spätere Werk Wolfs verfolgen, bis zu ihrem jüngsten Roman *Kassandra* (1983). Oft zeigt es sich in der fast gleichzeitigen Veröffentlichung von Aufsätzen, die ihre Texte erläutern und kommentieren. So bildet *Kassandra* z. B. eigentlich den Schluß von Wolfs theoretischen und autobiographischen Bemühungen in *Voraussetzungen einer Erzählung*, welche sich mit der Frage nach der Möglichkeit und Wünschbarkeit einer weiblichen Ästhetik befaßt in einer Welt, wo das männliche Prinzip dominiert. Die gleichzeitige Rückkehr zur Welt der Mythologie und die Betroffenheit durch die Gefahr bevorstehender Weltzerstörung in Kassandra stellen nur den bisherigen Gipfelpunkt einer Tendenz dar, immer tiefer die Vergangenheit zu durchforschen, um die Wurzel heutiger Deformationen aufzudecken. Der Versuch, sich zu erinnern, und alles erneut zu befragen, der mit *Christa T.* begann, setzt sich fort in *Kindheitsmuster* (1976), ein Buch, das auf Wolfs Erlebnissen als Kind im Dritten Reich basiert, und in *Kein Ort. Nirgends.* (1979), das eine fiktionale Begegnung von Karoline von Günderode und Heinrich von Kleist benützt, um Fragen der Entfremdung und Kreativität zu erforschen, insbesondere in einer Schriftstellerin wie der Günderode. Wie *Christa T.* und *Kassandra*, so wird auch *Kein Ort. Nirgends.* von einem theoretischen Essay begleitet: »Nun ja! Das nächste Leben geht aber heute an«, der Wolfs eigenes Engagement mit ihrem Thema noch verdeutlicht und unterstreicht. Im gleichen Jahr veröffentlichte sie auch eine Ausgabe der Briefe, Gedichte und Prosa der Günderode, wiederum von einem wichtigen Aufsatz begleitet, *Der Schatten eines Traumes.*

Wie Christa Wolf in *Kindheitsmuster*, hat auch die etwas jüngere Helga Schütz ihre eigenen Erfahrungen unter dem Einfluß des Nationalsozialismus zum Gegenstand ihres Erzählens gemacht. Etwas früher als die meisten Schriftsteller, die sich in den 70er Jahren erneut mit der deutschen Vergangenheit beschäftigten, hat sie schon 1970 den ersten ihrer fünf Bände »Jette«-Geschichten und Romane vorgelegt: *Vorgeschichten oder schöne Gegend Probstein.* Stark autobiographisch, werden die meisten Geschichten aus der Perspektive des Mädchens Jette erzählt, die – wie ihre Autorin – unter dem Faschismus in einem schlesischen Dorf aufwächst. *Jette in Dresden* (1977) setzt den Bericht darüber fort, wie sie von ihren Großeltern in die Stadt gebracht wurde. Im bisher letzten Roman der Gruppe, *Julia oder die Erziehung zum Chorgesang* (1980), ist Jette eine reife Frau von 38 geworden, die ihren Spitznamen zugunsten des erwachseneren »Julia« abgelegt hat. Julia gibt ihre Bindungen an Familie, Beruf, und Heim auf und zieht nach Berlin. Anders als die naive Jette, die den Faschismus des alltäglichen Lebens aus der Perspektive eines vertrauensvollen Kindes beschreibt, ist Julia kritisch gegenüber dem Opportunismus und der Konformität, die sie überall um sich herum sieht, und besteht auf einem authentischeren Leben für sich selbst.

Wolfs Hervortreten als führende Autorin der DDR fällt in eine neue Epoche der Kulturpolitik, die mit dem Wechsel von Ulbricht zu Honecker und Willy Brandts Ostpolitik in die Wege geleitet wurde.

Damit veränderte sich sowohl das Verhältnis der DDR zur Außenwelt als auch die Funktion der Kultur in der Gesellschaft. Mit dieser wenigstens teilweisen Öffnung zur Welt hat die Literatur der DDR auch begonnen, internationale Angelegenheiten zu reflektieren: Frauen-, Umwelt- und Friedensprobleme, die ihr größere Resonanz verschafften als der Betriebsroman, egal in welcher Leitungs- oder Spezialistenposition seine Heldin war. Das gehobene Selbstbewußtsein spiegelt sich auch in einer größeren Bereitschaft zur Selbstkritik, die sich zum Teil auf Honeckers vielzitierte Erklärung auf dem VIII. Parteitag zurückführen läßt, daß es auf dem Gebiet der Kultur keine Tabus geben dürfe, weder die Form noch den Inhalt betreffend, solange man vom festen Standpunkt des Sozialismus ausgehe. Zum Teil ist noch ein anderer historischer Faktor zu berücksichtigen: das Auftauchen noch einer neuen Schriftstellergeneration – die »made in DDR« – Jahrgänge, die meistens während oder nach dem Zweiten Weltkrieg geboren sind und deren Weltbild in erster Linie vom Sozialismus geprägt worden ist. Diese Generation stellt eigene Ansprüche an den Sozialismus, welche die qualitativen und nicht nur die quantitativen Aspekte der Emanzipation betreffen, d.h. die Situation der Frauen wird nicht mehr ausschließlich vom Standpunkt der Gesellschaft betrachtet, sondern die Gesellschaft wird auch vom Standpunkt der Frauen beurteilt – und für mangelhaft befunden, vor allem von alleinstehenden oder geschiedenen Frauen, besonders Müttern.

Für diese jüngere Generation muß das Jahr 1974 entscheidend gewesen sein; in drei gewichtigen Romanen nehmen Autorinnen der mittleren Generation das Thema von *Christa T.* wieder auf: Brigitte Reimanns *Franziska Linkerhand*, Gerti Tetzners *Karen W.* und Morgners *Trobadora.* Während *Franziska Linkerhand* noch Spuren des »Ankunftsromans« der 60er Jahre erkennen läßt (für den Reimanns früherer Roman den Namen geliefert hatte), findet man auch ein viel größeres Maß an kritischer Introspektion in der jungen Architektin Franziska Linkerhand, die sich der Widersprüche zwischen der Realität ihres Lebens und ihren Idealen bewußt wird, als bei ihren Schwestern in den Romanen der vorhergehenden Jahrzehnte. Gerti Tetzner fragt noch beharrlicher in *Karen W.* nach der Qualität des Lebens einer Frau, sowohl in den Privatbeziehungen als Mutter und Liebende als auch im Beruf. So wie Karen W. ihren Partner verläßt und ihren Beruf aufgibt, zeigt Tetzner in diesem ihrem bisher einzigen Roman die praktische und strategische Beschränktheit eines abstrakten Emanzipationsdenkens, das den subjektiven Faktor nicht berücksichtigt.

Zu den Schriftstellerinnen, die in den 70er Jahren viele öffentliche Aufmerksamkeit im Westen wie im Osten erregten, zählt natürlich auch Irmtraud Morgner mit *Leben und Abenteuer der Trobadora Beatriz nach Zeugnissen ihrer Spielfrau Laura. Roman in dreizehn Büchern und sieben Intermezzos* (1974). Wie Christa Wolf, so studierte auch Morgner Literaturwissenschaft an der Universität Leipzig und arbeitete bis 1958 als Redaktionsassistentin. Seit dem Erscheinen ihres ersten Buchs, *Das Signal steht auf Fahrt* (1959), lebte sie als freiberufliche Schriftstellerin in Berlin. 1962 erschien *Ein Haus am Rande der Stadt*, ein Werk, das im typischen Stil des Sozialistischen Realismus die Entwicklung einer Maurerbrigade behandelt. Erst 1968, mit *Hochzeit in Konstantinopel*, macht sich eine Veränderung in Form und Inhalt bemerkbar: Der Roman, der in der Form an *1001 Nacht* erinnert, bietet auf witzige und originelle Weise die Geschichte einer Frau, die mit einem ehrgeizigen Physiker voreheliche Flitterwochen bei einer seiner Tagungen verbringt und dadurch zu der Einsicht kommt, daß sie ihn lieber verlassen als heiraten will.

Morgners nächste Werke, *Gauklerlegende. Eine Spielfrauengeschichte* (1971) und *Die Wundersamen Reisen Gustavs des Weltfahrers* (1972), können rückblickend als eine Art Vorspiel zum Trobadora-Roman verstanden werden, der einen Großteil seines Erfolgs dem Esprit, der Phantasie verdankt, mit denen er die Widersprüche darlegt, welche der tatsächlichen Emanzipation immer noch im Wege stehen. Der zweite Roman in Morgners geplanter Laura-Salman-Trilogie, *Amanda – Ein Hexenroman* (1983), setzt das Spiel mit kulturgeschichtlichen und mythologischen Themen fort, aber mit einem viel ernsthafteren Akzent, der vieles mit Christa Wolfs *Kassandra* des selben Jahres gemeinsam hat, vor allem die Angst vor der angedrohten Zerstörung aller Zivilisation, falls patriarchalisches Wahndenken unkontrolliert weiterherrscht. Auch Morgners auf den ersten Blick andersartige komplexe Erzählstruktur läßt sich mit Christa Wolfs Versuchen vergleichen, einen Schreibstil zu finden, der den Erlebnissen und Phantasien von Frauen angemessener ist als traditionelle, von Männern entwickelte Formen. Um dem vorherrschenden Mangel an einer eigentlichen Geschichte der Frauen entgegenzuwirken, konstruiert Morgner eine legendäre Geschichte, welche die historische Kontinuität der täglichen Kämpfe und Probleme zeigt, mit denen Frauen – und ganz besonders Schriftstellerinnen –, selbst in einer sozialistischen Gesellschaft, konfrontiert werden. Die dreizehn Bücher des *Trobadora*-Romans z.B. bestehen aus einer reichen Montage von mythologischen Figuren, originalen Erzählungen, erotischer Dichtung, Zitaten von so verschiedenen Quellen wie den Memoiren von Lenins Witwe, Berichten aus Tageszeitungen und ZK-Meldungen, Büchern über mittelalterliche Literatur, Reden von Politikern sowie Selbstzitaten (die sieben Intermezzi z.B. sind in Wirklichkeit Exzerpte eines Romans, den Morgner 1964 schrieb, aber niemals veröffentlichte).

Morgner behauptet, daß ihr unorthodoxer Stil dem Lebensrhythmus der meisten Frauen entspricht, die nicht die Freiheit haben, ohne Unterbrechung zu arbeiten, die männliche Autoren als Selbstverständlichkeit ansehen. Für eine Frau, die gleichzeitig mit der Kinderbetreuung und dem Haushalt fertig werden muß, während sie auch noch einer eventuellen vollberuflichen Beschäftigung nachgeht, kann sich das Schreiben nur in kurzen, intensiven Gewaltakten vollziehen:

> Abgesehen vom Temperament, entspricht kurze Prosa dem gesellschaftlich, nicht biologisch bedingten Lebensrhythmus einer gewöhnlichen Frau, die ständig von haushaltsbedingten Abhaltungen zerstreut wird. Zeitmangel und nicht berechenbare Störungen zwingen zu schnellen Würfen ohne mähliche Einstimmung [...] Lebenswahrheit in Büchern kann nicht sein ohne Bekenntnis des Autors zu sich selbst. (*Trobadora*, S. 285 f.)

Morgners Roman gewinnt noch an Wichtigkeit dadurch, daß er den auffallendsten jüngsten Trend in der DDR-Frauenliteratur erklärt: das Auftauchen vieler neuen Autorinnen seit den späten 70er Jahren, die nicht hauptberuflich Schriftstellerinnen sind, und die fast keine Romane, sondern hauptsächlich Erzählungen schreiben. Zu dieser Gruppe gehören u.a. eine ganze Reihe von Frauen, die hier nicht besprochen werden können, aber der Vollständigkeit halber wenigstens Erwähnung verdienen: Rosemarie Fret; Hannelore Lauerwald und Christa Müller; Helga Königsdorf; Brigitte Martin, Christine Wolter und Rosemarie Zeplin; Helga Schubert und Karin Simon; Rosita Ionescu und Irene Oberthür; Monika Helmecke; Maria Seidemann; Beate Morgenstern; Angela Stachowa; Daniela Dahn; Angela Krauß; Petra Werner; Maya Wiens und Sylvia Kabus; Doris Paschiller und Regina Röhner. Diese Autorinnen stellen ohne jede Schönfärberei Themen aus dem privaten Alltag dar. Probleme der Familie, der behinderten oder alten Mitglieder der Gesellschaft, Wohnungsnot, das Versagen der Männer, die Freundschaft zwischen Frauen werden mal nüchtern, mal mit Witz und Phantasie behandelt – wobei letztere oft eine übernatürliche oder magische Lösung für sonst nicht zu bewältigende Situationen bietet.

Einige der interessantesten Werke der neueren Literatur werden in einer neuen Form geboten, die den Bereich der Literatur durch den Gebrauch des Kassettenrecorders erweitert. 1975 veröffentlichte Sarah Kirsch *Die Pantherfrau. Fünf unfrisierte Geschichten aus dem Kassettenrecorder*, gefolgt zwei Jahre später von Maxie Wanders *Guten Morgen, du Schöne*, das in der westdeutschen Ausgabe von Christa Wolfs Kommentar *Berührung* begleitet wurde. Wander und Kirsch benutzen den Recorder, um die subjektive Realität von Frauen einzufangen, von Teenagern bis zu Pensionärinnen, indem sie ihrer Sprechweise, ihren Hoffnungen und Ängsten, ihrem ganz persönlichen Stil im wahrsten Sinne des Wortes Stimme verleihen. Beide überschreiten die herkömmlichen Grenzen des Dokumentarischen in der Art, wie sie die Aussagen ihrer Gesprächspartnerinnen auswählen, redigieren, und hervorheben. Das jüngste Beispiel dieser Gattung, *Berliner Mietshaus* (1983) von Irina Liebmann, nimmt fast die Gestalt eines Romans an. Liebmann, neugierig auf Leben, Liebe und Leiden der Bewohner von 28 Apartments eines alten Mietshauses in Berlin, Prenzlauer Berg, unternahm es, die »Geschichte« des Hauses – die aus den »Geschichten« seiner Bewohner besteht – zu rekonstruieren, und zwar dadurch, daß sie von Tür zu Tür ging und die Geschichte jeder Wohneinheit in einem gesonderten Kapitel dokumentierte. Das Ergebnis ist jedoch ein integriertes Ganzes, das die Spannung und die Struktur eines Romans aufweist.

Wie diese Beispiele der neueren Entwicklung andeuten, haben die Schriftstellerinnen der DDR einen einzigartigen Beitrag zur Erweiterung der literarischen Horizonte ihres Landes geleistet. In zunehmendem Maße scheinen sie ihren eigenen Weg in der Literatur wie in der Gesellschaft der DDR zu finden. Von ihrem Standpunkt aus, teilweise innerhalb und teilweise außerhalb der gesellschaftlichen Institutionen, sind DDR-Autorinnen nicht nur in der Lage, die Unzulänglichkeiten des Systems zu artikulieren, ohne an seinen Fundamenten zu rütteln, sondern auch utopische Impulse, Hoffnungen und Sehnsüchte am Leben zu halten, die ihren grundsätzlichen Glauben an eine Veränderung dieser im Grunde noch konservativen Institutionen widerspiegeln. Ihre Werke sind direkt und offensichtlich mit der sozialen und politischen Geschichte ihres Landes verbunden, wie das kaum für andere deutschsprachige Autorinnen behauptet werden kann.

Trotz Gemeinsamkeiten und sogar Anzeichen zunehmenden Kontaktes und gegenseitigen Einflusses, wäre es unangemessen, von den Dichterinnen der DDR als geschlossener Bewegung zu sprechen. Auch die Unterteilung in Generationen, wie sie hier übersichtshalber versucht wurde, ist letzten Endes unbefriedigend, scheint sie doch die neuere Generation gegen die ältere auszuspielen, statt Berührungen und Entwicklungen ihrer einzelnen Mitglieder sichtbar zu machen. Vielleicht ist es an der Zeit, das alte hierarchische Modell von »Vorbereitung – Herausbildung – Verwirklichung« aufzugeben, zugunsten des offeneren Modells eines widersprüchlichen Lernprozesses. Sicher ist, daß sich die Funktion der Literatur in der DDR noch weiter wandeln wird und daß man von den Schriftstellerinnen noch manches Neue zu erwarten hat. Auf jeden Fall wird wohl Christa Wolfs Behauptung in *Lesen und Schreiben* seine Gültigkeit behalten: »Der Autor nämlich ist ein wichtiger Mensch.«

Ursula Heukenkamp

Poetisches Subjekt und weibliche Perspektive
Zur Lyrik

Gäbe es eine weibliche, mit der männlichen konkurrierende Subjektivität, so müßte sich diese in der Lyrik am deutlichsten ausprägen. Wo anders könnte zu Tage treten, ob die soziale Emanzipation der Frauen und der Widerspruch gegen das überlieferte Rollenverständnis die hergebrachte Ästhetik sprengen oder ihren Platz darin finden werden? Zweifellos kann von Frauenlyrik geredet werden. Doch repräsentiert sie offensichtlich das Anderssein der Frauen im Rahmen der ihnen zugewiesenen Rolle, also das Gegenteil eines selbstbestimmten Subjekts. Bis jetzt scheint noch völlig unentschieden, ob ein authentisches weibliches Selbstbewußtsein sich in den Formen der universellen Subjektivität zu fassen vermag oder ob sie sich dieser als der vorherrschenden, also männlichen polemisch entgegensetzen muß. Die folgenden Beispiele aus der Lyrik der DDR zeigen, daß die nachhaltig veränderte soziale Situation der Frauen, die Chancengleichheit in der Ausbildung und die gesellschaftlich geförderte intellektuelle Emanzipation der Frauen an der Lyrik keinesfalls spurlos vorbeigegangen sind. Unverkennbar ist der Zusammenhang von weiblichen Erfahrungen und einer weiblichen Perspektive. Eine grundsätzliche Veränderung, etwa der lyrischen Redeweise, des Gestus oder des Formenkanons, also der Modalitäten lyrischer Kommunikation, ist aber nicht eingetreten.

Von Umständen und Ereignissen, die im Wortsinne historisch genannt werden müssen, sind die Gedichte Inge Müllers beherrscht, die erst jetzt in größerem Umfange für die Öffentlichkeit zugänglich geworden sind. Der Krieg und die generelle Entwertung des Glücksanspruches, die das Individuum durch ständige Bedrohung des nackten Lebens erfährt, bilden das Grundinventar von Inge Müllers lyrischer Welt. Darin bewegt sich ein Ich, das nicht nur verletzt ist, sondern auch beleidigt von deren Heillosigkeit, die seine Heimatlosigkeit bedeutet: »Nur der Himmel ist derselbe./ Frierend zähl ich die Wolken ab./ Taubnesseln leg ich, als ich heimgeh/ lachend auf ein fremdes Grab« (G 101). Diese Welt geht über alles, was dem Ich zugehörig sein sollte, gleichgültig hinweg und löscht es aus. Ihre Sterne bewegen sich in großer Ferne, ihre Länder sind »besetzt und vertan« (G 81), ihre Luft ist tödlich und »Wir passen uns vielleicht dem Tod an/Um zu Überleben/ Mein Glas trink ich leer ohne Vorsicht« (G 104). Trotz der unablässig geäußerten Sehnsucht danach bleibt wenig Hoffnung, sich als ein Selbst zu finden. Die vergebliche Mühe findet viele Wendungen: »Ich bin wie ihr und von euch wund/ Bin gar kein oder nur ein Mund ...« (G 100), oder: »In jeder Haut hab ich gesteckt./ Jetzt werd ich nicht mehr schrein –/Daß ich nicht ersticke am Leisesein!« (G 105). Inge Müllers Gedichte bleiben nicht beim existenziellen Befund einer dauernden Unbehaustheit, die auch bei anderen Lyrikern der Nachkriegsgeneration anzutreffen ist, – so bei Wolfgang Borchert und in der frühen Lyrik Günter Kunerts. Die beklemmende Alternativlosigkeit ist die der Frau in einer Geschichte, die ihr fremd bleibt und die sie nicht angerichtet hat: »In den Gaskammern/ Erdacht von Männern/ Die alte Hierarchie/ Am Boden Kinder/ Die Frau drauf/ Und oben sie/ Die starken Männer ...« (G 22). Bemerkenswert sind Epitaphe auf Frauen, die als Wehrmachtshelferinnen gefallen sind, Porträts von Frauen, die in den letzten Kriegstagen eingezogen wurden und die Entdekkungen einer Todgeweihten, nämlich Einberufenen an sich selbst: »12-Zeilen-Befehl, Stakkato in Phrasen/Ein Stempel: Mädchen, du bist Soldat ...« (G 9). Zum Wehrmachtsdienst verpflichtete Frauen sind, soweit ich sehe, in der gesamten Kriegsliteratur mit der äußersten Verachtung behandelt worden, aus Gründen, denen hier nicht nachgegangen werden kann. Die Situation der Flakhelferinnen und Soldatenbräute, der gefallenen Mädchen schließlich unter den toten Männern in Uniform, wird zu einem Gleichnis für den unfreiwilligen Eintritt von Frauen in eine Geschichte, die von andern »erdacht« wurde. Die Lyrikerin identifiziert sich mit Rede und Haltung jener Frauen, die so, wehr- und fassungslos, eine ungewollte Gleichberechtigung als Angleichung ihrer Bestimmung an die der Soldaten in dem faschistischen Krieg erfahren.

Ein anderes Gleichnis für den katastrophalen Eintritt in die Geschichte, das sich fast von selbst ausbildet, ist die Verschüttung. Eine Erfahrung, die Inge Müller am eigenen Leibe machen mußte, liegt ihm zugrunde: »Als ich Wasser holte/fiel ein Haus auf mich/Wir haben das Haus getragen / Der vergessene Hund und ich« (G 17). Daraus wird ihre Grundvorstellung vom Zustand des weiblichen Menschen im geschichtlichen Raum genommen. Dieser Raum und also ihre Welt ist durch den Krieg und eigentlich durch ihn ausschließlich bestimmt. Verschüttung als Bild zeigt an, daß selbst die unentwickelten Ansprüche der Frau in dieser Welt auf andauernde Verneinung gestoßen sind. Verschüttung von Lebensanspruch und Bewußtsein, als reduziertes Selbst zu leben, haben in den Gedichten ihr Pendant in der ständigen Anwesenheit des Todes. Sie erinnert nicht im geringsten an die barocke »Vanitas« oder die empfindsame Vorliebe für nächtliche Gräber, sondern sind Inge Müllers authentischer, wenn vielleicht auch unbeholfener Ausdruck für die große Gleichgültigkeit des von Menschen veranstalteten Krieges für alles menschliche Streben nach Persönlichkeit und Individualität.

Inge Müllers Gedichte sind in den fünfziger und sechziger Jahren entstanden, genaue Datierungen fehlen. Es ist auffällig, daß ihre Gedichte von einer Bewältigung und nachfolgenden Lösung aus dem Schock der Kriegserfahrung nichts wissen wollen. Sie laufen beinahe alle immer wieder auf den Punkt zurück, von dem her selbst Lebensbeziehungen wie Liebe und Freundschaft fragwürdig erscheinen und das Selbst als zufällige Existenz und damit im Schatten der Bedrohung durch Tod steht: das Haus kann einfallen; das Wasser kann giftig werden; die »Mörder unsrer Zeit [...] aller Zeit« leben noch (G 68).

Die Nachkriegsjahre, die für viele Dichter in der DDR auch Zeiten des Friedens und der Hoffnung sind, haben in ihren Gedichten daher kein Gewicht. Das Jahr 1945 bleibt der Drehpunkt, und das Vergessen wird augenscheinlich verweigert. Die 1945 erfahrene Entwertung des menschlichen Lebens wird teils durch einen ausgesprochenen Verismus der Beschreibung gefaßt, teils in formelhaften Sprüchen wie dem folgenden: »Da fand ich mich/ Und band mich in ein Tuch/ Ein Knochen für Mama/ Ein Knochen für Papa/ Einen ins Buch« (G 26). In jedem Falle aber sucht der Gedichtverlauf dem Erlebten durch Vergegenwärtigung beizukommen. Keines der literarischen Verarbeitungsmuster wird angenommen. Selbst die Kunstlosigkeit von Inge Müllers Sprache und die gelegentlichen Anleihen ans Banale wirken daran mit. Das zufällige Überleben nach der Verschüttung bekommt dadurch seine sinnbildliche Bedeutung, daß ihm nicht die Kraft eines wirklichen, in sinnlicher Gewißheit verbrachten Daseins zugemessen werden kann. Kein Zufall ist es deshalb, daß ihre Welt immer »in Trümmern« bleibt (G 27) und »türlos«, denn die poetische Sprache ist darauf fixiert, das Grunderlebnis hinter allen weiteren hervorzubringen. Indem Inge Müller so hartnäckig darauf besteht, sich mit der Entzweiung nicht zu versöhnen, verwirft sie das Weibliche im Sinne männlicher Vorstellungen, d.h. alle Rollen und Bestimmungen, die der Frau traditionell angeboten worden, angesichts der historischen Realität aber unangemessen sind.

Die Lyrik Sarah Kirschs, die in den sechziger Jahren zu schreiben und zu veröffentlichen begann, beeindruckte dagegen gerade durch eine allem Augenschein nach ungebrochene Selbstbejahung im Gefühl. Solange Sarah Kirsch in der DDR lebte, sind vier Gedichtbände von ihr erschienen. Besonders der vorletzte, *Zaubersprüche* (1973), schien allen Erwartungsmustern, die an weiblicher Liebeslyrik gebildet waren, zu entsprechen und sie doch durch Vollkommenheit zu übertreffen. Liebe bildet das Zentrum der lyrischen Aussage; sie ist Bereicherung des Selbst, aber auch Erfahrung des Leidens am anderen, die ebenso ausgesprochen werden kann. Es fehlt auch nicht an dem Eingeständnis, auf das Gefühl als Lebensäußerung angewiesen zu sein.

Den *Zaubersprüchen* ist ein kleiner Text, *Anziehung*, als Auftakt vorangestellt: »Nebel zieht auf, das Wetter schlägt um. Der Mond versammelt Wolken im Kreis. Das Eis auf dem See hat Risse und reibt sich. Komm über den See« (ZS 5). Hier wird ein Bekenntnis zur Unbedingtheit abgelegt, die sich nicht durch Bedenklichkeit und Vorsorge, nicht durch Norm und Regel beirren lassen darf. Auch wenn an späterer Stelle dieses durchkomponierten Bandes in dem Gedicht *Elegie 2* gesagt wird: »Ich bin/ Der schöne Vogel Phönix/ Aber durch das/ Flieg ich nicht wieder« (ZS 24), so wird dieses Bekenntnis nicht widerrufen. Ist doch dem Vogel die Kraft zum Fliegen nicht verloren gegangen. Auch die Nachtseiten emotionaler Erfahrung werden angenommen. Aus dem Gefühl selbst kommt die Kraft, es zu durchleben, wie in dem Gedicht *Klagruf*, das mit der Zeile endet: »Ich dachte ich sterbe so fror ich« (ZS 66). Gefahr droht ihm wie allem Lebendigen lediglich von der Selbstverleugnung und vom »Bösen Blick« (ZS 93), dem erstorbenen Wissen und der im instrumentalen Denken befangenen Rationalität.

Die Wendung zur Selbstaneignung im Gefühl, so stark romantische Vorstellungsweisen in ihr anklingen, war dennoch eine durchaus vernünftig begründete. Weder war eine blinde Unterwerfung unter das Gefühl gemeint, noch gar die Hingabe ans Schrankenlose und Entgrenzende. Nichts lag Sarah Kirsch ferner als die Mystifizierung einer Allmacht über dem subjektiven Wollen. Was sie wollte und eben auch vermochte, war eine Subjektivität zu entwerfen, die sich frei von fremder Verfügung wußte. Mit den Lyrikern ihrer Generation war sie sich darin einig, daß die Erhebung der lyrischen Sprache ins Idealische, Pathetische und Überzeitliche den Intentionen aller nicht angemessen gewesen wäre. Sie suchte daher nach einer Form, die authentisches Erleben zur Darstellung bringt, und fand sie, nachdem ein naiv-kindlicher Sprachgestus ausprobiert und dann als Maskierung des eigenen Ausdrucks durchschaut worden war, in der Form des Brief- oder Tagebuchgedichtes. Hier waren die Gehalte authentisch, aber das Authentische konnte zugleich artifiziell aufgewertet werden. Die Verlaufsformen emotionaler Erfahrungen sind in diesen Gedichten gleichsam streng chronologisch, nach einer inneren Chronologie freilich, aufgezeichnet, und dennoch waltet eine unsichtbare Distanz vom Geschehenen. Auf diese Weise erhalten die Gedichte ein Ich, das sich seine Welt unmittelbar aneignen kann und sich dennoch kunstvoll äußert. Der persönliche Ausdruckswillen findet Raum und kann eine Kunstwelt hervorbringen.

Mit ihrer Gedichtsprache stellt Sarah Kirsch weibliche Erfahrungen heraus; doch wurde sie nicht in dieser Absicht hervorgebracht. Im Klappentext zu den *Zaubersprüchen* ist freilich die Rede davon, daß Hexen die besten Benutzerinnen der Gedichte sein würden. Die Besinnung auf die verteufelte Weiblichkeit setzt also hier schon ein. Außerdem wird mit Bettina von Arnim, Annette von Droste-Hülshoff und Else Lasker-Schüler eine regelrechte weibliche Ahnenreihe aufgerichtet (vgl. die Gedichte *Der Droste würde ich gern Wasser reichen* (ZS 55) und *Wiepersdorf* (RW 20–33). In beidem, der Anrufung der Hexen und der Suche nach den Ahninnen, erkennt man Vorboten von Ideen, die später in den Romanen von Irmtraud Morgner – vor allem in *Amanda* – kräftig ausgeführt worden sind. Doch prägt sich andererseits die Subjektivität als eine ausgesprochene weibliche in dem Sinne aus, daß sie des Männlichen als Gegenpol bedarf. Von den *Zaubersprüchen* hat Adolf Endler gesagt, in ihnen würden geradezu archaische Kämpfe um den Mann ausgetragen (S. 146). In dem Gedicht *Ich wollte meinen König töten* (ZS 11) bekommt man die freiwilllige Rückkehr zur Ungleichheit der Geschlechter und in die Rolle der Untergebenen vorgeführt. Das Gedicht geht wie andere bei Sarah Kirsch von der Prämisse aus, daß Frauen zu ihrer Identität nicht gelangen, wenn sie sich durch Vergleich und Angleichung selbst zu überspringen trachten.

Unbefangen wird die Liebe zur beherrschenden, alle Wesenskräfte aufrufenden Lebensbeziehung der Frau erklärt. Könige wie der aus den *Zaubersprüchen* bleiben durch die Bedürfnisse ihrer Untertanen an der Macht, die sie auch inthronisiert haben: »Die Freiheit wollte nicht groß werden/ das Ding Seele dies bourgeoise Stück/ Verharrte nicht nur/ Wurde milder ...« (ZS 11). Bei der Darstellung des mißlungenen Aufstandes gegen die hergebrachten Rollen in der Liebe wird ein politisch-historischer Wortschatz gebraucht. Er verweist auf die soziale Tradition, welche die Rollenverteilung zwischen Mann und Frau determiniert. Er sorgt außerdem für einen ironischen Effekt. So freiwillig, wie es aussieht, ist die Entscheidung, die Auflehnung zu unterlassen, auch wieder nicht. Denn es gibt keine andere Möglichkeit. Wie die zugeordnete Sprache zeigt, führt der geprobte

Aufstand zum Selbstverlust. Die Begrifflichkeit des politisch-historischen Wortschatzes schafft eine Sprachebene, die der eigenen, der Sprache des Gefühls, fremd ist. Das Ich muß sich in zwei Sprachen teilen und artikuliert sich in der fremden nicht völlig. Willen und Bedürfnis stehen entzweit; die sinnlich-kreatürliche Existenz gerät in Widerstreit mit der sozialen; das formulierte Ziel widerspricht dem Handlungsimpuls, sich von der Unterwerfung unter eine fremde Bestimmung freizumachen. Die Wahl muß mißlingen. Das Gedicht *Ich wollte meinen König töten* erweist sich als eine Wahl zwischen zwei Abhängigkeiten. Seine Ironie liegt in der Einsicht begründet, daß es die prätendierte Selbstständigkeit der Frau nicht oder noch nicht gibt. Der Text stellt einen Vorgang dar und bewertet einen anderen.

Die Diskrepanz zwischen rationalem Vorsatz und dem Selbstgefühl wird ständig zugunsten des letzten überwunden. Emanzipation, wenn sie Selbstverlust mit sich brächte, wird als Möglichkeit zwar geprüft, aber nicht angenommen. Die Gedichte befürworten aber die Gegebenheiten, welche sich noch immer als die »natürlichen« weiblicher Existenz erweisen, nicht. Ironische Behandlung besagter Bedingungen bewirkt immer, daß nicht das männliche Verständnis von Menschlichkeit als Differenzbetrag eingesetzt werden kann. In dem Prosagedicht *Das Grundstück* (ZS 73) findet sich das ironisch gefaßte Bekenntnis zur Abhängigkeit der Frau nicht als Liebende, sondern als Mutter und Beschützerin der Familie. Die jungen Frauen und Mütter, deren Verrichtungen, Verhaltensweisen und Beziehungen der Text zu betrachten gibt, müssen allzu selbstlos sein, um zu sich selbst kommen zu können. Zwar haben sie ihre Lebensbeziehung selbst bestimmt und leben insofern mit den Verantwortungen, die sie übernommen haben, bei sich selbst. Doch werden sie mit ihrem Verantwortungsgefühl wie mit allen ihren Gefühlen allein gelassen, ihre Bereitschaft zu geben, wird ausgenutzt; und Hilfe der Männer, da durch Verpflichtung nicht mehr organisiert, bleibt aus. So beginnt das schöne Gleichgewicht ihres Selbstgefühls einem Balanceakt zu gleichen, der sich nicht ungefährlich ausnimmt.

Weibliche Erfahrungen sind in Sarah Kirschs Lyrik aus dem hier betrachteten Zeitraum auf den Anspruch einer umfassenden Selbstverwirklichung bezogen. Dieser Maßstab befördert die Aufwertung des Gefühls; er strukturiert die Darstellung der Erfahrungen. In der Literatur der DDR ist er von Schriftstellerinnen eingeführt worden, aber nicht von ihnen alleine. Als ein Maß des Menschlichen, dessen der einzelne sich vergewissern konnte und auf das die Gesellschaft als ganze verpflichtet ist, greift der Anspruch auf die allgemeine Emanzipation der Menschen voraus. Und er wurde auch von den Autorinnen als Element der gesamten gesellschaftlichen Bewegung verstanden. Auch die geistigen Quellen sind trotz weiblicher Ahnenreihe nicht in einer weiblichen Gegenkultur aufzufinden, sondern liegen im humanistischen Denken des 18. und 19. Jahrhunderts, vor allem im Marxismus. Die Ungleichheit zwischen den Individuen wird hier als aufgehoben im reichen, über sich und seine Beziehungen verfügenden Menschen gedacht. Sarah Kirsch verschafft sich den Spielraum, der wohl nötig ist, um einen solchen Entwurf vom Menschen zum Vorschein zu bringen, durch eine im Grunde gesetzte Unmittelbarkeit. Was als Selbstbejahung im Gefühl auf die Leser wirkt, entsteht aus der Unmittelbarkeit im Umgang mit sich selbst, der Natur, ja der Sprache, die nicht vor den Gedichten da ist, sondern von ihnen hervorgebracht wird. Sie ist halb als Abbild realer Verhältnisse und Verhaltensweisen, halb als Utopie gemeint und stellt einen realen Lebensentwurf dar, der doch auf die magische Welt angewiesen ist, die es nur in dem Gedicht gibt.

Sarah Kirschs Entwurf einer ihrer selbst gemäßen Subjektivität unterscheidet sich von dem ihrer männlichen Dichter- und Generationsgefährten in wichtigen Punkten. So ist Selbstverwirklichung im Verhältnis zur Natur nicht in Gestalt von Herrschaft vorgestellt. Diese beruht bei ihr vielmehr auf dem Prinzip der Sympathie. In der fiktiven Welt der *Zaubersprüche* hat die Natur ihre Sprache, in welche das Ich der Gedichte einzustimmen vermag: »Eu Regen Schnee Gewitter Hagelschlagen / Steigt aus des Meeres bodenloser Brut/ Und haltet euch in Lüften eng umfangen/ Bis er auf meinem Sofa ruht« (ZS 70). So wie in dieser »Ruf- und Fluchformel« kann eigentlich nur der dritte Bruder aus dem Märchen oder die jüngste Königstochter mit Pflanzen und Tieren umgehen. Dabei gilt immer, wie auch in Sarah Kirschs Gedicht, daß sie der Rufenden zur Hilfe kommen, die Liebenden schützen und ihr Glück befördern. Ebenfalls wie in der Märchenwelt besteht die Natur nicht aus leblosen oder unbewußten Dingen. Wesenheiten bevölkern sie, die sich dem Ich freundlich zuwenden können, aber auch Willen genug haben, sich abzuwenden. So kann sich das Ich in ihnen erkennen: »Schöner See Wasseraug ich lieg dir am Rand/ spähe durch Gras und Wimpern, du/ läßt mir Fische springen [...] deine Ufer/ wähltest du inmitten heimischer Bäume« (LA 37). Im Spiegel des Sees begegnet das Ich sich glücklich, im Einverständnis mit seinem lauten und leisen Leben. Dieser See hat sich seinen Platz gewählt, wie das Ich auch, und wechselt ihn im Gedichtverlauf zugleich mit den veränderten Bildern, die aus dem Bewußtseinsstrom hervortreten. Landschaften aus anderen Teilen der Welt, Bilder, wie die Medien sie übermitteln, können hier noch mühelos in das Einvernehmen des Ich mit der Welt, die seine ist, aufgenommen werden. Die unmittelbare Beziehung bleibt im Wechsel beständig und gewährt Bestätigung des Selbst durch diese.

In der Bildwelt der Gedichte wird die Natur so vermenschlicht, daß mit ihr umgegangen werden kann wie mit einem Teil des eigenen Leibes. Diese Erscheinung der Natur ist weniger Reflex einer ursprünglichen sinnlichen Erfahrung, obwohl die Anschauung der Botanikerin nicht fehlt, als vielmehr Topos für eine Welt, in der Wollen und Können eins sind. Diese fiktive Welt wird nicht zuletzt geschaffen, um Liebe darin heimisch zu machen. Das ergab die glückliche Gelegenheit, Liebe wie Sinnlichkeit aus dem Vermögen der Liebenden hervortreten zu lassen, so daß sie sich nicht als Objekt eines anderen finden mußte. Darum gelang es Sarah Kirsch, nicht nur eine Bresche in die Tabus des für Frauen nicht Sagbaren auf sexuellem und erotischem Gebiet zu schlagen, worin sie bald reichlich Nachfolge unter den Autorinnen der DDR-Literatur hatte – wie die Anthologie *Don Juan über dem Sund* zeigt. Ihre Gedichte vermochten auch, Liebe als Erweiterung der Existenz und Überschreitung der Vereinzelung zu fassen. In dieser Auffassung von Liebe hatte sie keine Nachfolgerinnen. Doch war eben auch nur in der magisch-fiktiven Welt Liebe und verfehlte Liebe, Lust wie Unglück immer Gewinn an Weltbeziehung. Die Natur selbst legt sich hier wie ein Schutzmantel um das Ich und trennt es vom gewöhnlichen Verlauf der Dinge, Verletzung und Einsamkeit, ab: »eine Bannmeile schöner frischer Wald/ Mit Kuckucken, Holztauben und Rotbrüstchen/ Habe ich um mich gelegt: unempfindlich/ Geh ich im Wind« (RW 23). Der Gestus der Rede widerlegt die behauptete Unempfindlichkeit; aber er bekräftigt eine innere Unangreifbarkeit.

Das ist die Sicherheit, die Franz Fühmann in seinem *Vademecum* als »rigorose Subjektsetzung« an den *Zaubersprüchen* gerühmt hat (S. 155). Sie braucht die Utopie einer Welt, in der alles Bedeutung für das Subjekt hat und mit ihm korrespondiert. Auch hier sieht man das Grundmuster romantischer Vorstellung von der Welt, wie sie sein sollte, durchschimmern. Daß es darauf ankam, diese mögliche Welt nicht hermetisch von der andern zu scheiden, sondern für Konflikte und Erfahrungen der zeitgenössischen Welt offen zu halten, ist Sarah Kirsch bewußt gewesen. Der Zusammenhalt zwischen beiden wird in den Gedichten immer erneut gewonnen. Nie siegt das Bedürfnis nach Versöhnung im Gefühl ganz über die Spannung der gemischten Gefühle, wie sie etwa Ironie herbeiführt. Oft unterbricht die Gegensätzlichkeit der in die Wahrnehmung eindringenden Gegenstände den Fluß der Rede, oder das Thema gerät in Widerspruch zum Gehalt. Die

Selbstgewißheit des Ich ist ein immer angefochtenes, im poetischen Vorgang aufzurichtendes, durchzuhaltendes Ergebnis des schöpferischen und auf Phantasie angewiesenen Gestaltungswillens. Dessen Behauptung ist das Authentische an den Gedichten, so, wie ihre Unmittelbarkeit Entwurf ist.

Von einer derartigen Gewißheit geht das poetische Konzept Elke Erbs nicht aus. Die Generationsgefährtin und Freundin Sarah Kirschs tritt mit poetischen Texten erst in den siebziger Jahren an die Öffentlichkeit. Diese Texte trennen sich von der herkömmlichen Form der Gedichte fast ganz. Sie bereiten Splitter von Wahrnehmungen auf, Bilder, die aus dem gewohnten Zusammenhang gelöst sind, zeichnen Vorgänge auf, die gemeinhin als unerheblich gelten würden, und Ereignisse, die erst durch die Darstellung dazu gemacht werden. Dazwischen sind in allen drei Bänden Reflexionen über das wichtigste Instrument unserer Weltaneignung, die Sprache, gestellt.

Elke Erbs Texte sind experimentell zu nennen. Sie verfolgen mehr als einen Kunstzweck, wenn sie aufsammeln, was gewöhnlich verlorengeht, abgestreift oder ausgeschieden wird. Es handelt sich dabei immer um Wahrnehmungen und Eindrücke, die unerwartet auf den Betrachtenden treffen und daher nicht eingeordnet werden können oder Reaktionen herausfordern wie Mitleid, das zu nichts nutze ist und daher wenig geübt wird. Die mühselige Arbeit, solche achtlos behandelten Anlässe zu Freude oder Schmerz, zu sozialen Kontakten oder mitmenschlicher Solidarität zu sammeln, wird unternommen, um einem ausschließlich zweckgerichteten Wahrnehmen und Denken entgegenzusteuern. Es wird gezeigt, welcher Preis für diese Spezialisierung zu entrichten ist. Gegenstände und Bereiche in den Texten variieren stark. So werden an ihnen selbst die Merkmale der Serie nicht faßbar. Sie bieten nichts an, woran Rezeptionsgewohnheit sich festmachen könnte.

Gegenstücke sind die polemischen Texte. Sie kreisen Ursachen dafür ein, warum ein Teil des Lebens ungelebt verlorengeht und die Subjekte um diesen verkürzt werden. »Die Aufgabe allem Wirklichen gegenüber heißt: es zu verarbeiten«, schreibt Elke Erb 1969 in einer ihrer kunstkritischen Arbeiten (FdG 53). Das Versagen vor dieser Aufgabe erscheint bei ihr als gleichbedeutend mit Verkümmerung. Diese wird vorwiegend an weiblichen Bewußtseinszuständen dargestellt. In den verschiedenen, im Grunde aber uniformen Rollen, die Frauen zufallen, zeigt es sich als geformt durch die äußeren Bedingungen, so daß ein Selbst nicht auffindbar ist. Weibliches Verhalten wird vorwiegend in der kleinbürgerlichen Lebenssphäre beobachtet, an der Mutter, der Hausfrau, der Witwe. Sie leben nach Regeln, die sich aus ihren Funktionen ergeben. Die Banalitäten des Alltags und der unverrückbare Zeitplan der Verrichtungen sind ihr Gesetz, das ihnen natürlich erscheint, nicht aber der in marxistischem Denken geübten Autorin. Jedoch erweist sich in ihren Texten auch, daß dieses Gesetz nicht dadurch aufgehoben werden kann, daß es durchschaut wird. Die Herauslösung aus der Mechanik traditionell weiblicher Lebensabläufe führt zu einem Dilemma. Der Aufkündigung der Rollen folgen die Rollenkonflikte. Deren Trägerin ist in Elke Erbs Texten fast immer das Ich, Medium der Wahrnehmung. Die Nähe zum Authentischen derartiger Beobachtungen ist durch beigefügte Datierungen, die Tagebucheintragungen evozieren, herausgehoben. Diese Texte notieren Selbsterfahrungen.

»Wenn ich auf die Stehleiter steige, bricht mir der Schweiß aus. Rationell wäre, sie nackt zu besteigen. Viele richtige Überlegungen werden vom Alltag verworfen« (VB 15). Die in *Der Alltag* verhandelte Angelegenheit selbst ist nicht schwerwiegend. Die Aussage des Textes zielt auf die Einschüchterung, die von den Geboten des Alltags ausgeht. Er verunsichert das Selbstgefühl auch dann, wenn die Seinsweisen in den jeweiligen Funktionen nicht mehr angenommen werden. Weibliche Selbstverwirklichung steht vor dem Dilemma, daß Mühsal und Kräfteverschleiß zu Hürden wachsen. Wer sie überwindet, fühlt sich nicht frei, sondern auch müde und traurig: »Morgens, noch in der Waagerechten, wird, was wachgeworden war, erschossen, die Empfindung [...] So wasche ich mein Gesicht zuerst in Tränen«, heißt es in *Notiz* (VB 22).

Als einen ihrer Schreibanlässe bezeichnet Elke Erb »die ausschließlich herrschende lineare Schreibweise« (VB 106). Gegen deren Verlaufsform stemmen sich ihre Texte. In der Poesie soll das Unbewußte mitschreiben dürfen und die Sinnestätigkeit Raum behalten. Auch die Vorstellung, daß die Tyrannei, welche das Bewußtsein über Gefühle und Sinneseindrücke errichtet hat, gebrochen werden müsse, berührt sich mit romantischen Kunsttheorien. Elke Erb bezieht sich selbst ausdrücklich auf diese und fühlt sich auch verwandt mit den Vertretern einer literarischen Revolution, die im Expressionismus und Dadaismus eine »ungenießbare« Kunstproduktion gefordert haben. So stellt sie sich mit den eigenen Arbeiten in die Reihe derer, die mit Poesie die Herstellung oder Wiederherstellung des ganzen Menschen bewirken wollen. An der Dimension eines universellen Ganzheitsanspruchs ist, auch wenn dieses unausgesprochen bleibt, die Einseitigkeit gemessen, die die Texte als Folge der sozialen Existenz von Frauen zum Vorschein bringen.

Die Spanne zwischen der weitgreifenden Programmatik und den Themen der Texte ist freilich groß, oft scheint sie kaum überbrückbar zu sein. Christa Wolf bemerkt bereits in ihrem Gespräch mit Elke Erb im Tone des Ungenügens, daß die Partikularität der Erscheinungen genügsam wirke und nicht als Reflex der Wirklichkeit erscheine (FdG 138). Nun ist bei experimentellen Texten schwer zu entscheiden, ob Wirkungen, gerade solche, die Unbehagen auslösen, nicht in der Absicht des Autors gelegen haben. Jedoch erscheint das gebrochene Verhältnis zur Erscheinungsweise der Wirklichkeit wie auch zu allen Idealen unvermeidlich. Elke Erb sorgt dafür, daß in ihren Texten nicht Ganzheit, Schönheit und Unbefangenheit das geschichtslose Dasein der bloßen Idee leben. Sie verfährt anti-utopisch. Der Anspruch auf Selbstwerdung soll aus der Höhe der Ideenwelt herabgeholt und an die Alltagsexistenz gebunden werden. Mit der Wahl einer beinahe naturalistischen Optik bei der Verarbeitung von Wirklichkeitseindrücken wendet sich Elke Erb offenbar gegen die in der Prosa verbreitete »sentimentalische« Haltung. Die Empfindung wird als wirkliches, sinnliches Reservoir aller Selbstverwirklichung bestimmt. Poesie muß daher keine in sich abgeschlossenen Bilder darbieten, sondern »prozessual« statt »resultativ« vorgehen (VB 107). So trägt sie selbst nicht dazu bei, die menschlichen Wesenskräfte dem vorherrschenden linearen Verfahren der Weltaneignung anzupassen. Nur so vermag sie an die Totalität dieser Wesenskräfte zu erinnern und deren Entfaltung endlich auch anzuregen.

Tonangebend wie in der Prosa sind Frauen in der Lyrik der DDR des letzten Jahrzehnts nicht gewesen. Das drängt zu der Vermutung, daß die weibliche Perspektive doch des Materials ihrer speziellen Erfahrungen bedarf, um sich kenntlich zu machen. Lyrikerinnen, die in den letzten Jahren hervortraten, wie Christiane Crosz, Annerose Kirchner, Uta Mauersberger und Gabriele Eckart gewinnen das Charakteristische ihrer Texte meistens aus der Beschränkung auf einen abgegrenzten Erfahrungsbereich. Solche poetischen Domänen entstehen etwa aus dem Weltbild einer auf sich selbst gestellten Frau. die diese soziale Situation als Unabhängigkeit anzunehmen entschlossen ist, so bei C. Crosz. Sie ergeben sich auch aus Ungleichheiten und Ungleichzeitigkeiten von ländlichen und handwerklichen Lebensweisen im Vergleich zur modernen, großstädtischen und durch industrielle Produktion bestimmten Existenz. Das ist das Thema A. Kirchners. Schließlich bringen die sich immer wiederholenden Ankünfte im Alltag, deren Erfahrungsinhalte sich von Generation zu Generation verändern, spezielle Themen bei G. Eckart und U. Mauersberger.

Dagegen drängen bei der Lyrikerin Brigitte Struzyk die Gedichte über den Spezialbereich einer weiblichen Erfahrungswelt hinaus, auch wenn sie von diesem ausgeht. Die Autorin stellt die Ungleichheit zwischen den Ansprüchen auf menschliche Ganzheit bei Männern und Frauen ohne Umschweife fest, aber sie tut dies auch, ohne die Erfahrungen ihrer Lebenspraxis auf einen weiterreichenden Kontext, der Geschichte oder Zukunft heißen könnte, zu beziehen: »Ich, beispielsweise/ komme zu gar nichts. Nichts und niemand kommen zu mir/ und viele Kinder,/ die eigenen/ und auch die fremden« (LadK 120). Ein Gedicht des Lyrikers Heinz Czechowski, das mit den ersten beiden der zitierten Worte beginnt, wird hier abgetan, die Welt im Kopfe mit der Reflexion zugleich verworfen. Das Titelgedicht heißt bei Brigitte Struzyk *Leben auf der Kippe*. Damit wird nicht nur eine soziale Situation benannt, die unter den Verhältnissen der DDR als extrem anzusehen ist. Der Titel weist gleichzeitig auf ein Gefühl der Unbehaustheit und der Gefährdung hin. Das Leben zwischen den traditionellen Rollen oder im Protest gegen sie wird als Gratwanderung erfahren; der Absturz ist nicht ausgeschlossen. Ein ähnliches Selbstverständnis klingt zwar bei Sarah Kirsch und Elke Erb, auch bei den Romanautorinnen gelegentlich an, kommt aber in gleicher Deutlichkeit eigentlich nur in Maxie Wanders Interviewsammlung *Guten Morgen, du Schöne* zur Sprache.

Brigitte Struzyks Gedichte sind kunstlos, das bedeutet hier, unbekümmert um die Semantik der Form. Darin und in dem geringen Spielraum, der dem Ich gegenüber den Dingen, Verhältnissen und äußeren Beziehungen bleibt, gleichen sie denen der zwanzig Jahre älteren Inge Müller. Die Notwendigkeit, sich über den eigenen Platz in der Welt zu verständigen, überwiegt. Die Freiheit, andere Möglichkeiten von Leben durchzuspielen, ist entsprechend gering. Notwendigkeit hat für Brigitte Struzyk ein anderes, vergleichsweise freundlicheres Gesicht. Sie heißt: »Arm am Beutel,/Kind am Herzen« (LadK 92).

Der Alltag, von dem ständig die Rede ist, dirigiert sogar die Sprache der Gedichte. Doch brechen sie eben auch entschieden aus dem Einflußbereich all der Vorstellungen heraus, welche aus dem Fundus einer imaginierten Weiblichkeit geschöpft sind und die Frau als besseren Teil der Menschheit gern ausmalen. Hier wird nicht gehofft, daß die Frauen sich selbst aus der Beengung traditioneller Aufgaben und Verpflichtungen durch die intellektuelle Aktion befreien könnten. Die nüchterne Auffassung von der Lage der Frauen in der realen Geschichte, als Beteiligte und womöglich Verstrickte, ist sonst selten in der von Frauen geschriebenen Literatur der DDR anzutreffen. Sie wird in ein direktes Verhältnis zur Bedrohung durch den atomaren Krieg gesetzt: »Doch auf der Schambehaarung des Krieges kugeln die

Köpfe/ talwärts blättert der Wind die Kapitel blüht eine Lust/ [...] Kippe ich ab und zu den Quellen?/Auf meinem Schoß sitzt das Kind/ als wäre es noch nicht geboren« (LadK 5/6). Aus dem chaotischen Ansturm der Ereignisse, die Geschichte ausmachen, arbeitet sich das Ich hier nicht heraus. Hier gilt keine geheime Überlegenheit über eine Welt, die als männlich anzusehen wäre und der die Verheißung einer anderen, weiblichen Geschichte entgegenzuhalten wäre. Das Abkippen zu den Quellen, den Müttern oder in die Geschichtslosigkeit hat nur die eine Bedeutung: mit der Mutter ginge das Kind zugrunde und so die nächste Generation der Menschheit. Das ist eine Aussage fast ohne polemische Richtung. Die Texte halten sich an das Gegebene. Ähnlich wie in den Gedichten von Arbeiterschriftstellern in der frühen sozialistischen Literatur oder solchen von Autodidakten wird man hier den Anspruch auf ein universelles, die Welt verarbeitendes Subjekt nicht finden. Daß Frauen ihr Leben und nicht die Ansprüche auf anderes Leben, die jenes produziert, auf diese Art im Gedicht bezeugen, ist neu und schon darin bemerkenswert.

Harald Hellmann, Ulrich Hölzer

Die Morde der Lady ABC oder: »Mehr Arbeit für den Totengräber«

Kriminalroman-Autorinnen

Der Kriminalroman ist eine angelsächsische Domäne, in die nur wenige Autoren bzw. Autorinnen anderer Länder eindringen konnten. Von den älteren deutschen Kriminalromanschriftstellerinnen sind beispielsweise kaum mehr als die Namen bekannt: Auguste Groner, Gabriele v. Schlippenbach, Therese Wallner-Thurm, Elise Fajkmajer, Felicitas v. Reznicek – Verschollene! – Wir wollen hier einen Überblick gewähren; daß die Auswahl bei weitem nicht alle Autorinnen umfassen kann, versteht sich von selbst.

Die erste Schriftstellerin, die sich im jungen Kriminalgenre einen Namen machte, war die Amerikanerin Anna Katharine Green, 1846 als Tochter eines Strafverteidigers in Brooklyn geboren. Weitgehend vergessen ist Seeley Regester (Ps. von Metta Victoria Fuller Victor), die nach Ansicht von Enthusiasten der Geschichte des Genres 1867 mit *The Dead Letter* den ersten Kriminalroman von einer Autorin vorlegte. Greens Roman *The Leavenworth Case* (1878) jedoch, wurde zu einem der berühmtesten Kriminalromane überhaupt. Zahlreiche Elemente des Buches sollten später zu Stereotypen des Genres werden: Mord in der Bibliothek, als das vermögende Opfer gerade ein neues Testament unterzeichnen will, ein würdevoller Butler, ein fester Kreis von Verdächtigen usw. Den Mord untersucht der Polizeibeamte Ebenezer Gryce, der noch in zwölf weiteren Romanen der Autorin auftreten wird. In einigen davon findet er Unterstützung durch eine gewisse Miss Amelia Butterworth, einer Vorfahrin der berühmten Miss Marple und die erste der sogenannten »Spinster«-Figuren im Kriminalroman: eine ältere Dame, ledig, aus der Oberschicht, und nicht in der Lage, sich aus den Angelegenheiten anderer herauszuhalten.

Als 1887 mit Sherlock Holmes eine neue Epoche anbrach, fand Conan Doyle auch bei seinen Schriftstellerkolleginnen Epigonen und Konkurrentinnen. Die meisten Namen sind heute vergessen. Herausragend aus der Zahl der Produktionen vor dem Ersten Weltkrieg ist Marie Belloc Lowndes' Roman *The Lodger* (1913), der auf originelle Weise die *Jack the Ripper*-Geschichte behandelt. Interessant für die Entwicklung des Genres ist auch das Werk der Baronin Orczy, die, berühmt geworden mit ihren Geschichten über Scarlet Pimpernel, al. Sir Percy Blakeney, auch einen der ersten »armchair-detectives« populär machte. Die Kurzgeschichten um *The Old Man in the Corner* (ab 1901) präsentieren einen Helden, der die ihm geschilderten Kriminalfälle, ohne irgendeine Aktion ergreifen zu müssen, allein durch seinen scharfen Intellekt lösen konnte. Ab 1910 schrieb die gebürtige Ungarin, die als junges Mädchen mit ihrer Familie nach London gekommen war, Geschichten um Miss Molly von Scotland Yard, einer energischen und geheimnisvollen Detektivin. Leider mußte der Leser bald erfahren, daß Miss Molly ihre gefahrvolle Arbeit nur leistet, um die Unschuld ihres Ehemannes zu beweisen. Der nämlich schmachtet im Gefängnis. Mit dem Erreichen ihres Zieles endet auch ihre Laufbahn als Detektivin. Häufiger fanden Kriminalistinnenkarrieren freilich ihr unrühmliches, aber sicher rührendes Ende vor dem Traualtar.

Nach der Jahrhundertwende tritt in der Kriminalromanliteratur ein Phänomen auf, das von vielen Kritikern – ziemlich undifferenziert – als »typisch weibliche« Schreibweise bezeichnet wird. Es handelt sich um ein trivialromantisches Wiederaufleben der Gothic-Novels des späten 18. und frühen 19. Jahrhunderts: Geschichten um schöne Heldinnen, die in Gefahren geraten, vor denen sie ausdrücklich gewarnt wurden und aus denen sie erst in letzter Sekunde von einem Mann (häufig ihrem Liebhaber) gerettet werden. Diese oft mit sehr blutrünstigen Details angereicherte Richtung wurde spöttisch als »Had-I-But-Known-School« bezeichnet: »Hätt' ich damals gewußt, was ich jetzt weiß, dann wären alle diese schrecklichen Morde nicht passiert.« Erster Beitrag zu dieser »Schule« war *The Circular Staircase* (1908) von Mary Roberts Rinehart, die 1932 die Gestalt der Krankenschwester-Detektivin Hilda Adams, genannt Miss Pinkerton, einführte: eine Idee, die etwa zugleich auch Mignon G. Eberhart mit ihrer Spinster-Krankenschwester Sarah Keate hatte. Eine junge, attraktive Amateurdetektivin hatte M.G. Eberhart 1934 erfunden: Die Kriminalromanautorin Susan Dare. Deren Vorgängerin wiederum war die junge Französin Solange Fontaine aus den Geschichten von F. Tennyson Jesse (1931). An ein jugendliches Publikum wandte sich Carolyn Keenes (Ps. von Harriet S. Adams; Tochter von Edward L. Stratemeyer) Serie über die Teenager-Detektivin Nancy Drew.

Legt man die Kriterien Popularität und Auflagenstärke zugrunde, so dürfte Agatha Christie, geb. Miller, die meisten ihrer männlichen und weiblichen Schriftstellerkollegen in den Schatten stellen. Agatha Christie wuchs in einer gutbürgerlichen Familie in der Nähe von Torquay in einer schönen

Villa mit Holzfensterläden und angebautem Wintergarten auf. Ihre Kindheit war, zumindest bis zum Tode ihres Vaters, ausgesprochen glücklich und idyllisch. Agatha Christie zeigte sowohl musische Interessen (Klavierspiel) wie mathematische Begabung. Letztere beeinflusste sicher die Gestaltung ihres Detektivhelden Hercule Poirot, der eine außerordentliche Freude an geometrischen Figuren, an Symmetrie und Ordnung bis ins kleinste Detail besitzt: so lobt er in höchsten Tönen die exakten Formen der ägyptischen Pyramiden, rät seinem Freund, Captain Hastings, einen streng symmetrischen Mittelscheitel zu tragen, während er sich andererseits negativ über die Unregelmäßigkeit von Frühstückseiern und Dattelpalmen ausläßt.

In Paris studierte die Autorin Gesang und Klavier. 1914 heiratete sie den Fliegeroberst Archibald Christie. Während des Ersten Weltkrieges arbeitete sie in Torquay als Krankenschwester, eine Tätigkeit, die ihr Spaß machte. In ihrer freien Zeit begann sie zu schreiben, und sie beschrieb, was sie kannte: das ländliche England, das Milieu der Upper-middle-class. Ihr Kriminalroman-Erstling *The Mysterious Affair at Styles* (1920) markiert zusammen mit Freeman Wills Crofts' im selben Jahr erschienenen Roman *The Cask* den Ausgangspunkt des sogenannten Golden Age der englischen Detektivliteratur.

Das Golden Age bildete den klassischen, hermeneutischen Detektivroman heraus, dessen zentrale Forderung es ist, den Leser bei der Lösung des Falles nicht zu übervorteilen, ihm vielmehr die gleichen »clues« (Schlüssel; Hinweise), die auch dem Detektiv unterkommen, an die Hand zu geben. Über die Einhaltung dieser »fair-play«-Forderung wachte ein extra gegründeter »detection club« der Autoren. Es wurden detaillierte Regeln formuliert, die klarstellten, was beim Schreiben eines Detektivromans zu beachten bzw. zu unterlassen sei.

Agatha Christie verfährt mit dem Regelkanon spielerisch; einerseits liebt sie es, verschiedenste Varianten innerhalb vorgesteckter Grenzen auszuprobieren, andererseits dehnt sie die Grenzen oft bis zum Extrem, bis zu deren Umkehrung aus. Ihre Romane sind immer konstruierte, durch und durch künstliche, auf Verblüffung und Irritation des Lesers angelegte Gebilde. Häufig fungieren »nursery rhymes«, englische Kinderreime, als Handlungsgerüst; so etwa in *Ten Little Niggers* (1939). Hier wird eine Gruppe von Menschen der Reihe nach ermordert, wobei ihre Todesart jeweils einem Vers des gleichnamigen »nursery rhyme« entspricht.

In *The Murder of Roger Ackroyd* (1926) spielt Christie auf originelle Weise mit der »fair-play« Vorgabe. Der Ich-Erzähler des Werkes, der ganz in der Erzähltradition des fiktiven Sherlock-Holmes-Biographen, Dr. Watson, stehende Landarzt Dr. Sheppard ist, wie sich am Ende des Buches herausstellt, der Mörder! Sheppard schildert den Mord und die Morduntersuchungen so, daß es unmöglich ist, ihm auf die Schliche zu kommen. Andererseits ist ihm im Nachhinein keine einzige unwahre Aussage nachzuweisen. Durch geschickte Auslassungen bzw. zweideutige Umschreibungen schafft Sheppard unmarkierte Unbestimmtheitsstellen in seiner Erzählung, die wie unsichtbar gesetzte drei Pünktchen zwischen den Sätzen, zwischen den Erzähleinheiten wirken, Leerstellen, die unter anderem den Mord selbst umfassen: »Zwanzig Minuten vor neun hatte er den Brief erhalten. Zehn Minuten vor neun verließ ich ihn, ohne daß er den Brief gelesen hatte.« Übrigens verbindet Margaret Millar in *Beast In View* ähnliche Manipulationen auf der Erzähl-Ebene mit der psychologischen Darstellung einer pathologischen Mörderin.

Der erste Detektivheld Christies war Hercule Poirot. Nicht mehr mit den bohèmehaften, dekadenten Detektiven à la C. Auguste Dupin oder Sherlock Holmes vergleichbar, ist er auf wenige Marotten und Skurrilitäten reduziert; mit seinem eiförmigen Kopf, seinem pomadisierten Haar und dem enormen Schnurrbart wirkt er eher wie die Karikatur eines Detektivs. Poirot verkörpert alle Vorurteile des Durchschnittsengländers über den verweichlichten Franzosen. Er interessiert sich nur für Verbrechen, die ihn reizen, seine grundsätzliche Geisteshaltung ist die der intellektuellen Langeweile; am liebsten löst er seine Fälle ganz in der Mentalität des »armchair-detective«. Neben individualistischen Eigenschaften zeigt er auch typisch kleinbürgerliche Wesenszüge, die insbesondere seine engen Moralvorstellungen, seine prüde Werteskala betreffen. Bei Poirot hält sich Normierung und Ausbrechen aus der Norm die Waage.

Agatha Christies Leben pendelte im gewissen Sinne ebenfalls zwischen Unterwerfung unter gesellschaftliche Zwänge und verzweifelten Ausbruchsversuchen. Verwiesen sei hier nur auf die mysteriöse Geschichte ihres »Verschwindens« im Dezember 1926. Unter falschem Namen, mit verändertem Äußeren lebte sie einige Tage in einem kleinen Hotel in Harrogate, derweil die Polizei eine großangelegte Suchaktion nach ihr startete, die *Daily News* eine Belohnung von hundert engl. Pfund für Informationen über ihren Verbleib aussetzte – eine Situation, wie sie in einem ihrer Romane hätte vorkommen können! Tatsächlich floh Agatha Christie vor der Misere ihres Lebens, die durch den Tod ihrer Mutter und das Geständnis ihres Mannes, sich in eine andere verliebt zu haben, ausgelöst wurde. Colonel Archibald Christie versuchte dann im Nachhinein, die ganze Geschichte als Nervenzusammenbruch, als Amnesie-Krise Agathas hinzustellen.

Agatha Christie war es andererseits häufig selbst, die sich den Normen unterordnete. Selbst als überaus erfolgreiche Autorin in den 30er Jahren, inzwischen in zweiter Ehe mit Max Mallowen, einem Archäologen verheiratet, gab sie auf offiziellen Formularen niemals »writer« (Schriftstellerin) als Berufsbezeichnung an, sondern stets »married woman« (verheiratete Frau).

Mit Vorliebe wählt Christie als Schauplätze für ihre Romane ländliche Idyllen. Diese Idyllen sind nur scheinbar »sehr friedlich, nett und glücklich«, denn »auf phantastische und unerwartete Weise« werden in ihnen Menschen vergiftet, erdrosselt, erdolcht. Miss Marple, die altjüngferliche Amateurdetektivin aus St. Mary Mead, ist die bevorzugte Heldin dieser ländlich-idyllischen Szenerien. Sie tauchte erstmals 1930 in *Murder at the Vicarage* auf, ein Titel wie ein Programm! Miss Marple repräsentiert die gute alte Zeit des großbürgerlichen Edwardian Englands, eine Welt der festen Moralvorstellungen, der gesunden Skepsis gegen alles Fremde, von außen Kommende. Miss Marple nimmt aktiv am Dorfklatsch teil, nutzt ihn als Quelle zur Mordaufklärung. Ihre Lebenserfahrung ist ganz auf den dörflichen Kontext reduziert; ausgehend von der Theorie, daß die menschliche Natur unwandelbar sei, gibt es für sie kein Problem, das nicht sein Äquivalent in St. Mary Mead hätte.

Altjüngferliche Detektivinnen erfreuen sich im angelsächsischen Kriminalroman sowohl bei weiblichen wie männlichen Autoren einiger Beliebtheit. Miss Maud Silver von Patricia Wentworth (Pseudonym von Dora Amy Elles Dillon Turnbull) wurde 1928 eingeführt; sie ist – wie Stuart Palmers Hildegarde Withers – eine ehemalige Lehrerin, die professionelle Detektivin geworden ist. Eine ironische Brechung des »Spinster-detective«-Motivs bieten Gladys Mitchells Romane über Mrs Bradley, eine ältere, extravagante, mehrfach verwitwete Psychoanalytikerin und Detektivin, deren alligatorgleiches Lächeln ihr den Spitznamen »Mrs. Croc« eintrug.

»Spinster«-Unterstützung gleich von einer ganzen Riege alter Damen, geführt von der energischen Miss Climpson, nimmt gelegentlich auch einer der berühmtesten Detektive des »Golden Age« in Anspruch: Dorothy L. Sayers' Lord Peter Wimsey, der 1923 in *Whose Body* debütiert, Sayers' erstem Kriminalroman. Neben dem Sammeln alter Bücher, eine Vorliebe für gute Spirituosen und Klaviermusik, ist Wimseys liebstes Hobby die Kriminologie. Eine Leidenschaft, die bei seiner hochnoblen Familie doch mitunter auf Mißfallen stößt. Tatkräftige Unterstützung erhält er dafür von seinem Butler Bunter, und gerade in den Dialogen zwischen Bunter und

Lord Peter steigert sich die ohnehin schon reichlich flapsige und unstandesgemäße Sprache des exzentrischen Aristokraten bis ins Absurde. Ein Vorbild für dieses Zweiergespann ist sicherlich in den Figuren des Bertram Wooster und seines Butlers Jeeves aus den humoristischen Romanen von P.G. Wodehouse zu finden. Wimsey ist eine Klischeefigur, aber eine äußerst unterhaltsame. Tatsächlich ist seine Autorin einem so weltmännischen und blaublütigen Menschen niemals begegnet. Den größten Teil ihrer Kindheit hatte Dorothy Sayers im elterlichen Pfarrhaus in Bluntisham, Linconshire verbracht. Als einziges Kind von Reverend Henry Sayers und Helen Leigh Sayers war sie der Mittelpunkt des Haushaltes. Sie wurde fast ausschließlich zu Hause unterrichtet (u.a. in Deutsch, Französisch und Latein). Der Schulbesuch in Salisbury blieb wegen einer langwierigen Erkrankung nur ein kurzes Intermezzo. 1912 geht sie mit einem Stipendium für das Somerville College nach Oxford und fühlt sich zum ersten Male nicht isoliert und von ihrem ständigen Zwang zur Selbstbeobachtung bedrückt. Nach erfolgreichem Abschluß des Studiums nimmt sie verschiedene Anstellungen an, vorwiegend als Lehrerin, ein Beruf, den sie jedoch haßte. Sie kleidet sich extravagant, liest Barbey d'Aurevilly, Maurice Leblanc und Penny Dreadfuls. Der Erfolg ihres ersten Romans macht sie zum ersten Mal wirklich finanziell unabhängig von ihrem Vater. 1924 bringt Dorothy Sayers, die jetzt eine Anstellung bei einer Werbeagentur gefunden hat, einen Sohn zur Welt. Das uneheliche Kind wird ihren Eltern verschwiegen. Sie gibt es zu ihrer Kusine, und der Junge soll erst nach dem Zweiten Weltkrieg erfahren, wer seine wirkliche Mutter ist.

Clouds of Witness, Unnatural Death und *The Unpleasantness at the Bellona Club* sind einige weitere Wimsey-Romane, die in den nächsten Jahren erscheinen. Dorothy Sayers legt in ihren Romanen großen Wert auf wirklichkeitsgetreue Darstellung der Schauplätze. Alle ihre Romane spielen an Orten, die ihr vertraut waren. Sayers heiratet einen der Familie vorzeigbaren Mann, den 12 Jahre älteren Captain Oswald A. Fleming, den einige Interpreten in dem Ehemann in *The Documents in the Case* (1930) wiedererkannt haben wollen. *The Documents in the Case* beschreibt in Briefen und Berichten Beteiligter die Vorgeschichte des Todes eines ungeliebten Ehemannes und die Aufklärung des vermeintlichen Unglücksfalles als Mord durch ein synthetisches Gift. Lord Peter tritt in diesem Roman nicht auf. Die wissenschaftliche Fachkenntnis zu dieser Geschichte steuerte Robert Eustace (= Dr. Eustace Robert Barton) bei, der früher bereits mit der Schriftstellerin L.T. Meade (Pseudonym für Elizabeth Thomasina Meade Smith) im Kriminalgenre Erfahrungen gesammelt hatte. Mit ihrer Heirat hatte Dorothy Sayers das Rebellische ihrer Jugend wohl endgültig abgelegt, aber auch Lord Peter sollte nicht der unbekümmerte Spaßvogel der ersten Romane bleiben. In *Strong Poison* (1930) lernt er Harriet Vane, eine Kriminalschriftstellerin, die des Mordes an ihrem Liebhaber angeklagt ist, kennen und lieben. Natürlich kann er ihre Unschuld beweisen, doch ihr Ja-Wort erhält er erst nach einigen weiteren Romanen, in denen zum Teil Harriet Vane die tragende Rolle übernimmt. In *Have His Carcase* stolpert sie bei einem Erholungsurlaub über einen geheimnisvollen Toten, und vor allem *Gaudy Night* (1936) stellt sie in den Vordergrund. In diesem voluminösen Roman, den man dem Subgenre der Oxford-Krimis (Krimis, die im Universitätsmilieu spielen) zuordnen kann, geht Harriet ominösen Drohungen nach, die die Dozentinnen ihres alten College verschrecken. Doch weite Teile des von der Kritik sehr zwiespältig aufgenommenen Romans widmen sich anderen Dingen: der Funktion der Wissenschaft in der Gesellschaft und als Mittel zur Emanzipation, der Rolle der Frau als Akademikerin, dem Schreiben von Kriminalromanen und, stellenweise recht schwülstig, der Partnerschaft von Mann und Frau. Schließlich wartet der Leser ja immer noch auf das Happy-end zwischen Harriet und Lord Peter, dem übrigens hier, wie auch in *Have His Carcase*, die Lösung des Kriminalfalles vorbehalten bleibt. Glücklich vereint zeigen sich Peter und Harriet in *Busman's Honeymoon* (1937) mit dem deutlichen Untertitel »a love story with detective interruptions«. Mit der Kurzgeschichte *Tallboys* (1942) endet Dorothy Sayers' Karriere als Kriminalschriftstellerin.

Ihr Wunsch war es immer gewesen, »cross word puzzle« und »novel of manners« zu vereinen, und sie berief sich gerne auf Le Fanu und Wilkie Collins. Dorothy Sayers wandte sich der Theologie und der Übersetzung der *Göttlichen Komödie* zu, eine Arbeit, deren Vollendung ihr plötzlicher Tod im Dezember 1957 verhinderte.

In 110 Bottle Street, Picadilly, also in der Nachbarschaft von Lord Peter, der 110a Picadilly residierte, wohnte ein weiterer berühmter, aristokratischer Detektiv: Albert Campion, Protagonist zahlreicher Kriminalromane von Margery Allingham. Margery Allingham stammte aus einer Familie, in der das Schreiben als einzige ernstzunehmende Tätigkeit verstanden wurde; beide Elternteile schrieben für diverse Zeitschriften, der Vater war Herausgeber des *Christian Globe* und des *London Journal*. 1917 siedelte die Familie von ihrem Landhaus in Essex nach London um, wo Margery Allingham eine Zeitlang eine Schauspielschule besuchte, die sie aber bald auf Anraten ihres Freundes und späteren Ehemannes Pip Youngman Carter wieder verließ. Zum Broterwerb schrieb sie u.a. Zeitschriftenstories nach der Vorlage von beliebten Stummfilmen. Von ihrer Generation, über die sie auch einen umfangreichen, psychologischen Roman schrieb, der allerdings nicht veröffentlicht wurde, sagte Allingham: »Diejenigen von uns, die im Teenageralter waren, als der Krieg endete, kamen in eine desillusionierte Welt, in der alles, einschließlich Gott, als höchst suspekt erschien.« Nun, Albert Campion ist auch noch keine dreißig Jahre alt, als er mit *The Crime at Black Dudley* (1929) zum erstenmal auftritt. Vorausgegangen als Debut im Kriminalgenre war 1927 *The White Cottage Mystery*, eine ziemlich durchschnittliche Geschichte mit Landhausmord und Happy-end zwischen dem Sohn des Inspektors und einer Verdächtigten.

Campion bleibt in den folgenden Kriminalromanen äußerst sparsam beschrieben. Eigentlich erfährt man nur etwas über sein Äußeres: eine schlanke Figur, blondes Haar, eine dicke Hornbrille. Er hat ein blasses Gesicht und ist sehr zurückhaltend, seine wahre Herkunft, wohl aus nobelster Familie, bleibt geheimnisvoll. Sein Butler ist der unnachahmliche Magersfontain Lugg, ein ehemaliger Einbrecher, der bisweilen doch einige Mühe hat, seinen neuen Beruf als Butler ohne allzugroße Fauxpas durchzustehen.

Die Romane vor dem Zweiten Weltkrieg sind in ironischem Stil gehalten – Unterhaltungsliteratur, die, wie auch Dorothy Sayers' Romane, einen interessanten Einblick in das Londoner Leben der 20er Jahre gewährt, etwa in einen Verlagsbetrieb in *Flowers of the Judge* (1936) oder in Künstlerkreise in *Death of a Ghost* (1934). Mit Campions Schwester Val Ferris und seiner späteren Frau Armanda stellt Margery Allingham zwei selbstbewußte und moderne Frauen an Campions Seite. Während des Zweiten Weltkriegs verfaßte M. Allingham keine Kriminalromane, und die Krimis nach dem Krieg beschreiben eine andere Welt als das beschauliche London der 20er und 30er Jahre. In dem agilen Polizeiinspektor Charles Luke findet der reservierte Campion einen glaubwürdigen Partner. *The Tiger in the Smoke* (1952), die Geschichte einer Menschenjagd in London, gilt vielen Kritikern nicht nur als bester Allingham-Roman, sondern als einer der bemerkenswertesten Kriminalromane überhaupt. In *The Mind Readers* (1965) erfahren der verblüffte Campion und sein Freund Luke die Auflösung einer verwirrenden Geschichte um eine technische Erfindung zur Gedankenübertragung via Fernsehschirm. Margery Allingham starb 1966 während ihrer Arbeit an *Cargo of Eagles*. Der Roman wurde von ihrem Ehemann vollendet.

Den Ansporn, einen Kriminalroman zu schreiben, ergab sich für die in Christchurch geborene Neuseeländerin Ngaio Marsh aus der Langeweile eines verregneten Sonntagnachmittags. Um sich die Langeweile zu vertreiben, besorgte sie sich aus der örtlichen Leihbibliothek einen Krimi und war zunächst nicht sonderlich beeindruckt; hinterher wußte sie nicht einmal mehr, ob es ein »Christie« oder »Sayers« gewesen war. Dennoch wurde in ihr die Lust geweckt, etwas ähnliches zu versuchen. Noch am selben Tag begann sie, in schlichte »sixpenny-exercise-books« ihren ersten eigenen Kriminalroman zu schreiben: *A Man Lay Dead*, der 1934 veröffentlicht wurde.

Roderick Alleyn ist der Titelheld aller Marsh-Romane. Dieser Scotland-Yard-Detektiv ist als normaler, fast alltäglicher Mensch bewußt in Abgrenzung zu Exzentrikern wie Holmes oder Poirot konzipiert. Wie in Lord Peter Wimseys Adern fließt auch in den seinen blaues Blut. Er ist der jüngere, in Eton erzogene Sohn einer begüterten Familie mit aristokratischem Hintergrund. Äußerlich ähnelt er einem »spanischen Grande«, bzw. einem »Grande, der Mönch geworden ist«, denn der gutaussehende Alleyn, dem alle Frauenherzen zufliegen, ist alles andere als ein Weiberheld. Ähnlich wie Wimsey, lernt er jedoch eine Frau kennen und lieben, die in einen Mordfall verwickelt ist: Agatha Troy, eine hochtalentierte Malerin, in *Artists in Crime* (1938). Das Pendant zu Wimseys Butler-Freund Bunter ist Alleyns älterer Untergebener Inspektor Fox; zwischen beiden besteht eine intime Männerfreundschaft. Alleyn ist ein Superman der menschlichen Kategorie; ein humorvoller, zivilisierter und niemals aufdringlicher Charakter.

Marsh, die als Einzelkind aufwuchs und zeitlebens unverheiratet blieb, empfand Alleyn wie einen guten alten Freund, der sie durchs Leben begleitete. Von sich selbst behauptete Marsh, sie sei »eine dieser einsamen Kreaturen, die nicht fürs Heiraten taugen.« Marshs Fälle sind weniger konstruiert und überdreht als die meisten von Agatha Christie, sie legt großen Wert auf das »fair-play« und spielt ihre »clues« offen aus. Neben Theater und Kunstwelt, in der sie sich gut auskannte (für ihre Verdienste um das neuseeländische Theaterleben wurde ihr 1966 der Titel der »Dame« der britischen Krone verliehen), bevorzugt Marsh - darin wiederum Christie ähnelnd - das dörfliche England als Schauplatz für ihre Romane. Sie lernte es ab 1928 aus eigener Anschauung kennen.

Die Ausführung des erst nach ausführlicher Milieuschilderung stattfindenden Mordes, hat oft groteske Züge; Marsh liebt es, regelrechte Mordmaschinerien zu erfinden. Ein normalerweise harmlos ablaufender Vorgang wird vom Mörder so manipuliert, daß seine Auslösung durch einen unbeteiligten Dritten eine Katastrophe heraufbeschwört. In *Vintage Murder* (1937) soll eine Magnum-Champagnerflasche sanft an einem Seil von der Decke herabschweben. Weil jemand die Gegengewichte ausgetauscht hat, saust die Flasche als tödliches Geschoß herab und erschlägt einen Menschen. In *Artists in Crime* (1938) soll ein junges Aktmodell eine liegende Pose auf einem mit einer Drapierung verdeckten Sockel einnehmen. Das Mädchen, als launisch und widerspenstig bekannt, wird von einer der Malerinnen auf die straff-gespannte Drapierung niedergedrückt. Unter der Drapierung wurde ein Dolch installiert, der das nackte Mädchen regelrecht aufspießt! In *Overture to Death* (1939) stirbt eine Pianistin bei den ersten Tönen einer Rachmaninoff-Prelude. In dem Klavier wurde ein Revolver versteckt, dessen Abzug mit dem Klavierpedal verbunden ist. Vor aller Augen, etwa im Theater auf offener Bühne (*Light Thickens*, 1982) oder bei einem dörflichen Schwerttanz-Spiel (*Off with His Head*, 1956) geschehen diese Morde, die von Alleyn sowohl mit viel polizeilicher Routine, als auch mit Kreativität gelöst werden. Die Verhaftung von Tätern bereitet ihm oft Schwierigkeiten. Er zählt sich zu den wenigen Polizisten, die gegen die Todesstrafe eingestellt sind. In *Overture to Death* bekommen wir einen Einblick in die Gefühle, die Alleyn bei einer Verhaftung bewegen:

> Die Verhaftung stand wie eine Glaswand zwischen ihm und der kleinen Gruppe, die sich um Jocelyn [der Täterin] bemühte. Er wußte, daß die meisten seiner Kollegen diesen Moment der Isolation akzeptierten. Vielleicht waren sie sich seiner kaum bewußt. Er selbst jedoch kam sich immer vor wie eine Art Mephisto, der sein Werk betrachtet. Er mochte dieses Gefühl nicht. Es war dies immer ein Moment, wo es ihm nicht gelang, sich abzugrenzen.

Die gepflegte Aristokratie, für die Alleyn (aber auch Lord Peter und Campion) steht, wird von einer Gestalt wie Arthur Crook, einem rotgesichtigen, Cockney-sprechenden Rechtsanwalt-Detektiv, der laut und angeberisch auftritt, bewußt ironisiert. Er ist der Held aller Romane von Anthony Gilbert (Pseudonym von Lucy Beatrice Malleson). Alleyns urbane Normalität spiegelt sich in zahlreichen weiteren Polizei-Inspektoren wider; zu nennen wären etwa die bevorzugten Helden von Christianna Brand (Ps. von Mary Christianna (Milne) Lewis) und vor allem Patricia Moyes' Inspektor Tibbett (ab 1959). Weibliche Polizisten kommen übrigens ebenfalls vor: 1968 erfand Dorothy Uhnak die in New York tätige Polizistin Christie Opara. Sie verarbeitete in ihren Romanen langjährige eigene Berufserfahrungen.* Männliche Großstadtpolizisten beschreibt Elizabeth Linington (Ps. Dell Shannon; Lesley Egan) in ihren Werken.

* Die ersten Frauen im Polizeidienst waren bereits 1905 von der Londoner Metropolitan Police eingestellt worden.

Im Fahrwasser der großen Damen des klassischen Detektiv-Romans – Christie, Sayers, Allingham, Marsh – tummeln sich viele andere, handwerklich solide arbeitende Autorinnen. Zu nennen wären etwa die folgenden Amerikanerinnen: Helen Reilly (ihre Töchter Ursula Curtiss und Mary McMullen machten sich ebenfalls einen Namen als Krimiautorinnen), Craig Rice (Ps. von Georgiana Ann Randolph), Phoebe Atwood Taylor (sie schuf 1931 die Gestalt des Ex-Seemanns und Amateurdetektives Asey Mayo), Emma Lathen (Ps. von Mary J. Latsis und Martha Hennissart), deren Romane in der Geschäfts- und Finanzwelt der Wall Street angesiedelt sind. Kontinuität versprechen auch Engländerinnen wie Josephine Bell (Ps. von Doris Bell Collier Ball), Catherine Aird (Ps. von Kinn Hamilton McIntosh), Sara Woods und P.D. James. Das sich in P.D. James' Roman *The Skull Beneath the Skin* (1982) anbahnende romantische Liebesverhältnis zwischen ihrem Helden Inspektor Adam Dalgliesh und der Privatdetektivin Cordelia Gray deutet im übrigen ganz auf eine Liason nach Vorbild des Golden Age hin. Da ist die Liebesgeschichte, die in dem Roman *Laura* (1943) der Amerikanerin Vera Caspary beschrieben wird, doch von ganz anderem Schlage. Ein New Yorker Polizeidetektiv verliebt sich in das Opfer des Mordfalles, auf den er, zunächst äußerst widerwillig und gelangweilt, angesetzt wird – in den Menschen, der die Tote einst gewesen ist! Je tiefer der Detektiv in den Fall eindringt, je mehr sich die Konturen der Toten hervorkristallisieren, desto stärker ist er fasziniert von dieser ungewöhnlichen Frau namens Laura. Der Roman erinnert atmosphärisch an die Werke Raymond Chandlers; Otto Preminger schuf 1944 eine sehr stimmige Verfilmung im Stil der »schwarzen Serie«.

Josephine Tey schrieb nur acht Kriminalromane, doch verschafften diese ihr, auch unter ihren Schriftstellerkolleginnen, eine große Zahl von Anhängerinnen. Sie wurde als Elizabeth MacKintosh in Inverness in Schottland geboren, arbeitete einige Jahre in England als Lehrerin, kehrte aber, als ihre Mutter erkrankte und bald darauf starb, nach Inverness zurück und blieb dort den Rest ihres Lebens. Ihr erster Kriminalroman *The Man in the Queue* (1929) erzählt eine Mordgeschichte, in der Inspektor Alan Grant seinen Verdächtigen von London bis nach Schottland hetzt. Grant ist ein attraktiver Junggeselle, von dem gleich zu Beginn klargestellt wird, daß ihn die Mörderjagd im Grunde langweilt und er mehr an den psychologischen Aspekten seiner Arbeit interessiert ist. Grant glaubt so fest an seine Gabe, aus den Gesichtszügen seines Gegenübers dessen Charakter entschlüsseln zu können, daß er sich in *The Daughter of Time* (1951) daran macht, die Unschuld Richard III. zu beweisen. Denn von diesem hatte man dem nach einem »Betriebsunfall« bettlägerigen Inspektor ein Portrait gezeigt, und er kann nicht glauben, daß der Abgebildete den ihm vorgeworfenen Mord an seinem Neffen begangen hat. Also macht er sich an das Studium historischer Quellen. Eine ungewöhnliche Idee für einen Kriminalroman, der aber dennoch spannend zu lesen ist. Historische Themen lagen Josephine Tey, die sich unter dem Pseudonym Gordon Daviot einen Namen als Bühnenautorin mit Stücken wie *Richard of Bordeaux* oder *Queen of Scots* machte. Josephine Tey fand Leser auch unter Leuten, welche die Lektüre von Kriminalromanen sonst als unter ihrer Würde erachteten, und hatte in dieser Hinsicht denselben Erfolg wie Highsmith und Millar.

Die in Deutschland wohl bekannteste der Autorinnen, die sich vom traditionellen Kriminalroman mit der Frage nach dem »Wie« des Mordes und dem Täterrätsel abgewandt haben, ist Patricia Highsmith, 1921 in Fort Worth, Texas geboren. Die Schauplätze ihrer Romane, in deren Vordergrund der Täter, seine seelische Verfaßtheit und seine Umwelt stehen, sind so vielfältig wie Patricia Highsmiths Wohnsitze: Mexiko, Italien, England und Frankreich. Ihr erster Roman *Strangers on a Train* (1949), 1951 von Hitchcock verfilmt, gehört bereits zu den Klassikern des Genres. In *The Talented Mr. Ripley* (1955) führt sie – ohne moralischen Zeigefinger – einen smarten Mörder als Helden ein, und noch in drei weiteren Ripley-Romanen darf man mit dem Helden hoffen, daß die Nachstellungen von Polizei oder auch der Mafia ins Leere greifen.

Alltägliche Menschen und ihre Neurosen stehen im Mittelpunkt der Romane von Margaret Millar. Die gebürtige Kanadierin studierte in Toronto und lebt seit dem Ende des Zweiten Weltkrieges mit ihrem Mann Kenneth in Kalifornien, Schauplatz der meisten ihrer Romane. Kenneth Millar wurde unter dem Pseudonym Ross McDonald als Kriminalautor in der Tradition der »hard-boiled«-Schule bekannt. Protagonist der ersten Kriminalgeschichten von Margaret Millar ist ein Psychiater; der oben bereits erwähnte Roman *The Beast In View* (1955) schildert einen Fall von Bewußtseinsspaltung, und in *The Murder of Miranda* wird die Mordverdächtige Miranda Shaw nur deshalb nicht befreit, weil der einzige, der ihre Unschuld beweisen könnte, eine – wie zwei Drittel der Akteure – völlig neurotische und groteske Figur ist und sich mit der Empfangsdame des Staatsanwaltes nicht über seinen richtigen Namen einigen kann. Denn er ist leidenschaftlicher Verfasser von anonymen Briefen, und ihm stehen eine ganze Reihe von Namen zur Verfügung. Es ist eine absurde Welt, voller fadenscheiniger Illusionen und gescheiterter Träume, in der Gerechtigkeit nur noch Sache des Zufalls ist.

»Deadlier than the male« – tödlicher als die Männer? Auf jeden Fall sind die Kriminalroman-Autorinnen, egal ob man die Kriterien Popularität bzw. Auflagenstärke, handwerkliches Können oder innovatorische Entwicklung zugrundelegt, genauso bedeutend und vielseitig wie ihre männlichen Kollegen.

Feministische Aufbrüche

Sara Lennox

Impulse aus den USA und Frankreich

Der neue Feminismus begann 1967/68 in den Vereinigten Staaten als ein Befreiungsversuch in einem weltweiten Zusammenhang, und gerade als politische Bewegung gab der amerikanische Feminismus den Anstoß für das Aufkommen von Frauenbewegungen in West- und Mitteleuropa und später in vielen anderen Ländern der Welt. Diese Frauenbewegungen lieferten dann den Feministinnen vielerlei Ansatzpunkte: Aneignung von früheren Theorien über Frauenunterdrückung; Ausarbeitung neuer Theorien; Entwicklung neuer Modelle für das Verständnis von Texten, die von Frauen verfaßt wurden; eine Vielfalt von feministischer Literatur. Ich möchte versuchen, diese Geschichte des Feminismus aufzuzeigen, wobei ich besonders die Entwicklungen innerhalb des amerikanischen Feminismus berücksichtige, der immer noch die hauptsächliche Quelle fremden Einflusses auf die Frauenbewegung in Deutschland und in anderen Ländern darstellt. Aber ich will auch auf einige der Probleme und Ambivalenzen des gegenwärtigen Feminismus eingehen. Ich stelle in diesem Zusammenhang die Behauptung auf, daß die Anschauungen, die den Feminismus in den siebziger Jahren am stärksten beeinflußten, die Frauenbewegung in eine Sackgasse führten, so daß der Feminismus in der Mitte der achtziger Jahre ohne feministische Antworten auf viele der dringendsten Fragen im Leben von Frauen dasteht.

Wenn ich die Entwicklungen innerhalb des Feminismus während der letzten achtzehn Jahre kritisch überblicke, dann scheint mir, daß die politischen Probleme, mit denen sich die Frauenbewegung heute konfrontiert sieht, von Anfang an im Keim vorhanden waren und möglicherweise auf die zwiespältige Situation von vorwiegend weißen Frauen aus der Mittelschicht, die der Frauenbewegung beitraten, zurückgeführt werden können. Zum einen erwuchs die Women's Liberation Movement (Frauenbefreiungsbewegung) aus den anti-imperialistischen, anti-kapitalistischen Bewegungen der sechziger Jahre, übernahm die Analysen der Neuen Linken in ihren weitesten Ausmaßen und stellte sich ursprünglich auch die Ziele der neuen Frauenbewegung radikal und revolutionär vor. Zum anderen jedoch floß in den Vereinigten Staaten und auch in anderen Ländern ein weiterer Aspekt in die Frauenbewegung mit ein: die Diskrepanz zwischen dem wachsenden Anteil von werktätigen Frauen einerseits, die hauptsächlich niedrig bezahlte und schlecht angesehene Positionen innehatten, und einer Ideologie von Weiblichkeit andererseits, die sie davon zu überzeugen versuchte, daß der eigentliche Platz für eine Frau das Haus sei. Die begabten, gebildeten und politisierten Frauen der Neuen Linken (ebenso wie die Frauen, die später in den siebziger Jahren zum Feminismus stießen) erkannten, daß man ihnen ungerechterweise die Möglichkeiten verweigerte, die den Männern ihrer sozialen Schicht und Rasse offenstanden, und sie kämpften deshalb für gleichen Zugang zu diesen Vorrechten. So bestand also von Anfang an eine Spannung innerhalb des Feminismus, die sich in einer zwiespältigen Strategie äußerte: einerseits bezweckte der Feminismus einen Strukturwandel in der ganzen Gesellschaft, andererseits hatte er die Verbesserung der Situation von relativ privilegierten Frauen zum Ziel, ohne dabei andere soziale Strukturen in Frage zu stellen. Diese Ambivalenz des Feminismus nahm im Lauf der siebziger Jahre seltsame Formen an. Mit dem Rückgang von anderen Protestbewegungen in dieser Zeit formulierte die Frauenbewegung unter Beibehaltung ihrer radikalen Linie ihre Fragen mehr und mehr so, daß die mit sozialer Schicht und Rasse verbundenen Privilegien feministischer Frauen nicht in Frage gestellt wurden. Der Kampf um gleiche Rechte, der im Falle eines Erfolgs Frauen aller sozialen Schichten und Rassen zugute gekommen wäre, wurde oft etwas verächtlich als reformistisch abgetan, und die radikalsten Feministinnen zogen sich aus der politischen Arena zurück, um den Bereich der Frauenkultur zu erforschen; sie verstanden nicht, daß nur sie die Möglichkeit hatten, einen Freiraum nach eigenen Vorstellungen zu gestalten, da sie nicht gezwungen waren, sich mit den fundamentalen Notwendigkeiten des Lebens zu befassen. Aber der wachsende Konservatismus der achtziger Jahre hat den Feministinnen die Erkenntnis aufgezwungen, daß die in den siebziger Jahren entwickelten theoretischen Standpunkte keine Strategien anbieten, um den nationalen und internationalen Entwicklungen zu begegnen, die sie mit wachsendem Schrecken sehen. Im folgenden werde ich untersuchen, welchen Lauf der Feminismus während der siebziger Jahre in Theorie und Praxis genommen und was ihn in diesen Engpass geführt hat. Ich werde meine Ausführungen mit Fragen über die Richtungen schließen, in die sich der Feminismus in seinem Bemühen, als Bewegung zu überleben, möglicherweise entwickeln wird.

Der amerikanische Feminismus entstand 1967/68 aus der schwarzen Bürgerrechtsbewegung und der Neuen Linken. Da die Frauen jetzt im öffentlichen Protest erfahren waren, waren sie nun bereit, gegen Unterdrükkung im eigenen Leben zu kämpfen und für die eigene Sache auf die Straße zu gehen. Im Herbst 1967 begannen Frauen der Neuen Linken in einer Stadt nach der anderen »Frauenbefreiungsgruppen« zu gründen, Vorläufer von Selbsterfahrungsgruppen, wo sie feststellten, daß sie in ihren Beschwerden gegen die Männer nicht allein waren. Themen waren Diskriminierung, sexuelle Ausbeutung und Abtreibungsbeschränkungen, gegen welche die neue Frauenbefreiungsbewegung protestierte: 1968 organisierten Feministinnen z.B. eine von den Medien viel beachtete Demonstration gegen die Miss-Amerika Wahl, bei der sie Symbole für Frauenunterdrückung in einen »Freiheits-Mülleimer« warfen, und 1969 klagten dreihundert Frauen gegen den Bundesstaat New York wegen seiner restriktiven Abtreibungsgesetzgebung und erreichten deren Aufhebung. Neuigkeiten aus der neuen Bewegung fanden in Europa schnell Widerhall. In Großbritannien entstanden 1969 feministische Gruppen, und als 1970 fünfhundert Teilnehmer auf einer Konferenz zur Frauenbefreiung in Oxford erschienen, wußten britische Frauen, daß ihre Bewegung begonnen hatte. Sheila Rowbotham beschreibt in *Dreams and Dilemmas* diesen Vorgang. Der Beginn der französischen feministischen Bewegung läßt sich auf eine Demonstration am Arc de Triomphe am 26. August 1970 (in Solidarität mit einem Tagesstreik von US-Frauen) zurückführen, auf der neun französische Frauen ein Transparent mit der Aufschrift trugen: »Unbekannter als der unbekannte Soldat: seine Frau«. E. Marks und J. de Courtivron dokumentieren in *New French Feminism* dieses Ereignis. Im April 1971 sammelte und veröffentlichte das neu organisierte Mouvement de Liberation des Femmes in *Le nouvel Observateur* die Unterschriften von 343 französischen Frauen, die bereit waren, Gefängnisstrafen zu riskieren, indem sie sich zu einer illegalen Abtreibung bekannten. Alice Schwarzer, damals Korrespondentin in Paris und aktiv im MLF tätig, initiierte die gleiche Aktion in Deutschland, und am 6. Juni 1971 erklärten 374 deutsche Frauen im *Stern*: »Wir haben abgetrieben«. In den nächsten Monaten engagierten sich deutsche Frauen (auch linke Frauen, die anfangs den Kampf für das Recht auf Abtreibung als »bürgerlich« angesehen hatten) mehr und mehr in der Kampagne für die Abschaffung von Paragraph 218. Als im März 1972 450 Frauen aus über vierzig Frauengruppen bei einem Bundesfrauenkongreß erschienen, wußten die Frauen der Bundesrepublik, daß auch sie eine Frauenbewegung hatten.

Der Feminismus in Europa begann also, als Frauen für ihre Rechte in der Öffentlichkeit kämpften. Natürlich ließ der öffentliche Protest nie völlig nach, und die Frauen verdanken ihm viele beachtliche Erfolge in den siebziger Jahren, aber öffentlicher Protest war nicht eigentlich der Kurs, den der Feminismus als eine Bewegung nehmen sollte. Trotz der vielen Unterschiede in nationalen feministischen Bewegungen (abhängig, unter anderem, von der Existenz und Stärke der linken Parteien der jeweiligen Länder) entwickelten sich die Frauenbewegungen in den USA und Europa während der Dekade in ziemlich gleicher Richtung. Man kann dies anhand von Texten zu feministischer Theorie verfolgen, die international als wichtig angesehen wurden und aus denen sich die Veränderungen der feministischen Politik, die sich während der siebziger Jahre vollzogen, ablesen lassen.

Die neuen Feministinnen suchten Texte, die ihnen helfen konnten, ihre Situation gründlicher zu erfassen. In einigen Werken, die sie vorfanden, waren in mancher Hinsicht Ansätze zu Positionen schon formuliert, die die Bewegung später ausarbeiten sollte. Simone de Beauvoirs *Das andere Geschlecht*, erschienen 1949 (deutsch 1952) und vermutlich öfter gepriesen als gelesen, wurde zum Modell für feministische Untersuchungen über die Bedingungen, unter denen Frauen zu allen Zeiten und an allen Orten lebten und leben. De Beauvoir kam zu zwei für den Feminismus grundlegenden Schlußfolgerungen: erstens, daß in dieser patriarchalischen Gesellschaft die Frau als »das Andere« definiert wird, während der Mann das Maß aller Dinge ist, an dem Frauen gemessen werden; zweitens aber, daß Weiblichkeit keine angeborene menschliche Eigenschaft, sondern eine gesellschaftliche Konstruktion ist: Eine Frau wird nicht als Frau geboren, sondern zur Frau gemacht. De Beauvoir bestand darauf, daß die Unterordnung der Frauen ein struktureller Bestandteil der Gesellschaft sei und daß das Los der Frauen nur durch kollektive Aktionen geändert werden könne. Der gegenwärtige Feminismus geht zwar in vielen Aspekten über die Aussagen von *Das andere Geschlecht* hinaus: de Beauvoir erkennt z.B. den Beitrag von Frauen zur Geschichte nicht an; ihre Behandlung des Lesbentums und der weiblichen Erotik ist unzureichend; und die Schwäche ihres Buches liegt vor allem im dualistischen existentialistischen Modell, das sie auf die Situation der Frauen überträgt, d.h. in ihrer Behauptung, daß die Lösung der Frauenfrage darin läge, die »Immanenz der Frau«, ihr Verhaftetsein in biologischen Funktionen zu überwinden, um »Transzendenz«, die aktive Kreativität des Mannes, zu erreichen. Dennoch besteht die besondere Bedeutung von *Das andere Geschlecht* darin, daß Simone de Beauvoir schon vor der Wiedergeburt des Feminismus die Situation von Frauen als ein Problem erkannte, das ebenso ernsthafte philosophische Untersuchungen verdiente wie die Probleme der Männer.

Wenn *Das andere Geschlecht* den einen Pol feministischer Standpunkte darstellt, indem es behauptet, daß die Welt verändert werden und der Kapitalismus abgeschafft werden müsse, damit Frauen frei sein könnten, dann vertrat Betty Friedans *Der Weiblichkeitswahn*, erschienen 1963 (deutsch 1966), den Gegenpol. Obwohl Friedan durch de Beauvoir beeinflußt war, definierte sie ihren Gegenstand weniger ehrgeizig; sie beschränkte ihre Studie auf das Nachkriegs-Amerika und erforschte die Mittel (die Medien, den Konsumzwang, die Gesellschaftswissenschaften), mit denen Frauen unterdrückt werden. Sie versuchte nicht, die sozialen Strukturen zu erfassen, durch die Frauen in untergeordneten Positionen gehalten werden. Die gebildeten Hausfrauen der Mittelschicht, über die sie vor allem schrieb, seien Opfer des Problems, für das es »keinen Namen« gibt, nämlich einer bestimmten Ideologie von Weiblichkeit. Auch ihre Lösung lag im Bereich des Bewußtseins, sehr bürgerlich und sehr amerikanisch: ändere dein Leben, nicht deine (Um-)welt. In ihrem neuen Buch *Der zweite Schritt* (1981; deutsch 1982) kommt Friedans mangelnde Bereitschaft, die amerikanische Gesellschaft gründlich zu hinterfragen, noch deutlicher zum Ausdruck. Dennoch machte *Der Weiblichkeitswahn*, ein Bestseller in Amerika und vielfach übersetzt, Tausenden von Frauen, die nur schwer mit de Beauvoirs schwierigem Text zurecht gekommen wären, ihre Situation bewußt und gab ihnen ein verständliches Modell feministischer Ideologiekritik an die Hand. Sie rief die Anfänge der Frauenbewegung im neunzehnten Jahrhundert ins Bewußtsein und betonte, daß die Frauen jetzt die Macht hätten, ihr Leben selbst zu gestalten. Friedan gelang es, die Erkenntnisse von *Das andere Geschlecht* zu vereinfachen, populär zu machen, zu amerikanisieren und in vieler Hinsicht zu entradikalisieren. Vielleicht war es auch zum Teil deshalb *ihr* Buch, nicht das von de Beauvoir, das, wie Juliet Mitchell schon früh in *Frauenbewegung – Frauenbefreiung* (1971; deutsch 1978) bemerkte, zur wichtigsten Textquelle wurde, welche die aufkommende Frauenbefreiungsbewegung beeinflußte.

Mitchells eigener Artikel, *Frauen: die längste Revolution*, ist die dritte wichtige vorfeministische Einflußquelle für die internationale Frauenbewegung, und mit ihm begann die Diskussion marxistisch-feministischer Positionen zur Frauenunterdrückung. Mitchells Artikel erschien 1966 in der britischen Zeitschrift *New Left Review* (deutsch 1971) und wurde von Frauen der Neuen Linken stark diskutiert. Er betonte die Geschichtlichkeit der Frauenunterdrückung sowie die besonderen Funktionen von Frauen im

Kapitalismus und untersuchte gleichzeitig Bereiche im Frauenleben, die in herkömmlichen marxistischen Analysen vernachlässigt wurden: Reproduktion, Sexualität sowie die Sozialisierung von Kindern. Die Einzelheiten von Mitchells Analyse sind unter anderem durch ihre eigenen Werke *Frauenbewegung – Frauenbefreiung* sowie *Psychoanalysis and Feminism* (1974; nicht übersetzt) überholt worden. Der Artikel ist dennoch wichtig wegen seines Bemühens, die Nützlichkeit des Marxismus für den Feminismus aufzuzeigen und eine spezifisch linke Strategie herauszuarbeiten, welche die Befreiung der Frauen vorantreiben sollte.

Mit dem Aufkommen des Feminismus erschien eine Flut von Büchern zur Frauenbefreiungsbewegung, besonders in englischer Sprache. Die frühsten Werke feministischer Theorie setzten de Beauvoirs und Friedans Untersuchungen fort, waren jetzt jedoch noch ehrgeiziger in ihren analytischen Forderungen: männliche Vorherrschaft oder auch Patriarchat wurde jetzt oft als die grundlegendste Form menschlicher Unterdrückung angesehen, aus der sich alle anderen Unterdrückungsformen ableiten ließen. Feministinnen gebrauchten den Begriff »Sexismus«, der offensichtlich 1968 in einem Artikel mit dem Titel *Freedom for Movement Girls – Now* geprägt wurde, um die verschiedenen Formen von Machtausübung von Männern gegenüber Frauen zu beschreiben. In *Sexus und Herrschaft* (1970; deutsch 1971) erarbeitete Kate Millett eine Theorie der Machtbeziehungen zwischen Männern und Frauen während der zwei vergangenen Jahrhunderte und zeigte anhand der Darstellung von sexuellen Beziehungen in Werken von D.H. Lawrence, Henry Miller, Norman Mailer und Jean Genet, wie verächtlich Männer Frauen gezeichnet hatten, vor allem in sexueller Hinsicht. Shulamith Firestones brillantes und exzentrisches Buch *Frauenbefreiung und sexuelle Revolution* (1970; deutsch 1975), de Beauvoir gewidmet, versuchte, einen dialektischen Materialismus zu formulieren, der eher auf Geschlecht als auf sozialer Klasse beruht; sie trat für die feministische Revolution ein und vertrat die Ansicht, daß die Befreiung der Frau nur dann geschehen könne, wenn die Technologie die Frauen von der Bürde des Gebärens befreite. Phyllis Chesler setzte in ihrem Buch *Frauen – das verrückte Geschlecht?* (1972; deutsch 1974) Milletts und Firestones Kritik an der herkömmlichen Psychologie fort, indem sie im einzelnen untersucht, was als Geistesgestörtheit bei Frauen gilt, warum sie geistesgestört werden und wie Institutionen sowie männliche Therapeuten gestörte Frauen behandeln. Diese sehr wichtigen Studien, inzwischen Klassiker des frühen Feminismus, wirkten als Anregung für viele ähnliche Untersuchungen. Sie inspirierten unter anderem Marielouise Janssen-Jurreits umfassendes Werk

Sexismus/über die Abtreibung der Frauenfrage (1976), das 1982 ins Englische übersetzt wurde.

In der feministischen Bewegung waren jedoch auch schon früh Zeichen einer Entwicklung von alternativen Tendenzen erkennbar, die die feministische Aufmerksamkeit vom Kampf für die Rechte der Frau in einer sexistischen Gesellschaft ablenkte. Einige frühe Studien zur Sexualität der Frau betonten nicht nur das Ausmaß, in dem heterosexuelle Beziehungen sich an der Befriedigung des Mannes orientiert hatten, sondern begannen auch, die Verschiedenheit im Erleben weiblicher Sexualität zu erforschen. Ann Koedts einflußreicher Aufsatz *The Myth of the Vaginal Orgasm* (1970) stellte die These auf, daß die sexuelle Befriedigung der Frau nicht aus heterosexuellem Geschlechtsverkehr resultiere, während Mary Jane Sherfeys Buch *The Nature and Evolution of Female Sexuality* (1974) die Fähigkeit der Frauen zum vielfachen Orgasmus und die Unfähigkeit der Männer, sie zu befriedigen, hervorhob. 1976 sammelte Shere Hite in ihrem *Hite-Report* (deutsch 1977) die Aussagen von 3000 Frauen, um Quellen sexueller Unzufriedenheit von Frauen im einzelnen aufzuschlüsseln. Alice Schwarzers Buch *Der kleine Unterschied und seine großen Folgen* (1975) gehört teilweise zu dieser Gattung von Untersuchungen; es betont das Ausmaß, in dem die Zwangsheterosexualität einen Bereich weiblicher Unterdrückung darstellt und legt nahe, daß sexuelle Solidarität und Befriedigung eher unter Frauen zu finden sei.

Amerikanische Lesben hatten sich anfangs von der neuen Frauenbewegung ferngehalten, da sie diese als Versuch heterosexueller Frauen ansahen, ihre Probleme mit Männern zu bewältigen, aber nach 1970 begannen Lesben, die politischen Implikationen der neuen femininistischen Position zur Sexualität herauszuarbeiten. 1970 behauptete das Manifest der Radicalesbians, *The Woman-Identified Woman*, daß Lesbentum das Wesen des Feminismus sei, die Wut aller Frauen, die sich bis zur Explosion aufgestaut habe. Die Beweggründe für das Lesbentum sollten eher politische als sexuelle sein, d.h. eher das Ergebnis einer freien Entscheidung als Veranlagung: daraus folgte, daß Lesbentum für Feministinnen die einzig politisch richtige Verhaltensweise sein konnte, während gleichzeitig die Liebe zwischen Frauen enterotisiert wurde, indem sie durch Frauengemeinschaft und nicht durch Sexualität definiert wurde. Jill Johnstons Buch *Lesben Nation* (1973; deutsch 1976) hatte als Untertitel »die feministische Lösung«, und sie behauptete, »alle Frauen sind lesbisch, außer denen, die es noch nicht wissen«. Ti-Grace Atkinson verkündete provozierend in ihrem Buch *Amazonen Odyssee* (1974; deutsch 1978), daß Lesbentum für den Feminismus das bedeute, was die kommunistische Partei für die Gewerkschaftsbewegung bedeutet habe. In ihrem erschreckenden Bericht über männliche Gewalt gegen Frauen *Gegen unseren Willen* (1975; deutsch 1978) zeigte Susan Brownmiller die Kehrseite dieser Behauptungen auf: daß Vergewaltigung ein Verbrechen sei, zu dem Männer aufgrund ihrer Anatomie neigten. Unter Berücksichtigung der Studien in feministischer Psychologie, die die Bedeutung der vorödipalen Mutter-Tochter Beziehung bei der Konstituierung der weiblichen Identität betonten, gelang es Adrienne Rich in ihrem 1980 erschienenen Artikel, *Compulsory Heterosexuality and Lesbian Existence*, diese Position exakt, wenn auch etwas extrem, zu formulieren: Frauen würden nur deswegen heterosexuell, weil sie mit physischer und psychischer Gewalt bedroht würden, und jede Form von weiblicher Bindung, erotisch oder nicht erotisch, habe Anteil am Lesbentum.

Auf internationaler Ebene präsentierten sozialistische Feministinnen in den siebziger Jahren ganz andere Streitfragen; sie versuchten, oft nicht sehr erfolgreich, ihr wachsendes Verständnis von Frauenunterdrückung in eine marxistische Analyse des Kapitalismus zu integrieren – die unglückliche Ehe von Marxismus und Feminismus, wie eine sozialistische Feministin es ausdrückte. Vielleicht gelang es am besten der Engländerin Sheila Rowbotham in einer Serie früher Texte (*Women, Resistance and Revolution*, 1972; *Woman's Consciousness, Man's World*, 1973, nicht übersetzt; *Im Dunkel der Geschichte*, 1973, deutsch 1980), die Verbindung zwischen der feministischen Betonung persönlicher Lebensbedingungen und einer sozialistischen Analyse herzustellen. In *Nach dem Scherbengericht* (1979; deutsch 1981) argumentierte sie, daß das Versagen der Linken, feministische Einsichten anzuerkennen, auch deren Fähigkeit, sich wirkungsvoll zu organisieren, beeinträchtigt habe. Oft konzentrierten sich sozialistische Feministinnen auf die materielle Situation der Frauen und besonders auf die bezahlte und unbezahlte Arbeit der Frauen im Kapitalismus. Die Italienerin Mariarosa Dalla Costa und die Engländerin Selma James waren die wichtigsten Theoretikerinnen der Kampagne für bezahlte Hausarbeit in der Mitte der siebziger Jahre. In ihrem Buch *Die Macht der Frauen und der Umsturz der Gesellschaft* (1973) forderten sie, daß Hausarbeit wie andere Formen produktiver Arbeit in Geld aufgewogen werden sollte, da unbezahlte Hausarbeit die spezifisch kapitalistische Form von Frauenunterdrückung darstelle und zudem notwendig für die Reproduktion des Kapitalismus sei. Das Interesse an der Arbeit von Frauen innerhalb der Familie ermöglichte es den Feministinnen, die Bedürfnisse auch jener Frauen anzusprechen, die nicht willens oder in der Lage waren, einer feministischen Bewegung beizutreten, die auf der Trennung von Männern bestand, und die Kampagne erregte deswegen Mitte der siebziger Jahre viel Aufmerksamkeit in Deutschland und auch anderswo. Die Kampagne mißlang jedoch letztlich, einerseits wegen ihrer unrealistischen Forderungen zur Zeit einer wirtschaftlichen Rezession und andererseits, weil die Forderung nach Hausarbeitslohn die Frauen in der Rolle der Hausfrau zu fesseln und nicht daraus zu befreien schien. Die Fragen, die ein Großteil der sozialistisch-feministischen Theorie ansprach, schienen oft die am wenigsten phantasievollen Dimensionen von Marxismus und Feminismus zu verbinden. Obwohl viele akademische feministische Texte weiterhin von einer marxistischen Analyse beeinflußt waren – marxistisch-feministische Historikerinnen brachten besonders ergiebige Studien in den siebziger Jahren hervor –, schien der sozialistische Feminismus im allgemeinen immer weniger einfallsreich und kreativ, und die Bedeutung der sozialistisch-feministischen Theorie für die feministische Bewegung nahm im Lauf der siebziger Jahre ständig ab.

Mit dem Bedeutungsschwund des sozialistischen Feminismus und der Linken im allgemeinen betonten die feministischen Theoretikerinnen immer weniger die historische Besonderheit und die materielle Basis der Frauenunterdrückung. Obwohl sie nicht weniger vernichtend in ihrer Kritik der patriarchalen Gesellschaft schienen, ging es den Feministinnen in der Praxis doch weniger um einen Angriff auf gesellschaftliche Strukturen, als vielmehr um die Veränderung ihres eigenen Lebens. Der feministische Slogan »Das Persönliche ist politisch« wollte ursprünglich ausdrücken, daß sich sogar in den intimsten Bereichen unseres Lebens soziale Unterdrükkung bemerkbar macht; im Laufe der siebziger Jahre kehrte sich diese Aussage ins Gegenteil um, und viele Feministinnen glaubten jetzt, daß Selbstveränderung ein politischer Akt sei. In dieser Zeit veränderte der Feminismus auch seinen Standpunkt zur Bedeutung des Geschlechts. Während frühere radikale Feministinnen »Männlichkeit« und »Weiblichkeit« noch als gesellschaftlich konstruierte Kategorien verstanden hatten, die abgeschafft werden sollten, bestanden spätere radikale oder die das genuin Weibliche betonende Feministinnen darauf, daß Frauen von Männern verschieden (und ihnen vielleicht sogar überlegen) sind und daß Geschlechtsunterschiede gewahrt und ausgearbeitet und nicht in Frage gestellt werden sollten. Feministinnen der späteren siebziger Jahre versuchten, eine schon existierende weibliche Gegenkultur in der Vergangenheit wiederzuentdekken und in der Gegenwart zu entwickeln. Kultur wurde so zum geeigneten Feld für politische Aktivität, und die eigentliche politische Praxis wurde von den Feministinnen mehr und mehr nicht als Herausforderung der männlichen Dominanz in der politischen Arena gesehen, sondern als die Schaffung von autonomen oder sogar separatistischen feministischen Institutionen. Die Ergebnisse dieser Veränderung feministischer politischer Standpunkte waren ziemlich paradox. Dieser »kulturelle« Feminismus, wie man diese Richtung in den USA nennt – löste eine enorme Vitalität und Kreativität aus: Die Errungenschaften von Frauen in der Vergangenheit wurden wiederentdeckt und gefeiert, und der jetzige Feminismus schuf eine Vielzahl neuer feministischer Institutionen: Frauenhäuser für mißhandelte Frauen, Hilfe für vergewaltigte Frauen, Frauenzentren, Frauenbuchläden, Frauenkneipen, Frauenzeitschriften, Frauenverlage, Frauenrockgruppen. Diese sichtbaren feministischen Bemühungen lenkten sicherlich Aufmerksamkeit auf die Probleme aller Frauen und schufen eine Atmosphäre, in der wenigstens im ideologischen Bereich die schlimmsten Formen von Sexismus abnahmen. Aber die Tendenz der Feministinnen, sich auf einen eigenen Bereich zurückzuziehen, bedeutete gleichzeitig, daß die radikalsten Aktivitäten von Feministinnen in den späteren siebziger Jahren sich in Bereichen vollzogen, die den meisten Frauen der Welt verschlossen und für ihr Leben unwichtig waren.

Die feministische Theorie der späten siebziger Jahre spiegelte verstärkt die Standpunkte des am ursprünglich Weiblichen orientierten Feminismus wider, und feministische Wissenschaftlerinnen machten sich auf die Suche nach frauenspezifischen Merkmalen. Ein Beitrag zu feministischen Texten war die Entdeckung bislang nicht anerkannter kultureller Erfolge von Frauen – oft in Bereichen, die schon immer als »weiblich« galten und in denen der Unterschied zwischen Frauen und Männern besonders deutlich zum Ausdruck kam (wie z.B. Adrienne Richs Buch *Von Frauen geboren – Mutterschaft als Erfahrung und Institution* 1976; deutsch 1979). Das feministische Interesse an einer Neubetrachtung der Psychoanalyse, die durch Juliet Mitchells *Feminism and Psychoanalysis* angeregt wurde, überschnitt sich mit der Theorie der französischen Gruppe »Psychanalyse et Politique« (vgl. hier S.417ff.). »Psych et Po« behauptete, daß Frauen durch die phallogozentrische Ordnung verdrängt, nicht durch materielle Bedingungen unterdrückt würden; folglich sei es die Aufgabe des Feminismus, jene Ordnung zu dekonstruieren, damit die weibliche Differenz sich ausdrücken könne. Obwohl die französische psychoanalytische feministische Theorie wahrscheinlich weniger biologistisch ist, als es vielen Feministinnen außerhalb Frankreichs erschien, so betont sie doch, ebenso wie der »kulturelle« Feminismus, das weibliche Anderssein und lehnt den politischen Kampf in der Öffentlichkeit zugunsten der Schaffung eines separaten Bereichs für Frauen allein ab. Das Musterbeispiel für diesen »kulturellen« Feminismus in den späten siebziger Jahren ist Mary Dalys Buch *Gyn/Ökologie* (1978; deutsch 1981). Daly listet die Verbrechen der Männer im einzelnen auf und führt sie auf ein nekrophiles Prinzip zurück, das sich manchmal aus der männlichen Anatomie abzuleiten scheint; in einer Serie brillanter Wortspiele versucht sie, ursprüngliche feministische Bedeutungen wiederzufinden, die in einer von Männern abgewerteten Sprache verloren gegangen waren. Daly sieht es als die Aufgabe der Feministinnen an, durch einen Willensakt ihre Identifikation mit der männlichen Kultur abzulehnen, sich vom Patriarchat zu distanzieren und sich für die Reise zu einer Gemeinschaft freier Lesben, der »spinnenden Häxen«, zusammenzuschließen.

Die feministische Literaturwissenschaft wurde durch diese weitreichenden Tendenzen in feministischer Theorie und Praxis stark beeinflußt. Viele der frühesten Werke feministischer Literaturkritik untersuchten in der Tradition von de Beauvoir und Millett die Bilder von Frauen in Texten männlicher Autoren. Obwohl die frühesten feministischen Kritikerinnen in ihren Analysen hauptsächlich entrüstet den Sexismus männlicher Autoren herausfilterten, erarbeiteten spätere Studien dieser Art sehr subtile Untersuchungen der symbolischen Darstellung von Weiblichkeit und deren ideologische Funktion innerhalb verschiedener nationaler Traditionen zu verschiedenen historischen Zeiten. Die Aufmerksamkeit der Feministinnen richtete sich jedoch schnell auf die Untersuchung von Werken weiblicher Autoren und versuchte, oft unter dem uneingestandenen Einfluß von Silvia Bovenschens Artikel *Gibt es eine weibliche Ästhetik?*, die Besonderheit weiblicher literarischer Produktion zu bestimmen. In der Mitte der siebziger Jahre glaubten anglo-amerikanische feministische Wissenschaftlerinnen (am auffallendsten Elaine Showalter and Ellen Moers), eine separate und verborgene weibliche Subkultur und literarische Tradition entdeckt zu haben, auf die ältere Autorinnen zurückgegriffen hatten und welche eine Rezeption aus feministischer Perspektive erlaubte. Später fragten sich feministische Literaturwissenschaftlerinnen, nachdem sie erkannt hatten, daß Schreiben sich immer innerhalb eines gegebenen kulturellen Rahmens vollzieht, ob eine authentische Darstellung weiblicher Erfahrung überhaupt möglich sei; beeinflußt von Poststrukturalismus begannen sie, die textlichen Strategien zu untersuchen, welche Autorinnen angewendet hatten, um Dimensionen weiblicher Erfahrung darzustellen, die für das Patriarchat unannehmbar waren. Für feministische Literaturwissenschaftlerinnen, die durch diese aus Frankreich kommende neue Textbetrachtungsweise beeinflußt waren, verbanden sich Textlichkeit und Sexualität aufs engste, und sie begannen, die Avantgarde-Texte am höchsten zu schätzen, in denen der verdrängte weibliche Körper zu sprechen schien. Solche Texte, behaupteten sie, könnten die symbolischen Strukturen des Patriarchats aufbrechen und zum Entstehen eines neuen weiblichen Subjekts sowie einer neuen feministischen Kultur beitragen. Das besondere Gewicht, das Texten von Frauen beigemessen wurde und die politische Bedeutung, die sie annahmen (im Gegensatz z.B. zu Untersuchungen von politischen Aktivitäten oder Organisationen von Frauen in der Vergangenheit), können also deutlich im Zusammenhang mit einer größeren Entwicklung in feministischer Theorie und Praxis gesehen werden: mit der Aufgabe des Feminismus, einen Raum und eine Kultur für Frauen außerhalb des Patriarchats zu schaffen.

Trotz der komplexen und subtilen Methodologien, die von feministischen Literaturwissenschaftlerinnen in den siebziger Jahren entwickelt worden sind, ist es nicht ganz klar, ob feministische Leserinnen Frauenliteratur aus denselben Gründen lasen und aus ihr lernten, aus denen jene Literaturwissenschaftlerinnen es gerne gesehen hätten. Es ist auch nicht klar, ob feministische Leserinnen und feministische Literaturwissenschaft überhaupt dieselben Texte als wichtig ansahen. Was feministische Leserinnen in der Frauenliteratur suchten, war die Benennung und Beschreibung ihrer eigenen Situation, entweder in der Form eines Berichts über Klagen von Frauen im Hinblick auf Männer oder die Darstellung ihres Kampfes um die Entwicklung eines neuen Selbstbewußtseins. Die Frauenbewegung schuf die Gelegenheit für eine Neubetrachtung von Texten bekannter Autorinnen der Vergangenheit (Brontë, Eliot, Sand) sowie weniger bekannter (Chopin, Perkins Gilman, Smedley) aus einer neuen politischen Sicht. Aus dem Textangebot von Autorinnen des zwanzigsten Jahrhunderts kristallisierten sich schnell Virginia Woolfs Essays, besonders ihre Abhandlung *Ein Zimmer für sich allein* (1929; deutsch 1978) sowie ihr Buch *Drei Guineen* (1938; deutsch 1978) als besonders wichtig für das Verstehen der Hindernisse heraus, denen sich kreative Frauen ausgesetzt sahen, während ihre Romane als Erforschungen der weiblichen Subjektivität gelesen wurden. *Die Glasglocke* (1963; deutsch 1968) von Sylvia Plath, einer weiteren Autorin, die Selbstmord beging, beschreibt im Detail die Entfremdung einer jungen Frau, die sich nicht an das Weiblichkeitsmodell der amerikanischen Fünfzigerjahre anpassen konnte. Feministinnen haben mit Begeisterung Doris Lessings Romane, besonders *Das goldene Notizbuch* (1962; deutsch 1978) gelesen, weil sie darin das Bemühen erkannten, eine Struktur zu schaffen, die in die ungleichartigen Bereiche im Leben einer modernen, unabhängigen Frau Sinn hineinbringt. Margaret Atwoods komplexes Buch

Der lange Traum (1972; deutsch 1979) betont die Kolonisierung der Kultur ihrer Protagonistin, verbindet deren Machtlosigkeit mit der Kontrolle der Amerikaner über ihre geliebte kanadische Wildnis und zeigt die Heldin auf der Suche nach einer neuen Identität in größerem Einklang mit der Natur. Marilyn Frenchs Buch *Frauen* (1977; deutsch 1978), ein außergewöhnlicher Erfolg, beschreibt im Detail die Freuden und Probleme einer traditionellen Hausfrau und folgt ihr dann auf ihrer einsamen Reise in eine feministische Unabhängigkeit. Im Gegensatz zu diesen meist realistischen Texten stellt Monique Wittigs Buch *Les Guerillières* (1969; deutsch 1980) auch literarische Strukturen in Frage: in einer Serie von üppigen, exotischen Fragmenten verfolgt sie das Bemühen von Frauen, ihre eigene Kultur und Sexualität vom Patriarchat zurückzufordern; ihr Buch hat eine Art Kultstatus bei vielen feministischen Leserinnen erlangt. In Adrienne Richs Gedichtsammlung *Der Traum einer gemeinsamen Sprache* (1978; deutsch 1982) entdeckten Feministinnen den lyrischen Ausdruck ihrer Erlebnisse im Patriarchat.

Doch trotz dieser beachtenswerten Werke feministischer Autorinnen entwickelte sich die große Mehrheit von Texten, die von Frauen in den siebziger Jahren verfaßt wurden, nicht in solch enger Verbindung mit der Frauenbewegung, und sie veranschaulichten auch nicht immer so deutlich feministische Prinzipien (auch wenn sie trotzdem als feministisch angesehen wurden, wie im Fall der herausragenden Romane von afro-amerikanischen Autorinnen). Zweifellos änderte die internationale Frauenbewegung das Bewußtsein der meisten Frauen im Westen, also auch der Schriftstellerinnen, schuf ein neues Bewußtsein von der Bedeutung des Geschlechts als Kategorie, und die neue Aufmerksamkeit, die Frauenfragen gewidmet wurde, erleichterte es weiblichen Autorinnen sehr, einen Verleger zu finden. Trotz dieser Tatsache, bemerkte Elaine Showalter vor kurzem etwas entrüstet in einem Essay *Women who write are women* in der *New York Times* vom 16. Dez. 1984, sei es erschreckend festzustellen, wie viele moderne Autorinnen die Zuordnung ihrer Werke zur Kategorie »Frauenliteratur« ebenso wie die Behauptung, daß ihre Werke sich vorrangig mit Frauenproblemen beschäftigen, ablehnen. Unter den englisch schreibenden sind dies besonders Doris Lessing, Joan Didion, Cynthia Ozick, Margaret Drabble, Iris Murdoch, Joyce Carol Oates und Nadine Gordimer. Sicherlich ist eine solche Antwort zum Teil durch Karrieredenken, Opportunismus, fehlende Solidarität oder sogar Selbsthaß verursacht. Aber es könnte auch sein, daß diese Autorinnen etwas verstanden haben, was viele Feministinnen noch nicht begriffen haben. Vielleicht wollen diese Autorinnen, daß Frauen nicht als eine qualitativ andere Art von Kreatur betrachtet werden, sondern als eine geschlechtliche Variante der Gattung Mensch, mit vielseitigen Interessen, von denen sie einige mit Männern und nicht alle mit allen Frauen teilen. Vielleicht ist es auch so, wie die weiße südafrikanische Autorin Nadine Gordimer behauptet, daß die Probleme der weißen Frauen nicht die wichtigsten in der heutigen Welt sind. Ein Ghetto ist ein Ghetto, unabhängig davon, wie schön es ausgeschmückt ist; wenn Frauenliteratur das ist, als was sie viele feministische Literaturwissenschaftlerinnen definiert haben, dann liegt vielleicht darin ein Grund, warum viele Autorinnen daran keinen Anteil haben wollen.

Diese offene Frage ist die Zukunft des Feminismus in den achtziger Jahren. Nicht nur Schriftstellerinnen, meine ich, haben entschieden, daß heute andere Fragen dringender sind als die Schaffung eines separaten feministischen Bereichs oder das Streben nach Privilegien für eine begrenzte Schicht von Frauen. Der Kurs, den der Feminismus in den siebziger Jahren verfolgte, führte dazu, daß den Feministinnen in den achtziger Jahren die politische Praxis fehlt. Viele Feministinnen scheinen zu fühlen, daß den Feminismus international eine Krankheit befallen hat, deren Ursache sie nicht verstehen. Außerdem haben sich viele Feministinnen entweder ganz aus der feministischen Politik zurückgezogen oder sind in eine andere Arena politischer Aktivität übergewechselt, ohne deswegen die Prinzipien aufzugeben, welche sie zuerst zur Frauenbewegung gebracht hatten. Vielleicht waren die siebziger Jahre notwendig, um Kraft und Vertrauen zu gewinnen, und vielleicht ist der Übergang in eine politische Koalition jetzt das Richtige. In den USA hat sich eine Reihe weißer Frauen den Wahlkampagnen der »Rainbow Coalition« angeschlossen, die vom schwarzen Präsidentschaftskandidaten Jesse Jackson angeführt wurde, und die radikalen feministischen Frauen vom Greenham Common Friedenscamp in England haben sich mit den streikenden britischen Bergarbeitern bei den Streikposten zusammengetan, um gegen die Politik der Regierung Thatcher zu protestieren. Vielleicht wird der Anstoß zu einem erneuerten Feminismus auch von Frauen der Dritten Welt kommen, die, angeregt vom Feminismus westlicher Prägung, glauben, daß in der Mobilmachung der Frauen ihrer Länder der Schlüssel zur Bekämpfung von Kapitalismus, Imperialismus und Frauenelend liegt; eine Veränderung könnte auch von Frauen der Gewerkschaften ausgehen, die zwar behaupten, »Ich bin keine Feministin, aber ...«, doch zäh für die Gleichsetzung ihrer Arbeit mit der der Männer kämpfen; und vielleicht wird sich der Feminismus auch aus der großen Anzahl der Frauen an der Basis der Frauenbewegung regenerieren, die sich nie viel mit den Veränderungen der feministischen Theorie beschäftigt haben, sondern in Frauenhäusern und Frauenzentren weiter hart für die Gerechtigkeit für Frauen gearbeitet haben. Der Feminismus der siebziger Jahre ist dann erfolgreich gewesen, wenn er Frauen hervorgebracht hat, die es ablehnen, sich mit der Welt, wie sie ist, abzufinden und die fortfahren, auch in den achtziger Jahren für eine soziale Ordnung zu kämpfen , welche die Bedürfnisse aller Frauen befriedigt.

Margret Brügmann

Weiblichkeit im Spiel der Sprache
Über das Verhältnis von Psychoanalyse und »écriture féminine«

Mitte der siebziger Jahre setzt in der Bundesrepublik eine Phase der Reflexion über die Ziele, Methoden und theoretischen Grundlagen der Frauenbewegung ein. Im Rahmen dieser Reflexion vollzieht sich unmerklich eine Richtungsänderung bezüglich der Vorbilder. Hatte man sich bis dahin vornehmlich an der anglo-amerikanischen Frauenbewegung orientiert, so richtet sich nun der Blick auf die Entwicklungen auf theoretischem Gebiet in Frankreich. Hier liegen Texte vor, in denen sich drei unterschiedliche diskursive Strategien überschneiden: Die Psychoanalyse, die Literatur und der Feminismus. Die Texte der französischen feministischen Avantgarde werden unter dem Nenner »écriture féminine« zusammengefaßt. In der Bundesrepublik nimmt man die Texte der französischen Theoretikerinnen nur zögernd auf. Trotz der Faszination, die man den Texten nicht abspricht, ist für viele ein Nutzen bezüglich der deutschen Frauenbewegung nicht ersichtlich. Auf theoretischem Gebiet jedoch haben diese Theorien auf unterschiedliche Weise Eingang gefunden. Neben teilweiser Ablehnung (Heide Göttner-Abendroth) zeigt sich eine Strömung mimetischer Aneignung, sowohl stilistisch als auch inhaltlich (Friederike Hassauer, Eva Meyer), die meist isolierte Einarbeitung in andere Diskurse (Ricarda Schmidt, Sonja Hilzinger), der Gebrauch der französischen Theorie als Äußerung utopischer Forderungen (Sigrid Weigel, die Zeitschrift *Die Schwarze Botin*) oder – ganz selten – die Übertragung als theoretischer Apparat bei Literaturanalysen (Irene Guy). Die Schwierigkeit, die sich offensichtlich stellt, ist die Verknüpfung von Unterdrückungs- und Patriarchatsdiskurs mit dem Diskurs der »écriture féminine«. Meines Erachtens kann letzterer jedoch für die deutsche feministische Diskussion produktiv gemacht werden. Dies gelingt nicht durch das Kopieren des Stils, sondern dadurch, daß man die Theoreme auf die eigene Psychohistorie überträgt. Dabei sollte sich eine feministische Theorie nach französischem Vorbild an den eigenen sozial-historischen, kulturellen, psychischen und literarischen Traditionen orientieren und sich mit ihnen auseinandersetzen.

Ich möchte im folgenden ansatzweise an einer Auswahl von Texten die Arbeitsweise und die Entwicklung von Theorien in der französischen »Schule« zeigen. Zuerst gebe ich eine kurze Übersicht über den Hintergrund, vor dem sich die Texte der »écriture féminine« entwickelt haben. Danach beschreibe ich die wichtigsten allgemeinen Merkmale dieser Gruppe und gehe dann exemplarisch auf Texte einzelner Theoretikerinnen/Schriftstellerinnen näher ein. Ich möchte hier die Diversität und die Übereinstimmungen der »écriture féminine« darstellen. In dieser Hinsicht erscheinen mir die Texte von Luce Irigaray, Julia Kristeva und Hélène Cixous in ihren Verschiedenheit repräsentativ. Trotz des einleitenden Charakters meiner Ausführungen hoffe ich zeigen zu können, wie wichtig die Theorien der »écriture féminine« für die (theoretische) Weiterentwicklung des Feminismus sein können oder sind.

Hintergründe

Im Mai 68, Paris: In den Straßen werden Barrikaden aufgeworfen, überall brennen Autos, es wird allgemein protestiert, Arbeiter und Studenten kämpfen Seite an Seite. Der Protest konzentriert sich auf die etablierten Autoritäten der Wissenschaft und Politik. Eines der Protestzentren ist die Universität von Vincennes, in der auf theoretischem Niveau das herrschende Denken schon lange kritisiert wird. Man konzentriert sich in dieser Kritik auf das herrschende Symbolsystem, also auf die Gesetzmäßigkeiten im Denken und in der Sprache, die für unsere Gesellschaft grundlegend sind.

Ich will hier einige »Stars« nennen, welche die Gemüter erregt haben. Allen voran der »grand-père« des Strukturalismus, der Anthropologe Claude Lévi-Strauss, der entdeckte, daß Gesellschaftsstrukturen und die Sprache nach ähnlichen Gesetzmäßigkeiten strukturiert sind. Der zweite, sehr streitbare Philosoph ist Michel Foucault, der unter anderem durch seine Wissenschaftskritik hervortrat und sich hauptsächlich gegen die Dominanz der Rationalität, des Logos im Wissenschaftsdiskurs wandte. Der dritte Theoretiker ist Jacques Derrida, der das metaphysische Element im Wissenschaftsdiskurs kritisiert und darauf hinweist, daß unser Denken und Sprechen unausgesprochen die Vorstellung birgt, hinter jeder zufälligen Erscheinungsform stehe eine Art Eigentlichkeit. Dieses Denken hat eine lange Tradition, die auf Plato zurückgeht. Der vierte Theoretiker ist der Psychoanalytiker Jacques Lacan, der die Psychoanalyse kritisiert und dessen Losung lautet: »Relire Freud!« Lacan bespricht in seiner Kritik die Borniertheit und unangemessene Gradlinigkeit der »herrschenden« psychoanalytischen Praxis und versucht, Freuds Theorie als eine Art Symboltheorie zu lesen. Das Wichtigste ist die Radikalisierung des Subjektbegriffs.

Die französischen Feministinnen entwickeln vor diesem theoretischen Hintergrund eine Theorie der Frauenunterdrückung, die drei »Fallgruben« feministischer Analyse vermeidet, zum Beispiel: Die Reduktionstheorie, das heißt, feministische Analyse der Frauenunterdrückung ausschließlich im Hinblick auf Frauen, weil dies, wie manche behaupten, ein »Frauenproblem« sei. Frauen werden hier als eine Minorität betrachtet. Eine Minorität hat jedoch immer eine kulturelle Identität und ist auch zahlenmäßig unterlegen. Beides trifft auf Frauen nicht zu. Eine zweite Fallgrube stellt die Ergänzungstheorie dar; hier argumentiert man wie im folgenden: Es gibt Männer und es gibt Frauen; Frauen sind anders, sie sind in ihrem Anderssein völlig gleichwertig, aber sie sollen auch anders bleiben, weil Männer und Frauen sich in ihrem Anderssein sehr harmonisch ergänzen. In dieser Theorie verfällt man schnell in eine Art Biologismus, indem man sich auf die Essenz des Weiblichen in der Frau beruft. Aber wo finden wir diese innerhalb der kulturellen Einschreibung? Eine dritte Fallgrube eröffnet sich in Form der so verlockenden Gleichheitstheorie: »Alle Menschen werden Brüder« ist das Ideal in der neunten Symphonie von Beethoven. Das spricht für sich. Aber auch wenn alle Menschen Schwestern würden, ginge diese Theorie meiner Meinung nach immer noch von einer großen Nivellierungswut aus, die Vielfältigkeit und Abweichung ausschließt. In der heutigen Gesellschaft würde diese Gleichheitstheorie immer auf eine Art Emanzipationsbewegung hinauslaufen, in der Frauen genauso viel dürfen wie Männer, der Maßstab jeder Handlung jedoch immer noch der männliche Parameter wäre. Dieses Problem reflektiert Silvia Bovenschen in ihrer Untersuchung *Die imaginierte Weiblichkeit.* In Vincennes ist man innerhalb der »écriture féminine« sehr vorsichtig in Bezug auf diese Fallgruben. Dort formiert sich eine radikal feministische Avantgarde, die aus der aktionistisch orientierten MLF (Mouvement de Libération de Femmes) hervorging, sich jedoch vornehmlich auf dem Gebiet der Theorieentwicklung und der Schreibpraxis profilierte.

Allgemeine Merkmale der »écriture féminine«

Wie die meisten Gruppen, so besteht auch die sogenannte »écriture féminine« nicht aus einem Klub gleichgesinnter Frauen, die eine Art Schulideologie verbreiten wollen. Der Name wurde ihnen eher von anderen gegeben, in der Absicht, eine bunte Gesellschaft sehr verschiedener Denkerinnen/Schriftstellerinnen zu benennen und einzuordnen. Ordnung muß sein ... Die bekanntesten dieser Gruppe sind die bereits oben genannten Luce Irigaray, Hélène Cixous, Julia Kristeva, außerdem Chantal Chawaf, Annie Leclerc, Sarah Kofman und Monique Wittig. Diese heterogene Gruppe ist durchaus nicht immer einer Meinung. Unter dem wachsamen Auge eines schadenfrohen Publikums werden zwischen diesen Frauen oft tiefgreifende Kontroversen ausgetragen, wie zum Beispiel zwischen Hélène Cixous und Monique Wittig, deren Identitätsbegriff und Konzept ästhetischer Strukturen Héléne Vivienne Wenzel in ihrer Studie *An Appreciation of Monique Wittigs Writings in Context* vorstellt (S. 265–283). Es geht hier um unterschiedliche Ansichten über politische Kampfstrategien, Schreibpraxis und den Umgang mit Begriffen wie Feminismus, Lesbianismus, Weiblichkeit. Aufgrund ihrer Textpraxis kann man die obigen Autorinnen jedoch unter dem Sammelnamen »écriture féminine« auf einen Nenner bringen.

Die gemeinschaftliche Grundlage der »écriture féminine« formiert sich in einer Kritik an den stillschweigenden Konventionen im Denken und in der Theorieentwicklung der abendländischen Kultur. Man versucht zu beweisen, daß und wo eine Konsolidierung im Denken stattfindet, wodurch andere Denkarten außer den herrschenden aus dem Denksystem ausgeschlossen werden. In diesem Feld der Ausschließung wird auch das »Weibliche« lokalisiert, das in engem Zusammenhang mit der realen Frau steht.

Die Kritik der »écriture féminine« konzentriert sich innerhalb der Philosophie und Wissenschaftstheorie auf die Dominanz des Logozentrismus. In diesem Denken in Ein-heiten – führt Hélène Cixous in *Schreiben, Feminität, Veränderung* aus (S. 134–149) – ist kein Platz für das Denken in Zweiheiten, die nicht in Hierarchien geordnet sind, wodurch das nicht-dominante »Weibliche« aus dem Denken extrapoliert wird. Die Theoretikerinnen zeigen dieses Einheitsdenken auch in der Psychoanalyse auf und werfen ihr vor, auch sie handhabe das Gesetz des »Einen«, indem sie die Konstruktion der Männlichkeit (Freud), bzw. das Gesetz des Phallus (Lacan) zum einzigen Maßstab jeder Subjektentwicklung macht. Die »écriture féminine« kritisiert schließlich auch eine Textpraxis, die den Text als eine Einheit betrachtet, als ein Ganzes, das nach größtmöglicher Eindeutigkeit strebt. Dadurch werden Faktoren wie Klang, Emotion, Rhythmus, Doppeldeutigkeiten und Spiel so weit wie möglich ausgeschlossen, was, wie Hélène Cixous im Gespräch mit Rina Van der Haegen so treffend sagt, auf eine Textpraxis mit einer »erstarrten Sprache« hinausläuft. Die oft schwer lesbaren Texte der »écriture féminine« signalieren in einer Art Spurensicherung Risse in dem so hermetischen Denksystem, die auf die An- oder Abwesenheit eines kulturellen Elementes hinweisen, das man »weiblich« nennen könnte, ohne daß es mit der biologischen Frau, die kulturell nach patriarchalen Maßstäben geformt wurde, identisch zu sein braucht. Es geht nicht darum – wie Cixous in *The Laugh of the Medusa* (S. 875–893) feststellt –, die Rolle der biologischen Frau aufs neue zu definieren; dies würde nämlich bedeuten, daß die bestehende Zweiteilung in Männer und Frauen entweder festgeschrieben oder bis zur Unkenntlichkeit verwässert würde. Die Suche der »écriture féminine« zielt eher auf eine Dekonstruktion bestehender Eindeutigkeiten. Es soll wieder ein frischer Wind durch die staubigen Paläste der Repräsentationsapparate wehen.

Das Streitinstrument der Damen ist die Sprache. Ihre Losung ist »Prendre la parole«. »La parole« ist von alters her hauptsächlich eine Männerdomäne, und in einer Kultur, in der Macht so sehr mit der Sprache liiert ist, entspricht die Eroberung der Sprache fast einem Griff nach der Macht. Schreiben zielt in den Augen der »écriture féminine« jedoch nicht auf das Besetzen traditioneller Repräsentationsapparate, sondern wird nach Cixous als subversive Praxis par excellence gesehen (ebd., S. 879).

Die Frage bleibt jedoch: Wie kann die Frau die Sprache in die Hand bekommen, ohne nur den patriarchalen Sprachgebrauch zu imitieren? Was ist das Weibliche und wo ist es geblieben? Was ist »das Weibliche« der Frau? Existiert die Frau überhaupt, oder müssen wir uns in den herrschenden Symbolsystemen doch mit dem Platz begnügen, den Lacan uns zuwies, als er sagte: »LA femme n'existe pas«? Sind wir dazu verdammt, das ewig Negative zu bleiben? Fragen über Fragen. Es wird nicht leicht sein, sie zu beantworten. Ich werde anhand einiger Texte von Irigaray, Kristeva und Cixous einer Spur folgen, die ein wenig vom rechten Weg abweicht. Ich konzentriere mich dabei auf den Zusammenhang, den sie zwischen der Psychoanalyse, der Textpraxis bzw. der »écriture« und der Frau sehen. Vielleicht begegnen wir irgendwo in diesem Tableau der »Weiblichkeit« als solcher.

Luce Irigarays Angriff gegen den Phallokratismus

Zunächst zu den theoretischen und literarischen Arbeiten Luce Irigarays. Irigaray hat lange in Vincennes gearbeitet und wurde dort mit ihrer Studie *Speculum de l'autre femme* promoviert. Ihre Zusammenarbeit mit Lacan führte letztlich zu einer heftigen Kontroverse über Wissenschaftsarbeit. Lacan, der immer behauptete, »DIE« Frau existiere nicht, empfand Irigaray als Person so bedrohlich, daß sie das Institut verlassen mußte.

Was die Psychoanalyse betrifft, so greift Irigaray auch in ihrem Artikel *Rückkehr zur psychoanalytischen Theorie* (S. 33–109) besonders die Weiblichkeitstheorie an, die sie phallozentristisch nennt. Sie weist darauf hin, daß Freud das Männliche dem Menschlichen gleichstellt. Diese menschliche Männlichkeit erhebe für sich den Anspruch auf Werte wie Eigentum, Produktion, Ordnung, Form, Einheit und Sichtbarkeit, kurz auf den ganzen Kulturapparat. Für die Frau bliebe nicht viel übrig. Sichtbar wird nach Irigaray diese annexierende Haltung auch in Lacans Theorie des Phallus, der hier nicht als männliches Geschlechtsorgan interpretiert wird, sondern als Symbol des Männlichen als einer Repräsentationsinstanz. Bei Lacan hat der Phallus keinen eindeutigen biologischen Bezug mehr, sondern ist eine Metapher für kulturelle Ordnungen. Das phallische Modell orientiert sich darum nicht ausschließlich an der Sexualität, sondern ist auch auf die Sexualität anwendbar. Bei dieser erdrückenden Anwesenheit des Männlichen schneidet die Frau schlecht ab. Sie wird nach Freud von Penisneid und männlichen Phasen geplagt, so daß der normalen Frau nur die Passivität, der Narzißmus und der Masochismus bleiben. Die Frau wird nach Lacan in der phallischen Ordnung als das Negative, das Andere definiert. Nach Irigaray gibt es eigentlich nur ein Geschlecht, das männliche, an dem alles gemessen wird. Zudem erstarren bei Freud die psychischen Mechanismen zu menschlichen Universalien. Freud hat nicht bemerkt, daß seine Analysen des psychischen Apparates auf den soziologischen Daten von Männern und Frauen der Bourgeoisie des 19. Jahrhunderts basierten. Irigarays Freudanalyse stieß auf heftige Kritik, wie man Sarah Kofmanns Studie *L'enigma de la femme* entnehmen kann. Wahrscheinlich hat Irigaray Übersetzungen von Freuds Texten gelesen, wodurch die Nuancierungen seiner Formulierungen teilweise verlorengegangen sind. Freud formulierte seine Theorie sehr vorsichtig, da er sich dessen bewußt war, daß seine Aussagen bezüglich der Weiblichkeit auf Vermutungen und Hypothesen beruhten. Sein selbstkritischer Stil verschwindet oft in Übersetzungen, wodurch der Eindruck entsteht, Freud äußere sich sehr dezidiert über die Wahrheit der Weiblichkeit. Meines Erachtens ist dieser Eindruck eher seinen Epigonen zuzuschreiben als ihm selbst.

Irigaray siedelt Freuds Theorie in einem größeren Rahmen an, in dem des abendländischen Denkens. In *Speculum de l'autre femme* zeigt sie, daß das Denken in Einheiten nicht von Freuds persönlicher Kurzsichtigkeit herrührt, sondern eine lange Tradition hat: Freuds Theorie paßt nach Irigaray in eine Denkweise, die sich um Begriffe wie Gleichheit und Identität zentriert, was in Freuds Ich-Begriff seinen Niederschlag findet.

Meiner Meinung nach läßt die Freudlektüre eine derartige Interpretation zu. Man denke an die Ausarbeitung einer Egopsychologie in Amerika. Diese Sehweise erfaßt jedoch nicht die wichtigen Arbeiten Freuds über die Traumarbeit, in der der Subjektbegriff eher dekonstruiert wird.

Irigaray reiht Freud in das philosophische Denken seit Plato ein, das alles zu Einheiten zu reduzieren versucht. Irigaray verbindet mit der Psychoanalyse eine Kritik am Logozentrismus. In *Speculum de l'autre femme* schreibt Irigaray die Geschichte der philosophischen Frauenfeindlichkeit. Die Frau hat bei allen Philosophen ein Manko, den Mangel an Mannsein, den Mangel an Abstraktionsvermögen, an Kreativität, was sich mit einer Auswahl von Zitaten von Aristoteles bis Lacan beweisen läßt. Die Frau symbolisiert den Mangel, den Verlust und das Defizit.

Vor diesem umfassenden Hintergrund wird es schwierig, über Weiblichkeit ohne die patriarchalen Definitionen zu sprechen und nicht schnurstracks im Irrenhaus zu landen. Irigaray schlägt vor, den herrschenden Diskurs mit der ironischen Dekonstruktion zu untergraben. Damit wählt sie eine Strategie, die Jacques Derridas Symbolkritik in seiner Schrift *La différance* (S. 6–38) entspricht. Derrida behauptet, es gebe keinen Bereich jenseits der Kultur, sondern man müsse die Metaphysik im Innern des Denkens selbst bekämpfen, indem man die logisch-kausal erscheinenden Behauptungen mit ihren eigenen Prämissen kritisch konfrontiert und ihnen so die Grenzen ihrer Wahrheitskonstruktionen zeigt.

Dekonstruktionsversuche in der »écriture«

Irigaray kämpft mit der Feder gegen das logo- *und* phallozentrische Denken. Sie konzentriert sich auf die Dekonstruktion der »écriture«, auf eine Textpraxis, die für Gesellschafts- und Denksysteme grundlegend ist. Meiner Meinung nach hat sie dabei den Sophisten über die Schulter geschaut, denn sie benutzt viele Techniken, die in der klassischen Philosophie – unter anderem wegen ihrer Doppeldeutigkeit und »Unzulänglichkeit« – verworfen wurden. Dem Denken mußten die Flügel gestutzt werden, um den Flug in die definitorischen Abstraktionen beginnen zu können.

Um den patriarchalen Apparat zu dekonstruieren, konzentriert sich Irigaray auf zwei Möglichkeiten der Subversion: Das Sich-Äußern der konkreten

Frau und eine spezifische Form der Textpraxis. Ich gehe anhand eines Textbeispiels erst näher auf die erste Möglichkeit und danach ausführlicher auf die Textpraxis ein.

Irigaray sagt in *Wenn unsere Lippen sich sprechen* (S. 25–41), daß Frauen reden/schreiben, kurz, sich äußern sollten. Sie erkennt die Gefahr einer Vereinnahmung in den patriarchalen Diskurs, dennoch drängt sie darauf, daß Frauen nicht länger schweigen oder, wie die berühmten Hysterikerinnen, mit ihrem Körper sprechen sollten. Cathérine Clément gibt in ihrem Beitrag *Hexe und Hysterikerin* der Hysterikerin eine eigene Funktion, weil diese die Grenzen des Diskurses angibt. Da sie sich und ihren Protest jedoch nicht zugänglich machen kann, wird sie aus der Gemeinschaft ausgeschlossen und im Haus oder einer Anstalt eingesperrt (S. 149–154). Irigaray ist sich dessen bewußt, daß der Prozeß des Frau-Sprechens langsam in Gang kommt, daß eine Menge Leid, Trauer und Verzweiflung damit verbunden ist, aber sie sieht in einer solidarischen Haltung zwischen Frauen eine Möglichkeit, Frauen ganz langsam zum Sprechen zu bringen. Außer der Ermutigung zum Sprechen behandelt Irigaray eingehend eine andere Möglichkeit, wie Frauen patriarchale Normen bekämpfen oder sich ihnen entziehen können. Irigaray benutzt in der *Macht des Diskurses* den Begriff der »Mimesis«. Sie spielt mit den Doppeldeutigkeiten dieses Begriffs, wobei ihrer Meinung nach »Mimen« das Widerspiegeln männlicher Normen und so eine der Möglichkeiten ist, das herrschende Spiel lächerlich zu machen. Außerdem ist die Frau, wenn sie mimt, nicht der »Phallus«, sondern tut nur so. Sie entzieht sich der männlichen Repräsentation, um an einem anderen Ort zu sein, unbemerkt. Diese Bewegung weist auf die zweite Möglichkeit der Mimesis für die Frau hin: Sie widersetzt sich einer spiegelnden Eindeutigkeit und befindet sich dagegen in dem Bereich, der von der definitorischen Arbeit der Repräsentation nicht genannt oder sogar ausgeschlossen wurde. Wir können uns das wie eine Widerstandsbewegung vorstellen, die eng verwandt ist mit Kristevas Begriff der Negativität, der soviel wie »das, was Veränderung ermöglicht« bedeutet. Die Negativität ist eine *Modalität*, die etablierte Strukturen untergräbt und erneuert, jedoch nicht individuell nachweisbar ist. Außer diesem mehr politisch ausgerichteten Subversionsversuch konkretisiert Irigaray in ihren Texten die Dekonstruktionsarbeiten auf stilistischer Ebene. Im folgenden werde ich einige Stilmittel nennen: Irigaray versucht, Definitionen »explodieren« zu lassen. Sie zeigt den metaphorischen Charakter von Definitionen, die immer eindeutig sein wollen. Sie zeigt die Überdetermination, die Mehrdeutigkeit der Definitionen und beweist, daß die Eindeutigkeit von Definitionen eher eine »Kopfgeburt« als eine Tatsache ist. Irigaray bewegt sich hier in einem Diskurs, der seit Nietzsches Kritik des Wahrheitsbegriffs eine lange Tradition kennt. Irigaray arbeitet mit Metaphern und zeigt ihre materiellen, vielschichtigen Konnotationen. Aus der Vielzahl der Bedeutungen entsteht ein Spiel, das sich der eindeutigen Lesart und also auch der Wahrheitsfindung entzieht. Das Paradox des Plurals »Wahrheiten« schafft Raum für bisher wegzensierte Bedeutungslinien.

Irigaray gebraucht neben dieser Technik das Mittel der Persiflage. Sie nimmt bestehende Theorien und dreht sie um, wie z.B. Freuds Persönlichkeitstheorie (vgl. *Le sexe qui n'est pas un*, S. 7–17). Ich werde mich in einem Beispiel noch ausführlicher damit beschäftigen. Durch die Umdrehung bekommt die persiflierte Theorie einen naiven Beigeschmack und reizt zum Lachen. Und was schadet der Glaubwürdigkeit eines ernsthaften Wissenschaftlers und seinen theoretischen Konstruktionen mehr, als daß man darüber lacht und ihnen dadurch Achtung abspricht? Das ist übrigens eine Technik, die Irigaray der Praxis männlicher Wissenschaftler abgeguckt haben könnte und die sie jetzt gegen sie gebraucht, denn viele Wissenschaftlerinnen kennen das tödliche Lächeln ihrer männlichen Kollegen, wenn sie ihr Denken erläutern wollen und auf eine Mauer lächelnder Gesichter stoßen, wodurch eine ernsthafte Konfrontation mit anderen Ideen grundsätzlich unmöglich gemacht wird.

Eine dritte Technik, die Irigaray in ihren Texten anwendet, ist die Vermengung verschiedener Sprech- und Schreibarten; so verbindet sie z.B. eine lyrische Form mit der polemischen Form eines politischen Manifests, läßt diese beiden Formen daraufhin auf eine bestehende wissenschaftliche Analyse los, die sie damit kritisiert. Dadurch entsteht ein unbeschreibliches Durcheinander in der Interpretation. Aufschlußreich sind hierzu die verschiedenen Kritiken und Interpretationen ihrer »Theorie« der Schamlippen als Gegenstück zu Freuds Phallustheorie. Denn gerade, wenn man die Bedeutung ihres Textes begriffen zu haben glaubt, verwandelt sich die langersehnte Sicherheit schon bald wieder in die Frage, auf welchem Diskursniveau sich die Aussage befindet, also was das Gesagte bedeutet. Das verursacht auch die vielen phantastischen und zum Teil lächerlichen Interpretationen von Irigarays Texten, die allerlei Arten von Wahrheiten in diese hineininterpretieren, so die Interpretationen von Beverly Brown und Parveen Adams in *The Feminine Body and Feminist Politics*. Gerade wenn man denkt, eine Textpassage handle von der realen Frau, wird man mit der Frau als Metapher konfrontiert. Gerade wenn man denkt, man wird über das Weibliche als textuelle Komponente belehrt, fängt man an zu zweifeln, ob hier nicht doch sozialhistorische Aspekte hinsichtlich der realen Frau beschrieben werden. Irigarays Textpraxis bewirkt auf diese Weise außer einer heilsamen Verwirrung auch, daß man über die Verbindungslinien zwischen Sprache, Philosophie, Text, Weiblichkeit und der Frau im sozialhistorischen Sinn nachdenkt. Der Leser produziert so seine eigene(n) Bedeutung(en), wofür der gelesene Text u.a. die Verantwortung trägt. Ich sage »unter anderem«, weil Irigarays Text selbst auch immer auf weitere Texte trifft, die sich bereits im Kopf des Lesers befinden. Irigaray nimmt diese polylogische Konstellation in ihrer Textpraxis wörtlich und schreibt ihre eigenen – unterschiedlichen – Diskurspraxen ineinander. Der Leser darf mit ihren Texten seinem eigenen Spiel und seiner eigenen Verzweiflung begegnen.

Das vierte Element, das man immer wieder in Irigarays Texten antrifft, ist die Formulierung in der Frageform (S. 110–124). In *Die Mechanik des Flüssigen* reflektiert sie das »Fließende« des Diskurses. Sie sagt nicht thetisch »so ist das«, sondern formuliert es als Frage: »ist es so, daß?« – »könnte es nicht so sein, daß?« oder: »wenn ich dies sehe, warum behauptet man immer das?«. Irigaray betont durch diesen stilistischen Trick, daß wir uns einer Sache eigentlich nur nähern können, ohne je das Zentrum, die Wahrheit, die Eindeutigkeit zu erreichen. Denn sobald man im Zentrum des zu benennenden Feldes steht, entdeckt man, daß auch diese Wahrheit nur auf andere Wahrheiten verweist, oder wie Lacan sagt: Jedes Signifikat sei in Wirklichkeit nur oder immer wieder ein Signifikant.

Für Irigaray ist das sehr wichtig, weil sie auf diese Art Erklärungsmodellen zuvorkommt und Befreiungskonstruktionen vermeidet. Das ist als Strategie ganz bestimmt auch für den Feminismus wichtig, weil man in dieser Annäherungshaltung die Beweglichkeit des Feminismus sicherstellt und ihn nicht mit Phantasien von heute die reaktionäre Utopie von von morgen werden läßt.

Schließlich bringt Irigaray auch im Schriftbild zum Ausdruck, daß es keine Eindeutigkeiten gibt. Sie macht oft Gebrauch von einer Stilfigur, bei der zwei Pronomina mit einem Querstrich verbunden werden, wie »je/tu« (vgl. *Wenn unsere Lippen sich sprechen*). Irigaray betont damit die Gespaltenheit des Subjekts, wobei soziale und individuelle, bewußte und unbewußte Komponenten miteinander verbunden werden. Gleichzeitig wird durch diese Stilfigur auch eine eindeutige Textinterpretation unmöglich, weil es immer mindestens zwei Lesarten gibt.

Wieviel komplizierter wird eine Interpretation jedoch, wenn die gespaltenen Pronomina sich in einem Satz wiederholen! Ein Beispiel zur Illustration: In Irigarays Text *Quand nos lèvres se parlent* finden wir den folgenden Satz: »Tu te/me gardes autant que tu te/me répands« (S. 69). Durch die doppelte Spaltung bekommen wir nicht nur zwei Lesarten, sondern, genau genommen, unerhört viele, die miteinander verbunden sind und eine Bedeutungsvielfalt konstituieren. Da mehrere Dinge gleichzeitig gesagt werden, bleibt die Sprache in Bewegung: Der Satzinhalt zirkuliert zwischen den verschiedenen Interpretationsmöglichkeiten. Um einige Lesarten zu zeigen, spalte ich den Satz in eindeutige Sequenzen: – »Tu te – tu me«: Wörtlich: »Du hältst dich fest, insofern, als du mich erweiterst«. Was soviel bedeutet wie: »Du bist dir identisch und wirst größer, insofern, als du die zunehmenden Erwartungen deiner Umgebung inkorporieren kannst«. Diese Version verweist meines Erachtens auf eine Interpretation, in der das Subjekt von einem anderen konstituiert wird.

– »Tu te – tu te«: Wörtlich: »Du hältst dich fest, insofern, als du dich erweiterst«. Was soviel bedeutet wie: »Du bist stark, wenn du deinen Einfluß vergrößerst«. Ich lese aus dieser Version, daß hier auf eine Identität verwiesen wird, die ihre Qualität durch Expansion bekommt. Dieser imperialistischen Haltung begegnet man oft in hierarchischen Beziehungen. Es ist die Ideologie des Eroberns, der Vereinnahmung und schließlich der Zueignung. Dabei wird das Andere in dem Einen inkorporiert. Es könnte soviel bedeuten wie: Wenn du dich stärker manifestierst, wirst du authentischer. Ich lese daraus, daß Frauen an Profil gewinnen würden, wenn sie (gesellschaftlich) mehr Raum einnehmen würden.

– »Tu me – tu me«: Wörtlich: »Du hältst mich fest, insofern, als du mich erweiterst«. Was soviel bedeutet wie: »Du bist stark, wenn du mir Raum geben kannst, mich zu entfalten«. In dieser Version wird meines Erachtens eine Beziehung angedeutet, bei der Eigentumsinteressen und Besitzansprüche keine Rolle spielen.

Irigaray sagt hier mehrere Dinge gleichzeitig, als Ausdruck dessen, daß die Wirklichkeit sich auch nicht gradlinig zeigt, sondern aus zahllosen, oft miteinander in Widerspruch stehenden Aussagen besteht. Diese Spannung wird schon mit den Verben angedeutet: »aufnehmen/auffangen« und »strömen/festhalten« sind Gegensätze. Auch die Pronomina »du« und »ich« umfassen den größtmöglichen – scheinbaren – Abstand zwischen dem »ich« und dem »Anderen«. Außerdem macht der Text absolut nicht deutlich, wie man das »Ich« und das »Du« interpretieren soll. Variationen bieten sich an: Der (weibliche) Körper, die Freundin und/oder der Freund oder andere Personen, das Unbewußte, Frauen in der Vergangenheit usw. Wenn man diese Variationen im Spiel vom »du/ich« konkretisiert, erhält man noch zahllose andere Interpretationsmöglichkeiten. Gleichzeitig ist es interessant, die Position der verschiedenen Lesarten in ihrer Beziehung zueinander in Verbindung zu bringen.

Ein anderes Beispiel für die Produktion einer Polylogik ist der Titel des Textes *Quand nos lèvres se parlent.* In diesem Satz liegt der Akzent auf dem Sprechen (»lèvres«, »parler«). Als erstes fällt mir der produktive Charakter dieses Satzbruchteils auf: Etwas zum Sprechen bringen, die Satz- (oder Sinn-)produktion initiieren. Außerdem lese ich: »Wenn unsere Lippen über etwas (uns?) sprechen«: Die Objektbeschreibung und -konstitution bleibt leer. Der subjektive Aspekt dagegen steckt in der Version: »Wenn unsere Lippen miteinander sprechen«.

Die Metapher der Lippen verweist auf die Zahl zwei. Lippen bestehen aus zwei Teilen. Außerdem wird nicht deutlich gemacht, ob der Mund oder die Schamlippen gemeint sind. Irigarays Credo der Annäherung wird auf diese Weise mit der Metapher der Lippen optimal umschrieben. Die Lippen verweisen sowohl auf Mechanik des Redens, zum Diskurs, als auch zum Körper, der Erotik. Wir sehen anhand dieses Beispiels, daß Irigarays Auffassung vom Diskurs und seiner Überdetermination nicht nur eine wissenschaftliche Konstatierung ist. Irigaray realisiert die Doppeldeutigkeit in ihrer eigenen Textpraxis.

Der Text *Wenn unsere Lippen sich sprechen* trägt auf der inhaltlichen Ebene Züge einer Wissenschaftskritik. Wenn wir uns Freuds Subjekttheorie vor Augen halten, so fällt auf, daß der Mensch bzw. der Mann als Konzept dient, um die Kulturproduktion zu erklären. Der Frau bleibt nur der Mangel an allem, was nach Freud den Menschen zum Kulturproduzenten macht. Irigaray sträubt sich gegen diese Beschreibung, indem sie eine Parodie auf Freuds biologistische Auffassung schreibt. Sie entwirft eine Körperlichkeit der Frau, die nicht vom Mangel ausgeht. Von der biologischen Konstitution der Frau leitet sie eine Erotik ab, die primär autoerotisch ist und den Mann als Eindringling und unnötiges Anhängsel beschreibt. Sie tut im Prinzip genau dasselbe wie Freud, nur nimmt sie den weiblichen Körper zum Ausgangspunkt ihrer Beschreibung. Aus den Protesten, die gegen einen solchen Text erhoben wurden, kann man ersehen, wie lächerlich eine solche Theorie ist, wäre sie ernst gemeint. Wenn man jedoch weiterdenkt und sich das Vorbild für eine solche Beschreibung vor Augen hält, wird eine Kritik an Freud entwickelt. Irigaray polemisiert hier mit der Persiflage auf elegante Weise gegen die Selbstverständlichkeit des Mannes als einziges Maß aller Dinge. Sie nennt den Meister nicht und verfällt auch nicht in vorwurfsvolle Schimpfkanonaden. Dieses Spiel setzt jedoch voraus, daß der

Leser die Vorlage der Persiflage kennt. Wenn das nicht der Fall ist, wird diese subtile Kritik leicht mißverstanden und führt zu Kritik an Irigaray selbst in der Form eines Angriffs auf ihre scheinbar biologistische Haltung.

Julia Kristeva

In der Diskussion über Psychoanalyse, Textproduktion und Feminismus nimmt die bulgarische Theoretikerin Julia Kristeva einen wichtigen Platz ein. Kristeva bekam 1966 durch ein Stipendium die Möglichkeit, nach Paris zu ziehen und dort ihre Studien fortzusetzen. In kürzester Zeit stieg sie zu einer der führenden Theoretikerinnen der avantgardistischen Theorieentwicklung auf. Sie war Redaktionsmitglied der berühmten Zeitschrift *Tel Quel.* Ihr Denken wurde sowohl vom Strukturalismus als auch von der Psychoanalyse beeinflußt.

Im Mittelpunkt ihrer Forschung steht die Linguistik, wobei sie sich auf den Produktionsprozeß der Zeichen konzentriert. Sie schreibt über »das sprechende Subjekt« und nicht über fertige »Sprachsysteme oder -strukturen« (vgl. *The System and the Speaking Subjekt*). Kristeva führt den Begriff »sémanalyse« ein, als eine Kritik der Zeichen und ihrer Gesetze. Das Ergebnis ihrer Forschung auf diesem Gebiet findet sich u. a. in der Dissertation *La révolution du language poétique*, in der sie u. a. Texte von Lautréamont und Mallarmé mit einer Methode kritisiert, die in größerem Umfang von der Psychoanalyse Gebrauch macht. Sie gibt jedoch keine psychologische Erklärung der Textinhalte, sondern interessiert sich für die Entstehung von Strukturen in der Sprache, die den Texten ihre spezifische Überdetermination an (Un-)Sinn geben.

Semiotisch-symbolische Vermengung bei Kristeva

Kristeva macht in ihrer Texttheorie Gebrauch von Lacans Theorie über das gespaltene Subjekt. Nach Kristeva kann man in der Sprache zwei Komponenten finden, die in mehr oder weniger großem Ausmaß immer gleichzeitig existieren. Die eine Komponente nennt sie »das Semiotische« und die andere »das Symbolische«. Sie verbindet den Term semiotisch manchmal auch mit »dem Weiblichen«, dem sie analog zur psychoanalytischen Einteilung »das Symbolische«, »das Männliche« gegenüberstellt. Kristeva weist darauf hin, daß das Kind vor seinem Eintritt in die symbolische Sprachordnung bereits Erfahrungen mit Klang, Farbe, Rhythmus und Körper gemacht hat. Diese Elemente sind noch weitgehend unstrukturiert und werden erst beim Eintritt in die symbolische Ordnung (ödipale Phase) mit den Gesetzmäßigkeiten der Grammatik, der Syntax und der gesellschaftlichen Regeln in Zusammenhang gebracht.

In jedem Sprachausdruck gibt es nach Kristeva beide Elemente, das semiotische und das symbolische. Das wird vor allem in der Poesie deutlich, in der Klang, Rhythmus und Wortspiele einen Großteil des poetischen Charakters des Textes bestimmen. Mallarmé sagt über diesen Vorgang: »Es kommt Musik in die Buchstaben«. Das semiotische Element ist zwar in der Sprache nachweisbar, hat aber keine eigene Form und benötigt immer das Symbolische, um sich äußern zu können.

Kristeva versteht nun unter dem produktiven, dem bedeutunggebenden Prozeß des sprechenden Subjekts das Spiel der semiotischen und der symbolischen Sprachkomponenten. Der kreative Prozeß wird ihrer Meinung nach durch das Zulassen semiotischer Elemente ausgelöst (sie nennt das in *Polylogue* »Sich inzestuös mit der Sprache auseinandersetzen«), die durch die Gestaltung in der symbolischen Sprache eingeholt und festgelegt werden.

Kristeva lokalisiert das sprechende Subjekt auf dem Schnittpunkt verschiedener Determinanten: Der Achse der biologisch-physiologischen Komponente, der Achse des Effekts des Unbewußten und der Achse des Einflusses der historisch-sozialen Umgebung. All diese Elemente haben ihren Einfluß auf die Sprachproduktion. Daher ist es evident, daß jedes Zeichen eine Überdetermination in sich trägt. Eine Textanalyse konstituiert sich demnach auch als ein so breit wie möglich konstruiertes Suchraster, dessen Grundlage nicht nur lexikographisch feststehende Bedeutungen sind. Die Fiktion der Texteindeutigkeit wird immer von den unbewußten Überdeterminationen untergraben (wenn man sie bei sich zuläßt).

Kann man dann überhaupt noch etwas aussagen, wenn keine Eindeutigkeit mehr möglich ist? Eine Antwort könnte sein: Wenn man den Bedeutungslinien wie in der Psychoanalyse nachgeht und ihre Paradoxien nicht zudeckt, könnte man eine Textbeschreibung entwickeln, die der Polylogik eines Textes mehr entspricht als eine erzwungene Eindeutigkeit. Ein schönes Beispiel hierfür ist Kristevas Aufsatz *Polylogue*. Die vielen Bedeutungen unterhalten Beziehungen zueinander und initiieren das Spiel der Sinngebung. Nach Kristeva ist dies einer der Aspekte der »Jouissance«. Dieses Wort, das sie der Theorie Lacans entnimmt, ist an sich bereits überdeterminiert, denn wenn man die Laute zu anderen symbolischen Formen ordnet: »J'ouis sens« – »Ich hörte Bedeutung«, dann erklärt der Begriff hier seine eigenen Spielregeln. Kristeva versteht unter »jouissance« die Gesamtheit sexueller, geistiger, körperlicher und konzeptueller Spannung und Ekstase. Dies steht in engem Zusammenhang mit der Entdeckung der Bedeutungsvielfalt eines Zeichens.

Kristeva über die literarische Produktion von Frauen

Was die literarische Produktion von Frauen betrifft, so bezweifelt Kristeva in ihrem Interview mit Rossum-Guyon, daß es Texte gibt, die *nur* von Frauen geschrieben werden könnten. Ihr Erklärungsmodell findet sie in der Psychoanalyse: »Wenn es wahr ist, daß das Unbewußte die Negation und die Zeit ignoriert, [...] dann würde ich sagen, daß die Schreibweise das Geschlecht ignoriert« (ebd.). Nach Kristeva haben das männliche und das weibliche Unbewußte keine unterschiedliche Struktur. Sie ist der Meinung, die künstlerische Produktion beruhe auf dem Spiel der libidinösen Pole des Semiotischen und des Symbolischen; sie nennt das die sexuelle Differentiation, im Gegensatz zum Unterschied zwischen den biologischen Geschlechtern, der sexuellen Differenz (vgl. *Produktivität der Frau*, S. 171).

Kristeva äußert sich ziemlich kritisch, besser gesagt negativ, über bestehende Texte von Frauen. Im Allgemeinen sind Frauen ihrer Meinung nach zwei Gefahren ausgesetzt: Auf der einen Seite nennt sie die drohende Regression ins Präödipale. Das resultiert nach Kristeva in einem Schreibstil ohne Struktur und ohne Logik (ebd). Auf der anderen Seite sieht sie einen weiblichen Schreibstil, der sich mit der phallischen Macht indentifiziert. Hierunter versteht sie das Schreiben aus einer männlichen Optik und die Aufgabe des Widerstands gegen phallische Repräsentation. Kristeva wirft Frauen in ihrem Interview außerdem vor, sie neigten zu künstlerischen Sprachspielen, die in literarischen »Kreuzworträtseln« enden, oder zum Schreiben von Texten, in denen die Signifikanten zu einer fiktiven Einheit reduziert werden (S. 81). Kristeva gibt leider keine Beispiele für die von ihr kritisierten Texte, und so bleibt ihre Kritik vage und unbefriedigend in Anbetracht der zahlreichen faszinierenden Texte, die sicher nicht unter dieser kritischen Guillotine zu fallen brauchen. Man denke an Texte von Emily Dickinsen, Djuna Barnes, Jean Rhys, Virginia Woolf, Hélène Cixous, Sylvia Plath, Christa Wolf, Ingeborg Bachmann und vielen anderen.

Kristeva beschäftigt sich in *Produktivität der Frau* auch mit der Frage, warum Frauen bisher so wenig Texte produziert haben (S. 171 f.). Ihrer Meinung nach ist der wichtigste Grund der des Objektwechsels, den eine

Frau vollziehen muß, um zu einer künstlerischen Produktion zu gelangen. Eine Frau zieht nach Freud (und Kristeva) in der ödipalen Phase den Vater der Mutter gegenüber vor. Im kreativen Prozeß muß die Frau sich wieder zum »Mütterlichen«, in diesem Fall dem Semiotischen, wenden. Dadurch besteht nach Kristeva bei Frauen die Gefahr, in die Depression zu verfallen und psychotisch zu werden. Als Beispiel nennt sie Virginia Woolf, die nach jedem fertigen Text Wahnsinnsanfälle bekam. Nach Kristeva besteht diese Gefahr bei Männern nicht, weil bei ihnen die Frau Muse, Mutter oder Geliebte ist und sie so in der Frau (und im Semiotischen) ein Gegenüber bilden können. Kristeva beruft sich hier deutlich auf psychoanalytische Erklärungsmodelle und erkennt den gesellschaftlichen Druck nicht, unter dem schreibende Frauen zu leiden haben, wenn sie sich nicht an ihre Rolle der Reproduktionsinstanz (Muse, Mutter) halten. Auch Kristevas Erklärung, warum Frauen dennoch schreiben, ist der Psychoanalyse entnommen: Weibliche Kreativität wird als Aufstand gegen die Mutter interpretiert. Die daraus hervorgehende Aggression sei ein wichtiger Motor weiblicher Kreativität. Im Gegensatz zu Kristevas Theorie des sprechenden Subjekts und der darauf folgenden Textproduktion, erscheinen ihre Aussagen über die Frau als sprechendes Subjekt ziemlich eindimensional, wie ihre Aussagen über Mutterschaft und lesbische Identität in *Polylogue* zeigen (S. 159–210).

Für Kristeva gelten eigentlich als subversive Textäußerungen von Frauen nur diejenigen Texte, die in den sogenannten »Avantgarde«-Stil passen, weil nur dieser ihrer Meinung nach eingeschliffene Denkmuster und gesellschaftliche Kodierungen problematisiert. Meiner Ansicht nach springt Kristeva etwas zu rigoros mit Texten von Frauen um, welche die Position der Frau in unserer Gesellschaft ohne Textexperimente problematisieren. Diese Texte sind aus der Sicht traditioneller Literaturkritik vielleicht nicht von hoher Qualität, haben aber einen wichtigen Beitrag geleistet, um Frauen zu ermuntern, Texte zu schreiben und das Schweigen zu brechen. Charakteristisch ist die Diskussion über schreibende Frauen, die nach der Veröffentlichung von Texten wie Meulenbelts *Die Scham ist vorbei* oder V. Stefans *Häutungen* in Gang kam.

Hélène Cixous

Hélène Cixous ist meines Erachtens in der »écriture féminine« die literarischste Schriftstellerin, wie ihre Texte *L'exil de Joyce ou l'art de remplacement, Le Prénom de Dieu* (1967), *La jeune née* (1975), *Portrait de Dora*

(1975), *La* (1976), *Angst* (1977) belegen. Sie hat ungefähr zwanzig Texte von mehr oder weniger großem Umfang geschrieben. In ihren Texten kommt ihre Kenntnis der Psychoanalyse und moderner Texttheorien zum Tragen. Cixous promovierte übrigens über James Joyce. Außerdem ist sie eine engagierte Feministin, was in vielen ihrer Texte zum Ausdruck kommt.

Cixous spricht in phantastischen Metaphern, wenn sie zu erklären versucht, wie sie schreibt. Sie spricht von ihrem kreativen Prozeß wie von einer »Höllenfahrt« oder einem »Eintauchen unter die Wasseroberfläche«, wobei man von Zeit zu Zeit kurz an die Oberfläche kommen muß, um Atem zu schöpfen. Cixous' ganze Produktion wird zum Großteil vom Spiel mit dem Unbewußten bestimmt.

Cixous postuliert in *The Laugh of the Medusa*, daß das weibliche Unbewußte auf jeden Fall von der Kultur beeinflußt wird. Das beschreibt sie mit einem Begriff des Militärjargons. Frauen unterlägen einem »pacyfying proces« (S. 877), womit beim Militär angedeutet wird, daß der Machthaber die kulturelle Identität des kolonialisierten Volkes zerstört. Cixous sieht in unserer Kultur eine solche Bewegung Frauen gegenüber: Frauen müssen lernen, still zu sein und ihren Körper und ihre Sexualität zu verleugnen. Sie haben lernen müssen, passiv und unproduktiv zu werden. Cixous behauptet polemisch, Frauen hätten die Kastrationsangst »lernen« müssen, denn Frauen kennzeichneten sich durch den »Mangel am Mangel«. Vom Mann würden sie dann »zur Ordnung gerufen« (vgl. *Die unendliche Zirkulation*, S. 25). Cixous spielt hier mit einer Analogie zwischen der psychoanalytischen Beschreibung der weiblichen Psyche und dem Platz des Weiblichen in der Sprache bzw. der symbolischen Ordnung. Cixous meint, der Ordnungsprozeß sei nicht ganz abgeschlossen und daher umkehrbar. In diesem Rahmen wird auch ihr Ausspruch begreiflich, daß weibliche Ökonomie (das Unbewußte, das Semiotische) nicht kolonialisierbar ist, sondern nur von der herrschenden patriarchalen Kultur *unterdrückt* werden kann.

Cixous plädiert nicht für eine neue weibliche Sprache, eine Art »esperanto féminine«. Sie will die weibliche libidinöse Ökonomie im Text verarbeiten. Diese Schreibweise ist mit Freuds Theorie der Traumproduktion vergleichbar. Freud sagt, nicht die Trauminhalte seien wichtig, sondern das Wesentliche am Traum sei die Traumarbeit, das heißt, die Transformationen und Verschiebungen, die Assoziationsketten, die das Unbewußte bedeuten. Der Traum sei im Grunde nichts anderes als eine besondere Form des Denkens, die durch die Bedingungen des Schlafzustands ermöglicht werde. Die Traumarbeit sei es, die diese Form herstellt, und sie allein ist das Wesentliche am Traum, die Erklärung seiner Besonderheit *(Traum-*

arbeit, S. 486). Cixous sträubt sich darum gegen das *Be*schreiben von Situationen. Sie will nicht *über* etwas schreiben, eine Geschichte erzählen, sondern im Gegenteil Bewegung in die Metaphern selbst bringen. Eines ihrer großen Vorbilder ist die brasilianische Schriftstellerin Clarice Lispector, von der sie sagt, Lispector lasse einen eine Rose riechen, während Rilke nur *über* die Rose schreiben könne (*Weiblichkeit in der Schrift*, S. 9). Mit einer solchen assoziativen Schreibpraxis, die man stilistisch zur Avantgarde rechnen könnte, zerfällt die Einheit der Ich-Repräsentanz, sowohl was die Relevanz des Autors als der Erzählinstanz im Text betrifft. Cixous sieht ihre Texte nicht als Abspiegelung nur eines Subjekts, eines Autors oder einer Optik. Sie bilden ein Konglomerat bewußter und unbewußter Elemente, die einander gestalten und zerstören. Cixous' Texte haben wie Träume eine nichtlineare Erzählstruktur. Die Texte sind daher auch nicht final, sie haben kein »Ende«, sie brechen irgendwo ab, sind nicht fertig, treffen auf assoziative Interpretationssuchraster des Lesers. Sie ähneln in gewisser Weise barocken Assoziationsketten, Textklitterungen.

In eine solche Textpraxis paßt Cixous' Ausspruch über das Schreiben von Frauen. Da Frauen keine manifeste Geschichte haben (auch nicht in der literarischen Praxis), müssen oder können sie sich fliegend/stehlend (frz. »voler«) durch die Kultur fortbewegen (vgl. *Schreiben, Femininität, Veränderung*, S. 146ff.). Das heißt, daß Frauen nicht erst eine Vergangenheit zu (re-)konstruieren brauchen, um jetzt Aussagen machen zu können. Auf der anderen Seite bedeutet es auch, daß Frauen sich aus einer kulturellen Produktion, die nicht die ihre ist/war, Teile aneignen können, die ihnen begehrenswert erscheinen. Cixous demonstriert das in ihrer Textpraxis, indem sie quer durch die bestehenden Diskurstypen schreibt. Sie mengt Elemente von Poesie, Träumen, politischen Manifesten, Rezepten, literarischen Zitaten mit eigenen Interpretationen von Mythen und Metaphern.

Cixous lehnt sich mit dem programmatischen fliegenden/stehlenden Schreiben gegen eine literarische Tradition von Frauen auf, die sie »liegend« nennt (*Die unendliche Zirkulation*, S. 38f.). Cixous reagiert hier auf sogenannte »Leidenstexte« von Frauen. Diese Texte werden bereitwillig in den traditionellen Literaturbetrieb aufgenommen, weil sie sozusagen die liegende Haltung von Frauen reproduzieren und instandhalten. Cixous sagt listig, die akzeptierte Haltung von Frauen sei immer die liegende gewesen, nämlich als Ehefrau, Hure und Hysterikerin. Gleichzeitig weist das Epitheton »liegend« auf einen lineraren Diskurs hin, den Cixous ablehnt. Wenn sie aufs neue das Märchen *Rotkäppchen und der böse Wolf* liest, lobt Cixous Rotkäppchen für ihre Ausflüge und Abenteuer, die sie vom rechten Wege abführen. Cixous sieht diese Abschweifungen als Entdeckungsreisen, die sie mit Elementen Bekanntschaft machen lassen, die nicht in die Repräsentation aufgenommen wurden (sprachlich und gesellschaftlich). Diese Abschweifungen seien in Bezug auf die gesellschaftliche Ordnung außerordentlich subversiv. Aufschlußreich auch, wie sie (vgl. *Weiblichkeit in der Schrift*, S. 7-22) *Alice in Wonderland* liest.

Cixous' weibliches Schreiben

Cixous sieht das Element des »Weiblichen« im Unbewußten. In der Schreibpraxis verbindet sie das Weibliche an eine Produktionsweise, die Freuds Traumarbeit ähnelt. Sie produziert Assoziationsketten aus verschiedenen Textfragmenten und Textarten, wobei sie das Element der Temporalisation so weit wie möglich ausschließt.

Den zweiten Aspekt des weiblichen Schreibens sehe ich bei Cixous in ihrer eindeutigen Stellungnahme zugunsten eines »women identified« – Subjekts, wie z.B. in *Portrait de Dora*, der hysterischen Dora aus Freuds Analyse. Bei der Verbindung der weiblichen Hauptperson mit einer träumerischen Textpraxis entsteht ein »Sinn«, der darauf hinweist, daß Frauen gesellschaftlich gesehen wie die Hysterikerin immer auf der Seite des Ausgeschlossenseins standen/stehen (Brügmann, S. 67-88). Gleichzeitig aktiviert dieses »Privilegium« Cixous' Heldin Dora, die symbolische Sprache systematischer zu dekonstruieren und mehr Sinn aufzudecken, als gesellschaftlich bisher annehmbar war. Cixous bewegt sich mit dieser Haltung auf der gleichen Linie wie Kristeva mit ihrer Positionsbestimmung der Frau als der (gesellschaftlichen) Negativität, das heißt als störendes und gleichzeitig erneuerndes Element. Vielleicht übersieht Cixous bei ihren Ermutigungsversuchen, daß die Frau nicht nur Subjekt, sondern leider allzu oft Objekt der Zerstörung ist.

Schluß

Ich möchte noch einmal die gemeinschaftlichen Merkmale der »écriture féminine« in Bezug auf die Psychoanalyse zusammenfassen: Für mich ist die Beziehung der »écriture féminine« mit der Psychoanalyse eine LAT- (= Living Apart Together)-Beziehung. Die Schriftstellerinnen kritisieren die Art, wie Frauen in der psychoanalytischen Theorie beschrieben werden. Freud wird aufgrund seiner biologistischen und ontologisierenden Weiblichkeitstheorie kritisiert. Lacan findet wegen seiner Theorie, die den Phallus als einzigen Signifikanten darstellt, keine Billigung. Sein berüchtigter Ausspruch: »LA femme n'existe pas« hat ihm in feministischen Kreisen keine Sympathien eingebracht. Auf der anderen Seite machen die französischen Feministinnen Gebrauch von den Erkenntnissen über das Unbewußte, das von der Psychoanalyse systematisch beschrieben wurde. Freuds Theorie der Traumarbeit wird in ihren literarischen Texten oft angewandt. Auch Lacans Erkenntnisse von der Sprache und den prinzipiellen Übereinstimmungen zwischen Mechanismen in primären und sekundären Prozessen werden wirkungsvoll in eine Textpraxis umgesetzt. Die »écriture féminine« macht von der Überdetermination des Signifikanten Gebrauch, um Bedeutungen immer wieder zu modifizieren.

Die »écriture féminine« stellt in ihrem subversiven Kampf die Sprache in den Mittelpunkt. Der Akzent liegt dabei auf der Bewußtmachung und der Verarbeitung des semiotischen Elementes in der Textpraxis. Sprache und Körper werden nicht als zwei verschiedene Entitäten gesehen. Um die Mehrdeutigkeit, den Klang und den Rhythmus in der Sprache zum Ausdruck kommen zu lassen, steht der Sprachprozeß im Vordergrund. Die Mehrdeutigkeit kommt oft erst während der Verbindung von Klang und Rhythmus ans Licht. Der Slogan »prendre la parole« hat außer dem literarischen auch einen politischen Aspekt. In der (Psycho-)Analyse nahmen Frauen nie das Wort, sie gaben es dem Analytiker, so daß er ihnen erklären konnte, welche Bedeutungen ihre Worte hatten. So blieben sie in einem Kreis patriarchaler Bilder, mit denen ihre Assoziationen interpretiert wuden. Cixous sträubt sich, wie oben anläßlich Doras beschrieben wurde, ausdrücklich dagegen. Sie zeigt neben dem Drama der patriarchalen Einverleibung von Frauen Möglichkeiten des Widerstands auf.

Die »écriture féminine« hat noch einen anderen Berührungspunkt mit der Psychoanalyse: Die Verflechtung verschiedener Genres. Freud selbst sagte, bei erneutem Lesen ähnelten seine Analysen einem Roman. Er benutzte bewußt Gesetze der literarischen und mythologischen Produktion, um die Aussagen seiner Patienten dekodieren zu können.

Die Schriftstellerinnen der »écriture féminine« vermengen bewußt verschiedene Elemente des poetischen und wissenschaftlichen Diskurses. Die Poesie verführt dabei die Wissenschaft dazu, ihre Eindeutigkeit abzulegen rund ihren metaphysischen Charakter einzugestehen. Die Dekonstruktion der Wissenschaft als Metapher eines Ordnungsmythos ebnet den Weg zu einer Polylogik, die den Eintritt des Weiblichen in der Form der Subversion bestehender Kodierungen ermöglicht.

Schließlich taucht in der Verstrickung von »écriture« und Psychoanalyse die Frau als biologische und historische Person auf. Die »écriture féminine« versucht immer wieder, die Diskussion »vom Kopf auf die Füße« zu verlagern, wie z.B. bei Irigaray und Cixous. Sie läuft dabei Gefahr, biologistisch genannt zu werden. Die Schriftstellerinnen versuchen jedoch, nicht die weibliche Psyche aufs neue zu definieren und zu systematisieren. Sie sehen keine einfache Analogie zwischen der realen Frau und dem Weiblichen in der Kultur. Eine eindeutige Zweierbeziehung würde einem linearen Diskurs in die Hände arbeiten. Wenn ich die Beziehung zwischen der realen Frau und dem Weiblichen beschreiben sollte, so wie sie meiner Meinung nach in den Texten der »écriture féminine« zum Ausdruck kommen, würde ich sagen, das Weibliche sei ein Amalgam aus Negativitäten, das die ganze Kultur (subversiv) durchzieht, also auch die reale Frau. Diese ist jedoch in der abendländischen Kultur zur Metapher für das Chtonische und das Chaos hochstilisiert worden, so daß es danach aussieht, als wäre sie die *manifeste* und exklusive Verkörperung des Weiblichen. Diese Mythe ist es nun gerade, die Frauen im patriarchalischen Netzwerk erstickt, weil sie Frauen daran hindert, in den Prozeß der gesellschaftlichen Gestaltung einzutreten. Die »écriture féminine« möchte zweigleisig arbeiten: Sie versucht, Frauen aus ihrer Einengung zu befreien, indem sie den Ort des Weiblichen in der Kultur beschreibt. Hiermit ist immer ein befreiendes, utopisches Element der Kritik und Subversion der bestehenden Ordnungen verbunden, wodurch »Weiblichkeit« einen dynamisch-revolutionären Charakter erhält. Der ermutigende Appell an Frauen, der in den Texten der »écriture féminine« steckt, bedarf kaum einer Erläuterung. Die Schriftstellerinnen schreiben als *Frauen* über *die Frau* und das *Weibliche* (in der Frau). Sie verkörpern damit eine fast utopische Kombination: Eine Frau, die das ihr auferlegte »eigene« Bild zerstört. Und das muß auch so sein, denn Cixous ruft uns in *The Laugh of the Medusa* provozierend, ermutigend zu: »Die Zukunft darf nicht länger von der Vergangenheit bestimmt werden. Ich bestreite nicht, daß die Effekte der Vergangenheit uns noch immer beeinflussen. Aber ich weigere mich, sie zu stärken, indem ich sie wiederhole, um ihnen einen Ewigkeitswert zuzusprechen als Äquivalent des Schicksals, um das Biologische und Kulturelle zu verwirren. Antizipieren ist ein Imperativ!« (S. 875).

Renate Wiggershaus

Neue Tendenzen in der Bundesrepublik Deutschland, in Österreich und in der Schweiz

Der jahrhundertealte Status der Frau, Objekt und nicht Subjekt, Anhängsel oder Untergebene und nicht Eigenständige und Gleiche zu sein, ist seit etwa zwei Jahrzehnten zumindest in vielen westlichen Ländern ins Wanken geraten. Nicht nur, daß Frauen die ihnen realiter oder fiktiv aufgestülpte Rolle einer bloß Konsumierenden, die je nach Bedarf auch einmal in eine Männerrolle schlüpfen darf, von sich weisen und selbstbewußt auf sich als Produzierende verweisen, deren Leistungen: berufliche Arbeit, Gebären, Kindererziehen und Haushaltsführung zu achten und anzuerkennen seien, sie stellen darüber hinaus eine patriarchalische Männergesellschaft infrage, deren Ziel die grenzenlose Beherrschung der Natur war und ist.

Noch nie hatten hierzulande so viele Frauen über so viele Jahre hinweg die Möglichkeit, zu selbstbestimmten Subjekten zu werden, wie in der jüngsten Zeit. Obgleich von faktischer Gleichberechtigung in politischen, sozialen, ökonomischen und Bildungsbereichen nicht die Rede sein kann, nutzen viele Frauen doch auf phantasievolle Weise ihre, gemessen an früheren Zeiten, relativ große Freiheit, um Einfluß auszuüben und Gegenwelten gegen die destruktiven Tendenzen des Patriarchats aufzubauen.

Der kulturelle Bereich, und hier vor allem der literarische, bietet in breit gefächerter Weise die Möglichkeit der historischen Rückbesinnung, der (Neu-)Orientierung, der Bewußtwerdung des eigenen Selbst und neuer Wahrnehmungsweisen, die zur Selbstfindung und zu selbstbestimmtem Handeln führen könnten. Allerdings mußte auch die Domäne der Literatur erst erobert werden. Nicht nur das wissenschaftliche und journalistische Schrifttum, auch die Feuilletons waren fest in Männerhand. Von den 1979 von der Wochenzeitung *Die Zeit* vorgestellten »100 Büchern der Weltliteratur, die man lesen sollte« stammten 99 Bücher von Männern und nur ein einziges von einer Frau – von Anna Seghers, deren Protagonisten zumeist Männer sind, mit denen sich die sechsköpfige Männer-Jury also identifizieren konnte. Ulrich Bräker und Albert Camus: ja. Nicht aber zum Beispiel: Rahel Varnhagen und Virginia Woolf. Diese Nichtbeachtung weiblicher

Kreativität beruht auf einer jahrhundertealten patriarchalischen Tradition, in der Dichterinnen verkannt, übersehen, vergessen wurden. Allenfalls wurden sie als Ausnahmeerscheinungen ihres Geschlechts wahrgenommen, um als solche betulich unter patriarchalische Schirmherrschaft genommen zu werden. Das ging so weit, daß eine ganze Reihe von ihnen mit dem Vornamen in die Literaturgeschichte einging – als seien sie keine eigenständigen Persönlichkeiten –, etwa wenn von Goethes »Bettine« die Rede ist, von Rolland und »Malwida« oder von Briefen Kafkas an »Milena«.

Hilfe aus dieser desolaten Situation der Bevormundung konnte – wie immer in Zeiten weiblicher Aufbrüche – nur von Frauen selber kommen. Und zwar von Frauen, die nicht durch die totale Entmündigung des Dritten Reiches geprägt waren, die also auch nicht kritiklos dem Wirtschaftswunderdeutschland der Restaurationszeit mit seinem konservativen Frauenbild, seiner Kälte und seinem Wachstumsfetischismus anhingen oder ihm hilf- und sprachlos gegenüberstanden.

Im Zuge der Studentenrevolte Ende der sechziger Jahre, an der sich viele junge Frauen aktiv beteiligten, wurde in krasser Weise deutlich, daß bei dem Versuch, gesamtgesellschaftliche Unterdrückungsmechanismen aufzuzeigen, frauenspezifische Probleme auch von jungen, sich als revolutionär verstehenden Männern vom Tisch gefegt wurden. Frauen hatten das satt. Die sich aus dem Protest gegen männliche Mißachtung konstituierende Frauenbewegung, die Anfang der siebziger Jahre einem Lauffeuer gleich um sich griff, war die Initialzündung für eine noch nie dagewesene Fülle von Frauenkultur. In einer Zeit, da das *Kursbuch* den Tod der Literatur ausrief, der Kritiker Fritz Raddatz in der »modernen deutschen Literatur« (für ihn identisch mit Männerliteratur) nur noch eine »Bestandsaufnahme der Beziehungslosigkeit« entdeckte, das Emporkommen einer »neuen Subjektivität« den meist wehleidigen und nicht selten egoistisch motivierten Rückzug vom schwieriger gewordenen gesellschaftlichen Engagement signalisierte, entstand eine wachsende Zahl von Büchern weiblicher Autoren, die nicht Leere und lähmenden Überdruß bekundeten, sondern den Wunsch, mit Lust zu leben, zu arbeiten, zu lieben, ohne daß dabei die Verzweiflung über die Schwierigkeiten unterdrückt wurde, die sich dem in den Weg stellten.

Anders als bedeutende Schriftstellerinnen der älteren Generation, anders als beispielsweise Marieluise Fleißer, deren Protagonistin Cilly Ostermeier in der autobiographischen Erzählung *Avantgarde* von einem Mann »ganz stark gebrochen« wird, oder deren weibliche Hauptfigur Frieda Geier in dem Roman *Eine Zierde für den Verein* sich danach sehnt, daß ihr Geliebter ihr »Herr« wird mit der »Fähigkeit, ihren Widerstand aufzuzehren«, anders als etwa Marie Luise Kaschnitz, die die »Liebesbeteuerung und die Liebesklage« als »vornehmlichsten Gegenstand der weiblichen Dichtung« bezeichnete, anders auch als Gabriele Wohmann, die nicht in einer Frau, sondern in einem Mann – dem Schriftsteller Robert Plath in dem Roman *Schönes Gehege* – ihr Ich zu verbildlichen sucht, schreiben sich viele von dem stürmischen Aufbruch nicht unberührt gebliebene Frauen aus ihrer geschlechtsspezifischen Asylierung heraus, indem sie sehr offen von ihren Problemen, ihrem Zorn, aber auch ihren Sehnsüchten, ihren vielfältigen Wünschen und utopischen Hoffnungen sprechen. Sie schufen eine ganze Palette von Identifikations- und Solidarisierungsmöglichkeiten. Kaum eine Autorin, die wie Dichterinnen früherer Zeiten ihre Geschlechtszugehörigkeit beklagte: »Warum ward ich kein Mann!« (Karoline v. Günderode), »Wär ich ein Mann doch mindestens nur« (Annette v. Droste-Hülshoff); die sich Männerkleidung oder ein männliches Pseudonym zulegte, um ihrem als minderwertig geltenden Status als Frau zu entkommen. Frauen der siebziger Jahre brachten eine Literatur hervor, in der die Autorinnen größtenteils von sich als von autonomen weiblichen Menschen sprachen. Die Stärke dieser Literatur liegt in der Verbindung von Emotionalität und Rationalität; ihre positiven Merkmale sind Authentizität, Betroffenheit, Engagement, Mut zu Offenheit, Phantasie und Menschlichkeit.

Einst waffen- und sprachlos, benutzen viele Schriftstellerinnen heute Dichtung als Waffe, nicht, um zu vernichten, sondern um Männern die Waffen aus der Hand zu schlagen. Vielen von ihnen geht es um die Beendigung des von Männern initiierten und seit Jahrtausenden währenden Krieges zwischen den Geschlechtern. Es geht um die Vermenschlichung der Gesellschaft. Daß ein Zustand des Friedens nicht auf friedliche Weise erreicht werden kann, haben viele Frauen begriffen. Aber diese Erkenntnis führt nicht dazu, ihrerseits nun auf männliche, vernichtende Weise zu kämpfen, sondern die einzig mögliche Alternative zu ergreifen: den Gegner waffenlos zu machen.

Daß es auch Sackgassen gibt, soll nicht verschwiegen werden: Bücher, in denen der Rückzug auf die große Mutter Natur, ein intuitives, theorieloses Wissen, die Fixierung aufs Biologische und damit das Ausspielen des Körpers gegen den Geist beschworen werden. Derlei führt nur dazu, daß Frauen sich selber entmündigen, indem sie Dinge zum höchsten Maßstab machen, die in der Geschichte immer wieder als Legitimation der Rechte des Stärkeren dienten. Genauso wenig wie zum Beispiel Luise Otto Peters, Malwida v. Meysenbug, Hedwig Dohm – alle drei entschiedene und tatkräftige Verfechterinnen der Frauenemanzipation des 19. Jahrhunderts – es schafften, aus den Protagonistinnen ihrer Romane der Zeit voranschreitende, kühne Gestalten zu machen, genauso wenig gibt es in der heutigen Literatur von Frauen kämpferische, sieghafte Romanheldinnen (ausgenommen Irmtraud Morgners temperament- und tatenvolle Heroinen Trobadora Beatriz und Laura Amanda Salman).

Das ist nicht verwunderlich. Immer und immer wieder wurden Ansätze emanzipativer Bestrebungen in Zeiten der Restauration zunichte gemacht. Eine kontinuierliche Tradition in der weiblichen Literatur gab es nicht. Überliefert wurde allenfalls Fragmentarisches, Stückwerk. Überkommenes gab es nach dem Zweiten Weltkrieg nur auf dem konservativen Sektor: die Gedichte der Nationalsozialistinnen Ina Seidel und Agnes Miegel fanden sich zuhauf in bundesrepublikanischen Lesebüchern. 1959 waren bereits dreizehn Oberschulen nach Miegel benannt, die Hitlers »Wahn« mit »schweigend ehrfürchtigem Staunen« erlebte und diesen Machtbesessenen und Mörder »tief und glühend ergriffen« grüßte, erfüllt von »demütigem Dank«, daß sie ihm »dienen« durfte. Vergeblich sucht man in Lesebüchern für höhere Mädchenschulen aus jener Zeit Gedichte von Gertrud Kolmar, Else Lasker-Schüler, Nelly Sachs, die von den Nationalsozialisten ermordet oder vertrieben wurden.

Zahlreiche Scham, Trauer und Bestürzung auslösende authentische Berichte von Augenzeuginnen – unmittelbar nach dem Zweiten Weltkrieg aus der unverblaßten Erinnerung geschrieben – waren rasch vergriffen, wurden nie wieder aufgelegt und sind in kaum einer Bibliothek vorhanden. Es gab aber auch Frauen, die erst nach Jahrzehnten in der Lage waren, über die Schrecken und das Entsetzen, die sie unter dem Terror der Nationalsozialisten erdulden mußten, zu berichten – zum Beispiel Hanna Lévy-Hass: *Vielleicht war das alles erst der Anfang* (1977) oder Ingeborg Hecht: *Als unsichtbare Mauern wuchsen* (1984). Ihre Bücher sind Leuchttürme über einer finsteren Vergangenheit.

Aber nicht nur autobiographische Darstellungen waren kaum präsent, auch die fiktive Literatur aus früheren Jahrzehnten und Jahrhunderten fehlte weitgehend auf dem bundesrepublikanischen Büchermarkt. Es ist das Verdienst heutiger Schriftstellerinnen, alte Dichterinnen dem Vergessen entrissen zu haben, indem sie bei Verlagen unbeirrbar und zäh eine Neuauflage ihrer Werke erkämpften und einfühlsam, mit schwesterlichem Blick ihr Bild vor dem zeitgeschichtlichen Hintergrund erstehen ließen. Zu diesen Büchern gehören z.B. Ingeborg Drewitz' Bettina v. Arnim-Biographie; Gisela Brinker-Gablers Präsentation deutscher Dichterinnen vom 16. Jahrhundert bis zur Gegenwart; Gisela v. Wysockis Essays über Marieluise

Fleißer, Unica Zürn oder Virginia Woolf; Sibylle Knauss' leidvolle Geschichte von Elise Lensing, der Geliebten Friedrich Hebbels; Karin Reschkes *Findebuch der Henriette Vogel*, eine poetische Beschwörung der gesichtslos gebliebenen Selbsttötungsgefährtin Heinrich v. Kleists; Gerlind Reinshagens Theaterstück *Leben und Tod der Marilyn Monroe*, die Lebensgeschichte einer zum Superstar zurechtgetrimmten Frau, die jeglicher Möglichkeit beraubt wurde, Selbstidentität zu gewinnen.

Dieser Trend zeugt von schwesterlicher Treue, von dem Bedürfnis, in Werk und Leben der Vorgängerinnen die eigene Geschichte zu entdecken, aber auch von dem Bestreben, publik zu machen, was in einer patriarchalisch bestimmten Literatur nicht zur Kenntnis genommen oder rasch beiseite geschoben wurde. Die Fülle der neu entdeckten Literatur ist überraschend groß, staunenswert ist aber auch die Ernsthaftigkeit und Lauterkeit, mit der Frauen ihre eigene Lebensgeschichte eingewoben in den Teppich des Zeitgeschehens darzustellen suchen, ihre Ängste und Sehnsüchte, ihre zaghaften und leidenschaftlichen Versuche, die Flügel auszubreiten, um zu fliegen – um dann doch erkennen zu müssen, daß sie mit Stricken an die Erde gefesselt oder in Käfigen gefangen waren. Ein dunkler Spiegel, in den Frauen da blicken, der – je näher sie herantreten – desto schwärzer wird.

Es wäre verwunderlich, wenn es bei dieser Annäherung nicht auch Mißgriffe gäbe. Beispiele dafür sind Christine Brückners oberlehrerhafte Zurechtweisung Malwida v. Meysenbugs *(Hören Sie zu, Malwida)* oder Elfi Hartensteins kolportagehafte, leerlaufende Annäherung an Else Lasker-Schüler *(Wenn meine Paläste zerfallen sind – Else Lasker-Schüler 1909/1910)*. Derlei Versuche werfen ein trübes Licht auf das Innenleben der Autorinnen; sie sind wenig dazu angetan, Leben, Werk und den politisch-sozialen Umkreis der von ihnen behandelten Dichterinnen zu erhellen.

Zwei Strömungen sind es vor allem, die sich in der erzählenden, zum Teil auch der lyrischen und dramatischen Dichtung von Frauen während der letzten ein bis zwei Jahrzehnte unterscheiden lassen. Zum einen die Suche nach der eigenen Identität und nach Selbstverwirklichung, die eine Abgrenzung gegen Männer in zuweilen krasser Form nach sich zog; zum anderen Kritik an den gesellschaftlichen Verhältnissen, die eine Kritik an den verfestigten autoritären Strukturen des Patriarchalismus und eine Parteinahme für seine Opfer, besonders die Frauen, einschloß. Die Fülle der Literatur zu diesen Themenbereichen gestattet es nicht, alle Autorinnen bzw. die Titel ihrer Bücher auch nur zu benennen. Wenn ich mich im folgenden auf einzelne Schriftstellerinnen und das, was sie schrieben, beziehe, so mögen ihre Bücher exemplarisch für zahlreiche andere stehen.

Die Suche nach dem eigenen Ich ließ eine ganze Reihe von mehr oder weniger autobiographischen Texten entstehen. Da werden zahlreiche Kindheiten von Frauen lebendig, die während des Zweiten Weltkriegs oder in den Jahren davor oder danach geboren wurden. Düstere Familiengeschichten in finsteren Zeiten werden erzählt, in denen Eltern für ihre Kinder kaum ein Hort des Vertrauens, der Stärke, der Liebe waren, wohl auch nicht sein konnten. Im Gegenteil: In Helga Novaks 1979 erschienenem Roman *Die Eisheiligen* läßt die wahrhaft frostige Adoptivmutter »Kaltesophie« die Tochter für alle Entbehrungen und Versagungen büßen, die sie einst selber erdulden mußte. »Sauberkeit« und »Anstand« werden der wißbegierigen Tochter eingeprügelt, die auf diese Zumutungen und Verletzungen mit Ratlosigkeit, Fluchtversuchen, Wutausbrüchen, innerlicher Vereisung reagiert. Es ist eine Erziehung, die den vorwärts drängenden Teil eines kleinen Mädchens immer wieder zurückstößt. Der Konflikt zwischen Mutter und Tochter wird durch den nationalsozialistischen Alltag, durch Fliegerangriffe, Evakuierung aufs Land und Rückkehr in die zerbombte Stadt, durch Übergriffe sowjetischer Soldaten, durch Hunger und Not noch verstärkt. Sie bekämpfen sich schließlich auf männliche Weise: »wie zwei feindliche Soldaten«. Hier wird mit rückhaltloser Subjektivität erzählt. Die deprimierende, individuelle Geschichte des heranwachsenden Mädchens wird eng mit der Zeitgeschichte, die ein solches Schicksal möglich macht, verknüpft. Das Buch ist auf einem stilistisch hohen Niveau geschrieben, »beängstigend gut«, wie ein männlicher Kritiker meinte. Dennoch fehlt dem Buch das ganz Eigene, Spezifische, das es anders als Dokumentarliteratur zu einem Werk der Kunst machte, die »durch nichts anderes als ihre Gestalt dem Weltlauf« widersteht, »der dem Menschen immerzu die Pistole auf die Brust setzt« (Theodor Adorno, *Engagement*). Die Gefahr aller autobiographisch-authentischen Literatur – eine Gattung, die von Frauen verständlicherweise aufgrund ihres Identitätsmangels bevorzugt wird – besteht darin, bloße Verdoppelung einer wie immer gearteten, zumeist schlechten Realität zu sein.

Ähnliches läßt sich für den literarisch weniger brillanten, von der Kritik viel gelobten, 1976 publizierten, autobiographischen Roman *Mitteilung an den Adel* von Elisabeth Plessen sagen. Dort rechnet die Autorin – Tochter aus adeligem Haus und überzeugte Vertreterin der APO-Generation – nicht nur mit ihrem konservativen Vater ab, sondern setzt sich darüber hinaus mit der vom Nationalsozialismus geprägten Vätergeneration überhaupt auseinander. Es ist der episch gestaltete Versuch, sich von der eigenen Herkunft freizuschreiben, um das eigene Ich zu entdecken. Am dichtesten wirkt das

Romangeschehen da, wo Elisabeth Plessen auf authentisches Material, ihre Kindheitserinnerungen z.B., zurückgreift. Eine Autorin, die bei ihrem ersten Buch auf eine fünfunddreißigjährige Erfahrung zurückgreifen kann, hat es beim Schreiben eines neuen Buches schwer, wenn sie sich nicht einem festumrissenen Thema zuwendet oder selber nicht genug Phantasie zum Dichten, zum Erdichten besitzt. Exemplarisch dafür ist Plessens 1984 erschienener autobiographischer Roman *Stella Polare*, in dem von der glanz- und glutlosen Liebe einer Frau Mitte dreißig in einer teils gestelzten, teils saloppen, in beiden Fällen ungelenken Sprache die Rede ist. Je mehr sich die Protagonistin des Romans ihrem Freund unterordnet, dem sie mit einer »Affenliebe« ergeben ist, je passiver und anpassungsbereiter sie ist, je mehr sie zu einem fremdbestimmten Objekt wird, desto weniger ist sie natürlich das, was sie sein möchte: anregende, aufmunternde, reizvolle, schöne Muse – nicht etwa: eine selbstbestimmte, tatkräftige, eigenständige Frau. Die peinigend triste Realität dieser Beziehungskistengeschichte wird weder von außen erhellt noch von innen her in ihrer Unerträglichkeit gezeigt. *Stella Polare* erscheint wie die verhaltene Heroisierung eines farblosen Alltags, in dem gesellschaftskritische und feministische Träume ausgeträumt sind.

Ein in inhaltlicher und formaler Hinsicht gleichermaßen gelungenes Beispiel für die Recherche nach dem eigenen Ich ist Katja Behrens 1983 erschienener Roman *Die dreizehnte Fee*. Er ist nicht, wie die meisten autobiographischen Texte sonst, in der ersten Person geschrieben und geht weit über das individuelle Schicksal eines – wie die Autorin – im Zweiten Weltkrieg geborenen Mädchens hinaus. So ist es auch unverständlich, wenn ein Kritiker »das offene, das in den Text deutlich integrierte Eingeständnis« vermißt, »daß man es bei diesem Buch mit dem autobiographischen Roman einer Kindheit zu tun« habe, und bemängelt, daß Behrens ihre »autobiographische Fixierung« nicht »thematisiert« habe. Der Roman *Die dreizehnte Fee* ist nicht nach den Maßstäben dokumentarisch-autobiographischer Literatur zu beurteilen, sondern nach denen eines Kunstwerks, das seine eigenen objektiven Gestaltungs-Anforderungen an die Künstlerin stellt, denen sie sich zu beugen hat.

»Einen Roman schreiben heißt, in der Darstellung des menschlichen Daseins das Inkommensurable auf die Spitze treiben. Mitten in der Fülle des Lebens und durch die Darstellung dieser Fülle bekundet der Roman die tiefe Ratlosigkeit des Lebenden« (Walter Benjamin, *Der Erzähler*). In dieser Tradition steht Behrens' erster Roman, in dessen Mittelpunkt drei weibliche Figuren – Großmutter Marie, Mutter Hanna und Tochter Anna – stehen, die zwar einerseits das Leben bewältigen, d.h. darin nicht untergehen, andererseits auf Zumutungen und Schicksalsschläge hilflos reagieren. Es ist, als seien sie ungepanzert und waffenlos in einen Kampf geschickt worden, den sie nie gewollt hatten. Anna sucht die Kränkungen zu ergründen, die ihrer Mutter, ihrer Großmutter und deren Mutter zugefügt wurden und von denen noch sie, die späte Nachfahrin, heimgesucht wird. Ist Marie die Verkörperung der Ohnmacht – betrogen von ihrem Mann, verfolgt im Dritten Reich –, Hanna die der Verängstigung und eines nie fruchtbar gemachten, sondern nur unterdrückten Zorns, so Anna die des Ausbruchs aus einer Welt des Stillehaltens und der Unselbständigkeit, in der sie Männer nur aus den Erzählungen der Großmutter und Mutter als »Sagengestalten« kennenlernt, die einem alles geben und alles nehmen können. Das Schicksal der drei Frauen ist filigranartig eingewoben in den historischen Kontext der ersten Hälfte dieses Jahrhunderts. Auf eine fast untergründige Weise – mit wenigen Strichen konturiert – zeichnet Katja Behrens die Schrecken und die Nöte des politischen Alltags der Weimarer Republik, des Dritten Reichs und der Nachkriegszeit, Zeiten, in denen die drei Protagonistinnen des Romans jeweils jung waren. Die erfindungsreiche Alltäglichkeit der Sprache transportiert die Schocks des Alltags und verwehrt dem Leser ein kontemplatives Rezipieren des Erzählten, macht ihn vielmehr zu einem Betroffenen und Komplizen.

Die Versuche von Frauen, sich schreibend selber zu finden, indem sie die Kindheit heraufbeschwören, münden vielfach in bittere Auseinandersetzungen mit den Eltern, zum Beispiel in Jutta Heinrichs Roman *Das Geschlecht der Gedanken*, in dem die Sexualität der Eltern ein Quell der Schrecken, Brutalitäten und Demütigungen ist; vor allem aber mit den Vätern, die nun, vom Erwachsenenstandpunkt aus, nicht nur als strenge autoritäre Patriarchen, sondern auch als soziale Rollenträger gesehen werden, die für die konservative Ausrichtung der fünfziger Jahre mitverantwortlich waren, zum Beispiel in Brigitte Schwaigers autobiographischem Bericht *Lange Abwesenheit*, in Ruth Rehmanns Roman *Der Mann auf der Kanzel*, in Jutta Schuttings Erzählung *Der Vater* oder Katrine v. Huttens Erzählung *Im Luftschloß meines Vaters* – alle zwischen 1979 und 1983 erschienen. Kälte, Schweigen, Abwesenheit, Kontaktlosigkeit – das sind die Eigenschaften, die charakteristisch für die Väter in ihren Beziehungen zu ihren Töchtern sind. Ulla Berkéwicz' nicht autobiographische Erzählung *Josef stirbt* ist da eine Ausnahme. Hier geht es nämlich nicht so sehr um eine Auseinandersetzung mit dem Vater, sondern um die mit dem als sinnlos und furchtbar geschilderten Prozeß des Sterbens.

Wie in der Realität, spielen auch in der Literatur die Mütter eine nachgeordnete Rolle. Noch böser, aber auch erbärmlicher als in Novaks Kaltesophie tritt die Figur der Mutter uns aus Elfriede Jelineks sinistrem Roman *Die Klavierspielerin* entgegen, als »Inquisitor und Erschießungskommando in einer Person«. Als ein Hort potentieller Fürsorge und Wärme erscheint die Mutter bei Behrens, als gute und als böse Fee in Rahel Hutmachers 48 kurze Prosatexte umfassendem Buch *Tochter*, in dem der Abschied zwischen dem symbiotischen Paar Mutter-Tochter geprobt wird.

Die Suche nach dem eigenen Ich findet ihren literarischen Niederschlag aber nicht nur in der Beschreibung von Auseinandersetzungen zwischen den Generationen, sondern auch in der Beschreibung von Verhältnissen zwischen Menschen, die in einer liebenden, freundschaftlichen, ehelichen oder partnerschaftlichen Beziehung zueinander stehen. Einer der kunstvollsten und schönsten Romane, *Rita Münster* von Brigitte Kronauer, thematisiert die Frage »wer bin ich?« auf ausgreifende und zugleich drängende Weise. Zwar machen sich im ersten Teil des Buches viele Gestalten breit, die das Ich unten halten, doch tritt es schließlich auf Seite 72, sich selbst behauptend, hervor: »nun aber ich selbst«, und auf Seite 153 erfahren wir zum erstenmal seinen vollständigen Namen. »Ich, Rita Münster«, ein sich seiner selbst bewußtes Ich kommuniziert nun mit den ihm Nächsten: dem Vater, dem Freund und dem Geliebten. Schließlich erscheint es im dritten und letzten Teil als ein Ich, das mit sich identisch ist und in Raum und Zeit ausschweifen kann. Es kann sich in Selbstgewißheit bewegen und läuft nicht mehr Gefahr, sich zu verlieren.

Ein so starkes Ich – wie empfindsam und zerbrechlich es auch letzten Endes ist – tritt uns aus nur wenigen anderen zeitgenössischen Büchern entgegen. Unverzagt und bewußt tritt es auch in Ursula Krechels bilderreichem und eindringlich schönem Gedichtzyklus *Rohschnitt* auf. In sechzig Sequenzen versucht ein weibliches Ich den Aufbruch in dreifacher Gestalt: als Kluge, als Schöne, als Mutter. Nicht das Ziel, sondern, was das Ich über sich und die Welt erfährt und was es aus dieser für sich gewinnt, ist das Thema der Autorin. Was bei der Lektüre all jener Bücher, die sich mit den Beziehungen eines weiblichen Ich zu seiner Umgebung und zu anderen Menschen befassen, klar wird, ist, daß Frauen von nichts und niemandem Hilfe erwarten können als von sich selbst.

Die Lösung aus Bindungen, die das eigene Ich verkümmern lassen oder quälen, kann zur Selbstfindung und damit zu relativer Unabhängigkeit, Freiheit, Autonomie und Lust und Mut zu eigenen Aktivitäten führen. In dem Roman *Wie kommt das Salz ins Meer* schildert Brigitte Schwaiger die lange schmerzliche Trennung ihrer Protagonistin von einem hochmütig patriarchalischen Ehemann, für den sie ein leeres Blatt und auswechselbar ist und der nicht das geringste Interesse hat, sie selber als eigenständigen Menschen kennenzulernen. Erscheint die Eheschließung als beklemmendes Ereignis, so die Scheidung als Happy End. In einer Reihe zeitgenössischer Romane, welche die Beziehungsschwierigkeiten zwischen den Geschlechtern thematisieren, werden weibliche Figuren vorgeführt, die auf wehleidige, beklemmende oder mitleiderregende Weise Opfer sind, die sich aus eigener Kraft nicht befreien können: Luise in Plessens bereits erwähntem Roman *Stella Polare*; Erika in Elfriede Jelineks bös-satirischem Roman *Die Klavierspielerin*; Doris, Klytemnestra, Thea in Christa Reinigs Roman *Entmannung*. Nicht der Protagonist, der Chirurg Kyra, bleibt auf der Strecke, sondern die ihn umgebenden Frauen: »Irrenhaus, Krankenhaus, Zuchthaus. Das ist der Dreisatz der Weiber-Weltformel. Lehnst du dich auf, kommst du ins Zuchthaus, lehnst du dich nicht auf, drehst du durch und mußt ins Irrenhaus und beneidest die Weiber, die zum Beil gegriffen haben. Unterwirfst du dich mit Lust, kommst du mit deinem kaputtgerammelten Unterleib ins Krankenhaus.« Obgleich diese Zeilen Reinigs (wie ja auch der Titel »Entmannung«) nahelegen, die Speerspitze der Autorin richte sich allgemein gegen Männer, wird bei der Lektüre doch deutlich, daß sie den Männlichkeitswahn meint, den in dieser männerdurchwalteten und -beherrschten Gesellschaft auch Frauen verinnerlicht haben. Der Mann Kyra, der sich zum Schluß des Romans in eine Frau verwandelt, steht symbolisch für die einstige Christa (Reinig). So bekannte sie Ende der siebziger Jahre: »Ich bin ein zweifacher Renegat. Als Frau geboren, habe ich mich für die Sache der Männer stark gemacht und viele Jahre die Welt nur aus dem Blickwinkel der Männer betrachtet und nach dem Nutzen der Männer bewertet, ohne mich um einen Aspekt der Weiblichkeit zu bemühen, d.h. gegen mich selbst gehandelt. Dann in einem plötzlichen Entschluß bin ich auf die Seite der Frauen übergegangen.«

Dieser abrupte Sprung von einer männerorientierten Einstellung zu einer frauensolidarischen Haltung beruht auch auf der Erkenntnis, daß sie die werden muß, die sie ist – also eine Frau –, weil sie nur als solche frei sein kann und zwar nur im Verein mit anderen Frauen: »Die weibliche Liebe ist unteilbar, so unteilbar wie die Freiheit der Frauen. Wir alle werden frei sein oder keine.«

Diese weiblicher Erfahrung entsprungene Einsicht formulierte Christa Reinig im Hinblick auf die autobiographischen Aufzeichnungen Verena Stefans, die 1975 unter dem Titel *Häutungen* erschienen und rasch zu einem Kultbuch der neuen Frauenbewegung wurden. Das in seinem Ansatz richtige und auch mutige Buch thematisiert zweierlei: erstens die Dürftigkeit heterosexueller Liebesbeziehungen, denen es an Zärtlichkeit, Wärme und Gefühlsintensität mangelt und deren Ziel ein routinierter Koitus ist. Stefan kommt zu der Erkenntnis, daß sie einen Mann nur darum »brauchte«, weil sie sich selber »nicht hatte«. In dem Maße jedoch, in dem sie sich ihrer selbst bewußt wird, wendet sie sich von Männern ab und Frauen zu: »ich erfahre etwas über mich selber wenn ich mit einer anderen frau zusammen bin, mit einem mann erfahre ich nur, daß ich anders bin.« Die positive Identifikation mit einer rein weiblichen Welt hat ein provozierendes Moment. Literatur ist nicht dazu da, Leser(innen) in Sicherheit zu wiegen, sondern zu beunruhigen, aufzustören. Über die Kritik an der Grobheit heterosexueller Beziehungen hinaus prangert Verena Stefan die Armut einer Sprache an, in der sich weibliches Bewußtsein und weibliche Empfindungen nicht artikulieren können. »als ich über empfindungen, erlebnisse, erotik unter frauen schreiben wollte, wurde ich vollends sprachlos.«

So berechtigt der Ausgangspunkt ihrer Kritik ist, der von ihr eingeschlagene Weg ist eine Sackgasse. Die sprachlichen Neuschöpfungen (statt »löwenmäulchen« heißt es nun »schamlippler«) grenzen an Kitsch. Es ist schlechterdings unmöglich, aus dem Nichts eine weibliche Sprache zu schöpfen. Was möglich ist, ist die Umformung einer männergerechten Sprache in eine menschliche Sprache: zäh, unbeirrbar, mit hellem, kritischem Geist.

Verheerender noch als die zuweilen peinlichen Neuschöpfungen ist aber der regressive Rückzug auf die große Mutter Natur, das Sich-Entziehen in eine mythische, archaische Welt des Matriarchats, als sei damit auch nur ein einziger Schachzug gegen die Kälte einer zivilisierten und technokratischen Welt gewonnen. In welch dumpfe Ecken eine unreflektierte Apotheose von Mütterlichkeit führen kann, zeigt Karin Strucks Roman *Die Mutter*. Die Protagonistin Nora bekennt, es sei ihre »größte Sehnsucht [...], eine *Große erotische Mutter* zu sein«. Wie wenig sich der Traum von der großen mythischen Gebärerin verwirklichen läßt, zeigt drastisch der nächste Roman *Lieben*, in dem die Protagonistin Lotte trotz heftiger Gewissensbisse ihr drittes Kind abtreiben läßt. Die Struckschen Romane, in denen die Gefahr der Selbststilisierung immer virulent ist, bleiben im allzu Privaten stecken. Das gilt auch für das 1980 erschienene Buch *Der Tod des Märchenprinzen* von Svende Merian, das im Umgang mit dem Erotischen wie dem Gesellschaftlichen wenig souverän ist. Das Reich der Natur, der Mütterlichkeit, der Empfindungen und Liebesbeziehungen, in das sich Verena Stefan und Karin Struck flüchten, war Frauen immer unbenommen. Erst der Ausbruch aus diesem ihnen immer schon zugewiesenen Reservat wurde mit harten Strafen geahndet. Erinnert sei nur an jene Frauen, die sich ein hohes Maß an eigenständigem Wissen im medizinischen und gynäkologischen Bereich erworben hatten und die zu Tausenden und Abertausenden über Jahrhunderte hinweg als »Hexen« verbrannt, zu Tode gefoltert oder auf andere Weise ausgerottet wurden. Der fatale Rückzug in eine rein weibliche Welt, wie ihn Verena Stefan propagiert, käme einer Kapitulation gleich. Es gilt aber, das Verlorene zurückzugewinnen und das noch nicht Zerstörte zu erhalten und fruchtbar zu machen. Dazu kann Sprache dienen, was sie bei den erwähnten Autorinnen aber nicht tut.

Die Suche nach dem eigenen Ich, die sich bei so vielen Schriftstellerinnen in Abgrenzungen gegenüber Eltern und Partnern manifestiert, endet kaum je mit einem Sieg. Im Gegenteil, schmerzliche Erfahrungen und Verletzungen sind die Regel. Krankheitsberichte erzählen von Hilflosigkeiten, Kränkungen und Einsamkeiten, die sich zu einer »Hölle mitten in einer Welt des Wohlstands, der Liebe und Fürsorge« verdichten und den Tod als Erlösung erscheinen lassen. In ihrem Tagebuch einer Krankheit, das 1970 unter dem Titel *Depression* erschien, schreibt Caroline Muhr (Pseudonym): »Das Schlimmste ist vielleicht, daß bei aller seelischen Verarmung und Verzerrung der Verstand klar bleibt und die Vorgänge sondiert, ohne sie mildern, zurechtbiegen oder aufheben zu können.« Bei hellem Verstand erlebte auch Maria Erlenberger (Pseudonym) ihren desillusionierenden Aufenthalt in einer psychiatrischen Anstalt, in die sie nach einem Versuch der Selbsttötung durch Verhungern eingeliefert worden war. In ihrem 1977 erschienenen Bericht *Der Hunger nach Wahnsinn* sagt sie: »Ich weiß es, der Selbstmord ist eine verzweifelte letzte Herausforderung an das Leben. Eine letzte Möglichkeit des Lebens.« Weil der Kältestrom des Lebens Depressionen, Verweigerungen und Selbstverstümmelungen gebiert, weil er das Ich auf unerträgliche Weise spaltet, wird der Tod als eine Instanz herbeigewünscht, die zur ersehnten Ich-Identität führen könnte. Krankheit, wie immer sie verläuft, ob an ihrem Ende der genesene Mensch oder der Tod steht, zeugt von dem Bedürfnis, zu kommunizieren; sie ist eine Entäußerung, ein Versuch, etwas mitzuteilen, das in Worten nicht mehr ausgedrückt werden kann. »Es gibt keine Krankheit«, so Ingeborg Bachmann in ihrem Essay *Georg Groddeck*, »die nicht vom Kranken produziert wird [. . .]. Es ist eine Produktion, wie eine künstlerische, und die Krankheit bedeutet etwas. Sie will etwas sagen, sie sagt es durch eine bestimmte Art zu erscheinen, zu verlaufen und zu vergehen oder tödlich zu enden.« Es ist der Versuch, sich selbst mitzuteilen, die eigene Identität herzustellen, ernst genommen zu werden.

Auf Ingeborg Bachmann gehe ich hier nicht näher ein, weil sie ihre Bücher bereits in den fünfziger und sechziger Jahren schrieb. Ihr Werk gehört zum Avanciertesten der deutschsprachigen Nachkriegsliteratur. In den postum erschienenen Romanfragmenten *Der Fall Franza* und *Requiem für Fanny* und dem 1971 erschienenen Roman *Malina* werden die weibliche Identitätsproblematik, das ungleiche Aufeinanderprallen von weiblicher Liebesfähigkeit und männlicher Vernunft auf eine so vielschichtige und formal und sprachlich großartig eigenwillige Weise dargestellt wie kaum irgendwo sonst. Auch Bachmanns theoretische Reflexionen zu Problemen zeitgenössischer Dichtung aus dem Jahre 1959 sind uneingeholt modern. Vielleicht wurden sie deshalb kaum diskutiert, weil die Dichterin nicht auf den geschlechtsspezifischen Charakter von Sprache einging. Doch müßte ein Satz wie der folgende aus ihrem Vortrag *Literatur als Utopie* (der fünften ihrer Frankfurter Vorlesungen) wegweisend für Frauen sein: »Denn dies bleibt doch: sich anstrengen müssen mit der schlechten Sprache, die wir vorfinden, auf diese eine Sprache hin, die noch nie regiert hat, die aber unsere Ahnung regiert und die wir nachahmen.«

Die meisten der von mir angeführten mehr oder weniger autobiographischen Darstellungen, die für die Autorinnen und potentiell auch für ihre Leser(innen) möglicherweise therapeutische, jedenfalls befreiende und identitätsstiftende Funktion hatten, gehen über das Private hinaus. Das Scheitern der Eltern, mangelnde Zuwendung, geiziges, scheibchenweises Zuteilen von Liebe, der eisige Umgang von Menschen untereinander sind der Niederschlag öffentlich herrschender menschenfeindlicher Reglementierungen, die zu feiger Anpassung und uneingestandener Unzufriedenheit führen. Insofern sind gerade die rückhaltlos subjektiven Berichte Manifestationen objektiver Realität mit vielfach sozialkritischem Charakter.

War in den Texten der Identitätssuche, insbesondere in der bekenntnishaften, durch keine literarischen Distanzierungs- oder Verdichtungsmittel geprägten Selbsterfahrungsliteratur mehr oder weniger latent die Gefahr der Überhöhung der eigenen Schwierigkeiten vorhanden, die Gefahr, sich im Leben als Opfer einzurichten, so fehlt diese weitgehend in einer Literatur, die indirekt oder unmittelbar Kritik an den gesellschaftlichen Verhältnissen übt. Charakteristisch für sie ist eine scharfe Beobachtungsgabe, Mut zu Offenheit, ein nicht vergessen und verdrängen wollendes Gedächtnis sowie eine subversive Energie, die geeignet ist, jene männliche Ordnung zu unterlaufen, die ihr humanes Zentrum verloren hat.

Nun kann man selbstverständlich keinen Strich ziehen: hier die Literatur der Identitätssuche, dort die gesellschaftskritische Literatur. Brigitte Kronauer, Helga Novak oder Ursula Krechel, um nur drei der oben erwähnten Schriftstellerinnen zu nennen, sind beiden Bereichen zuzurechnen. Doch wird bei der Lektüre vieler von Frauen geschriebener Bücher deutlich, daß ihrem Schreiben vorrangig sozialkritische Motive zugrundeliegen.

Man könnte die gesellschaftskritische Literatur in drei große Gruppen unterteilen. Zum einen Erlebnisberichte und dokumentarische Texte, wie sie zahlreich zur Zeit nach der Studenten- und Lehrlingsrevolte erschienen. Eines der eindringlichsten und bestgeschriebenen Bücher waren Marianne Herzogs Aufzeichnungen über Frauenakkordarbeit, die 1976 unter dem Titel *Von der Hand in den Mund* erschienen. In ihrer klaren Prosa beschreibt sie die stupiden, kurzzyklischen, gegen den menschlichen Rhythmus gerichteten, monotonen, oft schmutzigen und lauten Tätigkeiten von Frauen. Das, was weibliche Arbeit auszeichnet – Fingerfertigkeit etwa, Ausdauer und Gewissenhaftigkeit – wird nach Marianne Herzogs Analyse nicht nur nicht finanziell honoriert, sondern erst gar nicht als qualitatives Plus wahrgenommen. Die Autorin zeichnet den Teufelskreis nach, der da heißt: Doppel- und Dreifachbelastung, im Schnitt 30 Prozent weniger Lohn als Männer, Erhöhung von Stückzahlen und Bandgeschwindigkeit, Massenentlassungen von Arbeiterinnen. Herzog bleibt mit ihrer Beschreibung dicht am Geschehen; ihre Sprache ist präzise und anschaulich:

> Ein Arbeitsvorgang von ihr [Frau Heinrich] dauert 9 Sekunden: einen Fuß nehmen, eine Strebe mit der Pinzette greifen, die Strebe an den Fuß schweißen. Den gleichen Vorgang mit der zweiten Strebe und anschließend den fertigen Fuß in den Kasten legen. Um das auszuhalten, hat Frau Heinrich sich im Laufe der Akkordjahre ihre Bewegungen innerhalb der Möglichkeiten des Akkords ausgedehnt. Sie hat ein paar Bewegungen dazu erfunden und schafft trotzdem den Akkord. Mit den Händen nimmt sie nicht nur das Material auf und schweißt es unter der Elektrode zusammen, sondern wenn man ihr zuguckt, sieht das so aus: Frau Heinrich breitet die Arme aus wie im Flug, dann zieht sie sie wieder ein und nimmt dabei, als käme sie rein zufällig daran vorbei, das zu schweißende Material in beide Hände und wippt während sie es aufnimmt mit dem Körper nach und tritt mit dem Fuß drei- bis viermal auf das Fußpedal und schweißt erst dann das erste Teil an. Dann wieder Ausbreiten der Arme [...].

Die nicht-dokumentarische Literatur umfaßt zwei Strömungen, zum einen jene Schriftstellerinnen, die die defizitäre Situation von Frauen zum Mittelpunkt machen oder zumindest mit einbeziehen; zum anderen jene, die die Dürftigkeit des bundesrepublikanischen Alltags sezierend aber ohne geschlechtsspezifischen Blick schildern. Zu dieser Gruppe gehören so unterschiedliche Schriftstellerinnen wie Gabriele Wohmann und Gisela Elsner.

Gabriele Wohmann, die laut Diktum des Literaturkritikers Marcel Reich-Ranicki zu den »besten Erzählern« gehört, läßt in der Erzählung *Violas Vorbilder* (die keine Frauen, sondern ausschließlich Männer sind) nicht etwa einen Mann die »fixe Idee von der biologischen Verdammnis der Frauen: zu geringerer Geistesleistung, zu defekter Schöpferkraft« haben, sondern eine Frau. Zweifellos ist es so, daß das, was Männer jahrhundertelang predigten, von Frauen verinnerlicht wurde. Merkwürdig aber ist, daß der Mann, der nicht an die »geringe Geistesleistung« und »defekte Schöpferkraft« von Frauen glaubt, seine Frau schätzt, während diese für ihr Geschlecht und damit sich selber eine ausgesprochene Verachtung zeigt – und daß der Mann in dieser Geschichte als der Illusionist dasteht. Auch Gisela Elsner geht es um die alltäglichen Schrecken und Schäbigkeiten kleinbürgerlicher und mittelständischer Schichten. In ihren erbarmungslos sezierenden, frostig distanzierten Satiren sucht sie die Deformationen und dumpfen Zeremonien bürgerlicher Pseudohelden zu entlarven. Was der Dessousfabrikant Norbert Mechtel in dem Roman *Punktsieg* auch anfaßt, alles gerät ihm verkrampft und fade, bleibt auf dem Niveau von Geschäftstüchtigkeit, Imagepflege, altkluger Selbstbestätigung stecken. Die Gefahr einer so überspitzten Darstellung, die ausschließlich die Deformiertheiten von Angehörigen mittelständischer Kreise zeigt, liegt darin, daß die potentielle Veränderbarkeit einer tristen Realität erst gar nicht in den Blick kommt. Elsners Sprache ist nicht kunstvoll genug, die satirischen Elemente nicht scharf und bissig, nicht energiegeladen und witzig genug, um der Entlarvung gesellschaftlicher Verlogenheiten, menschlicher Schwächen und Torheiten eine befreiende, aufklärerische Wirkung zu geben. Zu sehr ist das, was die Autorin schildert, die Verdoppelung eines tristen Alltags. Wenn sie in dem Roman *Die Zähmung* von einem Ehepaar als Giggenbacher und Bettina spricht, ohne die jahrhundertealte Entmündigung, die hinter der Nennung der Frau bei ihrem Vornamen steckt, auf sarkastische oder ironische Art zu verfremden, so dominiert die Verlängerung eines alten patriarchalischen Unterdrückungsmechanismus. Die dritte Gruppe von Schriftstellerinnen – es ist die größte – schreibt eine fiktionale Literatur, die unter Einbeziehung weiblicher Realitätserfahrung mehr oder weniger explizit Kritik an den autoritären Strukturen des Patriarchalismus übt. Diese Literatur – wie indirekt sich ihre Kritik auch äußert – hält der Gesellschaft den Spiegel vor, in dem das erscheint, was sie gern verdrängt: Entfremdung, Angst, Unterdrücktes, Unbefreites. Literatur soll aufstören, bewußt machen, erschüttern. Sie will Sehnsucht wecken, aber eine Sehnsucht, die nicht die Realität überspringt, sondern diese mitzieht. Es geht nicht darum, eine patriarchalische Welt in eine matriarchalische zu verwandeln, sondern in eine menschliche. Es geht um die Brechung des Objektstatus der Frau und um eine Revolutionierung der gesamten Gesellschaftsstruktur. Dazu bedarf es ichstarker Subjekte, die einen aktiven Umgang mit gesellschaftlichen Dingen haben. In dem Maße, in dem ein Subjekt aus den jeweiligen Gegebenheiten das Äußerste herausholt, kommt es selber zum Vorschein: zwar erschüttert, voller Widersprüche, doch an seinen Anstrengungen erstarkend.

In dem Roman *Gestern war heute – Hundert Jahre Gegenwart* schildert Ingeborg Drewitz die persönliche und politische Emanzipation einer Frau, der nichts in den Schoß fällt, die sich alles selber erringen muß. Stark geprägt von Mutter und Großmutter, widerständig zur Zeit des Nationalsozialismus, kritisch in den 50er Jahren, wird Gabriele M. zu einer Frau, die inmitten der Inanspruchnahme von allen Seiten selbstbestimmt zu handeln sucht. Sie will alles: Beruf, Mann, Kinder und muß auf schmerzliche Weise erfahren, wie ihr vieles zerbricht. Wie ausweglos ihre Lage auch oft erscheint, ihr Mut und ihre moralische Integrität lassen sie nicht verzweifeln. Die männlichen Figuren werden von Drewitz als Personen ohne Einfühlungsvermögen, ohne Empfindsamkeit gezeichnet; sie sind zugleich selbstherrlich fordernd und bedürftig.

Die kritische Einbeziehung der sozialen Wirklichkeit in eine Literatur, in der Frauen Hauptrollen spielen, finden wir auch bei Angelika Mechtel, die jene kleinbürgerlichen Verhältnisse anprangert, die zwischenmenschliche Beziehungen erstarren lassen und insbesondere Frauen zu einem kümmerlichen, bedrückenden Dasein verdammen; bei Birgit Pausch, die in ihrem Roman *Die Verweigerungen der Johanna Glauflügel* den Ausbruch einer jungen Frau aus dem saturierten Wirtschaftswunderdeutschland darstellt und die immer wieder Leben und politisches Handeln in ihren Protagonistinnen zu vereinigen sucht; bei Barbara Frischmuth, die in vielen Erzählungen das Zerbrechen von Frauen in einer gefühlsarmen und gedankenlosen, männerbestimmten Welt schildert und die in ihren Romanen die Welt der Kinder und Mythen entdeckt und für den Alltag fruchtbar zu machen sucht (es zeichnet sich übrigens ein wachsender Trend ab, mythische, biblische und märchenhafte Elemente einzubeziehen, z.B. bei Rahel Hutmacher, Gertrud Leutenegger, Irmtraud Morgner); bei Sigrid Brunk, die realistisch das Gefangen- und Verstricktsein von Frauen in der alltäglichen Wirklichkeit darstellt; bei Hannelies Taschau, die auf kühl distanzierte Art aus der Perspektive ohnmächtiger Opfer berichtet und in dem Roman *Landfriede* den Ausbruch ihrer Protagonistin Anne aus der Provinz und aus einer Liebesbeziehung erzählt; bei Ilse Braatz; Eva Demski; Christine Nöstlinger;

Karin Reschke; Luise Rinser; Herrad Schenk, um nur einige wenige von einer Vielzahl von Schriftstellerinnen zu nennen.

Nun gibt es eine ganze Reihe von Dichterinnen, die sich keiner der von mir genannten Strömungen zuordnen lassen – Ilse Aichinger beispielsweise, deren 1948 erschienener, autobiographisch gefärbter, bewegender Roman über die Verfolgung jüdischer Kinder im Dritten Reich *Die größere Hoffnung* von einer im Wiederaufbau begriffenen, die nationalsozialistische Terrorherrschaft verdrängenden Bevölkerung nicht zur Kenntnis genommen wurde; die sich als Lyrikerin und Erzählerin immer wieder mit einer furchtbaren Wirklichkeit auseinandersetzt, nicht um diese zu erklären, gar um Gewißheiten zu vermitteln, sondern um der Geheimnisse bergenden Welt des zwar Erahnten, aber Ungewußten näher zu rücken.

Oder Rose Ausländer, die aus Czernowitz stammende große Lyrikerin deutscher Sprache, in deren Gedichten die schönen, uralten Wörter der Poesie – Stern, Rose, Atem, Traum, Hügel, Äther – gehäuft vorkommen, in den frühen strahlend, gleichsam die Augen aufschlagend, in den späteren wie mit einer Blutspur überzogen, gezeichnet von bitterer Erfahrung, Verfolgung und Ausgestoßensein, getränkt von Trauer. Das Romantische in den Bildern, Metaphern, Visionen ihrer Dichtungen, einst von Leidenschaft und zuversichtlicher Hoffnung getragen, hat später nichts Bergendes, nichts Beruhigendes mehr. Es zeugt vielmehr vom Unversöhnten im versöhnlichen Ton der Gedichte.

Oder Friederike Mayröcker, von deren »Handwerk« Gisela Lindemann sagt, daß es die Jagd »auf das Flüchtige« sei, »das nicht erlegt, sondern sozusagen lebendig gefangen werden soll«. Die avantgardistische Wiener Dichterin versucht immer wieder »in den Sog jenes Rhythmus zu kommen, der einem«, wie sie sagt, »wunderbarerweise das Schreiben zum Leben macht und das Leben zum Schreiben«; sie lebe »ganz bewußt in einem Poesie-Reservat«. So wenig diese drei singulären Dichterinnen durch die formale oder inhaltliche Gleichartigkeit ihrer Texte miteinander verbunden sind, so sehr ist ihnen doch ein radikaler, kompromißlos strenger Umgang mit Sprache gemeinsam und der Versuch, durch Fragen und paradoxe Aussagen einer bedrohlichen und inhumanen Welt widerstehend standzuhalten. Sie und andere stehen einer ganzen Reihe von Schreiberinnen gegenüber, die – unterstützt von trendsetzenden und auf die jeweilige Mode spekulierenden Verlagen – jede zu Papier gebrachte Erfahrung, wie töricht und naiv auch immer, um jeden Preis gedruckt der Öffentlichkeit zu präsentieren wünschen. Daß nicht nur die Literatur vom Leben lernt, sondern umgekehrt, daß Leben von der Kunst lernen kann und soll, bleibt dabei auf der Strecke. »Kunst achtet die Massen«, so hat es Theodor W. Adorno in seiner *Ästhetischen Theorie* ausgedrückt, »indem sie ihnen gegenübertritt als dem, was sie sein könnten, anstatt ihnen in ihrer entwürdigten Gestalt sich anzupassen.«

Doch ist es andererseits der kollektive Unterstrom, aus dem sich individuelle Produktion speist. Und möglicherweise sind es in der heutigen von Nachrichten überschwemmten Zeit Bücher, die jene Erfahrungen vermitteln, die einst von Mund zu Mund gingen und aus denen die großen Erzähler schöpften. Fest steht jedenfalls, daß es – relativ und absolut gesehen – niemals zuvor eine solche Fülle von weiblichen Autoren und eine so reiche, von Frauen geschriebene Literatur gab wie in den beiden letzten Jahrzehnten. Es wäre verwunderlich, wenn es nach Jahrtausenden der Entmündigung keine Irrtümer und Fehlleistungen gäbe. Auch daß sich bei der Lektüre nicht der Eindruck einer spezifisch weiblichen Ästhetik einstellt, kann kaum verwundern. Die wenigen eigenwilligen und avancierten unter den Autorinnen lassen sich, was Sprache und ästhetische Form betrifft, nicht absondern von eigenwilliger und avancierter Literatur überhaupt, die charakterisiert ist durch gebrochene, unwiederholbare Formen und eine Sprache jenseits der Alternative von hohem Stil und Alltagssprache.

Renate Möhrmann

Frauen erobern sich einen neuen Artikulationsort: den Film

> Was wir gewollt hatten:
> Die Kamera nicht ständig in Augenhöhe, den Herrscherblick auf die
> Welt einnehmend, mit dem
> Dinge und Menschen in organisierte
> und meistens hierarchische
> Raumbeziehungen gebracht werden.
> Der Alltagsblick ist gleichzeitig
> präziser und flüchtiger als die
> Erzählblicke des Kinos, sein
> Gesichtsfeld ist immer weiter,
> seine Konzentration auf Details oft
> strenger, der Blick ordnet den Raum
> subjektiv, seine Entfernungen sind
> nicht die geometrischen.
>
> (Jutta Brückner)

Als am 28. 2. 1962 in dem inzwischen legendär gewordenen Oberhausener Manifest dem herrschenden Kino der Krieg erklärt und der Anspruch erhoben wurde, den neuen deutschen Spielfilm zu schaffen, war unter den 26 zornigen jungen Filmemachern nicht eine einzige Frau. Als 11 Jahre später eine erste Publikation (Barbara Bronnen/Corinna Brocher: *Die Filmemacher.* Der neue deutsche Film nach Oberhausen, München 1973) über die neuen Repräsentanten des bundesrepublikanischen Films erschien, wurde auch darin keine einzige Frau genannt. Als vor einem Jahr, 1984, der Verband der Filmarbeiterinnen erstmals eine Dokumentation aller in der Bundesrepublik und Westberlin tätigen Filmemacherinnen vorlegte, konnten circa 400 Namen zusammengetragen werden.

Wie ist es zu dieser Entwicklung gekommen? Welches waren die Voraussetzungen für das, was im Ausland nicht selten als »das kleine Wunder des deutschen Frauenfilms« bezeichnet wird und bewirkt hat, daß die Werke von Filmemacherinnen inzwischen zu den beliebtesten kulturellen Exportgütern gehören und nicht nur in Städten Europas und der USA, sondern ebenfalls in Buenos Aires, Caracas und Rio, in Bombay, Adelaide und Addis Abeba ein breites Publikum gefunden haben? Wie ist es zu erklären, daß eine derartige Repräsentanz von Frauen insbesondere auf dem Filmsektor zu beobachten ist, nicht jedoch auf dem des Theaters? Denn Theaterregisseurinnen führen weiterhin eher ein Schattendasein in der Bundesrepublik, und über den Intendantenposten eines Stadt- oder Staatstheaters verfügt hierzulande keine Frau.

Für eine solche Erklärung sind mehrere Faktoren von Bedeutung gewesen. Daß ganz entscheidende Impulse von der neuen Frauenbewegung ausgegangen sind, kann nicht nachdrücklich genug betont werden. Zu fragen bleibt allerdings, warum sich diese Impulse besonders auf das neue Medium Film und weniger auf die alten Medien ausgewirkt haben. Gewiß ist – und das gilt nicht nur für Deutschland –, daß das Artikulationsmedium der autonomen Frauengruppen weder die Gutenbergliteratur noch das Theater, sondern in erster Linie der Film war. Das hatte ideologische wie auch filmimmanente Gründe.

Wie alle sozialen Bewegungen des 20. Jahrhunderts hat auch die Frauenbewegung die Wirkungsmächtigkeit des neuen Mediums, seine Reproduzierbarkeit und kollektive Rezeption instrumentell für ihre Zwecke genutzt. Andererseits boten die Weiblichkeitsbilder, wie sie der Film immer noch vermittelt, stärkere Angriffsflächen als die des Theaters oder der Literatur. Bedingt durch die genormte Ikonographie, die das Verstehen von Filmen in der Frühgeschichte des Kinos überhaupt erst ermöglichte, waren weibliche Stereotypen bis zur Perfektion ausgebildet und auch im weiteren Verlauf der Filmgeschichte – anders als die männlichen Klischees, die sehr schnell berufliche Differenzierungen erfuhren – hartnäckig konserviert worden. Die Ziele der ersten Frauenfilmkollektive sind folglich doppelter Natur: einmal sollen die Forderungen der Bewegung publik gemacht werden und zum anderen die Männerphantasien entthront, d.h. Bilder von Frauen geschaffen werden, die nicht mehr der männlichen Blickrichtung entstammen, sondern authentische Erfahrungen von Frauen vermitteln. Gefordert also wird ein zweifacher Blickwechsel. So ist der Frauenfilm in seiner ersten Phase, zu Beginn der 70er Jahre, überwiegend provokativ und militant. Im Vordergrund stehen Themen wie Frauen im Arbeitskampf, Rollenverhalten und Sexualität, Frauen und der Paragraph 218 oder die Darstellung der Frauen in den Medien. Dazu gehören Filme wie *Kinder sind keine Rinder*, 1971; *Eine Prämie für Irene*, 1971; *Macht die Pille frei?*, 1972, von Helke Sander; *Für Frauen – 1. Kapitel*, 1972, von Cristina Perincioli; *Kinder für dieses System*, 1973, von Gardi Deppe und Ingrid Oppermann; *Es kommt drauf an, sie zu verändern*, 1973, von Claudia v. Allemann; *Lohn und Liebe*, 1973, von Marianne Lüdcke und Ingo Kratisch; *Das schwache Geschlecht wird stark*, 1974, von Claudia Schilinski oder *§ 218 und was wir dagegen* *haben*, 1976, von Sabine Eckard. Für alle diese Filme gilt die Devise von Dokumentation und Parteilichkeit. Die Filmemacherinnen sind weniger durch ästhetisches Interesse als vielmehr durch soziales Engagement motiviert. Ihre Arbeiten sind Demonstrationen gegen eine patriarchalische Monokultur, die Frauen aus ihren politischen und gesellschaftlichen Institutionen heraushält und Frauenthemen als Marginalie abtut.

Mit der Ausnahme von *Lohn und Liebe* – als ARD-Ausstrahlung zu sehen und als bestes Fernsehspiel des Monats Februar 1974 bewertet – hatten die genannten Filme alle keine große Öffentlichkeitswirkung. Sie wurden in Frauengruppen, bei Frauenfilmseminaren und auf den ersten Frauenfilmfestivals gezeigt. Doch das Entscheidende war, daß sich Frauen durch solche Veranstaltungen, bei denen gemeinsame Diskussionen breitesten Raum einnahmen, ein erstes Forum zur Organisation ihrer filmischen Erfahrungen geschaffen hatten. Denn das war im Verlaufe der Kulturgeschichte von jeher das Dilemma der künstlerisch tätigen Frau gewesen: Eingebettet in die patriarchalische Familiengemeinde, ausgegrenzt von jeder Öffentlichkeit, fehlte ihr das, was Männern in Künstlerbünden, literarischen Gesellschaften und Vereinen, in Cafés und Clubs so ausgiebig möglich war: der gegenseitige Interessenaustausch mit dem eigenen Geschlecht. Die Frau war Einzelkämpferin geblieben. Daran waren auch die Diskussionen über weibliche Theaterregisseure und die Herausbildung einer Dramatikerinnengeneration immer wieder gescheitert. Insofern ist die Kollektivität, die sich die Filmemacherinnen zu Beginn der 70er Jahre so mühselig und hartnäckig erarbeitet haben, nicht hoch genug einzuschätzen. Sie ist die Grundbedingung für das, was heute allgemein als das Phänomen des Frauenfilms bezeichnet wird.

Das war durchaus keine deutsche Sonderentwicklung. In den meisten westlichen Ländern haben sich die neuen Frauengruppen des Films bedient, um ihre Interessen publik zu machen. Erste zahlreiche Frauengruppenprojekte kamen aus Großbritannien. Hier ist der Tufnell Park Women's Liberation Workshop zu nennen, der bereits seit 1970 eine Reihe von Dokumentarfilmen zu dem Thema *Women – are you satisfied with your life?* fertiggestellt hat, in denen es um den Stellenwert von Hausfrauenarbeit und ihrer Darstellung in den Medien geht, die Abortion Law Reform Association (*About Abortion*, 1970), die Nottinghill Women's Liberation Group (*Women against the Bill*, 1971), die Londoner Women's Film Group (*Betteshanger*, 1972), ein Film über die Streikunterstützung von Bergarbeiterfrauen, oder die Sheffield Film Co-Operative (*A Woman like you*, 1976). Weitere Beispiele sind die Boston Women's Film Cooperative (*Abortion*,

1971), die Newsreel Women (*Herstory*, 1971), das Berkely Lesbian Feminist Collective (*Coming out*, 1973) sowie die französische Kooperative ISKRA (*Scènes de grève en Vendée*, 1974), das Rote-Schwestern-Kollektiv aus Dänemark (*Ta' det som en mand frue/Nehmen Sie es wie ein Mann, Madame*, 1974), das internationale Women's Film Project aus den USA (*The double Day*, 1976), das Kartemquin-Kollektiv (*The Chicago Maternity Centre*, 1976), die australischen Filmemacherinnen der Sydney Women's Film Group (*Film for Discussion*, 1974) oder das Collettivo Feminista di Cinema aus Rom (*La lotta continua*, 1973), um nur einige der bekanntesten anzuführen.

Festzuhalten ist, daß sich die Filmemacherinnen in dieser Anfangsphase als ein Teil der politischen Linken begreifen, die ihre Veränderungskampagnen auf die Gleichstellung der Frau konzentrieren. Erst in der Folgezeit werden Stimmen laut, welche die Bestrebungen nach formaler Gleichberechtigung und Angleichung an das männliche Prinzip als falsche Maßnahmen zurückweisen. Gefordert wird nun – im Gegenteil – die Betonung der Andersartigkeit der Frau und, damit verbunden, die Herausbildung einer spezifisch weiblichen Kunst. Die Frage nach der weiblichen Ästhetik kommt auf, und die Bemühungen um die Entwicklung einer genuin weiblichen Bildersprache setzen ein.

Als Marksteine auf dem Weg zu dieser Entwicklung sind die zahlreichen Frauenfilmfestspiele zu nennen, deren Auftakt 1972 das »First International Festival of Women's Films« bildete und dem noch im selben Jahr die Veranstaltungen »Women's Cinema« in London und »Women's Film Festival« in Edinburgh nachfolgten. Seitdem gehören solche Frauenfilmfeste zum jährlichen Erfahrungsaustausch für Filmemacherinnen. Filmfestivals in Boston (1973), Toronto (1973), Berlin (1973), in Ann Arbor (1974), Chicago (1974), Philadelphia (1974), Paris (1974), in San Francisco (1975), ein zweites Mal in New York (1976), in Sceaux bei Paris (1978), in Hamburg (1981), in Köln (1984) und als jüngstes Beispiel das von Hannah Fischer groß angelegte und – ebenso wie das in Sceaux bzw. inzwischen in Creteil – als feste Institution geplante Frauenfilmfestival in Toronto (1984) sind die Orte, an denen der weibliche Filmblick auf die Welt zu sehen ist und diskutiert wird.

Im Zusammenhang damit entstehen erste theoretische Auseinandersetzungen über das Verhältnis von Frauen und Film. Ein frühes Beispiel ist die 1972 erschienene amerikanische Zeitschrift *Women & Film*. Ausdrücklich stellen sich die Herausgeberinnen als Teil der Frauenbewegung vor (»The women in this magazine, as part of the women's movement, are aware of the political and economic oppression of women«) und geben als besondere Probleme für Frauen im Filmbereich die folgenden an: »1. Eine hermetisch abgeschlossene und sexistische Industrie, deren Überlebenschancen geradezu auf Diskriminierung basieren. 2. Das hartnäckig konservierte ›falsche‹ Frauenbild auf der Leinwand, gleichgültig wie ›liberal‹ Ali McGraw in der *Love Story* auch immer aussieht. 3. Die ungebrochene Impertinenz, mit der Frauen von den Werbeagenturen weiterhin als Lustobjekte, Opfer von Motorradgangs und in Sträflingskolonien sowie als Vampire in Horrorgeschichten verkauft werden. 4. Die Tatsache, daß sich die Autorentheorie auf allen Ebenen als eine männliche Theorie entpuppt hat [...]. 5. Schließlich das System ›Kino‹ selbst in seiner ganzen hierarchischen Inhumanität und 6. Die Vorurteile, die auch die Filmfachbereiche der Universitäten und die Filminstitute Frauen gegenüber haben« (*Women & Film*, Nr. 1, S. 5f.). Die amerikanischen Filmtheoretikerinnen hatten sich zunächst mit dem übermächtigen Hollywoodkino auseinanderzusetzen, mit dem Ergebnis, daß den Auftakt ihrer Untersuchungen die Analyse der Frauenbilder der Großmeister der Traumfabrik – insbesondere John Fords und Howard Hawks' – bildete. Damit wurde die Sexismus-Debatte eröffnet, die für die folgenden Jahre, und zwar nicht nur in den USA, wegweisend für die feministische Filmtheorie werden sollte. Auch die von Helke Sander 1974 in Deutschland gegründete Filmzeitschrift *frauen und film* nennt als eins ihrer Hauptanliegen, die unterschiedlichen Formen des Sexismus in Film und Fernsehen zu beschreiben. So findet sich gleich in der ersten Nummer eine Grundsatzdiskussion zum Thema Sexismus, in der die These aufgestellt wird, daß die besonderen Schwierigkeiten, die Frauen haben, sich auf dem Filmsektor durchzusetzen, die Folge eines offenen oder versteckten Sexismus sind. Ähnliche Überlegungen werden in französischen Filmzeitschriften angestellt, in denen sich feministische Theoretikerinnen hin und wieder ein Schreibeckchen erobern konnten. In ihrem Aufsatz *Der gewöhnliche Sexismus oder die Phallokratie im französischen Film* weisen die Verfasser darauf hin, daß auch die neue Generation von Filmemachern fleißig an der Stereotypisierung der Frau weiterarbeitet und daß dreiviertel aller Filme der Nouvelle Vague ausgesprochen sexistisch sind (Monique und Guy Hennebelle: *Ecran* 74, Nr. 28, S. 7f). Während die amerikanische *Women & Film* ihr Erscheinen bereits nach wenigen Nummern wieder einstellen muß, kann ihre deutsche Schwester – als einzige, regelmäßig erscheinende feministische Filmzeitschrift Europas – inzwischen auf eine elfjährige Kontinuität zurückblicken. Ihr kommt ein entscheidender Platz in der Diskussion um den Frauenfilm zu. Berlin entwickelt sich fortan zum Zentrum feministischer Filmarbeit in Deutschland. In der Folgezeit verlegen nicht wenige Filmemacherinnen – darunter Ula Stöckl, Erika Runge, Helma Sanders-Brahms und Jutta Brückner – ihren Wohnsitz nach Berlin, das zu einem Ort intensiven weiblichen Erfahrungsaustauschs wird. So gründen 1977 Ulrike Herdin und Christiane Kaltenbach zusammen mit anderen Frauen die »Initiative Frauen im Kino e. V.«. Damit sollte filminteressierten Frauen ermöglicht werden, im Erfahrungsaustausch mit anderen Frauen weibliche Filmarbeit kennenzulernen und eigene Ansprüche an das Kino zu artikulieren. Andere Städte übernehmen solche Impulse.

Läßt sich bis etwa in die Mitte der 70er Jahre – ohne allzusehr zu pauschalieren – von einer international ähnlich verlaufenden Filmentwicklung innerhalb des Frauenfilms sprechen, so ändert sich dies in der zweiten Hälfte. Schon aufgrund der Tatsache, daß sich ein Großteil der Filmemacherinnen aus dem Kollektiv lösen und vom Dokumentarfilm zum Spielfilm überwechseln, beginnt die Kategorie »Subjektivität« zunehmend an Raum zu gewinnen und die Palette der Themen auffällig breiter zu werden. Auch die Bindung an die Frauenbewegung wird komplizierter und vielschichtiger, oftmals lockerer. Allerdings lassen sich weiterhin Schwerpunktthemen finden, wie z.B. die Auseinandersetzung mit den eigenen Müttern. Damit gewinnt eine Figurenkonstellation an Bedeutung, die bei der Gestaltung dramatischer Konflikte zumeist in Randzonen abgedrängt war. Das Hauptterrain bestritten in aller Regel die Väter und Söhne. Der Generationskonflikt wurde im Spiegel des Vater-Sohn-Konflikts vorgeführt. Den Filmemacherinnen geht es jedoch nicht bloß um die Verlagerung dieser Problematik auf das weibliche Geschlecht. Es sind andere Fragestellungen, die sie interessieren. Auf der Suche nach einem historisch kontinuierlichen Begriff von sich selbst, wollen sie – mißtrauisch gegenüber der herrschenden Geschichtsschreibung, die ihrer Ansicht nach allemal durch den patriarchalischen Filter gelaufen ist – über die noch unmittelbar erinnerte Vergangenheit, über die Rekonstruktion der Mutter-Tochter-Beziehung Genaueres und Verläßlicheres über die eigene Bedingtheit erfahren. Damit wiederholt sich etwas, was ebenso in der Literatur zu beobachten war. Auch dort hatten Schriftstellerinnen, bei den Bemühungen um ein weibliches Schreiben, die Rück-Be-Sinnung auf die Mütter gefordert. »Denn wir denken durch unsere Mütter zurück, wenn wir Frauen sind« hatte schon Virginia Woolf betont und gemeint, daß es »zwecklos« sei, bei den großen männlichen Schriftstellern Hilfe zu suchen, »so gerne man das auch zum Vergnügen tun mag« (*Ein Zimmer für sich allein*, S. 85).

Aus solchen Impulsen heraus entstanden Filme wie *Legacy* (*Das Ver-*

mächtnis), USA 1975, von Karen Arthur; *Riddles of the Sphinx*, England 1977, von Laura Mulvey und Peter Wollen; *Portrait of my Mother*, USA 1974, von Bonnie Kreps; *Daughter Rite (Tochterritus)*, USA 1979, von Michelle Citron; *Tue recht und scheue niemand*, BRD 1975, und *Hungerjahre*, BRD 1980, von Jutta Brückner; *Deutschland, bleiche Mutter*, BRD 1980, von Helma Sanders-Brahms; *Malou*, BRD 1980, von Jeanine Meerapfel; *Entre nous (Unter uns)*, Frankreich 1983, von Diane Kurys; *Ma Chérie*, Frankreich 1980, von Charlotte Dubreuil; *Les bons débarras*, Kanada 1981, von Francis Mankiewicz oder *Mamma*, Schweden 1983, von Suzanne Osten. Die Herangehensweisen und Akzentsetzungen sind jeweils sehr unterschiedlich. Präzise Rekonstruktionen der mütterlichen Vita in Kreps *Portrait of my Mother* und Brückners *Tue recht und scheue niemand*, Zorn und Wut in der Darstellung der Mutter-Tochter-Beziehung in Arthurs *Vermächtnis* und Citrons *Tochterritus* (»ich hasse meine Mutter und somit mich selbst«), Abrechnungen mit den traditionellen Müttern als Behinderungsfaktoren für Töchter in Brückners *Hungerjahre*, aber auch Mütter als Musen in dem sehr vielschichtigen und gleichzeitig als eine Art ästhetische Querele angelegten Film *Mamma* von Osten oder die sehr differenzierte Beziehung zwischen einer ledigen Mutter aus dem Arbeitermilieu und ihrer heranwachsenden Tochter in *Le bons débarras* von Mankiewicz, der es mit diesem Film gelingt, »das traditionelle Mutterbild vom Sockel zu reißen und eine neue komplexe Frauenfigur zu entwerfen, die von dem Typus der sich aufopfernden Mutter oder der berufsmäßigen Verführerin gleich weit entfernt ist« (Louise Carrière: *Femmes et cinéma québécois*, S. 129).

Während es in den meisten Ländern – von Ausnahmeerscheinungen wie Liliana Cavani und Lina Wertmüller in Italien oder Agnès Varda in Frankreich (deren filmische Arbeiten nicht im unmittelbaren Zusammenhang mit der Frauenbewegung stehen) einmal abgesehen – den Filmemacherinnen langfristig kaum möglich war, die kommerziellen Mittel zur Weiterentwicklung ihrer Filmarbeit zu erhalten und den Sprung von kleineren Arbeiten zum abendfüllenden Spielfilm zu machen, sieht das in Deutschland anders aus. In diesem Zusammenhang muß auf das bundesrepublikanische Filmförderungsgesetz verwiesen werden, dem ein nicht unbeträchtlicher Anteil bei der Herausbildung »des kleinen Wunders des deutschen Frauenfilms« zukommt. Die Tatsache, daß der neue deutsche Film, als Subventionsfilm, weitgehend von wirtschaftlichen Verwertungszwängen befreit ist (mit mehr als 80 Millionen DM wird die Filmproduktion jährlich gefördert), bildet die ökonomische Voraussetzung dafür, daß Frauen überhaupt an der Filmproduktion partizipieren können. Es ist schließlich kein Zufall, daß das einzige

Land, in dem Filmemacherinnen ähnlich repräsentativ vertreten sind wie in der Bundesrepublik, nämlich Kanada, gleichfalls über ein relativ gut entwikkeltes staatliches Förderungssystem verfügt.

Insbesondere die 2. Novellierung des Filmförderungsgesetzes von 1974, bei der erstmals eine Projektförderung institutionalisiert wird, d.h. Filmemacher auch für ihre *Vorhaben* in den Genuß von Förderungsgeldern kommen können, wirkte sich günstig für die auf dem Filmsektor arbeitenden Frauen aus. Denn damit wurde das Referenzfilmprinzip des ersten Filmförderungsgesetzes von 1968, nach dem Subventionen überhaupt erst nach vorzeigbaren Verleiheinnahmen bewilligt wurden (ein Film mußte innerhalb von zwei Jahren mehr als 500000 DM Bruttoverleiheinnahmen erbringen, im Fall einer Prädikatisierung 300000 DM), unterlaufen. Diese Novellierung kam vor allem den rebellischen jungen Filmemacherinnen aus der Frauenbewegung zugute, die nicht damit rechnen konnten, mit ihren neuen, die Gesellschaft an der Wurzel angreifenden, wenig auf die herkömmliche Unterhaltung hinzielenden Filmen ein breites Publikum zu erreichen. Von ähnlich weit reichender Bedeutung für die kontinuierliche Arbeit der Filmemacherinnen war das ebenfalls 1974 abgeschlossene Film-/Fernsehabkommen. Die praktizierte Gemeinschaftsproduktion von Film und Fernsehen kam vor allem solchen Filmen zugute, die auf dem freien Filmmarkt – und das galt für die große Mehrzahl der von Frauen gemachten Filme – kaum Erfolgschancen gehabt hätten. Doch auch schon vorher haben die Sendeanstalten bei der Entwicklung und Verbreitung des Frauenfilms eine entscheidende Pionierfunktion innegehabt. Claudia v. Alemann, Jutta Brückner, Rebecca Horn, Marianne Lüdcke, Maximiliane Mainka, Elfi Mikesch, Cristina Perincioli, Uschi Reich, Helga Reidemeister, Erika Runge, Helke Sander, Helma Sanders-Brahms, Ula Stöckl, Gisela Tuchtenhagen, um hier nur ein paar Namen zu nennen, sie alle hätten in den 70er Jahren ohne die Unterstützung der Fernsehspielredaktionen – das muß ausdrücklich betont werden – kaum Produktionsmöglichkeiten gehabt. Gewiß, ohne die Zähigkeit einer wortführenden, frauenpolitisch engagierten Gruppe von Filmemacherinnen hätten auch die Sendeanstalten kaum die Weichen für den Einzug des Frauenfilms gestellt. Das Terrain mußte vorbereitet werden. Doch läßt sich nicht übersehen, daß dergleichen filmemanzipatorische Arbeit schließlich auch von Frauengruppen in anderen Ländern geleistet wurde – man denke an die zahlreichen Frauenfilmgruppen und Filmtheoretikerinnen in Großbritannien –, die dennoch nicht zu einer ähnlichen Partizipation an der Filmproduktion wie in der Bundesrepublik geführt hat. Auf der Suche nach Erklärungen dafür, wie es zu dem Phänomen des deutschen

Frauenfilms gekommen ist, reicht die monokausale Herleitung aus der Frauenbewegung offenbar nicht aus. Die wirtschaftspolitischen Voraussetzungen müssen bei einem Gegenstandsbereich wie dem Film, der so sehr im Spannungsfeld von Kunst und Kommerz steht, ebenfalls gegeben sein. Das deutsche Subventionsprinzip – im Gegensatz zu dem privatwirtschaftlichen Rentabilitätsprinzip, das in den meisten Ländern die Filmwirtschaft charakterisiert – ermöglicht den Filmemacherinnen die Partizipation an der Filmproduktion. Das muß klar gesehen und gesagt werden. Auch wenn weiterhin viele Projekte von Frauen nicht realisiert werden können, dürfen – insbesondere in Anbetracht einer sich anbahnenden Tendenzwende auf dem Filmsektor und der 1986 bevorstehenden Novellierung des Filmförderungsgesetzes – die Vorteile der (noch) herrschenden Subventionspolitik nicht aus dem Blickfeld geraten. Ohne sie gäbe es den deutschen Frauenfilm nicht. Das sehen auch die Filmemacherinnen der benachbarten Länder, von denen so manche versuchen, über Gruppenprojekte in den Genuß der deutschen Filmförderung zu kommen, wie das Beispiel der deutsch-französischen Gemeinschaftsarbeit *Die Erbtöchter* (1983) zeigt (ein Film über die verwickelten Beziehungen zwischen Deutschland und Frankreich von Marie-Christine Questerbert, Viviane Berthommier, Danièle Dubroux, Ula Stöckl, Helma Sanders-Brahms und Jutta Brückner), der als Studioprogramm der Redaktion des kleinen Fernsehspiels gesendet wurde. So weit, so ökonomisch.

Wie aber entwickelt sich der Frauenfilm nach seiner ersten militanten Phase weiter? Kann er die Forderung nach einer neuen Bildersprache erfüllen und tatsächlich zum »Gegenfilm« werden, wie Claire Johnston das in ihren *Überlegungen zum Frauenfilm* verlangt hatte? (*Notes on Women's Cinema*, S. 24). Wenn sich die folgende Darlegung am deutschen Beispiel orientiert, so deshalb, weil die Filme von Frauen in der Bundesrepublik keine Randerscheinung mehr bilden, sondern zum festen Bestandteil der Kinolandschaft gehören. Das Stichjahr ist hier 1978. Eine Reihe von Frauenfilmen, alle mit Förderungsgeldern produziert, geraten plötzlich ins Blickfeld der Öffentlichkeit, gehören zu den meistdiskutierten Festivalbeiträgen, gewinnen Preise im Inland und Beachtung im Ausland. Sie werden von Kritikern und vom Publikum als etwas Besonderes, in der herrschenden Kinolandschaft Neues, empfunden. Zu solchen Filmen gehören Helke Sanders *Die allseitig reduzierte Persönlichkeit – Redupers* (1978), Elfi Mikesch' *Ich denke oft an Hawai* (1978), Margarethe v. Trottas *Das 2. Erwachen der Christa Klages* (1978), Helga Reidemeisters *Von wegen Schicksal* (1978), Cristina Perinciolis *Die Macht der Männer ist die Geduld der Frauen*

(1978), Ulrike Ottingers *Madame X* (1977) oder Jutta Brückners *Tue recht und scheue niemand* (1975) und *Ein ganz und gar verwahrlostes Mädchen* (1977).

Trotz aller Unterschiedlichkeit gibt es in diesen Filmen etwas, das sie verbindet, nämlich das Bemühen der Regisseurinnen, authentische *Alltags*erfahrungen von Frauen zu verarbeiten, so genau wie möglich den weiblichen Lebenszusammenhang darzustellen, weibliche Arbeit in all ihren Widersprüchen zum Gegenstand ihrer Geschichten zu machen und die Männerschicksale erst einmal auszublenden. Es sind Lebensgeschichten von *Frauen*, die hier erzählt werden, von Frauen aus Arbeiterkreisen *(Die Macht der Männer ist die Geduld der Frauen)*, aus kleinbürgerlichem Milieu *(Tue recht und scheue niemand, Ein ganz und gar verwahrlostes Mädchen)*, aus dem Bürgertum *(Das 2. Erwachen der Christa Klages, Redupers)* und aus dem Reich der Frauenphantasien *(Madame X)*. Doch das allein wäre noch nichts Besonderes. Schließlich waren Frauengeschichten von jeher die Lieblingsgeschichten des Kinos, ja der Kunst überhaupt. Es ist die zögernde, unhierarchische Erzählweise, die auffällt, der Alltagsblick auf die Menschen und Dinge, der Verzicht auf die »Augenhöhen-Dramaturgie« und die den Körper fragmentierende Großaufnahme. Die Räumlichkeiten von Frauen wirken anders geordnet, genauer beobachtet, weniger kulissenhaft. Es sind die Spannungsbögen, die anders verlaufen, weniger spektakulär, dafür präziser gesetzt, im Alltag verankert, das Detail nicht aussparend. Es sind Bilder von Frauen, die sich ihren Alltag selbst organisieren und nicht mehr nur das männliche Eroberungsfeld ordnen. »Mit dem lakonisch dargebotenen Motiv der Arbeitswelt wird der Frauenfilm einer modernen Ästhetik der nicht-mehr-schönen Künste eher gerecht als die verspielten Kunstfilme von Herzog bis Achternbusch«, konstatiert Hannelore Schlaffer und kommt zu dem gar nicht so abwegigen Schluß, daß Frauen »in der Kunst [...] den Alltag als ihre eigentliche Domäne eher erobert haben als in der Wirklichkeit« (Renate Möhrmann: *Die Frau mit der Kamera*, S. 90f.). Ungewohnt ist ebenso die Perspektive, aus der das Thema »Mütterlichkeit« in diesen Filmen vorgeführt wird. Nicht mehr die überlieferte, heile Feierabendstimmung suggerierende Symbiose von Mutter und Kind ist zu sehen, sondern brüchige, aggressive, die Belastung und Überlastung der Mütter nicht aussparende Alltagsbilder werden gezeigt. Sequenzen wie die, in denen sich die berufstätige Edda Chiemnyjewski allmorgendlich von ihrer Tochter verabschieden muß, die grausamen Abschiedsrituale, die tagtäglich von Frauen zu bewältigen sind *(Redupers)*, Szenen, wie sie sich in der engen Wohnküche von Addi zwischen Mutter und Kind abspielen (*Die Macht der Männer*) oder solche, wie sie Helga Reidemeister als Signale für eine nicht mehr funktionierende Mutter-Kind-Beziehung setzt, das sind Bilder, wie sie im Männerkino (und damit ist nicht nur Hollywood, sondern ebenso der neue deutsche Film gemeint) bisher noch nicht zu sehen waren. Daß ein Teil der männlichen Kritik auf diese Bilder negativ reagierte und von »Demontage der Mütterlichkeit« sprach, bestätigt ihren innovativen Gehalt.

Auch auf der Produktionsebene probieren viele Filmemacherinnen neue Arbeitsweisen aus und versuchen, den von der Frauenbewegung postulierten Anspruch nach unhierarchischer Produktivität wenigstens teilweise in die Praxis umzusetzen. Das führt in vielen Fällen zu verlängerten Drehzeiten und dem Einsatz der Videokamera. So entscheidet sich Cristina Perincioli dafür, bei *Die Macht der Männer ist die Geduld der Frauen* – einem Spielfilm, in dem sie ganz gezielt die Geschichte einer mißhandelten und später in einem Frauenhaus Zuflucht nehmenden Ehefrau nicht bloß als eine individuelle, sondern als eine exemplarische darstellen will – schon Monate vor dem eigentlichen Drehbeginn mit den Darstellerinnen Videoarbeit zu machen und Szenen zu proben, damit jede ihre eigene Spielweise beobachten und beurteilen kann. Auf diese Weise kann die Filmemacherin das übliche Autoritätsverhältnis beim Filmen entschärfen.

Noch einen Schritt weiter geht Helga Reidemeister in ihrem Dokumentarfilm *Von wegen Schicksal*, ein Film über die 48jährige Irene Rakowitz, die sich nach zwanzig Ehejahren von ihrem Mann scheiden läßt, um sich nicht mehr beständig rechtfertigen zu müssen und ihren eigenen Bedürfnissen leben zu können. Nicht nur, daß hier ein Stück Privatheit mit einer Schonungslosigkeit aufgedeckt wird, wie das bisher in den Medien nicht üblich war, hat Verstörung im Publikum ausgelöst. Auch die Tatsache, daß Reidemeister sich nicht an die klassischen Regeln dokumentarischer Filmarbeit hält und selber im nachhinein ordnend in das Material eingreift, bringt ihr Schelte von den Puristen ein. Dabei wurde übersehen, daß solche Eingriffe (die Filmemacherin hatte tatsächlich verschiedene Sequenzen nachspielen lassen und manche Akzente post festum anders gesetzt) auf den ausdrücklichen Wunsch der Protagonistin hin unternommen wurden. Indem Reidemeister – zuweilen sogar gegen ihr ursprüngliches Konzept – ihre Hauptdarstellerin ernst nimmt und an Schnittentscheidungen teilhaben läßt, sie nicht lediglich als Demonstrationsfigur benutzt, sondern in ein – wie undeutlich das auch sein mag – dialogisches Verhältnis zu ihr tritt, verändert sie die Blickrichtung des Films: nicht ein Film *über* Irene Rakowicz ist auf diese Weise entstanden, sondern ein Film *mit* ihr. Ein weiteres

Anliegen von Filmemacherinnen ist es, den Weiblichkeitsdiffamierungen – teils als Ausklammerung des weiblichen Körpers, teils als Vereinnahmung der Frau als »obskures Objekt der Begierde« auf der Leinwand zu beobachten – entgegenzuwirken. Sehr zu Recht haben Jutta Brückner, Ula Stöckl und Helke Sander nachdrücklich darauf hingewiesen, daß weibliche Sexualität zumeist in verstümmelter, entschlackter, verharmloster, auf jeden Fall in reduzierter Form zur Darstellung findet und ganze Bereiche der weiblichen Lebensrealität wie Menstruation, Schwangerschaft, Gebären, Wochenbett, Abtreibung und Wechseljahre im Film überhaupt nicht vorhanden sind. »Man kann in einem Film 7 Morde zeigen, man kann zeigen, wie jemand zerstückelt wird, bloß bitte zeige nicht eine Menstruationsbinde, dann fühlen sich alle Leute peinlich berührt, das wird nicht zur Kenntnis genommen, das wird weggeschoben«, hatte sich Brückner beschwert, als während der Dreharbeiten der *Hungerjahre* der Kameramann sich bis zuletzt geweigert hatte, die Szene mit der Monatsbinde zu filmen (*Ästhetik und Kommunikation*, Okt. 1979, S. 117). Und Helke Sander berichtet, wie sie fast fünf Jahre lang keinen Film hat machen können, weil ihre Drehbuchentwürfe, die solche ausgeklammerten Lebensbereiche von Frauen behandelten, von den Sendeanstalten als für die Allgemeinheit nicht interessant genug zurückgewiesen wurden.

Hier wirken sich offenbar immer noch die kulturellen Tabus, die oktroyierten Scham- und Peinlichkeitsschwellen aus, die dazu geführt haben, daß ein Teil des weiblichen Körpers jahrhundertelang fest hinter Schloß und Riegel gehalten wurde. Andererseits hat eine solche kulturelle Diskretion eine durchaus dynamische Wirkung gehabt. »Es fällt auf, daß feministisch bewußte Künstlerinnen gerade dort, wo die Frau am meisten von tradierten Mythen und Schönheitsvorstellungen manipuliert wird, im Bereich ihrer Körperästhetik, durch Selbstdarstellungen im Medium von Aktionen, video- oder live-performances, Fotosequenzen usw. einen neuen Anfang suchen« (Peter Gorsen: *Konstruktion der Weiblichen Kultur*, S. 39). Entscheidende Impulse gingen von den bildenden Künstlerinnen aus. Sie wehrten sich vor allem gegen die herkömmliche Darstellung des weiblichen Aktes, gegen die Zurichtung der Frau auf Mund, Busen und Beine, gegen die aseptische Darbietung ihres Leibes, die Aussparung der Vagina als bedrohlichem Geschlechtsorgan, weil sie Blut, Schmerzen und Arbeit suggeriert und der unbedenklicheren Lust der Brüste die dunklere Kehrseite entgegenhält. Aus Protest gegen eine solche Verstümmelung begann Judy Chicago – zusammen mit 400 anderen Frauen – 1974 mit ihrer Neuschaffung des Abendmahls, denen gewidmet, die es gekocht haben. 39 Gedecke

– reich verzierte Teller mit immer neuen Vaginamotiven – für Frauen, die im Verlauf der Kulturgeschichte für andere Frauen Bedeutendes geleistet haben und von der offiziellen Geschichtsschreibung vergessen wurden. Phantasievolle Gegenbilder einer weiblichen Körperästhetik, die Frauen dazu anregen sollen, in einer männlichen Kunsttradition eigene Ausdrucksformen zu finden. Denn darin lag das Problem. Die Aufkündigung der patriarchalischen Bevormundung, die Destruktion der männlichen Frauenbilder und die ideologische Verweigerungshaltung waren noch verhältnismäßig einfach durchzuführen. Die Schwierigkeiten begannen bei der Imaginierung neuer Frauenbilder. Hier haben experimentelle Künstlerinnen wie Susanne Santoro, Doris Chase, Ursula Reuter-Christiansen, Birgit Hein, Ulrike Ottinger, Ulrike Rosenbach, Annegret Soltau, Valie Export, Judy Chicago oder Friederike Pezold wichtige Anregungen gegeben. »Die Geschichte der Unterdrückung der Frau war immer die Geschichte der Unterdrückung ihres Körpers, ihrer Leibeigenschaft«, betont Friederike Pezold. »Da ich die Leidensgeschichte der Leibeigenschaft des weiblichen Körpers in Bildern und Texten hinreichend kritisiert habe, wollte ich endlich die Alternative bringen. Mich hat gereizt, ein Gleichnis zur Schöpfung zu setzen, eine Frau, die sich neu erschafft. Nach ihrem Bild und Gleichnis« (9. internationales forum).

Das Ergebnis solcher Bemühungen ist Pezolds Kehrtwende zum Film. Nach fast zweijähriger Arbeitszeit kann sie 1979 ihren ersten abendfüllenden Videofilm *Toilette* vorführen. Eine Frau macht vor dem Monitor Toilette. Langsam und liebevoll wird der Körper Stück für Stück, vom Scheitel bis zur Sohle, in Augenschein genommen und abgetastet. Kein Voyeurismus ist dabei im Spiel, keine ablenkende Musik zu hören. Nur die konkreten Geräusche, die entstehen, wenn der Kamm durch das Haar fährt oder die Finger eine Creme zerreiben, unterbrechen die intensive Stille. Nie vorher im Kino ist weibliche Körperlichkeit so sinnlich erfahrbar gemacht worden wie bei Pezold. Es ist der Versuch einer Neuschaffung des weiblichen Menschen, ein Film über eine Frau, die sich darum bemüht, mittels Videokamera und Bildschirm das Verhältnis von Abbild und Wirklichkeit zu klären, um ihre eigene Identität zu finden und über den genauen Blick auf das Einzelne ein besseres Verständnis für das Ganze zu gewinnen. Es ist ein ruhiger Film, der zum Sehen einlädt, in dem die Bewegungen nicht durch die Fahrten der Kamera, nicht als Oktroy der Technik, sondern durch die Bewegungen des Körpers geschaffen werden: die Frau im Besitz einer optischen Verfügungsgewalt ihrer eigenen Gestalt. Die Filmemacherin will beweisen, daß sie »auch mit dem äußersten Minimum ein Maximum an

Spannung erreichen kann« und daß die Bewegung ihres »Bauchnabels um nur ein paar Milli-Milli-Meter spannender ist als jeder Krimi« (9. internationales forum).

Damit fällt ein wichtiges Stichwort: Spannung. Das scheinbar so leicht zu fällende Urteil, ob eine Sache spannend sei oder langweilig, erweist sich bei gründlicherer Betrachtung als das höchst komplexe Ergebnis einer langen ästhetischen Sozialisation. Im Kino hat sich der Spannungsbegriff im Zusammenhang mit den beiden ältesten Filmgenres herausgebildet, mit dem Western und dem Krimi. Einer der ersten, der darüber nachgedacht hat, wie und wodurch ein Film spannend wird, war der amerikanische Filmregisseur David Wark Griffith. Seine Antwort lautete: durch die Parallelmontage, d.h. durch die Ankündigung und die gleichzeitige Hinauszögerung von Gefahr, durch die Rettung des Helden in allerletzter Minute, bei der der Handlungsstrang, der auf das gefährliche Ende zuläuft, immer wieder unterbrochen wird durch einen parallel laufenden Strang, dessen Ziel die Rettung ist. Ein Höchstmaß an Spannung wird erreicht durch die schnellstmögliche Abfolge von Schnitt und Montage. Nach diesem Muster werden auch heute noch Krimis gedreht, deren Helden nicht zufällig – in aller Regel – Männer sind.

Filmemacherinnen haben sich entschieden gegen eine so einseitige, am Action-Kino orientierte Spannungsauffassung zur Wehr gesetzt und eine Revision des Spannungsbegriffs gefordert. Das meint auch Friederike Pezold, wenn sie behauptet, ihr Körperfilm sei spannender als jeder Krimi, spannender jedenfalls für den, der auf Entdeckungen aus ist und vom Kino mehr erwartet als die übliche Heldengeschichte. Wie einseitig das Kriterium der Spannung auf dem Filmsektor weiterhin verwendet wird, haben Filmemacherinnen auch dann erfahren müssen, wenn ihnen von Gremien und Kommissionen ihre Drehbücher mit dem Vermerk »nicht spannend genug« zurückgegeben wurden. Es ist bezeichnend, daß Helke Sander ihre Drehbuchexposés zu ausgesprochenen Frauenthemen wie *Frauen im Mittelalter*, *Die Frauenbewegung im 19. Jahrhundert* oder *Rote Tage* von den Redaktionen mit dem Hinweis zurückbekam, daß sie für die Allgemeinheit nicht spannend genug seien, hingegen ihren Film *Männerbünde* (1973), eine Dokumentation über die Darstellung des Fußballs im Fernsehen, ohne Schwierigkeiten bewilligt bekam, da er offensichtlich der (männlichen) Vorstellung von Spannung eher entsprach.

Doch hier hat sich im Verlauf der 70er Jahre manches geändert. Das Nachdenken über geschlechtsspezifische Bedingungen von Kunstproduktion hat – nicht zuletzt durch die intensiven Erörterungen der Frauenbewegung – zunehmend an seriösem Boden gewonnen. Auch hat, was die Bundesrepublik betrifft, die Tatsache zu denken gegeben, daß so mancher Frauenfilm, ein Paradebeispiel hierfür ist Helma Sanders-Brahms *Deutschland, bleiche Mutter* (1980) – der von deutschen Rezensenten bis unter die Gürtellinie verrissen, von der ausländischen Kritik hingegen als der intensivste Beitrag zur jüngsten deutschen Vergangenheit gefeiert und mit zahlreichen Auszeichnungen versehen wurde.

Hinzu kommt, daß während der Jahre 1980/81 in der Bundesrepublik eine ganze Reihe von Frauenfilmen fertiggestellt werden, die sowohl bei männlichen wie auch bei weiblichen Kritikern auf sehr viel Anerkennung stoßen und – mehr noch – als das eigentlich »Interessante« empfunden werden. Hierzu gehören Filme wie *Hungerjahre* (Jutta Brückner), *Kraftprobe* (Heidi Genée), *La Ferdinanda* (Rebecca Horn), *Malou* (Jeanine Meerapfel), *Was soll'n wir denn machen ohne den Tod* (Elfi Mikesch), *Freak Orlando* (Ulrike Ottinger), *Der subjektive Faktor* (Helke Sander), *Die Berührte* (Helma Sanders-Brahms) oder *Die bleierne Zeit* (Margarethe v. Trotta). Doch was ist das Interessante an diesen Filmen, und wie verhält es sich mit dem Versprechen, neue Frauenbilder auf die Leinwand zu bringen? Wie sieht sie nun aus, die nicht reduzierte Frau aus dem Stoff der Frauenphantasien? Ist es den Filmemacherinnen gelungen, den Blickwechsel zu vollziehen? In mancher Hinsicht durchaus.

Wo schon konnte man vorher im Film eine so genaue und komplexe Mädchenkindheit sehen wie in Brückners *Hungerjahren*? Gewiß gibt es Kinomädchen in Hülle und Fülle, als »sweethearts« und »pretty babies«, als Lolita und Bilitis, als Trophäen jugendlicher oder jedenfalls sich für jugendlich haltender Helden, d.h. als Stimulanz oder Appendix. Nicht von ungefähr ist es eine Tatsache, daß der Jugendfilm stets ein Jungenfilm geblieben ist, daran haben auch so engagierte, an Jugendthemen interessierte Filmemacher wie Hark Bohm oder Norbert Kückelmann nichts geändert. Die besonderen Schwierigkeiten und Verunsicherungen des heranwachsenden Mädchens – verschärft durch den Doppelanspruch der Erzieher: »Mach es besser als wir, aber um Gottes willen nicht anders!« – diesen Dressurakt am weiblichen Körper, der das Mädchen auf die Rolle der Frau vorbereiten soll, indem er ihr das Frausein gründlich verleidet, all das hat erstmals Jutta Brückner auf die Leinwand gebracht, und vermutlich hat es ihr sogar zum Vorteil gereicht, daß das Kino für solche Themen noch kein Bildarsenal bereithält und sie gezwungen war, über die genaue Erinnerung – durch die Rück-Be-Sinnung auf ihre eigene Mädchenkindheit solche Bilder zu finden. Es ist gewiß kein Zufall, daß Brückner, bevor sie diese autobiographische

Figur gestalten konnte – ganz im Sinn von Virginia Woolf –, »zurück zu den Müttern« gedacht und einen Film über ihre Mutter gedreht hat *(Tue Recht und scheue niemand)*.

Auch die Darstellung von alten Frauen – zum Beispiel in Elfi Mikeschs Film *Was soll'n wir denn machen ohne den Tod* (1980) – gewinnt eine ganz neue Qualität. Das sind nicht mehr die gewohnten Kinobilder der Großmütter, die zumeist nur im Blickwinkel auf die junge Generation von Interesse sind, die Alten als Pflegefälle oder im Kampf um ein klägliches Rentendasein, wie wir sie vom italienischen neorealistischem Film her kennen. Mikesch zeigt eine Freundschaft zwischen zwei sehr alten Frauen, schon in der Nähe des Todes, in einem privaten Altenheim in Hamburg. Sie spart zwar die Bilder von Krankheit, Verfall und der ständigen Nähe des Todes nicht aus, verdeutlicht aber gleichzeitig, wie sich die Wahrnehmungsweisen dieser Frauen im Alter verändert haben, und – befreit von der gesellschaftlichen Konvention eines linearen Zeitempfindens – es möglich wird, ein ganz neues Sinnsystem zu errichten, in dem Vergangenes und Gegenwärtiges, Totes und Lebendiges, nicht mehr als getrennte, sondern als verbundene Komplexe erlebt werden können.

Mit solchen und anderen Filmen hat der Frauenfilm in der Kinogeschichte der Bundesrepublik einen ersten und deutlichen Höhepunkt erreicht und zugleich seine öffentliche Anerkennung gefunden. Was 1978 begonnen hatte, erlebt hier seine augenfällige Vollendung. Margarethe v. Trotta erhält für ihren dritten Spielfilm, *Die bleierne Zeit*, 1981 den Goldenen Löwen von Venedig, den Fipresci-Preis der internationalen Kritiker-Vereinigung, den Goldenen Hugo auf dem Internationalen Filmfest Chicago und 1982 die höchste deutsche Auszeichnung, einen Bundesfilmpreis (das Filmband in Gold). Mit der Verleihung des Goldenen Löwen hat erstmals der Film einer *Frau* die internationale Aufmerksamkeit erregt. Doch nicht nur Trotta errang Preise. Auch Brückner konnte mit den *Hungerjahren* internationale Anerkennung gewinnen. 1980 erhielt sie den Publikumspreis auf dem Frauenfilmfestival in Sceaux, 1981 den Publikumspreis in Brüssel sowie den Preis der deutschen Filmkritik. Ulrike Ottinger errang 1982 den 2. Preis von Sceaux für *Freak Orlando*, und Helma Sanders-Brahms Film *Die Berührte* wird zum besten Film des Londoner Filmfestivals gekürt. Fast alle der genannten Filme werden außerdem von der Filmbewertungsstelle Wiesbaden als »besonders wertvoll« prädikatisiert.

Wenn an dieser Stelle etwas ausführlicher auf die öffentliche Lobzuteilung eingegangen wird, so deshalb, weil darauf hingewiesen werden soll, daß sich für den deutschen Frauenfilm in Zukunft etwas ändern wird. Die

Erfolge, die sich die Filmemacherinnen errungen haben, machen sie notgedrungen zu Konkurrentinnen und führen sie in die Rolle der Einzelkämpferin zurück. Die gemeinsame Basis droht brüchig zu werden, die Ausgangssolidarität zu zerbröckeln. Davon zeugen auch die immer spärlicher besuchten Sitzungen des Verbands der Filmarbeiterinnen und die noch kürzlich erhobene Frage seiner Auflösung. Der Begriff »Frauenfilm«, anfangs ganz bewußt und undifferenziert als Programmbegriff benutzt, wird nun von einem Großteil der Filmemacherinnen als zu einengend und gleichmachend verworfen. Feminismus und Frauenfilm sind keine Synonyme mehr. Die Zeiten der gemeinsamen Strategien sind offensichtlich vorüber. Der Kampf um die staatlichen Futtertröge isoliert. Die Einzelkämpferinnen beanspruchen für sich allein, was ihnen zusteht.

Und noch etwas ist zu beobachten: eine Art Generationswechsel und Tendenzwende, bei der die Töchter den Aufstand proben. Ula Stöckl verarbeitet diesen Wechsel in ihrem letzten Film *Der Schlaf der Vernunft* (1984), in dem die inzwischen herangewachsenen Töchter der Feministinnen vorgeführt werden. Diese wehren sich gegen den Rigorismus ihrer frauenbewegten Mütter, fühlen sich im ideologischen Würgegriff und am emanzipatorischen Gängelband, wollen ihrerseits »ganz Frau und frei sein« zugleich, jedenfalls ihren Spaß und sehen in Stöckelschuh und Straps nicht mehr bloß die klassischen Unterdrückungsutensilien, die Marterwerkzeuge zur weiblichen Domestizierung, sondern Signifikate von Lebenslust, Buntheit und Vergnügen. Damit fällt ein wichtiges Signalwort: *Vergnügen*. Interessant ist, daß Virginia Woolf bereits 1928 die erstaunliche Unterscheidung zwischen »Selbstfindung« und »Vergnügen« gemacht hatte. Poetische Lektionen könnten die Frauen nur durch »die Rückkehr zu den Müttern« erhalten, hatte sie behauptet, »Vergnügen« hingegen fänden sie vor allem bei den männlichen Schriftstellern.

Damit wird ein zentrales Defizit in der feministischen Diskussion deutlich: die Mißachtung des Faktors »Faszination«. Denn es ist ja – besonders auf dem Filmsektor – eine Tatsache, daß auch sexistische Weiblichkeitsentwürfe den Zuschauerinnen offenbar Vergnügen bereiten. Dieses lediglich als »das falsche Bewußtsein« zu denunzieren, griffe gewiß zu kurz. Zu fragen wäre vielmehr, welche weiblichen Sehnsüchte und Utopien in solchen Bildern aufbewahrt sind und wie solche Wunschpotentiale möglicherweise in nicht-sexistische Frauenimaginationen integriert werden können.

Durch die Abspaltung des Vergnüglichen vom Lehrreichen fand neuerseits eine Reduzierung der Frau statt, das jedenfalls empfanden viele Filmemacherinnen der zweiten Generation. Ihre Antwort auf die Alltagsästhetik ihrer Wegbereiterinnen war: die Ästhetisierung des Alltags. Was Helke Sander bereits in ihrem dritten Spielfilm *Der subjektive Faktor* (1981) programmatisch als Titelanspruch formuliert hat, wird zum Ansporn für die neue Generation, allerdings mit anderer Betonung. Sander hatte den »subjektiven Faktor« durchaus als eine politische Kategorie gesetzt und damit die Gleichbewertung von männlichem und weiblichem Lebenszusammenhang gefordert. Die jungen Filmemacherinnen der 80er Jahre – das hat der repräsentative Querschnitt über den neuen Frauenfilm aus Nordrheinwestfalen während des Kölner Frauenfilmfests, der Feminale von 1984, deutlich gezeigt – gehen mit dem »subjektiven Faktor« beliebiger um. Die Aufarbeitung der Frauenbewegung scheint beendet zu sein. Sie interessiert die schillernde Seite der weiblichen Wahrnehmung, der Flitter im Alltag, das Bunte im Banalen. Der Blick auf den weiblichen Körper, auf das Ritual des sich Schminkens, Verkleidens und Schmückens, auf die Räume weiblicher Wiederherstellung, wie Bad, Boutique und Frisiersalon – früher vor allem als Orte weiblicher Zurichtung diffamiert –, der Einsatz von Musik und Tanz, insbesondere des Tangos, als Rausch und narzistische Entgrenzung, das sind die Merkmale dieser neuen Filme, wie Sibylle Tiedemanns *Aqua maria* (1983), ein Film über die Lust am Baden, Monika Vogels *Rot und Blau* (1983), ein Tanzfilm als Reise in Raum und Zeit, Olga Gasteigers *Meine Hüte* (1984) oder auch Ulrike Filgers *Ich sage immer, wenn meine Haare gemacht sind und ich ein paar schöne Schuhe trage, bin ich vollkommen angezogen* (1983).

Ein Film, der alle diese Elemente von Tanz, Musik und Farbenfülle enthält, ohne bloße Oberflächenästhetik zu zelebrieren, und die ganze Spannweite zwischen Werktagswirklichkeit und Feierabendträumerei, vernünftigen und kitschigen Wünschen von Frauen einfängt und zum Grundprinzip seiner Geschichte macht, ist *Sydney an der Wupper – Dreamtime* (1982) von Bettina Woernle. Irreführend allerdings ist der Titel. Nicht der Gegensatz zwischen der australischen Weite und der Enge der nordrheinwestfälischen Industriestadt wird von der Hauptdarstellerin – Meryl Tankard (Mitglied des Tanztheaters der Pina Bausch) – als Kontrasterfahrung durchlebt. Die Gegensätze lassen sich eher als solche von Mühsal und Märchen, von Werkstatt und Traumfabrik, kurz von grau und rosa verstehen. Denn wenn sich Meryl in der Wuppertaler Industrielandschaft an ihre australische Heimat erinnert, dann fallen ihr Bilder von Opernhäusern, Abendtoiletten und Starauftritten, also von Glamour ein. Es sind Happy-End-Bilder, die so gar nicht zu den tristen Abschminkszenen in der öffentlichen Bedürfnis- und Badeanstalt passen, in der Meryl ihren Wuppertaler

Arbeitstag beendet. Evozierung und Zerstörung von Happy-End – diesen Widerspruch fängt der Film ein und zeigt auf eine sehr sinnliche Weise, daß mit der Demontage der weiblichen Kinomythen erst die halbe Arbeit getan ist.

Aber wie steht es um den Frauenfilm bei der letzten Berlinale 1985? Kann er das bereits Erreichte halten? Liefert er weiterhin die interessante Alternative? Gewiß – Filmemacherinnen sind zahlreich vertreten, aber vom Frauenfilm wird kaum mehr gesprochen. Etwas Spezifisches ist nicht zu beobachten. Bunte Beliebigkeit und beliebige Horrordramatik wurde gefördert (Gabriele Zeraus *Tapetenwechsel*, Marianne Enzensbergers *Der Biß* und auch Doris Dörries *Im Innern des Wals* gehört letztlich dazu), wichtigen Projekten hingegen – wie z.B. Jutta Brückners *Im Bauch der Revolution*, in dem es um die Identitätskrise einer deutschen Studentin zur Zeit des Algerienkriegs in Frankreich geht – ist die Subvention bisher verweigert worden. Drei Filme, an die sich große Erwartungen geknüpft hatten, lassen höchst widersprüchliche Eindrücke zurück. Helma Sanders-Brahms *Flügel und Fesseln*, bzw. *Emiliens Zukunft (L'Avenir d'Emilie)*, wie der Originaltitel des in Frankreich gedrehten Films lautet, erzählt zwar eine frauenspezifische Geschichte, enthüllt die unordentliche Kehrseite des Lebens einer sogenannten Arrivierten, nämlich das Hin-und-Her einer unverheirateten Schauspielerin zwischen den Ansprüchen ihres Berufs und denen ihrer Tochter, aber die Filmemacherin findet doch bloß recht klischeehafte Bilder für diese Probleme. Denn was kann man schließlich sagen zu einem Film, dessen Titelheldin ein ganz besonders süßes kleines Mädchen ist, das auf eine Weise benutzt wird, wie das ähnlich mit dem amerikanischen Kinderstar Shirley Temple geschah? Oder Valie Exports *Die Praxis der Liebe*, die bei diesem Film eher nach dem Basarprinzip verfahren ist, nach dem Motto »wer vieles bringt, wird manchem etwas bringen« und ein bißchen Feminismus, ein bißchen Experimentelles und eine Dosis Kriminelles zu einem eher beliebigen Farbenpotpourrie zusammenmontiert hat. Und schließlich Elfi Mikesch, die sich mit ihrer *Grausamen Frau* vollends ins ästhetische Niemandsland verliert.

Doch damit ist das letzte Wort noch nicht gesprochen. Zwei Filme – diesmal nicht aus der Bundesrepublik – machen auf sehr unterschiedliche Weise deutlich, daß Frauen noch über ein ungeahntes Repertoire von Bildern verfügen und dem Kino nutzbar machen können, nämlich Marguerite Duras mit *Die Kinder* (*Les Enfants*, Frankreich 1984) und Léa Pool mit *Die Frau im Hotel* (*La femme de l'hôtel*, Kanada 1984).

Gabriele Küppers

»Wir sammeln die stummen Worte und die zornigen Stimmen«

Schreiben als Lebensversuch lateinamerikanischer Autorinnen angesichts von Gewalt und Diktatur

Emanzipationssuche und Identitätsstreben gelten heute als Kennzeichen lateinamerikanischer Literatur schlechthin, und die Auseinandersetzung mit Kolonialismus und Neokolonialismus wird als wesenhafter Ausdruck des lateinamerikanischen Menschen erkannt und anerkannt, ausgenommen, sie findet im Werk einer Frau statt.

Der Kanon großer lateinamerikanischer Literatur kommt in der Autoren-, anders als in der Titelrubrik, fast ohne weibliche Namen aus. Oftmals hervorragende und, verdächtiger noch: innovative Beiträge von Frauen zur Emanzipationsliteratur des Kontinents wurden und werden kaum zur Kenntnis genommen. Die Beschäftigung mit weltbewegenden Problemen oder gar das Nachdenken über Gewalt aus der eigenen, spezifisch weiblichen Perspektive doppelter Unterdrückung wird von Frauen in Lateinamerika nicht erwartet und folglich weder gesucht noch unterstützt. Eine weibliche Stimme, die sich gegen einen Diktator erhebt, ist immer noch etwas im doppelten Wortsinn Unerhörtes.

Schreiben bedeutet daher für Frauen in Lateinamerika auch heute, sich zu wehren gegen viele Gegner: gegen Staatswillkür und Diktatur, gegen Vereinnahmung und Verschwinden, gegen verborgene Tradition und überkommene Sprachlosigkeit, gegen offenen Machismo und verdeckten Sexismus und schließlich gegen die eigene Unsicherheit, den Schritt aus dem verordneten sanften Frauenbild von Mutter und Muse zu schaffen. Das Bewußtsein um die (selbst-) verdrängte Fähigkeit, sich davon in einem kulturbedingt ›unweiblichen‹ Haß auf die Verursacher zu befreien, durchzieht wie ein roter Faden die stille Geschichte weiblicher Literatur in Lateinamerika.

Schon spätestens seit dem 19. Jahrhundert wagen Autorinnen liberalbürgerlicher Herkunft, in unzähligen Romanen ungerechte und grausame Herrscher und Herrschaften anzuklagen. Eine immer wieder verschüttete Traditionslinie verläuft von literarisch verarbeiteten Parteinahmen für Minderheiten über Angriffe auf ein männliches Sprachmonopol und verschlüsselte Autobiographien. Heute versuchen vor allem Exilautorinnen, gegen körperlich erfahrene Gewalt anzuschreiben, und scheinen damit endgültig vorgeschriebene »weibliche« Schreibräume zu verlassen. Von einem Neuanfang im Bereich der weiblichen Literatur kann man nur bei der sogenannten Testimonialliteratur sprechen. Es handelt sich hierbei um authentische Erfahrungsberichte, die, von einigen Ausnahmen abgesehen, in der literarischen Öffentlichkeit als weniger anspruchsvoll gelten. Mit ihnen treten seit rund zwanzig Jahren Frauen aus der Unterschicht und aus dem politischen Untergrund in die Öffentlichkeit. Mit einer ungeahnten Ausdruckskraft, die aus der realen Erfahrung am eigenen Leib rührt, fließt der alltägliche Kampf mit der doppelten Unterdrückung der Frau in diese Art von Literatur ein. Die nichtprofessionellen Autorinnen stellen in ihren Zeugnissen einerseits Ohnmacht und Armut am Rande der Gesellschaft und andererseits Frauenmiß- und -verachtung in allen nicht ans Haus gebundenen Bereichen dar. Die Berichte von Frauen aus dem politischen Untergrund zeigen, welchen Stellenwert und welche Probleme etwa Guerrillakämpferinnen von Geschlechts wegen haben, wenn sie nach ihrer Politisierung durch die Intelligenzia an den Hochschulen im Untergrund plötzlich massiv auf eine Männerwelt treffen. Sowohl die Unterschicht- als auch die Untergrundberichte weisen auf den Unterschied zwischen der lateinamerikanischen und der europäisch-nordamerikanischen Feminismusdiskussion hin. Anders als in der industrialisierten westlichen Welt ist sie in Lateinamerika überwiegend in sozialistische Geschichtsmodelle eingebunden: rassische und geschlechtliche Unterdrückung werden als prinzipiell gleichartig verstanden.

Die Übersetzungen dieser – und fast ausschließlich dieser – Art von Frauenliteratur tragen dazu bei, das Bild ausländischer Leser/-innen von Elend und Unterdrückung in Zwangsregimen nicht nur zu vervollständigen, sondern vielfach auch aus weiblicher Sicht zu korrigieren. Nicht zuletzt geben sie damit auch neue Anstöße für die hiesige Dritte-Welt-Diskussion. Die bisherigen Übersetzungen spiegeln jedoch nicht das tatsächliche Spektrum weiblicher Testimonialliteratur. So ist beispielsweise die Zeugnisliteratur kubanischer Autorinnen, die in den letzten Jahren verstärkt um eine retrospektive Aufarbeitung der Geschichte der Revolution aus dem Blickwinkel von aktiven Kämpferinnen bemüht sind, noch völlig unübersetzt. Darüber hinaus verschleiert die relative Fülle zugänglicher Testimonialromane im Vergleich zu anderen Arten von Frauenliteratur die tatsächlich marginale Rolle von Frauen in der lateinamerikanischen Literatur. In einem vielsagenden Bild vergleicht der mexikanische Literaturkritiker Carlos

Monsiváis diese Rolle für Mexiko – und man kann dies ohne weiteres auf den Kontinent insgesamt übertragen – mit derjenigen hübscher Landschaften auf einer Bühne, vor deren dekorativem Hintergrund sich das eigentlich Wesentliche abspielt, und das kann nur das Drama des Mannes sein. Es versteht sich von selbst, daß die Umkehrung der Metapher noch aussteht.

Die Verharmlosung der literarischen Bedeutung von Frauen erreicht ihren Gipfelpunkt in der Festlegung der Autorin auf die Rolle der mütterlich-sentimentalen Dichterin, so geschehen selbst bei einer erfolgreichen und engagierten Frau wie der Chilenin Gabriela Mistral, die 1945 den ersten Nobelpreis für Literatur nach Lateinamerika holte. Das in weiblich-häusliche und männlich-öffentliche Bereiche polarisierende Denkraster der federführenden Gesellschaftsschichten ist so mächtig, daß es nur drei Autorinnen in den Augen der herkömmlich männerdominierten Literaturkritik durchbrechen konnten: Mercedes Cabello de Carbonera (Peru), Rosario Castellanos (Mexiko) und Elena Garro (Mexiko) gelten gemeinhin als die einzigen Vertreterinnen der lateinamerikanischen Gattung des Diktatorenromans. Diese Form der literarischen Auseinandersetzung mit autoritärer Herrschaft, der teilweise authentische Vorbilder zugrunde liegen, ist ansonsten streng gewahrtes Männermonopol.

In Wirklichkeit sind es somit weniger die Autorinnen selbst, die sich von vornherein auf sogenannte Frauenthemen beschränkt haben. Vielmehr sind es die literarischen und politischen Öffentlichkeiten, die das Bild der Autorin und geistigen Arbeiterin vor- und verzeichnen und damit auch ihr Selbstverständnis beeinflussen.

Wenn es eine Andersartigkeit weiblichen Schreibens im Sinne des allgemeinen männlichen Normverständnisses gibt, so kann dieses nur, wie Cristina Peri Rossi (Uruguay) es ausdrückt, »konjunkturbedingt« – nicht »essentiell«, sondern »episodisch« sein. Nicht die biologische, sondern die sozial geprägte Geschlechtszugehörigkeit der Autorin ist ausschlaggebend für das »Andere« in ihrer Literatur. Um diesem ›Anderen‹ im folgenden Überblick über neuere Entwicklungen im Roman von Frauen auf die Spur zu kommen und konkret benennen zu können, muß dessen Abhängigkeit von den jeweiligen Möglichkeiten und Freiräumen öffentlichen Sprechens für Frauen von Anfang an mitbedacht werden. Es wird daher anschließend immer um einen doppelten Blick gehen: einerseits auf die unterschiedlichen sozialen und politischen Situationen der verschiedenen Länder und andererseits auf Frauenselbstverständnisse, deren äußere und verinnerlichte Behinderungen und Utopien vor dem Hintergrund patriarchaler Welten in den vorgestellten Romanen.

Die Frage nach Besonderheiten weiblichen Schreibens, ja nach Autorinnen überhaupt wird in Bezug auf Lateinamerika erst seit kurzer Zeit systematisch gestellt. Noch in den Anfängen des weltweiten Siegeszuges lateinamerikanischer Literatur in den 60er Jahren fiel die Abwesenheit weiblicher Stimmen weder Kritikern noch Lesern und Übersetzern schon gar nicht auf. Die zunächst stark sozialkritisch engagierte sogenannte »Boom«-Literatur mit Autoren wie Julio Cortázar, Carlos Fuentes, Gabriel Garçia Marquez, Mario Vargas Llosa u.a. war exklusiv männlich. Bestenfalls als Koautorin erschien eine Frau ab und an auf einer Bestsellerliste. In den 70er Jahren wandelt sich zusehends der politische Anspruch der Autoren. Die »Boom«-Literaten zeigen sich zunehmend kompromißbereit gegenüber einem Verlagswesen, das sich hauptsächlich am Publikumsgeschmack einer neu entstehenden Leserschaft in den Mittelschichten orientiert. Nach dem Motto: »Wenn Du mich zitierst, zitiere ich Dich auch« lassen sie sich auf Jurorenposten in Preisverleihungskommissionen ein. Nicht zu vergessen ist zudem, daß auch enttäuschte Hoffnungen nach dem Scheitern friedlicher sozialer Revolutionen (1973 Chile; 1975 Peru) den Rückzug der ehemaligen Dissidenten in einen literarischen Elfenbeinturm weiter vorantreiben, wo sie anstelle von bitterem Leid nun die »wunderbaren Wirklichkeiten« des Kontinents (Alejo Carpentier) entdecken. »Echt« lateinamerikanische Literatur ist von jetzt an mystisch und märchenhaft exotisch, unbändig wie der Kontinent (!) und unpolitisch. Erst als die selbsternannte Avantgarde (bis zu einer erneuten Wendung in den 80er Jahren) mehr und mehr zum erzähltechnisch perfektionierten Sprachrohr eines Status quo wird und den Diskurs über den Diskurs zu ihrem Hauptthema macht, erlahmt das Interesse US-amerikanischer und später auch europäischer Hispanist/inn/en für sie. So halten die Beiträge von Autorinnen im Kampf gegen Unterdrückung neuerdings, unerwartet für die Schriftstellerinnen selbst, Einzug in frauenbezogene Lehrveranstaltungen.

Das neu erwachte, primär universitär-wissenschaftliche Interesse ist für die meisten Autorinnen bedenklich. Sie befürchten, daß in die Interpretationen nordamerikanischer und europäischer Feministinnen allzu viele idealistisch geprägte Vorstellungen von weiblicher Identitätsfindung einfließen, die ein umfassend antikolonialistisch gedachtes Emanzipationsstreben außer acht lassen. Häufig ist der Verdacht zu hören, daß der lateinamerikanische Frauenroman als Projektionsfläche zur Bestätigung westlich geprägter feministischer Weltbewältigungsstrategien durch einen fremden Kulturkreis dienen könne. Die inhaltsanalytische Suche nach feministischen Unter- oder sogar Obertönen sowie die neuere Frage nach der individuellen

Ausfüllung spezifisch weiblicher Schreibräume seitens ausländischer Wissenschaftlerinnen werden immer wieder als Versuche der Vereinnahmung abgewehrt. Im Vordergrund der lateinamerikanischen Schriftstellerinnenkongresse in den USA (1975 und 1982) und in Mexiko (1981) standen dementsprechend Forderungen nach Beendigung des marginalen Status der Autorin und nach Integration in den offiziellen Literaturbetrieb, und erst an zweiter Stelle rangierten Entwicklungsversuche eigenständiger feministischer Theoriemodelle.

Die Aufnahme in den Kanon der »ganz Großen« scheint Anfang der 80er Jahre plötzlich zu gelingen. Grund ist das 1982 in Spanien erschienene und mit Begeisterung vom Lesepublikum aufgenommene Erstlingswerk einer Exilchilenin. Die bestandene Feuerprobe der mit außergewöhnlicher und hinreißender Erzählfreude geschriebenen, mehr als fünfzig Jahre umspannenden Chronik einer Familie aus der chilenischen Oberschicht bei den spanischsprachigen Lesern/innen, stärker aber noch die publikumswirksame Tatsache, daß deren Autorin eine Nichte des 1973 ermordeten chilenischen Staatspräsidenten Salvador Allende ist, bewog einen deutschen Verleger, eine Übersetzung in Auftrag zu geben. 1984 erscheint in bald darauf preisgekrönter deutscher Ausgabe *Das Geisterhaus* von Isabel Allende. Die Präsentation der ersten Auflage hebt auf die politische Scharfsichtigkeit der exilierten Augenzeugin ab und unterstreicht damit die geschichtliche Aussagekraft, die dem Leseerlebnis ihres Werks innewohnt.

Die Auflagenhöhe steigt schnell, und ebenso schnell tritt in den Besprechungen des Romans der Hinweis auf die kritische Reflexion der Autorin über Chile in den Hintergrund. Die Tatsache, daß eine Frau sich ein politisches Thema zu eigen macht, muß offenbar schnellstens wieder verdrängt werden, sobald ihr Werbeeffekt ausgeschöpft ist. Kaum entwickelt sich in der ausländischen Leserschaft ein Interesse an lateinamerikanischen Autorinnen, da wird es bereits abgefangen im ›lobenden‹ Urteil eines Kritikers, *Das Geisterhaus* sei ein Roman, »wie es ihn eigentlich schon gar nicht mehr gibt«. Die Frage nach weiteren Romanen seiner Art erübrigt sich damit. Glaubt man den Ankündigungen der jüngsten Auflagen, so ist wenige Monate nach seinem Erscheinen aus dem vielversprechenden literarischen Aufbruch einer Frau nichts als eine gut geschriebene Fortsetzung der bereits totgesagten »Boom«-Romane der 60er und 70er Jahre im Stile »wunderbarer Wirklichkeit« geworden. Geschickt wird die Originalität des *Geisterhauses* zurückgeschraubt auf das Niveau der »Boom«-Bewegung, die längst abgeflaut ist.

Ebenso interessant, wie seine Rezeptionsgeschichte zu verfolgen, ist es, im Roman selbst Spuren zu sichern, die diese öffentliche Verhinderung politischer und kreativer Emanzipation einer Frau vorwegnehmen und als Selbstverhinderung im weiblichen Bewußtsein vorzeichnen. In formaler Hinsicht hat sich Allende zunächst einen angestammten weiblichen Schutzraum gesucht. Wie die meisten lateinamerikanischen Frauenromane ist ihre Chronik im traditionellen weiblichen Lebensraum der Familie angesiedelt. Motivisch wagt die Autorin zu Beginn ihres umfangreichen Romans einen Vorgriff auf spezifisch weibliche Schreiborte und -anlässe: Tagebuch, versteckte Autorschaft, mangelndes Selbstbewußtsein und essentielles Schreibbedürfnis: Auf der ersten Seite wird entsprechend beiläufig das Geschreibsel des Kindes Clara erwähnt. Claras Aufzeichnungen sind Vorübungen späterer »Lebensnotizhefte«, die, so bemerkt eine anonyme Erzählinstanz, einst dazu dienen würden, »das Gedächtnis der Vergangenheit wiederzufinden und mein eigenes Entsetzen zu überleben« (S. 7). Beinahe den ganzen Roman über bleibt ungeklärt, wer diese vorahnungsvollen Worte spricht. Der Verdacht richtet sich auf das meist jähzornig nach Patriarchenmanier polternde Ich des unangefochten selbstherrlichen Familienoberhauptes Esteban Trueba. Wer sonst wäre in der Lage, die Fäden eines solchen Mammutwerks wie *Das Geisterhaus* in der Hand zu halten? Die weithin auktoriale Erzählführung von souveränem Rückzugsposten aus scheint das vermutete klassische Prinzip eines männlichen Erzählers zu bestätigen. Allenthalben beruhigt angesichts der gewohnten Aufgabenverteilung im Roman, läßt sich die Aufmerksamkeit des/r Lesers/in gefangennehmen von einem einzigartigen Leseabenteuer. Man schmökert in liebevoll ausgezeichneten Details, in die sich unauffällig ein starkes, aber nie aufmüpfiges Frauenbewußtsein einschleicht.

Da fällt plötzlich Terror in die Zeilen, besetzen Folter und Vergewaltigung den Fabulierraum. Brutale Gewalt dringt in das Schreiben selbst ein erzwingt gegen Ende den Stil-Bruch. Der Topos »wunderbare Wirklichkeit« kann nicht durchgehalten, das Schema der Familiensaga zwischen Aufstieg, Blüte und Verfall kann nicht ausgeführt werden. Die überlebende Enkelin Alba übernimmt die Verantwortung der Augenzeugin. Sie greift – und damit klären sich endlich die Ankündigungen des Romanbeginns auf – zu den »Lebensnotizheften« ihrer Großmutter Clara und schreibt sich ihre Geschichte, »um mein eigenes Entsetzen zu überleben« (S. 444). Im Moment der doppelten Todesdrohung durch männliches Gattungs- *und* Gewaltmonopol emanzipieren sich für einen kurzen Augenblick gleichzeitig weibliches Ich und weibliches Schreiben.

Der Schlußmonolog Albas führt von der Utopie zurück auf die Ebene realer Machtverteilung. Der Überlebensversuch Albas/Allendes endet in beschwichtigender Hoffnung. Die jahrhundertelang geübte harmonisierende Funktion der Frau außerhalb öffentlicher Entscheidungsfunktionen klingt in ihrem Appell an den guten Willen durch. Während beispielsweise Maria Luisa Puga (Mexiko) in *Las posibilidades del odio* (1978) das Eingeständnis des eigenen Hasses auf den sprachlichen, ökonomischen und politischen Kolonisator zum befreienden Movens ihres versteckt autobiographisch angelegten Romans macht, in dem sich das Ich in den vielen Unterdrückten findet und aufbaut, nimmt sich die Autorin Allende (als Frau) zurück und läßt Alba beschwichtigend ihren Rückzug kommentieren: »Und jetzt suche ich meinen Haß und kann ihn nicht finden« (S. 443). In einem Interview nannte Allende ihren Roman weder ein politisches noch ein feministisches Dokument. Tatsächlich ist *Das Geisterhaus* ein außerordentliches Paradigma der stets bedrohten Emanzipation des Subjekts Frau.

Auch im bisher einzigen anderen Roman einer Lateinamerikanerin, der einem breiteren deutschen Lesepublikum bekannt geworden ist, dem Testimonialroman *Allem zu Trotz... Das Leben der Jesusa* (1982, sp. 1969) von Elena Poniatowska (Mexiko), verhindert eine Verinnerlichung patriarchaler Denkweise die bruchlose literarische Verarbeitung weiblicher Eigenständigkeit. Poniatowska spart ihr eigenes Autorinnen-Ich im Text aus und leiht ihre Stimme einer Frau aus der Unterschicht Mexiko Citys. Damit taucht neben einem frauenspezifischen ein zweites klassenspezifisches Problem auf, das den verschiedentlich von Kritikerinnen entdeckten ›Präfeminismus‹ im Verhalten Jesusas empfindlich stört. Der literarisch überarbeitete Testimonialroman bewegt sich auf einer Gratwanderung zwischen sozialem Engagement für die Unterdrückten und deren paternalistischer Vereinnahmung.

Nach Gesprächen mit der heute über 80jährigen Analphabetin Jesusa Palancares schuf Poniatowska deren zweifelsohne faszinierenden Lebensbericht. Die unorthodoxe, assoziativ-chronologisch geordnete Ich-Reflexion, die zurückgreift bis zur entmystifizierten mexikanischen Revolution in den 20er Jahren, ist aufschlußreich für das ideologische Klima Mexikos, das die nun schon seit sechzig Jahren im wesentlichen stagnierende Landesgeschichte prägt. Die abweichende deutsche Titelübersetzung – wörtlich hieße sie: »Bis bald, mein Jesus« – trifft (mit Absicht ?) scharf den liberalkonservativen Kern der verwendeten Form der Pikareske, einer hispanischen Variante des bürgerlichen Bildungsromans. Die Erinnerung Jesusas ist in deren Gattungsgrenzen eingefangen. Getreu dem Vorbild im spanischen Schelmenroman, dessen Blütezeiten mit Verbürgerlichungs- und Vereinzelungsprozessen in der Gesellschaft zusammenfallen, rebelliert auch Jesusa nicht offen. Statt dessen setzt sie sich individualistisch durch und übernimmt Verantwortung nur für sich selbst. Oftmals überraschend wird die Frau aus der Unterschicht in ihrem literarischen Portrait zu einer Verkörperung einer bürgerlich-männlichen Perspektive mit Haudegenmentalität, die dem erwarteten Bild einer weiblichen Emanzipation in einer nichtbürgerlichen Schicht einigen Abbruch tut. Jesusa verachtet sich selbst und orientiert sich am väterlichen Ideal, setzt sich kurzzeitig an die Spitze eines Soldatentrupps in der Regierungszeit Carranzas' und schlägt sich, antiklerikal, aber religiös, stets mit nostalgischem Blick auf die Vergangenheit, in den verschiedensten Berufen durch, ohne je mit der für eine Frau doch so naheliegenden Mutterrolle zu liebäugeln. In einer spiritistischen Institution, die ihre kreativen Kräfte vorsorglich ins Jenseits lenkt, findet sie ihre geistige Heimat.

Die stellvertretend geschriebene Autobiographie hinterläßt keineswegs den Eindruck einer unbequemen Rebellin. Die Frage, inwieweit ein Wunschdenken der Autorin diese Aussage zur Situation in der Unterschicht lenkt, läßt sich nicht beantworten. Die in Bezug auf die Schreiberin vorgetäuschte selbstlose Bestandsaufnahme einer verschmitzten Resignation bei Jesusa ist beruhigend, wohl auch für die ebenfalls nicht aus der Unterschicht stammende, für eine Autorin ungewöhnlich große Käufer- und Leserschaft. Der Hinweis auf einen »Präfeminismus« scheint mir vom Kernproblem des Testimonialromans abzulenken: *Allem zum Trotz* ... ist ein Beispiel weiblichen uneigentlichen, also nicht eigenen Sprechens. Poniatowska, die inzwischen an einem biographischen Roman über die Fotografin und Revolutionärin Tina Modotti arbeitet, weist immer wieder auf die Schwierigkeit hin, nicht nur von den Frauen, sondern als Frau zu sprechen, von der geliehenen Stimme zur eigenen Stimme zu finden.

Mexiko ist eines der Länder Lateinamerikas, in denen schon in den 60er Jahren Frauen, zumindest innerhalb der intellektuellen Schichten, wie der Poniatowskas, einen gewissen Denkfreiraum hatten. Ihre Literatur hat jedoch, wie alle weiteren hier behandelten literarischen Werke, beim deutschen Publikum wenig oder keine Resonanz gefunden. Hier, wie allgemein in der Frauenliteratur der 60er Jahre, ersetzt die stellvertretende Parteinahme für andere Unterdrückte die Artikulation der eigenen Unterdrükkungsgeschichte.

Im Schutzmantel der Fiktion ist es für die beiden bereits genannten mexikanischen Verfasserinnen zweier Diktatorenromane, Rosario Castellanos in *Oficio de tinieblas* (1962) und Elena Garro in *Erinnerungen an die*

Zukunft (1963), möglich, sich nationale Geschichte aus weiblicher Perspektive anzueignen und gleichzeitig in literarischer Hinsicht die Strukturlogik des Diktatorenromans zu verändern. Eine erwartete lineare Geschichte eines aktiven Helden wird aufgelöst in die notwendig antilineare Analyse komplexer Herrschaftszusammenhänge. Die eigenen Erfahrungen der Autorinnen sind als entscheidende Instanzen für die eigenwilligen Perspektivierungen noch nicht unmittelbar erkennbar. Im Vordergrund steht die Reflexion auf »die« Frauen. Das Ich der Autorinnen findet sich aufgesplittert in viele Protagonistinnen, die stellvertretend Plätze in der männlichen Ordnung ausleben und/oder Utopien verkörpern, neben dieser Ordnung zu stehen.

Castellanos' Roman baut motivisch auf dem historisch belegten Ereignis einer blutig niedergeschlagenen Indiorevolte von 1867 auf. Das indigenistische Thema, das bis zum Massaker von Tlaltelolco 1968 als unzeitgemäßer Rückfall in eine paternalistisch-indiofreundliche Mode vordemokratischer Epochen galt, wird mit einem weiteren, in der mexikanischen Geschichte mystifizierten Thema verknüpft: Handlungsauslöser ist das Ringen um die Durchsetzung der revolutionären Agrarreformgesetze in den 20er und 30er Jahren, die als grundlegend für die Modernität Mexikos gelten. In der literarischen Gleichzeitigkeit des historisch Ungleichzeitigen gelingt Castellanos die Herausarbeitung konstanter Züge von Herrschaft in patriarchalen Systemen. Die ökonomische und schließlich militärische Ausbeutung von Ohnmächtigen, hier der Indios, ist Folge eines Primats kapitalistischen Eigeninteresses. Dieses tarnt sich in der weißen Führungsschicht als kollektives Interesse aller Mexikaner und zersetzt oder zerstört alle nicht durch Kapital gebundenen, überlebensorientierten Kollektive. Der Vergleich zwischen der Funktionsweise des Indiokollektivs und dem Funktionieren weitgehend frauengeleiteter, traditioneller Familiengemeinschaften liegt nahe. Eine frauenspezifische Kapitalismuskritik der Autorin kündigt sich an und entwickelt sich zum Leitgedanken des gesamten Werks. Untermauert und erweitert wird der feministisch-sozialistische Gehalt des Romans durch eine geschlechtsdifferenzierende Gegenüberstellung zweier selbstloser Träger kollektiver Ideale: der Indioführerin Catalina und des Technikers Fernando Ulloa. Ulloa ist von der Regierung zur Ausführung der Landverteilung entsandt und trifft auf eine weiße Gesellschaft, die vom Streben nach Macht durch Landbesitz verblendet ist und sich seinem Regierungsauftrag hinterrücks widersetzt. Die kinderlose Catalina wandelt ihren dumpfen Haß auf ihre Verurteilung zu einem inaktiven Frauendasein in geistige Energie um und dient ihrem Volk als Priesterin und Medium vermeintlich rettender Götter. Beide, gleichsam Antidiktatoren, scheitern: Ulloa an der ungebrochenen Macht der lokalen Großgrundbesitzer, welche die revolutionäre Rhetorik der Regierenden als hilflos entlarvt; Catalina an der unzeitgemäßen Schicksalsergebenheit des archaischen Indiokollektivs, welches – anders als die weiße Gesellschaft – Macht nicht an Ausbeutung koppelt. Während Ulloa wie ein Verräter stirbt, läßt sich Catalina mit den Indios in einem Opferritual von den Weißen abschlachten. Im Scheitern beider erledigen sich gleichzeitig der illusorische Topos indianistischer weißer Schriftsteller von einer lebensfähigen matriarchalen Gesellschaft fernab des vermaledeiten städtischen Lebens wie auch ein stolz behaupteter mexikanischer Mythos von einer ehedem gelungenen sozialen Revolution, der einen Rückzug ins Nichtstun rechtfertigt. Die Außenseiterin Julia, Lebensgefährtin, aber nicht Ehefrau (!) Ulloas, spricht gegen Ende des Romans eine seiner Grunderfahrungen aus: »Sprechen gleicht dem Öffnen eines Abszesses. Der Eiter läuft; die Entzündung läßt nach; Fieber und Fieberphantasien werden gelindert« (S. 288, Übers. d. Verf.).

Sprache ist für Castellanos wie für Garro das entscheidende Machtinstrument, von dem Frauen und Minderheiten ausgeschlossen sind. Catalina, Angehörige der indianischen Minderheit *und* Frau, ist der Sprache der Weißen nicht mächtig. Sie ist daher ihrer Verurteilung zur Hexe und Hysterikerin, zur wehrlosen und dennoch gefährlichen Frau, von Seiten der Weissen hilflos ausgeliefert. Castellanos schafft mit dem Portrait der unschuldig-schuldigen Frau, die nichts von den archetypischen Formeln zur Frauenverdrängung ahnt und gleichzeitig den Massenmord auslöst, eine Allegorie für patriarchale Praktiken, die weit über den engen historischen Rahmen des Romans hinausweist.

In Garros nicht durchgängig zufriedenstellend ins Deutsche übersetzten Variante des Diktatorenromans verdeutlicht ein aus einem Spiegel sprechender Ehemann das männliche Sprachmonopol, durch das Männer Frauen ihre geschlechtspolarisierte Weltsicht aufzuzwingen versuchen.

Für Garro ist wie für Castellanos ein historisches Thema Auslöser eines kreativen Prozesses, der sich vom geschichtlichen Sachverhalt entfernt, um das Psychogramm einer sozialen Gemeinschaft zu entwerfen. Der Roman spielt zu Beginn des Cristera-Kriegs nach der Niederschlagung der Zapata-Revolte zwischen 1927 und 1929 im Süden Mexikos. Eine zunächst schwer identifizierbare Ich-Stimme, die von den Stadtmauern aus zu sprechen scheint, berichtet von dem in der Kleinstadt Ixtepec stationierten General Rosas, unschwer erkennbar als Vorbild für die Figur des Oberst Buendía in *Hundert Jahre Einsamkeit* (sowie entsprechender Figuren in Vorarbeiten zu dem Roman). Wie Garro an anderer Stelle bestätigt, las Gabriel Garçia Márquez ihr Manuskript, bevor er seinen Erfolgsroman schrieb. General Rosas terrorisiert unablässig die Kleinstadt. Immer wieder erschaudern ihre Bewohner vor in der Nacht aufgeknüpften Toten. Der tiefere Grund für diese Mordgier, so macht die allgegenwärtige Erzählinstanz transparent, ist kein ökonomisches oder politisches Interesse. Er liegt vielmehr in der Verzweiflung des Mannes Rosas, der sich Gefühle zu erzwingen sucht. Die Frauen verweigern sich jedoch seiner Macht- und Gefühlslogik. Wie bei Castellanos werden sie auch bei Garro nicht von einer Mitschuld am Funktionieren dieser tödlichen Denkordnung freigesprochen, solange sie nicht machtvoll etwas dagegensetzen. Widerstand in Form von Fluchten in Freiräume oder Beschränkung auf die Frauen üblicherweise zugestandenen Waffen erweisen sich im Roman als die falschen Lösungen. Die Geliebten Rosas' verhalten sich seinen Untaten gegenüber teilnahmslos. Während ihre Körper ihn im Hotelzimmer erwarten, scheint ihm ihr eigentliches Wesen in einer anderen, ihm unzugänglichen Welt. Das ständige Erlebnis dieser Doppelexistenz von Frauen flößt ihm Angst ein, und so versucht er, ihre geistige Entrückung und seine daraus folgende Einsamkeit in eskalierenden Amokläufen zu kompensieren. Durch die Verknüpfung von Männlichkeitswahn einerseits und weiblichem Selbstschutz im Rückzug andererseits verschlimmert sich zusehends die Situation in Ixtepec. »Weibliche« List, eine der wenigen den Frauen zugestandenen Aktionsformen, treibt schließlich die Gewaltherrschaft Rosas' auf die Spitze: die als Ehrenball getarnte Konspiration einiger Damen in Ixtepec muß mit unzähligen Menschenleben bezahlt werden. Garro schreibt sich von Frauendaseinsformen in einer geschlossenen Gesellschaft durch die Darstellung von sozialen, psychischen und sogar physischen Todesformen von Frauen, wie sie die Literatur durchziehen, frei. Der realistische Diktatorenroman überschreitet die Grenze zur mythisch-märchenhaften Erzählung, in der Julia, Rosas' erste Geliebte, auf einem mit Zauberkräften ausgestatteten Pferd verschwindet und ihre Nachfolgerin Isabel zu einem Stein erstarrt.

Positive Utopie, sozusagen titelspendende »Erinnerungen an die Zukunft«, besitzt paradoxerweise allein die Stadt Ixtepec, die sich im Laufe des Romans als Trägerin der Erzählperspektive entpuppt. Der zirkulierende, die Chronologie in sich aufhebende Blick der sprechenden Stadt verrät weit mehr als eine bloße Anlehnung an ein zyklisches Zeitempfinden der Azteken, wie es Kritiker vielfach zu finden glauben: Die ungewöhnliche Perspektive versammelt in sich sprechenden Widerstand. In festen sozialen Strukturen, wie denen Mexikos in den 60er Jahren, ist er steinern wie die Stadt: ebenso unerweichlich wie unbeweglich.

Die am Beispiel Mexiko aufgezeigte Entwicklung vom Konstatieren eigener Machtlosigkeit zur Suche nach Widerstandsmöglichkeiten gegen patriarchale Strukturen, die zu einem Dasein als lebende Tote verurteilen, verläuft im Roman von Autorinnen bis zum Ende der 60er Jahre überall dort ähnlich, wo sich demokratische oder populistische Regierungen Frauen gegenüber relativ liberal verhalten.

Im Schutz formaler Anpassung können sich nach dem Zweiten Weltkrieg Frauen in die argentinische Schriftstellergruppe der sogenannten »Zornigen« integrieren und über eine längere Zeitspanne hinweg ihre Anwesenheit behaupten. Die vergleichsweise starke Position der Argentinierinnen stützt sich nicht zuletzt darauf, daß ein Schreibbedürfnis von Frauen und Männern auf den gemeinsamen Nenner »Zorn« gebracht werden kann und damit unabhängig vom Geschlecht der Autoren literaturfähig wird. Im Laufe der Jahre läßt sich eine schrittweise formale und inhaltliche Distanznahme weiblicher Literatur von der ihrer Kollegen und ein allmählich kristallisierendes Frauenbewußtsein beobachten.

Schon aus frühen Romanen spricht verhaltenes Unbehagen an Frauenschicksalen, das nach und nach artikulierbar wird als Kritik an Männern (Vätern, Politikern) und schließlich an männerdominierten Strukturen. In *Das Haus mit dem Engel* (1958, sp. 1955) von Beatriz Guido wird eine fragmentartig rekonstruierte Familiengeschichte zur Allegorie für die politische Geschichte Argentiniens. Wachsender Nationalismus und Abschottung gegenüber dem Ausland nach dem Zweiten Weltkrieg ist für Frauen, und hierbei insbesondere für die bürgerlichen Frauen, als doppelte moralische wie sprachliche Gefangenschaft spürbar. Sie ist in jenen Jahren, wie Guidos Roman verdeutlicht, im besten Falle individuell überwindbar. Mit *La señora Ordóñez* (1967) schafft Marta Lynch eine Frauengestalt, die ganz in ihrer Verurteilung zu einem Dasein als »anderes« Geschlecht aufgeht und sie schreibend zelebriert. Symptomatisch für das doppelte Bewußtsein der Titelfigur von Frauenbildern ist ihre selbstdurchschaute Unfähigkeit, sich der Faszination für Evita Perón, weibliche Idolfigur und lebendiger Mythos ihrer Zeit, zu erwehren. Blanca Ordóñez folgt ihrem ersten Ehemann blindnaiv in politische Versammlungen und läßt sich zwielichtige Agitationsaufgaben – aus Liebe ! – aufdrängen. Sie hält sich nicht dafür geschaffen, politische Zusammenhänge selbständig zu durchschauen und würde ihre Bemerkungen zum Alltag in Buenos Aires niemals für scharfsinnige Analysen der Verhältnisse in Argentinien halten, was sie tatsächlich sind. Obwohl von Männern immer wieder enttäuscht, ist sie unfähig, die Frauen und damit sich selbst diskriminierende Brille der Männer abzusetzen. Ihre feste

Verhaftung in Weiblichkeitsklischees, die das Bürgertum seit dem 19. Jahrhundert unverändert gelassen hat, verhindert ein dringend notwendiges Selbstbewußtsein für einen eigenständigen Aufbruch in »unweibliche« Denkweisen und Aktivitäten. Blanca, die Weiße, bleibt ihrem Namen getreu nach außen harmlos, sanft, während ihr Inneres von Konflikten zerrissen wird, die nur als unbestimmbare Unzufriedenheit nach außen dringen können. Nur dem Papier kann sie diese Konflikte anvertrauen. Die Bürgerin Blanca rebelliert gegen bürgerliche Verurteilung zur Sprachlosigkeit, ohne sich neu zu entwerfen. Im Wechsel der Erzählperspektive zwischen »Ich« und »Sie« tariert sie ihre Distanz zu sich aus. Ihre Identitätssuche verfängt sich jedoch in schauspielerinnenhaftem Ausleben von bekannten Frauenbildern. Vor die Entscheidung gestellt, zwischen Liebe zu ihren Sicherheit bietenden Peinigern und kreativem Haß auf diejenigen, die sie in einen goldenen Käfig einsperren, zu wählen, bleibt sie bei der althergebrachten Lösung. Unweigerlich stellen sich so Überdruß und Langeweile nach jeder noch so verheißungsvollen Rolle als politische Mitläuferin, Ehefrau, Freizeitkünstlerin und Ehebrecherin ein. Blancas/Lynchs Schreibarbeit an der Entglorifizierung von bürgerlichen Frauenidealen zeichnet beispielhaft Frauenleben in der stark europäisch beeinflußten Mittel- und Oberschicht Argentiniens nach. Tagebuchartig entwickelt sich diese Arbeit zu einem Roman, dessen zirkelschlußartig mit dem Anfang verwobenes Ende gleichsam die Sackgasse beschwört, die für eine neue Frauengeneration nicht mehr begehbar ist.

Mit der allgemeinen Stärkung der Frauenbewegung am Ende der 60er Jahre und den Impulsen, die von der kubanischen Revolution, den Aktionen Che Guevaras (der ja argentinischer Abstammung war) und den antiautoritären Bewegungen in Europa ausgehen, verlagert sich der Blickwinkel argentinischer Autorinnen vom Einzelschicksal der Bürgerin auf Veränderungen und Veränderungsmöglichkeiten im öffentlichen Leben.

Die erzähltechnisch versierte Bestsellerautorin Silvina Bullrich schlägt die Brücke vom sozialkritischen Roman zur leichten Massenlektüre. Argumentativ flach, aber spannungsreich sind ihre Karikaturen politischer und sozialer Mißstände mit spöttisch-feministischem Unterton. Tatsächlich greift ihr Feminismus kaum tiefer als bis zum Problem der Bewältigung von Alltagsproblemen berufstätiger Frauen, ein Thema, das in der feministischen Diskussion des Kontinents lediglich für eine schmale Schicht privilegierter Frauen vermutlich kurzfristig von Bedeutung ist.

Auch in Guidos vielgelesenem Roman *El incendio y las vísperas* (1964) scheint die europäisch geprägte Kultur Argentiniens durch, die Frauenbewußtsein durch Zugang zum Bildungswesen gleichzeitig fördert und in bürgerlichen Fesseln hält. Frauen sind hier aktiv am Aufbau eines oppositionellen Bündnisses zwischen Studenten, Arbeitern und Aristokratie gegen Perón beteiligt. Die politischen Verhältnisse, die vor Folter nicht zurückschreckenden Repressionen, die unmögliche Integration divergierender klassenspezifischer Ziele zu einer Volksallianz prägen sich auch den privaten Familienverhältnissen ein. Während die historische Situation exakt argentinisch ist, verrät vor allem die aristokratisch-großbürgerliche Denkweise der Männer, die Geschichte machen wollen, eine ebenso authentische, allerdings zeitenübergreifende Anlehnung an abendländisches Selbstverständnis. Motor aller Aktivitäten, auch der revolutionären, ist die Verheißung eines weiblichen Objekts, sei es Muse, Braut oder sogar der Mutterschoß, als den die Familie Pradere ihren umkämpften Gutsbesitz mit dem Namen einer französischen Geliebten, »Bagatelle«, empfindet. Guidos von der Seite der Männer her aufgerollte Gesellschaftskritik kommt bei der Darstellung der Frauen zum Stehen. Weibliche Romanfiguren bleiben doppelsichtig als Subjekte, die ihrem zugeschriebenen Charakter als (Liebes-) Objekte nie entkommen (wollen). Als Autorin und Erzählerin ist Guido ihren Frauengestalten voraus. In die Erzählstruktur ihres Romans ist ein Bewußtsein von der Notwendigkeit des Ausgangs aus der weiblichen Unmündigkeit tief eingeschrieben. Zwar ist *El incendio y las vísperas* wie so viele Frauenromane unspektakulär als Familienchronik angelegt; zwar bleibt die Beschreibung eines wenn nicht konservativen, so doch männliche und weibliche Zuständigkeitsbereiche konservierenden Denkens realistisch – doch ist jede Art von linearer Logik kräftig durcheinandergeschüttelt. Durch eine mehrstimmige, achronologische Rekapitulation des Untergangs der aristokratischen Familie Pradere in den Jahren 1952 und 1953 kommen verborgene Beziehungsstrukturen zum Vorschein. Das perspektivisch und chronologisch in Gedächtnisprotokolle zersplitterte Familienportrait verdichtet sich schließlich in neuer, eigenständiger Ordnung zu einem Abgesang auf die Gattung der Familiensaga.

Während Guido auch in späteren Romanen weitgehend dem Großbürgertum verhaftet bleibt, verläßt Lynch in *El cruce del río* (1972) fünf Jahre nach *La señora Ordóñez* das gleichzeitig abstoßende und anziehende luxusliebende Oberschichtmilieu, dem sie selbst wie Guido entstammt, und durchquert auf der Suche nach den Koordinaten des neuen Menschen im Kampf gegen Unrecht und Unterdrückung verschiedene soziale Schichten. Die Autorin schlüpft als Ich-Erzählerin nacheinander in die Rollen des Revolutionärs Pablo, der von seiner Totenbahre aus auf sein Leben zurückblickt (Teil 1), und dessen Mutter, die neben dem Leichnam gleichfalls die Vergangenheit rekonstruiert und die Aussagen ihres Sohnes in ihren Bedeutungen für Frauen weiblich verrückt (Teil 2). Beide zeichnen die spezifische Sozialisation eines Guerrillakämpfers, damit des Helden der Opposition, nach und vollziehen dabei eine Polarisierung in männliche und weibliche Denkmuster – hier liebende Entsagung, da heldenhafter Einsatz – als Ergebnis von Kultur und Erziehung nach. Auf literarischer Ebene entspricht der politisch-sozialen Entmystifizierung des typischen selbstsicheren Idols ohne Furcht und Tadel, dessen Vorstellung auch in Guerrillakreisen herumspukt, eine fortschreitende Entzauberung des klassischen Heldenromans. Lynch spürt die Gelenkstellen des Patriarchats heraus und reizt ihre Funktionsweise bis zu ihrem Zusammenbruch aus. Der Held bewahrt zwar bis in den Tod den Ruf des Heroen, doch hilft das der Guerrilla wenig. Auch ein männliches Kunstverständnis, nach dem sich der Künstler in seinem Werk fortsetzt, läßt Lynch nicht gelten. Die anfängliche Eigenständigkeit der Rede Pablos geht im anschließenden Sprechen seiner Mutter unter und verliert jeden Wahrheitsanspruch. Die widersprüchliche Beschreibung von Pablos überlebender Freundin Dolores durch Mutter und Sohn enthält einen vorsichtigen Hinweis auf Notwendigkeit und Möglichkeit einer – noch individuellen – Überwindung des kulturverordneten Heldenschemas. Zwar noch kein Neuentwurf, stellt die Figur der Dolores immerhin eine lebendige Absage an typisierende Persönlichkeitsvorstellungen und genau darin eine befreite Frau dar. Die politische Tragweite dieser Personwerdung der Idee eines neuen Menschen deutet sich im Roman nur durch die Tatsache an, daß auch Dolores in der Guerrilla aktiv ist, aber anders als Pablo überlebt. Lynch entläßt Dolores in eine unbestimmte, aber mit Sicherheit aktiv gestaltete Zukunft und löst mit diesem offenen Ende ihr Versprechen ein, vor-geschriebene Daseinsformen zu verlassen, ohne neue Modelle vorzugeben.

In dem sich im Laufe der ersten Hälfte der 70er Jahre verschärfenden und nach dem Militärputsch in Gewalt eskalierenden politischen Klima Argentiniens wird das Nachdenken über die psychosozialen Bedingungen des Terrors Antrieb schriftstellerischen Schaffens. Emanzipatorische Literatur von Frauen findet zu einer eindeutigeren Sprache. Die schon lange brüchige Kruste der Familiensaga vermag immer seltener unbefragt die Rede von Autorinnen wie Protagonistinnen zu überlagern. Die neuen Romanformen werden bewußt »unweiblich« im Sinne der überkommenen Frauenbilder. Die beschriebenen Frauen schwanken zwischen verzweifelter Haltlosigkeit und zielstrebigem Sich-Abwenden von erkannten Feindbildern.

Aus der Tradition der phantastischen Erzählung mit Vorläuferinnen wie Silvina Ocampo und Maria Luisa Levinson kommend, überwinden Griselda Gambaro und Elvira Orphée den weiblichen Rückzug in Passivität und Innerlichkeit, der sich bei den Vorgängerinnen in psychologischen Romanen voller Obsessionen, Frustrationen und Phantasmen Ausbruchsmomente gesucht hatte.

Gambaro veröffentlicht zur Zeit des argentinischen Militärputsches *Ganarse la muerte* (1976). Der hierin beschriebene fiktive Lebensweg der Waisen Cledy verläuft vor dem Hintergrund eines makabren Spektrums von Gewalt. Männer und Frauen (als Väter und Mütter) sind an der zynisch-phantastischen Aushöhlung sinnvoller Existenz – anders etwa als bei vergleichbaren Autorinnen wie Myrna Casas und Luisa Josefina Hernández – gleichermaßen beteiligt. Cledy ist rettungslos Objekt. Ihre Geschichte stellt sich dar als chronologischer Ablauf von Willkürakten, die von triebabhängigen Rolleninhabern an ihr ausgeführt werden. Die Verstümmelung des weiblichen Körpers der Waisen spiegelt parabolisch die Verstümmelung der Menschlichkeit. Die alptraumhafte Reihung horrender Leidensstationen läuft jeder geschlossenen Romanästhetik zuwider und verrät in ihrer szenischen Gestaltung die Verwurzelung der Autorin im absurden Theater.

In ähnlicher Weise besteht auch Orphées *La última conquista de El Angel* (1977) aus einer Kette von Einzelerzählungen mit chronologischer, jedoch ebenso wenig mehr einen akzeptablen Lebenssinn schaffender Ordnung. Beschrieben wird das eigentlich unbeschreibliche menschliche Drama der Folter. Der Text läßt keinen Raum zur Verwunderung über dieses Paradox. Er verbietet jegliche Distanznahme, konfrontiert pausenlos mit dem Schrecklichen, das von keiner menschenwürdigen Moral mehr getragen sein kann. Und so kann nicht einmal mehr ein Menschlichkeit in den Text zurückholendes Mitleid aufkommen, das der Schrei eines Gefolterten hervorriefe. Denn ein solcher Schrei bleibt aus. Die Opfer sind stumm. Orphées Denkweise zufolge wäre es bereits ein Akt der Versöhnung und grundsätzlichen Anerkennung von Opfer-Täter-Strukturen, würde sie sich auch nur für den Moment des Schreibens in sie hineinversetzen. So haben bei Orphée nur die Täter eine Stimme. Einer von ihnen, eine männliche Ich-Figur, ist von Beruf Folterer, jedoch äußerlich kein Ungeheuer, sondern nichts als ein rundum eigenschaftsloser Jedermann, der seiner Faszination für die Perfektionierung und Verwissenschaftlichung von Foltermethoden erliegt. Mit *La última conquista de El Angel* verfaßt er den nüchternen Bericht seiner beruflichen Karriere in einer Spezialeinheit der Polizei. Der Folterer enthält sich jeglicher Deutung seiner Taten und spiegelt damit um so unmittelbarer den faschistoiden Charakter einer Männergesellschaft, in der sich das Quälen eines Menschen zum Lust- und Liebesersatz verselbständigen kann. Auch Orphées Auseinandersetzung mit der damaligen aktuellen Gewaltherrschaft in Argentinien findet in der Darstellung einer rein weiblichen Erfahrung, der Vergewaltigung, zu ihrer eindringlichsten Sprache. Im Schlußkapitel begründet der Erzähler sein letztes Folterritual nicht ohne einen gewissen Stolz auf seinen Spürsinn. Seine Rhetorik evoziert die »Logik« offizieller Stellungnahmen zu Gewaltpraktiken in Folterregimen. Die Lektüre hinterläßt Fassungslosigkeit angesichts der Fähigkeit eines Menschen, mit Hilfe von Elektroschocks eine Vergewaltigung einer Frau mit dem Leichnam ihres ehemaligen Geliebten zu inszenieren und diesem grauenvollen Akt anschließend noch den Anschein eines ordnungsstaatlichen Sinns zu geben. Es ist eine Fassungslosigkeit, die in der Romanstruktur vorgezeichnet ist. Der verwendeten Tagebuchform ist ihre ureigenste Funktion aberkannt, positiver Schutzraum intimer Regungen zu sein. Statt dessen droht der Bericht des Folterers, der die innersten Erfahrungen von Menschen zu Tagesordnungspunkten seziert, in unzusammenhängende Eintragungen zu zerfallen, von denen nur der Horror als verbindendes Glied nie weicht. In der Grenzerfahrung menschlichen Durchhaltevermögens bleibt nur mehr eine – unausgesprochene – Utopie: Gewaltlosigkeit.

In der zweiten Hälfte der 70er Jahre wird für Autorinnen wie Autoren aus Militärdiktaturen und verdeckten Gewaltregimen das Exil zunehmend zum einzig sicheren Zufluchtsort. Die persönliche Bedrohung führt auch schreibende Frauen endgültig dazu, mit allen das Weibliche an sich umgebenden Tabus zu brechen und sich militant und zornig zu Wort zu melden. Ein Überblick über die jüngste Generation lateinamerikanischer Schriftstellerinnen zeigt als gemeinsames Charakteristikum eine Schreibweise, die einem neuen Verhältnis dem weiblichen Körper gegenüber Ausdruck verleiht und ein neues Frauenselbstverständnis prägt, das mehr und mehr bildungsunabhängig wird. Anders als bei den europäischen Tendenzen in der Frauenliteratur der 70er Jahre nimmt die Körper-Sprache der Lateinamerikanerinnen ihren Ausgang in radikal subjektiven körperlichen Schmerz- und kaum je in Lusterfahrungen. Die Beschreibung von Folter und Vergewaltigung verändert den vormaligen Themenkreis beträchtlich. Die neuen Bearbeitungen von Unterdrückungserfahrungen sehen die sprachlich-kulturelle Verdrängung nur noch als Teil einer umfassenden, lebensbedrohlichen Repression. Während man bei der Literatur von Männern in den 80er Jahren von einer Rückkehr (!) von der Reflexion über Chancen und Grenzen des Diskurses zu einer einfachen Sprache des Körpers spricht, geht es bei Frauen heute weitgehend und ehrlicher um den ersten schmerzhaften Einzug in den eigenen Körper. Insofern die Autorinnen ihren konsequenten Bruch mit allen Tabus, die Frauen betreffen, in ihr Werk einbringen, schaffen sie eine Literatur, die in ihrem heimatlichen sozialen und politischen Umfeld oft revolutionärer ist, als dies heute bei vielen feministischen Büchern in Europa der Fall ist.

Das hauptsächlich im spanischen Exil entstandene Werk der eingangs genannten Uruguayerin Cristina Peri Rossi verbindet surrealistische Metaphorik wie die der bei den Argentinierinnen erwähnten phantastischen Literatur mit einer ebenso komplizierten wie reizvollen Chiffriertechnik von hohem linguistischen Gespür. Sprache ist Mittel, Gegenstand und Beweismittel; Sprechen/Schreiben kein Selbstschutz im entgrenzten Experiment (wie tendeziell in der »Boom«-Literatur), sondern Selbstfindungsprozeß in der Grenzerfahrung mit dem Unaussprechlichen des Tabus, des Mythos und schließlich des Grauens vor dem Terror.

In *El libro de mis primos* (1965/1976), dem Titel nach eine Art Familienalbum, beanspruchen männliche Ich-Sprecher mühsam das Schreib- und Rederecht. Sie sind Mitglieder einer überalterten Oberschichtfamilie in Montevideo, die sich allmählich auflöst. Die lächerliche Karikatur einer ehemals funktionierenden Gemeinschaft steht unübersehbar sinnbildhaft für das uruguayische diktatorische Regime, das sich Anfang der 60er Jahre mit der neu entstehenden Stadtguerrilla, den Tupamaros, konfrontiert sieht. Den traditionellen weiblichen Schreibraum, das Tagebuch, nutzt auch Peri Rossi für eine zynische Demontage. In *El libro de mis primos* sind es Jungen, die Neffen der Familie, die sich das weibliche Medium aneignen. Ihre Leistung ist aber – im Gegensatz zu einer Forderung an weibliches Schreiben – kaum eine verändernde Anverwandlung eines fremden Mediums, sondern eine zerstörerische Abwandlung der Möglichkeit von positiver Entwicklungsgeschichte. Die Aufzeichnungen der Jungen stellen keine fortlaufende Entwicklung einer Fabel dar. Vielmehr werden Ausschnitte von Bewußtseinszuständen aufgehäuft, deren sperrige Lektüre von den Lesern/Leserinnen eine Transposition des Erzählten auf die Ebene der Allegorie verlangt, um von dort aus Sinnzusammenhänge freilegen zu können. Im Zentrum der allegorischen Transformation von Wirklichkeit entsteht so das Bild einer emotionslos von einem der beteiligten Neffen berichteten »Operation« an einer Puppe, die mit der Entfernung ihres Sprechapparates beginnt und in einer Vergewaltigung endet. Die Entschlüsselung des Puppenbildes und die Übertragung auf die reale Ebene einer Vergewaltigungserfahrung scheint Kritikern nicht leicht zu fallen. In der wiederholt zu lesenden Charakterisierung dieser bitter-schmerzlichen Szene als einer sinnlich und sprachschöpferisch überwältigenden Passage voller erotischer Spannungen scheint der ihr eigentlich innewohnende Angriff auf das Patriarchat und auf den konkreten Mann abgefangen und sublimiert. Die Tagebucheintragungen der Neffen sind vielsagende Zeugnisse dieser Art von Verhalten. Auch sie – junge Männer – hüten sich davor, den Initiationsritus, der ihre Herrschaft und weibliche Unterlegenheit begründet, als das zu bezeichnen, was er ist. Keiner der Protagonisten ringt sich zu der naheliegenden Gleichung durch: Zerstörung von Sprache ist Zerstörung von kultureller Ordnung, ist Abtötung des Weiblichen. Die Autorin verzichtet auf Kommentare. Die Sprechenden entlarven sich selbst. Ihr eingangs ungebrochenes Herrschaftsbewußtsein wird sich, so stellen die Leser/innen fest, über kurz oder lang an einem Bewußtsein brechen, das sich woanders längst einen anderen Ausdruck zu verleihen weiß. In diesem Sinne ist der Aufbruch der nur wenige, auffällig vernünftige Sätze sprechenden Alina, der einzigen sprachbegabten Frau des Romans, zu verstehen: während die Familie eigenmächtig-verantwortungslos ihren Untergang in Gang setzt, verläßt Alina das Chaos und geht mit einem der Neffen zu den Tupamaros.

Auch die beiden Kolumbianerinnen Albalucía Angel (seit 1964 im Exil, lebt heute in London) und Fanny Buitrago versuchen, in ihren Romanen und Erzählungen Deutungsmuster kultureller und politischer Unterdrükkung zu finden und klärend zu verarbeiten. Weder die einem kämpferischen Frauenbewußtsein gespalten gegenüberstehende Buitrago noch die heute zunehmend militante Angel entkommen gegenwärtig in ihren Heimatländern den teils widersprüchlichen Sanktionsmaßnahmen der tonangebenden Gesellschaft aktiven Frauen gegenüber: Buitrago muß trotz wiederholter Auszeichnungen und Literaturpreisen immer wieder die Zensur befürchten. Angel, die sich, anders als Buitrago, in den Fußstapfen der Mexikanerin Castellanos als eine der ersten jungen Lateinamerikanerinnen explizit auf der Suche nach der verborgenen Tradition lateinamerikanischer Schriftstellerinnen befindet, wird in ihrem Heimatland mit völligem Stillschweigen übergangen.

Aggressive stilistische Zerrissenheit und unauflösbare Beziehungsverwicklungen in einer (weiteren) großangelegten Familienbiographie, *Cola de zorro* (1970), die Buitrago dasjenige ihrer Werke nennt, in dem sie sich die größten Freiheiten erlaubt habe, deuten hin auf eine von der Autorin als untrennbar empfundene Einheit von Schreiben und Erleben. Die Verarbeitung der eigenen Herkunft aus einer gutsituierten Familie offenbart den unversöhnlichen Widerspruch zwischen herrschenden Frauenbildern und schriftstellerischem Engagement. Bei Buitrago spiegelt sich ein spezifisch weibliches Identitätsproblem, die Frage nach »weiblicher« Kreativität, im Umgang mit der Erzählperspektive. Eine ständig anwesende Angst vor einem Übergriff auf männliches Terrain im Augenblick politischen Handelns, sei es durch Schreiben – so fürchtet die Autorin – oder durch öffentliches Auftreten – so fürchten ihre weiblichen Verdopplungen im Roman –, kommt im Text explizit zum Ausdruck und Ausbruch als Angst vor der Einsamkeit des befreiten Ich. Eine durchgängige Ich-Erzählung will nicht gelingen und scheitert an Verwechslungen der Erzählinstanzen. Gerade gesponnene Gedankenfäden gehen verloren, werden für immer verdrängt von der nie verschwindenden Angst vor männlicher Autorität, die Hand in Hand geht mit einer nie zur Ruhe kommenden Sehnsucht nach einem männlichen stützenden Arm. In dem doppelten Kampf gegen den verinnerlichten, kulturellen und den äußeren, politischen Unterdrücker zeigt sich die Erzählerin Buitrago wesentlich weniger selbstbewußt als die historische Kommentatorin Buitrago. Die Passagen konkreter Anklage an offenen und verdeckten Terror in der nationalen Geschichte Kolumbiens in diesem Jahrhundert reden eine deutliche, schonungslose Sprache. Für die Autorin ist der Angriff auf den Diktator einfacher als der Angriff auf das Patriarchat.

Angel, die zur sogenannten »Generation des Belagerungszustandes« zählt, führt ihren Kampf gegen die angemaßte Universalität des Männlichen nicht durch eine beständige Negation seines Anspruchs, sondern durch das Herausschrei(b)en weiblicher Stärke. Die anstrengende Lektüre des autobiographische Züge nicht verschweigenden Romans *Estaba la pájara pinta sentada en el verde limón* (1975) liefert ein breitgefächertes Geschichtsbild Kolumbiens. Er beginnt mit der Ermordung des Führers der Linksliberalen, Jorge Eliécer Gaitán, im Jahre 1948, verfolgt das Ansteigen des Terrors nach dem Friedensschluß der Regierung mit den Guerrilleros 1953, erinnert die Besetzung und Bombardierung des eigenen Landes und zeichnet die Zuspitzungen nach Che Guevaras Tod und den Ereignissen in Vietnam nach. Das Gedächtnis der Ich-Erzählerin Ana aus gutbürgerlichem Elternhaus erweitert sich zum kollektiven Gedächtnis. Der Roman wird vielstimmig, verwebt Briefe, Tagebuchaufzeichnungen, Zeitungsmeldungen und innere Monologe zu einer wortgewaltigen Collage und namentlichen Anklage an historische Figuren. Das Schreiben Angels ist zugleich Überlegen und Empfinden, rücksichtsloses Ausprobieren aller sprachlichen Register und schmerzhaftes Sich-Wiederfinden des eigenen Ich unter vielfacher Folter. Ana verausgabt ihre Kräfte im unaufhörlichen

Kampf um die Stimme, in dem es häufig auch und zuweilen vor allem darum geht, von sich abzuschreiben, Falschheiten ans Tageslicht zu holen, der Erstarrung in (Frauen-) Bilder zu entkommen. Am Ende ist ein Neuschaffen nicht mehr möglich. Die Sprecherin kann sich nur mehr die Stimme ihres zu Tode gefolterten Freundes Lorenzo leihen und stellvertretend dessen Anklage weitertragen: »auf daß du es nicht vergißt, compañera, [...] und du und ich die Zeugen: immer da, um laut die Namen der Toten herauszuschreien« (S. 199, Übers. d. Verf.).
Mit dem lebensnotwendigen Wunsch, einen dritten Weg zwischen Gewalt und Ohnmacht zu finden, verbringen in *Conversación al sur* (1981) der nach Kolumbien übergesiedelten Marta Traba (Argentinien) zwei Frauen einen Nachmittag und Abend in klärendem Gespräch. Die eine ist ein Entwurf der jungen, aktiven Widerstandskämpferin im Moment der Resignation; die andere, eine Mittvierzigerin, glaubte sich mit der bürgerlichen Frauenrolle so lange arrangieren zu können, bis ihr Sohn nach dem Allendesturz in Chile wenige Tage vor dem Gespräch der beiden Frauen verschwindet. Beide stehen an einem Scheideweg. Durch ihre Erinnerungen wird eine Achse der Gewalt zwischen Santiago de Chile, Buenos Aires und Montevideo sichtbar, der, so wird beiden klar, niemand entfliehen kann und der sie doch in der intimen Atmosphäre ihres kraftspendenden Gedankenaustauschs zu entgehen hoffen. Indem sie an ihre je eigenen, subjektiv gedeuteten Erlebnisse anknüpfen, schaffen sie ein intersubjektiv zwischen den Frauen stimmiges Bild der Bedeutung von Terror und Gewalt in den Militärdiktaturen Uruguays, Argentiniens und Chiles für sie als Angehörige des weiblichen Geschlechts. Der thematisch und erzähltechnisch unternommene Aufbruch aus dem Schweigen scheint geschafft, die Aufgabe »der« Frauen entziffert, da bricht die grauenvolle Wirklichkeit der Gewalt auch in diesen gerade noch befreiten Text: Der letzte Monolog der älteren Frau findet durch den Überfall eines Terrorkommandos in deren Wohnung ein abruptes Ende. Die Sprecherin verstummt, der Lebensversuch der beiden Frauen wird zum Überlebensversuch.

Von der Schlußszene in *Conversación al sur* läßt sich eine Brücke zurückschlagen zum Ende des *Geisterhauses*. In beiden Romanen konkretisiert sich eine latente weibliche Angst vor Unterdrückung zur Konfrontation mit realer Gewalt, und in beiden ist die existentielle Betroffenheit der Frau als Frau aus der Art der jeweiligen (literarischen) Bewältigungsstrategie nicht wegzudenken. Zwar konvergiert Literatur von Männern und von Frauen in Lateinamerika in den 80er Jahren in Bezug auf das gemeinsame Thema Gewalt, doch kreisen die Aus- und Aufbruchsversuche von Frauen immer auch noch gleichzeitig um die Frage, wie weit sich der bewußt gewonnene Abstand zum weiterhin existierenden sanften Frauenbild ohne einen trügerischen Rückzug in Innerlichkeit und Innenräume durchhalten läßt.

Die Frage nach der Überlebensfähigkeit engagierter Literatur von Frauen stellt sich somit angesichts diktatorischer Regime in einigen Ländern Lateinamerikas in bestimmter Hinsicht nicht anders als früher in einem doppelten – realen wie literaturgeschichtlichen – Sinn. Nach der gelungenen Befreiung der weiblichen Stimme aus der Parabel, in der Angehörige von Minderheiten stellvertretend weibliche Ausgrenzungserfahrungen durchleben (wie im Falle der mexikanischen Beispiele), und nach der Beschränkung auf die traditionelle weibliche Perspektive bei der Wiedergabe gesamtgesellschaftlicher Erfahrungen (wie im Falle der genannten Argentinierinnen) kann und soll auch heute keine Rede sein von einem einheitlichen, irgendwie verbindlich objektivierbaren weiblichen Gegenmodell. Das Lesen ihrer konkreten Texte ist für die Autorinnen wichtiger als deren Klassifizierung. Zu hautnah ist die Erfahrung von Vereinnahmung, der das Verschwinden folgt. »Wir schreiben«, so erklärt Elena Poniatowska 1983 ihr literarisches Sammeln zorniger Stimmen, »um uns das Unverständliche zu erklären, um Ausdauer zu zeigen, damit die Kinder unserer Kinder Bescheid wissen. *Wir schreiben, um zu sein* . . . Wir schreiben wie verrückt.«

Inge Uffelmann

Protest gegen die traditionellen Werte Schwarzafrikas

Um die Standorte afrikanischer Autorinnen aufspüren und verstehen zu können, gilt es, einen umfangreichen Komplex von Einzeltatsachen zu berücksichtigen, auf die hier nur kurz aufmerksam gemacht werden kann, die aber nicht erschöpfend erörtert werden können.

Afrika ist der volkreichste Kontinent der Erde. Man schätzt, daß in den rund fünfzig Staaten Schwarzafrikas etwa 3000 verschiedene Völker leben. Jedes dieser Völker verfügt über eine eigene, eigenständige Sprache, die gelegentlich in eine Vielzahl von Dialekten gespalten sein kann. Jede Afrikanerin, jeder Afrikaner, die oder der sich einer europäischen Sprache bedient, sei es mündlich oder schriftlich, ist zwei-, wenn nicht mehrsprachig. Es liegt auf der Hand, daß eine solche Vielzahl von Völkern keine einheitliche Kultur besitzen kann. Nomadisierende Viehzüchter neben seßhaften Bauern, hierarchisch strukturierte neben akephalen Gesellschaften, streng patriarchalische neben matristisch ausgerichteten Sozialordnungen, kleine, nur wenige hundert Menschen umfassende Völkerschaften neben Millionen von Menschen zählenden Großvölkern, ganz der Tradition verhaftete neben völlig europäisierten Individuen, dazwischen solche, die für sie praktikable Kompromisse gefunden haben (oder auch an ihnen zerbrochen sind), schier unermeßlicher Reichtum, der sich mit allem ausstaffiert, was moderne Technik und Technologie zu bieten hat, neben extremer Armut im dörflichen wie städtischen Bereich – so sieht, sehr grob umrissen, das Bild des heutigen Afrika aus. Traditionelle Gesellschaftsformen sind auf dem Land, traditionell gefärbtes Kulturgut ist in den Großstädten des modernen Afrika durchaus lebendig. Doch die Einflüsse der Mission – der islamischen wie der christlichen –, des Sklavenhandels, der Kolonisation, der Unabhängigkeit, der Neokolonisation haben dem Kontinent Stempel aufgedrückt. Viele traditionelle Gesellschaften waren tiefgreifenden Veränderungen ausgesetzt; Strukturen haben sich verändert, sind augenblicklich in Veränderung begriffen.

Es leuchtet ein, daß die Erfahrungen einer unter dem Druck des südafrikanischen Apartheidregimes schreibenden Autorin andere sein müssen, als die einer senegalesischen Autorin, die im Umfeld einer islamisch-polygynen, von französischer Kolonialherrschaft geprägten Gesellschaft lebt und schreibt. Und wiederum davon unterschieden sind die Erfahrungen und Eindrücke einer Autorin, die Jahrzehnte in Europa zugebracht hat. Die Schriftstellerinnen Afrikas mögen ähnlich gelagerte Probleme haben – sie formulieren ihre Antworten mit vielen unterschiedlichen Stimmen.

Die Zahl der schreibenden Frauen des schwarzen Kontinents ist noch immer gering. Diejenigen, die bisher mit Veröffentlichungen in europäischen Sprachen hervorgetreten sind, stammen aus einigen wenigen Ländern, den klassischen Literaturländern, aus denen auch die bedeutendsten männlichen Autoren kommen: aus Senegal, Ghana, Nigeria, Kenia, Südafrika. Aus den ehemals portugiesischen Kolonien Angola, Moçambique, Guinea-Bissao – auch aus dem noch immer unter südafrikanischer Treuhand stehenden Namibia – vernimmt man vereinzelt die Stimme einer freiheitskämpferischen, emanzipatorischen Lyrikerin.

Die meisten Frauen schreiben Prosa – Romane, Kurzgeschichten, Kinderbücher –, Gedichte scheinen in jüngerer Zeit weniger ihr Genre zu sein, Theaterstücke verfassten bisher nur die beiden ghanaischen Autorinnen Efua Sutherland und Ama Ata Aidoo, doch beide haben sich seit Jahren nicht mehr auf diesem Gebiet betätigt.

Die Umstände, welche die schreibenden Frauen in ihrer Arbeit behindern, sind kontinentweit die gleichen – einige betreffen auch ihre männlichen Kollegen. Noch immer sind die Bildungschancen in Afrika gering, die Analphabetenquote ist allgemein hoch, wenngleich zwischen einzelnen Ländern ganz erhebliche Unterschiede bestehen können. Mädchen sind stärker benachteiligt als Jungen, denn Schulausbildung kostet Geld, und selbstverständlich hat der männliche Nachwuchs den Vorrang. Das heißt, daß nicht nur die potentiellen Autorinnen um eine entsprechende Ausbildung kommen, auch die weibliche Leserschaft ist kleiner als die männliche. Hinzu kommt ein Phänomen, dem man kürzlich auch in unseren Breiten auf die Spur gekommen ist – die Re-Analphabetisierung. Die Einführung der allgemeinen Schulpflicht in vielen Ländern Afrikas und die Tatsache, daß ihr sogar weitgehend nachgekommen wird, sagt nichts über die tatsächliche Schreib- und Lesekompetenz der Bevölkerung aus, denn die in wenigen Schuljahren erworbene Fähigkeit geht sehr leicht mangels Praxis wieder verloren. Frauen haben ihrer spezifischen Tätigkeiten im Hause wegen weniger Gelegenheit, ihre Kenntnisse zu pflegen, als Männer.

Sind die Autorinnen selbst zumeist gut gebildet – in der Regel entstammen sie privilegierten, gut situierten Familien, doch sind sie keineswegs alle aus den großen Städten gebürtig –, so ist das Gros der afrikanischen Bevölkerung, ihre potentielle Leserschaft, des Lesens und Schreibens weitgehend unkundig, und selbst wo entsprechende Fähigkeiten vorhanden sind, ist das Interesse nicht gerade überwältigend. Zudem ist die Zahl der einheimischen Verlage gering, sehr viele Autoren müssen in Europa oder den USA publizieren. Es sei freilich nicht verschwiegen, daß eine ganze Reihe von Autoren die Publikation im Ausland der einheimischen ganz bewußt aus einer Reihe von Gründen vorzieht.

Selbst wenn die Autorinnen und Autoren das einheimische Publikum ansprechen möchten – und gemeinhin ist das der Fall, zumindest heute behauptet kaum ein Schriftsteller von sich, seine Zielgruppe sei der europäische Leser –, so sind die Bücher doch für dieses Publikum weitgehend unerschwinglich. Noch immer haben afrikanische Autorinnen und Autoren ihr Publikum primär in Europa und Amerika; erst in jüngster Zeit zeichnen sich hier Veränderungen ab.

Freilich gibt es Autoren, deren Bücher erstaunlich weite Verbreitung finden, denn es kommt vor, daß eine Gruppe von Leuten Geld zusammenlegt, ein Buch erwirbt und es sich wieder und wieder von einem Lesekundigen aus ihrer Mitte vorlesen läßt. Die Werke etwa eines Chinua Achebe aus Nigeria erreichten Millionenauflagen, da sie zur fast kontinentweiten Pflichtlektüre in Schulen und Literaturkursen der Universitäten erhoben wurden. Zu solchen Ehren haben es bisher nur wenige der weiblichen Autoren gebracht, doch können sich einige trotzdem nicht über zu geringe Auflagen beklagen. Die Romane der Nigerianerin Buchi Emecheta erlebten mehrere Auflagen und wurden zum Teil in verschiedene Sprachen übersetzt. Das Erstlingswerk der Senegalesin Miriama Bâ *Une si longue lettre* wurde inzwischen in ein knappes Dutzend Sprachen übersetzt, neben dem Deutschen (*Ein so langer Brief*) auch ins Japanische, Russische und Serbokroatische. Dies soll nicht darüber hinwegtäuschen, daß die meisten Werke nur in geringer Auflage erscheinen; was nach einiger Zeit nicht verkauft ist, wird eingestampft, das Werk ist bald vergessen – es sei denn, ein Literaturwissenschaftler erinnert sich seiner und gräbt es für eine wissenschaftliche Arbeit aus.

Ein kurzer Überblick dessen, was in Übersetzungen an afrikanischer Frauenliteratur in Deutschland erschienen ist, mag hier angebracht sein. Zwei Romane der Senegalesin Miriama Bâ, *Ein so langer Brief* und *Der scharlachrote Gesang*, ein Roman der Nigerianerin Buchi Emecheta *Nnu Ego – zwanzig Säcke Muschelgeld*, alle drei Romane sind erst nach 1980 erschienen und noch im Handel. Verschiedene Kurzgeschichten der Ghanesin Ama Ata Aidoo, der in Botswana im Exil lebenden Südafrikanerin Bessie Head und der Kenianerin Grace A. Ogot sind in verschiedenen – zum Teil bereits seit Jahren vergriffenen – Anthologien verstreut, ebenso einige wenige Gedichte verschiedener Autorinnen. Berichte und Gedichte von Freiheitskämpferinnen erschienen in speziellen Büchern über Frauen im Befreiungskampf und Frauen in der Dritten Welt in verschiedenen Kleinverlagen. Ein Sachbuch der Senegalesin Awa Thiam, das in Interviews der Situation der Frau im frankophonen Westafrika nachspürt, kam 1981 heraus. Die Filme der Senegalesin Safi Faye *Kaddu Baykat* (*Nachrichten aus dem Dorf*) und *Fad, jal* (*Neuankömmling, arbeite*) liefen im Original (Wolof) mit Untertiteln in den Kommunalen Kinos und wurden auch im Spätprogramm des deutschen Fernsehens gezeigt.

Stellt man dieser kurzen Liste gegenüber, was die Literaturwissenschaftlerin Brenda F. Berrian 1981 in einer Studie behauptete, nämlich, daß sie insgesamt neunzig afrikanische Schriftstellerinnen ausfindig gemacht habe, so nimmt sich das, was auf dem deutschen Markt an Übersetzungen vorliegt, sehr spärlich aus. Doch Brenda Berrian gesteht unter der Hand selbst ein, daß nicht alle, die irgendwann irgendwo einmal eine Kurzgeschichte, ein Gedicht publiziert haben, deshalb gleich als Schriftstellerinnen zu apostrophieren sind. Sie trägt dem Rechnung, indem sie sich schließlich auf neun Autorinnen beschränkt, deren Gesamtwerk sie bibliographiert.

Die Werke afrikanischer Autorinnen finden erst in jüngster Zeit mehr Beachtung. Erst seit kurzem konzentrieren sich die Autorinnen auf die Problematik der besonderen Situation der Frau. Bis 1975 war die Zahl der in europäischen Sprachen schreibenden Schriftstellerinnen an den Fingern einer Hand abzuzählen, sie stammten ausnahmslos aus den ehemals britischen Kolonien und schöpften ihre Themen zumeist aus der Problematik der vorkolonialen, traditionellen Gesellschaft. Das erste Buch einer frankophonen Autorin, der Senegalesin Aminata Sow Fall, erschien 1976.

Die meist von männlichen Kritikern verfaßten Rezensionen und Kurzkritiken werden den Werken selten gerecht. Häufiger noch als krasse Zurückweisung wegen unzureichender literarischer Qualifikation – ein Vorwurf, der mitunter nur allzu berechtigt ist, der aber im Vergleich zu der Kritik, die männlichen Autoren zukommt, die ebenfalls in trivialen Kitsch abrutschende »Werke« vorlegen, unverhältnismäßig stark hervorgehoben wird – ist eine unerträglich paternalistisch-wohlwollende Ermunterungskritik, die die falschen Werke aus den falschen Gründen in den Himmel hebt. Diesen Vorwurf müssen sich vor allem die europäischen und amerikanischen Kritiker machen lassen. Den Autorinnen wird damit ein Bärendienst erwiesen, der auch ihren männlichen Kollegen nicht erspart bleibt, der sich aber für die Frauen doppelt schädlich auswirkt, da ihnen als Frauen noch ein zusätzlicher Bonus eingeräumt wird. Aus Gründen, die hier näher zu erörtern nicht das Forum ist, werden die Werke von der einschlägigen Kritik hochgepriesen, weil sie aus Afrika, aus der Dritten Welt und noch dazu aus der Feder einer Frau stammen, nicht weil die Behandlung einer außergewöhnlichen Thematik oder eine besondere literarische Leistung dies rechtfertigte. Thematisch unausgewogene, inhaltlich wenig überzeugende, stilistisch unbeholfene Werke werden so zum Maßstab der Literatur eines Kontinents. Insofern ist die jüngste afrikanische Kritik, die die Schwächen mancher Autorinnen mehr als deutlich exponiert, ehrlicher und für die Autorinnen hilfreicher.

Die afrikanische Literatur ist nicht erst mit der Einführung der Schrift in Afrika entstanden; selbstverständlich ist auch die mündlich überlieferte, die Oralliteratur, Bestandteil der Literaturen afrikanischer Völker. Gemeinhin besteht die Vorstellung, das orale Erbe Afrikas erschöpfe sich in Märchen, Mythen und Tierfabeln. Ruth Finnegan weist in ihrer umfangreichen Arbeit über die Oralliteratur Afrikas darauf hin, daß sich dieses Mißverständnis aus den ungewichteten Sammlungen der Forscher und Ethnologen ergab, denen es leichter fiel, Prosaerzählungen aufzuzeichnen als komplizierte, in lyrische Form gekleidete Genealogien, Preislieder, Gesänge und Gedichte aller Art. Tatsächlich aber spielen Lyrik und Drama in der Oralliteratur eine weitaus wichtigere Rolle als Märchen und Fabeln. Es soll hier nicht auf die vielfältigen und unterschiedlichen Formen dieser Literatur eingegangen werden, wichtig in diesem Zusammenhang ist die Tatsache, daß die mündlich überlieferte Literatur keineswegs Domäne des Mannes war. Der ugandische Schriftsteller Okot p'Bitek, der in seinem literarischen Werk der traditionellen Dichtung seines Volkes, der Acholi, aufs engste verhaftet ist, hat immer wieder hervorgehoben, wie sehr er seiner Mutter verpflichtet sei, die in ihrer Jugend »chief of girls« ihres Klans war und die ihn all die Lieder, Gesänge, Preislieder und Geschichten lehrte, auf die er später zurückgriff.

Die orale Literatur ist weiterhin lebendig. Nicht nur, weil noch immer Hofpoeten die Geschichten der großen Königreiche Westafrikas mündlich tradieren, Preisliedsänger bei jeder Art von Festlichkeiten auftreten, auf den Dörfern abends noch immer die alten Mythen und Fabeln erzählt werden, bei Kultfesten Gesänge improvisiert, bei Begräbnissen Trauergesänge vorgetragen werden, sie ist auch lebendig, weil die Formen und die Funktionen der Oralliteratur Eingang in die moderne geschriebene Literatur gefunden haben, sie beeinflussen und prägen.

Die Oralliteratur war und ist gesellschaftlich funktional – ebenso die moderne geschriebene Literatur. Beide haben fast immer didaktischen Charakter, sie dienen dem Zweck – bei allen ästhetischen Anforderungen, die an sie gestellt werden, und gerade im Fall der traditionellen Lyrik sind diese nicht gering –, *etwas* auszudrücken, eine Botschaft zu vermitteln. Die Vorstellung einer *l'art pour l'art* hat in diesem Konzept keinen Raum. Entsprechend ist die moderne afrikanische Literatur eine engagierte Literatur, die immer mit einem gesellschaftlich relevanten Anliegen einhergeht.

Ein gravierender Unterschied freilich besteht zwischen der mündlich tradierten und der geschriebenen Literatur: die orale Literatur ist auf direkte Kommunikation angewiesen, sie ist aufgeführte, vorgeführte Kunst, die des Publikums nicht entraten kann – der Literaturschaffende ist Teil einer Gemeinschaft, ohne die er seine Literatur nicht entstehen lassen könnte. In der Schriftkultur zieht sich ein Individuum zum Schreiben zurück, der direkte Kontakt zum Publikum, die spontane Reaktion entfällt – der Schritt von der oralen Literatur zur geschriebenen ist auch der Schritt vom Gemeinschaftswesen zum zurückgezogenen Individuum. Während die orale Tradition die Frau als Mitglied der Gemeinschaft ganz selbstverständlich einschloß, ließ die neue Form der Schriftkultur die meisten Frauen zunächst vor der Tür.

Seit Mitte des 19. Jahrhunderts haben europäische Sprachwissenschaftler und Missionare – häufig vereinigten sich beide Professionen in einer Person – afrikanische Sprachen systematisch verschriftlicht, hauptsächlich, um die Bibel in diese Sprachen übersetzen zu können. Die Einführung der Schrift, die Christianisierung, die Kolonisation und die Verbreitung einer neuen Sprache, die der Kolonisatoren, die sich einen einheimischen Beamtenstab aufbauen mußten, gingen Hand in Hand. War die Sprache bisher allen zugekommen, so kam die Schrift und die neue Sprache jetzt nur einigen wenigen zu, die sich für entsprechend privilegiert hielten. Dies äußert sich in den frühen Texten afrikanischer Konvertiten, die sich gegen die ungebildeten, abergläubischen Mitglieder der eigenen Kultur wenden. Ausgangspunkt der modernen afrikanischen Literatur war die Verachtung der eigenen Kultur durch die zum Christentum und zur Zivilisation Bekehrten.

Rudimente dieser Verachtung finden sich auch noch im Werk der Nigerianerin Buchi Emecheta. Durch ein 18jähriges, selbst auferlegtes Exil in England hat sie den Kontakt zum Mutterland Nigeria, ja, wie es scheint, zur eigenen Afrikanität, weitgehend verloren. Sie steht ihrer eigenen afrikanischen Vergangenheit entfremdet, gelegentlich zutiefst verabscheuend gegenüber.

In ihren Beschreibungen der traditionellen Ibo-Gesellschaft, der sie selbst angehört, hat sie ein Register parat, das ganz der typischen Vorstellung des durchschnittlichen Europäers gerecht wird. Da ist die Rede von Aberglauben im Zusammenhang mit den alten Glaubensvorstellungen, von Heiden, von afrikanischen Sextänzen, da ist alles Dörfliche schlicht primitiv und »bush«. In der Beschreibung ihrer Charaktere, und nicht nur der ungeliebten, überwiegen dem Tierreich entlehnte Vergleiche. Die häufig nach ethnologischer Wissenschaftlichkeit schielenden Erläuterungen von Sitten und Bräuchen der Ibo sind letztlich Generalisierungen und Pauschalierungen, die zwar alle Vorurteile europäischer Leser stützen, in denen sich der einheimische Leser aber nicht wiedererkennen kann – ganz abgesehen davon, daß er solche Erläuterungen nicht braucht. Mit Recht freilich kann er sich fragen, was in Geschichten, die im Land der Ibo spielen, Sprichwörter der Yoruba aus Westnigeria zu suchen haben.

Buchi Emecheta hat ein legitimes Anliegen. Die Situation der afrikanischen Frau bedarf der Darstellung aus der Sicht der Frauen; dem heilen Bild, das viele afrikanische Autoren von der großen, aufopfernden Mutter, von der starken Kämpferin, die nach gewonnenem Kampf wortlos, freiwillig und glücklich an die Töpfe zurückkehrt, gezeichnet haben, muß dringend eine Korrektur gegenübergestellt werden. Das zu leisten, hat sich Buchi Emecheta zur Aufgabe gemacht – wenn auch bisher mit nicht unbedingt überzeugendem Erfolg. Denn es kann nicht übersehen werden, daß die Autorin sich gelegentlich durch eine unentschiedene Position selbst um ihre besten Argumente bringt.

Buchi Emecheta folgte als 17jährige ihrem Mann, der noch Student war, nach England, brachte hier fünf Kinder zur Welt, arbeitete in verschiedenen Jobs und schrieb ein Buch – der erste Entwurf ihres später unter dem Titel *The Bride Price* erschienenen Romans. Diese erste Fassung konnte nicht veröffentlicht werden – ihr Mann hatte das Manuskript verbrannt. Buchi Emecheta zog daraus eine mutige Konsequenz. Sie verließ ihren Mann, schaffte es, ihre fünf Kinder allein durchzubringen und nebenher an der Universität London Soziologie zu studieren. Später arbeitete sie als Bibliothekarin und Lehrerin – und sie schrieb. Ihre ersten beiden Romane *In the Ditch* (*In der Gosse*, 1972) und *Second Class Citizen* (*Bürger zweiter Klasse*, 1974) sind Aufarbeitungen ihrer Erfahrungen als alleinerziehende Afrikanerin in London. Erst in ihren folgenden drei Romanen *The Bride Price* (*Der Brautpreis*, 1976), *The Slave Girl* (*Das Sklavenmädchen*, 1977) und *The Joys of Motherhood* (1979) – unter dem deutschen Titel *Nnu Ego, zwanzig Säcke Muschelgeld* 1984 erschienen, wendet sie sich der afrikanischen Gesellschaft zu. Durchgängiges Thema ist die Unterdrückung und Abhängigkeit der Frau, die keine andere Funktion hat als die, ihrem Mann Söhne zu gebären. Wo sie in dieser Aufgabe versagt, reduziert sie sich zum Nichts, von sich selbst und ihren »erfolgreichen« Mitfrauen tiefer verachtet als von den Männern. Ein geschickt ausgeklügeltes System hilft scheinbar, diesen *status quo* bis in unsere Tage hinein zu erhalten. Aku-nna, die Heldin des Romans *The Bride Price*, wird nach dem Tod ihres Vaters zur Waisen. Zusammen mit Mutter und Bruder muß sie aus Lagos wieder ins heimatliche Ibo-Dorf zurück, da der Onkel der Tradition nach verpflichtet ist, die Witwe seines Bruders zu heiraten und für die Kinder zu sorgen. Aku-nna verspricht dem gierigen Onkel einen saftigen Brautpreis einzubringen, doch das Mädchen verliebt sich in seinen jungen Lehrer, der ein *osu*, ein Ausgestoßener, ein Mitglied der traditionellen Sklavenkaste ist. (Aku-nna besucht weiterhin die Schule, da der Onkel glaubt, ein gebildetes Mädchen wird ihm einen fetteren Brautpreis einbringen.) Obgleich der Vater des jungen Lehrers – die »Sklaven« haben es unter der Kolonialregierung, die Geschichte spielt in den frühen 50er Jahren, zu Bildung und Reichtum gebracht – einen Brautpreis zu zahlen bereit ist, der den eines anderen Bewerbers um das vierfache übersteigt, lehnt der Onkel ab. Seine Nichte und ein *osu* – nein. Aku-nna, gerade 16 Jahre alt geworden, freilich lebt mit dem Junglehrer zusammen, sie arbeitet jetzt ebenfalls als Lehrerin, man ist von dem rückständigen Dorf in die Stadt gezogen, es wäre das klassische Happy End, würde nicht Aku-nna nach der Geburt des ersten Kindes sterben – weil der Brautpreis nicht gezahlt ist, und jeder weiß, daß Tod im Kindbett die natürliche Folge dieser Unterlassung ist.

Die Schwächen des Romans sind offensichtlich. Statt die Möglichkeit zu nutzen, den gierigen Onkel als den geprellten Dummen hinzustellen, verstrickt sich Buchi Emecheta in ungelöste Widersprüche. Der Sinneswandel des geldhungrigen Onkels wird durch nichts erklärt, der Tod der jungen Aku-nna kann ganz nach Belieben auf den Traditionsbruch, auf die schwache Konstitution der jungen Frau, auf Psychoterror zurückgeführt werden. Von der Kritik ausgenommen bleibt lediglich der ach so kluge junge Lehrer, der alles über gesunde Ernährung weiß, aber aus allen Wolken fällt, als seine junge Frau schwanger ist – wo sie doch gar kein Kind geplant hatten. Letztlich konsequent wäre eine Schuldzuweisung an ihn – das halbe Kind den Strapazen einer Schwangerschaft auszusetzen war unverantwortlich –, doch scheint Buchi Emecheta in ihren jungen Helden selbst zu verliebt, um diese Konsequenz zu erkennen; die angebotene Lösung: »Niemand kann gegen die Gesetze der Tradition vorgehen und überleben«, bleibt nach aller mühevollen Vorarbeit gänzlich unbefriedigend.

Ähnlich liegt der Fall in *The Joys of Motherhood*, dessen Titel deutlich ein ironischer Seitenhieb sein soll. Die Heldin, Nnu Ego, gerät zur wenig überzeugenden Verfechterin emanzipatorischer Ideen, ihre Rivalin, die zweite Ehefrau ihres Mannes Nnaife, den sie aus tiefstem Herzen verachtet, weil er in der Stadt Frauenarbeit macht – die Wäsche anderer Leute wäscht – ist im Grunde die eigentlich sich emanzipierende Person. Sie rebelliert gegen die eingefahrenen Konventionen, gegen die Restriktionen der Polygynie, sie macht sich frei von alledem und erntet dafür die abschätzigen Kommentare der eifersüchtigen Nnu Ego, die von ihren Kindern verlassen, einsam stirbt. Auch in diesem Roman, der die anderen stilistisch deutlich überragt, bleibt Buchi Emechetas Einstellung ambivalent.

Sehr klar Stellung bezieht die ghanesische Autorin Ama Ata Aidoo, die heute als Dozentin für Theater- und Literaturwissenschaft an der Universität von Cape Coast tätig ist. Sie nimmt, vor allem in politischen Fragen, kein Blatt vor den Mund, die Konsequenzen sind gelegentlicher Paßentzug und Hausarrest – die Erfahrung vieler männlicher Kollegen: Gefängnis, Einzelhaft ohne Urteil auf unbestimmte Zeit, blieb ihr bisher erspart.

Ama Ata Aidoo gehört zu den anspruchsvollsten und innovativsten Autorinnen Afrikas. Ihre Kurzgeschichten sind »geschrieben, um gehört zu werden«, wie sie in einem Interview sagte. Sie knüpft mit ihnen stilistisch an die orale Tradition an, die kompakten, immer zur Sache gehenden Geschichten befassen sich mit den alltäglichen Sorgen und Kleinigkeiten der ghanaischen Bevölkerung, sind aber dramatisch so aufgebaut, daß sie sich wie ein mündlicher Bericht lesen; es sind verdichtete Erfahrungen, die in unmittelbare Mitteilung umgesetzt sind. Mit dieser Anlehnung an die Tradition macht Ama Ata Aidoo ihre Forderung nach Rückkehr literarisch deutlich – doch sie meint nicht die von der Négritude geforderte sentimentale Rückkehr ins Land der Geburt als Rückkehr zu den – ohnehin längst als fiktiv entlarvten – Quellen einer angeblich typisch afrikanischen Emotionalität, Aidoo fordert die Rückkehr in die Heimat, um dort zu arbeiten, aufzubauen, die eigene Identität zum Zuge kommen zu lassen.

Am deutlichsten wird dies in *Our Sister Killjoy* (*Unsere Schwester, die Miesmacherin*), unter dem Eindruck einer längeren Studienreise durch verschiedene Länder Europas und durch die USA in den späten 60er, frühen 70er Jahren entstanden, aber erst 1977 veröffentlicht. *Our Sister Killjoy* sind Betrachtungen mit »schwarzem Augenzwinkern«, wie der Untertitel besagt. Das Buch widersetzt sich jeder Einordnung in gängige Genretypen. Prosatext und Lyrik wechseln ab, gehen ineinander über, so wie der traditionelle Erzähler seine Geschichten mit Liedern ergänzt und ausschmückt. Die vier Teile des schmalen Bändchens erzählen von der Vorbereitung der Reise – Besuch in der ausländischen Botschaft, erste, Verwirrung auslösende Begegnung mit einem »been-to«, einem, der schon in Europa gewesen ist und nun sehr merkwürdige Verhaltensweisen angenommen hat –, von der Begegnung mit einer deutschen Frau während eines längeren Aufenthalts in einer (ungenannten) bayrischen Kleinstadt, hierauf von dem Zusammentreffen mit anderen Afrikanern im Land des ehemaligen Kolonisators England, von der ungezügelten Begeisterung dieser Landsleute für die Errungenschaften der modernen Wissenschaft, hochgezogen am Beispiel des großen »Doctor Christian« (Barnard), der einem Weißen mit dem Herz einer Negerin das Weiterleben ermöglichte, und enden mit einem Liebes-Abschieds-Brief an den aus Überzeugung in Europa gebliebenen afrikanischen Freund.

Sissie ist die Heldin, die Miesmacherin, dieser Geschichten, doch ihre Reflexionen mit dem schwarzen Seitenhieb sind nicht von Haß getragen, sondern von Mitleid, Verständnis und Liebe. Ein von Sissie nicht vorhergesehenes, nicht gewolltes lesbisches Abenteuer mit der Deutschen Marija steht stellvertretend auch für den vergewaltigenden Überfall auf Afrika durch die Kolonialmächte, schlägt aber direkt in Sissies verzeihendes Verstehen für die Einsamkeit und Bloßstellung der Frau, ja Europas, um. Die abwechselnd blaß und rot werdende Marija löst Überlegungen aus: Es müsse wohl eine ziemlich gefährliche Angelegenheit sein, eine weiße Haut zu haben. »Man war so ausgesetzt, es machte einen so schrecklich verletzlich, so, als sei man ganz ohne Haut geboren oder sowas. Gott, fragte sie sich, ist das der Grund, weshalb sie so besonders grausam sein müssen, damit sie sich sicher fühlen können?«

Hat Ama Ata Aidoo für die ehemaligen Kolonialherren Mitleid, so überhäuft sie diejenigen, die Europa huldigen, die es nachäffen, mit Spott und klagt sie an, die wahren Feinde Afrikas zu sein. Der Gegensatz ist nicht Weiße gegen Schwarze, sondern schwarze Bourgeoisie gegen den Rest von Afrika. Dabei macht es sich die Autorin in ihrer Analyse keineswegs leicht. In dem Brief an den in Europa gebliebenen Freund beklagt sie, nicht unterwürfige Frau sein zu können, die ihrem Mann, ohne Fragen zu stellen, folgt, sondern ihren Weg gehen zu müssen, der auch ein Weg in die Einsamkeit ist. Ein Weg, der nicht in ein »Home, Sweet Home« führt, sondern in eine Heimat, die mit bitteren Erfahrungen aufwarten wird: »eine dumme, korrupte Zivilregierung, ein Putsch, eine noch dümmere, noch korruptere Militärregierung« und keinen Lohn für die geleistete Arbeit – im Gegenteil, Vorwürfe: »Warum hast du uns keinen Kühlschrank gebracht, kein Auto?« und die Aussichtslosigkeit, ihnen klar machen zu können, daß »Autos und Kühlschränke die Stricke sind, an denen wir uns selbst aufhängen.«

Für Ama Ata Aidoo ist Afrika das Land der Afrikaner, hier gehören sie hin, hierhin sollten sie zurückkehren und bleiben, denn alle, Männer wie Frauen, sieht sie als Opfer einer zweifachen Unterdrückung, der durch die Fremden und der durch sich selbst. Solange Afrika die eigene, selbstauferlegte Unterdrückung nicht abgelegt hat, kann es sich von der fremden nicht befreien. Die Frage der Unterdrückung der Frau hat hierhin keinen eigenen Stellenwert, sie ist Bestandteil des Gesamtkomplexes; wenn sich Afrika befreit, wird auch die Frau befreit sein.

Ama Ata Aidoo ist eine Fanti, sie stammt aus einer Gesellschaft, die der Frau traditionsgemäß größere Rechte einräumt als etwa die Gesellschaft der Wolof im Senegal, zu der die beiden Autorinnen gehören, auf die im Folgenden eingegangen werden soll.

Für Awa Thiam, die an der Sorbonne Philosophie studierte und heute als Leiterin einer schwarzen Frauenbewegung in Paris lebt, ist es überhaupt keine Frage, daß die Befreiung der Frau vom Joch männlicher Dominanz an allererster Stelle steht. Sie fordert, daß die Frauen sich nicht länger blenden lassen dürfen von dem Argument, die Befreiung der afrikanischen Völker sei wichtiger als die Befreiung der afrikanischen Frau. Dabei kann eine Sororisierung (»Verschwesterlichung«) mit der europäisch-amerikanischen Frauenbewegung nur unter größtem Vorbehalt und sehr bedingt infrage kommen, denn es kann nicht Ziel der Afrikanerinnen sein, »ein Abbild der europäischen Gesellschaft zu werden, in der die Familie zerbricht und der Individualismus herrscht [...]. Wir wollen ein echtes, anständiges, ausgefülltes Leben führen und uns entfalten können, und dies in der Gemeinschaft«, so Awa Thiam in ihrem Buch *La parole aux négresses*, in deutscher Übersetzung unter dem Titel *Die Stimme der schwarzen Frau* erschienen.

Das Buch ist eine Sammlung kommentierter Interviews mit Frauen aus verschiedenen Ländern des frankophonen, zugleich zumeist islamischen Westafrika. Deutlich wird die Ohnmacht der Frauen dokumentiert, die sich gegen Polygynie, Beschneidung, Infibulation und Kinderehen nicht zur Wehr setzen können, da sie ungebildet und ökonomisch völlig abhängig sind. Wie das Ziel »echte Gleichheit mit den Männern in Rechten und Pflichten« unter diesen Umständen erreicht werden soll, darüber schweigt sich Awa Thiam aus; etwas anderes aber bringen ihre Interviews an den

Tag: daß die Frauen selbst mitunter ihre größten Feinde sind. Dies wird auch in Miriama Bâs Roman *Une si longue lettre* deutlich.

Ramatoulaye, die Protagonistin dieses 1980 in deutscher Übersetzung erschienenen Briefromans, steht in fast jeder Hinsicht besser da als die meisten Interviewpartnerinnen Awa Thiams. Sie hat eine umfangreiche Bildung, sie ist als Lehrerin tätig, sie hat, obgleich 12 Kinder zu versorgen sind, ein modernes Haus, in dem es an nichts mangelt, sie hatte 25 Jahre lang einen angesehenen, treuen Ehegatten, Modou. Dann aber hat dieser Ehemann sie mit der Tatsache konfrontiert, daß er eine zweite Frau nahm, eine Klassenkameradin seiner ältesten Tochter. Ramatoulayes Freundin Aïssatou, die Adressatin des langen Briefes, hatte Jahre zuvor ein ähnliches Schicksal erlitten und daraus eine strikte Konsequenz gezogen. Sie hatte sich scheiden lassen und war nach New York an die senegalesische Botschaft als Dolmetscherin gegangen. Nun ist Ramatoulayes Ehemann gestorben, und sie rekapituliert in ihrem Brief, was alles mit ihr und Aïssatou geschehen ist. Hinter Aïssatous Leidensgeschichte steckte die rachsüchtige Schwiegermutter, die, Mitglied der Adelskaste, nicht verwinden konnte, daß ihr einziger Sohn die Tochter eines Handwerkers, eines Goldschmieds heiratete. Sie verkuppelt ihren Sohn mit der endlich herangewachsenen Tochter ihres jüngsten Bruders, der Sohn hat nicht den Mut, nicht die Kraft, sich gegen die Mutter zur Wehr zu setzen, er heiratet seine Kusine. Ramatoulayes Mann stand nicht unter dem Druck seiner Schwiegermutter, doch Binetou, offensichtlich seit Monaten seine kleine Geliebte, stand unter dem Druck ihrer Mutter, die sich aus der Heirat ihrer Tochter zu Recht Reichtum und Ansehen versprach.

Diese Seite der Medaille wird angedeutet, doch aller Zwänge ungeachtet, unter die auch die Männer geraten können, werden sie erbarmungslos als die Schuldigen dargestellt, deren größte Schuld das Festhalten an der Polygamie ist. Miriama Bâ versteht es aufzuzeigen, in welche Konflikte eine Frau im islamisch-polygynen System geraten kann; sie läßt uns nachempfinden, was die Ehefrau verspürt, die plötzlich nach 25 Ehejahren von einem jungen Ding ganz legal verdrängt werden kann. Ramatoulaye ist Betroffene, von ihr ist Objektivität nicht zu verlangen, der Leser aber erkennt, daß in diesem System die junge Binetou genauso verschlissen wird wie die kleine Nabou, mit der die Schwiegermutter Aïssatous ihren Sohn verkuppelt.

Ramatoulaye läßt sich von ihrem Ehemann, nachdem er seine zweite Frau nahm, nicht scheiden, aber der Mann betritt das Haus, in dem er 25 Jahre gelebt hat, nicht mehr. Nach dem Tod Modous wäre Ramatoulaye frei, eine neue Ehe einzugehen – an Bewerbern fehlt es nicht. Den Bruder ihres verstorbenen Mannes, der ein traditionelles Anrecht hätte, weist sie aus verständlichen Gründen zurück, er ist ihr widerlich. Aber auch ihre alte Jugendliebe, Daouda, bekommt eine Abfuhr, obgleich er all das bieten kann, wonach Ramatoulaye sich sehnt. Daß zwischen den beiden große Zuneigung besteht, ist offensichtlich, doch Daouda, längst nicht mehr der jüngste, ist verheiratet. Will Ramatoulaye ihrer eigenen Forderung – weg mit der Polygamie – nicht untreu werden, muß sie Daouda abweisen; sie hört nie wieder von ihm. Das Leid, der unter einem polygamen System lebenden Frauen wird deutlich, die Hoffnung, daß allein die Abschaffung der Polygamie die Lösung des Problems wäre, erscheint mehr als zweifelhaft.

Miriama Bâs Roman hat sehr viel Aufmerksamkeit erregt, wahrscheinlich, weil sich hier zum erstenmal eine Frau aus einer polygamen Gesellschaft zu Wort meldete und den Mythos, von der glücklichen Mit- und Nebenfrau zerschlägt, ein Mythos, unter dem weltweit sehr viele Frauen zu leiden haben. Was aber die Senegalesin Miriama Bâ veranlaßte, im Alter von 50 Jahren erstmals zur Feder zu greifen – ihr persönliches Schicksal ist dem Ramatoulayes nicht unähnlich, obgleich sie deutlich macht, keinen autobiographischen Roman geschrieben zu haben –, um ihrer Wut, ihrem Schmerz, ihrer Resignation und doch auch einem Hoffnungsschimmer Ausdruck zu geben, das behandelt die Nigerianerin Mabel Segun in einer satirischen Kurzgeschichte. Polygamie – ja sicher, die Frage ist nur, welcher Art; die traditionelle, die moderne (ein eingeschworener Monogamist und viele kleine Freundinnen) oder der Typ Hollywood – immer eine nach der anderen?

Die Frauen Afrikas fangen gerade erst an, ihre Stimmen zu erheben. Ob das, was bisher von ihnen vorliegt, noch in einigen Jahren repräsentativ sein wird, ist heute nicht abzuschätzen. Die Autorinnen der ersten Generation, Grace Ogot, Efua Sutherland, Flora Nwapa und andere, hatten ihre Themen im gleichen Bereich wie die männlichen Autoren gesucht, Aufarbeitung der Kolonialerfahrung, Rückerinnerung an die traditionelle Gesellschaft und hatten sich ihnen gegenüber kaum durchsetzen können, ihre Namen und Werke sind weitgehend vergessen. Die jüngere Generation wendet sich anderen Themen zu. Diese Autorinnen rücken das Bild zurecht, das afrikanische Schriftsteller, Ethnologen und andere Forschungsreisende von der Afrikanerin entworfen haben. Was ihre Werke bewirken werden, ob sie die schriftliche Äußerung weiterhin als wirksames Mittel einstufen werden, bleibt abzuwarten.

Anne Herrmann

Verlassene Orte, gefundene Stimmen

Schwarz-amerikanische Autorinnen

1982 erhielten schwarze Frauen zum ersten Mal zwei der bedeutendsten amerikanischen Literaturpreise: Alice Walker den Pulitzer Preis für *The Color Purple* und Gloria Naylor den American Book Award für *The Women of Brewster Place.* Im Jahr darauf wurde Harriet E. Wilsons *Our Nig; or Sketches from the Life of a Free Black* veröffentlicht. Der Roman war erstmals 1859 erschienen, war dann aber verschollen, bis er vor kurzem in einer Bostoner Buchhandlung wieder aufgefunden wurde. Jetzt gilt er als der erste afroamerikanische Roman in den Vereinigten Staaten.

1973 reiste Alice Walker nach Eatonville, Florida. Sie suchte das namenlose Grab von Zora Neale Hurston, der »Romanschriftstellerin, Volkskundlerin, Anthropologin«, die heute die Anfänge einer schwarzen Frauenliteraturtradition in den Vereinigten Staaten verkörpert. Diese Tradition ist nicht nur durch das Wiederauffinden verloren geglaubter Manuskripte und namenloser Grabstätten sichtbar gemacht worden, sondern auch durch die reiche literarische Produktion zeitgenössischer schwarzer Schriftstellerinnen, besonders Toni Morrison, Gloria Naylor, Paule Marshall und Alice Walker.

Mit dem Aufstellen eines Grabsteins auf Neale Hurstons Grab markierte Alice Walker nicht nur einen geographischen Ort, sondern steckte auch einen Platz in der Literaturgeschichte ab, der dem Hervortreten der schwarzen Frau als Schriftstellerin und Heldin Rechnung trägt. Alice Walker öffnet den Lesern den Zugang zu vorher unzugänglichem Wissen in einer Anthologie mit dem Titel *I love Myself When I Am Laughing ... And Then Again When I Am Looking Mean and Impressive: A Zora Neale Hurston Reader*, erschienen bei The Feminist Press. Mit der Sammlung von Auszügen aus den Volksstücken, Essays, der Autobiographie und den Romanen von Hurston huldigt sie einer Frau, die versucht hat, sowohl als Anthropologin wie auch als Romanschriftstellerin ihre kulturellen Wurzeln aufzufinden und darüber zu schreiben. In ihrem meistgelesenen Buch, *Their Eyes Were Watching God*, schuf Hurston eine Heldin, Janie Starks, die ihre

Identität als Frau in den Beziehungen zu einer Reihe von Männern, aber auch als Erzählerin sucht, die an den Ort ihrer Kindheit zurückkehrt, um einer Freundin ihre Abenteuer zu erzählen. Während Alice Walker sich als Hurstons Nichte ausgeben muß, um die Suche nach deren Grab zu rechtfertigen, und so die Erinnerung an ihr Leben wachhalten kann, muß Hurstons Janie die erste Person Einzahl wählen, in früheren Zeiten ein Vorrecht des männlichen Subjekts, um den Lebensbericht einer Frau vom Standpunkt derjenigen, die das Leben gelebt hat, schreiben zu können. Beide Schritte verlangen die Inbesitznahme des geographischen oder des literarischen Raums mit Worten aus dem und über das Leben und den kulturellen Beitrag schwarzer Frauen.

Wieviel schwieriger ist es, einen literarischen Raum zu schaffen, wenn ein geographischer Ort nicht nur vergessen worden ist, sondern niemals von seinen ursprünglichen Bewohnern gewählt oder in Besitz genommen worden ist, wie im Fall der Afroamerikaner in den Vereinigten Staaten. Nach Hurston konzentrierten sich schwarze Schriftstellerinnen auf das Thema der weiblichen Solidarität, darauf, wie sehr Frauen an Orten, die ihnen die herrschende weiße Kultur überlassen hat, zum Überleben aufeinander angewiesen sind. Morrison, Marshall und Walker erwähnen alle die ursprüngliche Enteignung durch Versklavung entweder als »Sage« oder als historische Tatsache. Die Schwarzen erfahren immer noch Unterdrückung in Form von wirtschaftlicher und sozialer Diskriminierung, welche die Mehrheit der schwarzen Bevölkerung im ländlichen Süden oder in den Städten des Nordens zur Armut verdammt. Der schwarze Mann sucht angesichts der Unmöglichkeit, wirtschaftlich und damit letztlich auch emotional für seine Nachkommenschaft sorgen zu können, Zuflucht zur Gewalt gegen die Familie, oder er verläßt sie. In ihren Mittelpunkt rückt immer mehr die Mutter. So zeigt Naylors Roman, wie der Wohlfahrtsstaat zur Festigung dieser Familienstruktur beiträgt, indem er nur für die alleinstehende Mutter sorgt. Weil diese Frauen von den schwarzen Männern im Stich gelassen, aber auch unterdrückt werden, lernen sie, eine alternative Gemeinschaft zu schaffen, die Patriarchat und Rassismus für eine gewisse Zeit ausschließt.

Toni Morrisons *Sula*, in erster Linie ein Roman über die Freundschaft zwischen Sula und ihrer Jugendfreundin Nel, spielt in Bottom* of Medaillon in Ohio. Das ist die Geschichte, wie dieser Ort entstand:

* Bottom heißt im Englischen das Tiefland. Nach dieser anfänglichen Episode bekommt dieses Stück Land oben auf dem Berg – eben das Tiefland – den Ortsnamen Bottom. Deshalb wird im folgenden entsprechend dem Sinnzusammenhang Bottom übersetzt oder als Ortsbezeichnung belassen.

Ein guter weißer Farmer versprach seinem Sklaven die Freiheit und ein Stück Tiefland, wenn er für ihn einige sehr schwierige Arbeiten verrichten würde. Als der Sklave diese erledigt hatte, bat er den Farmer, sein Versprechen zu halten. Freiheit, nun gut, dagegen hatte der Farmer nichts einzuwenden. Doch von seinem Land wollte er nichts abgeben. Deshalb sagte er zum Sklaven, es täte ihm leid, aber er müsse ihm Land im Tal geben. Er hätte gehofft, ihm ein Stück vom Tiefland geben zu können. Der Sklave wunderte sich und sagte, er hätte gedacht, das Land im Tal sei Tiefland.

Der Herr sagte: »O nein! Siehst du jene Hügel? Das ist Tiefland, reich und fruchtbar.«

»Aber es liegt hoch oben auf den Hügeln«, sagte der Sklave.

»Von uns aus gesehen ist es oben«, sagte der Herr, »aber wenn Gott herabschaut, dann ist es tief unten. Deshalb nennen wir es so. Das ist das Tiefland des Himmels – das beste Land, das es gibt«

(Toni Morrison: *Sula*, S. 4).

Eingekleidet in die Form eines Märchens, kehrt diese Episode die christliche Kosmologie um, um zu erklären, warum die Schwarzen, da sie im Himmel leben, zufrieden mit ihrem Los auf Erden sein sollten. Indem der Sklavenhalter nichts dagegen hat, dem Sklaven die Freiheit zu verschaffen, wohl aber, ihm Land zu überlassen, bestätigt er die Tatsache, daß Rechtsgleichheit ohne die nötigen wirtschaftlichen Möglichkeiten, die Versklavung bloß in anderer Form fortsetzt. Wie eine Gestalt aus einem Volksstück ist der Sklave dazu gebracht worden zu glauben, daß die Hügel besser sind als das Tal, da die Schwarzen räumlich und geistig auf die Weißen herabschauen können, während sie sozial unterworfen bleiben.

Wie die Schwarzen von Bottom, die oben leben, wohnt Eva Peace, Sulas Großmutter, im dritten Stock eines Hauses, deren wichtigste Mitbewohner ihre Tochter und ihre Enkelin sind, ein »matrilinearer« Haushalt, den die Ehemänner lange zuvor verlassen haben und wo die häufigen männlichen Besucher niemals zum Bleiben aufgefordert werden. Eva, die sich ihr Bein absichtlich von einem Zug abfahren läßt, um das Geld von der Versicherung zu kassieren, das ihre wirtschaftliche Sicherheit garantiert, verläßt ihren Platz nur, um ihre brennende Tochter zu retten – aber sie stürzt dabei aus dem Fenster. Sula bringt schließlich auch ihre Großmutter in ein Pflegeheim, damit sie allein in dem Haus sterben kann.

Dieses Haus, das keine Gesetze der sexuellen Treue kennt, kann in Sula kein Gefühl für Liebe als Besitz oder als Gemeinschaft erwecken. Nach zehnjähriger Abwesenheit kehrt Sula in die Stadt zurück als eine Art negativer moralischer Kraft; sie schläft mit dem Mann ihrer Freundin Nel und empfindet dies ganz und gar nicht als Betrug. Schließlich trifft sie Ajax, einen Mann, mit dem sie ins Bett geht, ohne zumindest seinen Namen zu kennen, einen Mann, den sie gern für sich behalten würde, den sie aber beim Versuch, die Rolle der Ehefrau zu spielen, verliert. Beim Liebesakt wird hier die hierarchische Rangordnung umgekehrt, weil Sula oben liegt. Wie die Bewohner von Bottom, wie Eva schaut Sula herab auf etwas, das sie nicht in Besitz zu nehmen vermag, die Liebe eines freien Mannes, dessen Liebe zunächst auf seine Mutter und dann auf Flugzeuge fixiert ist. Ihr einziger Ausweg ist, sich in den geistigen Raum zurückzuziehen, der immer ihr eigen gewesen ist, belebt von ihrer Neugierde und ihrer Vorstellungskraft. Doch aufgrund ihrer Rasse und ihres Geschlechts muß diese Vorstellungskraft unproduktiv bleiben, und »wie jeder Künstler ohne Kunstform wurde sie gefährlich« (*Sula*, S. 105).

Auf ihrem Totenbett sagt Nel zu Sula: »Du *kannst nicht* alles tun. Du als Frau und obendrein noch Farbige. Du kannst dich nicht wie ein Mann gebärden. Du kannst nicht herumlaufen, als seist du unabhängig, und tun, was du willst, nehmen, was du willst, liegenlassen, was du willst« (*Sula*, S. 123). Doch als das wirkliche Verbrechen gilt hier die Umkehrung der Geschlechterhierarchie, zwar möglich im Liebesakt, aber nicht zu verwirklichen im täglichen Leben, das nicht nur durch die häuslichen Pflichten, sondern auch durch die Hautfarbe eingeschränkt ist. Nels Bemerkung läuft darauf hinaus, daß in einer Welt, die auf den Kopf gestellt worden ist, in der Schwarze auf Weiße herabschauen, die glauben, sie seien besser gestellt, rassische Gleichheit nur im Himmel, d.h. durch den Tod erreicht werden kann. Jene, die unter den Lebenden zurückbleiben, müssen erkennen, daß nur zwei Mädchen, die den Männern noch nicht unterworfen sind, die sich des Rassenunterschieds noch nicht bewußt sind, eine Beziehung, die auf Gegenseitigkeit beruht, erreichen können. Nels Erkenntnis, daß sie Sula, aber nicht Jude [ihren Mann], wirklich geliebt hat, kommt zu spät. »Es war ein schöner Schrei – laut und lang –, aber er hatte kein Unten und kein Oben, es war ein Kreisen und Kreisen der Trauer« (*Sula*, S. 149). Der Roman endet mit dem Ausdruck eines Gefühls, das in seiner Tiefe jede räumliche Gestalt verloren hat.

Gloria Naylor stellte in *The Women of Brewster Place: A Novel in Seven Stories* ebenfalls eine ausschließlich schwarze Gemeinde dar, dieses Mal in einer großen Stadt. Wie Bottom war Brewster Place von Mitgliedern der weißen Gemeinde konzipiert worden; doch dieses Mal war es kein Märchen in Form eines Witzes über Herr und Sklave, sondern eine Geschichte, die mit einem Geschäft zwischen einem Kommunalpolitiker und dem Direktor einer Immobilienfirma begann. Sie kamen überein, einige Wohnblocks zu bauen, der eine, um als Kandidat für das Amt des Bürgermeisters mehr Wähler zu gewinnen, der andere, um seinen Gewinn aus Spielhöllen zu vergrößern. Als das Viertel farbige Mieter anzieht, verlieren die Weißen nicht nur das Interesse an dem Wohnprojekt, sondern fühlen sich auch davon brüskiert und beschließen, eine Mauer zu bauen, die Brewster Place zu einer Sackgasse macht. Das Viertel entwickelt aufgrund der Abgeschlossenheit einen eigenen Charakter, den vor allem seine weiblichen Bewohner bestimmen: »Sie waren aus hartem Holz geschnitzt, mit einem weichen Kern, unerhört anspruchsvoll und leicht zufriedenzustellen, diese Frauen von Brewster Place. Sie kamen und gingen, wuchsen heran und wurden älter, als sie es den Jahren nach waren. Wie ein Ebenholzphoenix hatte jede von ihnen eine Geschichte, jede zu ihrer Zeit« (Gloria Naylor: *The Women of Brewster Place: A Novel in Seven Stories*, S. 5). Der Roman erzählt die Geschichte von sieben dieser Frauen. Jede dieser Frauen vertritt einen anderen Typ: die Bluessängerin, die mit einem Cadillac aus dem Süden kommt, die Collegestudentin, die einen afrikanischen Namen angenommen hat, die Frau, die von ihrem Mann verlassen worden ist, die Mutter, die von Sozialhilfe lebt und immer mehr Kinder in die Welt setzt, und die Lesbierin. Eine Frau taucht in fast jeder Geschichte auf: Mattie Michael. Sie mußte mit einem unehelichen Kind aus dem Haus ihrer Eltern in Tennessee fliehen. Sie kommt nach Brewster Place mit einem Sohn, der alle Gedanken an andere Männer ausschaltet. Dort wird sie gemeinsam mit Frauen alt, die bei ihr seelische Unterstützung suchen. Wie im Haus von Eva Peace ersetzen die Frauen in diesem mit einer Mauer umgebenen Ort die biologische Verbindung durch die Zuneigung, die sie als Frauen in der Beziehung zueinander finden; diese Beziehungen untereinander schließen nicht nur Gefühle, sondern auch körperliche Liebe ein. Männer halten sich dort nur zeitweise auf, leben aber in einer anderen Welt: »Alle guten Männer sind entweder tot oder warten darauf, geboren zu werden« (*The Women of Brewster Place*, S. 61).

Das Ereignis, das alle Frauen zusammenführt, ist die Versammlung der Brewster Place Block Association, einberufen von Kiswana Browne, der Collegestudentin, die ihr Mittelklassenmilieu verlassen hat, um sich der gesellschaftlichen Veränderung durch die »grass-roots«-Politik zu widmen. Auf dieser Versammlung streiten sich die Bewohner darüber, ob Lorraine und Theresa mitmachen dürfen, die beiden Lesbierinnen, von denen man nur als »die zwei« redet. Das Ereignis, das den tragischen Wendepunkt im Roman markiert, ist Lorraines Vergewaltigung durch C.C. Baker und seine Bande:

In dem Gebiet zwischen dem letzten Haus von Brewster und einer Backsteinmauer, in diesem unbeleuchteten Gang, herrschten sie wie verkümmerte Kriegerkönige. Geboren mit dem Zubehör der Macht, beschnitten mit einer Guillotine und getauft mit dem Wasserdampf einer Million nicht reflektierender Spiegel, würden diese jungen Männer nicht geholt werden, um einem asiatischen Bauern das Bajonett in den Leib zu rammen, einen Torpedo ins Ziel zu schießen, ihre eisernen Samenkörner aus einer B-52 in die Wunden der Erde zu streuen, mit einem Fingerzeig eine ganze Nation in Bewegung zu setzen oder eine Fahnenstange in den Mond zu stecken – und sie wußten es. Sie hatten nur diesen Einhundert-Meter-Gang, der ihnen als Regierungszentrale, als Panzer und als Hinrichtungskammer dienen mußte. So fand sich Lorraine auf den Knien wieder und sah sich von der gefährlichsten Spezies der Menschheit umzingelt – Männer mit einer Erektion, die nur in einer Welt von zwei Meter Umfang zur Geltung kam.

(*The Women of Brewster Place*, S. 169f.).

Brewster Place ist zwar von den Gewaltformen ausgeschlossen, welche die Machtkämpfe unter Männern beherrschen und sich als Kampfplatz oft den weiblichen Körper aussuchen, ist aber nicht immun dagegen. Wie Sula, der es als Künstlerin ohne Kunstform nicht gelingt, ein moralisches Zentrum zu entwickeln, besteht diese Bande aus »Kriegerkönigen«, die nichts weiter zu bekämpfen und zu erobern haben als die Frau, die es abgelehnt hat, sich als Sexualpartner einen ihres Geschlechts zu wählen. Wie die Bewohner von Bottom müssen diese Männer es lernen, in einem Raum zu leben, der von einer herrschenden weißen Kultur aufgegeben worden ist, ein weiteres kleines, steriles Stück Land, das nur Wut und Zerstörung hervorbringt.

Der Roman endet mit Matties Traum von einem Wohnblockfest, auf dem alle Frauen die mit Blut befleckte Backsteinmauer zerstören. Aber die wirkliche Desintegration von Brewster Place ist weniger ein willentlicher Akt der Selbstzerstörung, als vielmehr der langsame Zerfall, herbeigeführt durch die Gleichgültigkeit und Vernachlässigung der tatsächlichen Eigentümer, der Grundbesitzer. Brewster Place ist zum Sterben verurteilt, seine Bewohner sind gezwungen wegzuziehen. Sie nehmen nur ihre Träume mit. Aber im Unterschied zu dem Augenblick, in dem Sula stirbt und sich Nels Schrei löst, »weint niemand, wenn eine Straße stirbt« (*The Women of Brewster Place*, S. 191).

Bournehills, der Ort, der in Paule Marshalls *The Chosen Place, The Timeless People* beschrieben wird: »wie ein Land, das Gott vergessen hat« (S. 125), ist wieder eine wirtschaftlich verarmte Gemeinde, dieses Mal auf einer englischsprachigen Insel in der Karibik. Doch diese Abgeschnittenheit vom Rest der Welt hat nicht bloß Armut, sondern auch Rassenmischung zur Folge. Das Kind aus einem Verhältnis zwischen Angehörigen der verschiedenen Rassen ist Merle Kimbona, die uneheliche Tochter eines Zuckerplantagenbesitzers und einer Schwarzen. Merles Mutter wird von der Frau ihres Vaters ermordet, und Merle wird erst als Erbin ihres Vaters anerkannt, als seine Frau keine Kinder bekommt. Dann wird sie nach England geschickt, wo sie Westindische Geschichte studiert, von einer reichen Engländerin ausgehalten wird, einen Afrikaner heiratet und ein Kind bekommt. Als ihr Mann von ihrer früheren Beziehung erfährt, reist er mit ihrer Tochter nach Uganda. Merle kehrt daraufhin nach Bournehills zurück, wo sie in einem großen weißen Haus am Meer lebt, das sie von ihrem Vater geerbt hat, und wird mit der Zeit zur Verkörperung des Ortes selbst: »auf irgendeine Weise ist sie Bournehills« (*The Chosen Place*, S. 118).

Eine ihrer Funktionen ist, die Insel an ihre Geschichte zu erinnern. Das denkwürdigste Ereignis ist die Pyre Hill Revolte, der größte und erfolgreichste Sklavenaufstand, in dem Cuffee Ned und seine Anhänger den Hügel und die Zuckerrohrfelder in Brand steckten. Um die Regierungstruppen zurückzutreiben, schnitten sie Bournehills vom Rest der Insel ab: »und hatten dann zwei Jahre lang als eine Nation für sich gelebt, hinter einer hohen Mauer, unabhängig, frei« (*The Chosen Place*, S. 102). Der Legende nach brannte der Hügel fünf Jahre lang weiter, und das Ereignis wird jedes Jahr durch eine Aufführung der Revolte zur Karnevalszeit gefeiert. Diese Mauer – ganz im Gegensatz zur Mauer von Brewster Place – gibt den ursprünglichen Besitzern, keine Einwanderer, sondern Eingeborene, einen Teil der Insel zurück.

Aber auch diesmal ist politische Unabhängigkeit nur möglich bei wirtschaftlicher Unabhängigkeit. Diese Lektion müssen Mitglieder eines Forschungsteams vom Zentrum für Angewandte Soziale Forschung in Philadelphia lernen, als sie, am Ende des Romans, ankommen und einen Wirtschaftsentwicklungsplan durchführen wollen. Sie werden von einem Bewohner von Bourne Island belehrt:

> ... und so lange die Erde besteht, werden wir ein unbedeutender grüner Flecken in einem verhältnismäßig kleinen amerikanischen See, den man die Karibische See nennt, sein. Arm. Völlig unabhängig von einer einzigen Ernte, die ebensoviel wert ist wie ein halber Penny auf dem Weltmarkt. Ohne Ressourcen, außer Menschen vielleicht, und davon gibt es noch zuviele, und nirgends kann man sie jetzt mehr hinschicken, da England dem Beispiel eures Landes gefolgt ist und das Tor für die Nigger zugemacht hat. Wir sind in gewisser Weise unabhängig, ja. Aber Sie und ich wissen, daß das nicht viel wert ist. Wie unabhängig wären wir, wenn England morgen nicht mehr den Zucker zu einem Vorzugspreis nehmen würde und wir erledigt wären. (*The Chosen Place*, S. 207f.)

Die Inselbewohner sind zwar nicht mehr Sklaven im eigentlichen Sinn, leben aber doch weiter in einer Art wirtschaftlicher Versklavung, eine Lage, der sie durch das Wachhalten der Erinnerung an eine frühere Revolte zu entrinnen hoffen. Das Forschungsteam stellt eine moderne Form der Kolonisierung dar, in der die Kolonie keine natürlichen Ressourcen liefert, sondern ein Feld für philanthropische Aktivität, die dem Forscher nicht nur emotionale Befriedigung verschafft, sondern ihm auch ermöglicht, eine ideale Gemeinschaft zu schaffen: vielrassisch, wirtschaftlich unabhängig und abgelegen. Saul Amron, Anthropologe und Leiter des Forschungsteams, erkennt, daß »Bournehills eine unruhige Region in ihm selbst hätte sein können, in die er unabsichtlich zurückgekehrt war« (*The Chosen Place*, S. 100). Er weiß auch, daß er, um sein Studienobjekt, die Insel, verstehen zu können, einen der Bewohner kennenlernen muß, Merle. Sie verbringen zur Karnevalszeit eine Nacht zusammen und überschreiten damit die Grenze zwischen Subjekt und Objekt, Eingeborenen und »einem aus der Ferne«, Weiß und Schwarz. Sauls Frau kommt dahinter und setzt beim Zentrum seine Rückberufung nach Philadelphia durch. Ihre Ehe endet damit, daß sie ins Wasser geht, während Merle sich entschließt, nach Afrika zu reisen, um ihr Kind zu suchen.

Die Karibik in Paule Marshalls Roman stellt einen Ort dar, in dem aus der Kolonialzeit her und wegen der gegenwärtigen wirtschaftlichen Verarmung Unterdrückung herrscht, und gleichzeitig einen Ort, der sich in einem Zwischenraum befindet, einem Raum auf der Schwelle, wo Klassen- und Rassenschranken stärker verschwimmen. Geographisch zwischen den Vereinigten Staaten und Afrika angesiedelt, entwickelt er sich zu einem Ferienort der amerikanischen schwarzen Mittelklasse, die sich kaum ihrer Stellung zwischen der weißen Mittelklasse und dem verarmten Teil der eigenen Bevölkerungsgruppe bewußt ist. In Marshalls *Praisesong for the Widow* wie auch in Morrisons *Tar Baby* verwischen sich die Rassenunterschiede bei den Kindern gemischtrassiger Eltern, und in jenen Ländern, wo es eine nichtweiße eingeborene Bevölkerung gibt, spielen sie keine Rolle mehr. In diesen Romanen wird weniger der Versuch unternommen, die kulturellen Wurzeln wiederzufinden, als, wenigstens für Augenblicke, die Rassendiskriminierung zu überwinden auf einer Reise, die durch eine günstige wirtschaftliche Lage erschwinglich geworden ist.

In Alice Walkers *The Color Purple* impliziert die Rückkehr nach Afrika, die fast die Hälfte des Briefromans ausmacht, die Rückkehr zu den Ursprüngen; Ursprünge, die wegen ihrer problematischen, d.h. spezifisch patriarchalischen Natur aufgedeckt werden müssen. Der Roman ist zusammengesetzt aus Briefen, welche die Protagonistin, Celie, zuerst an Gott schreibt, weil sie denkt, er sei der einzige, der ihr Gehör schenkt, und dann an ihre Schwester Nettie, die als Missionarin nach Afrika gegangen ist. Celie beginnt als vierzehnjähriges Mädchen mit dem Schreiben; eingangs wird erzählt, daß sie ihre Mutter verloren hat und an einen Ehemann verkauft worden ist, weil »sie arbeiten kann wie ein Mann« (Alice Walker: *The Color Purple*, S. 18). Anders als Merle, die als allegorische Figur anderen die Identitätssuche erleichtert, werfen Walkers Charaktere ein Licht auf die Situation der Geschlechter, wie sie Patriarchat und Rassismus geschaffen haben.

Ihr Leben lang ist Celie gesagt worden: »Du bist schwarz, arm, häßlich, eine Frau, verdammt, sagt er, du bist ein Nichts« (*The Color Purple*, S. 187). Schließlich gewinnt sie ein Gefühl für die eigene Identität durch ihre Liebe zu einer anderen Frau, Shug, einer Bluessängerin, und wirtschaftliche Unabhängigkeit, als sie ein eigenes Hosengeschäft aufbaut; und Eigentum, als sie von ihrem Stiefvater ein Haus erbt. Zunächst muß sie jedoch ihre Vaterfiguren beiseiteschieben: Sie entdeckt, daß der Mann, den sie für ihren Vater gehalten hat, nicht ihr richtiger Vater ist. Dieser war durch Lynchjustiz ums Leben gekommen. Und sie entdeckt, daß der Gott, an den sie geschrieben hatte, nicht der Gott ist, den sie sich vorgestellt hatte: »Als ich erkannte, daß ich gedacht hatte, Gott sei weiß und ein Mann, verlor ich das Interesse!« (*The Color Purple*, S. 177). Dann entdeckt sie, daß ihr Mann Netties Briefe aus Afrika an sie versteckt hat. Sie liest Netties Briefe, während sie die Hosen so näht, wie es ihr Shug beigebracht hat, und bereitet dabei nicht nur ihren Weg in eine selbständige Zukunft vor, sondern erfährt auch etwas über ihre kulturelle Vergangenheit.

Das Afrika, das Nettie ihrer Schwester beschreibt, ist jenes, dem sie noch nicht einmal im Unterricht begegnet war, ein Ort, der weder historisch noch geographisch so genau bestimmt ist wie Marshalls: »Weißt Du, daß es in Afrika vor Tausenden von Jahren große Städte gab, größer als Milledgeville oder sogar Atlanta? Daß die Ägypter, die Pyramiden erbaut haben und die Israeliten zu ihren Sklaven gemacht haben, farbig waren? Daß Ägypten in Afrika liegt? Daß das Äthiopien, von dem wir in der Bibel lesen, gleichbedeutend ist mit ganz Afrika?« (*The Color Purple*, S. 123). Kultur, mit der sie vertraut wird, während sie bei den Olinkas lebt, kennt keine Rassenunterschiede, sondern betreibt Sklavenhandel in der eigenen Gemeinschaft. Olinkamädchen erhalten keine Ausbildung und werden aufgezogen, um die Mütter der Kinder ihrer Ehemänner zu werden, sogar Frauen aus polygamischen Familien entwickeln eine Solidarität, die auf Arbeit und Freundschaft basiert, wie sie selten unter Frauen im Westen zu finden ist. Wie die Karibik, wird auch dieser Flecken weiterhin von Europäern ausgebeutet: »Zuerst wird eine Straße dorthin gebaut, wo du deine Habe aufbewahrst. Dann werden deine Bäume umgehauen, um daraus Schiffe und Möbel für den Kapitän zu machen. Dann wird auf deinem Land etwas angebaut, das du nicht essen kannst. Dann wirst du gezwungen, auf diesem Land zu arbeiten« (*The Color Purple*, S. 204). Und wie Saul Amron erkennt Nettie, daß die Menschen Entwicklungsprogramme in ihrem eigenen Land durchführen müssen und daß Missionarsarbeit wie Sozialforschung eine andere Form des Imperialismus ist. Nettie verläßt Afrika, wie Celie den weißen männlichen Gott aufgibt, der ihr Denken kolonisiert.

Von Gott, den sie sich als Mann vorstellt, verlagert Celie ihre Aufmerksamkeit auf die Betrachtung seines Werkes, dargestellt von der Farbe Purpur. Shug lehrt sie, daß sich nichts ändern wird, solange der Mann alles mit seinen Worten darstellt:

> Der Mann korrumpiert alles, sagt Shug. Er sitzt auf deiner Mehlbüchse, in deinem Kopf und überall im Radio. Er versucht, dich glauben zu machen, er sei überall. Aber er ist es nicht. Wenn du beten willst und der Mann sich am anderen Ende vor dich hinplumsen läßt, sag ihm, er soll abhauen, sagt Shug. Beschwöre Blumen, Wind, Wasser, einen großen Felsen.
>
> (*The Color Purple*, S. 179)

Der Mann kann als Gegenstück zur Natur und auch zur Frau, als der Ausbeuter von beiden, angesehen werden. Obwohl Afrika als legendärer Ort entmystifiziert ist, weil es sowohl die besten als auch die schlechtesten Seiten von Tradition und Modernität aufweist, bleibt der Hintergrund im weiteren Verlauf des Romans unspezifisch und damit utopisch: ein Ort, an dem die Frauen sich einander als Liebende zuwenden, aber Männer als Freunde behalten; ein Ort, an dem die amerikanische Tellerwäscher-Story einen schwarzen weiblichen Protagonisten haben kann; ein Ort, an dem Familie und Freunde sich schließlich am 4. Juli vereint finden, nicht um die Geschichte des weißen Mannes, sondern um sich selbst zu feiern. Es ist ein zeitloser Ort, irgendwo im Süden, zu irgendeinem Zeitpunkt zwischen den beiden Weltkriegen, als die Enteignung eine Sache der Vergangenheit wird.

Der Ort ohne Zeit bietet dem an andere Stelle versetzten Leben und den an falsche Stelle gesetzten Texten der schwarzen Schriftstellerinnen eine utopische Lösung in Form eines literarischen Werkes. Der Ort im Werk schwarzer Schriftstellerinnen ist zunächst ein von der herrschenden weißen kulturellen Schicht klar abgegrenzter und zu einem großen Ausmaß beiseitegeschobener Raum. Diese beherrschende Gruppe untergräbt die Rechte ihrer schwarzen Bevölkerung, weil sie es unterläßt, diese mit umfassenden wirtschaftlichen Möglichkeiten auszustatten. In diesem Raum müssen schwarze Frauen eine Identität entwickeln, die immer von doppelter Unterdrückung, der ihres Geschlechts und ihrer Rasse, bedroht ist. Schwarze Männer geben diesen Raum entweder auf oder dringen in ihn ein oder kehren gebessert dorthin zurück. Frauen in all ihrer Verschiedenartigkeit bewohnen ihn und erhalten ihn durch ihre emotionale Unterstützung und ihre wirtschaftliche Unabhängigkeit, die sie gewonnen haben in ihrem Kampf gegen die Armut, die aus rassischer und auch sexueller Diskriminierung herrührt. Die Identität, die diese Frauen gewinnen, ist erreichbar geworden durch die Beziehungen, die sie als Freundinnen und Geliebte zueinander entwickeln, in einer Gesellschaft, die für die Selbstverwirklichung durch Arbeit oder Kunst kaum Gelegenheiten bietet. Die Stimmen, die hörbar werden, sind zum ersten Mal aufgezeichnet worden. Sie haben eine Tradition begründet, die weniger als fünfzig Jahre umspannt. Der Ort funktioniert als eine Erinnerung an die Ursprünge und als eine Anregung für zukünftige Möglichkeiten, Gelegenheiten, die jetzt wenigstens ein paar schwarzen Schriftstellerinnen offenstehen.

Gunda Bosch-Adrigam

Zur rechtlichen Aufklärung

Über den Ehebruch und die Folgen in der Rechtsprechung des ausgehenden 18. und des 19. Jahrhunderts

»Pourquoi, mon Dieu, me suis-je mariée?«
(Flaubert, *Madame Bovary*)

Die Frage, welche privatrechtlichen Konsequenzen die Eheschließung habe und unter welchen Voraussetzungen die Möglichkeit einer Ehescheidung zu gewähren sei, hat, beginnend mit Hugo Grotius, seit dem 17. Jahrhundert alle bedeutenden Theoretiker des Naturrechts beschäftigt. Anhand von zwei auf dieser Methode der Rechtsfindung basierenden Gesetzeskodifikationen, dem »Allgemeinen Landrecht für die preußischen Staaten« von 1794 zum einen, dem *Code civil des Français* von 1804 zum anderen, soll versucht werden, zwei für die Rechtsprechung relevante Ergebnisse dieser über Jahrhunderte hin geführten Diskussion darzustellen. Diese wie auch andere, sich auf das Naturrecht berufende Gesetzbücher verstanden sich im Gegensatz zu früheren Rechtsaufzeichnungen, wie Franz Wieacker betont, als »Akte revolutionärer Umgestaltung«, sie sollten »Vorentwürfe sein für eine bessere Gesellschaft« (S. 198). Durch sie sollte nicht bestehendes Recht zusammengefaßt, verbessert oder vervollständigt werden, sondern sie zielten darauf, ein Rechtssystem zu erstellen, das den Anspruch erheben konnte, seine Grundsätze aus der Natur- bzw. Vernunftsphäre des Menschen herzuleiten. Da diese Grundsätze analog den Gesetzen der Naturwissenschaften als logisch ableitbar und begründbar galten, glaubte man, in ihnen die unwandelbaren Gesetzlichkeiten, Rechte und Pflichten des Menschen in der menschlichen Gesellschaft gefunden zu haben (vgl. Wieacker, S. 134ff.). Hinsichtlich der in diesem Zusammenhang sich stellenden Forderung, auch das Zusammenleben von Mann und Frau in der Ehe habe auf vernunftgemäßen Grundsätzen zu beruhen, wäre zu erwarten, daß insbesondere zwei naturrechtliche Prinzipien in der Neugestaltung des Eherechts zur Anwendung kommen werden: zum einen der für das staatsrechtliche Denken der Aufklärung so wichtige Satz, daß alle Menschen von

Natur aus frei und gleich sind, daß die Unterordnung unter den Willen eines anderen nur mit Zustimmung des Unterworfenen, also durch einen Vertrag, erfolgen kann, zum anderen, daß Rechte nur erlangt werden in Ausübung und zur Ausübung von Pflichten. Aus dem ersten Grundsatz folgt leicht ersichtlich die Forderung nach Gleichstellung von Mann und Frau in der Gesellschaft und damit doch wohl auch in der Ehe; aus dem zweiten Grundsatz folgt, daß eine despotische Gewaltausübung ein für allemal ausgeschlossen sein soll. Nach einem auf naturrechtlichen Forderungen basierenden Eherecht wäre die Ehe demnach zu definieren als ein auf freier Willenserklärung beruhender, durch rechtlich gleichgestellte Personen geschlossener Vertrag, der im Interesse beider eine ausgewogene Verteilung von Rechten und Pflichten zum Inhalt haben sollte. Aufgrund dieser Eheauffassung müßte, so wäre anzunehmen, das bisherige, aus germanischer Tradition der Geschlechtsvormundschaft des Mannes über die Frau herrührende Eherecht als vernunftwidrig, die Natur des Menschen verletzend angeprangert werden, da dieses, wenn auch gemildert im übernommenen römischen Recht, die Herrschaft des Ehemannes über die Ehefrau in allen das gemeinschaftliche eheliche Leben betreffenden Angelegenheiten festlegte. Die in den während der Französischen Revolution entstandenen Entwürfen zu einem Zivilgesetzbuch geprägten, bei Hermann Conrad zitierten Grundsätze, »der Wille der Eheschließenden bestimmt das Wesen der Ehe«, und »die Eheschließenden legen die Bedingungen ihrer Gemeinschaft frei fest« (S. 265f., übers. v. d. Verf.), geben zu der Hoffnung Anlaß, daß in diesem zu schaffenden Gesetzbuch der Gedanke der Gleichberechtigung von Mann und Frau in der Ehe verwirklicht werde.

Bevor wir uns der endgültigen Fassung dieses Gesetzbuches, dem *Code civil des Français*, zuwenden, hören wir, welche Belehrung der in Eherechtsfragen versierte Romanautor Honoré de Balzac in seinem 1833 veröffentlichten Roman *Die Herzogin von Langeais* der Protagonistin gleichen Namens zuteil werden läßt, die in aller Öffentlichkeit dem Marquis de Montriveau gegenüber eine allzu heftige Leidenschaft bekundet: »Wenn Sie Wert auf einen Skandal legen – ich kenne Ihren Mann«, sagt der Herzog von Grandlieu und fährt fort: »Er wird sich von Ihnen trennen, Ihr Vermögen behalten und Sie arm und folglich ohne jede Geltung zurücklassen. Die hunderttausend Francs Zinsen, die Sie unlängst von ihrer Großtante mütterlicherseits geerbt haben, werden zur Bezahlung des Freudenlebens seiner Mätressen dienen. Sie jedoch sind durch Gesetze gebunden und geknebelt, Sie müssen zu diesen Verfügungen Ja und Amen sagen« (Bd. VI, S. 291). Diese Belehrung setzt in Erstaunen. Nicht das Recht des unschuldigen

Teils, im Falle des Ehebruchs die Scheidung bzw., da diese seit 1816 nicht mehr gewährt wurde, die Trennung zu verlangen, nicht der dem schuldigen Teil drohende Verlust gesellschaftlicher Achtung aufgrund eines geminderten Lebensstandards überraschen, aber ist nicht die Einbehaltung des Vermögens sowie der erst kürzlich angetretenen Erbschaft der der Untreue verdächtigten Herzogin eine unangemessen harte vermögensrechtliche Konsequenz? Und deutet die vermutete Verwendungsart dieses persönlichen Erbteils, zur Bezahlung der Mätressen nämlich, nicht an, daß an der Untreue des Herzogs kein Zweifel besteht, diese aber keinerlei Konsequenzen hatte? Die Romanhandlung umfaßt den Zeitraum von 1808 bis 1820. Es muß also angenommen werden – da die Redlichkeit Balzacs nicht in Zweifel zu ziehen ist –, daß diese Belehrung dem Eherecht des *Code civil* entspricht. Tatsächlich finden sich bei der Lektüre dieses berühmten Gesetzbuches Artikel, die diese Befürchtung bestätigen. Lesen wir in Art. 212 noch recht zuversichtlich: »Die Ehegatten sind einander Treue, Hilfe und Beistand schuldig«, erfahren wir in den die Eheauflösung betreffenden Artikeln, daß die Nichteinhaltung des Treuegebots für Mann und Frau unterschiedliche Folgen nach sich zieht: »Der Mann kann die Ehescheidung wegen eines von seiner Ehefrau begangenen Ehebruchs verlangen«, heißt es in Art. 229, dagegen in Art. 230: »Die Frau ist wegen eines vom Manne begangenen Ehebruchs auf Ehescheidung anzutragen befugt, wenn er seine Beischläferin in dem gemeinschaftlichen Hause gehalten hat«. Vorausgesetzt, der Mann vermeidet die Provokation, den Ehebruch in der ehelichen Wohnung zu vollziehen, ist die Ehefrau nicht berechtigt, die Scheidung bzw. nach 1816 die Trennung zu verlangen. Eine solche Provokation wäre nicht ratsam gewesen, denn nach Art. 299 verliert der Ehegatte, wider welchen die Scheidung zugelassen worden, alle Vorteile, die er von dem anderen Ehegatten durch Heiratskontrakt oder auch seit der geschlossenen Ehe erhalten hatte.« Zudem behält derjenige Ehegatte, der die Scheidung erwirkt hat, »die von dem anderen Ehegatten ihm zugedachten Vorteile, obwohl es ausbedungen war, daß sie wechselseitig sein sollten« (Art. 300). Vorausgesetzt, es gilt das gesetzliche Güterrecht – andere Güterrechtsformen können vereinbart werden mit der Einschränkung, daß der Ehemann auf Rechte, die ihm aufgrund seiner ehemännlichen Gewalt zustehen, nicht verzichten darf –, bedeutet dies: der obsiegende Partner behält das Gemeinschaftsgut, wozu die eingebrachten und die in der Ehe erworbenen beweglichen Güter zählen, das sind Geldkapitalien, Renten, Zinsen, Hausgeräte aller Art, Arbeitsverdienst von Mann und Frau; hinzu kommt das während der Ehe entgeltlich erworbene unbewegliche Gut, also Grundstücke und

Liegenschaften. Dazu erhält er die bisher an die Gemeinschaft fallenden Einkünfte aus den in die Ehe eingebrachten oder während der Ehe durch Erbschaft oder Schenkung erworbenen Liegenschaften, die als solche jedoch Sondergut des schuldigen Gatten bleiben. Der Herzog von Langeais wie alle Ehemänner Frankreichs und derjenigen deutschen Lande, die auch nach 1815 zum Geltungsbereich des *Code civil* gehören, d.h. der linksrheinischen preußischen Gebiete z.B., werden diese Folgen gekannt und ihre Geliebten außerhalb des mit der Ehefrau bewohnten Hauses getroffen haben. Für die Herzogin wie für alle Ehefrauen des entsprechenden Gebietes hingegen steht im Falle ihrer Untreue die Existenz auf dem Spiel. Die Warnung des Herzogs von Grandlieu beschreibt also, wie vermutet, in allen Einzelheiten zutreffend die im *Code civil* festgelegte rechtliche Situation der der Untreue bezichtigten Gattin. Wenn Grandlieu verschweigt, daß der Herzogin eine Einsperrung ins Zuchthaus droht für eine Zeit, die »nicht kürzer als drei Monate und nicht länger als zwei Jahre sein darf« (Art. 298), so geschieht dies sicherlich aus gesellschaftlich gebotenem Takt.

Die Benachteiligung der Frau im Falle des Treuebruchs läßt vermuten, daß den Autoren des *Code civil* auch in anderen Fragen des Eherechts nicht an der Gleichstellung von Mann und Frau gelegen war. Den Weg wies kein geringerer als Napoleon selbst, dessen Name das Gesetzeswerk von 1807 an trug. Er soll, wie Marianne Weber berichtet, bei den Beratungen über das Eherecht des *Code civil* gesagt haben: »Es gibt etwas, das nicht französisch ist: daß eine Frau tun kann, was ihr gefällt« und des Näheren gefordert haben: »Ein Ehemann soll eine absolute Herrschaft über die Handlungen seiner Frau ausüben; er hat das Recht, ihr zu sagen: Madame, Sie werden nicht ausgehen; Sie werden das Theater nicht besuchen; Sie werden mit der oder jener Person nicht verkehren« (S. 320). Entsprechend schreibt Art. 312 des *Code civil* vor: »Der Mann ist seiner Frau Schutz und die Frau ihrem Mann Gehorsam schuldig.« Der Gehorsam gegenüber dem Ehemann verbietet es der Ehefrau, ohne Genehmigung ihres Mannes vor Gericht aufzutreten, es sei denn in einem gegen sie anhängig gemachten Strafverfahren (Art. 215, 216), er verbietet ihr zu schenken, zu veräußern, ihr Vermögen mit Hypotheken zu belasten, entgeltlich oder unentgeltlich zu erwerben, es sei denn, sie erlangt dazu die Genehmigung ihres Mannes, oder aber sie betreibt ein eigenes Handelsgewerbe (Art. 220), was wiederum die Zustimmung ihres Mannes voraussetzt. Immerhin – und das bedeutet eine erhebliche Konzession – wird ihr zugestanden, eine vom Ehemann verweigerte Genehmigung durch eine gerichtliche zu ersetzen (Art. 218, 219). In Erziehungsfragen ist allein der väterliche Wille ausschlaggebend. Die Frau übernimmt aber nach dem Tod des Ehemannes die Vormundschaft über ihre Kinder (Art. 375, 390). Im ganzen ist zu konstatieren: das Eherecht des *Code civil des Français* enttäuscht die Hoffnungen all derjenigen, die erwartet hatten, das der »Erklärung der Menschen- und Bürgerrechte« von 1789 zugrundeliegende naturrechtliche Postulat der Rechtsgleichheit habe für alle Menschen zu gelten, auch für die Frauen.

Hat dies allein Napoleon mit seiner frauenfeindlichen Haltung verschuldet? Die Ursache ist vielmehr zu suchen in der Naturrechtslehre selbst, insbesondere in der Deutung, die sie in geschlechtsspezifischer Hinsicht durch J.J. Rousseau erfahren hat. Vernunft und Natur, diejenigen Kategorien also, welche die Aufklärer der Ständegesellschaft des Ancien régime entgegenhielten, um gleiches Recht für alle zu fordern, dienen Rousseau zur Rechtfertigung der Ungleichheit von Mann und Frau. Im Zusammenhang der bei der Frau strenger als beim Mann zu ahndenden Untreue kommt Rousseau zu dem Schluß: »Wenn die Frau sich beklagt, die Ungleichheit zwischen ihr und dem Mann sei ungerecht, so hat sie unrecht. Diese Ungleichheit ist keine menschliche Einrichtung, zum mindesten nicht das Werk eines Vorurteils, sondern der Vernunft. Es ist Sache desjenigen von zweien, dem die Natur die Kinder zu treuen Händen anvertraut hat, auch dem anderen gegenüber dafür einzustehen« (S. 418). Bricht der Mann die Treue, handelt er ungerecht und barbarisch, die Frau jedoch begeht mit dem Treuebruch eines der schlimmsten Verbrechen – so Rousseau –, da der Ehemann nicht mehr sicher sein kann, der Vater seiner Kinder zu sein. Um die Fortpflanzung des Menschen zu sichern, hat die Natur zudem Mann und Frau mit unterschiedlichen Gaben ausgestattet: Aktivität und Stärke befähigen den Mann, die Frau zu erobern und zu schützen, Passivität und Schwäche veranlassen die Frau, sich dem Mann zu unterwerfen, um seinen Schutz zu erlangen. Wer folglich die »natürliche« Bereitschaft der Frau zur Unterwerfung leugnet, argumentiert ebenso wider alle vernünftige Einsicht wie derjenige, der ihre Fähigkeit zu gebären abstreitet. Daß diese Gedanken Rousseaus direkten Eingang in das Eherecht des *Code civil* gefunden haben, ist aus den Äußerungen des französischen Juristen und Staatsmannes Jean Etienne Portalis ersichtlich, der dieses Recht entscheidend prägte und Rousseau folgend in seiner Begründung schreibt: »Es ist keineswegs das Gesetz, sondern die Natur selbst, die das Los eines jeden der beiden Geschlechter ausgemacht hat. Die Frau bedarf des Schutzes, weil sie schwächer ist, der Mann ist freier, weil er stärker ist« (zit. bei H. Conrad, S. 269). Welche Gesetze der Gesetzgeber für notwendig erachtete, um der schwachen Frau Schutz zuteil werden zu lassen, wurde bereits dargelegt.

Ist die konservative Ausrichtung des Familienrechts des *Code civil* somit unübersehbar, stellt sich die Frage, welcher Position der Naturrechtslehre die Autoren des »Allgemeinen Landrecht für die preußischen Staaten« den Vorzug geben: der Forderung, allen Menschen, Mann und Frau, sind gleiche Rechte zuzubilligen, oder aber der Forderung, die Frau habe sich aufgrund ihrer Geschlechtsfunktion dem Mann unterzuordnen und könne Rechte nur in geringerem Umfang beanspruchen. Es stimmt optimistisch, daß bereits auf den ersten Seiten des preußischen Gesetzbuches der Grundsatz der Gleichheit von Mann und Frau proklamiert wird: »Die Rechte beider Geschlechter sind einander gleich«, auch wenn einschränkend hinzugefügt wird: »soweit nicht durch besondere Gesetze oder rechtsgültige Willenserklärungen Ausnahmen bestimmt werden« (ALR I.1 § 24). Inwieweit trägt das Ehe- und Familienrecht dieser Proklamation Rechnung, inwieweit billigt es der Frau eine der Rechtsstellung des Mannes vergleichbare Stellung zu? Die Lektüre Theodor Fontanes Roman *Effi Briest* läßt jedenfalls Zweifel daran aufkommen, ob sich die Situation der schuldig geschiedenen Effi im Berlin der Jahre nach 1870 wesentlich von derjenigen der Herzogin von Langeais in Paris unterscheidet. Fontane, an rein juristischen Fragen sicher nicht in gleichem Maße interessiert wie Balzac, erwähnt, ohne Einzelheiten zu nennen, Landrat Baron Instetten, der betrogene Ehemann also, habe, nachdem er den Liebhaber seiner Frau im Duell getötet hatte, einen Brief an die Adresse seiner Schwiegereltern geschrieben. Dieser Brief enthält, wie aus den folgenden Ereignissen zu erschließen ist, die Nachricht, Instetten werde sich von seiner Frau Effi scheiden lassen. Die bescheidenen finanziellen Verhältnisse, in denen Effi nach ihrer Scheidung in Berlin lebt, lassen vermuten, daß die schuldig geschiedene Frau vermögensrechtlich dem französischen Recht des *Code civil* ähnliche Konsequenzen zu gewärtigen hatte. Im Unterschied zum Recht des *Code civil*« aber hätte Instetten im Fall seiner Untreue rechtlich die gleichen Folgen zu tragen gehabt. Denn gemäß dem Allgemeinen Landrecht berechtigt »Ehebruch, dessen sich ein Ehegatte schuldig macht [...], den unschuldigen Teil auf Scheidung zu klagen« (ALR I.2.1. §670). Der Gesetzgeber gesteht für den Fall der ehelichen Untreue also beiden Geschlechtern gleiches Recht zu: der jeweils unschuldige Teil, Mann oder Frau, darf die Scheidung verlangen. Ein rechtlicher Anspruch auf die Treue ihres Ehemannes wird der Frau in Preußen damit fast einhundert Jahre früher zugestanden als in England oder Frankreich. Allerdings hat der untreue Mann das Recht, der Scheidungsklage zu widersprechen, wenn er seinerseits die Untreue seiner Frau nachweisen kann. Dieses Recht wird der Frau vorenthalten. Die vermögensrechtlichen Folgen, die der für schuldig befundene Teil zu tragen hat, variieren je nach den im Ehevertrag niedergelegten güter- bzw. erbrechtlichen Vereinbarungen. Im allgemeinen gilt der Grundsatz, daß der unschuldige Teil für das ihm durch die Scheidung entgehende Erbe zu entschädigen sei. Er hat in der Regel wahlweise Anspruch auf Zahlung eines lebenslänglichen Unterhalts, oder aber auf den sechsten bzw. vierten Teil des Vermögens des Schuldigen, je nach Schwere dessen Verschuldens. Für den Fall, der Ehevertrag bringt den schuldigen Teil in eine für ihn weitaus ungünstigere Lage, wird zur Sicherung seiner Existenz festgelegt, daß »dem Schuldigen niemals mehr als höchstens die Hälfte von der Substanz oder dem Nießbrauche seines Vermögens genommen werden kann« (ALR II.1 §797).

Ist der Eindruck entstanden, das Landrecht habe eine im Scheidungsfall für beide Geschlechter gleiche und somit gerechte, den schuldigen Teil gewissermaßen schonende Lösung gefunden, ist es aufschlußreich, der Frage nachzugehen, ob das Schicksal der Romanheldin Effi nach ihrer Scheidung überhaupt der tatsächlichen Situation einer Frau in vergleichbarer Lage zu dieser Zeit entspricht. Bei genauerem Hinsehen zeigt sich nämlich, daß die rechtliche Gleichstellung der Geschlechter keineswegs ausschließt, daß der Ehebruch der Frau, die vermögende Frau ausgenommen, wesentlich härtere Konsequenzen zeitigt als derjenige des Mannes. Effi stammt zwar aus wohlhabendem Hause, verfügt aber erst, nachdem sie das Erbe des Familiengutes Hohen-Cremmen angetreten haben wird, über eigenes Vermögen. Von Effis »trousseau«, einer Ausstattung mit Wäsche, Geschirr und sonstigem Hausgerät, abgesehen, bestimmt vorwiegend das Einkommen aus der beruflichen Tätigkeit des Landrats den Lebensstandard der Familie Instetten. Hätte Instetten, schuldig geschieden, schlimmstenfalls auf seine berufliche Karriere verzichten müssen, wäre ihm entweder eine Pension verblieben oder aufgrund seiner Ausbildung und beruflichen Erfahrung die Möglichkeit gegeben, eine andere, sein Lebensniveau sichernde Tätigkeit zu suchen. Da für Frauen ihres Standes Berufsausbildung und Erwerbstätigkeit ausgeschlossen sind, bleiben Effi diese Wege der Existenzsicherung versperrt. Gegenüber all denjenigen Frauen, die auf ein Erbe oder die Unterstützung durch die Eltern nicht rechnen können, befindet sich Effi sogar in einer vergleichsweise glücklichen Lage.

Obgleich das Landrecht im Gegensatz zum *Code civil* der Frau in gleicher Weise wie dem Mann den Weg der Scheidungsklage eröffnet und daher als fortschrittlich gelten könnte, ist es in den meisten anderen Fragen des Eherechts von konservativem Geist durchdrungen. Mit dem Grundsatz: »Der Mann ist das Haupt der ehelichen Gesellschaft, und sein Entschluß gilt in gemeinschaftlichen Angelegenheiten« (ALR II.1 § 184), wird auch in diesem Gesetzeswerk die ehemännliche Vorherrschaft zum leitenden Prinzip des Eherechts erhoben. Wie in Frankreich, hat sich die Ehefrau den Entschlüssen ihres Mannes unterzuordnen. Sie teilt dessen Wohnsitz, Name und Stand, verpflichtet sich, den Haushalt zu führen. Ohne ehemännliche Genehmigung ist es ihr verwehrt, eine außerhäusliche Tätigkeit aufzunehmen bzw. ein Gewerbe zu betreiben. Sie darf in der Regel keine Prozesse führen, keine Rechtsgeschäfte abschließen, aus denen ihr Verpflichtungen entstehen, im Unterschied zu den Bestimmungen des *Code civil* aber wohl solche eingehen, aus denen ihr Vorteile entstehen, sie kann z.B. selbständig Schenkungen entgegennehmen. Auch in anderen Punkten ist ihre Handlungsfreiheit weniger eingeschränkt: bei Verhinderung des Mannes kann sie die zur Verwaltung ihres Vermögens erforderlichen Rechtshandlungen selbständig vornehmen. Wird ihr durch die güterrechtliche Vereinbarung des Ehevertrags ein Teil oder auch ihr ganzes Vermögen als Sondergut vorbehalten, behält sie dessen Verwaltung und Nutznießung, vertritt es vor Gericht und führt ohne Zustimmung des Mannes darüber Prozesse. In Frankreich ist eine derartige Ausweitung der Handlungsfähigkeit der Ehefrau durch den Ehevertrag ausgeschlossen. Gegenüber den Kindern ist jedoch, ebenso wie im *Code civil* festgelegt, allein die Autorität des Vaters ausschlaggebend. Nach dessen Tod übernimmt die Frau zwar das Erziehungsrecht, im Unterschied zur französischen Regelung aber nicht die Vormundschaft für die Vermögensverwaltung und die gerichtliche Vertretung der Kinder, die ihr aber durch ein Gericht übertragen werden kann.

Zusammenfassend ist festzustellen, daß, obgleich einige Regelungen des Allgemeinen Landrechts der Frau größere Handlungsfreiheit einräumen, als dies nach bisherigem und nach französischem Recht der Fall ist, dennoch nicht behauptet werden kann, der im Landrecht I.1 § 24 ausgesprochene Gleichheitsgedanke habe das Ehe- und Familienrecht dieses Gesetzeswerkes geprägt. Die im Vergleich zum *Code civil* großzügige Erweiterung weiblicher Handlungskompetenz bevorteilt ausschließlich die vermögende, nach der Ständegliederung des Landrechts dem Adel oder dem eximierten Bürgerstand, den Offiziers-, Akademiker- und bürgerlichen Gutsbesitzerfamilien also zugehörende Frau. Für die Frauen der anderen Stände sind die gewährten Handlungsfreiheiten von weit geringerer Bedeutung, wenn nicht gar bedeutungslos. Die Rücksichtnahme auf die Situation der Frau gehobenen Standes, die dem Gesetzgeber des Landrechts geboten schien, konnte im französischen Recht des *Code civil* u.a. deshalb entfallen, weil dieses Recht bereits von der Tatsache einer 1789 proklamierten rechtsegalitären Gesellschaft ausging. Diese Vorgabe bedeutet paradoxerweise, daß die Rechtslage der verheirateten Frau in familien- und vermögensrechtlicher Hinsicht ungünstiger ist als in Preußen, wo die ständische Gliederung der Gesellschaft durch das Landrecht bestätigt wird. Von Interesse dürfte in diesem Zusammenhang die Tatsache sein, daß nach Aufhebung der Ständeschranken durch die Stein-Hardenbergischen Reformen Kritik an den im Landrecht den Frauen angeblich zu großzügig gewährten Rechten geübt wird (vgl. Ute Gerhard, S. 169ff.).

Die Durchsetzung der naturrechtlichen Forderung nach Rechtsgleichheit, so ist aus dem Vergleich der vorgestellten Gesetzeskodifikationen zu entnehmen, bedeutet für Frauen zunächst einmal, daß sie Männern gegenüber in gleichem Maß, ohne Ansehen des Standes nämlich, rechtlich benachteiligt werden. Auf die auch heute noch spürbar die gesellschaftliche Stellung der Frau bestimmende soziale Benachteiligung wurde bereits hingewiesen.

Zitierte und weiterführende Literatur

Klöster und Höfe – Räume literarischer Selbstentfaltung

a) »Ich bin heiser in der Kehle meiner Keuschheit«. Über das Schreiben der Mystikerinnen

Zitierte Literatur

Angela von Foligno: *Geschichte und Tröstungen der seligen Angela von Foligno.* Nach ihren eigenen Worten aufgezeichnet von Bruder Arnaldus D.F.M. Mainz 1924
Martin Buber (Hrsg.): *Ekstatische Konfessionen*, gesammelt von Martin Buber. Leipzig 1923. Darin: Gertrud von Hefta, Angela von Foligno, Katharina von Genua u. Maria Maddalena De'Pozzi
Die Werke der Hadewijch. 1. Teil: Die Briefe. Hannover 1923
Hildegard von Bingen: *Wisse die Wege. Scivias.* Salzburg 1955
dieselbe: *Briefwechsel.* Salzburg 1965
Der heiligen Katharina von Genua geistliche Zwiegespräche über die göttliche Liebe. München 1927
Mechthild von Magdeburg: *Das fließende Licht der Gottheit*, hg. v. Hans Urs von Balthasar. Chur 1956. Wir zitieren daraus nach Buchangabe (römische Ziffern) und Kapitelangabe (arabische Ziffern)
Robert Musil: *Der Mann ohne Eigenschaften.* Reinbek 1978
Teresa von Avila, hg., eingeleitet und übersetzt v. Ulrich Dobban. Olten 1979

Weiterführende Literatur

Edith Ennen: *Frauen im Mittelalter.* München 1984
Herbert Grundmann: *Religiöse Bewegungen im Mittelalter.* Darmstadt 1977 (Nachdruck)
ders.: *Die geschichtlichen Grundlagen der deutschen Mystik.* In: *Deutsche Vierteljahrsschrift für Literaturwissenschaft und Geistesgeschichte* 1934
Alois Maria Haas: *Sermo Mysticus. Studien zur Theologie und Sprache der Deutschen Mystik.* Freiburg 1979
Luce Irigaray: *Speculum. Spiegel des anderen Geschlechts.* Frankfurt am Main 1980
Jacques Lacan: *Dieu et la jouissance de femme.* In: *Le séminaire.* Texte établi par J.A. Miller, Livre 20: Encore, Paris 1975

Renate Lachmann: *Thesen zu einer weiblichen Ästhetik.* In: *Weiblichkeit oder Feminismus,* hg. v. Claudia Opitz. Konstanz 1983

Grete Luers: *Die Sprache der Deutschen Mystik des Mittelalters im Werke der Mechthild von Magdeburg.* Darmstadt [2]1966

Gert Mattenklott: *Rausch und Nüchternheit.* In: *Konkursbuch 10*

Eva Meyer: *Vorspiel – Annäherung an eine andere Schreibweise.* In: *Weiblich – Männlich,* hg. v. Brigitte Wartmann. Berlin 1980

Ursula Peters: Frauenmystik im 14. Jahrhundert. Die ›Offenbarungen‹ der Christine Ebner. In: *Weiblichkeit oder Feminismus,* hg v. Claudia Opitz. Konstanz 1983

Joseph Quint: *Deutsche Mystikertexte des Mittelalters,* hg. v. Joseph Quint. Bonn 1929

Wolfgang Scherer: *Nonsexmonkrock oder Die gewissen Gnaden Davids. Musik und Minnenmystik bei Hildegard von Bingen.* Maschinenschriftliches Manuskript. Freiburg 1985

Elisabeth Schraut und Claudia Opitz: *Frauen und Kunst im Mittelalter.* Katalog zur Ausstellung »Frauen und Kunst im Mittelalter«. Braunschweig 1983

Shulamith Shahar: *Die Frauen im Mittelalter.* Königstein 1981

Friedrich-Wilhelm Wentzlaff-Eggebert: *Deutsche Mystik zwischen Mittelalter und Neuzeit. Einheit und Wandlung ihrer Erscheinungsformen.* Berlin [3]1969

Anke Wolf-Graaf: *Die verborgene Geschichte der Frauenarbeit. Eine Bildchronik.* Weinheim und Basel 1983

b) Autorinnen im Umkreis der Höfe

Zitierte Literatur

Die Denkwürdigkeiten der Helene Kottannerin (1439–1440), hg. v. Karl Mollay. Wien 1971 (= Wiener Neudrucke 2)

Elisabeth von Nassau-Saarbrücken: *Huge Scheppel,* nach der Handschrift der Hamburger Stadtbibliothek mit einer Einleitung v. Hermann Urtel. Leipzig 1905 (= Veröffentlichungen der Hamburger Stadtbibliothek 1)

Marie de France: *Die Lais,* übersetzt, mit einer Einleitung, einer Bibliographie sowie Anmerkungen versehen v. Dietmar Rieger. München 1980 (= Klassische Texte des Romanischen Mittelalters 19)

dies.: *Äsop,* eingeleitet, kommentiert u. übersetzt v. Hans Ulrich Gumbrecht. München 1973 (= Klassische Texte des Romanischen Mittelalters 12)

Pisan, Christine de: *Oevres poétiques I–III,* hg. v. Maurice Roy. Paris 1886–1896 (= Société des Anciens textes français)

dies.: *Le Livre de la Mutacion de Fortune I–III,* hg. v. Suzanne Solente. Paris 1959–1964 (= Société des Anciens textes français)

Weiterführende Literatur

Die französische Autorin vom Mittelalter bis zur Gegenwart, hg. v. Renate Baader u. Dietmar Fricke. Wiesbaden 1979

Bainton, Roland H.: *Women of the Reformation in Germany and Italy*. Minneapolis, Minnesota 1971
Bumke, Joachim: *Mäzene im Mittelalter. Die Gönner und Auftraggeber der höfischen Literatur in Deutschland, 1150–1300*. München 1979, S. 231ff.
Liebertz-Grün, Ursula: *Zur Soziologie des ›amour courtois‹. Umrisse der Forschung*. Heidelberg 1977 (= Beihefte zum ›Euphorion‹ 10)
Pinet, Marie-Josèphe: *Christine de Pisan (1364–1430). Etude biographique et littéraire*. Paris 1927 (= Bibliothèque du quinzième siècle 35)
Schöndorf, Kurt Erich: *Argula von Grumbach, eine Verfasserin von Flugschriften in der Reformationszeit*. In: *Frauen und Frauenbilder. Dokumentiert durch 2000 Jahre*, hg. v. Jorunn Valgard u. Elsbeth Wessel. Oslo 1983 (= Osloer Beiträge zur Germanistik 8), S. 182ff.
Verfasserlexikon. Die deutsche Literatur des Mittelalters I–V, 2., völlig neu bearb. Aufl., hrsg. v. Kurt Ruh. Berlin/New York 1977ff.

Zwischen Frauenideal und Autorenstatus

Zitierte Literatur

Antologie delle scrittrici italiane dalle origini al 1800, ed. J. de Blasi, Firenze 1930; *Scrittrici italiane dal XIII al XX secolo*, ed. N. Costa-Zalessow. Ravenna 1982
Lirici del Cinquecento, ed. L. Baldacci, Firenze 1957 (G. Stampa, V. Franco, B. Torelli, V. Gambara, T. d'Aragona, L. Battiferri, C. Matraini, V. Colonna, I. di Morra); *Poesia italiana. Il Cinquecento*, ed. G. Ferroni, Milano 1982 (V. Colonna, V. Gambara, G. Stampa, V. Franco, C. Matraini, I. di Morra, L. Terracina)
Isabella Andreini: *Mirtilla Pastorale*, Verona: G. Discepolo 1588; *Lettere, aggiuntovi di nuovo li Ragionamenti piacevoli*, die Nuovo ristampate, Venetia: Giov. Battista Combi 1620; *Rime*, Napoli: A. Bulifon, 1696
Tullia d'Aragona: *Le rime*, ed. E. Celani, Bologna 1891; *Dialogo della infinità di amore*, in: *Trattati d'amore del '500*, repr. Bari 1975, S. 185–248
Baldessare Castiglione: *Il Libro del Cortegiano*, ed. A. Quondam, Milano 1981
Laura Battiferri: *Il primo libro delle opere toscane*, Firenze: Giunti 1560; *Salmi penitenziali*, in: *Salmi penitenziali tradotti da diversi eccelenti Autori, con alcune rime spirituali*, Verona: Dionigi Ramanzini 1749
Laura Cereta: *Epistolae iam primum e manuscriptis in lucem productae*, ed. G.F. Tommasini, Patavii 1640
Vittoria Colonna: *Rime, con le sue stanze aggiunte et die nuovo con diligentia et ricorrette*, s.l.sn.t. 1539; *Triompho della Croce*, Venetia: G.A. Vavassore 1542; R. Corso, *Dichiaratione fatta sopra la seconda parte delle Rime della Vittoria Colonna*, Bologna: G. Faelli 1543; *Pianto sopra la passione di Christo. Oratione sopra l'Ave Maria. Oratione fatta il Venerdi Santo sopra la passione di Christo*, Venetia: Aldus 1556; *Tutte le rime, con l'espositione del Signor Rinaldo Corso*, Venetia: G.B. et M. Sessa 1558; *Carteggio*, ed. E. Ferrero–G. Müller, Torino 1892[2]; C. Ranieri,

Lettere inedite di Vittoria Colonna, in: Giornale italiano di filologia 31 (1979) 138–149; *Rime*, ed. crit. A. Bullock, Bari 1982

Hélisenne de Crenne: *Oeuvres*, Paris 1560, repr. Genève 1977; *Les angoisses douloureuses qui procèdent d'amours (1538). Première partie*, ed. P., Dematis, Paris 1968

Ludovico Domenichi: *La nobiltà delle donne*, Vinetia: G. Giolito 1549; ed. *Rime diverse d'alcune nobilissime e virtuosissime donne*, Lucca: Busdraghi 1559

Cassandra Fedele: *Epistolae et orationes posthumae*, ed. G.F. Tommasini, Patavii 1636

Veronica Franco – Gaspara Stampa: *Le rime*, ed A. Salza, Bari 1913; *Il libro chiuso di Maffio Venier (La tenzone con Veronica Franco)*, ed. M. Dazzi, Venezia 1956

Veronica Gambara: *Rime e lettere nuovamente pubblicate*, ed. P. Mestica Chiappetti, Firenze 1879; Briefe an die Gambara in: Pietro Aretino, *Lettere*, ed. F. Flora, Milano 1960

Pernette du Guillet: *Les Rymes*, ed. V. Graham, Genève 1968

Louise Labé: *Oeuvres complètes*, ed. crit. E. Giudici, Genève 1981

Virgini Martini de'Salvi: *Lettera e sonetti della Signora Virginia Salvi et della Signora Beatrice sua figliuola a M. Celio Magno con le resposte*, Venezia s.t. 1571

Chiara Matraini: *Considerationi sopra i Sette Salmi Penitentiali del Gran Re e Profeta Davit*, Lucca: Busdraghi 1586; *Lettere, con la prima e seconda parte delle sue Rime*, Lucca: Busdraghi 1595

Marguerite de Navarre: *L'Heptaméron*, ed. M. François, Paris 1964; *Chansons spirituelles*, ed. crit. G. Dottin, Genève-Paris 1971; *Le Miroir de l'âme pécheresse. Discord étant en l'homme par contrariété de l'esprit et de la chair. Oraison à nostre seigneur Jésus Christ*, ed. crit. J.L. Allaire, München 1972; *Les Prisons*, ed. crit. S. Glasson, Genève 1978

Gaspara Stampa: *Rime*, Mailand 1954

Laura Terracina: *Rime*, Venezia: Giolito 1548; *Rime seconde, e di diversi a lei*, Fiorenza s.t. 1549; *Discorso sopra tutti li primi canti d'Orlando Furioso*, Venezia: Giolito 1549; *Quinte rime*, Vinegia: Gio. A. Vavassore

Weiterführende Literatur

E. Rodoccanachi, *La femme italienne à l'époque de la Renaissance*, Paris 1907

R. Kelso, *Doctrine for the Lady of the Renaissance*, Univ. of Illinois 1956

Zu den Petrarkistinnen V. Colonna, V. Gambara, G. Stampa: R. Förster, *Liebe, Poesie, Emanzipation. Petrarca und die Dichterinnen der italienischen Renaissance*, Frankfurt a.M. 1985

Zu den Kurtisanen: P. Larivaille, *La vie quotidienne des courtisanes en Italie au temps de la Renaissance*, Paris 1975

G. Masson, *Kurtisanen der Renaissance*, Tübingen 1978

Maddalena Campiglia: *Dizionario biografico degli Italiani*, 17, 1974, 541–42 *(DBI)*

Castiglione: A. Chemello, *Donna di palazzo, moglie cortigiana: ruoli e funzioni sociali della donna in alcuni trattati del Cinquecento*, in: *La Corte e il »Cortegiano«, II.*, Roma 1980

J. Guidi: *De l'amour courtois à l'amour sacre: la condition de la femme dans l'œuvre de B. Castiglione*, in: *Images de la femme dans la litterature de la Renaissance*, Paris 1980

L. Cereta u. C. Fedele: M.L. King, *Book-Lined Cells: Women and Humanism in the Early Italian Renaissance*, in: *Beyond their Sex. Learned Women of the European Past*, New York-London 1980

V. Colonna: *DBI* 27, 1982, 448–457; A.A. Bernardy, *La vita e l'opera di Vittoria Colonna*, Firenze 1927

Ersilia Cortese: *DBI* 29, 1983, 719–21

Hélisenne de Crenne: D. Fricke, *Wiedergeburt in Lieben und Schreiben; weibliche erzählende Prosa der Renaissance: Jeanne Flore, Hélisenne de Crenne, Marguerite de Navarre*, in: *Die französische Autorin von Mittelalter bis zur Gegenwart*, Wiesbaden 1979

Veronica Franco: G. Tassini, *Veronica Franco celebre letterata e meretrice ...*, Venezia 1874

A. Graf, *Una cortigiana fra mille: Veronica Franco*, in: Graf, *Attraverso il Cinquecento*, Torino 1888

Moderata Fonte u. Lucrezia Marinella: P.H. Labalme, *Venetian Women on Women: Three Early Modern Feminists*, in: Archivio Veneto, s.V, 117 (1981)

A. Chemello, *La donna, il modello, l'immaginario: Moderata Fonte e Lucrezia Marinella*, in: *Nel cerchio della luna*, Venezia 1983

Pernette du Guillet: V. Salunier, *Etudes sur Pernette du Guillet et ses ›Rymes‹*, in: *Bibliothèque d'Humanisme et Renaissance* 4 (1943)

T.A. Perry, *Pernette du Guillet's Poetry of Love and Desire*, in: Perry, *Erotic Spirituality*, Alabama, III, 1980

L. Labé: E. Schulze-Witzenrath, *Die Originalität der Louise Labé. Studien zum weiblichen Petrarkismus*, München 1974 (auch über G. Stampa)

K. Ley, *Weibliche Lyrik der Renaissance. Pernette du Guillet und Louise Labé*, in: *Die französische Autorin*, zit.

E. Giudici, *Louise Labé. Essai*, Paris 1981

Marguerite de Navarre: L. Fèbvre, *Autour de l'Heptaméron. Amour sacré, amour profane*, Paris 1944

E. Telle, *L'œuvre de Marguerite d'Angoulême Reine de Navarre et la querelle des femmes*, Paris 1937 repr. Genève 1969

H.P. Clive, *Marguerite de Navarre. An Annotated Bibliography*, London 1983

Virginia Martini und die Sieneser Akademie der »Intronati«: M.F. Piéjus, *Vénus bifrons: le double idéal féminin dans la ›Raffaella‹ d'Alessandro Piccolomini*, in: *Images de la femme*, zit.

C. Matraini: L. Borsetto, *Narciso ed eco. Figura e scrittura femminile del Cinquecento: esemplificazioni ed appunti*, in: *Nel cerchio della luna*, zit. (auch zu V. Colonna, G. Stampa)

G. Rabitti, *Linee per il ritratto di Chiara Matraini*, in: *Studi e problemi di critica testuale* 22 (1981); Rabitti, *La metafora e l'esistenza nella poesia di Chiara Matraini*, in: ibid. 27 (1983)

A. Bullock-G. Palange, *Per una edizione critica delle opere di Chiara Matraini*, in: *Studi in onore di Raffaele Spongano*, Bologna 1980

Isotta Nogarola: M.L. King, *The Religious Retreat of Isotta Nogarola: Sexism and its Consequences in the Fifteenth Century*, in: *Signs* 3 (1978)

L. Terracina: L. Maroi, *Laura Terracina poetessa napoletana del secolo XVI*, Napoli 1913

Die verlorene weibliche Aufklärung

Der vorliegende Artikel stützt sich weitgehend auf die Ergebnisse meiner 1984 an der Universität des Saarlandes angenommenen Habilitationsschrift *Dames de lettres. Autorinnen des preziösen, hocharistokratischen und »modernen« Salons (1649–1698): Mlle de Scudéry – Mlle de Montpensier – Mme d'Aulnoy.* Die Arbeit ist in Druckvorbereitung für den J. B. Metzler Verlag Stuttgart.

Zitierte Literatur

Marie Catherine Le Jumel de Barneville, Comtesse d'Aulnoy: *Contes des fées* (1697) und *Contes nouveaux ou les fées à la mode* (1698). In: *Les contes des fées ou les enchantements des bonnes ou mauvaises fées*, 5 Bde., Paris 1810

Anne-Thérèse de Marguenat de Courcelles, Marquise de Lambert: *Avis d'une mère à sa fille* (um 1698) und *Réflexions nouvelles sur les femmes* (um 1700), beide erstveröff. 1727. In: *Oevres complètes*, Paris 1808, S. 51–104, S. 157–192

Françoise d'Aubigné, Marquise de Maintenon: *Madame de Maintenon institutrice. Extraits de ses lettres, avis, entretiens, conversations et proverbes sur l'éducation*, hg. v. E. Faguet, Paris [2]1887

Anne-Marie-Louise-Henriette d'Orléans, Duchesse de Montpensier, gen. [La Grande] Mademoiselle: *Divers portraits* (1659). In diesem und dem zweiten Sammelband, dem *Recueil des portraits et éloges*, sind auch die ausgewerteten weiblichen Selbstportraits enthalten. Beide Bände werden zitiert nach *La galerie des portraits de Mademoiselle de Montpensier*, hg. v. E. de Barthélemy (M/B), Paris 1860

dies.: *La Relation de l'isle imaginaire* (1658). In: Segrais: *Oeuvres* (1755), Genf 1968

dies.: *Histoire de la princesse de paphlagonie* (1659). In: Segrais: *Oeuvres* (1755), Genf 1968

dies.:*Lettres de Mademoiselle de Montpensier, de Mesdames de Motteville et de Montmorenci*, Paris 1806

dies.:*Mémoires* (1657–1688), hg. v. A. Chéruel, 4 Bde., Paris 1858

Françoise Bertault, dame Langlois de Motteville (1621–1689): *Lettres* s. Montpensier

Madeleine de Scudery (1601–1701): *Les femmes illvstres ov les harangves heroyques* (1642–1644), 2 Bde., Paris 1644

dies.: *Artamene, ou le grand Cyrus* (1649–1653), 10 Bde., Nachdr. Genf 1972

dies.: *Clelie, histoire romaine* (1654–1660), 10 Bde., Nachdr. Genf 1973

dies.: *Mathilde* (1667), Nachdr. Genf 1979

dies.: *Conversations sur divers suiets*, 2 Bde., Paris 1680

Weiterführende Literatur

N. Elias: *Die höfische Gesellschaft. Untersuchungen zur Soziologie des Königtums und der höfischen Aristokratie* (1969), Darmstadt-Neuwied [4]1979

M. Magendie: *La politesse mondaine et les théories de l'honnêteté en France au XVIIe siècle de 1600 à 1660*, 2 Bde., Paris o.J.
R. Picard: *Les salons littéraires et la société française 1610–1789*, New York 1943
E.T. Dubois: *The Education of Women in Seventeenth-Century France*. In: *French Studies* XXXII, 1, 1978, S. 1–19
P. Hoffmann: *L'idée de la femme parfaite dans la deuxième moitié du XVIIe siècle*. In: *Information littéraire* 29, 1977, 2, S. 55–62
F. Lebrun: *Le XVIIe siècle*, Paris 1967
G. Mongredien: *Madeleine de Scudéry et son salon*, Paris 1946
R. Mousnier: *Les institutions de la France sous la monarchie absolue, 1598–1798*, 2 Bde., Paris 1974
A. Niderst: *Madeleine de Scudéry, Paul Pellisson et leur monde*, Paris 1976
G. Reynier: *La femme au XVIIe siècle. Ses ennemis et ses défenseurs*, Paris 1929
H. Rollet: *La condition de la femme dans l'Eglise. Ces femmes qui ont fait l'Eglise*, Paris 1975
H. Rüdiger: *Sappho. Ihr Ruf und Ruhm bei der Nachwelt*, Leipzig 1933
Ch.A. Sainte-Beuve: *Galerie de femmes célèbres tirées des Causeries du Lundi*, Paris 1859
Le XVIIe siècle et l'éducation. Suppl. au n° 88 de la *Revue Marseille*, 1972
W. Zimmer: *Die literarische Kritik am Preziösentum*, Meisenheim am Glan 1978
A. Ducasse: *La grande Mademoiselle (1627–1693)*, Paris 1964
M. Fumaroli: *Les mémoires du XVIIe siècle au carrefour des genres en prose*. In: *XVIIe Siècle* 1971, 94–95, S. 7–37
C.C. Lougee: *Le Paradis des Femmes. Women, Salons and Social Stratification in Seventeenth-Century France*, Princeton 1976
I. Maclean: *Woman Triumphant. Feminism in French Literature (1610–1652)*, Oxford 1977
J. Plantie: *La mode du portrait littéraire en France dans la société mondaine (1641–1681)*, Thèse (masch. schr.), Paris-Sorbonne 1975
P. Chanunu: *La civilisation de l'Europe classique, Paris 1970*
F. Lebrun: La vie conjugale sous l'Ancien Régime, Paris 1975
J.-M. Pelous: *Amour précieux, amour galant. Essai sur la représentation de l'amour dans la littérature et la société mondaines*, Paris 1980

Leben als Text

Zitierte Literatur

Frauen der Goethezeit in Briefen, Dokumenten und Bildern von der Gottschedin bis Bettina von Arnim, hg. v. Helga Haberland und Wolfgang Penth. Stuttgart 1960
Karl Immermann: *Werke*, hg. v. Robert Boxberger. Berlin o.J. Bd. 9
Correspondance entre Mademoiselle de Lespinasse et le Comte de Guibert, hg. v. Comte de Villeneuve-Guibert. Paris 1906, Bd. 2

Gotthold Ephraim Lessing: *Sämtliche Schriften*, hg. v. Karl Lachmann und Franz Muncker. Stuttgart 1866–1924, Bd. 17

Reinhard Nikisch: *Die Frau als Briefschreiberin im Zeitalter der deutschen Aufklärung*. In: *Wolfenbütteler Studien zur Aufklärung*, Bd. 3, 1979

Madame de Sevigny, Briefe, hg. und übersetzt von Theodora von der Mühll. Frankfurt am Main 1979

Letters of Horace Walpole, hg. v. Mrs. Toynbee. London 1906, Bd. 7.

Virginia Woolf: *The Second Common Reader* (1930). New York 1960, Bd. 2

Weiterführende Literatur

Diese muß, was die Briefliteratur der Frauen betrifft, erst noch geschrieben werden. Veraltet, aber immer noch die einzige Darstellung seiner Art ist Georg Steinhausen: *Geschichte des deutschen Briefes. Zur Kulturgeschichte des deutschen Volkes*. Berlin 1889, der ab und an Frauenbriefe mit berücksichtigt. Ein Kapitel zu Frauenbriefen findet sich in Rainer Brockmeyer: *Geschichte des deutschen Briefes von Gottsched bis zum Sturm und Drang*. Diss. Münster 1961; ausgewählte Texte von Frauenbriefen bespricht Reinhard Nikisch in *Die Frau als Briefschreiberin im Zeitalter der deutschen Aufklärung*, dessen *Die Stilprinzipien in den deutschen Briefstellern des 17. und 18. Jahrhunderts*. Göttingen 1969, die (ausschließlich männlichen) Theoretiker des Briefes vorstellt. Untersuchungen zum (Brief-)Roman gehen nicht auf die von Frauen verfaßten Texte oder deren Rolle als Leserinnen ein; sie erhalten bestenfalls als Trivialliteratur ein paar oberflächlich-abwertende Bemerkungen.

Barbara Becker-Cantarino: *Muse und Kunstrichter. Sophie La Roche und Wieland*. In: *Modern Language Notes* 99, 1984, und mein »Nachwort« zu *Sophie von La Roche. Geschichte des Fräuleins von Sternheim*. Stuttgart 1984

Frauenkritik der Romantik, hg. v. Katja Behrens, Frankfurt am Main 1981

Silvia Bovenschen: *Die imaginierte Weiblichkeit. Exemplarische Untersuchungen zu kulturgeschichtlichen und literarischen Präsentationsformen des Weiblichen*. Frankfurt am Main 1979

The Journals and Letters of Fanny Burney (Madame D'Arblay), hg. v. Joyce Hemlow. Oxford 1972, Bd. 1

Helen Clergue: *The Salon. A Study of French Society and Personality in the Eighteenth Century*. London 1907

Rolf Engelsing: *Der Bürger als Leser. Lesergeschichte in Deutschland 1500–1800*. Stuttgart 1973

Robert Halnsband: *Lady Mary Wortley Montagu as Letter-Writer*. In: *The Familiar Letter in the Eighteenth Century*, hg. v. Howard Anderson u.a. Univ. of Kansas Press 1966

Frauen der Goethezeit in ihren Briefen, hg. v. Günter Jaeckel. Berlin 1964

A.M. Labarde: *L'Ouevre de Madame de Genlis*. Paris 1968

Katharine M. Rogers: *Feminism in Eighteenth-Century England*. Univ. of Illinois Press 1982

Sabine Schumann: *Das »lesende Frauenzimmer«: Frauenzeitschriften im 18. Jahrhundert*. In: *Die Frau von der Reformation zur Romantik. Die Situation der Frau*

vor dem Hintergrund der Literatur- und Sozialgeschichte, hg. v. Barbara Becker-Cantarino. Bonn 1980
Patricia Meyer Spacks: *Imagining a Self. Autobiography and Novel in Eighteenth-Century England*. Harvard Univ. Press 1976
Mary Wollstonecraft. Letters Written during a Short Residence in Sweden, Norway, and Denmark, hg. v. Carol H. Poston. Univ. of Nebraska Press 1976

Der Blick in die Ferne

Zitierte Literatur

Rahel Varnhagen und ihre Zeit, hg. v. Friedhelm Kemp. München 1968
Ida Hahn-Hahn: *Orientalische Briefe*. Berlin 1844
Ida Pfeiffer: *Reise einer Wienerin in das Heilige Land*. Wien 1843
Lady Mary Montagne: *Briefe aus dem Orient*, bearbeitet von Irma Bühler nach der Ausgabe von 1784 in der Übersetzung von Prof. Eckert. Frankfurt am Main 1982
Christian Fürchtegott Gellert: *Briefe nebst einer praktischen Abhandlung von dem guten Geschmack in Briefen*. Berlin 1921
Ida Hahn-Hahn: *Jenseits der Berge*. Leipzig 1840, 2 Bde.
dies.: *Reisebriefe*. Berlin 1841
dies.: *Erinnerungen aus und an Frankreich*. Berlin 1842, 2 Bde.
dies.: *Ein Reiseversuch im Norden*. Berlin 1843
dies.: *Orientalische Briefe*. Berlin 1844, 3 Bde.
Fanny Lewald: *Römisches Tagebuch*, hg. v. Heinrich Spiero. Leipzig 1927
dies.: *Italienisches Bilderbuch*. Berlin 1847, 2 Bde.
dies.: *Erinnerungen aus dem Jahr 1848*. Braunschweig 1850
dies.: *Meine Lebensgeschichte*, hg. v. Gisela Brinker-Gabler. Frankfurt am Main 1980

Weiterführende Literatur

Jeannine Blackwell: *An Island of Her Own: Heroines of the German Robinsonades from 1720 to 1800*. In: *The German Quarterly* 58, Nr. 2, 1985
Gerline Geiger: *Die befreite Psyche. Emanzipationsansätze im Frühwerk Ida Hahn-Hahns* (1838–1848). Diss. Amherst 1984
Wolfgang Griep: *Reiseliteratur im späten 18. Jahrhundert*. In: *Deutsche Aufklärung bis zur Französischen Revolution 1680–1789*, hg. v. Rolf Grimmiger. München/Wien 1980
Ladies on the Loose. Women Travallers of the 18th and 19th Centuries, hg. v. Leo Hamalian. New York 1981
Dorothy Middleton: *Victorian Lady Travellers*. Chicago [2]1982
Renate Möhmann: *Die andere Frau. Emanzipationsansätze deutscher Schriftstellerinnen im Vorfeld der Achtundvierziger Revolution*. Stuttgart 1977
dies.: *Frauenemanzipation im deutschen Vormärz*. Stuttgart 1978

Reinhard M.G. Nikisch: *Die Frau als Briefschreiberin im Zeitalter der deutschen Aufklärung*. In: *Wolfenbütteler Studien zur Aufklärung*. 1976 Bd. III
Annegret Pelz: *Außenseiterinnen und Weltreisende*. In: *Weibliche Biographien. beiträge zur feministischen theorie und praxis* 7, 1982
Reise und soziale Realität am Ende des 18. Jahrhunderts, hg. v. Wolfgang Griep und Hans-Wolf Jäger. Heidelberg 1983
Reise und Utopie. Zur Literatur der Spätaufklärung, hg. v. Hans Joachim Piechotta. Frankfurt am Main 1976
Reisen und Reisebeschreibungen im 18. und 19. Jahrhundert als Quellen der Kulturbeziehungsforschung, hg. v. B.I. Karsnobaev, Gert Robel und Herbert Zeman. Berlin 1980
William E. Stewart: *Die Reisebeschreibung und ihre Theorie im Deutschland des 18. Jahrhunderts*. Bonn 1978
Regula Venske: *»Ich hätte ein Mann sein müssen oder eines grossen Mannes Weib!« – Widersprüche im Emanzipationsverständnis der Fanny Lewald*. In: *Frauen in der Geschichte IV*, hg. v. Ilse Bremer/Juliane Jacobi-Dittrich/Elke Kleinau/Annette Kuhn. Düsseldorf 1983
Wulf Wülfing: *On Travel Literature by Women in the 19th Century: Malwida von Meysenbug*. In: *German Women in the 18th and 19th Centuries: New Studies in Social and Literary History*, hg. v. Ruth-Ellen B. Joeres and M.J. Maynes. Bloomington 1985
ders.: *Reiseliteratur*. In: *Deutsche Literatur. Eine Sozialgeschichte*, hg. v. Horst Albert Glaser. Reinbek bei Hamburg 1980, Bd.6

Romantische Frauenkultur

Zitierte Literatur

Die Andacht zum Menschenbild. Unbekannte Briefe von Bettine Brentano, hg. v. Friedrich Fuchs. Düsseldorf 1942 (= Reprint Bern 1970)
Frauen der Goethezeit in ihren Briefen, hg. v. Günter Jaeckel. Berlin 1966
Rahel Varnhagen im Umgang mit ihren Freunden (Briefe 1793–1833), hg. v. Friedhelm Kemp. München 1967
Rahel Varnhagen und ihre Zeit (Briefe 1800–1833), hg. v. Friedhelm Kemp. München 1968
Bettina von Arnim: *Die Günderode. Briefe aus den Jahren 1804–1806.* Werke und Briefe, Bd. 1, hg. v. Gustav Konrad. Frechen 1969
Bettina von Arnim: *Goethes Briefwechsel mit einem Kinde*. Werke und Briefe, Bd. 2, hg. v. Gustav Konrad
Caroline. Briefe aus der Frühromantik. Nach Georg Waitz vermehrt hg. v. Erich Schmidt, 2 Bde. Leipzig 1913, Bd. 2
Bettinas Leben und Briefwechsel mit Goethe, hg. v. A.R. Steig. Leipzig 1927

Achim und Bettina in ihren Briefen, hg. v. Werner Vortriede, Bd. 1. Frankfurt am Main 1961

Weiterführende Literatur

Hannah Arendt: *Rahel Varnhagen*. München 1959
Barbara Becker-Cantarino: *Priesterin und Lichtbringerin. Zur Ideologie des weiblichen Charakters in der Frühromantik*. In: *Die Frau als Heldin und Autorin*, hg. v. Wolfgang Paulsen. München 1979
Ingeborg Drewitz: *Berliner Salons*. Berlin 1965
dies.: *Bettine von Arnim*. München 1978
Elke Frederiksen: *Die Frau als Autorin zur Zeit der Romantik: Anfänge einer weiblichen literarischen Tradition*. In: *Gestaltet und gestaltend. Frauen in der deutschen Literatur*, hg. v. Marianne Burkhard. Amsterdam 1980
Henriette Herz in Erinnerungen, Briefen und Zeugnissen, hg. v. Rainer Schmitz. Frankfurt am Main 1984
Renate Möhrmann: *Die andere Frau. Emanzipationsansätze deutscher Schriftstellerinnen im Vorfeld der Achtundvierziger Revolution*. Stuttgart 1977
Rudolf Murtfeld: *Caroline Schlegel-Schelling*. Bonn 1973

Tugend – Opfer – Rebellion

Zitierte Literatur

Jane Austen: *Anne Elliot*, Köln 1948
dies.: *Die Abtei von Northanger*, Köln 1948
dies.: *Emma*, Frankfurt am Main, 1980
Frederika Bremer: *Skizzen aus dem Alltagsleben*, Leipzig 1841–48
dies.: *Herta*, Stockholm 1856
Charlotte Brontë: *Jane Eyre*. Eine Autobiographie. Frankfurt am Main, Berlin, Wien 1981
dies.: *Shirley, A Tale by Currer Bell*, Author of Jane Eyre etc. in two volumes, Vol. I + II., Leipzig 1849
dies.: *Villette*, Zürich 1984
dies.: *The Professor, A Tale by Currer Bell*, Author of Jane Eyre, Villette etc., Leipzig 1857
Fanny Burney: *Evelina or The History of a Young Lady's Entrance into the World*, New York 1920
Maria Edgeworth: *The Absentee*, London 1812
Mme de Genlis: *Adèle et Théodore ou Lettres sur L'Education*, Nouvelle Edition, Leipsic 1837, Tome Premier et Second
dies.: *Geschichte der Herzogin von La Vallière*, 2 Bde, Leipzig 1804

dies.: *Maison Rustique pour servir à l'Education de la Jeunesse ou Retour en France d'une Famille Emigrée*, Tome I–III, Paris MDCCCX (1810)
dies.: *Petrarque et Laure*, Paris 1819
dies.: *Moralische Erzählungen*, 1. und 2. Teil, Hanau 1826
Ida Hahn-Hahn: *Der Rechte*, 2Berlin 1845
dies.: *Gräfin Faustine*, 3Berlin 1848
dies.: *Cecil*, Bd. 1 und 2, 2Berlin 1845
dies.: *Zwei Frauen*, Bd. 1 und 2, Berlin 1845
dies.: *Sibylle*, Eine Selbstbiographie von Ida Hahn-Hahn, Bd. 1 und 2, Berlin 1846
dies.: *Rachel*, Eine biographische Novelle, Berlin 1859
dies.: *Zwei Schwestern*, Berlin 1863
E.T.A. Hoffmann, *Gesammelte Werke*, hrsg. v. Wulf Segebrecht, Bd. 4, *Die Königsbraut*, S. 945–995, München 1976
Sophie von La Roche: *Geschichte des Fräuleins von Sternheim*, Stuttgart 1983
Fanny Lewald: *Jenny*, 3Berlin 1967
Amalie Ludecus: *Luise oder die unseligen Folgen des Leichtsinns. Eine Geschichte einfach und wahr*, hrsg. v. August von Kotzebue, in: Kotzebues ausgewählte prosaische Schriften, Bd. 28, 29, Wien 1843
Luise Mühlbach: *Eva. Ein Roman aus Berlins Gegenwart*, Berlin 1844
George Sand: *Indiana*, Stuttgart 1983
dies.: *Lelia*, München 1984
dies.: *Die Gräfin von Rudolstadt*, Teil 1–6, Leipzig 1843
Friderike Helene Unger: *Julchen Grünthal*. Eine Pensionsgeschichte, Berlin 1784
Wilhelmine Caroline von Wobeser: *Elisa oder das Weib wie es seyn sollte*, Leipzig 1795
Caroline von Wolzogen: *Agnes von Lilien*. Mit einer Einleitung von Robert Boxberger, Stuttgart 1884

Weiterführende Literatur

Renate Baader, Dietmar Fricke (Hrsg.): *Die französische Autorin vom Mittelalter bis zur Gegenwart*, Wiesbaden 1979
Alice M. Laborde: *L'Œuvre de Mme de Genlis*, Paris 1966
David Lodge (Hrsg.): *Jane Austen, Emma – A Selection of Critical Essays*, London 1975
Helga Meise: *Die Unschuld und die Schrift. Deutsche Frauenromane im 18. Jahrhundert*, Berlin/Marburg 1983
Ellen Moers: *Literary women*, London 1980
Renate Möhrmann: *Die andere Frau. Emanzipationsansätze deutscher Schriftstellerinnen im Vorfeld der Achtundvierziger-Revolution*, Stuttgart 1977
Renate Wiggershaus: *George Sand in Selbstzeugnissen und Bilddokumenten*, Hamburg 1982

Angst – Flucht – Hoffnung

Zitierte Literatur

Ann Radcliffe: *The Italian or, The Confessional of the Black Penitents: A Romance* (1797); dt. *Der Italiäner oder Der Beichtstuhl der Schwarzen Büßermönche*, Nachwort von Norbert Miller, München 1973

Charlotte Brontë: *Shirley, A Tale by Currer Bell* (1849), London 1899

Jane Austen: *Northanger Abbey* (1818), dt. *Kloster Northanger*, Stuttgart 1981

Honoré de Balzac: *La fille aux Yeux d'Or* (1833/34); dt. *Das Mädchen mit den Goldaugen*, Frankfurt am Main 1974

Horace Walpole: *The Castle of Otranto*, London 1765. Edited by Peter Fairclough with an Introductory Essay by Mario Praz, in: *Three Gothic Novels*, repr. Harmondsworth 1978

Ann Radcliffe: *The Mysteries of Udolpho: A Romance*, London 1794. In: Ann Radcliffe: *The Novels: Complete in One Volume*, Hildesheim und New York 1974; edited with an Introducition by Bonamy Dobrée; Explanatory Notes by Frederic Garber, repr. London 1981

Matthew Gregory Lewis: *The Monk: A Romance*, London 1796. Edited with an Introduction by Howard Anderson, London 1981

Mary Wollstonecraft Shelley: *Frankenstein; or, The Modern Prometheus* (1818); dt. *Frankenstein oder der neue Prometheus*, München ²1980

dies.: *The Last Man* (1826); dt. *Verney, der letzte Mensch. Die Autorin von »Frankenstein« erzählt den Untergang der Menschheit*, Bergisch-Gladbach 1982

Thea von Harbou: *Metropolis*, Berlin/Leipzig 1926 (der Roman war zunächst in einer Berliner Illustrierten erschienen; Drehbuch z. Film zusammen mit Fritz Lang (1926)

Emiliy Brontë: *Wuthering Heigths* (1847); dt. *Die Sturmhöhe*, Frankfurt am Main 1975

Heinrich von Kleist: *Der Findling* (1811), in: *Sämtliche Werke und Briefe*, hg. Helmut Sembdner, Bd. 2, 6. erg. u. verm. Auflage, München 1977

Friedrich Schlegel: *Lucinde* (1799), in: *Kritische Friedrich-Schlegel-Ausgabe*, hg. Ernst Behler, 5. Bd., 1. Abt. Dichtungen, München/Paderborn/Wien 1962

Virginia Woolf: *Orlando* (1928); dt. *Orlando*, Frankfurt am Main 1977

Günter de Bruyn: *Geschlechtertausch*, in: *Frauen in der DDR*, Zwanzig Erzählungen, München ²1977

Christa Wolf: *Selbstversuch*, in: *Frauen in der DDR*, Zwanzig Erzählungen, München ²1977

Charlotte Perkins Gilman: *Herland* (1915); dt. *Herland*, Reinbek bei Hamburg 1984

Edward Bellamy: *Looking Backward: 2000–1887*, New Temple Press 1888

Selma Sagerlöf: *Nils Holgerssons underbara resa genom Sverige* (1906); dt. *Wunderbare Reise des kleinen Nils Holgersson mit den Wildgänsen*, München ¹¹1971

Jewgenij Samjatin: *My* (1923); dt. *Wir*, Zürich 1977

Aldous Huxley: *Brave New World* (1932), dt. *Schöne neue Welt*, Frankfurt am Main, ³⁷1984

Karin Boye: *Kallocain. Roman fran 2000-talet* (1940); dt. *Kallocain. Roman aus dem 21. Jahrhundert*, Kiel 1984

Peter Weiss: *Die Ästhetik des Widerstands*, Roman in drei Bänden, Frankfurt am Main 1976 ff; das Boye-Porträt findet sich im 3. Band (1981), S. 20–42

George Orwell: *1984* (1948), Frankfurt am Main/Berlin/Wien 1976

Maria Erlenberger (Ps.): *Singende Erde. Ein utopischer Roman*, Reinbek bei Hamburg 1981

Doris Lessing: *The Four-Gated City* (1969); dt. *Die viertorige Stadt*, Stuttgart 1984

dies.: *Canopus in Argos: Archives, Re: Colonised Planet 5. Shikasta* (1979); dt. *Canopus im Argos: Archive, Betr.: Kolonisierter Planet 5, Shikasta*, Frankfurt am Main [2]1983

dies.: *Canopus in Argos: Archives, The Marriages Between Zones Three, Four, and Five* (1980); dt. *Canopus im Argos: Archive II, Die Ehen zwischen den Zonen Drei, Vier und Fünf*, Frankfurt am Main 1984

dies.: *The Golden Notebook* (1962); dt. *Das goldene Notizbuch*, Frankfurt am Main 1984

dies.: *Briefing for a Descent into Hell* (1971); dt. *Anweisung für einen Abstieg zur Hölle*, Frankfurt am Main 1984

dies.: *The Memoirs of a Survivor* (1974); dt. *Die Memoiren einer Überlebenden*, Frankfurt am Main 1981

Weiterführende Literatur

Eva Adelsbach/Kunibert Erbel: *»Ich suchte nach Worten, die es nicht gab ...«. Über Karin Boye*, in: *Die Horen*, 30. Jg., Bd. 1, 1935, S. 133–142

Theodor W. Adorno: *Studien zum autoritären Charakter*, Frankfurt am Main 1973

Alastair Everitt, (Hg.): *Wuthering Heights. An Antology of Criticism*. London 1967

Susanne Foerster (Hg. und Montage): *Die Geschichte des Doktor Frankenstein und seines Mord-Monsters oder Die Allgewalt der Liebe. Von der Mensch-Maschine zur Gewalt-Maschine*. Berlin 1975

Pia Garde: *Karin Boye in Berlin oder: Versuch der Neubewertung einer zur Heiligen stilisierten lesbischen Schriftstellerin*, in: *Eldorado*, Berlin 1984

Hiltrud Gnüg: *Der utopische Roman*. Eine Einführung, München/Zürich 1983

Janet Harris: *The Woman Who Created Frankenstein. A Portrait of Mary Shelley*. New York/Hagerstown/San Francisco/London 1979

Junggesellenmaschinen/Les Machines Célibataires. Katalog zur Ausstellung in der Städtischen Kunsthalle Düsseldorf 1976 (Ausstellung der Agentur für geistige Gastarbeit, Harald Szeemann)

Heilgard Kessler: *Individuum und Gesellschaft in den Romanen der Doris Lessing. Zum kontroversen Wandel eines Werkes*. Frankfurt am Main/Bern 1982

David Ketterer: *Frankenstein's Creation: The Book, The Monster, and Human Reality*. Univ. of Victoria, BC., Canada 1979

Harro Heinz Kühnelt: *Emili Brontë. Wuthering Heigths*. Ein Begleitkommentar zum Text. Innsbruck 1976

George Levine und U.C. Knoepflmacher: *The Endurance of Frankenstein. Essays on Mary Shelley's Novel*. Berkeley/Los Angeles/London 1979

Elisabeth Theodora van de Laar: *The inner Structure of Wuthering Heigths. A Study of an imaginative field.* The Hague/Paris 1969
Norbert Miller: *Der befreiende Schrecken. Ann Radcliffe und der englische Schauerroman des 18. Jahrhunderts.* Nachwort zu Ann Radcliffe. *Der Italiäner* a.a.O.
Ellen Moers: *Literary Women*, London [8]1980 (darin Kap. 5: *Female Gothic* und 7: *Traveling Heroinism: Gothic for Heroines*)
Arnhelm Neusüss: *Utopie*, Neuwied 1968
Heidemarie Rauth: *Wuthering Heights als Quelle für Bühnen- und Filmversionen*, Innsbruck 1974
Barbara Hill Rigney, *Madness and Sexual Politics in the Feminist Novel. Studies in Brontë, Woolf, Lessing and Atwood.* Madison/Wisconson 1978
Franz Rottensteiner (Hg.): *Pfade ins Unendliche.* Inselalmanach auf das Jahr 1972, Frankfurt am Main 1971
Roberta Rubinstein: *The Novelistic Vision of Doris Lessing. Breaking the Forms of Consciousness.* Chicago/London 1979
Charles Percy Sanger: *The Structure of Wuthering Heigths*, in: Alastair Everitt a.a.O.
Martin Schwonke: *Vom Staatsroman zur Science Fiction*, Stuttgart 1957
Ingeborg Weber: *Der englische Schauerroman.* Eine Einführung, München/Zürich 1983 (darin weiterführende Bibliografie)
Harald Wieser: *Eine Optimistin voller Angst*, in: *Der Spiegel*, 38. Jg., Nr. 29, 16. Juli 1984, S. 123–127
Irene Cooper Willis: *The Style of »Wuthering Heigths«*, in: Alastair Everitt, a.a.O. Part I of Irene Cooper Willis, *The Authorship of Wuthering Heigths* (1936)
Robert Anton Wilson: *Ein Bier mit Doris Lessing. »Illuminatus« trifft Shikasta*, in: *Trans Atlantic*, 3, 1984, S. 61–64

Anklage von Sklaverei und Unterdrückung

a) Protest aus angelsächsischen Ländern

Zitierte Literatur

Anonym: *The Negro Slave.* London 1830
Harriet Beecher Stowe: *Uncle Tom's Cabin.* London 1909
Caroline Bowles: *Tales of the Factories.* London 1833
Elizabeth Barrett Browning: *The Cry of the Children.* London 1843
Edward Morgan Forster: *Howards End.* London 1910
Elizabeth Gaskell: *North and South.* London 1855
dies.: *Mary Barton.* Harmondsworth 1970
Johannes Meintjes: *Sword in the Sand.* Tafelberg-Witgewers 1969
Caroline Norton: *A Voice from the Factories.* London 1863

Olive Schreiner: *Trooper Peter Halket.* Leipzig 1897
dies.: *Women and Labour.* London 1911
dies.: *From Man to Man.* London 1926
Harriet Taylor: *Enfranchisement of Women.* London 1983
Frances Trollope: *Michael Armstrong, the Factory Boy.* London 1840
dies.: *Domestic Manners of the Americans.* Gloucester 1984
Christa Wolf: *The Quest for Christa T.* London 1982
dies.: *A Model Childhood.* London 1983
Mary Wollstonecraft: *Mary.* Oxford 1980
dies.: *The Wrongs of Woman.* Oxford 1980

Weiterführende Literatur

Ellen Moers: *Literary Women.* New York 1977
Elaine Showalter: *A Literature of Their Own. British Women Novelists from Brontë to Lessing.* London 1978
Dale Spender: *Women of Ideas (And what Men have done to them).* London 1982
Merryn Williams: *Women in the English Novel 1800–1900.* London 1984
dies.: *The Biography of Margeret Oliphant.* London 1985
Forrest Wilson: *Crusader in Crinoline. The Life of Harriet Beecher-Stowe.* London 1942

b) Protest aus Frankreich

Zitierte Literatur

Madame de Charriere: *Lettres neuchâteloises suivi de Trois Femmes.* Lausanne 1971
Claire Démar: *L'affranchissement des femmes (1832–1833), suivi de Symbolique groupale et idéologie féministe saint-simoniennes par Valentin Pelosse.* Paris 1976
Olympe de Gouges: *Schriften.* Basel und Frankfurt am Main 1980
Madame de Grafigny: *Lettres d'une Péruvienne.* Neuausgabe besorgt von Gianni Nicoletti. Bari 1967
Publications Saint-Simoniennes: 1830–1836 o.J. (darin enthalten u.a. *La Femme libre, La Tribune des Femmes,* 1. Vol., *La Tribune des Femmes,* 2. Vol.).
Madame Riccoboni: *Collection complète des oeuvres de Madame Riccoboni.* Neuchâtel 1780 und 1783
Flora Tristan: *Le tour de France, état actuel de la classe ouvrière sous l'aspect moral-intellectuel-matériel.* Paris 1973
dies.: *Nécessité de faire un bon accueil aux femmes étrangères.* Paris 1835
dies.: *Pérégrinations d'une paria.* 2 Vol. Paris 1838 (Neuauflage Paris 1979)
dies.: *Promenades dans Londres.* Paris 1840 (Neuauflage Paris 1979)
dies.: *Union ouvriere.* Paris 1844²
Suzanne Voilquin: *Souvenirs d'une fille du peuple ou la Saint-Simonienne en Egypte.* Paris 1866 (Neuauflage Paris 1978)

Weiterführende Literatur

Léon Abensour: *Le féminisme sous le règne de Louis-Philippe et en 1848.* Paris 1913
Maité Albistour/Daniel Armogathe: *Histoire du féminisme français, du moyen age à nos jours.* Paris 1977
Claudia v. Alemann/Dominique Jallamion/Bettina Schäfer: *Das nächste Jahrhundert wird uns gehören. Frauen und Utopie 1830–1840.* Frankfurt am Main 1981
Renate Baader: *Die Literatur der Frau oder die Aufklärung der kleinen Schritte.* In: *Neues Handbuch der Literaturwissenschaft* Band 13, S. 79–106. Wiesbaden 1981
Renate Baader/Dietmar Fricke (Hrsg.): *Die französische Autorin vom Mittelalter bis zur Gegenwart.* Wiesbaden 1979
Jean Baelen: *La vie de Flora Tristan. Socialisme et féminisme au XIXe siècle.* Paris 1972
Dominique Desanti: *Flora Tristan. La femme révoltée.* Paris 1972
Christiane Dufrancatel u. a.: *L'histoie sans qualités.* Paris 1979
Marie Olympe de Gouges: *Politische Schriften in Auswahl.* Hamburg 1979
Helga Grubitzsch/Loretta Lagpacan: *»Freiheit für die Frauen – Freiheit für das Volk!« Sozialistische Frauen in Frankreich 1830–1848.* Frankfurt am Main 1980
Jehan d'Ivray: *L'aventure saint-simonienne et les femmes.* Paris 1928
Berta Rahm: *Flora Tristan.* Zürich 1971
Charles Sowerine: *Les femmes et le socialisme. Un siècle d'histoire.* Paris 1978
Marguerite Thibert: *Le féminisme dans le socialisme français de 1830 à 1850.* Paris 1926
Flora Tristan: *L'Emancipation de la femme ou le Testament de la paria. Ouvrage posthume completé par A. Constant.* Paris 1846
dies.: *Lettres.* Réunies, présentées et annotées par Stéphane Michaud. Paris 1980
Suzanne Voilquin: *Mémoires d'une saint-simonienne en Russie.* Paris 1979

»Die Frucht ist fleckig und der Spiegel trübe«

Zitierte Literatur

Anthologien

Bernikow, Louise: *The World Split Open. Women Poets. 1552–1950.* London ^{2}1984
Brinker-Gabler, Gisela: *Deutsche Dichterinnen vom 16. Jahrhundert bis zur Gegenwart. Gedichte und Lebensläufe.* Frankfurt am Main 1978 u. ö.
Moulin, Jeanine: *Huit siècles de la Poésie féminine. Anthologie.* Paris ^{2}1981

Werkausgaben

Abélard et Héloise: *Correspondance.* Hg. V. P. Zumthor, Paris 1979
Barrett-Browning Elizabeth: *The Complete Works.* Hg. v. Ch. Porter und Clarke, H. A., New York 1900, Reprint 1973, 6 Bde.

Barrett-Browning, Elizabeth: *Sonette aus dem Portugiesischen.* Übertragen durch Rainer Maria Rilke, Leipzig 1911

Barrett-Browning, Elizabeth: *Die Sonette aus dem Portugiesischen und andere Gedichte.* In deutscher Übertragung von Helene Scheu-Riesz, Berlin 1911

Brontë, Emily Jane: *The Complete poems.* Hg. v. C.W. Hatfiel. New York/London 1941

Coleridge, Mary Elizabeth: *The Collected Poems.* Hg. v. Th. Whistler, London 1954

Colet, Louise: *Poème. La femme: La servante.* in: *Autour de Louise Colet. Femmes de lettres au XIXe siècle.* Hg. v. R. Bellet, Lyon 1982, S. 197–246

»Dem Reich der Freiheit werb' ich Bürgerinnen.« Die Frauen-Zeitung von Louise Otto. Hg. und kommentiert v. Gerhard, U. u.a., Frankfurt am Main 1979

Desbordes-Valmore, Marceline: *Les oeuvres poétiques.* Hg. v. M. Bertrand, Grenoble 1973, 2 2 Bde Deutsche Übertragungen von Gisela Etzel-Kühn in: S. Zweig, s.u.

Dickinson, Emily: *The Poems.* Hg. v. Th.H. Johnson, Havard University Press, Cambridge Massachusetts, 1958, 3 Bde.

Droste-Hülshoff, Annette von: *Sämtliche Werke.* Hg. v. C. Heselhaus, Darmstadt 1960

Gay, Delphine: *Œuvres complètes. Poèmes, Poésies, Improvisations.* Hg. v. Th. Gautier, Paris 1861, Bd. 1

Labé, Louise: *Oeuvres complètes,* Hg. v. E. Giudici, Genf 1981

Lettres Portugaises. Hg. v. Deloffre, F., und Rougeot, J., Paris 1962

Michel, Louise: *A travers la vie et la mort. Oeuvre poétique.* Hg. und kommentiert v. Armogathe, D. und Piper, M., Paris 1982

Rossetti, Christina, Georgina: *The Poetical Works.* Hg. v. W.M. Rossetti (1906), Reprint Hildesheim/New York 1970

Rossetti, D.G. und Rossetti Christina, G.: *Gedichte.* Hg. V. A.v. Bernus, Heidelberg 1960

La traversée du temps perdu. Hg. v. S. Benmussa, Paris 1978

Woolf, Virginia: *Ein Zimmer für sich allein.* Berlin 1978

Weiterführende Literatur

Abrams, M.H.: *Spiegel und Lampe. Romantische Theorie und die Tradition der Kritik.* München 1978

Adler, Laure: *A l'aube du féminisme. Les premirères journalistes. (1830–1850).* Paris 1979

Adorno, Th.W.: *Rede über Lyrik und Gesellschaft.* in: *Noten zur Literatur I.* Frankfurt am Main 1958 u.ö.

Bachelard, G.: *Poetik des Raumes.* München 1975 u.ö.

Basch, Françoise: *Les femmes victoriennes. Roman et société.* Paris 1979

Bovenschen, Silvia: *Die imaginierte Weiblichkeit. Exemplarische Untersuchungen zu kulturgeschichtlichen und literarischen Präsentationsformen des Weiblichen.* Frankfurt am Main 1979

Didier, Béatrice: *L'écriture-femme.* Paris 1981

Engler, Winfried: *Die romantische Lyrik.* in: *Die französische Lyrik,* hg. v. D. Janik, Darmstadt (voraussichtlich 1985)

Gilbert, Sandra und Gubar, Susan: *Shakespeare's Sisters. Feminist essays on women poets*. Bloomington/Indiana 1979
Heselhaus, Clemens: *Annette v. Droste-Hülshoff. Werk und Leben*. Düsseldorf 1971
Jasenas, Eliane: *Le poetique. Desbordes-Valmore et Nerval*. Paris 1975
Jauss, Hans Robert: *Die Vermittlung sozialer Normen (»La douceur du foyer«)*, in: *Ästhetische Erfahrung und literarische Hermeneutik*, Frankfurt am Main 1982, S. 753–786
Lenk, Elizabeth: *Die sich selbst verdoppelnde Frau*, in: *Ästhetik und Kommunikation*, 25 (1976), S. 84–87
Zweig, Stefan: *Marceline Desbordes-Valmore. Das Bildnis einer Dichterin*. Mit deutschen Übertragungen von Gisela Etzel-Kühn, Leipzig 1920

Theater als verweigerter Raum

Zitierte Literatur

Julius Bab: *Spieldramen*. In: *Die Schaubühne* V, 1, 1909 und VII, 2, 1911
A. Baumberg (d.i. Antonie Kreiml): *Eine Liebesheirat. Lebensbild in 3 Akten und 1 Vorspiel*. Berlin 1899; *Trab. Trab. Localposse mit Gesang in drei Acten*. Wien 1897; *Nur aus Trutz. Charakterskizze in einem Act*. Wien 1901 (alle Bühnenmss. im Theatermuseum der Universität zu Köln)
Anton Bettelheim: *Marie von Ebner-Eschenbach's Wirken und Vermächtnis*. Leipzig 1920
Deutsche Bühnen-Genossenschaft XXVII, 1898
Anna Croissant-Rust: Der Bua. Oberbayrisches Volksdrama in 4 Akten. Berlin 1897
Jakob Julius David: *Geistiges Leben in Wien*. In: *Magazin für Literatur* 64, 1895
Juliane Déry: *Verlobung bei Pignerols. Lustspiel in einem Aufzug*. Stuttgart 1888
dies.: *Die Schand! Volksstück in sechs Bildern*. Berlin 1897, VI, 4
dies.: *Die sieben mageren Kühe. Komödie in 3 Akten*. Berlin 1897
Eduard Devrient: *Aus seinen Tagebüchern. Karlsruhe 1852–1870*. Weimar 1964
Über die *Diotima* (1795). In: *Kritische Friedrich-Schlegel-Ausgabe* 1. Bd. Paderborn, München 1979, S. 70 ff
Hedwig Dohrn: *Vom Stamm der Asra. Lustspiel in einem Act*. Als Manuscript gedruckt. Berlin o.J. (Theatermuseum der Universität zu Köln)
dies.: *Der Seelenretter. Lustspiel in einem Act*. Wien 1876
Marie von Ebner-Eschenbach: *Aus meinen Kinder- und Lehrjahren*. In: *Die Geschichte des Erstlingswerkes. Selbstbiographische Aufsätze*, eingel. v. Karl Emil Franzos. Leipzig 1894
dies.: *Am Ende, Scene in einem Aufzug*. Berlin o.J. (= Eduard Bloch's Theater-Gartenlaube 165)
Das literarische Echo I, 1898/99, S. 725
dies.: *Halbe Menschen*: *Ein Stück aus dem Volksleben in vier Akten*. Berlin 1902

Amalie von Ende: *Neunhundert Jahre Frauendrama.* In: *Bühne und Welt* I, 2. 1899, S. 1105ff

Marieluise Fleißer: Erstdruck: *Die Scene.* XX, 1930 (Nachdruck: Sissi Tax, *Marieluise Fleißer. Schreiben, überleben. Ein biographischer Versuch.* Basel, Frankfurt am Main 1984)

Theodor Fontane: *Sämtliche Werke. Aufsätze, Kritiken, Erinnerungen.* 2. *Theaterkritiken.* Darmstadt 1969

Ilse Frapan-Akunian (d.i. Ilse Lévien): *Die Retter der Moral. Drama in drei Aufzügen und einem Vorspiel.* Leipzig o.J., III, 2

dies.: *Phitje Ohrtens Glück.* Eine deutsche Kömödie in vier Akten. Berlin 1902

Frapan: Presseerklärung. In: *Das literarische Echo* V, 1902/03

Wilhelm Henzen: *Bühnendellepaph.* In: *Bühne und Welt* V, 2, 1903

Rudolph Lothar: *Das deutsche Drama der Gegenwart.* München/Leipzig 1905

Marie Madeleine (d.i. Marie Madeleine von Puttkamer): *Das bisschen Liebe. Schauspiel in vier Akten.* 3. Tsd. Berlin o.J., II, 10

Lu Märten: *Bergarbeiter.* Schauspiel in einem Akt. Stuttgart 1909; Teildruck: *Aus dem Schaffen früher sozialistischer Schriftstellerinnen,* hg. v. Cäcilia Friedrich. Berlin 1966

Magazin für Literatur 61, 1892

Emil Marriot (d.i. Emilie Mataja): *Der Heirathsmarkt. Sittenbild in drei Akten.* Als Manuskript gedruckt. Berlin 1895, III, 11, S. 115 (ÖNB Wien)

dies.: *Grete's Schauspiel in drei Akten.* Als Manuskript gedruckt Berlin 1897, III, 3, (ÖNB Wien)

Marsyas: *Verwitwete Theaterdirektionen.* In: *Die Schaubühne* II, 1, 1906

Fritz Mauthner: *Theater.* In: *Die Nation* XI, 1893/94

Ella Mensch: *Die Frau in der mordernen Literatur. Ein Beitrag zur Geschichte der Gefühle.* Berlin 1898

dies.: *Der Mißerfolg der Frau als Dramenschriftstellerin.* In: *Bühne und Welt* XIII, 1, 1910/11, Stuttgart 1896

Erstdruck: *Frauenrundschau* H. 4, 1903. Nachdruck: *Sind das noch Damen? Vom gelehrten Frauenzimmer-Journal zum feministischen Journalismus,* hg. v. Ruth-Esther Geiger und Sigrid Weigel. München 1981

Lustspiel in 1 Akt. Berlin o.J. (= Eduard Bloch's Theater – Korrespondenz 246)

Elsbeth Meyer-Förster: *Käthe. Schauspiel in vier Aufzügen.* Leipzig o.J. (RUB 3523), (Literarische Matinee im Berliner Theater, 1900)

dies.: *Der gnädige Herr.* Typoskript mit hs. Ergänzungen (Zensurpflichtexemplar im Landesarchiv Berlin, Sign. Pr.Br.Rep. 30 C, Nr. 1537), Sezessionsbühne Berlin, 1900

Annie Neumann-Hofer: *Kollegen*: Charakter-Komödie in einem Akt. Als Manuskript vervielfältigt. Berlin, Köln, Leipzig o.J. (Zensurpflichtex. im Landesarchiv Berlin, Sign. Pr.Br.Rep. 30 C, Nr. 222oa)

Richard Nordmann (d.i. Margarete Langkammer): *Gefallene Engel. Ein Stück aus dem Volksleben in drei Aufzügen.* Leipzig o.J., I, 22

dies.: *Die Überzähligen.* Ein Stück aus dem Volksleben in vier Acten. Wien 1895 (Bühnenmanuskript im Theatermuseum der Universität zu Köln)

Ernst Rosmer (d.i. Elsa Bernstein-Porges): *Maria Arndt. Schauspiel in fünf Akten.* Berlin 1908

Adele Sandrock: *Die Regisseurin.* In: *Wiener Rundschau* III, 1898
Die Scene. Blätter für Bühnenkunst I, 1911/12
Die Schaubühne IX, 2. 1913
Erich Schmidt: *Charakteristiken.* 2. Reihe. Berlin 1901
Edgar Steiger: *Von Hauptmann bis Maeterlinck.* Berlin 1898 (Das Werden des neuen Dramas 2)
Clara Viebig: *Barbara Holzer. Schauspiel in drei Akten.* Berlin 1897
dies.: *Das letzte Glück. Schauspiel in vier Akten.* Berlin 1909
dies.: *Eine Zuflucht. Drama in einem Akt; Fräulein Freschbolzen. Komödie in einem Akt.* In: Clara Viebig: *Der Kampf um den Mann. Dramen-Zyklus.* Berlin 1905
Johannes Wiegand: *Die Frau in der modernen deutschen Literatur. Plaudereien.* Bremen 1903
Ursula Carolina Woerner: *Vorfrühling. Drama in fünf Akten.* Berlin 1906, II,4

Weiterführende Literatur

Anne-Cathrine Andersen: *Ida Strauß »Mißbrauchte Frauenkraft« (1914). Ein Drama über den Gegensatz zwischen Mutterschaft und der Arbeit der Frauen in der deutschen Industrie um die Jahrhundertwende.* In: *Diskussion Deutsch* 13, 1982
John Byrnes: *An Introduction to Emil Marriot. Emil Marriot Bibliography.* In: *Modern Austrian Literature* 12, 1979, H.3/4
Elke Frederiksen: *German Women Authors in the nineteenth century. Where are they?* In: *Beyond the eternal Feminine. Critical essays on women and German literature,* hg. v. Susan L. Cocalis und Kay Goodman. Stuttgart 1982 (= Stuttgarter Arbeiten zur Germanistik 98)
Elisabeth Friedrichs: *Die deutschsprachigen Schriftstellerinnen des 18. und 19. Jahrhunderts. Ein Lexikon.* Stuttgart 1981
Michaela Giesing: *›Ibsens Nora und die wahre Emanzipation der Frau.‹ Zum Frauenbild im wilhelminischen Theater.* Frankfurt am M., Bern 1984 (= Studien zum Theater, Film und Fernsehen, Bd. 4, hg. v. Renate Möhrmann)
Barbara Greven-Aschoff: *Die bürgerliche Frauenbewegung in Deutschland 1894–1933.* Göttingen 1981 (= Kritische Studien zur Geschichtswissenschaft 46)
Heike Klapdor-Kops: *Dramatikerinnen auf der deutschen Bühne. Notwendige Fortsetzung einer im Jahr 1933 unterbrochenen Reflexion.* In: *Theaterzeitschrift* 9, 1984
Renate Möhrmann: *Gibt es eine feministische Theater-, Film- und Fernsehwissenschaft?* In: *Inspektion der Herrenkultur. Ein Handbuch,* hg. v. Luise Pusch, Frankfurt am M. 1983
Naomi Stephan: *Die Frauenfiguren in Gerhart Hauptmanns »Einsame Menschen« und Ulrika Woerners »Vorfrühling«: Universal oder trivial?* In: *Die Frau als Heldin und Autorin. Neue kritische Ansätze zur deutschen Literatur,* hg. v. Wolfgang Paulsen. Bern, München 1979 (= Amherster Kolloquium zur deutschen Literatur 10)
Sigrid Weigel: *Die geopferte Heldin und das Opfer als Heldin. Zum Entwurf weiblicher Helden in der Literatur von Männern und Frauen.* In: *Die verborgene Frau.*

Sechs Beiträge zu einer feministischen Literaturwissenschaft. Berlin 1983 (= Argument-Sonderband 96; Literatur im historischen Prozeß N.F. 6)

Erotisch-emanzipatorische Entwürfe

Zitierte Literatur

Lou Andreas-Salomé: *Lebensrückblick.* Aus d. Nachlaß hg. v. Ernst Pfeiffer. Frankfurt am Main 1974; *In der Schule bei Freud.* Tagebuch eines Jahres (1912/1913). Frankfurt am Main/Berlin/Wien 1983; *Friedrich Nietzsche in seinen Werken.* München 1894; *Fenitschka. Eine Ausschweifung.* Erzählungen. Frankfurt am Main/Berlin/Wien 1983

Colette: *Œuvres complettes.* 15 volumes. Paris 1948–1950

Elisabeth de Gramont/Clermont-Tonnerre: *Mémoires I–IV.* Paris 1928 ff; *Robert de Montesquiou et Marcel Proust.* Paris 1925; *La vie d'Alfred d'Orsay.* Paris 1931

Lucie Delarue-Mardrus: *Mes mémoires.* Paris 1938; *L'Ex-Voto.* Roman. Paris 1922; *Anatole.* Roman. Paris 1930; *L'Ange et les Pervers.* Roman. Paris 1932

Radcliffe Hall: *Le Puits de solitude.* Paris 1928

Ida Hofmann-Oedenkoven: *Monte Verità. Wahrheit ohne Dichtung.* Lorch 1906

Anna de Noailles: *Le livre de ma vie.* Paris 1976; *Un coeur innombrable.* Paris 1957; *L'ombre des jours.* Paris 1902; *Les Éblouissements.* Paris 1907; *Les vivants et les morts.* Paris 1913; *La comtesse de Noailles – Oui et Non,* hg. – mit einer Werkauswahl – v. Jean Cocteau. Paris 1963

Liane de Pougy: *Mes cahiers bleus. Mémoires.* Préface du R.P. Rzewuski. Paris 1978; *Idylle Sapphique.* Paris 1901

Franziska zu Reventlow: *Tagebücher 1895–1910*; hg. v. Else Reventlow. Frankfurt am Main 1984; *Autobiographisches. Ellen Olestjerne. (Roman). Novellen. Schriften. Selbstzeugnisse,* hg. v. Else Reventlow. Mit einem Nachwort von Wolfdietrich Rasch. München/Wien 1980; *Romane,* hg. v. Else Reventlow. München 1976

Renée Vivien: *Une femme m'apparut ... roman.* Préface de Yves Florenne. Paris 1978; *Ètudes et Prèludes – Cendres et Poussières-Évocations – Sapho – La Vénus des Aveugles. Poèmes.* Paris 1923

Natalie Clifford Barney: *Portraits de femme en Sonnets.* Paris 1901; *Éparpillements.* Présentation de Jean Chalon. Paris 1982; *Aventures de l'Esprit.* Préface de Katy Berasc. Paris 1982; *Nouvelles Pensées de l'Amazone.* Paris 1939

Anaïs Nin: *Das Delta der Venus.* München 1977[2]; *Die Tagebücher der Anaïs Nin.* 1–3: München 1972 ff; 1947–1955: Frankfurt am Main 1980; 1955–1966: Frankfurt am Main 1981; 1966–1974: Frankfurt am Main 1984

Weiterführende Literatur

Die Forschungslage ist erbärmlich; selbst die Literaturgeschichte, die speziell die französische Literatur der Jahrhundertwende behandelt (*Littérature française. Le*

XXe siècle I – 1896–1920, par Pierre-Olivier Walzel. Paris 1975) erwähnt N. Clifford Barney, Liane de Pougy, E. de Gramont/Clermont-Tonnere gar nicht, geht auf Anna de Noailles, Lucie Delarue-Mardrus, Renée Vivien nur mit ein paar Sätzen ein. Andere Literaturgeschichten übergehen all die genannten Autorinnen vollkommen.

Elisabeth Heimpel: *Lou Andreas-Salomé*. In: *Neue deutsche Biographie*, Bd. I, 1953
Hans Jürgen Bab: *Lou Andreas-Salomé. Dichtung und Persönlichkeit*. Berliner Dissertation 1955
Ernst Pfeiffer: *Lou Andreas-Salomé*. In: *Handbuch der deutschen Gegenwartsliteratur*. München 1965
Jean Chalon: *Portrait d'une séductrice. Natalie Barney*. Paris 1976
Colette par elle-même. Présentation de Germaine Beaumont. Textes choisies et assemblées par André Parinaud. Paris 1951
Album Colette. Iconographie choisie et commentée par Claude et Vincente Pichois avec la collaboration d'Alain Brunet. Paris 1984
Jean Cocteau: *Colette*. Frankfurt am Main 1978,
Joanna Richardson: *Colette. Leidenschaft und Sensibilität*. München 1985
Anna de Noailles par Louis Perche, avec un choix de poèmes, soixante illustrations, une chronologie bibliographique. Paris 1969
Johannes Szekely: *Franziska zu Reventlow*. (Mit einer ausführlichen Bibliographie) Bonn 1979
Helmut Fritz: *Die erotische Rebellion. Das Leben der Franziska zu Reventlow*. Frankfurt am Main 1980
Ute Druvins: *Alternative Projekte um 1900. Utopie und Realität auf dem »Monte Verità« und in der »Neuen Gemeinschaft«*. In: *Literarische Utopie-Entwürfe*, hg. v. Hiltrud Gnüg. Frankfurt am Main 1982, S. 236–249

Die Zeit der Achmatowa

Zitierte Literatur

Anna Achmatowa: *Poem ohne Held, Poeme und Gedichte*. Russisch und deutsch. 3. Aufl. Leipzig 1984. Bibliographie S. 291–296. Das Motto-Gedicht über Block in der Nachdichtung von Sarah Kirsch. Die Notiz zu ihrem Buch »Abend« in: Anna Achmatova, Stichotvorenija i poemy. Leningrad 1977, S. 451
August-Beschluß: *O zurnalach ›Zvezda‹ i ›Leningrad‹*. Iz postanovlenija CKVKP (b) ot 14 avgusta 1946. Moskau 1951, S. 4 – Doklad t. Ždanova o žurnalach ›Zvezda‹ i ›Leningrad‹. Moskau 1946, S. 13
Isaiah Berlin: *Personal Impressions = Selected Writings. 4*. London 1980. S. 189–210. Leicht variierte Fassungen in: *Times Literary Supplement* 1236, October 31 1980, und in: *Slavica Hierosolymitana* Volume V–VI, Jerusalem 1981, S. 593–641 (eine Übersetzung ins Russische)

Alexander Block: *Zum Gedächtnis August Strindbergs.* In: *Ausgewählte Werke.* 2. Frankfurt am Main 1978, S. 367–373

Boris Eichenbaum: *Anna Achmatova. Opyt analiza (Versuch einer Analyse).* Petrograd 1923, S. 114. Neudruck in: *O poėzii (Über Poesie).* Leningrad 1969, S. 136

ders.: *O Mandelštame,* 1933. *Ob A.A. Achmatovoj,* 1946. In: *Den' poėzii 1967, Leningrad 1967. S. 167–171*

Cherubina de Gabriac: Vgl. Johannes von Guenther: *Ein Leben im Ostwind. Zwischen Petersburg und München.* München 1969, S. 284–300

Alexandra Kollontai: *Pis'ma k trudješčajsja molodeži. Pis'mo 3-e (Briefe an die werktätige Jugend. Dritter Brief).* In: *Molodaja gvardija* 1923, No 2, S. 163–174

G. Lelewitsch: *Anna Achmatova.* In: *Na postu* 1923, No 2–3 (September–Oktober), S. 178–202

Wladimir Majskowski: *Za čto boretsja LEF? (Wofür kämpft LEF?).* In: *Polnoe sobranie sočinenij.* 12. Moskau 1959, S. 43

Larissa Reissner: *Brief an Anna Achmatowa.* In: *Izbrannoe.* Moskau 1965, S. 518–19

Wladimir Solowjow: *Vorlesungen über das Gottmenschentum* (1877–1882). *Rußland und die Universalkirche* (1889). *Der Sinn der Liebe* (1892–1894). In: *Deutsche Gesamtausgabe,* Freiburg-München 1953 ff.

Leo Trotzki: *Literatur und Revolution.* Berlin 1968. S. 36

Marina Zwetajewa: *Brief an Anna Achmatowa vom 26. April 1921.* In: *Novyj mir* 1969, No 4, Woloschin-Essay: *Živoe o živom (Lebendiges über einen Lebendigen).* In: *Proza.* New York 1953, S. 286–352)

Weiterführende Literatur

Christiane Bauermeister-Paetzel/Sylvia Wetzel: *Ein Mensch ist kein Vogel, ein Weib ist kein Mensch. Die neue Frau in der sowjetischen Kunst zur Zeit der Industrialisierung und Kollektivierung.* In: *»Kunst in die Produktion!« Sowjetische Kunst während der Phase der Kollektivierung und Industrialisierung 1927–1933.* Katalog zur Ausstellung der Neuen Gesellschaft für Bildende Kunst Berlin (West). Berlin 1977, S. 24–48

Michail Bekker: *Poetessy (Dichterinnnen).* Moskau 1929. Enthält literarische Porträts über Karolina Pawlowa, Julia Shadowskaja, Anna Achmatowa, Sinaida Hippius, Vera Inber, Jelisaweta Polonskaja, Warwara Butjagina, Anna Barkowa

Lidija Čukovskaja: *Zapiski ob Anne Achmatovoj.* Band 1. 1938–1941. Paris 1976

Amanda Haight: *Anna Achmatova. A Poetic Pilgrimage.* New York 1976

Jane A. Taubman: *Tsvetaeva and Akhmatova: Two Female Voices in a Poetic Quartet.* In: *Russian Literature Triquarterly* 1974. No 9, S. 355–69

Viktor Žirmunskij: *Tvorčestvo Anny Achmatovoj.* Leningrad 1973

Ženščiny russkoj revoljucii. Moskau 1968. Enthält 41 Biographien russischer Revolutionärinnen

Weibliche Autobiographien

Zitierte Literatur

James E. Breslin: *Gertrude Stein and the Problems of Autobiography*. In: *Women's Autobiography*, hg. v. Estelle C. Jelinek. Bloomington, Indiana 1980

Richard Bridgman: *Gertrude Stein in Pieces*. New York 1970

Georg Misch: *Geschichte der Autobiographie*. Frankfurt am Main 1969, IV/2

Weiterführende Literatur

Paul Delany: *British Autobiography in the Seventeenth Century*. London 1969, S. 158–166

Kay Goodman: *Die große Kunst, nach innen zu weinen. Autobiographien deutscher Frauen im späten 19. und frühen 20. Jahrhundert*. In: *Die Frau als Heldin und Autorin. Neue kritische Ansätze zur deutschen Literatur*, hg. v. Wolfgang Paulsen. Bern und München 1979, S. 125–135

dies.: *Dis/Closures. Women's Autobiography in Nineteenth-Century Germany* (in Vorbereitung)

E. C. Jellinek (Hrsg.): *Women's Autobiography*, Bloomington, Indiana 1980

Werner Mahrholz: *Deutsche Selbstbekenntnisse. Ein Beitrag zur Geschichte der Selbstbiographie von der Mystik bis zum Pietismus*. Berlin 1919

Georges May: *L'autobiographie*. Paris 1979

Georg Misch: *Geschichte der Autobiographie*. Frankfurt am Main 1969, IV/2

Renate Möhrmann: *The Reading Habits of Women in the Vormärz*. In: *German Women in the Nineteenth Century*, hg. v. John Fout. New York 1984

Klaus-Detlef Müller: *Autobiographie und Roman*. Tübingen 1976

Ursula Münchow: *Frühe deutsche Arbeiterautobiographien*. Berlin 1973

Bernd Neumann: *Identität und Rollenzwang. Zur Theorie der Autobiographie*. Frankfurt am Main 1970

Günter Niggl: *Geschichte der deutschen Autobiographie im 18. Jahrhundert. Theoretische und literarische Entfaltung*. Stuttgart 1977

Roy Pascal: *Die Autobiographie*. Stuttgart 1965

Ruth Perry: *Women, Letters, and the Novel*. New York 1980

Wayne Schumaker: *English Autobiography: its emergenence, materials and form*. Berkeley 1954

Patricia Meyer Spacks: *The Female Imagination*. New York 1972

Marianne Vogt: *Autobiographik bürgerlicher Frauen. Zur Geschichte weiblicher Selbstbewußtwerdung*. Würzburg 1981

Vom Anderen und vom Selbst, hg. v. Reinhold Grimm, Jost Hermand. Königstein/Ts., 1982

Bilder neuer Welten

Zitierte Literatur

Bachmann, Ingeborg: *Werke*. Hg. v. Christine Koschel, Inge v. Weidenbaum, Clemens Münster. München/Zürich 1978. Sonderausgabe 1982. Bd 1: *Gedichte, Hörspiele, Libretti-Übersetzungen* (zit.: 1). Bd 4: *Essays, Reden, Vermischte Schriften, Anhang* (zit.: 4)

Benn, Gottfried: ›*Hier ist kein Trost*‹. In: Gottfried Benn: *Gesammelte Werke* in 8 Bdn. Hg. v. Dieter Wellershoff. Wiesbaden 1968. Bd 2

Hoy, Senna: *Programmartikel v. Senna Hoy*. In: *Kampf. Neue Folge*. Heft 1 v. 6. 2. 1904; zit. nach: Ulrich Linse: *Organisierter Anarchismus im Deutschen Kaiserreich von 1871*. Berlin 1969

Kolmar, Gertrud: *Das lyrische Werk*. Nachwort v. Hilde Wenzel. München 1960

dies.: *Das Bildnis Robespierres*. Mitgeteilt v. Johanna Zeitler. In: *Jahrbuch der Deutschen Schillergesellschaft*. Stuttgart 1965. S. 553–580

dies.: *Briefe an die Schwester Hilde* (1938–1943). Hg. v. Johanna Zeitler. München 1970 (zit.: Br.)

dies.: *Das Wort der Stummen. Nachgelassene Gedichte*. Hg. mit einem Nachwort v. Uwe Berger und »Erinnerungen an Gertrud Kolmar« v. Hilde Benjamin. Berlin (DDR) 1978 (zit.: Wo.)

Langgässer, Elisabeth (Hg.): *Herz zum Hafen. Frauengedichte der Gegenwart*. Hg. v. Elisabeth Langgässer (1933), S. 125; dort: Erstdruck v. »Die Fahrende«

Lasker-Schüler, Else: *Gesammelte Werke in drei Bänden*. Hg. v. Friedhelm Kemp. Bd 1. *Gedichte 1902–1943*. München 1959 (zit.: I) Bd 2.: *Prosa und Schauspiele*. München 1962 (zit.: II). Hg. v. Werner Kraft, Bd 3.: *Verse und Prosa aus dem Nachlaß*. München 1961 (zit.: III). *Lieber gestreifter Tiger*. Briefe von Else Lasker-Schüler. Hg. v. Margerete Kupper. 1. Bd. München 1969 (zit.: Br. 1)

dies.: *Briefe an Karl Kraus*. Hg. v. Astrid Gehlhoff-Claes. Köln/Berlin 1959. S. 62, 66, 69

dies.: *Etwas von mir*. In: *Führende Frauen Europas*. Neue Folge. In 25 Selbstschilderungen hg. u. eingel. v. Elga Kern. München 1930. S. 14–29. – Dieser und der 1928 erschienene 1. Bd. dokumentieren aufschlußreich Veränderungen in Tätigkeitsmöglichkeiten und Selbstbewußtsein von Frauen seit dem Ende des 19. Jh.

Mühsam, Erich: *Unpolitische Erinnerungen*. (1927). In: Erich Mühsam: *Ausgewählte Werke*. Hg. v. Christlieb Hirte u. Mitarb. von Roland Links u. Dieter Schiller. Bd 2. Berlin (DDR) 1978

Sachs, Nelly: *Vorwort*. In: *Von Welle und Granit. Querschnitt durch die schwedische Lyrik des 20. Jahrhunderts*. Aus dem Schwedischen übertr. u. zusammengest. v. Nelly Sachs. Berlin 1947. S. 7

dies.: *Die Elegien von den Spuren im Sand*. 13 Gedichte. Und: Brief an Walter A. Berendsohn v. 24. 11. 1948, zit. bei: Peter Sager (s. »Weiterführende Literatur«). S. 245 – Sager hat erstmals die unveröffentlichten Gedichte analysiert, z. T. im Anhang abgedruckt und auch die Briefe an Berendsohn einbezogen, aufbewahrt im Nelly-Sachs-Archiv Dortmund

dies.: *Leben unter Bedrohung*. In: *Ariel*. H. 3. Darmstadt 1956
dies.: *Rede anläßlich der Verleihung des Droste-Preises in Meersburg 1960*; zit. bei Sager. S. 93
Sauter, Josef-Hermann: *Interviews mit Schriftstellern*. Leipzig, Weimar 1982; dort: Interview mit Ingeborg Bachmann (Erstsendung Berliner Welle 15. 9. 1965)
Wolf, Christa: *Voraussetzungen einer Erzählung: Kassandra. Frankfurter Poetik-Vorlesungen*. Darmstadt, Neuwied 1983
Zweig, Stefan: *Die Welt von gestern. Erinnerungen eines Europäers*. Stockholm 1944

Weiterführende Literatur

Dieter Bänsch: *Else Lasker-Schüler. Zur Kritik eines etablierten Bildes*. Stuttgart 1971
Sigrid Bauschinger: *Else Lasker-Schüler. Ihr Werk und ihre Zeit*. Heidelberg 1980
Erika Klüsener: *Else Lasker-Schüler in Selbstzeugnissen und Bilddokumenten*. Reinbek b. Hamburg 1980
Klaus Weissenberger: *Zwischen Stein und Stern. Mystische Formgebung in der Dichtung von Else Lasker-Schüler, Nelly Sachs und Paul Celan*. Bern u. München 1976
Hans Byland: *Zu den Gedichten Getrud Kolmars*. Diss. Zürich, Bamberg 1971
Das Buch der Nelly Sachs. Hg. v. Bengt Holmqvist. Frankfurt am Main 1977 (enthält ausführliche Bibliographie bis 1976)
Nelly Sachs. *Text und Kritik* H. 23. 1969
Peter Sager: *Nelly Sachs. Untersuchungen zu Stil und Motivik ihrer Lyrik*. Diss. Bonn 1970
Paul Kersten: *Die Metaphorik in der Lyrik von Nelly Sachs*. Hamburg 1970
Otto Bareiss u. Frauke Ohloff: *Ingeborg Bachmann. Eine Bibliographie*. Geleitwort: Heinrich Böll. München/Zürich 1978
Ingeborg Bachmann. *Text und Kritik* H. 6 1971
Manfred Jurgensen: *Ingeborg Bachmann. Die neue Sprache*. Bern/Frankfurt am Main/Las Vegas (1981)
Über »Die Kommenden« und den Kampfkreis: *Berlin um 1900*. Ausstellungskatalog Berlinische Galerie 1984

Ästhetische Innovationen

Zitierte Literatur

Alle Seitenangaben von fremdsprachigen Texten beziehen sich auf die jeweiligen Originalausgaben. Übersetzungen von den Verfassern.

Adorno, Theodor W.: *Ästhetische Theorie*. Frankfurt am Main 1973
Bachmann, Ingeborg: Werke. Hg. von Christine Koschel, Inge von Weidenbaum und Clemens Münster. München/Zürich 1978. 4 Bde

Brontë, Charlotte. *Jane Eyre.* New York 1979
Duras, Marguerite: *L'Amant.* Paris 1984
Kunert, Günter u. a. (Hg.): *Literaturmagazin 13. Wie halten wir es mit dem Neuen?* Reinbek 1980
Rhys, Jean: *Wide Sargasso Sea.* New York 1966. Deutsch: Übersetzt von Anna Leube. München 1980
Wolf, Christa: *Kassandra. Erzählung.* Darmstadt und Neuwied 1983
Wolf, Christa: *Voraussetzungen einer Erzählung: Kassandra. Frankfurter Poetik-Vorlesungen.* Darmstadt und Neuwied 1983
Woolf, Virginia: *A Room of One's Own.* London 1929. Deutsch: Übersetzt von Renate Gerhardt. Frankfurt am Main 1981

Weiterführende Literatur

Abel, Elizabeth, Marianne Hirsch und Elizabeth Langland: *The Voyage.* In: *Readings in the Female Bildungsroman.* Hannover, NH 1982
Arnold, Heinz Ludwig (Hg.): *Text und Kritik: Sonderband Ingeborg Bachmann.* München 1984
Cixous, Helen: *Weiblichkeit in der Schrift.* Berlin 1980
Gilbert, Sandra M. und Susan Gubar: *The Madwoman in the Attic: The Woman Writer and the Nineteenth Century Imagination.* New Haven 1979
Hilzinger, Sonja: *Weibliches Schreiben als eine Ästhetik des Widerstands. Über Christa Wolfs ›Kassandra‹ – Projekt.* In: *Neue Rundschau* 96. 1985, S. 85–101
Höller, Hans: *Der dunkle Schatten, dem ich schon seit Anfang folge. Ingeborg Bachmann: Vorschläge zu einer neuen Lektüre des Werks.* Wien 1982
Kamuf, Peggy: *Penelope at Work. Interruptions in ›A Room of One's Own‹.* in: *Novel 14.* 1982, S. 5–18
Marcus, Jane (Hg.): *New Feminist Essays on Virginia Woolf.* Lincoln 1981
Sauer, Klaus (hg.): *Christa Wolf Materialienbuch.* Darmstadt und Neuwied 1983
Showalter, Elaine: *A Literature of Their Own.* Princeton 1977
Walker, Alice: *In Search of Our Mother's Garden.* New York 1983

Schreibende Frauen in der Deutschen Demokratischen Republik

a) *»Der Autor ist nämlich ein wichtiger Mensch«*

Zitierte Literatur

Auf deren Aufnahme wurde hier verzichtet, da die notwendigen Angaben und Nachweise aus dem Text ersichtlich sind.

Weiterführende Literatur

DDR-Handbuch, hg. v. Bundesministerium für innerdeutsche Beziehungen. Wissenschaftliche Leitung Peter C. Ludz. 2., völlig überarbeitete und erweiterte Auflage. Köln 1979

Dokumente zur Kunst-, Literatur- und Kulturpolitik der SED. Bd. 1: 1949–1970, hg. v. E. Schubbe. Bd. 2: 1971–1974, hg. v. G. Rüß. Stuttgart 1976

Wolfgang Emmerich: *Kleine Literaturgeschichte der DDR.* Darmstadt und Neuwied 1981

Konrad Franke: *Die Literatur der DDR.* München 1972

Funktion der Literatur. Aspekte, Probleme, Aufgaben, hg. v. Dieter Schlenstedt u.a. Berlin/DDR 1975. Funktion und Wirkung, hg. von Dietrich Sommer u.a. Berlin und Weimar 1976

Geschichte der Literatur der DDR. Von einem Autorenkollektiv unter Leitung von Horst Haase u.a. Berlin/DDR 1976

Patricia Herminghouse: *Wunschbild, Vorbild oder Porträt? Zur Darstellung der Frau im Roman der DDR.* In: *Literatur und Literaturtheorie in der DDR*, hg. v. Peter Uwe Hohendahl und Patricia Herminghouse. Frankfurt am Main 1976, S. 281–334

Manfred Jäger: *Sozialliteraten. Funktion und Selbstverständnis der Schriftsteller der DDR.* Düsseldorf 1973

Reinhild Köhler-Hausmann: *Literaturbetrieb in der DDR. Schriftsteller und Literaturinstanzen.* Stuttgart 1984

Sara Lennox: *Nun ja! Das nächste Leben geht aber heute an. Prosa von Frauen und Frauenbefreiung in der DDR.* In: *Literatur der DDR in den siebziger Jahren*, hg. v. Peter Uwe Hohendahl und Patricia Herminghouse. Frankfurt am Main 1983, S. 224–258

Jutta Menschik und Evelyn Leopold: *Gretchens rote Schwestern. Frauen in der DDR.* Frankfurt am Main 1974

Manfred Naumann u.a.: *Gesellschaft – Literatur – Lesen. Literaturrezeption in theoretischer Sicht.* Berlin und Weimar 1975

Dorothee Schmitz: *Weibliche Selbstentwürfe und männliche Bilder. Zur Darstellung der Frau im DDR-Roman der siebziger Jahre.* Frankfurt/Bern/New York 1983

Wie emanzipiert sind die Frauen in der DDR?, hg. v. Herta Kuhrig und Wolfram Speigner. Leipzig 1979

Zwischenbericht. Notate und Bibliographie zum Institut für Literatur »Johannes R. Becher« Leipzig, hg. vom Institut für Literatur »Johannes R. Becher. Leipzig 1980

b) Poetisches Subjekt und weibliche Perspektive

Zitierte Texte

Elke Erb: *Der Faden der Geduld.* Berlin und Weimar 1978 (FdG)
dies.: *Vexierbild.* Berlin und Weimar 1983 (VB)
Sarah Kirsch: *Landaufenthalt.* Berlin und Weimar 1967 (LA)

dies.: *Zaubersprüche.* Berlin und Weimar 1972 (ZS)
dies.: *Rückenwind.* Berlin und Weimar 1976 (RW)
Irmtraud Morgner: *Amanda. Ein Hexenroman.* Berlin und Weimar 1982
Inge Müller: *Wenn ich schon sterben muß. Gedichte* (wird demnächst beim Aufbau- beziehen sich auf die Zählung der Gedichte im Manuskript = G
Brigitte Struzyk: *Leben auf der Kippe.* Berlin und Weimar 1984 (LadK)
Maxie Wander: *Guten Morgen, du Schöne, Protokolle nach Tonband.* Berlin 1977
Adolf Endler: *Sarah Kirsch und ihre Kritiker.* In: *Sinn und Form* 27. Jahr (1975) H. 1
Franz Fühmann: *Vademecum für Leser von Zaubersprüchen.* In: *Essays, Gespräche, Aufsätze 1964–1981.* Rostock 1983

Weiterführende Literatur

Geschichte der deutschen Literatur. Von den Anfängen bis zur Gegenwart. Band XI: Literatur der Deutschen Demokratischen Republik. Von einem Autorenkollektiv unter Leitung von Horst Haase, Hans Jürgen Geerdts, Erich Kühne und Walter Pallus. Berlin o. J.
Kaufmann, E., Kaufmann, H.: *Erwartung und Angebot. Studien zum gegenwärtigen Verhältnis von Literatur und Gesellschaft in der DDR.* Berlin 1976
Kaufmann, H. (Hrsg.): *Tendenzen und Beispiele. Zur DDR-Literatur in den siebziger Jahren.* Leipzig 1981

Die Morde der Lady ABC

Zitierte Literatur

Eine große Zahl der oben erwähnten Romane ist in preiswerten Taschenbuchausgaben erhältlich. So z. B.:

- Margery Allingham bei Penguin und bei Bantam Books (USA)
- Vera Casparys ›Laura‹ zuletzt in dt. Übers. bei Heyne (Crime Classic)! Engl. Ausgaben bei English Theatre und Queens Hse. (USA)
- Agatha Christie in dt. Übers. bei Scherz und Goldmann. Engl. Paperbacks vor allem bei Collins, French, Pan, Fontana und Ulverscroft Large Print
- Anna K. Greens *The Leavenworth Case* u. a. bei Dover und Remploy
- Patricia Highsmith, Margaret Millar und Marie Belloc Lowndes in dt. Übers. bei Diogenes. Engl. Paperbacks von Highsmith und Millar u. a. bei Penguin
- Ngaio Marsh in dt. Übers. bei Scherz und Goldmann. Engl. Paperbacks bei Fontana und Collins
- Dorothy L. Sayers in Übers. bei Rowohlt. Engl. bei New English Library
- Josephine Tey bei Penguin

In dt. Übers. liegen u. a. auch zahlreiche Romane von Ursula Curtiss (Scherz), Sara Woods (Goldmann), P. D. James (Rowohlt) und P. Wentworth (Bastei-Lübbe) vor.

Weiterführende Literatur

Patricia Craig u. Mary Cadogan: *The Lady Investigates. Women Detectives and Spies in Fiction.* London 1981
Gerd Egloff: *Detektivroman und englisches Bürgertum. Konstruktionsschema und Gesellschaftsbild bei Agatha Christie.* Düsseldorf 1979
Encyclopedia of Mystery and Detection. hg. v. Chris Steinbrunner u. Otto Penzler. New York/St. Louis/San Francisco 1976
Beatrix Finke: *Erzählsituationen und Figurenperspektiven im Detektivroman.* Amsterdam 1983
Janet Hitchman: *Such a Strange Lady. Biography of Dorothy L. Sayers.* London 1975
Jessica Mann: *Deadlier than the Male. An Investigation into Feminine Crime Writing.* London 1981
Peter Nusser: *Der Kriminalroman.* Stuttgart 1980
Erik Routley: *The Puritan Pleasures of the Detective Story.* London 1972

Feministische Aufbrüche

a) Impulse aus den USA und Frankreich

Zitierte Literatur

Atkinson, Ti-Grace: *Amazon Odyssey.* New York 1974
Atwood, Margaret: *Surfacing.* New York 1972
Beauvoir, Simone de: *Le Deuxième Sexe.* Paris 1949
Bovenschen, Silvia: *Über die Frage: Gibt es eine weibliche Ästhetik?* In: *Ästhetik und Kommunikation* 25, 1976, S. 60–75
Brownmiller, Susan: *Against Our Will.* New York 1975
Chesler, Phyllis: *Women and Madness.* New York 1972
Dalla Costa, Mariarosa und James, Selma: *Die Macht der Frauen und der Umsturz der Gesellschaft.* Berlin 1973
Daly, Mary: *Gyn/Ecology.* Boston 1978
French, Marilyn: *The Women's Room.* New York 1977
Friedan, Betty: *The Feminine Mystique.* New York 1963
dies.: *The Second Stage.* New York 1981
Firestone, Shulamith: *The Dialectic of Sex.* New York 1970
Hite, Shere: *The Hite Report.* New York 1976
Janssen-Jurreit, Marielouise: *Sexismus.* München 1976
Johnston, Jill: *Lesbian Nation.* New York 1973

Koedt, Anne: *The Myth of the Vaginal Orgasm.* In: *Notes from the Second Year. Women's Liberation.* New York 1970

Lessing, Doris: *The Golden Notebook.* New York 1962

Millett, Kate: *Sexual Politiks.* Garden City, New York 1970

Mitchell, Juliet: *Psychoanalysis and Feminism.* Harmondsworth 1974

dies.: *Woman's Estate.* Harmondsworth 1971

dies.: *Women. The Longest Revolution.* In: *New Left Review* 40, 1966, S. 11–37

Plath, Sylvia: *The Bell Jar.* London 1963

Radicalesbians: *The Woman-Identified Woman.* In: *Out of the Closet*

Voices of Gay Liberation, hg. v. Karla Jay und Allen Young. New York 1972, S. 172–177

Rich, Adrienne: *Compulsory Heterosexuality and Lesbian Existence.* In: *Signs* 5, 1980, S. 631–660

dies.: *The Dream of a Common Language.* New York 1978

dies.: *Of Woman Born. Motherhood as Experience and Institution.* New York 1976

Rowbotham, Sheila: *Beyond the Fragments.* London 1979

dies.: *Hidden from History.* London 1973

dies.: *Woman's Consciousness, Man's World.* Harmondsworth 1973

dies.: *Women, Resistance, Revolution.* London 1972

Schwarzer, Alice: *Der kleine Unterschied und seine großen Folgen.* Frankfurt am Main 1975

Sherfey, Mary Jane: *The Nature and Evolution of Female Sexuality.* New York 1973

Wittig, Monique: *Les Guérillères.* Paris 1969

Woolf, Virginia: *A Room of One's Own.* London 1929

dies.: *Three Guineas.* London 1938

Weiterführende Literatur

Soviel ich weiß, gibt es keinen aktuellen Überblick über den internationalen Feminismus in deutscher Sprache. Evelyn Torton Beck/Patricia Russian: *Die Schriften der mordernen Frauenbewegung.* In: *Literatur nach 1945*, hg. v. Jost Hermand. Wiesbaden 1979, S. 357–386, wurde schon 1976 abgeschlossen. Hiltrud Gnüg: *Gibt es eine weibliche Ästhetik?* Kürbiskern, Heft 1. München 1978. *Sisterhood Is Global*, hg. v. Robin Morgan. Garden City, NY 1984 ist nützlich, wenn auch mit Vorsicht zu benutzen. *Powers of Desire*, hg. v. Ann Snitow, Christine Stansell und Sharon Thompson. New York 1983 (vor allem die Einleitung und der Artikel von Alice Echols) faßt Entwicklungen innerhalb des amerikanischen Feminismus mit Betonung der Sexualität zusammen. Für einen allgemeineren Überblick über Entwicklungen im amerikanischen Feminismus bis 1982 siehe die Einleitung zu meiner Anthologie *Auf der Suche nach den Gärten unserer Mütter.* Darmstadt 1982.

b) Weiblichkeit im Spiel der Sprache

Zitierte Literatur

Cixous, Hélène: *L'exil de Joyce ou l'art du remplacement, Le prenom de Dieu.* Paris (1967). *La jeune née.* Paris (1975). *Portrait de Dora.* Paris (1975). *La.* Paris (1976). *Angst.* Paris (1977)

dies.: *Schreiben, Feminität, Veränderung.* In: *Alternative* 108/109 (1976)

dies.: *The laugh of the Medusa.* In: *Signs,* summer 1976. vol. 1. Heft Nr. 4

dies.: *Weiblichkeit in der Schrift.* Berlin 1980

dies.: *Portrait de Dora.* Paris 1976

dies.: *Die unendliche Zirkulation des Begehrens.* Berlin 1977

dies.: Hélène Cixous im Gespräch mit Rina Van der Haegen. In: *Tijdschrift voor Vrouwenstudies.* Nr. 3, 1982

Clément, Cathérine: *Hexe und Hysterikerin.* In: *Alternative* 108/109 (1976)

Irigaray, Luce: *Speculum de l'autre femme.* Paris 1974

dies.: *Ce sexe qui n'est pas un.* In: *Cahiers du GRIF,* Nr. 5, Dezember 1974

dies.: *Wenn unsere Lippen sich sprechen.* Berlin 1976

dies.: *Rückkehr zur psychoanalytischen Theorie.* Berlin 1979

dies.: *Die Mechanik des Flüssigen.* Berlin 1979

dies.: *Macht des Diskurses/Unterordnung des Weiblichen.* Berlin 1979

Kofman, Sarah: *L'enigma de la femme.* Paris 1980

Kristeva, Julia: *La révolution du language poétique.* Paris 1974

dies.: *The System and the Speaking Subject.* In: *The Times Literary Supplement* und in: *The Tell-Tale Sign.* A survey of semiotics, ed. by Thomas A. Sebeok. Lisse 1975. S. 47–55

dies.: *Produktivität der Frau.* In: *Alternative* 108/109 (1976)

dies.: In: Julia Kristeva: *Polylogue.* Paris 1977. S. 173–220

Weiterführende Literatur

Bovenschen, Silvia: *Die imaginierte Weiblichkeit. Exemplarische Untersuchungen zu kulturgeschichtlichen und literarischen Präsentationsformen des Weiblichen.* Frankfurt am Main 1979

Beverly Brown/Parveen Adams: *The Feminine Body and Feminist Politics.* In: *m/f,* Nr. 3, (1979). S. 35–50

Brügmann, Margret: ›*Tussen liefde en verlangen – aspekten van vrouwelijk schrijven. En vergelijking van Freuds en Cixous' Dora-benadering*‹. In: *Maria of Medusa. Op zoek naar nieuwe mythen.* Amsterdam 1982

Derrida, Jacques: *La difference.* Paris 1972

Dijk van, T. A.: *Taal Tekst Teken. Bijdragen tot de Literaturtheorie.* Amsterdam 1970

Foucault, Michel: *Histoire de la sexualité. 1. La volonté de savoir.* Paris 1976

Freud, Sigmund: *Traumarbeit.* Studienausgabe Frankfurt am Main 1972. Bd II

ders.: *Über die weibliche Sexualität,* 1931, und *Die Weiblichkeit,* 1933. Studienausgabe, Frankfurt am Main 1972. Bd V

Roudiez, Leon S.: *Introduction to Julia Kristeva: Desire in Language.* New York 1980
Wenzel, Hélène Vivienne: *An Appreciation of Monique Wittig's Writings in Context.* In: *Feminist Studies* 7, (1981, 2)

c) *Neue Tendenzen in der Bundesrepublik, in Österreich und in der Schweiz*

Zitierte Literatur

Theodor W. Adorno: *Ästhetische Theorie.* Frankfurt am Main 1973
ders.: *Engagement,* in: *Noten zur Literatur III.* Frankfurt am Main 1965
Ilse Aichinger: *Die größere Hoffnung.* Frankfurt am Main 1948
Rose Ausländer: *Gesammelte Werke in sieben Bänden.* Frankfurt am Main 1984 ff.
Ingeborg Bachmann: *Malina,* Frankfurt am Main 1971
dies.: *Der Fall Franza. Requiem für Fanny.* München 1978
Ingeborg Bachmann, *Georg Groddeck,* in: *Die Wahrheit ist dem Menschen zumutbar.* München 1981
Katja Behrens: *Die dreizehnte Fee.* Düsseldorf 1983
Walter Benjamin: *Illuminationen.* Frankfurt am Main 1955
Ulla Berkéwicz: *Josef stirbt.* Frankfurt am Main 1982
Gisela Brinker-Gabler: *Deutsche Dichterinnen v. 16. Jh. bis zur Gegenwart.* Frankfurt am Main 1978
Christine Brückner: *Hören Sie zu Malwida,* in: *Malwida v. Meysenbug.* Hrsg. von der Stadtsparkasse Kassel 1983
Sigrid Brunk: *Ledig, ein Kind.* Stuttgart 1972
Ingeborg Drewitz: *Bettine v. Arnim.* Düsseldorf 1970
dies.: *Gestern war heute* – 100 Jahre Gegenwart. Frankfurt am Main 1980
Annette v. Droste-Hülshoff: *Sämtliche Werke in zwei Bänden.* München 1979
Gisela Elsner: *Punktsieg.* Reinbek 1977
Maria Erlenberger: *Der Hunger nach Wahnsinn.* Reinbek 1977
Marieluise Fleißer: *Avantgarde.* München 1983
dies.: *Eine Zierde für den Verein.* Frankfurt am Main 1975
Barbara Frischmuth: *Rückkehr zum vorläufigen Ausgangspunkt.* München 1978
Karoline v. Günderrode: *Der Schatten eines Traums.* Darmstadt 1979
Elfe Hartenstein: *Wenn auch meine Paläste zerfallen sind.* Bremen 1983
I. Hecht: *Als unsichtbare Mauern wuchsen.* Hamburg 1984
Jutta Heinrich: *Das Geschlecht der Gedanken.* München 1977
Marianne Herzog: *Von der Hand in den Mund.* Berlin 1976
Rahel Hutmacher: *Tochter.* Darmstadt 1983
Katrine v. Hutten: *Im Luftschloß meines Vaters.* Zürich 1983
Elfriede Jellinek: *Die Klavierspielerin.* Reinbek 1983
Marie-Luise Kaschnitz: in: *Deutsche Akademie für Sprache und Dichtung, Jahrbuch 1957,* Darmstadt 1958

Ursula Krechel: *Rohschnitt*, Darmstadt 1983
Brigitte Kronauer: *Rita Münster*, Stuttgart 1983
H. Lévy Hass: *Vielleicht war das alles erst der Anfang*, Berlin 1977
Gisela Lindemann: *Eine Art zu leben – Friederike Mayröcker zum 60. Geburtstag*, Sendung im NDR v. 20. 1. 1984
Friederike Mayröcker: *Tod durch Musen. Poetische Texte.* Darmstadt 1973
Svende Merian: *Der Tod des Märchenprinzen*, Hamburg 1980
Agnes Miegel: in: *Frauen unterm Nationalsozialismus.* Wuppertal 1984
Caroline Muhr: *Depressionen.* Köln 1970
Helga Novak: *Die Eisheiligen.* Darmstadt 1979
Birgit Pausch: *Die Verweigerungen der Johanna Glauflügel*, Berlin 1977
Elisabeth Plessen: *Mitteilung an den Adel.* Köln 1976
dies.: *Stella Polare*, Frankfurt am Main 1984
Ruth Rehmann: *Der Mann auf der Kanzel.* München 1979
Christa Reinig: *Entmannung.* Darmstadt 1977
Gerlind Reinshagen: *Leben und Tod der Marilyn Monroe.* Frankfurt am Main 1971
Karin Reschke: *Verfolgte des Glücks.* Berlin 1982
Jutta Schutting: *Der Vater.* Salzburg 1980
Brigitte Schwaiger: *Lange Abwesenheit*, Hamburg 1980
dies.: *Wie kommt das Salz ins Meer?* Hamburg 1977
Verena Stefan: *Häutungen.* München 1975
Karin Struck: *Die Mutter*, Frankfurt am Main 1975
Hannelies Taschau: *Landfriede.* Köln 1978
Gabriele Wohmann: *Schönes Gehege.* Darmstadt 1975
dies.: *Erzählungen.* Darmstadt 1979
Gisela von Wysocki: *Die Fröste der Freiheit.* Frankfurt am Main 1980

Weiterführende Literatur

Die verborgene Frau – Sechs Beiträge zu einer feministischen Literaturwissenschaft, Berlin 1983
Frauen sehen ihre Zeit – Katalog zur Literaturausstellung des Landesfrauenbeirates Rheinland-Pfalz, Mainz 1984
Emanzipation und Literatur, hrsg. von Hansjürgen Blinn, Frankfurt am M. 1984
Die Überwindung der Sprachlosigkeit, hrsg. v. Gabriele Dietze. Neuwied 1979
Hiltrud Gnüg: *Schlechte Zeit für Liebe – Zeit für bessere Liebe?* Das Thema ›Partnerbeziehungen in der gegenwärtigen Lyrik. In: *Aufbrüche – Abschiede.* Studien zur Literatur seit 1968, hg. v. Michael Zeller. Stuttgart 1978
Deutsche Literatur 1981, 1982, 1983 – Ein Jahresüberblick (3 Bde., Stuttgart 1982, 1983, 1984), hrsg. v. Volker Hage in Zusammenarbeit mit Adolf Fink
Renate Möhrmann: *Feministische Trends in der deutschen Gegenwartsliteratur.* In: *Die deutsche Literatur der Gegenwart. Aspekte und Tendenzen*, hg. v. Manfred Durzak. Stuttgart 1981
dies.: *Feministische Ansätze in der Germanistik.* In: *Frauen – Sprache – Literatur*, hg. v. Magdalena Heuser. Paderborn 1982

d) Frauen erobern sich einen neuen Artikulationsort: den Film

Zitierte Literatur

Women & Film. Santa Monica, Ca. 1972
Helke Sander: *Sexismus in den Massenmedien.* In: *frauen und film*, Nr. 1, 1974, S. 12–48
Monique und Guy Hennebelle: *Le sexisme ordinaire ou la phallocratie dans le cinéma français.* In: *Ecran* 74, 4. Jg., Nr. 28
Virginia Woolf: *Ein Zimmer für sich allein.* Frankfurt am Main 1982
Louise Carrière: *Femmes et cinéma québécois.* Montreal 1983
Renate Möhrmann: *Die Frau mit der Kamera. Filmemacherinnen in der Bundesrepublik Deutschland. Situationen, Perspektiven, 10 Exemplarische Lebensläufe.* München 1980
Jutta Brückner: Interview. In: *Ästhetik und Kommunikation* 37, Okt. 1979
Peter Gorsen: *Konstruktion der Weiblichen Kultur.* In: *Frauen in der Kunst*, hrsg. von Gislind Nabokowski/Helke Sander/Peter Gorsen. Frankfurt am Main 1980, Bd. 2
Friederike Pezold: *9. internationales forum des jungen films.* Berlin 1979, Informationsblatt 5

Weiterführende Literatur

Bonnie Dawson: *Women's Films in Print, an annotated guide to 800 films by women.* San Francisco 1975
Patricia Erens: *Sexual Stratagems. The World of Women in Film.* New York 1979
Charles Ford: *Femmes cinéastes.* Paris 1972
Claire Johnston: *Notes on Women's Cinema.* London 1973
Karyn Kay/Gerald Peary (Hrsg.): *Women and the Cinema.* New York 1977
Getrud Koch: *Blickwechsel. Aspekte feministischer Kinotheorie.* In: *Neue Rundschau*, 94. Jg. 4/1983
Annette Kuhn: *Women's pictures. Feminism and cinema.* London 1982
Joan Mellen: *Women and Their Sexuality in the New Film.* New York 1973
Verband der Filmarbeiterinnen (Hrsg.): *Frauen Film Handbuch.* Berlin 1984

»Wir sammeln die stummen Worte und die zornigen Stimmen«

Zitierte Texte

Isabel Allende: *Das Geisterhaus.* Frankfurt am Main 1984; sp.: *La casa de los espíritos.* Barcelona (1982) [13]1984
Albalucia Angel: *Estaba la pájara pinta sentada en el verde limón.* Cali 1975/ Barcelona 1978

Fanny Buitrago: *Cola de zorro.* Bogotá 1970
Rosario Castellanos: *Officio de tinieblas.* Mexico 1962
Griselda Gambaro: *Ganarse la muerte.* Buenos Aires 1976
Elena Garro: *Erinnerungen an die Zukunft.* Berlin 1967; sp.: *Los recuerdos des porvenir.* Mexiko 1963
Beatriz Guido: *Das Haus mit dem Engel.* München 1958; sp.: *La casa del ángel.* Buenos Aires 1955
dies.: *El incendio y las vísperas.* Buenos Aires 1964
Marta Lynch: *La señora Ordoñez.* Buenos Aires 1967
dies.: *El cruce del río.* Buenos Aires 1972
Elvira Orphée: *La última conquista de El Angel.* Caracas/Barcelona 1977
Cristina Peri Rossi: *El libro de mis primos.* Montevideo 1965/Barcelona 1976
Elena Poniatowska: *Allen zum Trotz . . . Das Leben der Jesusa.* Bornheim-Merten 1982; sp.: *Hasta no verte, Jesús mío.* Mexiko (1969) [14]1975
María Luisa Puga: *Las posibilidades del odio.* Mexiko (1978) [2]1981
Marta Traba: *Conversación al sur.* Mexiko 1981

Testimonialromane

Elisabeth Burgos: *Rigoberta Menchú.* Bornheim-Merten 1984
Carolina María de Jesús: *Tagebuch der Armut.* München 1962
dies.: *Ein Haus aus Stein.* Bornheim-Merten 1984
Carmen Castillo: *Santiago de Chile. Ein Tag im Oktober.* Reinbek b. Hamburg 1981
Ana Guadalupe Martínez: *Die geheimen Kerker El Salvadors. Das Zeugnis der Comandante Guerrillera.* Bornheim-Merten 1982
Moema Viezzer: *Wenn man mir erlaubt zu sprechen . . . Zeugnis der Domitila, einer Frau aus den Minen Boliviens.* Bornheim-Merten (1977) [2]1983
Angela Zago: *Tagebuch einer Guerrilla-Kämpferin.* Wuppertal 1977

Testimonialromane aus Cuba

Dora Alonso: *El año 61.* 1981
Dolores Nieves Rivera: *Rogito.* 1978
Marta Rojas: *El aula verde.* 1982
Die Zitate im Titel sowie am Schluß des Aufsatzes stammen aus: Elena Poniatowska: *Frau und Literatur in Lateinamerika.* In: *die horen,* 129, Bd. 1 (1983), 109–113.

Weiterführende Literatur

Zu dem hier besprochenen Thema ist Sekundärliteratur nur spärlich vorhanden und schwer zugänglich. Den bisher besten Überblick über die Problematik der lateinamerikanischen Schriftstellerin vermitteln die Dokumentationen der erwähnten beiden Schriftstellerinnenkongresse:

Yvette E. Miller/Charles M. Tatum (Hrsg.): *Latin American Women Writers: Yesterday and Today.* Selected Proceedings from the Conference on Women Writers from Latin America, March 15–16, 1975, sponsered by the Latin American Literary Review, Carnegie-Mellon University, Pittsburgh, P.A., 15213. Latin American Literary Review 1977

Patricia Elena González/Eliana Ortega (Hrsg.): *La sartén por el mango. Encuentro de escritoras latinoamericanas.* Dominik. Republik 1984

Protest gegen die traditionellen Werte Schwarzafrikas

Zitierte Literatur

Aidoo, Ama Ata: *Our Sister Killjoy or Reflections from a Black-eyed Squint.* London 1977

Bâ, Miriama: *Une si longue lettre.* Dakar 1979 (dt.: *Ein so langer Brief.* Berlin 1983)

Emecheta, Buchi: *The Bride Price,* Glasgow 1976 (5. Aufl. 1982)

dies.: *The Joys of Motherhood,* Allison & Busby, 1979 und Heinemann, AWS 227, 1980 (dt. *Nnu Ego, zwanzig Säcke Muschelgeld,* München 1983)

Tiam, Awa: *La parole aux negresses,* Paris 1978 (dt. *Die Stimme der schwarzen Frau,* Reinbek 1981)

Segun, Mabel: *Friends, Nigerians, Countrymen,* Oxford 1977

Weiterführende Literatur

Brown, Lloyd: *Women Writers in Black Africa,* Greenwood Press (Westport, Conn.) 1981

Finnegan, Ruth: *Oral Literature in Africa.* Oxford University Press Nairobi 1976

Imfeld, Al: *Vision und Waffe.* Unionverlag (Zürich) 1981

Taiwo, Oladele: *The Female Novelist in Africa.* Macmillan (London) 1984

Verlassene Orte, gefundene Stimmen

Zitierte Literatur

Zora Neale Hurston: *Their Eyes were Watching God.* Urbana, Illinois 1978

Paule Marshall: *The Chosen Place, The Timeless People.* New York 1984

Toni Morrison: *Sula.* New York 1973

Gloria Naylor: *The Women of Brewster Place. A Novel in Seven Stories.* New York 1982

Alice Walker: *The Color Purple.* New York 1982

Harriet Wilson: *Our Nig; or, Sketches from the Life of a Free Black.* New York 1983

Weiterführende Literatur

Mari Evans (Hrsg.): *Black Women Writers 1950–1980: A Critical Evaluation.* New York 1984

Gloria T. Hull/Patricia Bell Scott und Barbara Smith (Hrsg.): *But Some of Us Are Brave: Black Women's Studies.* Old Westbury, New York 1983

Barbara Smith (Hrsg.): *Home Girls: A Black Feminist Anthology.* New York 1983

Zur rechtlichen Aufklärung

Zitierte Literatur

Allgemeines Landrecht für die Preußischen Staaten. Berlin 1857. Code Napoléon (zweisprachige Ausgabe). Köln 1808

Honoré de Balzac: *Die Menschliche Komödie Bd. VI.* München 1971

Jean-Jacques Rousseau: *Emil oder über die Erziehung.* Paderborn 1963

Weiterführende Literatur

Robert Bartsch: *Die Rechtsstellung der Frau als Gattin und Mutter.* Leipzig 1903

Inge Baxmann: *Von der Egalité im Salon zur Citoyenne – einige Aspekte der Genese des Bürgerlichen Frauenbildes.* In: *Frauen in der Geschichte III.* Düsseldorf 1983

Hermann Conrad: *Die Rechtsstellung der Ehefrau in der Privatrechtsgesetzgebung der Aufkklärungszeit.* In: Festschrift für G. Kallen 1957

Ingeborg Drewitz: *Die deutsche Frauenbewegung.* Bonn 1983

Manfred Erle: *Die Ehe im Naturrecht des 17. Jahrhunderts.* Göttingen 1952

Ute Gerhard: *Verhältnisse und Verhinderungen. Frauenarbeit, Familie und Rechte der Frauen im 19. Jahrhundert.* Frankfurt am Main 1978

Karl Haff: *Institutionen des deutschen Privatrechts.* Stuttgart 1934

Karin Hansen: *Die Polarisierung der »Geschlechtscharaktere« – Eine Spiegelung der Dissoziation von Erwerbs- und Familienleben.* In: *Familie und Gesellschaftsstruktur*, Frankfurt am Main 1978

Hans Schlosser: *Grundzüge der Neueren Privatrechtsgeschichte.* Heidelberg 1982

Marianne Weber: *Ehefrau und Mutter in der Rechtsentwicklung.* Tübingen 1907 (Neudruck Aalen 1971)

Franz Wieacker: *Privatrechtsgeschichte der Neuzeit.* Göttingen 1952

Verzeichnis der Mitarbeiterinnen und Mitarbeiter

Gunda Bosch-Adrigam, Oberstudienrätin (Geschichte, Romanistik), Köln.

Tamara Archibald, M. A., Wissenschaftliche Mitarbeiterin am Department of Germanic and Slavic Languages and Literatures an der University of Maryland (Washington).

Renate Baader, Dr. phil. habil., Akademische Oberrätin am Romanischen Seminar (Romanistik) der Rheinischen Friedrich-Wilhelms-Universität Bonn.

Margret Bäurle, freie Publizistin und Diplom-Psychologin, Freiburg.

Barbara Becker-Cantarino, Dr. phil., Professorin für Neuere deutsche Literaturwissenschaft an der Ohio State University, Columbus.

Luzia Braun, freie Publizistin und DAAD-Lektorin für deutsche Sprache an der Universität Mailand.

Margret Brügman, Dr. phil., wissenschaftliche Mitarbeiterin für allgemeine und vergleichende Literaturwissenschaft an der Universität Nijmwegen (Holland).

Elke Frederiksen, Dr. phil. habil., Professorin für Neuere deutsche Literaturwissenschaft an der University of Maryland, Washington.

Bettina Gräfin von Galen, M. A. (Romanistik), Bonn.

Michaela Giesing, Dr. phil., Wissenschaftliche Mitarbeiterin am Institut für Theater-, Film- und Fernsehwissenschaft der Universität zu Köln.

Hiltrud Gnüg, Dr. phil. habil., Professorin für Neuere deutsche Literaturwissenschaft an der Rheinischen Friedrich-Wilhelms-Universität Bonn.

Kay Goodman, Dr. phil., Assistant Professor für Neuere deutsche Literaturwissenschaft an der Brown University, Providence (USA).

Harald Hellmann, cand. Dr. phil. (Germanistik) an der Universität zu Köln.

Patricia Herminghouse, Dr. phil., Professorin für Neuere deutsche Literaturwissenschaft an der University of Rochester, New York.

Anne Herrmann, Dr. phil., Assistant Professor für Englische Literatur und Women's studies an der University of Michigan, Ann Arbor.

Ursula Heukenkamp, Dr. sc. phil., Professorin für DDR-Literatur an der Humboldt-Universität, Berlin (Ost).

Ulrich Hölzer, freier Publizist, Köln.

Sara Lennox, Dr. phil., Professorin für Neuere deutsche Literaturwissenschaft und Direktorin des Social Thought and Political Economy Program an der University of Massachusetts, Amherst.

Ursula Liebertz-Grün, Dr. phil. habil., Akdademische Rätin (Mediävistik) am Institut für Deutsche Sprache und Literatur der Universität zu Köln.

Gabriele Küppers, M. A., cand. Dr. phil. (Hispanistik) an der Rheinischen Friedrich-Wilhelms-Universität Bonn.

Gert Mattenklott, Dr. phil. habil., Professor für Neuere deutsche und vergleichende Literaturwissenschaft an der Phillips-Universität Marburg und Essayist.

Barbara Marx, Dr. phil., Wissenschaftliche Mitarbeiterin am Romanischen Seminar (Italianistik, Romanistik) der Universität zu Köln.

Fritz Mierau, Slavist, Berlin (Ost).

Renate Möhrmann, Dr. phil., habil., Professorin für Theater-, Film- und Fernsehwissenschaft an der Universität zu Köln.

Maria Porrmann, Dr. phil. (Theater-, Film- und Fernsehwissenschaft), Lehrerin, Köln.

Silvia Schlenstedt, Dr. sc. phil., Professorin für Neuere deutsche Literatur am Zentralinstitut für Literaturgeschichte der Akademie der Wissenschaften der DDR, Berlin (Ost).

Antonie Schweitzer, M. A., cand Dr. phil. (Romanistik) an der Universität zu Köln und freie Publizistin.

Simone Sitte, M. A., cand. Dr. phil. (Germanistik) an der Universität zu Köln und freie Publizistin.

Inge Uffelmann, freie Publizistin, Bayreuth.

Brunhilde Wehinger, Dr. phil., Wissenschaftliche Mitarbeiterin am Institut für Romanische Philologie (Romanistik) der Freien Universität Berlin.

Renate Wiggershaus, freie Publizistin und Kritikerin in Frankfurt am Main.

Merryn Williams, Dr. phil., (Anglistik), freie Publizistin, Bedford (England).

Susan Winnett, Dr. phil., Assistant Professor für englische und vergleichende Literaturwissenschaft an der Columbia University New York.

Bernd Witte, Dr. phil. habil., Professor für Neuere deutsche Literaturwissenschaft an der Technischen Hochschule Aachen.

Register

Ursprünglich war vorgesehen, diesem Personenregister die Lebensdaten der behandelten Schriftstellerinnen beizugeben. Leider hat sich herausgestellt, daß in vielen Fällen nur unzureichende oder überhaupt keine Angaben zu ermitteln waren – ein getreues lexikalisches Spiegelbild für die Aufarbeitung der Frauenliteratur insgesamt. Angesichts der sich abzeichnenden Unzulänglichkeit dieser Daten haben wir – zumindest vorläufig – auf eine Nennung verzichtet. Umfassende, wenngleich ebenfalls nicht vollständige Verzeichnisse der deutschsprachigen Schriftstellerinnen liegen mit den beiden Repertorien von Jean M. Woods/Maria Fürstenwald, *Schriftstellerinnen, Künstlerinnen und gelehrte Frauen des Barock* (Stuttgart 1984) und von Elisabeth Friedrichs, *Die deutschsprachigen Schriftstellerinnen des 18. und 19. Jahrhunderts* (Stuttgart 1981) vor.